武大国际法评论

钱绍武题

CSSCI（2008-2009年）来源集刊

武大国际法评论

INTERNATIONAL LAW REVIEW OF WUHAN UNIVERSITY

教育部人文社会科学重点研究基地
武汉大学国际法研究所
主办

第十三卷
VOL.13

WUHAN UNIVERSITY PRESS
武汉大学出版社

图书在版编目(CIP)数据

武大国际法评论．第 13 卷/教育部人文社会科学重点研究基地;武汉大学国际法研究所主办．—武汉：武汉大学出版社,2010．10
ISBN 978-7-307-08177-2

Ⅰ．武…　Ⅱ．①教…　②武…　Ⅲ．国际法—研究　Ⅳ．D99

中国版本图书馆 CIP 数据核字(2010)第 179069 号

责任编辑:张　欣　　　责任校对:黄添生　　　版式设计:支　笛

出版发行：**武汉大学出版社**　(430072　武昌　珞珈山)
(电子邮件：cbs22@whu.edu.cn　网址：www.wdp.com.cn)
印刷：通山金地印务有限公司
开本：787×1092　1/16　印张:29　字数:563 千字　插页:1
版次：2010 年 10 月第 1 版　　2010 年 10 月第 1 次印刷
ISBN 978-7-307-08177-2/D·1039　　定价:50.00 元

武大国际法评论

（第十三卷）

本刊网址：www. whuilr. org

编辑部邮箱：tougao@ whuilr. org
wudaguojifa@ yahoo. com. cn

通信地址：湖北省武汉市武汉大学法学院
《武大国际法评论》编辑部

邮政编码：430072

Wuhan University International Law Review

Vol. 13

website: www. whuilr. org

E-mail: tougao@ whuilr. org

wudaguojifa@ yahoo. com. cn

Address: School of Law, Wuhan University

Wuhan 430072, Hubei Province, P. R. China

武大国际法评论

学术顾问

（按姓氏拼音先后为序）

前　言

洛纸盈手，墨香漫卷。经过半年多的努力，《武大国际法评论》第十三卷终于呈现在广大读者面前。《武大国际法评论》一直坚持以理性的精神、开放的胸怀和务实的作风，洞察和开拓国际法研究与发展的新领域，并为我国国际法律实践提供理论依据和业务参考。2009 年联合国国际贸易法委员会第 42 届会议文件中（A/CN. 9/673），《武大国际法评论》是其唯一援引的中文刊物。在新的发展时期，《武大国际法评论》也适时开通了自己的网站（www. whuilr. org），为编者和广大作者、读者提供一个全新的整合、互动平台。

《武大国际法评论》第十三卷设有“专论”、“案例研究”、“武大国际法学人”三个栏目。鉴于国际私法立法长期以来一直严重滞后于我国司法实践，本卷《武大国际法评论》特别邀请部分国际私法专家，设立“国际私法立法专题”，以期对我国即将出台的立法建言献策、有所裨益。同时，在全球气候问题日渐突出和严峻的今天，编辑部结合哥本哈根气候大会的最新进展，特别组织了“气候变化问题研究”专题，以飨读者。此外，非政府组织在国际法学界的讨论近年来逐渐升温，本卷也因此收录了两篇对非政府组织研究的论文组成“非政府组织问题研究”专题，从不同的角度分别对非政府组织的实践活动进行了深入的探讨，具有较强的可读性和学术价值。

本期“专论”部分内容丰富，共有 8 篇文章。在对外司法实践之中，外国法院以及仲裁机构的裁决在中国国内的承认与执行问题一直为司法实务界所关注，最高人民法院副院长万鄂湘教授、夏晓红博士的《中国法院不予承认及执行某些外国仲裁裁决的原因——〈纽约公约〉相关案例分析》一文对中国法院不予承认及执行外国仲裁裁决案件进行了综述，指出不予承认及执行某些外国仲裁裁决的原因，同时也认为中国法院在适用公约的过程中，应当合理地解释法律和公约，支持并监督国际商事仲裁。

就国际法的司法实践而言，前南斯拉夫国际刑事法庭刘大群法官的《前南国际刑庭与卢旺达国际刑庭的历史回顾》一文，从前南刑庭与卢旺达刑庭的成立历史入手，以实践观点深刻剖析了这两所国际刑庭的主要贡献和所存在的问题，认为通过对被指控犯下严重国际罪行人的审判，国际刑庭有利于促进前南地区和卢旺达的民族和解与国家重建，为维护国际和平与安全作出了贡献。

本卷还特别邀请国际法研究院副院长、克罗地亚著名国际法学家 Vladimir-Djuro DEGAN 教授以及 Vesna BARIĆ PUNDA 教授为本刊撰写了《刑事普遍管辖权：一个选项还是一个国家义务?》一文。作者在文中通过分析国际罪行的概念和属性，深入浅出地探讨了普遍管辖权的国际法律性质，并结合国家责任条款草案和国际刑事法庭的实践，对刑事普遍管辖权提出了自己的意见。本卷还刊载了日本著名学者丰田哲也的论文《新儒家思想对现代国际法的贡献：在欧洲的构想和在日本的接受》，该文从日本学者的角度对国际法上一个与中国密切相关的新兴问题，即新儒家思想在欧洲和日本传播所产生的影响作了分析，并肯定了新儒家思想对国际法研究与实践所作出的贡献。

蔡从燕教授的论文《国际投资条约实践中的税收措施问题》分析了国际投资条约中税收措施条款的适用，认为为了更好地平衡维护东道国税收主权、保护投资者权益及协调不同涉税条约的不同需求，应在“一般例外条款”模式基础上建构“特定例外条款”模式。

在《GATT 第 24 条法律功能的法哲学反思》一文中，刘彬博士认为，面对区域贸易协定广泛涌现而 WTO 无力进行有效规制的现实，GATT 第 24 条的法律功能需要进行反思并重新定位。而在李晓玲博士与商务部条约法律司官员陈雨松硕士的《区域贸易协定下的贸易救济制度研究——兼论对我国参与区域贸易协定谈判的政策建议》文中，则选择从 WTO 成员设置 RTA 贸易救济制度的实践出发，探讨 RTA 成员选择不同贸易救济制度的动因以及 RTA 下贸易救济制度与 WTO 体制的协调性等问题，认为我国应根据实际情况设置适当的贸易救济制度，在保护国内产业和限制措施滥用方面取得平衡。

在《〈反倾销协定〉第 17.6（ii）条与美国 Chevron 规则的比较——从美国国内法院与 DSB 的归零法判例谈起》一文中，赵海乐博士生认为《反倾销协定》第 17.6（ii）条在 DSB 当中并没有发挥 Chevron 规则在美国国内法院所发挥的功能。由此，应当讨论 DSB 对归零法效力的认定与对第 17.6（ii）条的执行问题，进而才能对 DSB 与美国国内法院视角差异原因作出分析，并对我国实践有所启发。

在“国际私法立法专题”之中，著名国际私法学家费宗祎教授的《中国国际私法立法的十二个问题——在中国国际私法学会 2009 年年会上的发言》从宏观角度入手，高屋建瓴地探讨了目前我国国际私法立法所面临的问题。孙南申教授的《中美国际版权法律适用规则之分析》一文通过探讨与比较中美两国这一领域法律适用的理论、规则与实践，针对中国法院近年的司法实践面临的涉外版权纠纷案件的法律适用问题，从理论研究与立法完善角度指出了我国在国际版权法律适用方面应采取的立场。在《欧盟保险合同法律适用规则的最新发展及其对我国的启示》

一文中，温树英副教授和刘佳佳博士生则对欧盟保险合同法律适用规则的历史发展进行了梳理，分析了《罗马条例 I》中的保险合同法律适用规则的具体内容和特点，指出其对我国完善国际保险合同法律适用规则的借鉴意义。焦燕博士的《涉外结婚冲突规则的立法建构》一文则分析了涉外结婚法律适用规则的立法结构和法律适用等问题，对我国涉外结婚法律适用规则提出了立法建议。

随着全球气候变化的加剧和哥本哈根会议的落幕，更多的反思成为了学界所关注的重点。在本期“气候变化问题研究”专题之中，共有 5 篇文章对这一问题进行了探讨。秦天宝教授、成邯硕士的论文《气候变化国际法中公平与效率的协调》选取了气候变化所带来的公平与效率问题进行研究，通过分析传统立法体系中的公平与效率，指出以共同但有区别的责任为核心的公平观受到越来越多的挑战，后京都时代的来临需要将未来的谈判和立法建构在新的公平与效率的协调机制上。

同样是关注于气候变化的国际法律应对，张建伟博士在《气候正义与气候变化的国际法律应对》一文中指出，气候正义应成为气候变化国际法律应对的核心考量，在气候变化国际法律应对中落实气候正义应坚持区别对待，但现有气候变化国际法律应对存在不足，为此应加以完善以实现气候正义。在《全球气候容量的财产权属性及其分配原理》一文中，龚向前副教授则对新型的气候容量的财产权属性进行探讨，指出应结合分配正义与矫正正义，并通过国际协定来确定全球气候容量的利用。周琛博士生则在《气候变化领域技术转让之法律障碍：从技术供应者的角度》一文中从技术角度对气候变化带来的国际法律影响进行了分析，指出低碳经济背后的核心问题是新技术问题，但气候相关技术供应则存在两大法律障碍，破坏并延缓了发展中国家对该类技术正常、有效的获取和引进。兰花博士的论文《简析 2009 年美国气候变化法案——兼论对中国的挑战和借鉴》以美国的气候变化新法案为研究对象，通过比较分析这一法案的异同，进而分析该规则背后的利益博弈，并指出其可能对中国政府和企业所带来的挑战与借鉴。

在本期“非政府组织问题研究”专题中，黄志雄副教授在《非政府组织与 2008 年〈集束弹药公约〉：参与、影响及启示》一文中，以 2008 年《集束弹药公约》的通过这一国际人道法领域最新重大进展为线索，阐述了以“集束弹药联盟”为代表的一大批非政府组织在推动“奥斯陆进程”中所发挥的作用，并客观分析了非政府组织在《集束弹药公约》谈判中所发挥的影响力。而鄂晓梅教授的《NGO 和 WTO：国际非政府组织对国际贸易规则的影响》一文则从普遍性国际组织入手，分析非政府组织参与 WTO 的各项活动，指出非政府组织与 WTO 的关系、非政府组织在 WTO 内的活动及其活动对国际贸易规则所产生的影响。

在本卷“案例研究”专题中，共精选了两例案件分析，其中就国际法院关于海域划界的最新实践，张卫彬博士生的论文《海域划界规则的新发展》分析了

2009年国际法院对罗马尼亚诉乌克兰一案作出的判决，探讨了黑海划界案所反映出来的海域划界的新趋势。而就WTO中中国作为被诉方的视听产品案件，在《中美出版物和视听娱乐产品争议案评析》一文中，黄安平副教授指出，WTO争端解决机构仅依据产品分类表把中国针对电影这种服务采取的措施同时纳入GATT和GATS来审查理由不充分，破坏了成员方权利和义务的平衡，也不符合保护和促进文化多样性的国际法基本原则。

秉承《武大国际法评论》系列特设的“武大国际法学人”专栏，本卷收录了张喆硕士生撰写的《燕树棠先生及其国际法思想评述》。燕树棠先生是我国法学界泰斗，是将国际法思想与近代中国特殊的社会历史环境相结合的典范，其为人、治学、育人之风骨，依然是珞珈后学晚辈的宝贵财富。

《武大国际法评论》第十三卷得以顺利出版，我们感恩诸位作者和学术同仁辛勤的努力和对学术的刻苦钻研，没有他们的才情、严谨和孜孜不倦，就没有《武大国际法评论》的理性、开放和务实的学术品格；我们同样感激出版社编辑不辞辛苦的工作，正因为他们的热情、认真和宽容，《武大国际法评论》才得以卷卷相续、薪火蓬勃；我们还需要感谢关心、支持、爱护《武大国际法评论》的所有人，没有你们，就没有《武大国际法评论》光辉灿烂的明天。

目　录

四、专题三：非政府组织问题研究

五、案例研究

六、武大国际法学人

TABLE OF CONTENTS

Articles

Special Section I: Private International Law Codification in China

Special Section II: Climate Change Related Issues

Special Section III: Non-Governmental Organizations Analysis

Case Studies

WHU Scholars of International Law

一、专论

中国法院不予承认及执行某些外国仲裁裁决的原因*

——《纽约公约》相关案例分析

□ 万鄂湘** 夏晓红***

内容摘要 中国法院在承认及执行外国仲裁裁决方面，严格执行《纽约公约》的规定。通过分析相关案例可知，不予承认及执行某些外国仲裁裁决的原因是，裁决具有公约第五条规定的可以拒绝承认与执行的情形，或者申请不符合国内执行程序相关规定。另一方面，中国法院在适用公约的过程中，合理地解释法律和公约，支持并监督国际商事仲裁。对于公约适用中遇到的法律问题，中国司法实践中也已形成一定规则。

关 键 词 纽约公约 外国仲裁裁决 承认及执行

目 次

---

* 本文受中国人民大学研究生科学研究基金项目资助（项目名称：外国仲裁裁决在中国被拒绝承认执行的原因，项目编号：08XNH024）。

** 最高人民法院副院长，教授，博士生导师。

*** 中国人民大学法学院 2007 级博士，美国大学华盛顿法律学院（Washington College of Law, American University）2009—2010 年度富布赖特访问学者。

自中国1987年加入《承认及执行外国仲裁裁决公约》（简称《纽约公约》）以来，该公约就成为中国法院承认及执行外国仲裁裁决的最主要法律依据。公约规定缔约国对有关仲裁协议及仲裁裁决予以承认和执行，但同时也规定了拒绝承认与执行外国仲裁裁决的事由。以公约为依据，许多外国仲裁裁决在中国得到了承认和执行，但也有一些外国仲裁裁决被不予承认及执行。① 本文将主要讨论2000年以

① 例如，根据最高人民法院民四庭与17个高级人民法院合作进行的调研项目的统计数据，在2002—2006年间申请承认及执行外国仲裁裁决的74起案件中，有58件的结果为承认或承认及执行，占案件总量的78.38%，而不予承认及执行的仅5件，占6.76%。参见杨宏磊：《人民法院涉外仲裁司法审查情况的调研报告》，载《武大国际法评论》第九卷，武汉大学出版社2009年版，第308页。

后①中国法院适用《纽约公约》且不予承认及执行外国仲裁裁决的案例,② 分析这些申请被拒绝或驳回的原因，总结中国司法实践中解释、适用《纽约公约》所涉法律问题，并提出相关建议。

一、中国法院不予承认及执行外国仲裁裁决案件综述

2000年以后，与《纽约公约》相关的、上报最高人民法院并决定不予承认及执行外国仲裁裁决的案例共有20例。③ 根据《最高人民法院关于人民法院处理与涉外仲裁及外国仲裁事项有关问题的通知》④，凡一方当事人向人民法院申请承认和执行外国仲裁机构的裁决，如果人民法院认为应不予承认和执行，在作出裁定前，须报请本辖区所属高级人民法院进行审查，如果高级人民法院同意不予承认和执行，应将其审查意见报最高人民法院，待最高人民法院答复后，方可作出裁定。因此，上报最高人民法院并由最高人民法院作出答复的案件理论上应包括中国法院不予承认与执行外国仲裁裁决的全部案件。这20起案件的情况如下：

编号	案　件	问　题	法律依据
1	新加坡益得满亚洲私人有限公司申请承认和执行英国伦敦可可协会作出的仲裁裁决案⑤	未就争议达成仲裁合意	《纽约公约》

① 2000年以后的案例更好地体现了目前中国对《纽约公约》的解释与适用。在2000年以前，承认与执行外国仲裁裁决的案件数量并不多，且偶有未附具理由而拒绝承认执行的情况出现，参见杨逢柱：《外国仲裁裁决在中国的承认与执行问题：实证分析》，载《国际经济法学刊》第16卷第1期，北京大学出版社2009年版。

② 感谢最高人民法院民四庭提供研究资料。

③ 司法实践中，有少量申请承认及执行外国仲裁裁决的案例并不适用《纽约公约》，由于这类案件数量较少，本文未将其纳入讨论范围。

④ 法发〔1995〕18号，1995年8月28日。

⑤ 参见最高人民法院〔2001〕民四他字第43号复函，载《中国涉外商事海事审判指导与研究》2003年第3卷，人民法院出版社2003年版，第97～107页。另参见沈德咏、万鄂湘主编，最高人民法院研究室、民事审判第四庭编著：《最高人民法院仲裁法司法解释的理解与适用》，人民法院出版社2007年版，第15～17页，第102～105页。

续表

编号	案　件	问　题	法律依据
2	美国 GMI 公司申请承认和执行英国伦敦金融交易所仲裁裁决案①	仲裁事项超出仲裁协议范围，部分不予承认和执行	《纽约公约》第五条第一款（丙）项
3	塞浦路斯瓦赛斯航运有限公司申请承认和执行英国伦敦仲裁庭作出的仲裁裁决案②	超过申请执行期限	《民事诉讼法》关于申请执行期限的规定
4	韩进船务有限公司申请承认和执行英国仲裁裁决案③	无书面仲裁协议	《纽约公约》第二条
5	世界海运管理公司申请承认与执行英国伦敦"ABRA 轮 2004 年 12 月 28 日租约"仲裁裁决案④	未能证明被申请人得到指定仲裁员和仲裁程序的适当通知	《纽约公约》第五条第一款（乙）项
6	彼得·舒德申请承认及执行美国仲裁委员会裁决案⑤	申请超过了法定期限	《民事诉讼法》关于申请执行期限的规定

① 参见最高人民法院〔2003〕民四他字第 12 号复函，载《涉外商事海事审判指导》2004 年第 1 辑，人民法院出版社 2004 年版，第 30～35 页。另参见沈德咏、万鄂湘主编，最高人民法院研究室、民事审判第四庭编著：《最高人民法院仲裁法司法解释的理解与适用》，人民法院出版社 2007 年版，第 17 页。

② 参见最高人民法院〔2004〕民四他字第 32 号复函，载《涉外商事海事审判指导》2005 年第 1 辑，人民法院出版社 2005 年版，第 74～75 页。

③ 参见最高人民法院〔2005〕民四他字第 53 号复函，载《涉外商事海事审判指导》2006 年第 2 辑，人民法院出版社 2007 年版，第 75～82 页。

④ 参见最高人民法院〔2006〕民四他字第 34 号复函，载《涉外商事海事审判指导》2007 年第 1 辑，人民法院出版社 2007 年版，第 83～86 页。

⑤ 参见最高人民法院〔2006〕民四他字第 35 号复函，载《涉外商事海事审判指导》2007 年第 1 辑，人民法院出版社 2007 年版，第 87～93 页。

续表

编号	案　件	问　题	法律依据
7	邦基农贸新加坡私人有限公司申请承认与执行英国仲裁裁决案①	仲裁庭重新指定仲裁员的行为违反了仲裁规则的规定	《纽约公约》第五条第一款（丁）项
8	日本信越化学工业株式会社申请承认日本商事仲裁协会东京04—05号仲裁裁决案②	仲裁庭没有依照仲裁规则按期作出裁决、未通知将要作出裁决的期限	《纽约公约》第五条第一款（乙）、（丁）项
9	马绍尔群岛第一投资公司申请承认和执行英国伦敦临时仲裁庭仲裁裁决案③	仲裁庭的组成或仲裁程序与当事人之间仲裁协议的约定不符，也与仲裁地英国的法律相违背	《纽约公约》第五条第一款（丁）项
10	中海发展股份有限公司货轮公司申请承认伦敦仲裁裁决案④	仲裁员的任命与仲裁地法律不符	《纽约公约》第五条第一款（丁）项
11	日本信越化学工业株式会社申请承认和执行日本商事仲裁协会东京05—03号仲裁裁决案⑤	仲裁程序与仲裁规则不符、当事人未能申辩	《纽约公约》第五条第一款（乙）、（丁）项

① 参见最高人民法院〔2006〕民四他字第41号复函，载《涉外商事海事审判指导》2007年第2辑，人民法院出版社2008年版，第24～30页。

② 参见最高人民法院〔2007〕民四他字第26号复函，载《涉外商事海事审判指导》2008年第1辑，人民法院出版社2008年版，第38～59页。

③ 参见最高人民法院〔2007〕民四他字第35号复函，载《涉外商事海事审判指导》2008年第1辑，人民法院出版社2008年版，第60～67页。

④ 参见最高人民法院〔2008〕民四他字第17号复函，载《涉外商事海事审判指导》2008年第2辑，人民法院出版社2009年版，第71～80页。

⑤ 参见最高人民法院〔2008〕民四他字第18号复函，载《涉外商事海事审判指导》2008年第2辑，人民法院出版社2009年版，第81～102页。

续表

编号	案件	问题	法律依据
12	不予承认和执行国际商会仲裁院第 13464/MS/JB/JEM 号仲裁裁决案①	审理并裁决法院已作出判决的纠纷，超裁、侵犯中国的司法主权和中国法院的司法管辖权（公共政策）	《纽约公约》第五条第一款（丙）项，第二款（乙）项
13	旭普林案（申请承认和执行国际商会仲裁院在中国上海作出的第 12688/TE/MW 号裁决）②	仲裁协议被中国法院认定为无效	《纽约公约》
14	英国嘉能可有限公司申请承认和执行英国伦敦金属交易所仲裁裁决案③	中方职员未经授权订立合同未被追认，也不构成表见代理	《纽约公约》第五条第一款（甲）项，中国关于合同当事人行为能力的法律
15	某申请承认执行临时仲裁庭仲裁裁决案④	无相应的仲裁协议	《纽约公约》第五条
16	美国 VOEST-ALPINE 国际贸易公司申请承认新加坡国际仲裁中心仲裁裁决案⑤	未达成仲裁协议	《纽约公约》

① 参见最高人民法院〔2008〕民四他字第 11 号复函，载《涉外商事海事审判指导》2009 年第 1 辑，人民法院出版社 2009 年版，第 124～134 页。

② 因为仲裁协议已被我国法院认定为无效，所以裁决得不到承认和执行，参见最高人民法院〔2004〕民四他字第 46 号复函。关于仲裁协议的效力，参见《关于德国旭普林国际有限责任公司与无锡沃可通用工程橡胶有限公司申请确认仲裁协议效力一案的请示的复函》，最高人民法院〔2003〕民四他字第23 号，载《涉外商事海事审判指导》2004 年第 3 辑，人民法院出版社 2005 年版，第 36～40 页。

③ 参见《关于英国嘉能可有限公司申请承认和执行英国伦敦金属交易所仲裁裁决一案请示的复函》，最高人民法院〔2001〕民四他字第 2 号复函，资料来源于：http://www.chinalawedu.com/news/1200/23079/23086/23147/2006/3/zh15641923251013600２145-0.htm，2009 年 12 月 1 日访问。

④ 参见最高人民法院〔2002〕民四他字第 10 号复函。基本案情为：仲裁是依据有关当事人签订的 623 号合同中的仲裁条款提起（624 号合同无此仲裁条款），仲裁庭裁决了当事人之间的 624 号合同中的争议，而 623 号合同已被 622 号和 624 号合同所取代，且 622 号和 624 号合同各自均有独立的仲裁条款。因此，对援引 623 号合同中的仲裁条款进行仲裁且裁决了 624 号合同争议的仲裁裁决不予承认执行。

⑤ 参见最高人民法院〔2008〕民四他字第 51 号复函。另参见南京市中级人民法院〔2008〕宁民五初字第 43 号民事裁定书，资料来源于：中国涉外商事海事审判网，http://www.ccmt.org.cn/showws.php? id=3874，2009 年 12 月 1 日访问。

续表

编号	案　件	问　题	法律依据
17	百事（中国）投资有限公司申请承认及执行瑞典斯德哥尔摩商会仲裁院111/2003号仲裁裁决案①	仲裁程序与仲裁协议不符（90天前置协商程序）	《纽约公约》第五条第一款（丁）项
18	百事公司申请承认及执行瑞典斯德哥尔摩商会仲裁院第076/2002号仲裁裁决案②	仲裁程序与仲裁协议不符（45天前置协商程序）	《纽约公约》第五条第一款（丁）项
19	某公司申请承认和执行国际争端解决中心国际仲裁庭仲裁裁决案③	被申请人不存在（被申请人未在我国工商行政管理机关注册登记），驳回申请	
20	某申请承认及执行蒙古国家仲裁庭仲裁裁决案④	裁决的争议（继承）依据中国法律不具有可仲裁性	《纽约公约》第五条第二款（甲）项，《仲裁法》关于可仲裁事项的规定

中国法院不予承认及执行这些外国仲裁裁决的主要原因是裁决具有《纽约公约》第五条规定的可以拒绝承认与执行的情形。此外，与我国执行程序的相关规定不符也导致裁决得不到承认与执行。

以公约规定的情形为分类依据，上述20起案件中，不予承认及执行外国仲裁裁决的原因可归纳如下：

① 参见最高人民法院〔2007〕民四他字第41号复函。申请人百事（中国）投资有限公司与被申请人四川韵律实业有限公司申请承认及执行外国仲裁裁决案，见林一飞：《百事公司与被申请人四川百事可乐饮料有限公司申请承认及执行外国仲裁裁决案》，资料来源于：中国仲裁在线，http：//www.cnarb.com/algy/nygyal/china/200911/12897.html，2009年12月1日访问。

② 参见最高人民法院〔2007〕民四他字第42号复函。申请人百事公司与被申请人四川百事可乐饮料有限公司申请承认及执行外国仲裁裁决案，见林一飞：《百事公司与被申请人四川百事可乐饮料有限公司申请承认及执行外国仲裁裁决案》，资料来源于：中国仲裁在线，http：//www.cnarb.com/algy/nygyal/china/200911/12897.html，2009年12月1日访问。

③ 参见最高人民法院〔2008〕民四他字第47号复函。

④ 参见最高人民法院〔2009〕民四他字第33号复函。

拒绝原因	相关规定	案件数量	比例	备注
无有效的仲裁协议	《纽约公约》第二条、第五条第一款（甲）项	6	30%	案件编号：1，4，13，14，15，16（其中一例的原因为协议当事人无行为能力，案件编号：14）
违反正当程序	《纽约公约》第五条第一款（乙）项	3	15%	案件编号：5，8，11
超裁	《纽约公约》第五条第一款（丙）项	2	10%	案件编号：2，12
仲裁庭组成或仲裁程序不当	《纽约公约》第五条第一款（丁）项	7	35%	案件编号：7，8，9，10，11，17，18
裁决尚无拘束力、被撤销或停止执行	《纽约公约》第五条第一款（戊）项	0	0%	
争议事项不具有可仲裁性	《纽约公约》第五条第二款（甲）项	1	5%	案件编号：20
违反中国公共政策	《纽约公约》第五条第二款（乙）项	1	5%	案件编号：12
申请不符合国内执行程序相关规定	《纽约公约》第三条，国内执行程序相关规定	3	15%	案件编号：3，6，19（其中两例因为申请超过法定期限，案件编号：3，6）
合计		20	100%	

上述中国法院不予承认及执行外国仲裁裁决的案例均严格执行了《纽约公约》。

（一）《纽约公约》概述

《纽约公约》正文共计16条，包括了适用范围、对仲裁协议的执行、对仲裁裁决的执行等内容。例如，公约第二条对当事人订立的有效仲裁协议予以承认，如当事人就诉讼事项订立了有效、可实行的仲裁协议，则要求"缔约国法院受理诉讼时应依当事人一造之请求，命当事人提交仲裁"。公约第三条规定，"各缔约国应承认仲裁裁决具有拘束力"，并依"援引裁决地之程序规则"及公约"所载条件"执行之。公约第四条规定了当事人申请承认及执行仲裁裁决应提交的文书要求，包括应提交仲裁裁决的正本或正式副本、仲裁协议的原本或正式副本，以及需要的译本等。公约第五条则规定了可以拒绝承认及执行的情形。

中国既对当事人订立的有效仲裁协议予以承认和执行，也对符合公约条件的外国仲裁裁决予以承认和执行。一方面，当事人可以因为订立有仲裁协议而对人民法院的管辖权提出异议，也可以请求人民法院认定相关仲裁协议的效力；另一方面，在仲裁裁决作出后，当事人可以向人民法院请求承认及执行相关仲裁裁决。

（二）对《纽约公约》第三条的解释

《纽约公约》第三条规定："各缔约国应承认仲裁裁决具有拘束力，并依援引裁决地之程序规则及下列各条所载条件执行之。承认与执行适用本公约之仲裁裁决时，不得较承认或执行内国仲裁裁决附加过苛之条件或征收过多之费用。"该规定包含了三个方面的内容。

第一，缔约国负有依公约规定的条件承认与执行仲裁裁决的义务。公约第四条规定了申请承认与执行时需提交的文书要求，第五条规定了可以拒绝承认与执行的情形，这两方面均是第三条所提到的"条件"。结合第三条与第五条之规定，任何缔约国不得在第五条规定的拒绝事由以外，增加其他导致裁决被拒绝承认与执行的条件，但应注意，这里的"条件"不包括具体的执行程序，因为执行程序是依被请求承认与执行国的国内法来进行的，不属于公约规定的"条件"的范畴。

第二，被请求承认与执行国依据本国的程序规则承认与执行仲裁裁决。与执行相关的问题，在公约当中未予规定的，"如附件、证据开示、启动、破产、请求执行的时间期限，以及有可能涉及的禁止反言"，① 均应适用被请求执行国的程序法。《纽约公约》没有规定对于公约项下裁决的执行程序，而是将这个问题留给被请求执行国的法律来解决。在公约的谈判过程中，诸如"在公约中包括执行外国仲裁裁决应适用的统一程序规则"、"规定公约项下的仲裁裁决依据'执行程序概要'来执行"的建议均未被采纳。②

第三，承认与执行公约裁决的程序可以与内国裁决不同，但不得较内国裁决附加更苛刻的条件或征收更多费用。公约谈判过程中，"承认与执行外国仲裁裁决应当和内国裁决适用同样或类似的规则"的建议未被采纳，公约仅规定"不应较内

① Albert Jan van den Berg, *The New York Arbitration Convention of 1958: Toward a Uniform Judicial Interpretation*, Kluwer Law and Taxation Publishers, 1981, p. 245.

② Id., pp. 234-236.

国裁决附加更苛刻的条件或征收更多费用”。①

因此，不论是适用公约规定的执行条件，还是适用国内执行程序的相关规定，都是严格执行《纽约公约》的表现。在中国，《纽约公约》以纳入的方式直接适用，对外国仲裁裁决和国内涉外仲裁裁决的执行程序完全相同，从而不存在“较内国裁决附加更苛刻的条件或征收更多费用”的情况。

（三）《纽约公约》第五条规定的可以拒绝承认与执行的情形

《纽约公约》第五条规定了被请求承认与执行国“可以”拒绝承认与执行的情形。须注意，第五条规定的拒绝事由使得被请求承认与执行国“可以”拒绝，而非“必须”或“应当”拒绝，因此，不排除虽然存在这些情形，但被请求承认与执行国仍然予以承认和执行的情况。

可以拒绝的事由又分为两类：第一款规定的是经当事人请求并提供证据证明，方可拒绝的事由；第二款规定的是被请求承认与执行国的主管机关可以自行认定并拒绝承认与执行的事由。

以公约第五条为分类标准，应当事人请求才予审查的拒绝事由有五种：

1. 无有效的仲裁协议，即公约第五条第一款（甲）项规定的情形：仲裁协议的当事人“依对其适用之法律有某种无行为能力情形”，或仲裁协议“依当事人作为协定准据之法律系属无效，或未指明以何法律为准时，依裁决地所在国法律系属无效”。

2. 违反正当程序，即公约第五条第一款（乙）项规定的情形：仲裁裁决的当事人“未接获关于指派仲裁员或仲裁程序之适当通知，或因他故，致未能申辩”。

3. 超裁，即公约第五条第一款（丙）项规定的情形，“裁决所处理之争议非为交付仲裁之标的或不在其条款之列，或裁决载有关于交付仲裁范围以外事项之决定”；但如果交付仲裁事项的决定与未交付仲裁事项的决定可以划分时，对于仲裁裁决中关于交付仲裁事项的决定部分，可承认及执行。

4. 仲裁庭的组成或仲裁程序不当，即公约第五条第一款（丁）项规定的情形：“仲裁机关之组成或仲裁程序”与当事人之间的协议不符，或无有关协议时与“仲裁地所在国法律”不符。

5. 裁决尚无拘束力、被撤销或停止执行，即公约第五条第一款（戊）项规定的情形：裁决对当事人尚无拘束力，或“业经裁决所在地国或裁决所依据法律之国家之主管机关撤销或停止执行”。

---

① See Giorgio Gaja, *International Commercial Arbitration*: *New York Convention*, Oceana Publications, Inc., January 1978, Paragraph 2 of Ⅰ. C. 1, Part Ⅰ.

法院可依职权审查的拒绝事由有两种：

1. 争议事项不具有可仲裁性，即公约第五条第二款（甲）项规定的情形：依被请求承认及执行地所在国的法律，争议事项“不能以仲裁解决”。

2. 违反公共政策，即公约第五条第二款（乙）项规定的情形：承认或执行裁决违反被请求承认及执行地所在国的“公共政策”。

上述应当事人请求才予审查的五种情形、法院可依职权审查的两种情形相互之间可能有交叉重叠。例如：某仲裁程序不符合当事人协议的情况，可能既符合应当事人请求才予审查的情形之二——违反正当程序，又符合应当事人请求才予审查的情形之四——仲裁庭的组成或仲裁程序不当；而对于把“可仲裁性”认为是“公共政策”的一部分的国家，“违反公共政策”的情形实际上包含了“争议事项不具有可仲裁性”。

（四）中国法院不予承认及执行某些外国仲裁裁决是严格执行《纽约公约》的表现

前述中国法院不予承认及执行外国仲裁裁决的案件是中国法院严格执行《纽约公约》的表现。

在中国，《纽约公约》无需转化为国内法，而直接成为当事人申请承认和执行外国仲裁裁决的依据。实践中，法院也是严格依据公约和相关程序来承认与执行外国仲裁裁决。

前述20起案例中，有17起是因为不符合《纽约公约》规定的承认及执行条件，有3起是因为不符合国内执行程序的相关规定，而不论是适用公约规定的执行条件，还是适用国内执行程序的相关规定，都是严格执行《纽约公约》的表现。

17起不符合《纽约公约》规定的承认及执行条件的案例，涉及了公约规定的应当事人请求才予审查的五种情形中的四种，以及两种法院可依职权审查的情形。3起不符合国内执行程序的相关规定的案例，则反映了当事人对于执行程序相关规定的忽视。下面将对这些案例和其他相关案例进行分析，以便了解这些申请被拒绝或驳回的具体原因，总结中国司法实践中适用《纽约公约》涉及的法律问题。

二、裁决具有公约第五条规定的可以拒绝承认与执行的情形

如前所述，公约第五条规定的可以拒绝承认与执行外国仲裁裁决的事由分为两类，即经当事人请求并提供证据证明方可拒绝的事由和人民法院可以自行认定并予

以拒绝的事由。在麦考·奈浦敦有限公司申请承认和执行仲裁裁决案①中，最高人民法院在复函中明确了这两类事由在适用上的不同："……关于你院提出的'本案仲裁裁决因未作初步裁决而违反仲裁地法律'以及'裁决裁定被诉人补偿申诉人律师费，超出当事人交付仲裁范围'的问题。根据《纽约公约》第五条的规定，这类问题属应当事人请求才予审查的情形，人民法院不应依职权提起。而本案当事人始终未提及该问题，故人民法院不能以此为由拒绝承认及执行本案所涉仲裁裁决……"

（一）应当事人请求才予审查的情形

1. 无有效的仲裁协议

在不予承认及执行的20例案件中，共有6例是因为无有效的仲裁协议，比例为30%。

（1）未达成提交仲裁的合意

单方提交仲裁的意思表示不能成为仲裁协议。如在新加坡益得满亚洲私人有限公司申请承认和执行英国伦敦可可协会作出的仲裁裁决案②中，根据新加坡益得满亚洲私人有限公司与无锡华新可可食品有限公司之间的来往传真，双方当事人之间未就购买可可豆事宜产生的争议达成通过仲裁解决的合意，英国伦敦可可协会以新加坡益得满亚洲私人有限公司单方拟定的仲裁条款对有关纠纷进行仲裁缺乏依据。

在美国VOEST-ALPINE国际贸易公司申请承认新加坡国际仲裁中心仲裁裁决案③中，判断仲裁协议是否成立适用新加坡法律，而根据该案事实及新加坡相关法律，不能以当事人未能在合理期间内对仲裁通知作出答复为由认定仲裁协议已经成立。2004年8月25日至26日，代表江苏省对外经贸股份有限公司（以下简称省外贸公司）的陈世棋与代表美国VOEST-ALPINE国际贸易公司（以下简称VA公司）的Nelson Lo就合同内容进行商谈未妥。当Nelson Lo告知陈世棋其已经收到了休斯敦总部发来的修改后的销售确认书时，陈世棋明确表示不要将该确认书发给他，但是Nelson Lo仍然发送给了陈世棋。对该份修改后的销售确认书，省外贸公司一直没有签署确认，也没有给予任何形式的答复。据此，不能认定双方当事人就解决案涉纠纷达成了仲裁协议。仲裁裁决认为，VA公司委托的立杰律师事务所于

① 参见《最高人民法院关于麦考·奈浦敦有限公司申请承认和执行仲裁裁决一案请求的复函》，最高人民法院法民二〔2001〕32号，资料来源于：http://www.lawtime.cn/zhishi/sifajieshi/minsuo/zc/2007033049660.html，2009年12月1日访问。

② 案件编号：1。

③ 案件编号：16。

2004年10月27日发送给省外贸公司的信中包含仲裁通知，省外贸公司没有在合理的期间内否认该仲裁协议，因此双方当事人之间存在有效的仲裁协议。但是，无法确保省外贸公司能够及时收悉这份来自域外的文件，而当2004年12月14日VA公司委托中国律师再次送达仲裁通知后，省外贸公司在2004年12月22日就作出答复，否认了仲裁协议的存在。VA公司的请求书没有限定答复的时间，新加坡法律的相关规定也没有“合理期间”的限制要求，因此，以省外贸公司未能在合理期间内作出答复为由认定仲裁协议已经成立，缺乏法律依据。

韩进船务有限公司申请承认和执行英国仲裁裁决案①中，法院也以当事人之间不存在仲裁协议为由拒绝了承认和执行仲裁裁决的请求。

（2）仲裁协议被中国法院认定为无效

在旭普林案②中，国际商会仲裁院在中国上海作出的第12688/TE/MW号仲裁裁决因为仲裁协议已经被中国法院认定为无效而被拒绝承认与执行。根据无锡高新技术产业开发区人民法院〔2004〕新民二初字第154号裁定书，德国旭普林国际有限责任公司（以下简称旭普林公司）与无锡沃可通用工程橡胶有限公司签订的建筑工程合同中的仲裁条款无效，这起旭普林公司申请确认仲裁协议效力案于2004年9月2日审结。③ 而ICC仲裁院仲裁庭根据仲裁庭“自裁管辖原则”和ICC仲裁规则的规定，早在2003年11月10日就作出先决裁决，确认其对双方当事人之间的争议有管辖权。仲裁庭根据ICC仲裁规则在上海对双方当事人争议的实体问题进行了开庭审理，并于2004年3月30日作出了ICC第12688/TE/MW号裁决。④本案中，虽然人民法院确认仲裁协议无效的裁定晚于仲裁裁决，以至于没有对仲裁程序造成任何影响，但由于仲裁协议“依裁决地所在国法律系属无效”，根据《纽约公约》第五条第一款（甲）项的规定，裁决被拒绝承认与执行。就本案所涉仲裁协议的效力问题，最高人民法院在《关于德国旭普林国际有限责任公司与无锡沃可通用工程橡胶有限公司申请确认仲裁协议效力一案的请示的复函》中认为：“本案当事人在合同中约定了仲裁条款‘Arbitration：ICC Rules，Shanghai shall

---

① 案件编号：4。

② 案件编号：13。

③ 参见姚风华：《德国旭普林国际有限责任公司与无锡沃可通用工程橡胶有限公司申请确认仲裁协议效力案》，资料来源于：中国仲裁在线，http：//www.cnarb.com/algy/zgfyzcal/jiangsu/200902/6968.html，2009年12月1日访问。

④ 参见赵秀文：《论〈纽约公约〉项下的非本国裁决——从德国旭普林公司案引发的思考》，载《仲裁与法律》第106辑，法律出版社2007年版，资料来源于：http：//arb.rucil.com.cn/article/default.asp？id=121，2009年12月1日访问。

apply'。在当事人没有约定确认仲裁条款效力准据法的情况下，根据确认仲裁条款效力准据法的一般原则，应当按照仲裁地的法律予以认定，即本案应当根据中国法律确认所涉仲裁条款的效力。根据中国仲裁法的有关规定，有效的仲裁条款应当同时具备仲裁的意思表示、仲裁的事项和明确的仲裁机构三个方面的内容。本案所涉仲裁条款从字面上看，虽然有明确的仲裁的意思表示、仲裁规则和仲裁地点，但并没有明确指出仲裁机构。因此，应当认定该仲裁条款无效。"

（3）当事人无行为能力

英国嘉能可有限公司申请承认和执行英国伦敦金属交易所仲裁裁决案①中，因为仲裁协议"当事人依对其适用之法律有某种无行为能力情形"，从而裁决被拒绝承认与执行。最高人民法院"关于英国嘉能可有限公司申请承认和执行英国伦敦金属交易所仲裁裁决一案请示的复函"认为："根据联合国《承认及执行外国仲裁裁决公约》第五条第一款（甲）项规定，对合同当事人行为能力的认定，应依照属人主义原则适用中国法律。重庆机械设备进出口公司职员孙健与英国嘉能可有限公司签订合同，孙健在'代表'公司签订本案合同时未经授权且公司也未在该合同上加盖印章，缺乏代理关系成立的形式要件，事后重庆机械设备进出口公司对孙健的上述行为明确表示否认。同时孙健的签约行为也不符合两公司之间以往的习惯做法，不能认定为表见代理……孙健'代表'公司签订的仲裁条款亦属无效，其法律后果亦不能及于重庆机械设备进出口公司。本案所涉仲裁裁决，依法应当拒绝承认及执行。"

（4）无相应仲裁协议

在某申请承认执行临时仲裁庭仲裁裁决案②中，一项援引623号合同中的仲裁条款（624号合同无此仲裁条款）进行仲裁、裁决了624号合同争议的仲裁裁决被拒绝承认与执行。该案中，有关当事人签订的623号合同已被622号和624号合同所取代，且622号和624号合同均有自己独立的仲裁条款。但仲裁却是依据623号合同中的仲裁条款提起，并且裁决了当事人之间的624号合同中的争议。因为缺乏相应的仲裁协议，对该裁决不予承认和执行。

综上，无有效的仲裁协议会导致外国仲裁裁决被拒绝承认与执行，它既包括没有仲裁协议，又包括仲裁协议无效。这里的仲裁协议的效力是依据仲裁协议的准据法来认定的。

2. 违反正当程序

---

① 案件编号：14。

② 案件编号：15。

《纽约公约》第五条第一款（乙）项规定的情形是违反正当程序，[①] 即当事人未得到指定仲裁员或仲裁程序的适当通知，或因其他原因未能申辩。在不予承认及执行的20例案件中，共有3例违反正当程序，比例为15%。这三例案件中的两例同时符合《纽约公约》第五条第一款（丁）项规定的情形，即仲裁庭的组成或仲裁程序不当。

在世界海运管理公司申请承认与执行英国伦敦“ABRA轮2004年12月28日租约”仲裁裁决案[②]中，申请人采用电子邮件方式向被申请人送达指定仲裁员和仲裁程序的通知，但未能提供证据证明被申请人收到了电子邮件，法院从而支持了被申请人关于违反正当程序的抗辩。本案中，世界海运管理公司在申请仲裁后，于2005年2月22日通过案外人给被申请人天津市凯强商贸有限公司发出电子邮件，通知其在14天内指定仲裁员。2005年3月9日世界海运管理公司再次通过案外人向天津市凯强商贸有限公司发送电子邮件，通知其在7天内指定仲裁员。2005年3月17日世界海运管理公司通过案外人又一次通知称，因天津市凯强商贸有限公司在最初通知的14天以及再次给予的7天内没有指定仲裁员，N. S. Sevastoponlos为独任仲裁员。对上述通知，天津市凯强商贸有限公司均未回应。2005年7月18日，英国伦敦仲裁员作出仲裁裁决。此后，天津市凯强商贸有限公司对申请人承认和执行仲裁裁决的申请提出异议，称其从未收到关于指派仲裁员和关于仲裁程序的任何通知。法院根据《纽约公约》第五条第一款（乙）项的规定，对该仲裁裁决不予承认和执行。

在日本信越化学工业株式会社（简称信越公司）申请承认日本商事仲裁协会东京04—05号仲裁裁决案[③]中，所涉仲裁裁决在作出的期限及相关通知程序方面与《日本商事仲裁协会商事仲裁规则》和《日本仲裁法》的相关规定不符，存在《纽约公约》第五条第一款（乙）、（丁）项规定的情形。《日本商事仲裁协会商事仲裁规则》第53.1条规定：“仲裁庭认为仲裁程序已进行得完全充分，可以进行裁决并决定终结审理程序时，仲裁庭应在作出该决定之日起5周内作出仲裁裁决；如果因为案情复杂或其他原因，仲裁庭认为有必要时，可以适当延长该期限，但不得超过8周。”第53.2条规定，“仲裁庭在前款审理终结时，应把将要作出裁决的期限通知当事人”。本案中，2005年7月7日，仲裁庭决定接受申请人信越公司提出的变更仲裁请求的申请，并结束审理。2005年7月29日，仲裁庭通知将于2005

① See Albert Jan van den Berg, *The New York Arbitration Convention of 1958: Toward a Uniform Judicial Interpretation*, Kluwer Law and Taxation Publishers, 1981, p. 296.

② 案件编号：5。

③ 案件编号：8。

年8月底作出裁决。2005年8月31日，仲裁庭又宣布延后20天即应在2005年9月20日作出裁决。但2005年9月20日，仲裁庭既未作出仲裁裁决，也未作出再次延长作出裁决期限的决定并通知当事人。而实际作出裁决的时间是2006年2月23日。法院认为，本案仲裁裁决作出的期限与当事人选择的仲裁规则及仲裁地法律不符，构成《纽约公约》第五条第一款（丁）项规定的情形，此外，仲裁庭没有再次决定延期并通知当事人，构成《纽约公约》第五条第一款（乙）项规定的情形，因而，对本案仲裁裁决，不予承认。

在日本信越化学工业株式会社（简称信越公司）申请承认和执行日本商事仲裁协会东京05—03号仲裁裁决案①中，仲裁庭在审理终结后，没有按照《日本商事仲裁协会商事仲裁规则》第53条的规定，通知被申请人天津鑫茂科技股份有限公司（原天津天大天财股份有限公司，简称鑫贸公司）其作出仲裁裁决的期限，违反了仲裁规则的强制性规定，构成《纽约公约》第五条第一款（丁）项规定的情形。另外，《日本商事仲裁协会商事仲裁规则》第20条规定："1. 申请人可以就同一仲裁协议向协会提出申请变更申请书并变更其申请内容。如果是在仲裁庭组成后提出修改，应当向仲裁庭提出变更申请书的请求，并得到仲裁庭的许可。2. 仲裁庭在作出前款的许可前应事先听取对方当事人的意见。"本案申请人信越公司主张其于2005年8月31日向仲裁庭提出"申请事项变更申请书"后，仲裁庭已于2005年10月21日以国际快递的方式将《征求意见书》邮寄给鑫贸公司，但鑫贸公司否认其收到仲裁庭寄送的"征求意见书"，信越公司未能提交仲裁庭确实已履行上述通知行为的证据；没有任何证据表明仲裁庭于2005年10月21日向鑫贸公司邮寄过上述涉及信越公司变更申请的文件，鑫贸公司也未能就信越公司变更申请的行为提出意见。最高人民法院在复函中认为，"该变更事项通知应当属于仲裁程序中的重要内容，仲裁庭未能将该变更申请通知鑫贸公司，实际上剥夺了鑫贸公司提出申辩的权利和机会"，构成《纽约公约》第五条第一款（乙）、（丁）项规定的情形。

3. 超裁

在不予承认及执行的20例案件中，共有2例是因为超裁，比例为10%。

在超裁问题上，美国GMI公司申请承认和执行英国伦敦金融交易所仲裁裁决案②是一起较典型的案例。本案仲裁庭根据美国GMI公司与芜湖冶炼厂签订的买卖合同中的仲裁条款受理案件，但根据GMI公司的申请，将与GMI公司之间没有

① 案件编号：11。

② 案件编号：2。

仲裁协议的芜湖恒鑫铜业集团有限公司也列为仲裁被申请人，对所谓的 GMI 公司与芜湖冶炼厂及芜湖恒鑫铜业集团有限公司三方之间的纠纷作出了裁决。仲裁裁决的内容包括：被申请人芜湖冶炼厂向申请人 GMI 公司支付金额 5725613.46 美元加上利息；仲裁费用 8765.06 英镑和 2500.00 英镑保证金由被申请人（未指明芜湖冶炼厂还是芜湖恒鑫铜业集团有限公司，或是包括二者在内）支付。最高人民法院在复函中认为：就仲裁范围而言，仲裁庭只能对 GMI 公司与芜湖冶炼厂之间的买卖合同纠纷作出裁决，而仲裁庭对 GMI 公司与芜湖恒鑫铜业集团有限公司之间所谓的买卖合同纠纷所作出的裁决，显然已经超出了本案仲裁协议的范围；根据《纽约公约》第五条第一款（丙）项的规定，如果仲裁庭有权裁决部分与超裁的部分是可分的，则有权裁决的部分是应当承认和执行的；本案中，仲裁庭在裁决书中多次使用“被申请人”的称谓，均未指明是芜湖冶炼厂还是芜湖恒鑫铜业集团有限公司，而从裁决书首部将芜湖冶炼厂和芜湖恒鑫铜业集团有限公司均列为被申请人看，在裁决书没有特别指明的情况下，应认为“被申请人”的含义既包括芜湖冶炼厂也包括芜湖恒鑫铜业集团有限公司，但使用这种称谓并不表明有权裁决部分和超裁部分是不可分的；从最终裁决结果看，对于明确由芜湖冶炼厂单独承担责任的部分，应予承认和执行，对于其他使用“被申请人”这个称谓表明应该承担责任的部分，由于裁决对芜湖冶炼厂及芜湖恒鑫铜业集团有限公司承担的责任没有进行区分，人民法院对于仲裁庭有权裁决部分和超裁部分亦无法区分，故对于无法区分部分的裁决不予承认和执行。

另一起案件是不予承认和执行国际商会仲裁院第 13464/MS/JB/JEM 号仲裁裁决案①。最高人民法院关于该案的复函认为：Hemofarm DD、MAG 国际贸易公司、苏拉么媒体有限公司与济南永宁制药股份有限公司在济南—海慕法姆制药有限公司合资合同中约定的仲裁条款仅约束合资合同当事人就合资事项发生的争议，不能约束济南永宁制药股份有限公司与合资公司济南—海慕法姆制药有限公司之间的租赁合同纠纷；国际商会仲裁院在仲裁 Hemofarm DD、MAG 国际贸易公司、苏拉么媒体有限公司与济南永宁制药股份有限公司合资合同纠纷案件中，对济南永宁制药股份有限公司与合资公司济南—海慕法姆制药有限公司之间的租赁合同纠纷进行了审理和裁决，超出了合资合同约定的仲裁协议的范围。该案运用了最高人民法院通过有关答复确立的一个裁判规则，即合资合同约定的仲裁条款仅约束合资合同当事人就合资事项发生的争议，不能约束合资一方与合资公司之间的争议，如果审理合资合同纠纷的仲裁庭对合资一方与合资公司之间的争议进行审理和裁决，应认定超出

① 案件编号：12。

合资合同约定的仲裁协议的范围。此外，本案超裁的部分还侵犯了中国的司法主权和中国法院的司法管辖权（公共政策）。①

4. 仲裁庭的组成或仲裁程序不当

《纽约公约》第五条第一款（丁）项情形为仲裁庭的组成或仲裁程序不当，即“仲裁机关之组成或仲裁程序与各造间之协议不符，或无协议而与仲裁地所在国法律不符”。在不予承认及执行的 20 例案件中，共有 7 例具有该项情形，比例为 35%。

（1）指定替代仲裁员的程序不当

在邦基农贸新加坡私人有限公司申请承认与执行英国仲裁裁决案②中，仲裁机构重新指定仲裁员的程序与当事人协议选择的仲裁规则不符。本案所涉仲裁协议和仲裁程序的审查，应适用双方当事人约定的国际油、油籽和油脂协会（简称 FOSFA）《上诉和仲裁规则》以及英国 1996 年《仲裁法》。《上诉和仲裁规则》中规定，“本协会将通知没有选定仲裁员或者替代仲裁员的一方当事人，本协会将为其指定一名仲裁员，除非该方当事人在本协会向其发出通知后的 14 日内为自己选定了仲裁员”，而本案中，FOSFA 在为被申请人指定的仲裁员 S. Bigwood 先生自动回避后，并没有向被申请人发出选定替代仲裁员的通知，而是径直为其重新指定了仲裁员。具体情况为：2004 年 8 月 10 日，申请人以被申请人违约为由向伦敦 FOSFA 提起仲裁，并委任 R. W. ROOKERS 先生为仲裁员，同时传真通知被申请人已经提起 FOSFA 仲裁，并要求被申请人指定仲裁员，但被申请人未予答复。基于申请人的申请，FOSFA 于 2004 年 9 月 15 日发函要求被申请人在限定时间内指定仲裁员。2004 年 10 月 1 日，FOSFA 向被申请人发传真，告知为其指定 S. Bigwood 先生作为仲裁员。2004 年 10 月 8 日和 10 月 11 日，被申请人先后两次向 FOSFA 发传真，提出拒绝 FOSFA 为其指定的仲裁员 S. Bigwood 先生，并请求延长指定仲裁员的期限，均被 FOSFA 拒绝。2004 年 10 月 25 日，FOSFA 通知被申请人，原为其指定的仲裁员 S. Bigwood 先生主动申请回避，改指定 W. PLUG 先生作为被申请人的仲裁员。2005 年 2 月 24 日、3 月 30 日和 5 月 11 日，FOSFA 三次致被申请人传真，令其提交答辩，被申请人始终未提交答辩。2005 年 7 月 19 日，R. W. ROOKERS 和 W. PLUG 组成的仲裁庭作出终局裁决。FOSFA 在 S. Bigwood 先生申请回避后，根据仲裁规则，应通知被申请人在 14 日内选定替代仲裁员，而不是径直重新指定仲裁

① 参见于喜富：《违反中国公共政策 ICC 仲裁裁决被拒绝承认及执行》，载《人民法院报》，2008 年 7 月 16 日发布，资料来源于：http：//rmfyb. chinacourt. org/public/detail. php？id=120776，2009 年 12 月 1 日访问。

② 案件编号：7。

员，因此，本案存在《纽约公约》第五条第一款（丁）项规定的“仲裁机关之组成或仲裁程序与各造间协议不符”的情形。

（2）确定独任仲裁员的程序不当

在中海发展股份有限公司货轮公司申请承认伦敦仲裁裁决案①中，独任仲裁员的任命违反了当事人约定的仲裁地的法律。本案所涉协议约定，“在香港仲裁，适用英国法”。该条款应理解为，仲裁地在中国香港，适用英国法作为解决实体争议的准据法。由于当事人没有特别约定仲裁条款的准据法及仲裁程序应适用的法律，这两方面问题应适用仲裁地法，即香港的《仲裁条例》及其指向适用的《联合国国际贸易法委员会国际商事仲裁示范法》（UNCITRAL Model Law on International Commercial Arbitration，以下简称《示范法》）。争议发生后，香港欧华律师行代表申请人指定住所在英国的威廉·柏加作为仲裁员，并向被申请人发出传真，请其于14日内指定仲裁员，否则威廉·柏加将作为独任仲裁员。没有收到被申请人的回音，欧华律师行请求威廉·柏加依照英国1996年仲裁法作为独任仲裁员，威廉·柏加最终以独任仲裁员的身份作出裁决。本案存在多个争议点：第一，仲裁条款的确认。本案所涉协议倒数第三条和倒数第二条约定，“在香港仲裁，适用英国法”；“其他事项依据金康1994租约及其逻辑修订”。申请人提出，金康租约中已明确规定在伦敦仲裁，适用英国仲裁法。法院认为，仲裁条款应依当事人的特别约定，而非金康租约。第二，协议约定的“适用英国法”是否包括仲裁程序法。对此，法院认为，该约定是针对合同实体争议的准据法，而对于仲裁程序问题的法律当事人并未约定。第三，约定的仲裁地点是否仅指“仲裁听证地”。申请人认为“在香港仲裁”指的是仲裁听证地在香港，而仲裁机构、仲裁裁决地、仲裁规则所在地、仲裁员所在地则不受该约定的约束。法院认为，该约定即是对仲裁地的约定。② 第四，仲裁机关的组成是否与仲裁地法律不符。本案所涉仲裁裁决是独任仲裁员威廉·柏加在英国作出的，但仲裁协议已明确约定“在香港仲裁”，法院认为，仲裁程序应当符合当事人约定的仲裁地（中国香港）的法律。根据香港《仲裁条例》第34C条第（5）款的规定，在当事人对仲裁员的人数未达成协议时，当事人首先应向香港国际仲裁中心申请决定仲裁员的人数为1名或3名。如果香港国际仲裁中心决定为独任仲裁，而当事人未能就仲裁员达成一致时，则应适用《示范法》第11条第（3）款（B）项规定的程序确定独任仲裁员，即应由一方当事人申请由仲

---

① 案件编号：10。

② 武汉海事法院的审查意见认为，仲裁听证地对仲裁而言没有任何实质影响，如果把“在香港仲裁”理解为仅仲裁听证地在香港，则当事人的此约定就没有意义了。

裁中心指定该名仲裁员。本案中，仲裁员的任命违反了《仲裁条例》和《示范法》规定的上述程序，从而根据《纽约公约》第五条第一款（丁）项的规定，对所涉仲裁裁决不予承认和执行。

（3）缺员仲裁庭

马绍尔群岛第一投资公司申请承认和执行英国伦敦临时仲裁庭仲裁裁决案①是一起有关缺员仲裁庭的案件。缺员仲裁庭，英文为 truncated tribunal，也有称为“跛足仲裁庭”或“不完整的仲裁庭”，它涉及仲裁庭的完整性。② 在这起案件当中，仲裁庭虽然由 3 名仲裁员组成，但是仲裁员王生长并未参与仲裁的全过程，没有参与最终仲裁裁决的全部审议。法院认为，本案仲裁庭的组成或仲裁程序与当事人之间仲裁协议的约定不符，也与仲裁地英国的法律相违背。

本案中，仲裁条款约定“3 名仲裁员应组成仲裁庭，来解决争议的事项”，但仲裁员王生长没有参与程序问题第 8 号裁定的审议，也没有参与仲裁裁决第二稿和第三稿的审议。从 2006 年 2 月下半月王生长没有音讯之后，参与仲裁程序的就只有马丁·亨特和布鲁斯·哈利斯两名仲裁员。根据 1996 年英国仲裁法，仲裁庭组成有缺陷时的法定补救措施包括撤销对仲裁员的授权、申请法院撤换仲裁员、重新指定仲裁员等，而根据该法第 27 条规定，当某仲裁员停止行使职权时，当事人得自由约定是否以及如何填补其空缺。为了追求效率、节约仲裁成本，许多现代仲裁规则均授权缺员仲裁庭在某些情况下可以继续完成仲裁，本案的剩余两名仲裁员显然也接受了这一观点。法院认为：当事人关于仲裁庭组成的约定适用于仲裁程序的全程，包括当事人提供全部证据的听证、听取当事人辩论的听证、仲裁员之间对裁决的审议等。另外，当出现某仲裁员不能履行职责的情形时，当事人应享有采取法定补救措施和作出选择的权利。因而，本案仲裁庭的组成或仲裁程序与仲裁协议的约定不符，也与仲裁地法不符。

（4）违反前置协商程序

百事（中国）投资有限公司申请承认及执行瑞典斯德哥尔摩商会仲裁院 111/2003 号仲裁裁决案③与百事公司申请承认及执行瑞典斯德哥尔摩商会仲裁院第 076/2002 号仲裁裁决案④面临到仲裁协议约定有前置协商程序的问题。在这两个

① 案件编号：9。

② 参见万鄂湘：《在纪念〈纽约公约〉通过 50 周年暨学术研讨会上的讲话》，2008 年 6 月 6 日，资料来源于：人大国际法网，http://www.rucil.com.cn/article/default.asp?id=798，2009 年 12 月 1 日访问。

③ 案件编号：17。

④ 案件编号：18。

案子中，当事人在仲裁条款中分别约定了争议发生后有90日和45日的协商期，协商不成的可提交仲裁解决。而事实是，两案中的申请人在争议发生后没有进行任何协商程序便直接提起了仲裁，后瑞典斯德哥尔摩商会仲裁院进行了仲裁程序，并分别作出了111/2003号仲裁裁决和第076/2002号仲裁裁决。法院认为，这两起案件中，当事人在仲裁条款中约定的前置协商程序合法有效，对当事人具有拘束力。因而，两案存在仲裁程序与仲裁协议的约定不符的情形。

这里，当事人提出的仲裁程序不当的抗辩，即仲裁庭在当事人未经协商的情况下受理仲裁案件与仲裁协议不符，较不常见。须注意的是，这两案中，当事人对于前置协商程序的约定明确具体且可执行，因而该约定对双方具有拘束力。假如仲裁协议中仅约定“争议发生后应协商解决，协商不成的可提交仲裁”，则不能以未经过协商为由拒绝承认和执行所涉仲裁裁决。一方面，仅仅约定“协商”，它是一个极其模糊的概念，该约定很难把握和执行，从而对当事人没有强制拘束力；① 另一方面，从当事人的角度来分析，如果一方当事人提起了仲裁，法官也可由此反推“协商不成”，因为仲裁协议并没有约定协商的方式、程序和时间。

(5) 缺少必要通知程序

仲裁程序不当的情形更多地反映在缺少必要的通知程序。如果仲裁机构或仲裁庭没有按照当事人约定的仲裁程序、仲裁规则或仲裁法的规定履行通知程序，则可能因仲裁程序不当而导致所涉仲裁裁决被拒绝承认与执行。通知程序的欠缺还可能违反正当程序，因其致当事人未能申辩。例如，前述日本信越化学工业株式会社申请承认日本商事仲裁协会东京04—05号仲裁裁决案②和日本信越化学工业株式会社申请承认和执行日本商事仲裁协会东京05—03号仲裁裁决案③便同时存在《纽约公约》第五条第一款（乙）项和（丁）项的情形——仲裁程序不当和违反正当程序的情形。

5. 裁决尚无拘束力、被撤销或停止执行

在不予承认及执行的20例案件中，尚没有一例具有《纽约公约》第五条第一款（戊）项规定的仲裁裁决尚无拘束力、被撤销或停止执行的情形。然而，在实践中，有关仲裁裁决尚无拘束力的抗辩时有发生。例如，前述邦基农贸新加坡私人有限公司申请承认与执行英国仲裁裁决案④中，被申请人答辩称，所涉仲裁裁决不

---

① 英国法认为这种情况是“不可执行的约定”，因而对当事人不具有拘束力。参见杨良宜：《仲裁法——从1996年英国仲裁法到国际商务仲裁》，法律出版社2006年版，第26~28页。

② 案件编号：8。

③ 案件编号：11。

④ 案件编号：7。

符合《纽约公约》的规定，该裁决书尚未生效，理由是仲裁裁决尚未向被申请人有效送达，但最高人民法院在复函中未采纳这一意见。中国司法实践中，尚未遇到案涉外国仲裁裁决被撤销或停止执行的抗辩。

（二）法院可依职权审查的情形

1. 争议事项不具有可仲裁性

在不予承认及执行的20例案件中，有1例是因为裁决争议依据中国法不具有可仲裁性，该案也是中国法院援引该情形的第一案。

该案即某申请承认及执行蒙古国家仲裁庭仲裁裁决案①。该案中，两位中国公民签订了关于在蒙古国注册设立有限责任公司的合同，合同中含有仲裁条款。后在公司运营过程中，作为合同当事人的一位中国公民病逝，其妻向蒙古国仲裁庭提出仲裁申请，请求仲裁庭终止合同、确认其拥有公司注册资本50%的权利等。后仲裁庭裁决确认申请人的法定继承人地位以及因该地位而应获得的投资财产权，但裁决未就公司的继续经营及撤销等商事纠纷作出处理。法院认为：涉案仲裁裁决主要是就继承事项作出的裁决；根据《纽约公约》第五条第二款（甲）项规定，以及中国《仲裁法》第三条继承纠纷不能仲裁的规定，应对案涉仲裁裁决不予承认及执行。

2. 违反公共政策

在不予承认及执行的20例案件中，有1例存在违反公共政策的情形，该案也是中国法院援引该情形的第一案。

如前所述，不予承认和执行国际商会仲裁院第13464/MS/JB/JEM号仲裁裁决案②同时具有超裁和违反公共政策的情形。该案中，中国有关法院已经就济南永宁制药股份有限公司（以下简称永宁公司）与济南一海慕法姆制药有限公司（以下简称合资公司）之间的租赁合同纠纷，裁定对合资公司的财产进行保全，并作出了判决，国际商会仲裁院再对该租赁合同纠纷进行审理并裁决，侵犯了中国的司法主权和中国法院的司法管辖权。1995年12月22日，Hemofarm DD、MAG国际贸易公司与永宁公司签订《济南一海慕法姆制药有限公司合资合同》（以下简称合资合同），成立合资企业。2000年4月，苏拉么媒体有限公司加入，成为合资公司股东。2002年8月6日，永宁公司向济南中院起诉合资公司，要求给付租金并返还部分租赁财产。2003年1月17日，永宁公司向济南中院起诉合资公司，要求支付

① 案件编号：20。

② 案件编号：12。

土地租金并返还部分租赁土地。2003 年 8 月 2 日，永宁公司向济南中院起诉合资公司，要求支付新欠租金并返还部分租赁财产，后永宁公司撤诉，但其于 2004 年 9 月就撤诉案件向济南中院重新起诉，要求合资公司支付欠付的租金。这三起诉讼最终均由山东省高级人民法院作出了终审判决。诉讼过程中，就永宁公司向法院提交的财产保全申请，济南中院也准许了申请，并查封了合资公司部分银行存款和产品。2004 年 9 月 3 日，Hemofarm DD、MAG 国际贸易公司、苏拉么媒体有限公司作为共同申请人向国际商会仲裁院提起仲裁申请，提出了 8 项仲裁请求，包括请求明确“诉讼判令的租金不能支付”、责令被申请人撤回诉讼请求、赔付在诉讼中花费的费用等。仲裁庭草拟的仲裁审理范围书列举的待裁决事项包括：被申请人对合资公司提起诉讼是否构成对合资合同的违反；被申请人是否不应当就这些争议提起诉讼，而应根据合资合同从而依国际商会仲裁规则进行仲裁；当事人之间的争议是合资合同下的出资还是被申请人与合资公司之间的租赁关系。永宁公司反对将中国法院已经审理的争议事项纳入仲裁审理范围，对待决事项的界定提出保留，并拒绝在审理范围书上签字。后来的仲裁裁决表明了仲裁庭对相关问题的意见，“……在仲裁庭看来，申请法院作出和执行财产保全裁定不具有任何法律和商业上的正当性；造成合资公司失败直至最终停止运营的最直接、最迅速的原因是中国法院在诉讼中作出的财产保全裁定的执行；共同申请人因被申请人方在诉讼中申请财产保全这一直接原因损失了其在合资公司中的投资，所以申请人可获得损失赔偿……”另外，该裁决还就赔付诉讼费用的请求进行审理，并裁决共同申请人可获得诉讼费用的 30%。法院认为，如承认及执行该案仲裁裁决，将违反中国公共政策。一方面，本案仲裁裁决否定了人民法院生效判决、裁定的既判力，损害了中国的司法主权；另一方面，本案仲裁裁决侵害了人民法院的司法管辖权。

三、申请不符合国内执行程序相关规定

申请不符合国内执行程序相关规定也可能导致裁决得不到承认与执行。在不予承认及执行的 20 例案件中，此类案件共有 3 例，占 15%。其中两例是因为申请超过了法定期限，1 例是因为被申请人不存在。

（一）申请承认及执行的期限

根据 1987 年《最高人民法院关于执行我国加入的〈承认及执行外国仲裁裁决

公约〉的通知》（以下简称《关于执行公约的通知》）①，申请我国法院承认及执行外国仲裁裁决，应当在民事诉讼法规定的申请执行期限内提出。1982年《中华人民共和国民事诉讼法（试行）》② 第一百六十九条规定："申请执行的期限，双方或者一方当事人是个人的为一年；双方是企业事业单位、机关、团体的为六个月。"1991年《中华人民共和国民事诉讼法》（以下简称《民事诉讼法》）第二百一十九条规定："申请执行的期限，双方或者一方当事人是公民的为一年，双方是法人或者其他组织的为六个月。前款规定的期限，从法律文书规定履行期间的最后一日起计算；法律文书规定分期履行的，从规定的每次履行期间的最后一日起计算。"2007年修订后的《民事诉讼法》第二百一十五条规定："申请执行的期间为二年。申请执行时效的中止、中断，适用法律有关诉讼时效中止、中断的规定。前款规定的期间，从法律文书规定履行期间的最后一日起计算；法律文书规定分期履行的，从规定的每次履行期间的最后一日起计算；法律文书未规定履行期间的，从法律文书生效之日起计算。"

上述两例因为申请超过了法定期限而导致裁决得不到承认与执行的案例适用的是1991年《民事诉讼法》第二百一十九条的规定。塞浦路斯瓦赛斯航运有限公司申请承认和执行英国伦敦仲裁庭作出的仲裁裁决案③中，受案法院认为："本案中伦敦仲裁庭的三份裁决分别是在2001年3月14日、2001年6月20日、2002年2月13日作出，本院于2004年1月17日收到申请人申请承认和执行仲裁裁决的书面材料。虽然三份仲裁裁决均未明确履行期限，且送达时间不明，但本案中国粮油饲料有限公司和中国人民财产保险股份有限公司河北省分公司向英国高等法院提出诉讼的时间，表明三份仲裁裁决书已于2002年3月28日前送达给两被申请人，同时也可以证明该仲裁裁决书在该日前也已向本案申请人进行了送达。申请人向本院提出承认和执行仲裁裁决已经超出我国《民事诉讼法》规定的六个月申请执行期间。英国高等法院对仲裁裁决异议案件的审理及裁决不构成申请人申请承认和执行仲裁裁决期限中断或延长的理由。"④ 在另一个案例彼得·舒德申请承认及执行美国仲裁委员会裁决案⑤中，根据相关规定并结合本案事实，申请人彼得·舒德应在

---

① 法（经）发〔1987〕5号，1987年4月10日。

② 已废止。

③ 案件编号：3。

④ 参见天津海事法院〔2004〕津海法确字第1号民事裁定书，资料来源于：上海国际贸易律师网，http://www.shlawyer.org/Article/Class03/Sclass02/Article_2046.htm，2009年12月1日访问。

⑤ 案件编号：6。

2003年7月5日前向人民法院提出申请，但其向北京市第一中级人民法院提出申请的时间为2003年10月30日，已经超过了法定期限。

1. 1991年《民事诉讼法》规定的申请执行期限

根据1991年《民事诉讼法》第二百一十九条的规定，申请执行的期限区分当事人是至少一方是公民（自然人）还是均为法人或其他组织，分别为“一年”和“六个月”。《民事诉讼法》中并没有明确规定该申请执行期限的中止、中断及延长。但依据《最高人民法院关于适用〈中华人民共和国民事诉讼法〉若干问题的意见》① 第二百六十七条，申请执行期限存在一种特殊的“中止”情况。② 此外，《最高人民法院关于在防治传染性非典型肺炎期间依法做好人民法院相关审判、执行工作的通知》③ 第五条第（一）款规定表明，《民事诉讼法》第七十六条关于申请顺延期限的规定适用于申请执行期限。④ 但是，关于诉讼时效中止、中断的规定是否能够适用于申请执行期限，仍缺少规定。有人认为，申请执行期限是“除斥期间”，不适用诉讼时效中止、中断的规定。⑤

相对于1982年《中华人民共和国民事诉讼法（试行）》，1991年《民事诉讼法》增加了关于申请执行期限起算的规定，即“从法律文书规定履行期间的最后一日起计算；法律文书规定分期履行的，从规定的每次履行期间的最后一日起计算”。

2. 2007年修订后的《民事诉讼法》规定的申请执行期限

---

① 法发〔1992〕22号，1992年7月14日。

② 《最高人民法院关于适用〈中华人民共和国民事诉讼法〉若干问题的意见》第二百六十六条规定：“一方当事人不履行或者不完全履行在执行中双方自愿达成的和解协议，对方当事人申请执行原生效法律文书的，人民法院应当恢复执行，但和解协议已履行的部分应当扣除。和解协议已经履行完毕的，人民法院不予恢复执行。”第二百六十七条规定：“申请恢复执行原法律文书，适用民事诉讼法第二百一十九条申请执行期限的规定。申请执行期限因达成执行中的和解协议而中止，其期限自和解协议所定履行期限的最后一日起连续计算。”

③ 法〔2003〕72号，2003年6月11日。

④ 《最高人民法院关于在防治传染性非典型肺炎期间依法做好人民法院相关审判、执行工作的通知》第五条第（一）款规定：“当事人因防治‘非典’耽误申请执行期限的，人民法院按照《中华人民共和国民事诉讼法》第七十六条的规定处理。”《民事诉讼法》第七十六条规定：“当事人因不可抗拒的事由或者其他正当理由耽误期限的，在障碍消除后的十日内，可以申请顺延期限，是否准许，由人民法院决定。”

⑤ 参见郑瑞琨：《本案裁决申请执行期间已中断》，载《人民法院报》，2004年2月24日发布，资料来源于：http：//oldfyb. chinacourt. org/public/detail. php? id = 66852，2009年12月1日访问。

2007年修订后的《民事诉讼法》对于申请执行期限进行了较大修改：第一，申请执行期间不论当事人是公民（自然人）还是法人或其他组织均修改为二年；第二，申请执行时效的中止、中断，适用有关诉讼时效中止、中断的规定；第三，关于申请执行期间的起算，增加规定“法律文书未规定履行期间的，从法律文书生效之日起计算”。

《最高人民法院关于适用〈中华人民共和国民事诉讼法〉执行程序若干问题的解释》① 第二十七条和第二十八条更加明确了申请执行时效中止和中断的情况，而该解释第二十八条实际上对《最高人民法院关于适用〈中华人民共和国民事诉讼法〉若干问题的意见》第二百六十七条进行了修改。其第二十七条规定：“在申请执行时效期间的最后六个月内，因不可抗力或者其他障碍不能行使请求权的，申请执行时效中止。从中止时效的原因消除之日起，申请执行时效期间继续计算。”第二十八条规定：“申请执行时效因申请执行、当事人双方达成和解协议、当事人一方提出履行要求或者同意履行义务而中断。从中断时起，申请执行时效期间重新计算。”

3. 简要评析

从上述可以看出，中国法律对于申请执行期限的规定从较短期间修改为较长期间，也增加规定了中止、中断的情形，新法较之旧法更有利于保护申请执行人的利益。如前述彼得·舒德申请承认及执行美国仲裁委员会裁决案②，假如适用时效中止的规定，则从“非典”疫情爆发直至威胁解除的数月不应计算在一年的申请执行期限以内，案件结局可能会不同。但尽管法律已经进行修改，当事人仍然不能对申请执行期限问题掉以轻心，而应尽可能避免由于违反国内执行程序相关规定而导致仲裁裁决得不到承认与执行。

关于申请执行期限，还应明确以下两点：第一，中国法律有关申请执行期限的规定符合《纽约公约》的规定。这是因为，一方面，申请执行期限问题不属于《纽约公约》规定的执行“条件”，而应适用被请求执行国的国内法，另一方面，中国关于执行期限的规定适用于所有执行申请，并非专门针对外国仲裁裁决的执行申请，因而不存在“较承认或执行内国仲裁裁决附加过苛之条件或征收过多之费用”的情形。第二，中国法律规定申请执行期限有其积极意义，它有利于督促当事人积极行使自己的权利，并有利于保证经济关系不会长期处于不稳定的状态。

---

① 法释〔2008〕13号，2008年11月3日。

② 案件编号：6。

（二）其他因素

在某公司申请承认和执行国际争端解决中心国际仲裁庭仲裁裁决案①中，被申请人并未在中国工商行政管理机关注册登记，由于法律意义上被申请人并不存在，根据国内执行程序相关规定，中国法院无法承认和执行本案所涉仲裁裁决。除被申请人不存在以外，其他因素还包括：根据国内执行程序相关规定，没有具有管辖权的法院等。这类由于其他因素导致仲裁裁决得不到承认与执行的案件具有一定偶然性。当事人在提出申请承认与执行的请求时，应注意使自己的申请符合有关规定。

四、与公约适用相关的具体法律问题

中国法院在适用《纽约公约》的过程中，会遇到一些具体的法律问题，对这些具体法律问题采取何种处理方法，也将影响到案件的最终结果。下面结合实践中的案例对一些较典型的问题进行分析。

（一）与仲裁协议相关的法律问题

如前所述，无有效的仲裁协议会导致外国仲裁裁决被拒绝承认与执行。下面通过分析相关案例，介绍中国法院确定仲裁协议准据法的方法以及中国法院认定国际商事仲裁协议效力遇到的若干法律问题。

中国法院在审查外国仲裁裁决的承认和执行时，以及监督国内涉外仲裁协议及涉外仲裁裁决时，均会遇到对国际商事仲裁协议效力的认定问题，而法院处理此类问题的态度是一致的，因此，下面有关国际商事仲裁协议效力的讨论将不局限于公约相关案例，而将法院监督国内涉外仲裁协议及涉外仲裁裁决的案例也包括在内，以便更好地认识法院目前的司法实践。

1. 仲裁协议的准据法

中国法院确定仲裁协议准据法的方法为：其一，当事人约定的法律；其二，仲裁地法律；其三，当事人没有约定适用的法律也没有约定仲裁地或仲裁地约定不明的，适用法院地法律。三者为顺序选择适用的关系。其中前二者与《纽约公约》第五条第一款（甲）项保持一致，“法院地法”仅为前二者的补充。

根据《纽约公约》第五条第一款（甲）项的规定，仲裁协议效力应适用“当事人作为协定准据之法律”，或“未指明以何法律为准时”，适用“裁决地所在国法律”。中国的司法实践在公约的基础上形成了进一步的规则，如最高人民法院

① 案件编号：19。

“关于江门市华尔润玻璃有限责任公司诉斯坦因·霍特公司、上海斯坦因·霍特迈克工业炉有限公司产品责任纠纷案有关仲裁条款效力的请示的复函”① 认为：“根据多年来的司法实践以及本院第二次全国涉外商事海事审判工作会议纪要所确定的原则，当事人在合同中明确约定了仲裁条款效力的准据法的，应当适用当事人明确约定的法律；未约定仲裁条款效力的准据法但约定了仲裁地的，应当适用仲裁地国家或者地区的法律。只有在当事人未约定仲裁条款效力的准据法亦未约定仲裁地或者仲裁地约定不明的情况下，才能适用法院地法即中国法律作为确认仲裁条款效力的准据法。”该确定方法并在《最高人民法院关于适用〈中华人民共和国仲裁法〉若干问题的解释》（以下简称《解释》）② 中被予以明确。《解释》第十六条“对于确认仲裁协议效力所应适用的准据法作出的规定”③ 为：“对涉外仲裁协议的效力审查，适用当事人约定的法律；当事人没有约定适用的法律但约定了仲裁地的，适用仲裁地法律；没有约定适用的法律也没有约定仲裁地或者仲裁地约定不明的，适用法院地法律。”实践中，许多案例均采取上述方法确定仲裁协议准据法，例如，前述旭普林案④根据中国法律确认所涉仲裁条款的效力，而美国 VOEST-ALPINE 国际贸易公司申请承认新加坡国际仲裁中心仲裁裁决案⑤中，判断仲裁协议是否成立适用新加坡法律。

2. 与提单有关的仲裁条款问题

（1）提单仲裁条款

提单仲裁条款是指，作为承运人的船方直接在其格式提单中规定仲裁条款，或者直接援引未经租船方确认的其他格式租约中的仲裁条款。提单仲裁条款不是船货双方平等协商的结果，不能反映提单持有人的真实仲裁意愿，因而在中国审判实践中不被承认。⑥ 近期案例包括中国北京埃力生进出口有限公司诉日本太阳航行贸易

---

① 最高人民法院〔2006〕民四他字第 9 号复函，载《涉外商事海事审判指导》2006 年第 2 辑，人民法院出版社 2007 年版，第 83 ~ 88 页。

② 法释〔2006〕7 号，2005 年 12 月 26 日最高人民法院审判委员会第 1375 次会议通过，2006 年 8 月 23 日最高人民法院公告公布，自 2006 年 9 月 8 日起施行。

③ 参见沈德咏、万鄂湘主编，最高人民法院研究室、民事审判第四庭编著：《最高人民法院仲裁法司法解释的理解与适用》，人民法院出版社 2007 年版，第 125 页。

④ 案件编号：13。

⑤ 案件编号：16。

⑥ 参见王彦君：《人民法院审查与协助执行涉外商事海事仲裁案件的法律与适用》，载《涉外商事海事审判指导》2008 年第 2 辑，人民法院出版社 2009 年版，第 182 ~ 183 页。

有限公司、新加坡松加船务有限公司海上货物运输合同纠纷管辖权异议上诉案①。本案中，松加船务有限公司签发的提单记载显示，承运人为松加船务有限公司，通知人为北京埃力生进出口有限公司，收货人凭指示。提单正面约定："船东对货物的运费、空仓费、滞期费、司法扣押费用及代理律师的费用等享有留置权，即使货物已交付给承运人或提单持有人或保管人。如果租约未能足够包含上述条款，则提单项下所产生的任何纠纷应提交伦敦或纽约仲裁，船东/承运人享有选择权，具体按 SHELLVOY84 仲裁条款的规定。"最高人民法院在复函中认为，涉案提单正面记载的仲裁条款不属于租约仲裁条款并入提单，而属于提单仲裁条款，该提单仲裁条款的约定属于承运人单方意思表示，对持有提单的北京埃力生进出口有限公司不具有约束力。

（2）租约并入提单仲裁条款

租约并入提单的仲裁条款效力问题，因为无法可依，尚且存在争议。目前，最高人民法院在审查租约并入提单仲裁条款时，采取了与英国法类似的原则，即：首先审查租约并入提单仲裁条款是否明示并入。所谓明示并入，要求并入条款必须把仲裁或类似字样在提单的正面表示出来，如在提单正面注明，某租约的"一切条款，包括仲裁条款"并入本提单。其次是审查租约中的仲裁条款是否明确可执行。再次是审查从仲裁条款的文字上理解，能否把提单持有人包括在内。例如，约定临时仲裁庭由船方指定一名仲裁员、租船人指定一名仲裁员、双方的仲裁员再指定第三名仲裁员来组成，这种约定实际上已明确纠纷双方为船东和租船人，从而对于既非船东又非租船人的提单持有人不具有约束力。如果通过了上述三个步骤的审查，则该租约并入提单的仲裁条款即为有效且能约束提单持有人。② 下面通过相关案例来看两个具体问题。

问题一，租约并入提单仲裁条款是否明示并入。

在利比里亚力量船务公司与重庆新涪食品有限公司海上货物运输合同纠纷管辖权异议案③中，因并入条款在提单的背面，因而不构成有效的明示并入。该案中，新涪食品公司是租约提单下的收货人。涉案提单载明：（1）提单根据租约使用；（2）提单表明了据以发生本案运输的租约日期为 2004 年 3 月 30 日；（3）提单运

---

① 参见最高人民法院〔2007〕民四他字第 14 号复函，载《涉外商事海事审判指导》2007 年第 2 辑，人民法院出版社 2008 年版，第 73～79 页。

② 参见王彦君：《人民法院审查与协助执行涉外商事海事仲裁案件的法律与适用》，见最高人民法院民事审判第四庭编：《涉外商事海事审判指导》2008 年第 2 辑，人民法院出版社 2009 年版，第 182～183 页。

③ 参见最高人民法院〔2006〕民四他字第 26 号复函，载《涉外商事海事审判指导》2007 年第 1 辑，人民法院出版社 2007 年版，第 76～82 页。

输条件参见背面条款；（4）提单背面明确约定“本提单正面注明日期的租约条款、条件、权利和除外，包括法律适用和仲裁条款，均并入本提单”。最高人民法院在复函中认为，本案中利比里亚力量船务公司主张租约条款包括仲裁条款已经并入到提单中，但其记载于提单背面，而未明确记载于提单正面，不应视为有效并入，租约中的仲裁条款对本案提单持有人新涪食品公司不具有约束力。

在中国平安财产保险股份有限公司大连分公司与中远航运股份有限公司、广州远洋运输公司海上货物运输合同保险代为求偿案所涉仲裁条款效力①问题上，最高人民法院采取了同样态度。本案所涉提单正面记载“2004 年 4 月 19 日租约中条款、条件、除外责任等并入本提单”；提单背面条款第一项规定“正面所注明日期的租约中所有条款，包括免责条款、法律适用条款和仲裁条款都并入提单。”因为提单正面未明确记载将租约中的仲裁条款并入提单，背面记载的有关并入的格式条款并不构成租约仲裁条款的有效并入，该仲裁条款对中国平安财产保险股份有限公司大连分公司不具有约束力。

类似案例还有中国中化集团公司诉海里公司海上货物运输合同货损赔偿纠纷所涉仲裁条款效力问题②，北京中钢天铁钢铁贸易有限公司、唐山百工实业发展有限公司诉中远航运股份有限公司海上货物运输合同纠纷所涉仲裁条款效力问题③等，将在后面介绍。

问题二，确定被并入的租约及其仲裁条款。

能否以及如何确定被并入的租约及其仲裁条款是这个问题的另一个方面。如前述韩进船务有限公司申请承认和执行英国仲裁裁决案④中，因为韩进船务有限公司（简称韩进公司）不能证明其提交的包运合同就是提单载明的租船合同，因此认定该包运合同没有并入提单，包运合同中的仲裁条款当然也没有并入提单。本案所涉提单正面记载，“本提单同租船合同一起使用”，并注明：日期为 2002 年 1 月 15 日的租船合同。提单背面所载明的“运输条款”第（1）条约定：“正面注明特定日期的租船合同中的所有条件、条款、权利和除外事项，包括法律适用和仲裁条款，都并入本提单。”仲裁员罗伯特·嘉仕福特（Robert Gaisford）作出裁决认为：日

---

① 参见最高人民法院〔2006〕民四他字第 49 号复函，载《涉外商事海事审判指导》2007 年第 1 辑，人民法院出版社 2007 年版，第 124～130 页。

② 参见最高人民法院〔2009〕民四他字第 12 号复函，载《涉外商事海事审判指导》2009 年第 1 辑，人民法院出版社 2009 年版，第 96～97 页。

③ 参见最高人民法院〔2009〕民四他字第 13 号复函，载《涉外商事海事审判指导》2009 年第 1 辑，人民法院出版社 2009 年版，第 98～99 页。

④ 案件编号：4。

期为 2004 年 5 月 7 日的提单并入了日期为 2002 年 1 月 15 日的包运合同的条款，包括其中包含的谷物标准租船合同仲裁条款。被申请人富虹公司认为：仲裁员认定富虹公司与韩进公司存在以包运合同中的仲裁条款为内容的仲裁协议，理据不足。其抗辩理由包括：韩进公司提供的“租船合同”（包运合同）载明的内容是路易达孚公司与中散运输有限公司之间的 12 个航次的运输，合同期限从 2002 年 1 月 1 日起至 2003 年 1 月 30 日止，而本案货物运输为韩进公司从 2004 年 5 月 7 日开始履行的运输，明显与上述租船合同文本无关；仲裁员在仲裁前已知道富虹公司声明没有收到任何包运合同，韩进公司也没有相应地举证；韩进公司提供的租船合同文本也没有经过当事人签署。法院最终以韩进公司与富虹公司之间不存在书面仲裁协议为由拒绝了韩进公司承认和执行仲裁裁决的请求。

类似地，最高人民法院在“关于中国中化集团公司诉海里公司海上货物运输合同货损赔偿纠纷所涉仲裁条款效力问题的请示的复函”① 中认为：涉案提单为租船合同项下的格式提单，提单正面载明“与租船合同合并使用”，但并没有明确记载被并入提单的租船合同当事人名称及订立日期；提单背面条款约定“租船合同中的所有条件、条款、权利和免责，包括法律适用和仲裁条款，已经并入本提单”，但由于并入提单的租船合同记载不明确，也就失去了事实依据；因此，涉案提单正面记载以及提单背面条款约定不产生租船合同仲裁条款并入提单并约束提单持有人的效力。最高人民法院在《关于北京中钢天铁钢铁贸易有限公司、唐山百工实业发展有限公司诉中远航运股份有限公司海上货物运输合同纠纷所涉仲裁条款效力问题的请示的复函》② 中认为：涉案提单为与租约合并使用的简式提单，但提单正面未明示记载将租约包括仲裁条款并入提单，且中远航运股份有限公司提交的租约与提单上记载的租约日期不一致，因而，中远航运股份有限公司认为租约包括仲裁条款已经并入提单的主张缺乏事实和法律依据，租约中的仲裁条款对本案原告不具有约束力。

（3）小结

从上述可以看出，中国法院对提单仲裁条款、租约并入提单仲裁条款问题已形成一定倾向性做法，即：对提单仲裁条款不予承认；租约并入提单仲裁条款必须是明示并入，要求并入条款必须把仲裁或类似字样在提单的正面表示出来，而被并入的租约及其仲裁条款也必须是可确定和可执行的，只有这样，该租约并入提单的仲

---

① 参见最高人民法院〔2009〕民四他字第 12 号复函，最高人民法院民事审判第四庭编：《涉外商事海事审判指导》2009 年第 1 辑，人民法院出版社 2009 年版，第 96～97 页。

② 参见最高人民法院〔2009〕民四他字第 13 号复函，最高人民法院民事审判第四庭编：《涉外商事海事审判指导》2009 年第 1 辑，人民法院出版社 2009 年版，第 98～99 页。

裁条款才有效且能约束提单持有人。

3. 默示仲裁协议

中国法在一般情况下，不承认以单方意思为基础的“默示”仲裁协议。如申请人番禺珠江钢管有限公司（以下简称番禺珠江公司）与被申请人深圳市泛邦国际货运代理有限公司（以下简称深圳泛邦公司）申请确认仲裁协议效力案①中，由于仲裁条款没有约定具体的仲裁机构，深圳泛邦公司向番禺珠江公司发出律师函，提出将涉案纠纷提交在北京的中国海事仲裁委员会仲裁，并要求番禺珠江公司在收到此律师函后的 3 日内回复意见，否则视为默示同意将仲裁机构确定为中国海事仲裁委员会，番禺珠江公司对该律师函未作答复。本案仲裁条款效力适用中国法。法院认为，深圳泛邦公司根据上述事实主张番禺珠江公司已默示同意、双方已就选定的仲裁机构达成协议，缺乏法律依据。

中国法在特殊情况下，即当事人放弃对仲裁协议效力提出异议的权利的情况下，可以认为达成了默示仲裁协议。《中华人民共和国仲裁法》（以下简称《仲裁法》）第二十条第二款规定，“当事人对仲裁协议效力有异议的，应在仲裁庭首次开庭前提出”。《解释》第十三条第一款规定，“依照仲裁法第二十条第二款的规定，当事人在仲裁庭首次开庭前没有对仲裁协议的效力提出异议，而后向人民法院申请确认仲裁协议无效的，人民法院不予受理”。据此，如果仲裁协议依法应认定为无效，但一方当事人申请仲裁后，对方当事人放弃对仲裁协议效力提出异议且进行实体答辩的，可以认为达成了默示仲裁协议。在申请撤销中国国际经济贸易仲裁委员会（2008）中国贸仲京裁字第 0044 号裁决案②中，由于中华药业公司的受托人刘会利律师于仲裁庭开庭时，并未提出管辖权异议，而是进行了实体答辩，可以认为中华药业公司放弃了提出异议的权利，从而仲裁庭对案件有管辖权。

4. 仲裁条款对未约定仲裁合同的拓展——关联合同

迈可达（青岛）运动用品有限公司（以下简称迈可达公司）与云中漫步国际公司（以下简称云中漫步公司）还款合同纠纷管辖权争议案③中，中国法院援用关联合同理论认可了仲裁条款对未约定仲裁合同的拓展。本案中，迈可达公司和云中漫步公司于 2001 年 5 月 16 日签订《生产协议》，该协议第二十三条“争议解

---

① 参见最高人民法院〔2009〕民四他字第 7 号复函，载《涉外商事海事审判指导》2009 年第 1 辑，人民法院出版社 2009 年版，第 85 ~ 89 页。

② 参见最高人民法院〔2009〕民四他字第 1 号复函，载《涉外商事海事审判指导》2009 年第 1 辑，人民法院出版社 2009 年版，第 111 ~ 117 页。

③ 参见最高人民法院〔2006〕民四他字第 4 号复函，载《涉外商事海事审判指导》2006 年第 1 辑，人民法院出版社 2006 年版，第 96 ~ 102 页。

决”约定了协商、调解和仲裁争议解决方式。2002 年 10 月 1 日和 12 月 24 日，双方又就支付货款达成了两份协议（还款协议），内容涉及对欠款的确认和欠款的偿还等。后因云中漫步公司未完全履行还款协议，迈可达公司向法院提起诉讼，请求判令云中漫步公司偿还欠款。云中漫步公司提出管辖权异议，称《生产协议》中的“争议解决”条款应适用于所涉争议。迈可达公司对管辖权异议答辩称，迈可达公司此次主张的依据和事实是还款协议，而非《生产协议》，由于还款协议未约定仲裁条款，迈可达公司有权向有管辖权的中国法院提起诉讼。在向上级人民法院请示之前，青岛市中级人民法院的审查意见为，还款协议虽然源于《生产协议》，但一经达成就独立于《生产协议》，在双方当事人之间形成新的还款合同法律关系，由于在还款合同法律关系中，双方当事人未约定仲裁协议或仲裁条款，法院享有司法管辖权。山东省高级人民法院的处理意见也认为，新达成的还款协议使双方当事人之间形成了新的法律关系，由原来的《生产协议》法律关系变更为欠款法律关系，新的欠款关系不受原《生产协议》仲裁条款的约束。但是，最高人民法院持不同看法，其复函中认为：相对于《生产协议》而言，还款协议确系在双方当事人之间形成了新的法律关系，但该还款协议中所涉及的债务是双方当事人履行生产协议而形成的，还款协议基于《生产协议》而产生，与《生产协议》密切相关，现双方当事人就还款协议的履行产生的争议是与《生产协议》有关的争议；根据双方当事人在《生产协议》中仲裁条款的约定，与《生产协议》有关的所有争议，均应受该仲裁条款的约束，因此本案纠纷应依当事人的约定通过仲裁方式解决，人民法院对该纠纷无管辖权。

这起援用关联合同理论认可仲裁条款对未约定仲裁合同的拓展的案例并不能表明中国司法实践中已经形成了相关规则，相反，仲裁条款对未约定仲裁合同的拓展问题在中国司法实践中仍是一个需要探讨的问题。

5. 仲裁条款对未签署人的拓展——仲裁条款转让

中国司法实践一定程度上接受了仲裁条款转让理论，认可仲裁条款对未签署人的拓展。仲裁条款转让理论可以适用于合同转让、公司合并、公司分立、代位清偿以及为第三方利益合同等多种情形，① 中国法院对其中某些情形已经形成了适用该理论的规则。

（1）当事人合并、分立、死亡、合同转让等情形

① 参见池漫郊：《多方多合同仲裁的挑战与对策——仲裁条款拓展与合并仲裁研究》，厦门大学博士学位论文，2004 年 3 月，第 95 页，资料来源于：中国知网，http：//www. cnki. net/oldindex. htm，2009 年 12 月 1 日访问。

《解释》第八条规定：“当事人订立仲裁协议后合并、分立的，仲裁协议对其权利义务的继受人有效。当事人订立仲裁协议后死亡的，仲裁协议对承继其仲裁事项中的权利义务的继承人有效。前两款规定情形，当事人订立仲裁协议时另有约定的除外。”该条是有关当事人发生合并、分立或者死亡时仲裁协议是否约束承继其权利义务的主体的规定，它包括两层含义：第一，合并、分立或者死亡前民事主体订立的仲裁协议原则上对承继该主体实体权利义务的当事人有效；第二，如果有关当事人在订立仲裁协议或者商务合同时另有约定，则依照其约定。①《解释》第九条规定：“债权债务全部或者部分转让的，仲裁协议对受让人有效，但当事人另有约定、在受让债权债务时受让人明确反对或者不知有单独仲裁协议的除外。”该条规定了合同主体变更以及债权债务部分转让时仲裁条款的概括移转原则，同时，为了保护第三方的利益，平衡合同当事方之间的关系，它规定了当事人另有约定、受让人明确反对、受让人不知道仲裁协议存在三种例外情况。②《解释》第八条及第九条涉及当事人合并、分立、死亡、合同转让等情形，规则清晰明确，在此不赘述相关案例。

（2）海上货物运输合同保险代位求偿

关于海上货物运输合同保险代位求偿的案例则显示出了法院的明显倾向：除非保险人明确表示接受，否则提单仲裁条款对保险人不具有约束力。在中国人民财产保险股份有限公司深圳市分公司诉广州远洋运输公司海上货物运输合同货损纠纷案③中，保险人中国人民财产保险股份有限公司深圳市分公司，在赔付被保险人即提单持有人深圳市华联粮油贸易有限公司提单项下的货物损失后，依法取得向作为承运人的广州远洋运输公司请求赔偿货物损失的代位求偿权利。最高人民法院关于所涉仲裁条款效力问题的复函认为：由于保险人不是协商订立仲裁条款的当事人，仲裁条款并非保险人的意思表示，除非保险人明确表示接受，否则提单仲裁条款对保险人不具有约束力。因此，本案提单仲裁条款不应约束保险人。这种观点在后来

① 参见最高人民法院研究室、民事审判第四庭编著：《最高人民法院仲裁法司法解释的理解与适用》，人民法院出版社 2007 年版，第 80 页。

② 参见最高人民法院研究室、民事审判第四庭编著：《最高人民法院仲裁法司法解释的理解与适用》，人民法院出版社 2007 年版，第 82 ~ 83 页。

③ 参见最高人民法院〔2005〕民四他字第 29 号复函，载《涉外商事海事审判指导》2005 年第 2 辑，人民法院出版社 2006 年版，第 141 ~ 146 页。

的案例中也得到了沿用。①

6. 中外合资经营合同等所涉仲裁条款效力

关于在中国境内履行的中外合资经营企业合同、中外合作经营企业合同、中外合作勘探开发自然资源合同所涉仲裁条款效力问题，可以从两个方面来理解。

第一，《民事诉讼法》规定“因在中华人民共和国履行中外合资经营企业合同、中外合作经营企业合同、中外合作勘探开发自然资源合同发生纠纷提起的诉讼，由中华人民共和国法院管辖”，② 仅仅是对外国法院管辖的排斥，并不排斥仲裁。《最高人民法院关于适用〈中华人民共和国民事诉讼法〉若干问题的意见》第三百零五条规定：“依照民事诉讼法第三十四条和第二百四十六条规定，属于中华人民共和国人民法院专属管辖的案件，当事人不得用书面协议选择其他国家法院管辖。但协议选择仲裁裁决的除外。”因此，专属管辖，不论是国内案件的专属管辖还是涉外案件的专属管辖，都不排斥仲裁协议。

第二，《中华人民共和国合同法》（简称《合同法》）第一百二十六条第二款的规定，仅仅针对解决合同实体争议的准据法，并不适用于仲裁条款的准据法。《合同法》第一百二十六条第二款规定：“在中华人民共和国境内履行的中外合资经营企业合同、中外合作经营企业合同、中外合作勘探开发自然资源合同，适用中华人民共和国法律。”在张家港星港电子公司与博泽国际公司中外合资经营合同中涉外仲裁条款效力问题③上，最高人民法院在复函中认为：《合同法》第一百二十六条第二款规定，是对解决合同实体争议的准据法作出的规定，并非对认定合同中仲裁条款效力的准据法作出的规定；中国法律并未强制规定在确认中外合资经营合同中仲裁条款效力时必须适用中国的法律作为准据法；本案当事人未明确约定仲裁条款效力的准据法，故而适用当事人约定的仲裁地瑞士的法律对仲裁条款的效力作出认定；根据瑞士的相关法律规定，本案仲裁条款有效，人民法院对该纠纷无管辖权。

由此可见，中国法院在认定在中国境内履行的中外合资经营企业合同、中外合作经营企业合同、中外合作勘探开发自然资源合同所涉仲裁条款效力方面，采取的

---

① 如中国太平洋财产保险股份有限公司北京分公司诉北京中远物流有限公司、天津振华国际船舶代理有限公司、尼罗河航运私有有限公司海上货物运输合同保险代位求偿纠纷所涉仲裁条款效力问题，参见最高人民法院〔2009〕民四他字第11号复函。

② 《民事诉讼法》第二百四十四条，2007年修订之前为第二百四十六条。

③ 参见最高人民法院〔2006〕民四他字第1号复函，载《涉外商事海事审判指导》2006年第1辑，人民法院出版社2006年版，第82~89页。另参见沈德咏、万鄂湘主编，最高人民法院研究室、民事审判第四庭编著：《最高人民法院仲裁法司法解释的理解与适用》，人民法院出版社2007年版，第132~140页。

是尽可能使之有效的态度。

7. 根据 ICC 规则在中国仲裁

（1）仲裁条款无效的案例

中国仲裁法规定，有效的仲裁条款应当同时具备仲裁的意思表示、仲裁的事项和明确的仲裁机构三个方面的内容。因此，如果仲裁协议的准据法为中国法，则该仲裁协议必须选定某仲裁机构，或仲裁机构是可以确定的，否则就是无效仲裁协议。如在前述旭普林案①中，仲裁条款“Arbitration：ICC Rules，Shanghai shall apply”被法院认定为无效，而所涉仲裁裁决也因此被拒绝承认与执行。在沧州东鸿包装材料有限公司诉法国 DMT 公司买卖合同纠纷案仲裁条款效力问题②上，法院作出了同样的认定。该案双方当事人在合同中约定：“因履行本合同所发生的一切争议，双方应友好协商，如协商仍不能达成协议，则应提交仲裁解决。仲裁地点在中国北京，依据国际商会的有关规则进行仲裁，并且中文和英文均是工具语言。仲裁是终局的，对双方均有约束力，仲裁费用应由败诉一方承担，但仲裁委员会另有裁定的除外。”由于当事人并未约定确认该仲裁条款效力的准据法，因此，适用当事人约定的仲裁地的法律即中国法律对该条款效力作出认定。《仲裁法》第十八条明确规定：“仲裁协议对仲裁事项或者仲裁委员会没有约定或者约定不明确的，当事人可以补充协议；达不成补充协议的，仲裁协议无效。”由于本案双方当事人在仲裁条款中未约定明确的仲裁机构，且不能达成补充协议，因此仲裁条款无效。

（2）仲裁条款有效的案例

值得注意的是另外一起案件，该案是国际商会仲裁院在中国仲裁的仲裁裁决得到承认与执行的第一案。③ 2009 年 4 月，宁波市中级人民法院裁定对国际商会仲裁院于 2007 年 9 月 21 日在北京市作出的 14006/MS/JB/JEM 号仲裁裁决予以承认和执行，这一纸裁定在中国仲裁界引起了轩然大波。本案中，德高钢铁公司和宁波市工艺品进出口有限公司签订的合同中用中英文规定了仲裁条款，中文规定：“一切因执行合同或与本合同有关的争执，应提交设在中国北京的国际商会仲裁委员

① 案件编号：13。

② 参见最高人民法院〔2006〕民四他字第 6 号复函，载《涉外商事海事审判指导》2006 年第 1 辑，人民法院出版社 2006 年版，第 103～104 页。

③ 参见王婧：《国际商会在中国仲裁裁决首次获承认和执行——外国仲裁机构或将撕开中国仲裁市场一角?》，载《法制日报》6 月 25 日，资料来源于：法制网，http：//www.legaldaily.com.cn/zmbm/content/2009-06/25/content_1114039.htm，2009 年 12 月 1 日访问。

会，按照《联合国货物销售公约》进行仲裁。”① 后双方发生纠纷，德高钢铁公司于2005年9月12日将纠纷提交给位于法国巴黎的国际商会仲裁院进行仲裁。国际商会仲裁院于2007年9月21日在中国北京作出了14006/MS/JB/JEM号仲裁裁决。该裁决被宁波市中级人民法院裁定予以承认和执行。宁波市中级人民法院认为：该裁决的承认与执行应适用《纽约公约》；该裁决不存在拒绝承认和执行的理由。

该案仲裁条款与前述旭普林案和沧州东鸿包装材料有限公司诉法国DMT公司买卖合同纠纷所涉仲裁条款的不同之处在于：前两案所涉仲裁条款选择了ICC规则，本案仲裁条款选择了仲裁机构。另外，导致本案与旭普林案仲裁裁决承认与执行结果大相径庭的原因还在于，本案中，仲裁被申请人没有对仲裁庭的管辖权进行充分有效的抗辩。② 本文前面提到，公约第五条规定的可以拒绝承认与执行的情形分为“经当事人请求并提供证据证明方可拒绝的事由”以及“人民法院可以自行认定并予以拒绝的事由”两类，如果不是法院可依职权认定的事由，则必须经当事人请求并提供证据证明，方可以此为由拒绝承认与执行。因此，当事人的抗辩能影响法院最后的决定。

至于国际商会仲裁院在中国进行仲裁是否符合中国相关法律的规定、它的地位如何，这个问题比较复杂，本文不展开讨论，希望以后的立法与司法发展进程能够对这个问题予以考虑。③

（二）与仲裁程序相关的法律问题

仲裁程序不当也是导致外国仲裁裁决被拒绝承认与执行的一个重要原因，如前

---

① 本案仲裁员据英文文本（“The Arbitration of the International Chamber of Commerce in China”）解释认为，当事人的本意是将争议提交位于法国的ICC仲裁院。参见赵秀文：《论有约必守原则——独墅湖畔人大法学论坛第九期实录》，资料来源于：中国民商法律网，http：//www. civillaw. com. cn/article/default. asp? id=46962，2009年12月1日访问。

② 赵秀文教授认为，本案仲裁条款的中文文本可以理解为应将争议提交“中国国际经济贸易仲裁委员会”（也称“中国国际商会仲裁院”）来仲裁，当事人可以以此为由对仲裁庭管辖权进行抗辩。参见赵秀文：《论有约必守原则——独墅湖畔人大法学论坛第九期实录》，资料来源于：中国民商法律网，http：//www. civillaw. com. cn/article/default. asp? id=46962，2009年12月1日访问。

③ 学术界和实务界的部分学者专家提出了相关看法。参见《国际商会仲裁院在中国仲裁效力几何》，载《法制日报》7月9日，资料来源于：法制网，http：//www. legaldaily. com. cn/zmbm/content/2009-07/09/content_1120667. htm，2009年12月1日访问。另参见曹丽军：《国际商会国际仲裁院（ICC）在中国仲裁的相关讨论》，载《中伦新闻简报》2009年7月15日，资料来源于：http：//www. zhonglun. com/UpFile/File/20091121608008028. pdf，2009年12月1日访问。

述案例由于指定替代仲裁员的程序不当、确定独任仲裁员的程序不当、缺员仲裁庭、违反前置协商程序、缺少必要通知程序等导致裁决得不到承认与执行。鉴于仲裁程序的通知是与仲裁程序相关的法律问题中的一个极其重要的方面，下面主要介绍有关通知和送达的法律问题。

1. 通知程序的举证责任

从实际案例来看，当被申请人主张自己未得到有关仲裁程序的通知，而申请人主张仲裁庭或仲裁机构已经进行了有效通知时，申请人应就通知程序的履行承担举证责任。例如香港东丰船务有限公司申请执行香港海事仲裁裁决案①。这是一起执行香港特区仲裁裁决的案件。本案中，法院认为：申请执行人并未提供相关书面证据证明被执行人接到另行指定仲裁员的适当通知，也无证据证明仲裁庭向被执行人发出仲裁开庭的书面通知；根据最高人民法院《关于内地与香港特别行政区相互执行仲裁裁决的安排》第七条第一款（二）项的规定，② 对该香港特区仲裁裁决不予执行。

2. 送达问题

在仲裁程序当中，是否进行了“有效送达”是一个比较复杂的问题。不同仲裁规则或不同国家的仲裁法对于“有效送达”可能有不同规定。另外，在当事人对是否已经送达存在争议时，必须有证据证明进行了有效送达，否则法院可能认定没有进行有效送达，这就意味着，除非当事人对已送达的事实无争，送达应在事后仍可查证，而不能是毫无痕迹的。

对中国司法实践中的做法可做如下总结：

第一，中国司法实践中认可的有效送达是十分宽泛的。在前述世界海运管理公司申请承认与执行英国伦敦“ABRA 轮 2004 年 12 月 28 日租约”仲裁裁决案③中，申请人根据《1996 年英国仲裁法》的规定对仲裁程序以及指定仲裁员的通知进行送达。《1996 年英国仲裁法》第 14 条第（4）款规定：“如果仲裁员需由当事人指定，仲裁程序以及指定仲裁员的通知可以由一方当事人向对方当事人送达。”该法第 76 条规定：“当事人可以通过仲裁协议对送达的方式进行约定；没有约定的，通知或者其他文件可以任何有效的方式送达个人。”在仲裁过程中，申请人通过案外人采用电子邮件方式向被申请人送达。最高人民法院认可这种送达方式，在其复

---

① 参见最高人民法院〔2006〕民四他字第 12 号复函，载《涉外商事海事审判指导》2006 年第 2 辑，人民法院出版社 2007 年版，第 89～93 页。

② 该项规定为“被申请人未接到指派仲裁员的适当通知，或者因他故未能陈述意见的”。它与《纽约公约》第五条第一项（乙）款的规定相类似。

③ 案件编号：5。

函中认为“该送达方式并非我国所禁止，在申请人能够证明被申请人已收悉送达通知的情况下，该送达应为有效送达”。但是，该案的申请人未能提供被申请人收到电子邮件的证据，从而法院最终认定没有进行有效送达。

第二，司法实践中一般认可，向当事人法定地址的送达是合法、有效的送达。例如，在某公司申请承认并执行国际油、油籽和油脂协会仲裁裁决案①中，最高人民法院在复函中认为：被申请人的住所地“辽宁省大连市民主广场8号丽湾大酒店”不仅是其工商注册地址，也是其最后为人所知的法定地址，被申请人未举证证明其法定地址发生过变更；在仲裁过程中，国际油、油籽和油脂协会和申请人分别通过传真、挂号邮递等多种方式和途径向被申请人送达“要求委托仲裁员的通知”、“协会已代其委任仲裁员的通知”、“提供答辩请求和文件的指令”等仲裁通知和文件，其中向“辽宁省大连市民主广场8号丽湾大酒店”进行的送达是合法、有效的送达；被申请人关于其未获得指定仲裁员及进行仲裁程序的通知、无法在仲裁过程中提出答辩意见的理由不成立。

第三，被申请人地址变更后未给予通知，由此导致其未及时收到邮件，不属于拒绝承认与执行的情形。例如，博而通株式会社申请承认外国仲裁裁决案②中，大韩商事仲裁院分别于2005年5月26日、8月4日向被申请人的工商注册地址以邮寄方式发送开庭通知（被申请人无人签收），于2005年8月26日作出仲裁裁决并以相同方式向被申请人发送裁决书，但被申请人未收到开庭通知和仲裁裁决。最高人民法院在复函中认为：仲裁开庭通知和仲裁裁决书采用邮寄送达的方式，向被申请人的工商注册地址寄送；应依照仲裁规则确定送达是否适当；被申请人不能证明邮寄送达违反有关仲裁规则；被申请人地址变更后未给予通知，由此导致其未及时收到邮件，不属于违反正当程序的情形；如无其他可不予承认和执行的情形，该仲裁裁决应予承认和执行。

五、与公约适用相关的基本理念问题

为更好地适用《纽约公约》，还需要正确理解几个基本理念问题，如正当程序、公共政策、意思自治和司法监督。一方面，这些基本理念问题在司法实践中发挥着指导原则作用；另一方面，违反正当程序和违反公共政策是公约明确规定的可

① 参见最高人民法院〔2008〕民四他字第15号复函。

② 参见最高人民法院〔2006〕民四他字第36号复函，载《涉外商事海事审判指导》2007年第1辑，人民法院出版社2007年版，第94～96页。

以拒绝承认与执行外国仲裁裁决的事由，分别体现于公约第五条第一款（乙）项和第二款（乙）项。

（一）正当程序

《纽约公约》第五条第一款（乙）项的规定要求不能因仲裁当事人未接获关于指派仲裁员或仲裁程序的适当通知或因他故而致其未能申辩。这项规定的法理依据是正当程序。正当程序是西方国家诉讼和仲裁程序的基本理论和原则，它体现了程序问题与公正性之间的关系，但其具体含义却难以精确定义。从仲裁的角度来看，它体现在仲裁当事人的几项基本权利必须得到保证，并有充分的表达意见的机会。

仲裁制度的基石是当事人意思自治，即当事人协议选择仲裁方式来解决争议。以仲裁作为争议解决方式是仲裁协议的基本内容，并赋予仲裁庭以管辖权，但是，当事人之间的仲裁协议无论如何也不应认为是当事人放弃了若干基本权利，除非当事人明示如此。当事人的这些基本权利应当包括，关于仲裁庭组成的决定权、关于将哪些事项提交仲裁解决的决定权、提出自己的主张的权利以及对对方的主张进行抗辩的权利等。现代国际商事仲裁已经发展到了相当程度，特别是很多仲裁机构都有十分详尽和完善的仲裁规则，一旦当事人选择了某个仲裁机构和相关仲裁规则，似乎就可以一劳永逸，而由仲裁机构代为解决许多仲裁程序相关问题。但是，涉及基本权利的事项，不应认为可以由仲裁机构或仲裁庭来代劳，除非当事人明示如此。因此，在遇到涉及基本权利的事项时，应当给当事人表达意见的机会，向当事人发出通知，征求其意见，或者使其有机会表达异议。当然，当事人的基本权利也不能滥用，如“禁止反言”制度可以适用于当事人，而如果当事人一直无视仲裁机构或仲裁庭发出的通知，以至于超出合理限度，也应认为其放弃了基本权利。

在保障程序正当性方面，仲裁法、仲裁规则、仲裁机构和仲裁庭的约束确实能发挥一些作用。大多数情况下，如果仲裁程序完全符合当事人的约定、符合仲裁规则、符合仲裁法，就能够保证程序正当性得以实现。但世界各地的仲裁法律和仲裁实务的发展也是参差不齐的，在某些情况下，即便仲裁程序符合仲裁规则，也不违反仲裁法，正当程序仍然得不到实现。这时，就需要法院进行必要监督，以保证仲裁程序的正当性。《纽约公约》第五条第一款（乙）项的规定就为法院监督提供了依据。

这方面的一个例子是缺员仲裁庭问题。有的仲裁机构的仲裁规则承认缺员仲裁庭，却没有规定缺员仲裁庭可以存在需要以履行必要的通知程序为前提。如在巴黎上诉法院 2005 年 4 月 21 日判决的 Malecki v. Long 案中，仲裁程序符合仲裁规则有关缺员仲裁庭的规定，但巴黎上诉法院认为：当事人选择的仲裁规则承认缺员仲裁庭，并不意味着当事人预先和自动地认可缺员仲裁庭，仲裁庭应当将缺员的情况通知当事人，使当事人有机会就仲裁庭的组成表达自己的意见。尽管程序符合仲裁规则，也不能认为仲裁庭不履行相关通知义务使当事人未能申辩是正当的。当事人选定仲裁规则来支配仲裁程序，不等同于他自动放弃就仲裁庭的组成表达意见的权利。①

除仲裁庭组成的决定权以外，将哪些事项提交仲裁解决的决定权、提出自己的主张和进行抗辩等权利也是正当程序所要求保护的当事人的基本权利。如前述日本信越化学工业株式会社申请承认和执行日本商事仲裁协会东京05—03号仲裁裁决案②中，鑫贸公司未能就信越公司变更申请的行为提出意见，而该变更申请应当属于仲裁程序中的重要内容，仲裁庭未能将该变更申请通知鑫贸公司，实际上剥夺了鑫贸公司提出申辩的权利和机会，从而构成《纽约公约》第五条第一款（乙）项规定的情形。

（二）公共政策

《纽约公约》第五条第二款（乙）项规定，承认或执行外国仲裁裁决不能违反被请求承认及执行地所在国的"公共政策"。公共政策也称为"公共秩序"③，它在国际私法上是一项被普遍肯定的制度。它被规定在法律或条约中，成为各国维护本国利益的最后一道屏障，因而也被学者形象地称为"安全阀"。一般意义上，它是指如果与本国的"公共政策"相违背，一国即可拒绝适用外国法、拒绝承认与执行外国法院判决和外国仲裁裁决。至于何谓"公共政策"，却很难把握，因为许多国家对它的理解不同，它在不同案件中的表现也不同。1927年《关于执行外国

---

① See Denis Bensaude, "Malecki v Long: Truncated Tribunals and Waivers of Dutco Rights", *Journal of International Arbitration*, Kluwer Law International 2006, Volume 23 Issue 1, pp. 81-93.

② 案件编号：11。

③ "所谓公共秩序，系指一国国家或社会的重大利益，或法律和道德的基本原则。根据各国普遍的实践和许多国际私法公约的规定，在一国依内国冲突规范的指定本应对某一涉外民事关系适用外国法时，如其适用将与自己的公共秩序相抵触，便可排除该外国法的适用。此外，凡基于公共秩序，认为自己的某些法律是具有直接适用于涉外民事关系的效力的，从而也排除外国法的适用。"见黄进：《国际私法上的公共秩序问题》，载《武汉大学学报（人文科学版）》1991年第6期。国际私法上的公共秩序，在大陆法系国家一般被称为"公共秩序"（order public或public order），在英、美普通法系国家则被称为"公共政策"（public policy），作为公共秩序制度使用时，它有时被称为"公共秩序保留"（the reservation of public order），或"公共政策原则"（the doctrine of public policy）。参见黄进、郭华成：《再论国际私法中的公共秩序问题——兼谈澳门国际私法的有关理论与实践》，载《河北法学》1998年第2期。

仲裁裁决的日内瓦公约》（以下简称《日内瓦公约》）① 使用的措辞是“公共政策或法律原则（public policy or the principles of law）”，而联合国经济及社会理事会（ECOSOC）为缔结《纽约公约》而准备的1955年公约草案使用的是“公共政策（public policy）或基本原则（fundamental principles）”，最后《纽约公约》将其限定为“公共政策（public policy）”。② 与《日内瓦公约》使用“法律原则”相比，《纽约公约》的规定更为狭窄，体现了公约制定者希望各国尽可能减少对国际商事仲裁裁决干预的态度。③

发挥最后“安全阀”功能的公共政策制度具有着灵活性和因时因地的变化性，以至于很难给它一个明确的定义或者限定一个范围。但纵观各国司法实践中适用公共政策制度的情况，已能看出越来越慎用的态度。国际法协会（International Law Association）国际商事委员会《关于以公共政策为由拒绝执行国际仲裁裁决的中期报告》表明，《纽约公约》的成员国在以违反公共政策为由拒绝承认和执行外国仲裁裁决问题上，在实践中的把握是不同的，即使是对同一情形也会有不同观点，而且即便一国之内不同级别的法院之间也可能有不同的观点，然而，总的趋势是不滥用“公共政策”制度。④

中国法院在承认及执行外国仲裁裁决的案件、认可及执行香港仲裁裁决的案件、执行涉外仲裁裁决的案件中均遇到了公共政策问题，均体现了慎用的态度。

如ED&F曼氏（香港）有限公司申请承认和执行伦敦糖业协会仲裁裁决案⑤中，最高人民法院在复函中认为，“违反我国法律的强制性规定不能完全等同于违反我国的公共政策”，因此，本案不存在《纽约公约》第五条第二款规定的不可仲裁及承认与执行该裁决将违反我国公共政策的情形，应当承认和执行本案仲裁裁决。在日本三井物产株式会社申请承认与执行瑞典斯德哥尔摩商会仲裁院060/1999号仲裁裁决案⑥中，最高人民法院在复函中指出，“对于行政法规和部门规章

---

① 《纽约公约》是在1923年《关于承认仲裁条款的日内瓦议定书》和1927年《关于执行外国仲裁裁决的日内瓦公约》的基础上制定的。

② See Albert Jan van den Berg, *The New York Arbitration Convention of 1958: Toward a Uniform Judicial Interpretation*, Kluwer Law and Taxation Publishers, 1981, pp. 361-362.

③ 参见高晓力：《我国法院对国际商事仲裁裁决进行司法审查过程中运用公共政策分析》，载《涉外商事海事审判指导》2009年第1辑，人民法院出版社2009年版，第195~228页。

④ 同上注。

⑤ 参见最高人民法院〔2003〕民四他字第3号复函，载《涉外商事海事审判指导》2004年第1辑，人民法院出版社2004年版，第12~18页。

⑥ 参见最高人民法院〔2001〕民四他字第12号复函，载《涉外商事海事审判指导》2005年第2辑，人民法院出版社2006年版，第109~112页。

中强制性规定的违反，并不当然构成对我国公共政策的违反”，本案所涉仲裁裁决不应以违反公共政策为由拒绝承认和执行。在涉港案件舟山中海粮油工业有限公司申请不予执行香港国际仲裁中心仲裁裁决案①中，最高人民法院在答复中认为：“……无证据表明案涉货物会带来严重的安全卫生问题，也不存在有损公众健康的事实。因此，执行香港国际仲裁中心的仲裁裁决并不违反社会公共利益。”在GRD Minproc有限公司申请承认并执行瑞典斯德哥尔摩商会仲裁院仲裁裁决案②中，最高人民法院在答复中认为：“……不能以仲裁实体结果是否公平合理作为认定承认和执行仲裁裁决是否违反我国公共政策的标准。承认和执行本案所涉仲裁裁决并不构成对我国社会根本利益、法律基本原则或者善良风俗的违反，因此，本案不存在《纽约公约》第五条第二款第二项规定的情形。”迄今，前述提到的不予承认和执行国际商会仲裁院第13464/MS/JB/JEM号仲裁裁决案③是最高人民法院认为应当以公共政策为由拒绝承认和执行外国仲裁裁决的唯一案例。该案中，仲裁庭对中国法院已经审理并作出判决的案件进行审理并裁决，侵犯了中国的司法主权和人民法院的司法管辖权。

结合公共政策制度的特点，可以对其进行以下总结：第一，公共政策制度的本质决定了很难通过立法或者具有法律效力的文件对其予以明确规范。第二，公共政策制度应当在司法实践中予以合理运用，不能滥用；应当慎用，但也不能为避免滥用而弃之不用。第三，《纽约公约》规定了多种拒绝事由，司法实践中应注意对不同的拒绝事由予以区分。公共政策之外还规定了其他事由，表明这些事由可以独立地成为标准，而不是必须存在于相当灵活的公共政策的概念之中。注重对其他事由的运用可以一定程度地减少对公共政策制度的滥用。第四，应当把违反本国公共政策这种拒绝事由视为“例外”情形而非“当然”情形，仅发挥“安全阀”功能，作为最后的考虑。

（三）意思自治

当事人意思自治是国际商事仲裁的基石，简言之，国际商事仲裁的许多事项是由当事人意思自治来决定的。然而，意思自治并不像看上去那样简单。

---

① 参见最高人民法院〔2009〕民四他字第2号复函，载《涉外商事海事审判指导》2009年第1辑，人民法院出版社2009年版，第143～147页。

② 参见最高人民法院〔2008〕民四他字第48号复函，载《涉外商事海事审判指导》2009年第1辑，人民法院出版社2009年版，第135～142页。

③ 案件编号：12。

国际商事仲裁的规制网络（见下图）① 反映了当事人意思自治的限度。

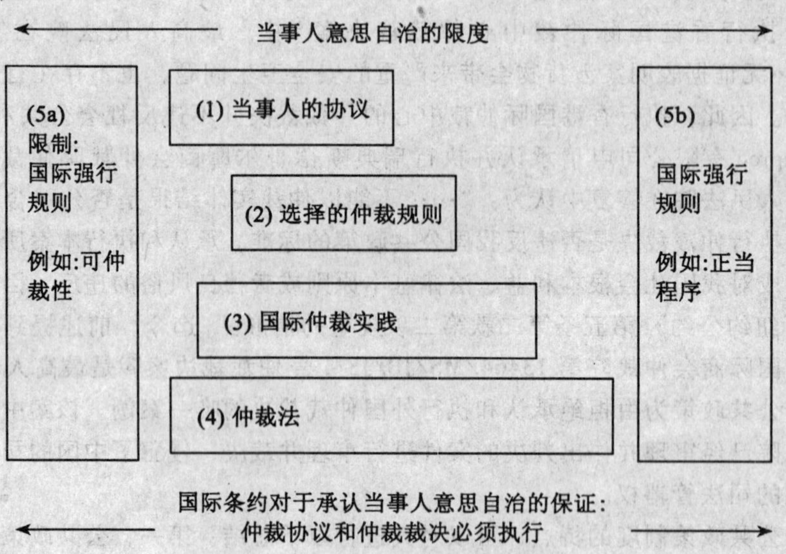

图：国际商事仲裁的规制网络

如图，在现代国际商事仲裁中，当事人意思自治可以体现于①仲裁协议、②仲裁规则、③国际仲裁实践、④仲裁法等不同层次。意思自治在这些层次得到尊重与保护，除体现为仲裁协议外，它还与仲裁规则、国际仲裁实践、仲裁法共同发挥着规制国际商事仲裁的作用。但是，这四个层次的当事人意思自治的宽度是有限的。国际商事仲裁领域存在一些国际强行规则，即普遍认可的国际商事仲裁中不可被违反的规则，如可仲裁性（arbitrability）和正当程序（due process）等，便是意思自治的端点。而真正保证当事人意思自治得以实现的，是在国际条约保障之下的对仲裁协议和仲裁裁决的执行。

因此，尽管当事人意思自治是国际商事仲裁的基石，却不意味着当事人可以随“心”所欲。一方面，当事人意思自治通过①仲裁协议、②仲裁规则、③国际仲裁实践、④仲裁法等多层次体现，经过这些层次所表现出来的“意思自治”是否与当事人实际的或可能的“本意”或“真实意思”完全吻合？我们只能说，通过国际商事仲裁特有的规制网络，当事人意思自治得到了体现。在国际商事仲裁中，为

① “The Regulatory Web”, see Julian D. M. Lew, Loukas A. Mistelis and Stefan M. Kröll, *Comparative International Commercial Arbitration*, 2003, pp. 17-30, available at: www. kluwerarbitration. com, visited on Dec. 1, 2009.

了追求效率，有时当事人的意思自治是通过间接方式表现的，是否与当事人“真实意思”相符合是个未知数。例如，当事人在仲裁协议中选择了某仲裁机构，但未明确仲裁规则，这时，意思自治的第②、③、④个层次就开始发挥作用，最后结果可能推定当事人选择了该仲裁机构的现行仲裁规则。假设由当事人来对仲裁规则进行选择，他的选择会与上述推定一致吗？另一方面，如果当事人的意思自治违背公认的国际商事仲裁领域不可被违反的规则，则会由其他机制对其进行矫正，如法院可能认定仲裁协议无效、该仲裁裁决在法院得不到执行等。

在司法实践方面，尊重当事人意思自治也意味着法院必须对当事人意思自治进行监督。这里的“监督”包括补充和矫正，即当意思自治的内容不完整时进行必要补充、当意思自治超过其限度时进行必要矫正。此外，法院也监督着当事人意思自治的实现，如果仲裁与当事人意思自治相违背，则该仲裁的效果会受到质疑。法院进行监督的依据是国家法律及国际条约的规定。

从前述介绍的中国司法实践的情况来看，中国法院很好地发挥着这一“监督”作用。下面以问题较集中的仲裁协议和仲裁程序两部分为例。

在仲裁协议方面，中国法院的做法如：形成了确定仲裁协议准据法的规则；对与提单有关的仲裁条款进行从严把握，不予承认不是平等协商的结果、不能反映当事人真实意愿的仲裁条款；在一般情况下，不承认以单方意思为基础的“默示”仲裁协议，只有在特殊情况下，即当事人放弃对仲裁协议效力提出异议的权利的情况下，才认为达成了默示仲裁协议；根据个案情况有限制地认可仲裁条款对未约定仲裁合同的拓展，认可某些情形下的仲裁条款对未签署人的拓展；对于在中国境内履行的中外合资经营企业合同、中外合作经营企业合同、中外合作勘探开发自然资源合同所涉仲裁条款效力，采取的是尽可能使之有效的态度。

在仲裁程序方面，中国法院的做法如：保护当事人的正当程序权利；对仲裁程序不当的情形进行监督；对违背当事人真实意愿的缺员仲裁庭不予认可；尊重约定明确且可执行的前置协商程序；在考查是否履行通知程序时重证据，对“有效送达”的认定较灵活，等等。

总之，中国法院的态度是：第一，只要是当事人意思自治限度以内的事项，对当事人意思自治予以充分尊重，使当事人的意思自治尽可能有效，并在必要时对其意思自治进行合理推定，从而补充其意思表示的不完全。第二，如果当事人的意思自治超出了限度，则对其进行矫正。第三，监督意思自治的实现，仲裁中如有违反当事人意思自治的情形且该意思自治是应予尊重的，则该仲裁的效果会受到质疑。

（四）司法监督

如何界定国内法院与国际商事仲裁之间的关系，是一个令人困惑的问题。在界定这种关系时，人们使用了各种各样的表述，其中最常见的如司法干预（judicial interference，judicial intervention）、司法审查（judicial review）、司法监督（judicial supervision）、司法控制（judicial control）、司法支持（judicial support）、司法协助（judicial assistance）等。① 本文使用的“司法监督”应取广义，它包括了法院的支持和协助。纵观历史，自19世纪末20世纪初仲裁被纳入国家法律调整范围以后，司法与仲裁之间的关系就成为各国仲裁法的核心内容。早期的仲裁立法及司法实践普遍对仲裁持怀疑甚至敌视态度，片面强调司法对仲裁的监督、干预与控制作用。自“二战”以后特别是20世纪70—80年代以来，司法与仲裁之间的关系发生了深刻变化，法院对仲裁的监督作用明显弱化，而支持与协助作用得到了强化。从国际商事仲裁立法以及国内法院的司法实践来看，国内法院与国际商事仲裁之间关系的发展呈现出由法院对国际商事仲裁予以严格监督到适度监督、有以监督为主到监督与协助并举的基本趋势。② 而《纽约公约》的框架也体现出“尊重当事人意思自治”、“促进国际商事纠纷的解决”、“便利仲裁裁决在世界范围内的强制执行”等宗旨与目的。③ 目前，支持仲裁已成为许多国家仲裁法晚近发展的一个特点。

中国一贯注重发挥诉外纠纷解决机制的作用，坚持维护仲裁的独立性和履行监督职责的平衡。现行的法律和司法实践十分注重维护和发挥仲裁机制解决纠纷的作用。在承认与执行外国仲裁裁决方面，主要体现在中国对《纽约公约》予以高度重视并认真执行。最高人民法院发布了《关于执行公约的通知》、《关于人民法院处理与涉外仲裁及外国仲裁事项有关问题的通知》、《关于承认和执行外国仲裁裁决收费及审查期限问题的规定》等文件，对承认和执行外国仲裁裁决的审查期限做出了明确规定，并要求各级人民法院在裁定拒绝承认和执行外国仲裁裁决之前必须逐级报请最高人民法院审查决定，实际上将拒绝承认与执行外国仲裁裁决的权力统一收归最高司法机关，这大大减少了各地法院可能出现的法律适用错误、执法尺度不一等情况。可以认为，中国对国际商事仲裁的司法监督采取的是适度监督、监督与协助并举的态度。

六、结束语

综上所述，中国法院在承认与执行外国仲裁裁决方面，严格执行了《纽约公

① 参见于喜富：《国际商事仲裁的司法监督与协助——兼论中国的立法与司法实践》，知识产权出版社2006年版，第21～22页。

② 同上，第461～462页。

③ 参见万鄂湘：《〈纽约公约〉在中国的司法实践》，载《法律适用》2009年第3期。

约》的规定。不予承认及执行某些外国仲裁裁决的原因是，裁决具有公约第五条规定的可以拒绝承认与执行的情形，或者申请不符合国内执行程序相关规定。

中国法院合理解释法律和公约，支持并监督国际商事仲裁。面对司法实践中遇到的具体法律问题，中国法院在充分尊重当事人意思自治的基本原则下，保障仲裁程序正当性的基本要求下，适度监督、监督与协助并举的理念指导下，对于这些问题逐步形成自己的处理规则。目前，司法实践中已经发展出了一些新的规则，而有的规则也正在形成，这些努力使法院能够更好地发挥支持并监督国际商事仲裁的作用。

但是，在认识到司法实践取得的这些成果的同时，也应认识到，国际商事仲裁的复杂性往往会给司法实践带来新的挑战，中国现有仲裁立法与司法实践仍需要不断发展。

Reason for the refusals of the recognition and enforcement of foreign arbitral awards in Chinese Courts ——New York Convention case studies

WAN Exiang　XIA Xiaohong

Abstract: The New York Convention is now strictly implemented by the Chinese courts. Through the analysis of related cases, it can be concluded that the main reason for the refusals of the recognition and enforcement of foreign arbitral awards is that the arbitral awards fell into the conditions provided in Article V of the Convention, and another reason is that the applications were not in accordance with the rules of procedure. It can also be learned that the Chinese courts interpret and apply the Convention and laws properly to favor international commercial arbitration. At present, a few rules have been formed in the judicial practice to solve the problems with regard to the application of the Convention.

Keywords: New York Convention　foreign arbitral award　recognition and enforcement

前南国际刑庭与卢旺达国际刑庭的历史回顾

□ 刘大群*

内容摘要 联合国安理会授权设立的前南斯拉夫和卢旺达国际刑事法庭无疑是国际法律实践上的创举，也是国际法在世纪之交发展的里程碑。而两个临时性国际法庭的建立也为以后建立的国际刑事法院、塞拉利昂法庭、柬埔寨法庭和黎巴嫩法庭提供了国际刑事审判的宝贵经验。对前南国际刑庭和卢旺达国际刑庭的历史回顾，将使我们更好地总结国际法与国际刑法在发展过程中的经验与教训，有利于促进国际社会以及各个国家的法治建设。

关键词 前南斯拉夫国际刑庭 卢旺达国际刑庭 国际法治建设历史

目 次

1993年5月25日，安理会通过了第827（1993）号决议，决定建立前南斯拉夫国际刑事法庭，“根据《联合国宪章》第七章采取行动”，“其唯一目的是起诉应对从1991年1月1日至安全理事会于和平恢复后的日期前南斯拉夫境内所犯严重违反国际人道主义法行为负责的人，并为此目的通过上述报告所附的《前南刑庭

---

* 联合国前南国际刑庭法官。本文仅为个人观点，并不代表任何团体或实体，更不代表前南国际刑庭的观点。

规约》”。① 18 个月以后，1994 年 11 月 8 日，安理会通过了第 955 号决议，“兹决定设立一个国际法庭，专为起诉应对 1994 年 1 月 1 日至 1994 年 12 月 31 日期间卢旺达境内种族灭绝和其他严重违反国际人道主义法行为负责的卢旺达公民，并为此目的通过本决议所附卢旺达问题国际法庭规约”。② 这两个由联合国安理会成立的临时国际刑事审判机构是国际关系史上具有划时代意义的大事，是国际法在世纪之交发展的里程碑，这标志着在国际社会中“有罪不罚”的时代已经过去，今后，只要被指控犯下严重国际罪行的肇事者，无论其官位有多高，权力有多大，都会被国际社会绳之以法。两个临时性国际法庭的建立也为以后建立的国际刑事法院、塞拉利昂法庭、柬埔寨法庭和黎巴嫩法庭提供了国际刑事审判的宝贵经验。对前南国际刑庭和卢旺达国际刑庭的历史回顾将使我们更好地总结国际法与国际刑法在发展过程中的经验与教训。

一、前南国际刑庭与卢旺达国际刑庭成立的历史背景

前南斯拉夫位于欧洲东南的巴尔干半岛，是一个多民族的山地国家。“巴尔干”这个词源自土耳其语，是山地的意思。几个世纪以来，这里就是各种文明、文化、宗教和意识形态的交汇之处，也是东西方交流的主要通道。在 14 世纪末，土耳其奥斯曼帝国入侵该地并统治了近 500 年之久。到 17 世纪后期，北方的奥匈帝国逐渐强大起来，才使奥斯曼帝国的势力有所削减。③ 巴尔干历来就有“欧洲的火药桶”之称，几百年来，战乱和流血就从来没有停止过。第一次世界大战爆发的导火索就是因为塞尔维亚青年在萨拉热窝刺杀了奥匈帝国的王储弗朗茨·斐迪南。第二次世界大战中，南斯拉夫人民在铁托的领导下进行了艰苦卓绝的武装斗争，并取得了反法西斯斗争的最后胜利。战后，南斯拉夫联邦人民共和国于 1946 年成立，南斯拉夫共产党的领袖铁托成为南联邦共和国的总统。从 1946 年到 1980 年铁托逝世，南斯拉夫处于历史上最好的时期，其国内局势相对稳定，各民族和睦相处，经济发展较快，南斯拉夫在国际上还是不结盟运动的创始国之一。但是，即使在这种形势下，南斯拉夫的局势已孕育着危机。当时，有一句话来形容南斯拉夫的情势：在南斯拉夫，存在着一个政党、一个领袖（铁托）；两种文字（拉丁文和基利尔文）；三种语言（塞尔维亚语、斯洛文尼亚语和马其顿语）；四种宗教：（天主教、东正教、伊斯兰教和新教）；五大危机：（政治、经济、民族、领土和外

① 联合国安理会决议：S/RES/827（1993），1993 年 5 月 25 日通过。

② 联合国安理会决议：S/RES/955（1994），1994 年 11 月 8 日通过。

③ 马细谱：《巴尔干纷争》，北京大学出版社 1999 年版，第 6 页。

交）；六个共和国（斯洛文尼亚、塞尔维亚、克罗地亚、黑山、马其顿、波斯尼亚和黑塞哥维那（以下简称“波黑））；七个邻国（罗马尼亚、保加利亚、希腊、意大利、奥地利、匈亚利和阿尔巴尼亚）；八个联邦单位（6个共和国加上两个自治区）；9个民族（斯洛文尼亚族、塞尔维亚族、克罗地亚族、穆斯林族、阿尔巴尼亚族、黑山族、罗马尼亚族、匈亚利族和马其顿族），而且这些民族的人口和居住地区的面积都相差不多。① 复杂的国内与国际形势使南斯拉夫处于危机的边缘，一旦时机成熟，危机就会爆发出来。

铁托去世不久，南斯拉夫联邦内的各共和国开始向中央政府要求更大的自治权。20世纪80年代末、90年代初，随着冷战结束和前苏联解体，南斯拉夫境内的民族矛盾日益激化，其境内的各共和国纷纷走上了独立的道路。1991年6月25日，斯洛文尼亚和克罗地亚共和国分别单方面宣布独立，波黑和马其顿也相继于同年10月和11月宣布独立。斯洛文尼亚宣布独立后，其地方部队与同南联邦军队发生了小规模的武装冲突，不久，战火扩大到克罗地亚塞族人聚居区并严重升级。前南境内的所有共和国除马其顿外都卷入了武装冲突，其中，在克罗地亚和波黑的冲突最为惨烈，并发生严重违反国际人道主义法的犯罪行为：如大规模地屠杀平民、强奸、种族清洗、围城和在集中营里的酷刑和非人道待遇，大约有两百多万平民流离失所，无家可归。无情的战火夺去了成千上万的生命，造成了欧洲自第二次世界大战以来的最大的社会动乱与难民潮。其中引起国际社会最为震惊的是萨布拉尼察灭绝种族事件和对萨拉热窝的“千日围城”。萨布拉尼察灭绝种族事件发生在前南国际刑庭成立2年之后，萨布拉尼察是波黑地区一个不足千人的小镇，是联合国安理会设定的5个所谓安全区之一，各地的难民都涌入这个安全区寻求庇护。但是，塞族军队不顾联合国的决议，攻占了这个地区，将所有联合国维和人员拘为人质，在一周之内屠杀了所有16岁到60岁的男性公民，共有5000多人被杀，2000多人失踪，这是自纳粹德国对欧洲犹太人进行大屠杀以后，欧洲所经历的最严重的屠杀平民事件。② 萨拉热窝是波黑共和国的首都，塞族军队包围该城两年半之久，全城断水、断电、断粮，全靠联合国部队占据的机场输送食品。围城的塞族军队还不断施放冷枪、冷炮。城内平民在近三年的时间里，每天都处于提心吊胆的恐怖威胁之中，早上上街，谁也不知道晚上是否能回家。这是一起严重违反国际人道主义法的

---

① 参见孔寒冰：《科索沃危机的历史根源及大国背景》，四川人民出版社1999年版，第58页。

② 见联合国大会文件：A/54/549“斯雷布雷尼察的陷落：秘书长依照大会第53/54号决议提出的报告”。1999年11月15日。作者认为，斯雷布雷尼察应译为萨布拉尼察。

行为，引起了国际社会的极大关注。①

联合国安理会于1991年9月25日通过第713号决议，要求冲突双方和平解决争端。以后，又通过了一系列的决议，决定对前南斯拉夫实行武器禁运并派驻军事观察员和维持和平部队。② 1992年7月13日安理会通过了第764号决议，重申所有当事方必须遵守国际人道主义法，特别是1949年8月12日各项《日内瓦公约》规定的义务，犯下或命令他人犯下严重违反公约行为者必须对此种违反行为负责。③ 安理会于1992年8月13日通过第711号决议，特别要求前南斯拉夫境内各当事方和其他有关方面以及波黑境内所有军队立即停止并且不再作出任何违反国际人道主义法的行为。④ 1993年2月22日，联合国安理会又通过了第808号决议，该决议"决定设立一个国际法庭来起诉应对1991年以来前南斯拉夫境内所犯的严重违反国际人道主义法行为负责"。⑤ 但是在此之前，安理会从来没有成立过如此规模的国际刑事法庭，因此，安理会决定"请秘书长考虑到会员国在这方面提出的建议，尽早——如有可能在本决议通过60天内——提出一份关于此事所有方面的报告，包括提出具体提议并酌情提出有效、迅速执行上文第1段决定的备选办法，供安理会审议"。1993年5月25日，安理会审议了秘书长按照第808（1993）号决议第2段提出的报告并通过了第827（1993）号决议，决定"根据《联合国宪章》第七章采取行动"，"兹决定设立一个国际法庭，其唯一目的是起诉应对从1991年1月1日至安全理事会于和平恢复后的日期前南斯拉夫境内所犯严重违反国际人道主义法行为负责的人，并为此目的通过上述报告所附的《前南刑庭规约》"。⑥ 值得注意的是，安理会的所有成员国，包括五个常任理事国都对该决议投了赞成票，这表明了冷战结束后，国际社会对维护国际和平与安全的团结一致以及对结束"有罪不罚"现象所达成的共识。当时中国驻联合国代表团团长李肇星大使在发言中指出："中国一贯反对违反国际人道主义法的罪行，主张对犯有上述罪行的人绳之以法。考虑到前南斯拉夫境内局势的特殊性以及恢复及维持国际和平与安全的紧迫性，中国代表团对刚刚通过的决议投了赞成票。"⑦

---

① 联合国安理会决议：S/RES/900（1994），联合国安理会关于在萨拉热窝市内及周围恢复重要公共服务和正常生活的决议。

② 联合国安理会决议：S/RES/713（1991），1991年9月25日通过。

③ 联合国安理会决议：S/RES/764（1992），1992年7月13日通过。

④ 联合国安理会决议：S/RES/711（1992），1992年8月13日通过。

⑤ 联合国安理会决议：S/RES/808（1993），1993年2月22日通过。

⑥ 联合国安理会决议：S/RES/827（1993），1993年5月25日通过。

⑦ 联合国安理会文件：第3217次会议逐字记录，1993年5月25日，下午9时。S/PV.3217.

我们将目光转向非洲大陆，看一看非洲中部小国卢旺达的情况。

卢旺达位于非洲中部，素有“千山之国”和“非洲的瑞士”的美称。在历史上，卢旺达的胡图族与图西族和睦相处，由于相互通婚，已很难分清两族人的区别。但自第一次世界大战以来，由于外部势力的挑拨离间，卢旺达境内的胡图族和图西族之间的矛盾与冲突开始激化。在卢旺达邻国和非洲统一组织的调停下，冲突双方在坦桑尼亚北部城市阿鲁沙签订了《阿鲁沙和平协定》，制定了促进卢旺达民族和解的框架。1994 年 4 月 6 日，卢旺达总统哈比亚利马纳和布隆迪总统恩塔里亚米拉在出席了在坦桑尼亚首都举行的有关解决部族冲突的地区性首脑会晤后，乘卢总统专机返回首都基加利，当飞机临近机场时突然遭到火箭的袭击，两位总统同时遇难。这使得卢旺达局势骤然恶化，以胡图族为主的总统卫队同以图西族为主的爱国战线之间立即爆发了激烈的武装冲突，图西族女总理乌维林吉伊姆所纳遭绑架遇害，发生在首都的这场武装冲突在很短的时间内迅速蔓延到全国各地，并由两派的冲突发展成一场胡图族与图西族之间的部落大拼杀。

在两派武装力量激战的同时，占人口多数的胡图族人，尤其是胡图族民兵开始在政府军控制区内追杀图西族，男女老幼，概不放过，邻居杀邻居，老师杀学生，学生杀老师，甚至牧师也开始屠杀妇女和儿童。同时在爱国战线的控制区内，图西族也以牙还牙，对胡图族人大开杀戒。杀人者使用极为原始的工具，短短的三个月内，在卢旺达就有 80 余万人丧生，平均每天有 8000 人被杀，每个小时有 333 人失去了生命，每分钟 5 人，杀人效率甚至超过了德国纳粹集中营。全国有 20% 的人口在灭绝种族的大屠杀中消亡。另外，250 万人逃亡邻国扎伊尔、乌干达、布隆迪和坦桑尼亚。① 在卢旺达首都基加利附近发生的尼塔拉马教堂惨案尤为骇人听闻。1994 年 4 月，卢旺达大屠杀开始以后，成千上万的图西族人躲入教堂所控制的区域。1994 年 4 月 15 日，胡图族的军人、民兵和暴徒冲进了教堂，开始了大屠杀，凶手连妇女和儿童都不放过。在这次大屠杀中，共有 5000 多名图西族平民丧生。②

在 20 世纪的最后几年，在冷战结束以后，非洲局势趋于缓和的形势下，在这个国家里，怎么会发生这种“杀人如麻，血流成河”、震惊世界的人间惨剧呢？其根源还在于殖民主义者在殖民统治时期所遗留的问题。100 多年前，当欧洲人初次来到卢旺达，他们发现这两个部落互相帮助，过着和谐的生活。第一次世界大战后，比利时殖民者开始了对这个国家的间接统治。他们实行了身份证制度，根据所

① L. J. van den Herik：*The Contribution of the Rwanda Tribunal to the Development of International Law*. Vrije Universiteit，2005，geboren te delft. p. 26.

② 卢旺达国际刑庭案件：Prosecutor v. Karera，审判庭 2007 年 12 月 7 日判决书。

拥有的牛的数量，人为地分为胡图族和图西族并根据肤色的深浅来决定由图西人统治这个国家，这引起了胡图人的反抗，长期受压迫的胡图人终于在1959年开始了暴动，要求独立的浪潮很快席卷了整个国家，惊慌失措的比利时突然抛弃了图西人，站到多数民族胡图族一边。从此以后，胡图人和图西人的对立与冲突就没有停止过，直到1994年在卢旺达发生了这两个民族间的血腥大仇杀。

联合国早在1993年就得悉卢旺达的局势逐步恶化，并于1993年10月5日通过决议，决定派遣维和部队，加拿大将军达莱尔被任命为指挥官。① 但维和部队的人数、装备和使命有限。从1994年年初，达莱尔将军曾向联合国发出多个报告，表明卢旺达的局势有可能发生大规模的灭绝和屠杀事件。但联合国不但没有引起足够的重视，反而将维和人员的数量减少到270人。这种袖手旁观的态度，实际上纵容和助长了灭绝种族罪的发生。联合国之所以采取这种态度主要是因为主要大国缺乏政治意愿以及经费紧张。在10名比利时维和人员被杀害之后，直到1994年5月17日，安理会才通过决议，决定增派维和部队，并对卢旺达实行武器禁运。② 同时，联合国安理会于1994年7月1日通过第939号决议，决定根据《联合国宪章》第七章和人权委员会卢旺达问题的报告，向卢旺达派遣卢旺达援助团部队。③ 1994年11月8日，安理会通过了第955号决议。决议“再次表示严重关切有报道指出卢旺达境内广泛发生种族灭绝和其他有计划的、公然违反国际人道主义法行为”，并“断定这一情势对国际和平与安全仍然构成威胁”。决议决定“根据《联合国宪章》第七章采取行动”，并根据卢旺达政府的要求，“兹决定设立一个国际法庭，专为起诉应对1994年1月1日至1994年12月31日期间卢旺达境内种族灭绝和其他严重违反国际人道主义法行为负责的卢旺达公民，并为此目的通过本决议所附卢旺达问题国际法庭规约”。④

二、历史的教训

在前南斯拉夫境内所发生的严重违反国际人道主义法的罪行和在卢旺达发生的灭绝种族事件不禁令人深思，为什么在20世纪90年代还发生这种惨绝人寰的悲剧？人类为什么总是不断地重复以往的错误与罪行？为什么不能汲取教训防止类似罪行的发生呢？这些罪行既然是人为的犯罪，也一定能够通过人类的共同努力加以

① 联合国安理会决议：S/RES/872（1993），1993年10月5日通过。
② 联合国安理会决议：S/RES/918（1994），1994年5月17日通过。
③ 联合国安理会决议：S/RES/939（1994），1994年7月1日通过。
④ 联合国安理会决议：S/RES/955（1994），1994年11月8日通过。

预防或消除。这些严重犯罪事件在20世纪并不是第一次发生，尽管每次人道主义灾难的时间、地点、背景和起因不同，但是，还是可以找到酝酿这些人间悲剧的共同的土壤与温床。

首先是政治体制上的问题，实践表明在专制与集权的政治体制下更容易发生国际罪行。在一个人或一个团体控制了政治生活与社会生活的各个领域的时候，统治者为了维护其政权，往往利用一些政治上的口号和所谓崇高的理想来组织人口中的大多数来迫害人种或宗教上的“极少数人”。在专制的政治体制下，法治往往被任意践踏，少数人的基本政治权利根本得不到保障，自由言论权、公正审判权、公开集会权以及其他基本人权根本就形同虚设。统治者的唯一是非标准就是“归我者昌，逆我者亡”，而不惜使整个社会处于无休止的政治动荡之中。

其次，种族或宗教的激烈矛盾是孕育严重犯罪的温床。在历史上，凡是种族或宗教矛盾突出的时期或地区，发生严重犯罪的可能性也就越大。例如，在对亚美尼亚人的大屠杀中，在对犹太人的灭绝中，在对卢旺达图西族的种族灭绝中，以及在前南斯拉夫发生的悲剧中都存在着深刻的种族或宗教矛盾的背景。当前，在以色列与巴勒斯坦的冲突中，发生国际犯罪的几率也要远远大于其他地区。尤其值得注意的是，种族冲突或宗教矛盾中掺杂了极端主义和原教旨主义的因素，这使得冲突双方往往陷入一种宗教的狂热之中而不计任何后果，趋于采取极端的暴力或恐怖行动。

再次是经济上的因素。所谓经济因素并不是指经济情况的状况和是否存在着经济危机，经济危机并不会自动导致国际上的流血事件。经济因素是指无论一个国家或地区是富裕还是贫穷，只要存在着由贫富分配不均所引发的冲突，就有可能引发暴力行为和严重的犯罪行为。有一些国家或地区虽然很贫穷，但是，如果分配还较为合理，发生暴力行为的几率就较小。

又次，战争是万恶之源，凡是在发生战争的情况下，人的基本权利就会受到不同程度的侵害。在历史上，纳粹德国的灭绝犹太人的行为，在前南斯拉夫发生的严重违反国际人道主义法的罪行以及在卢旺达发生的灭绝种族事件，都多多少少与武装冲突存在着联系。在战争中，由于被仇恨与报复的心理所支配，任何一个人都可能丧失理智，不分青红皂白地乱杀一气。

最后是有罪不罚的文化背景。“事不关己，高高挂起”的社会态度和软弱无力的维权机构是培育“有罪不罚”的文化背景的温床，在这种情况下，违法者通常能逍遥法外。例如，对亚美尼亚人的种族灭绝罪从来就没有得到调查与清算，至今还有人对此熟视无睹。在国际犯罪面前是没有旁观者的。国际犯罪之所以被称为国际犯罪，其中一个原因就是它的受害者不仅仅是犯罪的直接受害人，而且，还是对整个人类的犯罪。如果对这种行为不加以制止和干预，听之任之，那么，下一个直接受难者，就是旁观者本人。旁观者可以以自己的行为制止暴行的发生，也可以通过默许的方式支持或纵容犯罪的发生①。

以上列举的情势并不是穷尽的，而只是可能发生国际犯罪的示意标志。总之，对个人基本人权和基本需要的剥夺，是形成国际犯罪的重要因素。这是前南斯拉夫和卢旺达事件所提供给我们的教训，更不用说在20世纪发生的其他事件了。

另一个值得注意的问题是要处理好和平与正义的关系。和平与正义应该是互为补充、相互支持、相互容纳的关系，在两者之间应寻求一定的平衡。没有和平，就不可能有真正的正义，而没有正义也就不可能有永久的和平。和平不能被简单地理解为没有战争，它需要尊重基本人权的坚实基础。追究犯罪行为人的责任对保持持久的和平与稳定具有特殊的意义。事实上，在许多情况下，和平谈判的一方或双方都有可能是犯罪或违反国际人道主义法的嫌疑人。仅仅为了达成和平协议而放弃对犯罪嫌疑人的责任追究，给予犯罪嫌疑人以司法豁免，只能使和平协议的基础经不起任何考验。② 国际实践表明，起诉被指控犯有严重违反国际人道主义法罪行的国家领导人并不一定会妨碍和平的进程，前南国际刑庭起诉了南联盟总统米洛舍维奇和波黑塞族共和国总统卡拉季奇、卢旺达国际刑庭起诉了卢旺达前总理卡姆班达、塞拉利昂特别法庭起诉了利比里亚总统泰勒都没有引起这些国家和地区大规模的动乱和犯罪行为的加剧。

结束“有罪不罚”的现象应该成为和平协议的一部分。任何含有对犯罪嫌疑人赦免条款的和平协定都是不能接受的。和平协议应该明文规定应对犯罪者绳之以法。以结束波黑战争的代顿协议为例，该协议第19条明文规定：“根据所有缔约方在调查或起诉所有战争罪犯和其他违反国际人道主义法行为的义务，缔约各方应与本协议所附的或由联合国安理会授权的所有实体合作以履行本和平协议。”③ 该条的含义是应将犯有严重违反国际人道主义法的嫌疑人送交位于海牙的前南国际刑庭受审。米洛舍维奇本人签署了该协定，因为在那时候，他认为自己是和平的缔造者，而不是和平的破坏者与犯罪嫌疑人。

2008年7月21日，波黑塞族共和国总统卡拉季奇在塞尔维亚首都贝尔格莱德被塞尔维亚当局逮捕。他曾被前南国际刑庭通缉达13年之久，是继米洛舍维奇之

① Laurel E. Fletcher: *From Indifference to Engagement: Bystanders and International Criminal Justice*, Michigan Journal of International Law, Vol. 26. No. 4, Summer 2005. p. 1027.

② 巴西奥尼：《劫后正义的芝加哥原则》，国际人权法机构和芝加哥全球事务委员会2008年版，第11页。

③ 联合国人权高专办公室：《波斯尼亚和黑塞哥维那和平的总框架协议》，1995年12月14日在巴黎签订。

后，被前南国际刑庭通缉的最重要的嫌疑人。被捕几天以后，他被送往海牙接受审判，他被指控在1992年到1995年之间在波黑战争中犯下了灭绝种族罪、危害人类罪和战争罪。①

在前南国际刑庭的第一次出庭中，他提出他应享有豁免权，因为在1996年，美国驻巴尔干特使霍尔布鲁克曾许诺他，如果他放弃权力，自动引退，他将不会受到前南国际刑庭的审判，双方并为此达成了协议。他还声称，霍尔布鲁克不仅代表了美国政府，还代表了联合国安理会的成员国。他遵守了诺言，但美国人却失言，还派杀手去暗杀他，所以他不能披露协议的内容。早有传闻，霍尔布鲁克与卡拉季奇之间曾达成协议，甚至在美国政府内部也有这种说法。前南国际刑庭审理此案的审判庭于2009年7月8日作出了判决，驳回了卡拉季奇请求，并指出："根据国际法，在国际审判机构中被起诉灭绝种族罪、战争罪和危害人类罪的任何被告的豁免权都是无效的。"②

三、前南国际刑庭与卢旺达国际刑庭的建立

作为纽伦堡审判后，联合国成立的第一个国际刑事审判机构，前南国际刑庭与卢旺达国际刑庭的建立并没有更多的先例可以遵循。这两个国际刑事审判机构与纽伦堡法庭还有很大的不同。首先，前南国际刑庭与卢旺达国际刑庭并不是"胜利者"的法庭，而是由国际社会——联合国所成立的法庭。另外，纽伦堡审判开始的时候，欧洲的战事已完全结束。同盟国的胜利保障了调查取证、缉拿罪犯、保存证据和保护证人，而前南国际刑庭成立之时，前南斯拉夫境内还正进行着激烈的武装冲突。在前南斯拉夫境内也不存在任何可以协助前南国际刑庭的机构与人员。卢旺达国际刑庭成立之时，卢旺达境内也刚刚结束灭绝种族的磨难，百废待兴。前南刑庭和卢旺达刑庭的建立并不是一帆风顺的。纽伦堡审判与东京审判时代背景和各种条件不同，也不可能提供更多的经验可以借鉴。

联合国所面临的第一个问题是设立前南刑庭和卢旺达国际刑庭的法理根据。根据国际实践，建立国际机构的传统方式是通过条约的方式，条约也是国际法的主要渊源之一。所有的主权国家都有权参与条约案文的讨论与谈判，这是一种最民主的方式，也是表达主权国家政治意愿的最佳方式。但是，这种方式有两个重大的缺

---

① 前南国际刑庭文件：IT-95-5-I，对米洛舍维奇与卡拉季奇的起诉书。

② 前南国际刑庭案例：Prosecutor v. Karadzic，IT-95-5-1，对被告有关霍尔布鲁克协议的裁决，第78段。

点，一是条约谈判旷日持久，如再加上签字、批准程序，至少要花上几年的时间，而在前南斯拉夫地区仍存在着武装冲突，卢旺达也面临着收集证据和犯罪嫌疑人潜逃的问题，时不待人。二是条约只对同意接受该条约的国家生效，如果前南地区的一个国家不接受该条约，该条约将不会对其适用，所有这些年的谈判结果就会付之东流。

另一种方式是联合国安全理事会根据《联合国宪章》第七章采取行动，成立国际审判机构，其目的是为了国际和平与安全。在此之前，联合国大会曾根据《联合国宪章》第22条成立过一些审判机构，如1949年11月24日，联合国大会通过第351A（IV）号决议成立了联合国行政法庭，该法庭的权限仅限于处理与解决联合国雇员与联合国之间的矛盾。① 另外，联合国大会还于1950年12月15日，通过第388（V）号决议成立过联合国利比亚法庭，② 于1952年1月29日，通过第530（VI）号决议成立过联合国厄立特里亚法庭。③ 联合国安理会根据《宪章》第7章通过的决议对所有国家都具有约束力，无论一国是否是联合国的成员国。《联合国宪章》本身也没有任何条款限制安理会的权限。这种方式的另一个长处是能使法院规约立即生效，使得法庭在极短的时间内运作起来。④ 因此，联合国采取这种方式建立了两个临时法庭。联合国安理会设立国际刑事审判机构的权限在前南国际刑庭审理的第一个案件——塔迪奇案（Tadic case）中得到确认。⑤

第二个问题是法庭所管辖的罪行。在任何一个合法建立的法庭中，“法无明文不为罪”（*nullum crimen sine lege*）的原则必须得到尊重与贯彻。但是，在国际刑法中，法律的渊源不但包括了条约，而且还包括了习惯国际法，包括了一般法律原则。因此，法庭所适用的国际人道主义法应该毫无疑问已成为习惯国际法，而不论该习惯国际法的规则是否已成为成文法或有关国家是否是有关公约的缔约国。联合国秘书长在建立前南国际刑庭的报告中指出：“实施‘法无明文不为罪’的原则要求国际法庭应适用毫无疑问已成为习惯法一部分的国际人道主义法的规则，以避免发生只有一些国家而不是所有国家都遵守具体公约的问题。由于国际法庭是起诉应

---

① 联合国大会文件：A/RES/351A 第4届联合国大会于1949年11月24日通过。

② 联合国大会文件：A/RES/388 第5届联合国大会于1950年12月15日通过。

③ 联合国大会文件：A/RES/530 第6届联合国大会于1952年1月29日通过。

④ 联合国文件：S/25704 联合国秘书长按照安全理事会第808（1993）号决议第2段提出的报告。1993年5月3日。

⑤ 前南国际刑庭案例：Prosecutor v. Tadic，上诉庭关于管辖权问题所作出的决定。

对严重违反国际人道主义法行为负责的人，使这一点更显重要。"① 另外，国际刑事审判机构只能是选择性的，只能管辖最严重的犯罪，其他罪行则应由国内法庭予以管辖。因此，根据《前南国际刑庭规约》的规定，前南国际刑庭只管辖灭绝种族罪、危害人类罪、严重违反1949年《日内瓦公约》各项的罪行和违反战争法和惯例的罪行。② 根据《卢旺达国际刑庭规约》，卢旺达国际刑庭只管辖灭绝种族罪、危害人类罪、违反《日内瓦公约》及其共同第三条的罪行。③

法庭的经费来源问题是另一个重要问题，法庭是否能正常运作，是否能有效履行其司法职能关系到法庭的信誉和独立性，这些问题都与有保障的和充足的经费来源有关。联合国对法庭的经费来源曾提出过4种方案，一是根据《联合国宪章》第17条，由联合国的正常预算中拨出，其长处是法庭的经费有了足够的保障，联合国设立的法庭理应由联合国出资。二是将法庭视为联合国维和行动的一部分，从联合国维和预算中支出。但是，联合国的维和经费是由有关国家，特别是联合国的常任理事国出资的，该预算本身就极为有限，是否能保障法庭的开支，尚不确定，而且，还要增加出资国的额外负担。三是将法庭作为联合国自成一体的行动，在联合国内部建立独立账户，与联合国正常预算和维和经费不发生联系。但是，这需要联合国大会通过决议，决议是否能通过以及联合国会员国是否愿意额外缴费还很难预料。四是由各国自愿捐款，但各国在法律上并没有捐款的义务，完全取决于各国的自愿，经费来源不但没有保证，而且，法庭的中立性还可能受到质疑。④ 由此可见，由联合国正常预算出资是唯一可行的方案。

另一个问题是法庭是否可以对被告进行缺席审判。在讨论规约的过程中，法国是唯一一个主张对犯罪嫌疑人可以进行缺席审判的国家。其提出的理由是：一、国际法并没有明确禁止对犯罪嫌疑人进行缺席审判。二、如果审判以后才将被告缉拿归案，还可以对其进行重新审判，这对被告的合法权益并不构成损害。三、国际法是有先例可以遵循的。在纽伦堡审判中，缺席审判是允许的。《欧洲国际军事法庭宪章》对此作出了明确确定。⑤ 四、缺席审判能对犯罪形成法律上和政治上的公开

---

① 联合国安理会文件：S/25704，秘书长按照安全理事会第808（1993）号决议第2段提出的报告。1993年5月3日发表。

② 《前南国际刑庭规约》第2-5条。联合国安理会第827号决议附件。

③ 《卢旺达国际刑庭规约》第2～4条。

④ Ralph Zachlin: *Some Major Problems in the Drafting of the ICTY Statute*. Journal of International Criminal Justice. Vol. 2 No. 2 June 2004. p. 366.

⑤ 《欧洲国际军事法庭宪章》第12条规定："本法庭对于被控诉犯本宪章第六条所规定之罪行之人，在该犯罪人未经缉获以前，或本法庭基于任何理由认为为正义利益之必要时，有进行缺席审判之权。"

谴责。但是，绝大多数国家对此表示了反对，随着国际人权法的发展与普及，在刑事案件中的缺席审判已不是国际上绝大多数国家的实践，因为缺席审判有可能损害犯罪嫌疑人的合法权益，使国际法庭在国际上产生不好的影响，使人产生仅是为了做做样子而进行审判的错误印象。权衡所有政治上和法律上的因素，缺席审判的规定没有被列入两个临时国际刑事法庭的规约之中。

最后一个问题是如何选举法官与检察官。一种方式是由联合国秘书长指定法官与检察官，另一种方式是由所有联合国成员国选举产生。对于法官的产生，各国普遍认为应该由联合国大会选举产生，所有国家都有权提名两名不同国籍的候选人，将该名单提交安理会审查，安理会将根据法官的条件将名单上的人数缩减到不少于22名但不超过33名，以保证差额选举。然后，将该名单提交联合国大会投票表决。获联合国大会会员国绝对多数票的候选人当选。① 检察官的产生是由联合国秘书长提名，由安理会任命。② 联合国秘书长最先考虑的人选是阿根廷的奥坎波，也就是日后国际刑事法院的检察官，但是，阿根廷政府不同意。以后，美国政府又提名著名国际刑法专家巴西奥尼，但是，俄罗斯反对任何来自北约国家的人选担任检察官。③ 前南国际刑庭成立14个月后，南非的法官高尔德斯通才被任命为前南国际刑庭和卢旺达国际刑庭的检察官。④

四、主要贡献

前南国际刑庭和卢旺达国际刑庭成立以来的十几年来，对国际人道主义法和国际刑法的发展作出了不可低估的贡献。建立这两个法庭标志着“有罪不罚”的时代已成为了历史，任何只要被指控犯下严重违反国际人道主义法罪行的人都必须接受国际社会的审判，现在已不是应该不应该起诉现任被指控犯下严重违反国际人道主义法罪行的领导人的问题，而是应如何起诉与审判的问题了。以前南国际刑庭为例，到目前为止，前南国际刑庭起诉了161个犯罪嫌疑人，只有两名被起诉者仍然

---

① 参见《前南国际刑庭规约》第13条第2款和《卢旺达国际刑庭规约》第12条第3款的规定。

② 同前注，参见《前南国际刑庭规约》第16条第4款。

③ David J. Scheffer: *Three Memories from the Year of Origin*, 1993. Journal of International Criminal Justice, Vol. 2 No. 2 June 2004. p. 360.

④ 联合国安理会决议：UNSC/Res. 936（1994），1994年7月8日。迄今为止，前南国际刑庭已有四位检察官：高尔德斯通（南非，1994—1996）；阿伯（加拿大，1996—1999）；戴尔旁蒂（瑞士，1999—2003）；布莱米兹（比利时，2004年至今）。

在逃。他们是波黑塞族军事领导人姆拉蒂奇和克罗地亚塞族政治领袖哈季奇。考虑到前南国际刑庭并没有自己的执法人员与机构，没有警察与军队，这已是一个了不起的成就。到今年为止，前南国际刑庭已对83个案件作出了终审判决，117名被告被定罪。涉及44个被告的19个案件正在审理中，涉及6名被告的4个案件还处在预审阶段。到目前为止，有10名被告被宣布无罪释放。① 在卢旺达国际刑庭，到2010年1月，审判庭已作出49个判决，34名被告被定罪，7名被告被宣布无罪释放，正在审理的案件有20个，目前还有11名被告还没有被缉拿归案。②

对于国际人道主义法和国际刑法的许多法律理论问题，这两个临时法庭在其判决中，都作出了明确的阐述与论证。卢旺达国际刑庭审理的阿卡耶苏案是《防止和惩罚灭绝种族罪公约》生效的50年后第一次在国际刑事审判机构审理的有关灭绝种族罪的案件。③ 在纽伦堡法庭、东京法庭和以色列法庭审理的艾克曼案件中都没有对被告以灭绝种族罪起诉，而是以危害人类罪对被告进行起诉的。阿卡耶苏案的判决对灭绝种族罪的行为要素、心理要素、受攻击的团体、特定的心理要素以及参与犯罪的犯罪形态等都作出了具有指导意义的阐述。④ 前南国际刑庭的司法实践也对灭绝种族罪的犯罪要素作出了进一步阐述，在科斯蒂奇案中，法庭指出屠杀所有在萨布拉尼察的成年男子的行为构成了“部分”地灭绝某一特定的群体。⑤

在适用国际人道主义法方面，自从1949年《日内瓦公约》制定以来，这两个临时法庭是首先在国际刑事审判机构的案件中适用《日内瓦公约》中的原则与法律规定的，澄清了许多法律概念与问题。如，严重违反的定义、直接参与敌对行为的含义、如何区分国际性的武装冲突和国内武装冲突、受保护人的定义以及战争罪与危害人类罪的区别等。在如何区别国际性的武装冲突和国内武装冲突时，前南国际刑庭没有采用国际法院在尼加拉瓜案中的“有效控制”标准，而采用了“全面控制”标准。⑥ 因为有效控制的标准适用于国家的责任问题，而“全面控制”标准只适用于区别国际性武装冲突与非国际性的武装冲突的背景问题，在此前提下再

---

① 前南国际刑庭向联合国安理会提交的第15次报告。联合国安理会文件 S/15510。

② 卢旺达国际刑庭向联合国安理会提交的第14次报告。联合国安理会文件 S/17635。

③ 卢旺达国际刑庭审理的卢旺达前总理卡姆班达案件是国际刑事法庭第一个被告被认定犯有灭绝种族罪的判决。但是，由于被告认罪，此案并没有进行审理。因此，真正审理的案件应是阿卡耶苏案。

④ 参见卢旺达国际刑庭案例：*Prosecutor v. Akayesu*，审判庭1998年9月2日判决书。

⑤ 前南国际刑庭案例：*Prosecutor v. Krstic*，上诉庭2004年4月19日判决书，第12～14段。

⑥ 前南国际刑庭案例：*Prosecutor v. Tadic*. 上诉庭1999年7月15日判决书，第84页。

确定个人的刑事责任，因此，“全面控制”的标准要低于“有效控制”的标准。前南国际刑庭的案例还对受保护的人员做出了扩大的解释，以便更好地保护战争受害者。前南国际刑庭在哈吉哈桑诺维奇案中指出：“只是因为两个冲突的性质不同，而对同一严重的犯罪保持两种法律制度和刑罚后果将无视《日内瓦公约》的最终目的，这不利于保护人的尊严。”①

对于危害人类罪，前南国际刑庭认为，规约中所要求危害人类罪必须“发生在武装冲突之中”只是一种“管辖权的要求”，而不是危害人类罪的犯罪要素。②从而，重申了危害人类罪不但可以发生在战时，而且也可以发生在和平时期。对于危害人类罪的酷刑罪，前南国际刑庭指出酷刑是国际法上的强行法所禁止的行为，任何条约，国内法以及其他法律文件都不得减损其效力。③ 对于战争状态下的强奸罪，两个法庭都认为在法庭成立以前，在危害人类罪项下的强奸罪并没有得到很好的研究，因为强奸罪并不是《日内瓦公约》中所规定的犯罪。在库纳拉奇案中，前南国际刑庭认为以往的案例中强奸罪的定义过于狭窄，因为只强调了强迫和被害人非自愿的因素。法庭认为，使用暴力或其他强制手段只是强奸罪的一个因素，但并不主要的因素，因此，受害人是否同意也不是必要的背景因素。④ 在危害人类罪和战争罪项下的强奸罪应考虑到犯罪发生的背景与环境。在卢旺达国际刑庭审理的阿卡耶苏案中，法庭认为，如果符合其他条件，强奸也可以构成灭绝种族罪。⑤

在程序法方面，这两个临时法庭建立了独特的国际刑事司法审判程序，是英美法系的对抗性诉讼程序与大陆法系的讯问制诉讼程序的完美结合，更准确地说，是以英美法系的诉讼程序为主，以大陆法系的诉讼程序为辅。在法庭上，每一个案件都由三名法官组成合议庭进行审理，而不设陪审团。检察官与被告方都可提出动议，询问证人，同时，法庭还可采纳书面证据，只要这些证据不是用来证明被告是否有罪，所有证明被告有罪的证据必须得到被告律师的质证。法庭也有权传唤证

---

① 前南国际刑庭案例：*Prosecutor v. Hadzihazanovic*，审判庭 2002 年 12 月 11 日对管辖权提出质疑的决定，第 175 段。

② 前南国际刑庭案例：*Prosecutor v. Blagojevic and Jokic*，审判庭 2005 年 1 月 17 日判决书，第 541 段。

③ 前南国际刑庭案例：*Prosecutor v. Furundzija*，审判庭 1998 年 12 月 10 日判决书，第 139 段。

④ 前南国际刑庭案例：*Prosecutor v. Kunarac*，上诉庭 2002 年 6 月 12 日判决书，第 127 ~ 129 段。

⑤ 卢旺达国际刑庭案例：*Prosecutor v. Akayesu*，审判庭 1998 年 9 月 2 日判决书，第 731 段。

人，独立地采纳证据。这显然来自大陆法系的诉讼程序。由此可见，两个临时法庭对世界法律的最大贡献并不局限于实体法方面，而在程序法方面则有更大的突破，这两个临时法庭找到了这两大主要法系的融合点，为国际刑事诉讼法的创立奠定了基础。20世纪，通过世界贸易组织，各国已基本完成了对国际贸易法律与规则的统一，在21世纪，国际社会将完成对各国刑法和刑事诉讼法的基本统一，而这两个临时国际刑庭在这方面的尝试与努力，也为各国刑法改革与融合起到了先导与借鉴的作用。

在保护被告权利和公正审判方面，这两个法庭的实践也起到了划时代的开创作用。在纽伦堡和东京审判的时候，国际上的大多数人权公约还没有制订，因此，对被告人权利的保护并不完善，如被定罪人没有上诉的权利。而在前南国际刑庭和卢旺达国际刑庭的规约中则吸收了所有人权公约中对被告合法权益的保护条款，特别是《公民权利和政治权利国际公约》第14条所规定的被告人所享有的“最低限度的保证”，如被告享有无罪推定的权利；有沉默权；有权不向法庭提供对己不利的证据；有权质问对己不利的证人；有权自己或通过自己所选择的律师辩护的权利；享有与检察官“平等武装”的权利。在审判前，或甚至一审判决后，在不威胁证人和不逃逸的情况下还可以申请临时释放。① 由于被告在审判中的待遇往往是构成一个社会的民主法制是否健全的重要标志，这两个国际刑庭的做法与实践也会对各国在其刑事司法程序中进一步完善维护被告人的合法权利树立典范。

这两个法庭还进一步地促进了国际刑事司法体系的建立和各国司法机构的完善与改进，促进了有关国家的法治建设。前南国际刑庭和卢旺达国际刑庭积极地参与培养了前南斯拉夫地区和卢旺达的法官、检察官、律师和法律工作者，向当地法院移交案件被证明是加强当地法制建设的重要手段，在移交案件的同时，所有的调查资料、证人证词和起诉书都移交给当地法院。为了使其国内法院能达到进行审判的国际最低标准，两个法庭还参与协助当地立法机构修改本国的法律，以便使其国内法的规定达到国际标准。例如，为了接受卢旺达国际刑庭移交的被告，2007年6月，卢旺达修改了本国法律，宣布废除死刑。②

两个临时法庭的经验还为其他国际刑事审判机构和国内法庭所汲取。国际法院在波黑诉塞黑的适用灭种公约案中多次适用了这两个法庭的判例。国际刑事法院在其审理的案件中也多次引用了这两个法庭的法理依据。

当然，这两个临时法庭还存在着一些问题和缺陷，有待进一步改进，也期待其

---

① 见《前南国际刑庭程序与证据规则》第65条的规定。

② 见卢旺达政府公报，2007年8月24日。

他国际刑事审判汲取教训。

第一，这两个法庭属于临时性的国际刑事审判机构，其管辖权在地域和时间上都有严格的限制，如只限于在前南斯拉夫境内和在卢旺达境内所发生的或与其有关的国际罪行，联合国安理会所设立的法庭只是对特定地区、在特定时间段里所发生的罪行具有管辖权，而对全世界范围所发生的罪行不具有管辖权。一旦审判结束，这两个法庭也就完成了其历史使命。

第二，由于历史的原因，这两个法庭设立在远离罪行发生地国的地方，这不利于使更多的当地民众参与刑事审判活动，不利于对当地民众进行国际人道主义法的普及与教育。另外，也对调查取证和证人出庭造成了较大的困难，加重了联合国的财政负担。

第三，卢旺达国际刑庭只审理了胡图族所犯下的罪行，而没有追究图西族所犯下的罪行，原因在于，当前的卢旺达政府是由图西族掌权，在得不到卢旺达政府合作与支持的情况下，起诉图西族人几乎是不可能的。在收集证据，传唤证人和调查取证方面还存在着不少困难。因此，卢旺达国际刑庭还不能真正做到不偏不倚。

第四，法庭的程序过于繁琐，审理一个案件，从预审到审判，再到上诉阶段要花上一两年的时间，最长的长达七八年的时间。尽管公正性是法庭的第一原则，但是，如果迟迟不能结束审判，对被害人以及被告的权利都是一种损害。

第五，法庭的开支过大，两个法庭一年的预算占了联合国正常预算的 20%，而且，每年都有追加预算。法庭的一年预算甚至超过了一个贫困国家的一年生产总值，联合国的一些会员国对此早有意见，并要求早日结束法庭的审判工作。

五、完成战略

2003 年 8 月 28 日，联合国安理会通过了第 1503 号决议，批准了法庭提出的完成战略。① 完成战略的主要目标是在 2004 年底以前，检察官必须结束所有的调查与起诉工作；2008 年底，法庭要完成所有的一审案件；2010 年底结束所有的上诉程序。法庭应集中力量起诉与审判那些职务最高的、对犯罪负主要责任的被告，而对那些中下级的被告或对犯罪不起主要作用的被告将移交给当地法院进行审理。根据该决议的精神，在波斯尼亚和黑塞哥维那的首都萨拉热窝建立了特别战争罪法庭。

安理会所设立的第一目标已经完成，到 2004 年 12 月 31 日，检察官已结束了

① 联合国安理会决议：S/RES/1503. (2003).

对所有案件的调查与起诉工作。对第二个目标的审判工作，有一些拖延，原因是有一些被告刚刚被逮捕，审判还没有开始，大多数案件可望在2010年底结束审理，但有一些案件要拖到2010年以后才能完成。由于审判的拖延，上诉可能还要推迟。对卡拉季奇的审判已于2010年3月开始，估计该审判还需要四年的时间才能完成。目前，被前南国际刑庭通缉的嫌疑人中还有两个没有缉拿归案，其中包括波黑塞族军队的指挥官姆拉蒂奇，他被指控为萨布拉尼察灭绝种族案的主犯。如果不将其绳之以法，前南国际刑庭的使命就不能划上一个圆满的句号。

即使在前南国际刑庭与卢旺达国际刑庭的完成战略实现以后，两个临时法庭还有一些遗留事宜，需要一个留守机构予以处理。2008年12月，安理会的主席发表一个声明，要求安理会对留守机构应处理的事宜和预算提出报告。两个临时法庭都广泛地和积极地参与了该报告的拟定。留守机构将处理下列有关事宜：

* 前南国际刑庭还有2名被通缉的犯罪嫌疑人在逃，卢旺达国际刑庭还有11名被通缉的犯罪嫌疑人在逃。何时能够将他们缉拿归案还不能确定，但是，一旦将其逮捕，应该立即对其进行审判。

* 国内法庭对在前南斯拉夫和卢旺达犯下严重违反国际人道主义罪行的审判仍在继续，如果国内法庭需要前南国际刑庭与卢旺达国际刑庭所保存的机密资料，还需要留守机构的审查与批准。

* 在法庭不复存在以后，留守机构还有保护证人和受害者的职责，特别是要保障那些被异地安置的证人的安全。

* 在法庭的工作结束以后，如果有人违反法庭所作出的保密规定，故意或明知地透露保密资料，留守机构将负责对其作出藐视法庭的起诉与审判。

* 由于前南国际刑庭和卢旺达国际刑庭是作出各种裁决与判决的机构，因此，被定罪人的假释、赦免、减刑以及对被定罪人到另一法庭去作证都需要留守机构的批准。

* 根据这两个法庭的规定，被定罪人如果发现了新的证据，可以在被判刑后的任何时候提出要求进行复审。留守机构将审查这些申请，并做出是否进行复审的决定。

* 留守机构还要负责管理法庭成立10多年来的档案资料。

可以预料，留守机构在法庭的工作结束后，还要存在相当长的一段时间，但是，该机构的规模将不会很大，财政开支不会很大而且将很有效率。联合国安理会将会保留一个法官的名单，包括现任的常驻法官和临时法官，一旦有需要，联合国秘书长将会按名单召集法官来海牙处理案件，不再常驻海牙。

尽管在前南国际刑庭和卢旺达国际刑庭成立之时，国际社会还有人对联合国安理会成立临时国际刑事审判机构的做法存在着异议与争论，但是，过去17年的历史已经证实联合国安理会成立前南国际刑庭和卢旺达国际刑庭已得到国际社会的普遍认同。这两个临时法庭的成立被认为是国际法在世纪之交的重大发展。通过对被指控犯下严重国际罪行的人的审判，前南国际刑庭和卢旺达国际刑庭严惩了国际犯罪和肇事者，为受害人申张了正义，对将来的犯罪起到了一定的遏制作用，并有利于促进前南地区和卢旺达的民族和解与国家重建，为维护国际和平与安全作出了贡献。两个临时法庭的司法实践和已决案例将成为整个国际社会的共同遗产，为其他的国际刑事审判机构，特别是国际刑事法庭，以及世界各国的司法改革提供了宝贵的经验与教训，并将有利地促进国际社会以及各个国家的法治建设。

Retrospective review on the history of ICTY and ICTR

LIU Daqun

Abstract: The establishment of the two international criminal tribunals for Yugoslavia and Rwanda by the UN Security Council was undoubtedly a remarkable milestone in the history of the development of international law at the corner of new millennium. The two tribunals also set up an international paradigm for the subsequent tribunals like Sierra Leon as well as Lebanon for international criminal charges. This paper is trying to make an overall review on the major two international criminal tribunals, to get a better vision of the development of international law, especially international criminal law, and to promote the international rule of law both on the international and domestic level.

Keywords: ICTY ICTR history of international rule of law

UNIVERSAL CRIMINAL JURISDICTION: An option or a legal obligation for States?

Vladimir-Djuro DEGAN *
Vesna BARIC PUNDA**

I

Universal criminal jurisdiction, which is exercised by domestic courts of States, is considered today by some scholars as a panacea for fighting against impunity of perpetrators of the most heinous international crimes worldwide.

However, its fate seems to be similar to some other new institutes of international law that appeared after World War II. It was similar with the space law following the launching of the first Soviet artificial satellite *Sputnik* in October 1957. The mankind expected human settlements in the Moon and other celestial bodies and exploitation of their natural resources in a near future. It was the same since 1970 with the concept of the common heritage of mankind in respect of the exploration and exploitation of natural resources of the International Seabed Area. The exploitation of these resources has not yet started by anybody. Further on, in 1974 was adopted a series of instruments in the UN General Assembly with the aim of instituting the New International Economic Order in the world. In that year were adopted: a Declaration, a Program of Action and a Charter of Economic Rights and Duties of States, with almost no impact on further relations of this kind. Finally, it seems to be the similar case with the universal criminal jurisdiction in the very beginning of this Millennium.

---

* Vice-president of the *Institut de Droit international*; *Marco Polo Fellow* of the Silk Road Institute of International Law, Xi'an Jiaotong University (China); Emeritus Professor of University of Rijeka (Croatia); Head of the Adriatic Institute of the Croatian Academy of Sciences and Arts in Zagreb.

** Professor of International Law at the University of Split (Croatia)

On all these issues "legal rules" were agreed which were never put into actual practice. This phenomenon probably reflects the formation of a large number of international lawyers worldwide who are in search of new areas of their creative activities and promotion.

In any case these new ideas betrayed the expectations of the humankind. Fervent advocated of the common heritage of mankind in the doctrine became later on its zealous critics. We shall try now to ascertain the exact meaning and scope of the universal criminal jurisdiction and assess what the international community can really expect in the foreseeable future from it.

*

We shall start our explanation in this respect with the notion of jurisdiction, especially in criminal matters. International criminal law is today understood in its broad sense as the law encompassing all the criminal offences with extraterritorial effects that a State can prohibit and provide the penalties for them in its national legislation. ①

According to a law dictionary largely in use jurisdiction means "the power to hear and determine a case". ②More precise is the explanation of jurisdiction as "the authority of States to prescribe their law, to subject persons and things to adjudication in their courts and other tribunals, and to enforce their law, both judicially and non judicially". ③

When States' jurisdiction is at stake the first association is its exclusive nature, because it is usually connected with the concept of States' sovereignty. In criminal law

① Some French and other authors call this law in a broader sense: "criminal international law" (*droit pénal international*), in order to distinguish it from "international criminal law" proper (*droit international pénal*), embracing only crimes under international law on which there will follow an explanation. This distinction in appellation is difficult to grasp and is not universally accepted.

② *Cf.*, *Law Dictionary* by Steven H. GIFIS, Barron's Educational Series, 1984, p. 254.

③ *Restatement of the Law Third*, Foreign Relations of the United States, vol. I, p. 230. In French legal doctrine and practice *juridiction* is synonymous to *compétence*, i. e. "/p/ouvoir de l'Etat ou d'un de ses organes à la fois *sur les espaces relevant de sa compétence territoriale*, *et sur les personnes ou les engins relevant de sa compétence personnelle*". Cf., Jean SALMON (Ed.): *Dictionnaire de droit international public*, Bruxelles 2001, p. 624. In his report to the Institute of International Law Christian Tomuschat presents a larger explanation in this respect by some other authorities. *Cf.*, *Annuaire de l'Institut de droit international*, Session de Cracovie, Vol. 71-I, Paris 2005, pp. 218-220.

a State has exclusive jurisdiction in normal circumstances only on offences committed within its territory if both the suspect perpetrator and his presumed victim are its own citizens.

Most of crimes actually committed have these features, but with the globalization of the world there are more and more trans-frontier crimes on which several States can lawfully claim their jurisdiction. Hence, a crime can be organized in one State and be executed in one or more other States. In these situations the traditional rule *lex loci delicti commissi* cannot resolve all the problems that appear. Even within the frontiers of a single State either the perpetrator or the victim of the crime can be a foreigner or a stateless person.

More and more crimes have their transnational aspects, such as drug-trafficking, trafficking in arms, forced prostitution, smuggling of migrants, money-laundering, participation in organized criminal groups, etc. ①On the other hand, most other criminal offences such as murder, racket, theft, kidnapping, etc. can have trans-frontier effects too, and they should not be neglected in our analysis here.

When it comes to criminal offences with trans-frontier effects the first problem is that of the territorial validity of national criminal laws. Every State regulates this issue in its national legislation for itself. Let us briefly explain here various grounds of the jurisdiction of national judges in criminal matters. Before that it should be noted that the territorial and the national principle (i. e. that of "active nationality"), directly emanate from the territorial and personal sovereignty of all the existing States, where as the second is always subsidiary to the first.

Hence the *territorial principle* is provided as primary in the legislation of all States without exception. On behalf of it, even when it comes to trans-frontier effects of a crime in more than one State, criminal jurisdiction can be exercised on the territory of each of them. Domestic courts, whenever they establish their jurisdiction, apply criminal laws of their State only, including international agreements to which it is a party. There is here nothing similar to the application of national law of the suspect or

① For their more effective prevention and suppression in Palermo (Italy) was signed in 2002 the UN Convention against Transnational Organized Crime, with three protocols so far.

the victim of the crime, as can sometimes occur in civil law cases. ①

On the basis of *the principle of active personality* every State is entitled to sue its own citizens for the crimes they committed in another State, but it has no right to apprehend them there. A State will exercise this jurisdiction in cases when its citizen escaped justice in the State in which he committed the crime. By its use, the impunity of such persons is precluded, and States indirectly strengthen their national legal order as well.

Many States do not extradite their citizens for criminal prosecution to other States. By the application of the principle *aut dedere, aut adjudicare* (or *prosequi*), especially if that is a conventional obligation, a State is bound to submit its citizen to its own criminal procedure for the commission of his crimes abroad. This obligation exists whenever and for whatever reasons its own citizen, but also if a suspect is foreigner or a stateless person, is not extradited to another State.

In addition, all States have appropriated *the real or protective jurisdiction*, if a foreigner has grossly violated some of their national interests abroad, such as assaults on their diplomatic agents or premises, counterfeiting the national currency, acts of espionage, etc. Because it is universally admitted and actually exercised in practice, it can be said that it relies on customary international law.

For a longtime, there was no such agreement on *the principle of "passive nationality"*, i. e. for the crimes committed abroad against domestic nationals, if the foreign perpetrator was not properly punished in the territorial State. Since the dispute with Mexico on *Cutting* in 1886, the United States and a number of other countries

① Nevertheless, the territorial principle is inapplicable to the crime committed on board of ships on the high seas, as well as on aircraft in flight over several States. Because no State has exclusive jurisdiction on the high seas, criminal jurisdiction belongs to the flag State of the ship, except in cases of pirate ships or ships without nationality. For all the offences committed on board of a warship the jurisdiction lies only to the flag State, even if such a ship enters a foreign port with the permission of the coastal State. Warships and ships used on government non-commercial service only enjoy immunity wherever situated. On the contrary, merchant ships in foreign ports are subject to the criminal jurisdiction of the coastal State. However, such a State has no interest in exercising it unless the crime at issue disturbs the peace and order of the port. Jurisdiction for the crimes committed on board of merchant ships in other parts of the sea belongs, according to the rules of the law of the sea, and depending of the nature of the offences, either to the coastal State or to the flag State.

have strongly opposed it. ①

But in the application of the above jurisdictions, there is a strict rule that the State in question cannot capture suspects abroad because that would constitute the violation of territorial sovereignty of the States in which the suspect is present. They can be sued only if apprehended in the domestic territory. Their extradition from the State of their residence is not frequent because political offences are sometimes involved.

Finally, a territorial State in which a crime was committed can *delegate its criminal jurisdiction to another State*, subject to its acceptance by that other State. Such a delegation can be provided as an option either in domestic legislation or in treaties. It relates to minor traffic and similar offences, but also to transnational organized crimes. It is in particular justified when the suspect is a citizen of the receiving State, or has permanent residence there.

*

All the above-mentioned grounds of domestic jurisdiction are exercised in the national interest of each State in order to protect its own values and domestic legal order. Unlike this, *universal criminal jurisdiction* is expected to be exercised in the interest of the international community as a whole and, as was stressed, in order to prevent impunity of offenders of international crimes.

Unlike the above situations of competing jurisdictions of several States, this specific kind of jurisdiction should be exercised in absence of any territorial and personal link of the place of crime and its actors with the State in question.

Paragraph 1 of the Krakow resolution of the Institute of International Law defines this kind of jurisdiction, in our view accurately:

"1. Universal jurisdiction in criminal matters, as an additional ground of jurisdiction, means the competence of a State to prosecute alleged offenders and to punish them if convicted, irrespective of the place of commission of the crime and regardless of any link of active or passive nationality, or other grounds of

① Nevertheless, provisions of some sectorial anti-terrorist conventions, such as Article 5(3) of the 1970 Hague Convention on unlawful seizure of aircraft, or Article 6-(2)-(b) of the 1988 Rome Convention on the safety of maritime navigation, admit the exercising of this jurisdiction as an additional ground for States which have provided it in their legislation. This means that this ground of jurisdiction is optional today.

jurisdiction recognized by international law."

Hence, on the basis of this jurisdiction a territorial State in which a crime was committed should lose its exclusive jurisdiction even if both the suspect and the presumed victim are its citizens. That would be valid only in very special circumstances in order to prevent impunity of perpetrators of the most heinous international crimes. However, because every judicial process is costly and time consuming, States are generally unwilling to give full effect to this kind of jurisdiction, even when they assumed such an obligation by a treaty. Belgium and Spain were in some periods of time exceptions to that, but many difficulties were revealed in its operation so that they had to accommodate their legislation to that of most other States.

*

Historically, the oldest example of exercising this ground of jurisdiction was that against *the crimes of piracy* on the high seas, where no State can enjoy exclusive territorial jurisdiction. Pirates were treated as "*hostes humani generis*" from time immemorial. ①

The exercise of universal jurisdiction is in modern times aimed at preventing the impunity of perpetrators of the most odious internationally wrongful acts, which were recognized by the international community of States as international crimes.

As a subsidiary ground it can be especially justified if the judicial system in the territorial State in which these crimes were committed on a large or systematic scale, suffered a collapse in a civil war. On the other hand, in cases where the commission of these crimes is part of the national policy of a Government, its judicial organs cannot in most cases operate independently and impartially. They will shield from responsibility their politicians or superior officers and direct perpetrators of crimes, or will at least unreasonably delay the proceedings against them.

Side by side with the establishment and functioning of the International Criminal Court in The Hague, universal criminal jurisdiction exercised by foreign States in the

① Nevertheless, in case that there is a genuine duty from customary international law to prosecute pirates, this obligation can be fully honoured only by a few powerful States possessing navies that navigate in all oceans and seas. Universal jurisdiction against pirates cannot be exercised by land-locked States, or by those with symbolic navies or coastal guards, suitable to maintain the order in their territorial sea only.

above mentioned situations is expected to cure these imperfections in the international legal order. In displaying it, the respective States operate in fact in the name of the international community as a whole and substitute themselves to it. But there can be considerable difference between that what is sought as desirable and some realities in inter-State intercourse.

Many legal problems appear in exercising of this kind of extra-territorial jurisdiction. Is it the matter of a legal obligation of States or only an attempt to develop the positive international law in this direction? Which specific crimes with their distinctive features can be envisaged by it, etc.

There are several papers that are the product of collective efforts of jurists, which tried to elucidate and regulate the universal criminal jurisdiction. First appeared the "Amnesty International 14 principles on the effective exercise of universal jurisdiction", published in May 1999. After it came "The Princeton Principles on Universal Jurisdiction" in 2001. The African Legal Aid (AFLA) produced "The Cairo—Arusha Principles on Universal Jurisdiction in Respect of Gross Human Rights Offences: An African Perspective". It was the result of deliberations in July 2001 in Cairo and in October 2002 in Arusha (Tanzania). Finally, the most prestigious Institute of International Law adopted at its Krakow session in August 2005 the resolution on "Universal Criminal Jurisdiction with regard to the crime of genocide, crimes against humanity and war crimes". This problem was previously discussed during several years in a commission of the Institute on the basis of papers produced by its rapporteur Christian Tomuschat from Germany.

All these papers provide or imply some general principles which were also confirmed in statutes of international criminal courts and tribunals. They are: irrelevance of official capacity of the offender, non-applicability on statutory limitations of crimes envisaged by this jurisdiction, superior order as non permissible defence, *non bis in idem*, and guarantees of fair trial of the accused and protection of victims of crimes during the process.

Some papers formulate conditions for extradition of suspects to other States. Some of them discuss the congruity of amnesties granted by the territorial State of the crimes with its international obligations, as well as the use of alternative forms of justice such as truth and reconciliation commissions. Some of them refer to the problem of appropriate reparations to the victims of the offences, etc.

We shall take here into account first of all the resolution of theInstitute of

International Law which deserves in some of its aspects critical observations. Other texts will be cited when appropriate.

II

We shall initiate our further explanation with the *concept of international crimes*, to which the universal jurisdiction of national courts should relate. It will be followed by problems of universal jurisdiction in actual practice of States, before some conclusions on its basis in law and conditions of its lawful exercise by States.

In drafting rules on States' responsibility for internationally wrongful acts within the UN International Law Commission, its special rapporteur Roberto Ago from Italy proposed in 1976 the division of all these acts into two big categories: international crimes and ordinary international delicts. He proposed, and the Commission then unanimously adopted, the generic definition of international crimes in draft article 19 (2):

"An internationally wrongful act, which results from the breach by a State of an international obligation so essential for the protection of fundamental interests of the international community that its breach is recognized as crime by that community as a whole constitutes an international crime."

Hence, this definition contains two elements common to all international crimes. First is that an internationally wrongful act of this kind must result from the breach by a State of an international obligation that is "essential for the protection of fundamental interests of the international community". However, only by this, an international crime would not be different from other norms of *jus cogens* within the meaning of Article 53 of the 1969 Vienna Convention on the Law of Treaties. ①In addition, it was expressly provided for that the international obligation in question is so essential "*that its breach is recognized as a crime by that community as a whole*".

Paragraph 4 of that draft article provided a negative definition: "Any internationally wrongful act which is not an international crime in accordance with

① Article 53 provides: "...a peremptory norm of general international law is a norm accepted and recognized by the international community of States as a whole as a norm from which no derogation is permitted and which can be modified only by a subsequent norm of general international law having the same character."

paragraph 2 constitutes an international delict".

With these features, international crimes normally generate in the customary process articulated by codifiation conventions, as was for instance the 1948 Genocide Convention, or by some resolutions of the UN General Assembly like that on the definition of aggression. ①If a sufficient number of States become parties to such a convention, and the important group of 'specially interested States' do not oppose it, ②international crimes as codifid in it obtain the nature of being recognized as such by the international community of States.

Yet the final and the most authoritative text on the Responsibility of States, as adopted by the Commission on 9 August 2001, turned all these things upside down. The former draft article 19 was suppressed altogether, and the adjective "criminal" was dropped throughout the newly adopted text. Rules providing for rights of "injured States", and obligations for all other States in cases of commission of international crimes were replaced with new provisions concerning "serious breaches of obligations under peremptory norms of general international law" (Articles 40-41).

That occurred after a quarter of a century of existence of that essential definition of international crimes that was generally understood until that time as reflecting a customary rule of general international law.

This radical shifting of the position was a concession to representatives of a number of States in the Sixth Committee of the UN General Assembly. They vigorously argued that the responsibility of States is not of a criminal nature, and that these Draft Articles could not deal with international crimes at all.

However, in the new rapporteur's comment of its text, among the examples of these "serious breaches", ③ the following are quoted: prohibition of aggression, prohibition of slavery and slave trade, genocide, and racial discrimination and *apartheid*, torture, some basic rules of humanitarian law, and the right of peoples to self-determination. ④ This means that by this revision the substance did not change,

---

① See UN General Assembly Res. 3314, UN Doc. A/RES/3314(XXIX).

② See on this issue *North Sea Continental Shelf* case (Germany v. Denmark and the Netherlands), Judgment of 26 April 1969, *I. C. J. Reports* 1969. pp. 42-42, paras. 73-74.

③ Because of the nature of norms of this kind, every breach of *jus cogens* is serious in itself.

④ Cf., J. CRAWFORD: *The International Law Commission's Articles on State Responsibility*, Cambridge University Press 2002, pp. 246-247.

because almost all acts at stake constitute proper "international crimes" under the obsolete draft article 19(2) too.

But barely a month after the adoption of these final Draft Articles, tragic events occurred on 11 September 2001 on the soil of the United States: in New York, Washington, D. C. and Pennsylvania. The fact that the terrorist organization Al Qaeda had its bases in Afghanistan then under the Taliban regime was the pretext for the armed intervention in that State as an act of alleged "self-defence" by the United States (and the UK). If nothing else, it revealed the truth that active support by a State of some transnational terrorist organizations, acting abroad, could nevertheless have certain "criminal" features of that State as an international person.

The new Draft Articles on State Responsibility produced also confusion in terminology. Before the Rome Statute of 1998, all international crimes, except the crimes against humanity, were qualified as such in humanitarian and other codification conventions with a broad participation of States. All these conventions provide or imply the responsibility of their States parties in case of their violation. ①Personal criminal responsibility of individuals for these crimes was aggregated, ② what was confirmed later on in the statutes of international criminal tribunals. This personal responsibility cannot, of course, exclude the responsibility of States in case of violation of their conventional obligations.

Now we come to a curious situation. On the basis of its jurisdiction under Article IX of the 1948 Genocide Convention, the ICJ can be competent to ascertain the responsibility of a State party to it for its violation. Its Article I expressly states that genocide is a crime under international law. Acts provided in its Articles II and III mean that the responsible State committed that international crime on its own.

However, according to the new logic introduced by the International Law Commission, this crime in this case was not perpetrated. What was perpetrated was a "serious breach of an obligation under the peremptory norm of general international law" which prohibits genocide. That is because of the fact that the responsibility of States is not criminal. The genuine crime of genocide can be committed, according to

① The matter was for instance of the 1948 Genocide Convention, or of "serious breaches" of the four 1949 Geneva Conventions on humanitarian law.

② States parties to these Conventions undertook the additional obligation to enact the same crimes in their national legislations and to provide effective penalties for persons found guilty.

this logic, only by individuals for whom the International Criminal Court is competent, not the International Court of Justice.

In spite of that, in both situations the matter is of the same internationally wrongful act. Even its qualification in Article II of the 1948 Genocide Convention and in Article 6 of the 1998 Rome Statute is the same. This means that The Hague Court and criminal tribunals apply the same legal rules and that violations of the prohibited acts have the same heinous consequences for their victims.

This was demonstrated in the 2007 Judgment of the ICJ on *Genocide* (Bosnia-Herzegovina *v.* Serbia and Montenegro). The Court itself was unable to prove *dolus specialis* for genocide in Srebrenica, engaging a State's responsibility, without referring to the two Judgments by the International Criminal Tribunal for the Former Yugoslavia (ICTY) in *Krstic* and *Blagojevic* cases. ①

The above proves that the elimination of the former draft article 19(2) had no useful purpose. That eradication could not disband the very concept of international crimes in international law as being distinct from "ordinary" international delicts. The resolution of the Institute of International Law with which we are dealing here quotes already in its title the crimes of genocide, crimes against humanity and war crimes, exactly these within the competence *ratione materiae* of the International Criminal Court in The Hague. It is true that this resolution deals with the personal criminal responsibility of individuals, but another resolution adopted by the Institute in 2009 on "International Crimes and immunities from jurisdiction of States and their agents" has in view first of all the responsibility of States. ②

This means that as a separate category of internationally wrongful acts of States the concept of international crimes remains in doctrine and practice forever, but in respect of which individuals bear specific criminal responsibility. Their best definition

① For this specific crime *dolus specialis* means the , intent to destroy, in whole or in part, a national, ethnical, racial or religious group, as such. If this specific intent is not proved in the procedure, the matter can be of a crime against humanity or a war crime, in respect of which the ICJ lacks jurisdiction.

② According to its Article I: "1. For the purposes of this Resolution "international crimes" means serious crimes under international law such as genocide, crimes against humanity, torture and war crimes, as reflected in relevant treaties and the statutes and jurisprudence of international courts or tribunals."

is provided in the above cited draft article 19(2).

On the basis of this definition it can be concluded that the following internationally wrongful acts constitute international crimes in general international law of the present time: (i) piracy on the high seas; (ii) slavery and slave trade; (iii) the crime of aggression; (v) crimes against humanity, (v) the crime of genocide, and (vi) war crimes. Some authors add to this list torture in all circumstances, mostly relying on the provisions of the 1984 UN Convention against Torture. ①

To this list should be most certainly added the crime of international terrorism. Previously, it would be necessary that a general definition, embracing all forms of terrorism, be embodied in a general codification convention like for instance the 1948 Genocide Convention.

However, we agree with Christian Tomuschat② on a satisfactory definition of terrorism combined from two different instruments. It is: "/a/ny ... act intended to cause death or serious bodily injury to a civilian, or to any other person not taking an active part in the hostilities in a situation of armed conflict, when the purpose of such act, by its nature or context, is to intimidate a population, or to compel a government or an international organization to do or to abstain from doing any act" (Article 2-(1)-(b) of the 1999 International Convention for the Suppression of Financing of Terrorism). Furthermore, these "/c/riminal acts (were) intended or calculated to provoke a state of terror in general public, a group of persons or particular persons for political purposes and in any circumstance unjustifiable, whatever the considerations of political, ideological, racial, ethnic, religious or other nature that may be invoked to justify them" (para. 3 of the 1994 General Assembly Resolution 49/60 on elimination of international terrorism).

---

① The Princeton principles of 2001 specify exactly the same acts as "serious crimes under international law", provided that the aggression is designed as "crimes against peace". Other collective papers are not so precise. The Amnesty International refers to "grave human rights violations and abuses and violations of international humanitarian law". The Cairo-Arusha principles speak of "gross human rights offences committed even in peacetime", This paper suggests, in addition, that the universal criminal jurisdiction should also apply to "certain other crimes that have major adverse economic, social or cultural consequences-such as acts of plunder and gross misappropriation of public resources, trafficking in human beings and serious environmental crimes".

② *Cf.*, *op. cit.*, p. 247, n. 109.

Even a better solution seems to be to include in the present text of the Rome Statute the definitions of the crime of international terrorism like the above, as well as that of the crime of aggression. There are no more suitable impartial instances than the International Criminal Court for combating this scourge of the international community that is terrorism.

III

Now we shall try to explain the concept of universal criminal jurisdiction as was developed in practice, as well as some obstacles appeared in its full application.

The first well-known case of exercising this type of criminal jurisdiction in practice was that of *Adolf Eichmann*. That Nazi war criminal, born in Austria, organized large-scale transportation of Jews captured throughout the occupied Europe in World War II, to the Nazi extermination camps situated in Poland. After he was unlawfully kidnapped in Argentina and brought to Israeli justice, he claimed that courts of that State lacked jurisdiction over his alleged crimes, because there was no territorial or personal link between these crimes and Israel. In its judgment of 29 May 1962, the Supreme Court of Israel dismissed the submissions of the appellant for the following reasons:

"Not only do all the crimes attributed to the appellant bear an international character, but their harmful and murderous effects were so embracing and widespread as to shake the international community to its very foundations. The State of Israel therefore was entitled, pursuant to the principle of universal jurisdiction, and in the capacity of a guardian of international law and an agent for its enforcement, to try the appellant. That being the case, no importance attaches to the fact that the State of Israel did not exist when the offences were committed."①

Neither of the two German States, nor Austria or Poland, protested against that trial in Israel. The universal criminal jurisdiction was universally received in that particular case. It must, however, be noted that the State of Israel is the home of Jews. Many relatives of the victims of the crimes were its actual citizens. Hence, a sort

① *Cf.*, 36 *International Law Reports*, at p. 304.

of passive nationality *de facto* could be an alternative basis for jurisdiction. Certainly, Israel could not have interest in exercising this kind of jurisdiction for the crimes committed in other parts of the world and regardless of the nationality of their victims.

After World War II a few multilateral conventions, defining some international crimes, provided the universal jurisdiction as a conventional obligation of their States Parties. They will be quoted bellow. In executing that obligation a number of States provided universal criminal jurisdiction in their national laws in advance. However, its exercise is in most cases restricted to the persons apprehended in the territorial States (*forum deprehensionis*). Some legislation exceeded this limit. From that arose claims for the extradition of suspects from third States.

Spain was in this respect first. Article 23.4 of the 1985 Judicial Power Organization Act establishes that Spanish courts shall have jurisdiction over crimes committed by Spaniards or foreign citizens outside Spain when such crimes can be qualified, according to Spanish criminal law, as genocide and terrorism, as well as any other crime which according to international treaties or conventions must be prosecuted in Spain.

There were several interesting lawsuits on this basis. One of them was preliminary investigations into claims that a bomb attack on Gaza in 2002 warranted the prosecution of the former Israeli defence minister Binyamin Ben-Eliezer, the former defence chief-of-staff Moshe Ya'alon, the former air force chief Dan Halutz, and four others, for crimes against humanity. The attack killed a suspected leader of the resistance movement Hamas, Salah Shehade, along with 14 civilians, mainly children, and wounded some 150 Palestinians, according to the complaint. The investigation in this case was halted on 30 June 2009 by a decision of a panel of 18 judges of the *Audiencia Nacional*. The reasoning for the decision has not yet been published.

However, on 25 July 2009 the Spanish Congress passed a law that limits the competence of the *Audiencia Nacional* under Article 23.4 to cases in which Spaniards are victims, there is a relevant link to Spain or the alleged perpetrators are in Spain.

In *Belgium* was first enacted on 16 June 1993 the Law "concerning the Punishment of Grave Breaches of the International Geneva Conventions of 12 August 1949 and of Protocols I and II of 8 June 1977 Additional Thereto". It was amended by the Law of 10 February 1999 "concerning the Punishment of Serious Violations of International Law". The amendment included crimes against humanity and genocide.

Article 7 of that Law provided that "The Belgian courts shall have jurisdiction in respect of the offences provided for in the present Law, wheresoever's they may have been committed". Article 5 (3) further provided that: "immunity attaching to the official capacity of a person shall not prevent the application of the present Law". Indictments by private persons, including these from third States, were allowed.

In 2001, four Rwandan citizens, apprehended in Belgium, were convicted and given sentences from 12 to 20 years' imprisonment for their involvement in 1994 Rwandan genocide. Two Roman Catholic nuns were among them.

After that there was quickly an explosion of suits: Prime Minister of Israel Ariel Sharon was accused of involvement in the 1982 Sabra and Shatila massacre in Lebanon, conducted by a Christian militia. Israelis deposed a suit against late Yasser Arafat for his responsibility for terrorist actions. In 2003, Iraqi victims of a 1991 Bagdad bombing deposed a suit against George H. W. Bush, Colin Powel and Dick Cheney.

In 2003 the above legislation was amended and put into line with laws on extraterritorial jurisdiction of most other European States. On behalf of Article 5 of the Amendment, only the Federal Prosecutor can initiate the proceedings in case that a crime was not committed on Belgian territory, the suspect is not Belgian or is absent there from, neither the victim is Belgian (or has residence in Belgium for more than three years).

However, even if all these conditions were satisfied, the Prosecutor can transfer such a case for good administration of justice, either to an international judicial body or to a court of the State in which the crime was committed, or to the State whose suspect is national or was apprehended there.

Nevertheless, some pending cases continued. These include those concerning the Rwandan genocide.

The best-known case of this kind was that of *Pinochet*. The former dictator from Chile came to the United Kingdom for a medical treatment, where he was put under house custody. Several other States claimed his extradition on the basis of universal jurisdiction in order to sue him for the crimes committed under his responsibility in Chile. The British authorities took into serious consideration only the claim of Spain. At the time of his dictatorship more than fifty Spanish citizens were killed or disappeared there. Hence, like in the Eichmann's case, this claim for extradition could be partly justified by the principle of passive nationality, too.

The case came before the British House of Lords. Each of the five Law Lords issued a disparate opinion in some details. More important than statements of learned Law Lords was the fact that after that complicated and time-consuming judicial procedure the British executive authorities allowed the suspect to return to Chile "for reasons of health". Without being sentences by a final Chilean judgment for his crimes committed there, he died on 10 December in 2006. Obviously, the claims for his extradition to Spain did not succeed.

The most radical step in exercising universal jurisdiction on the basis of Belgian laws then in force was the international arrest warrant issued on 11 April 2002 by the Belgian investigating magistrate against then the acting Minister for Foreign Affairs of the Democratic Republic of Congo (ex-Zaire) Abdulaye Yerodia Ndombasi, *in absentia* from Belgium. The Minister was charged with international crimes committed in the Congolese territory against Congolese citizens.

The warrant referred to "various speeches including racial hatred" and to "particularly virulent remarks" on 4 August and 27 August 1998, before he exercised the function of minister. These speeches had the alleged effect of inciting the population to attack Tutsi residents of Kinshasa and are said "to have resulted in several hundreds deaths, the internment of Tutsis, summary executions, arbitrary arrests and unfair trials". ①

The Democratic Republic of Congo brought that case before the ICJ. In its Judgment of 14 February 2002, it was stated:

"54. The Court... concludes that the functions of a Minister for Foreign Affairs are such that, throughout the duration of his or her office, he or she when abroad enjoys full immunity from criminal jurisdiction and inviolability. That immunity and that inviolability protect the individual concerned against any act of authority of another State which would hinder him or her in performance of his or her duties.

55. In this respect, no distinction can be drawn between acts performed by a Minster of Foreign Affairs in an "official" capacity, and those claimed to have been performed in a "private capacity", or, for that matter, between acts performed before the person concerned assumed office as Minister of Foreign

① *Cf.*, *I. C. J. Reports* 2002, p. 29, para. 67.

Affairs and acts committed during the period of office."①

However, the Court also stressed that the *immunity* from jurisdiction enjoyed by an incumbent Minister of Foreign Affairs does not mean that such a person enjoys *impunity* in respect of any crimes he might have committed, and irrespective of their gravity.

According to the Court this immunity does not represent a bar to criminal prosecution of such an individual: (i) if he is tried in his own country; (ii) where the State which he represents or has represented decides to waive that immunity; (iii) where such a person no longer enjoys all the immunities accorded by international law in other States after ceasing to hold his or her office; and (v) where such a person is subject to criminal proceedings before certain international criminal courts, where they have jurisdiction.

Under (iii) the Court was explicit:

"...after a person ceases to hold the office of Minister for Foreign Affairs, he or she will not longer enjoy all of the immunities accorded by international law in other States. Provided that it has jurisdiction under international law, a court of one State may try a former Minster for Foreign Affairs of another State in respect of acts committed prior or subsequent to his or her period of office, as well as in respect of acts committed during that period of office in a private capacity". ②

Nevertheless, as was said, issuing arrest warrants on this basis to persons *in absentia* was later precluded by changes in Belgian law in 2003.

IV

Universal jurisdiction was actually established in multilateral treaties prohibiting some international crimes as a conventional obligation of all their parties. It is worth

① *Cf.*, *I. C. J. Reports* 2002, p. 23, para. 54.

② *Ibid.* pp. 26-27, paras. 60-61.

quoting these clauses here, because they are not numerous. ①

The original text of Article VI of the 1948 Genocide Convention even excludes this kind of jurisdiction:

"Persons charged with genocide or any of the other acts enumerated in article III shall be tried by a competent tribunal of the State in the territory of which the act was committed, or by such international penal tribunal as may have jurisdiction with respect to these Contracting Parties which shall have accepted its jurisdiction."

The 1996 Judgment of the ICJ on Preliminary Objections in the case between Bosnia-Herzegovina and the Federal Republic of Yugoslavia (Serbia and Montenegro) stated that: "the rights and obligations enshrined by the Convention are rights and obligations *erga omnes*. The Court notes that the obligation each State thus has to prevent and to punish the crime of genocide is not territorially limited by the Convention." ②

Nevertheless, in its final Judgment of 2007 the Court considerably restrained the scope of its previous statement, at least in respect of its common understanding so far. It was now stressed: "The Court does not say that the obligation is 'territorially unlimited by the Convention' ... The Court did not in 1996 rule on the territorial scope of each particular obligation arising under the Convention. Accordingly the Court has still to rule on that matter. It is not *res judicata*." ③

In that final Judgment the ICJ ruled on that matter in an opposite way than in 1996. On the respondent State, which in 2007 remained Serbia alone, it applied the rules on attribution of conduct to a State as customary rules codified by the International Law Commission in the 2001 Draft Articles on State Responsibility. The Court applied these rules from Article 4 (Conduct of organs of a State), from Article 8 (Conduct directed or controlled by a States), and from Article 16 (Aid or assistance

① In addition, the clause *aut dedere, aut adjudicare* is provided in many bilateral and multilateral treaties prohibiting transnational organized crimes in particular. It can also be found in sectorial conventions against some forms of terrorism. There is a certain progress in the formulation of these clauses, which is beyond our examination here. However, some authors refer, in our view wrongly, to the jurisdiction established on this conventional basis as to universal criminal jurisdiction also.

② *Cf.*, *I. C. J. Reports* 1996, p. 616, para. 31.

③ *I. C. J. Reports* 2007, p. 107, para. 154.

in the commission of an internationally wrongful act), all of them on a very restrictive basis.

By that way Serbia was exculpated from its responsibility for commission of genocide, as well as for conspiracy and complicity in genocide. It was found responsible only for its failure to prevent this international crime at Srebrenica in Bosnia in July 1995. Yet no pecuniary compensation to victims or their heirs was found by the Court in that case as appropriate. And because the sole entity responsible for this crime was the Republika Srpska, it was released from payment of material compensation too. The reason was that this entity "never attained international recognition as a sovereign State. ①Hence, the Court's entire reasoning equates to a situation as the genocide at Srebrenica did not happen at all.

Unlike the Genocide Convention, the common paragraph 2 of the respective articles set out in all the four 1949 Geneva Conventions of humanitarian law,② provides an apparently far reaching obligation:

"Each High Contracting Party shall be under the obligation to search for persons alleged to have committed, or to have ordered to be committed, such grave breaches (*of the present Convention*, italics added), and shall bring such persons, regardless of their nationality, before its own courts. It may also, if it prefers, and in accordance with the provisions of its own legislation, hand such persons over for trial to another High Contracting Party concerned, provided such High Contracting Party has made out a *prima facie* case."③

Subject to the above exception of extradition, the universal criminal jurisdiction seems to be provided here as a primary obligation, thus yet exceeding the territorial principle. Some authors take this provision as an expression of the general customary

① *I. C. J. Reports* 2007, p. 139, para. 235.

② At stake are: Article 49 of the Convention for the amelioration of the conditions of the wounded and sick in armed forces in the field; Article 50 of the Convention for the amelioration of the conditions of the wounded, sick and shipwrecked members of armed forces at sea; Article 129 of the Convention relative to the treatment of prisoners of war; and Article 146 of the Convention relative to the protection of civilian persons in time of war.

③ In the French equally binding text the last part is formulated in a more precise way: "... pour autant que cette Partie contractante ait retenu contre lesdites personnes des charges suffisantes".

international law because practically all States in the world, today 194 in number, are parties to all the four 1949 Conventions.

Nevertheless, one cannot forget that this at the first glance far reaching conventional obligation remained a dead letter in its practical application. The States parties simply do not apply this provision, not only in respect of their own members of armed forces, but also of the enemy soldiers who committed grave breaches. ①

From this aspect the absence of practice in the application of that provision as was couched, does not allow the allegation that a matter is of a customary rule of general international law. Where there is no practice, there can be no customary law. This was *inter alia* confirmed in the 1986 Judgment on *Nicaragua*: "The Court must satisfy itself that the existence of the rule in the *opinio juris* of States is confirmed by practice". ②

However, a different interpretation of the above provision is possible too. According to a trustworthy comment of this stipulation, the above obligation was understood, at least in 1949, as being an obligation upon States parties "to search for offenders who may be on their territory". ③

The clause of universal jurisdiction was more perfectly formulated in Article IV

---

① After the conflict in Bosnia-Herzegovina began in 1992, only a few Serbian perpetrators of war crimes against Bosnian civilians (*Djajic*, *Jorgic* and *Sokolovic*) were brought to justice in Germany, where they had previously tried to find shelter. Among them, the first convict by the ICTY, *Duško Tadic*, was surrendered to it. In Denmark there was the case of *Refik Šaric* concerning the crimes committed against Serbs in a Croatian camp. And that was, practically, all. In France the Court of Appeals prevented the trial against *Javor and others* under the pretext that the Geneva Conventions have no "self-executing" force.

② *I. C. J. Reports 1986*, p. 98, para 184. See *ibid.*, pp. 99-100, para. 188, etc.

③ "The obligation imposed on the Contracting Parties to search for persons accused for grave breaches of the Convention implies activity on their part. As soon as one of them is aware that a person on its territory has committed such an offence, it is its duty to see that such a person is arrested and prosecuted without delay." *Cf.*, Jean S. PICTET: *I Geneva Convention for the Amelioration of the Conditions of the Wounded and sick in Armed Forces in the Field*, Geneva 1952, pp. 365-366. The Joint Separate Opinion by Judges Higgins, Kooijmans and Buergenthal commented it: "Is it a true example of universality, if the obligation to search is restricted to the own territory? Does the obligation to search imply a permission to prosecute *in absentia*, if the search had no result?" *Cf.*, *I. C. J. Reports* 2002. p. 73.

(b) of the 1973 International Convention on the Suppression and Punishment of the Crime of *Apartheid*. The States Parties have undertaken:

"(b) To adopt legislative, judicial and administrative measures to prosecute, bring to trial and punish in accordance with their jurisdiction persons responsible for, or accused of, the acts defined in Article II of the present Convention, whether or not such persons reside in the territory of the State in which the acts are committed or are nationals of that State or of some other State or are stateless persons."

However, this Convention has never attained universal participation because Western States refused to become parties to it. Not even all its States parties did abide by this obligation in respect of the practices of *apartheid* in the Middle East and in the Serbian seized parts of the former Yugoslavia, mostly in Kosovo.

Nevertheless, the crime of *apartheid* is now provided among Crimes against humanity in Article 7 of the Rome Statute of 1998. All States parties to the Rome Statute thus recognize *apartheid* as an international crime.

On the other hand, the Slavery Conventions of 1926 and 1956 do not contain the obligation of universal jurisdiction. ①For obvious reasons it is not provided in the 1998 Rome Statute as well. It would be, however, useful for it to find its place in the future conventions prohibiting the crimes of aggression and all forms of international terrorism, if any.

V

Now we shall turn back to the said Resolution of the Institute of International Law. ②In most its parts its text corresponds with the actual situation in positive

---

① The crime of piracy is not prohibited by a convention apart, but by conventions codifying the law of the sea in general (Articles 14 to 22 of the 1958 Geneva Convention on the High Seas and Articles 100 to 107 of the 1982 UN Law of the Sea Convention). Crimes against humanity and the crime of aggression have not been the subject matter of codification conventions so far.

② See, "Universal Criminal Jurisdiction With Respect to the Crime of Genocide, Crimes against Humanity and War Crimes", *Annuaire de l'Institut de droit international*, Session de Cracovie, Vol. 71-I, Paris 2005, pp. 215-338. See in particular reports by Christian Tomuschat and the literature indicated therein, pp. 215-265.

international law on this problematic issue. However, the very legal basis of the universal criminal jurisdiction, as exercised by national courts of States, raised many questions. Paragraph 2 of the Resolution reads as follows:

"2. Universal jurisdiction is primarily based on customary international law. It can also be established under a multilateral treaty in the relations between the contracting parties, in particular by virtue of clauses which provide that a State party in the territory of which an alleged offender is found shall either extradite or try that person."

The first sentence of this paragraph can be misleading. If customary rules of general international law are at stake, on which universal jurisdiction is allegedly "primarily based", that could mean that there is an *erga omnes* obligation as part of this law imposing on all States a legal duty to establish this kind of jurisdiction in their national legislation. Or this could mean even more: a peremptory norm imposing on all States the duty to prosecute the offenders of the most serious international crimes in direct application of this customary law, and independently of any rules that should be otherwise provided in their domestic legislation. On the other hand, if it is just conceived as a clause *de lege ferenda*, useful for stimulating further development of international law, faced with the principle *nullum crimen, nulla poena, sine lege*, it is useless. ①

The second phrase raises also some questions but mostly of formal nature. In case that a multilateral convention provides the clause *aut dedere, aut adjudicare* (or *prosequi*), the matter is not of the *universal* criminal jurisdiction but of an obligation provided between the parties to such a treaty which does not relate to third States to it (i. e. an obligation "*erga omnes partes*"). These clauses may be properly described "as treaty-based broad extra-territorial jurisdiction", and not "universal jurisdiction". ②

However, the obligation *aut dedere, aut adjudicare* is not only provided in

---

① On behalf of the said principle domestic judge will the most often proclaim lack of his competence in respect of crimes that are not expressly provided in criminal legislation of his State. That is because the principle *nullum crimen, nulla poena, sine lege* is a part of the human rights law of individuals and is guaranteed in constitutions of a great many of States as such.

② *Cf.*, Joint Separate Opinion of Judges Higgins, Kooijmans and Buerghental to the 2002 Judgment of the ICJ in the *Arrest Warrant* case, *I. C. J. Reports* 2002, p. 75, para. 41.

conventions codifying international crimes in the narrow sense. It can be found in treaties on narcotics, high jacking, taking hostages, torture, etc. Its broadest conventional basis should be in Article 15 (3) and (4) of the 2000 UN Convention against Transnational Organized Crime, which relates also to the parties of the three Protocols to it adopted so far. It is expected that most States will become parties to this mechanism.

Hence, at issue is the problem: is the proper universal criminal jurisdiction according to general international law an option or an *erga omnes* legal obligation for all States. We shall try to offer our answer to this question in the end of this explanation.

The rest of this resolution provides in our view accurately the conditions of exercising universal criminal jurisdiction by national courts of States. Its sub-paragraph a) in Paragraph 3 provides the following:

"3. Unless otherwise lawfully agreed, the exercise of universal jurisdiction shall be subject to the following provisions:

a) Universal jurisdiction may be exercised over international crimes identified by international law as falling within that jurisdiction in matters such as genocide, crimes against humanity, grave breaches of the 1949 Geneva Conventions for the protection of war victims or other serious violations of international humanitarian law committed in international or internal armed conflict."

The permissive language of the above text suggests that it is the matter of a recommendation addressed to States. As such, universal jurisdiction might lawfully be exercised over other crimes under international law as well, such as piracy on the high seas, slavery and slave trade, or terrorist acts in general. As a treaty obligation it is already provided in a number of conventions prohibiting some specific kinds of international terrorism and other transnational organized crimes. However, it is a tricky question whether it could be exercised against perpetrators of the supreme crime of aggression.

It seems that other parts of this Resolution faithfully reflect positive international law in this subject matter too.

"b) Apart from acts of investigation and requests for extradition, the exercise of universal jurisdiction requires the presence of the alleged offender in the territory of the prosecuting State or on board a vessel flying its flag or an

aircraft which is registered under its laws, or other lawful forms of control over the alleged offender."

It was already proved that issuing arrest warrants or claims for the extradition from third States, solely on the ground of universal criminal jurisdiction, are of dubious legal value. They will most often not be successful in practice.

"c) Any State having custody over an alleged offender should, before commencing a trial on the basis of universal jurisdiction, ask the State where the crime was committed or the State of nationality of the person concerned whether it is prepared to prosecute that person, unless these States are manifestly unwilling or unable to do so. It shall also take into account the jurisdiction of international criminal courts."

This text reflects the subsidiary nature of the universal jurisdiction altogether, as was stressed in its definition set out in paragraph 1. Subject to the above exceptions of unwillingness or inability of domestic forums, the territorial principle and the principle of active nationality have obvious preference over it. It is, therefore, wise to offer the transfer of the suspect to these States. The same is in respect of the jurisdiction of the International Criminal Court.

"d) Any State having custody over an alleged offender, to the extent that it relies solely on universal jurisdiction, should carefully consider and, as appropriate, grant any extradition request addressed to it by a State having significant link, such as primarily territoriality or nationality, with the crime, the offender, or the victim, provided such State is clearly able and willing to prosecute the alleged offender."

This text reflects the subsidiary character of universal jurisdiction once again. A State will extradite a suspect to another State that has a "significant link" with him, including the passive nationality principle. But again, extradition should take place only if the requesting State "is clearly able and willing to prosecute the alleged offender".

Paragraph 4 of the Resolution confirms a peremptory norm of general international law:

"4. Any State prosecuting an alleged offender on the basis of universal jurisdiction is bound to comply with the generally recognized standards of human rights and international humanitarian law."

This relates to the rules on the fair trial of any accused person which were confirmed in other collective papers on universal jurisdiction.

Paragraph 5 provides a recommendation of cooperation, which is also embodied in conventions on judicial assistance:

"5. States should, where appropriate, assist and cooperate with each other in detecting, investigating, gathering evidence, arresting and bringing to trial persons suspected of having committed international crimes, and take adequate measures for that purpose."

Finally, the last paragraph provides that:

"6. The above provisions are without prejudice to the immunities established by international law."

In this respect the above-quoted statement of the ICJ in its Judgment on the *Arrest Warrant* of 2002, is in our view a *jus cogens*.

VI

Conclusion. There is no *erga omnes* obligation relating as such to all States, based on general international law, to exercise universal criminal jurisdiction through their domestic judicial organs. In fact, that was not explicitly asserted even in the text of the above Resolution of the Institute of International Law. ①Unless assumed as a treaty obligation, it remains an option. ②

On the other hand no State could lawfully complain about the exercise of this jurisdiction by other States when it is a matter of the prosecution of generally

① See however our critical remark on the first sentence of paragraph 2 of the Resolution, where the term "customary law" is used inaccurately. Alike conclusion cannot be drawn from other collective papers on universal jurisdiction. The Amnesty International and the Cairo-Arusha principles consist in fact in recommendations to States how to improve their national legislation. The Princeton principles pretend to announce the rules of positive law, but there cannot be found in them the claim that the exercise of universal criminal jurisdiction is an *erga omnes* legal obligation based on customary law.

② That was the assertion by the Congo in the proceedings before the ICJ in the *Arrest Warrant* case. On the other hand, although Belgium insisted on a general obligation under customary law to prosecute perpetrators of international crimes, it nevertheless conceded that where such persons were non-nationals and being outside its territory, there was no obligation but rather an available option of the respective State. *Cf.*, Joint Separate Opinion of Judges Higgins, Kooijmans and Buerghental, *op. cit.* p. 66.

recognized international crimes, but subject to other requirements that were well formulated in the above Resolution of the Institute.

For exercising universal criminal jurisdiction on an optional basis it is even not necessary that the respective State has previously provided it in its national legislation. ①Nevertheless, in order to make the job of their judicial bodies easier, it is advisable that the willing States do so in advance. Otherwise, it cannot be expected that it will be exercised by them at all. Recommendations from above quoted collective papers can in this respect be useful to national legislators.

The State practice indicates general unwillingness to exercise universal criminal jurisdiction even as an obligation under the conventions codifying international crimes. The best example of this is the scarce practice of parties to the four 1949 Geneva Conventions on humanitarian law. There is no reason to believe that this unwillingness will radically evaporate sometime in the future and that all States will strictly abide by their treaty obligations overnight. There is, consequently, no reason to believe that universal jurisdiction will ever become an "effective means to prevent impunity for international crimes", as asserted in the preamble of the Resolution of the Institute.

There are in fact some inherent limitations in full exercise of the universal criminal jurisdiction. Claims for extradition of absent persons only on this basis can introduce the disorder in inter-State relations. For the rest, in most States the executive power is probably unwilling to transfer the prosecution of criminals for their offences committed in remote States to the judiciary alone. In order to stop the massive crimes they prefer diplomatic action and bargain.

For this very reason all partisans of international criminal justice should lend their support to the International Criminal Court in The Hague rather than to expect from universal jurisdiction the effects it cannot produce.

VII

Addendum. Here is only to note the question of universal jurisdiction in civil law cases, which was provided under the Alien Torture Claims Act by the United

① That is also confirmed in the Princeton Principle No. 3.

States of America in 1991. This Act empowers the U. S. tribunals to adjudicate compensations to victims of torture and other international crimes perpetrated by non-nationals overseas. Hence, the matter is of exercise of genuine universal jurisdiction by national courts of this State.

In a number of other States, mostly from the continental Europe but also in China, national court can entertain civil law claims by victims of crimes in an *action civile* in pending criminal cases. It is, however, the question whether courts of all these States exercise the proper universal criminal jurisdiction, or at stake is a mere possibility to do so.

The jurisdiction in civil matters on the occasion of war crimes perpetrated in World War II caused a dispute between Germany and Italy before the International Court of Justice. The Italian *Corte di Cassazione* declared in the *Ferrini* case in 2004 that Italy held the jurisdiction with regard to claims brought by a person who during that war had been deported to Germany to perform forced labour in the armament industry. After that judgment numerous other proceedings were instituted before Italian courts against Germany.

Some enforcement measures were undertaken against German assets in Italy, including a " judicial mortgage " on Villa Vignoni recorded in the land register. Germany asserted before The Hague Court that Italian courts violated Germany's jurisdictional immunity. Namely, that Villa is the centre of cultural exchange, used for governmental non-commercial purposes.

The exercise of genuine universal civil jurisdiction represents attempts by Greek nationals to enforce in Italy a judgment obtained in Greece on account of a massacre committed there by German military units during their withdrawal in 1944.

The future judgment of The Hague Court should resolve in this case some important questions regarding universal civil jurisdiction, including the question of statutory limitations to international crimes in civil suits. However, it is still premature to take a firm position on legality of exercising universal jurisdiction in civil matters.

Contribution of the Neo-Confucianism to the Modern International Law: for its Conception in Europe and for its Acceptance in Japan —Speech before graduate students of Wuhan University, 23 October 2009—

□ Toyoda Tetsuya *

I. Introduction

The topic of my speech today is "Contribution of the Neo-Confucianism to the Modern International Law: for its conception in Europe and for its acceptance in Japan." This is quite a challenging topic, since it is generally believed that the modern international law is exclusively a product of the European civilization based on the European philosophy; and that non-European nations including China and Japan accepted it as a wholly foreign legal system.

As far as I know, there have been scarcely any legal historiographers contending East-Asian contribution to the birth of the modern international law and to its propagation in non-European world. My speech today intends to modify such an understanding on the history of international law slightly, which I believe a little too simplified. In other words, I would like to shed a light on a less known aspect of the history of international law, which has been so far mostly overlooked. Obiviousely that I do not deny the fact that the modern international law is generally a product of the European civilization. By pointing out that there was some East-Asian intellectual contribution to the conceptual development of international law, I only try to adjust the conventional understanding.

---

* Assistant Professor of Akita International University.

In addition, I will talk about the role played by the Neo-Confucian philosophy in Japanese acceptance of the European doctrine of international law. The Japanese intellectuals accepted it in the nineteenth century not as something entirely new, but as a European version of the universal truth, which had already been brought to Japan by Neo-Confucianists in the earlier centuries. By emphasizing the role of the Neo-Confucianism in the propagation of the European doctrine of international law, I would like to present its acceptance not as a coercive one, but more or less as a voluntary one.

These slightly modified views of the history of international law would help us to better understand not only the history of international law, but also the history of relations between the East and the West. It also helps us, perhaps, to have a better perspective on the future contribution of the East Asian nations to the international law of our own century, the twenty-first century.

To do so, first, I will briefly review the doctrinal history of international law from the seventeenth to the eighteenth century; secondly, I will examine the influence that the Neo-Confucian universalist philosophy exercised on the emerging doctrine of the modern international law in the eighteenth century; and finally, I will consider the role played by the Neo-Confucian universalist philosophy in the process of acceptance of the modern international law in Japan in the latter half of the nineteenth century.

II. Brief description of the doctrinal history of international law from the seventeenth to the nineteenth century

Some of you might already have read Prof. Yang Zewei's book, in Chinese, on the History of International Law, in which you can find a good summary of the doctrinal development of international law from Grotius to Vattel①.

There is not a definite birth date for the modern international law, as a law to regulate relations between states. But it is quite conventional to begin the description of the history of modern international law with the 1648 Peace of Westphalia, which ended the bloody Thirty Years War in Europe. The Thirty Years War was the war

① 杨泽伟:《宏观国际法史》,武汉大学出版社 2001 年版,第 134 ~ 156 页。

which highlighted the religious conflicts in Europe and it was so devastating that the German population is said to have declined by 30% ①. The modern international law was not born instantly after the Peace of Westphalia, but it somehow emerged in that century, because of development of absolute monarchies after the Thirty Years War. Meanwhile, the doctrine of international law was slowly developed during the seventeenth and eighteenth centuries. Hugo Grotius, Samuel Pufendorf, Jean Barbeyrac, Christian Wolff and Emer de Vattel are some of the most important writers of international law from the seventeenth to the eighteenth century.

Hugo Grotius was a brilliant attorney and politician. At the age of 30 he was already mayor of Rotterdam, however because of religious and political conflicts in the Netherlands, he was imprisoned in 1618 and three years later he fled to Paris spending the rest of his life in exile. It was during his days of exile at Paris that he published his famous book on the Law of War and Peace in 1625. Thanks to the reputation he received for this book, he was later appointed Swedish as ambassador to France, even though he never recovered his political rights in the Netherlands.

Less known, but equally important is Samuel Pufendorf. He was born in Saxony in Germany. As a professor of natural law at the University of Heidelberg also in Germany and later at the University of Lund in Sweden, he aslo served the Swedish and Prussian courts as a court councilor and official historian. In 1672, Pufendorf published a huge textbook of the natural law, in which he defined the law of nations (the old name for international law) as a universal law to regulate relations between states.

Jean Barbeyrac was a French protestant. He was born in the southern France and fled with his family to Switzerland because of oppression of Protestantism under Louis XIV. Barbeyrac's contribution lies mostly in his translating of books of Grotius and Pufendorf. Barbeyrac never went back to France and finished his life as a professor of natural law at the University of Groningen in the Netherlands.

① It should be remembered that the history of international law is a history of international relations articulated with major wars. The birth of the modern international law was strongly affected by the Thirty Years War, the most important war in the seventeenth-century Europe. At the beginning of the nineteenth century, the Napoleonic War and the Vienna Conference which followed it changed the structure of international law. Also in the twentieth century, the two world wars fundamentally changed the structure of international law.

Christian Wolff was a great philosopher at the University of Halle in Prussia and was interested in the Chinese philosophy very much. His interests in the Chinese philosophy seem to have been encouraged by Gottfried Leibniz, the most famous German philosopher of the eighteenth century. It is known that in a letter to Wolff, dated August 20, 1705, Leibniz presented his views on the Chinese language as a possible philosophical language①. Though his response to the letter is unknown, Wolff must have been greatly inspired by the letter from the great philosopher, since he later declared in the preface to a philosophical work, *Vernünftige Gedancken von dem gesellschaftlichen Leben der Menschen*, that he intend "to organize the moral and political teachings of the Chinese into a scientific form which will show clearly their harmony with my teachings. ②" His intention was at least partially realized in his speech delivered in 1721 on "The Practical Philosophy of the Chinese", in which he showed the excellence of moral precepts of Confucius, as an evidence of the power of human reason to reach moral truth without Christian revelation. Quite expectedly this speech outraged professors of the Faculty of Theology of the University, who accused Wolff for the dangerously heretic belief. Two years later the Prussian King Friedrich Wilhelm I ordered expulsion of Wolff from the Prussian territory. Wolff spent seventeen years in exile in a small territory (Landgraviate) of Hessen-Kassel. Only after the death of Friedrich Wilhelm I in 1740, Wolff was called back to the University of Halle. It was after his return, Wolff published his very systematic treatise on the law of nations. Wolff's treatise served as a model for later writers of international law, especially for Emer de Vattel.

Emer de Vattel is the last one of the five authors to be mentioned here. He was born in Neuchâtel, which is today part the Swiss Confederation. But at that time it was a tiny republic under the authority of the Prussian king. Because Emer de Vattel was from a noble family in the republic of Neuchâtel with a strong connection to the Court of Prussia, he tried to get a job in the Prussian court. But he failed and, instead, he accepted a job offer from the court of Saxony, the neighbor and enemy of Prussia. In 1756, the Seven Years War, one of majors European wars of the eighteenth

① Donald F. Lach, "The Sinophilism of Christian Wolff (1679-1754)", *Journal of the History of Ideas*, Vol. 14(4), 1953, pp. 561-574, at 561.

② Quoted by Lach, *supra* note 3, at 563.

century, broke out. It started with Prussian invasion in Saxony. In 1758, Vattel published his treatise of international law to accuse its violation by the King of Prussia①.

Among these five writers, Hugo Grotius is the most famous one, because he was the first to develop the theory of international law and applauded by his followers as the "father" of the science of international law. But from the practical point of view, it was Vattel, who was most influential in the diplomatic practice for a little more than hundred years. He was a diplomat himself and he had a talent of writing in good French, the language of diplomacy in those days. His treatise of international law, titled *Le droit des gens, ou principes de la loi naturelle appliqués à la conduite & aux affaires des nations & des souverains* (The Law of Nations, i. e. the Principles of the Law of Nature, applied to the Conduct and Affairs of Nations and Sovereigns), published in 1758, has become the standard textbook of international law for all diplomats of the late eighteenth and the nineteenth centuries.

I have explained a little extensively individual contexts of early writers of international law. This is because I wanted to show you under what circumstances and in what atmosphere they were writing. The seventeenth and eighteenth-century Europe was in a series of devastating wars. Behind these wars, religious questions were very important. The religious controversy between the Protestants and Catholics since 1517 destroyed the authority of the Pope and the medieval ideal of the unity of the Christian nations. It is not a coincidence that most of early writers of international law were Protestants. They wanted to have a new legal order, which is free from the authority of the Pope, and controversies of the Christian religion. Some of them found a strong appeal in the Chinese philosophy, especially in that of Neo-Confucianism.

III. The influence of the Neo-Confucian universalism on the formation of European doctrines of international law

Now I'd like to consider the influence of the Neo-Confucian universalism on the formation of European doctrines of international law. In the eighteenth century, when

---

① Cf. Toyoda Tetsuya, "La doctrine vattelienne de l'égalité souveraine dans le contexte neuchâtelois", *Journal of the History of International Law*, Vol. 11 (2009), pp. 103-124.

the modern doctrine of international law was developed by Christian Wolff, Emer de Vattel and other writers, China was the most prosperous country in the world and was highly respected even by the Europeans. It was only in the nineteenth century, especially after the First Opium War in 1839, that the Europeans were finally liberated from the sense of inferiority to the Chinese. To the Europeans of the late nineteenth century and the early twentieth century, China was an old empire on the verge of being colonized by European and Japanese empires. But the Europeans of the eighteenth century did not know such facts of the following centuries. For the Europeans of the seventeenth and eighteenth centuries, China, under the Qing dynasty, was a prosperous and highly civilized empire in the Far East.

Let us start consideration of the influence of the Neo-Confucian universalism on the formation of European doctrines of international law with the Chinese influence on the European civilization of the eighteenth century in general; then, we will see the universalism of Neo-Confucianism and how it affected the writings of Gottfried Leibniz and Christian Wolff; and finally we will consider the influence of the Neo-Confucian universalism on the famous treatise of international law of Emer de Vattel.

A. The image of China in the European political thoughts in the seventeenth and eighteenth centuries

It is well known that the Chinese porcelains and other artistic objects left a considerable impact on the European culture. If we visit today the Palace of Versailles, constructed by the great French king, Louis XIV, in the seventeenth century, we can find that many rooms are filled with beautiful Chinese porcelains. Porcelains are called even today "china" in English.

Not only artistic objects but also philosophical ideas of China attracted attention of the Europeans. The first European to make inquiries into the Neo-Confucian philosophy were the Jesuits, one of groups of Catholic missionaries. While the other two major missionary groups, Dominicans and Franciscans, tried to impose the European culture on the Chinese people as they did on other non-European nations, the Jesuits realized quickly that they could not Christianize the Chinese without respecting the Chinese tradition. The Jesuits tried to prove the compatibility of the Christian religion with the Chinese civilization. It was in such efforts that a Belgian Jesuit Father Philippe Couplet published in 1687, *Confucius Sinarum Philosophus* (Confucius, the philosopher of the Chinese), an introductory book on the life and works of Confucius.

He noted in the preface:

One might say that the moral system of this philosopher [Confucius] is infinitely sublime, but that it is at the same time simple, sensible and drawn from the purest sources of natural reason... Never has Reason, deprived of Divine Revelation, appeared so well developed nor with so much power.

That is to say, according to Couplet and the other Jesuits, the Chinese have a good knowledge of the truth using the capacity the God gave to them (the natural reason), without the direct teaching from the God (the divine revelation) through the Bible.

The Jesuits' efforts were later denied by thepapal encyclical of 1715, which prohibited Catholics to take part in Confucian rituals. The Roman Church was not ready to recognize any idea which would potentially harm its spiritual superiority. However, the knowledge and translations of the Chinese philosophy brought about by the Jesuits turned out to be very helpful for European philosophers to develop their own ideas about China.

Leibniz wrote in the preface to his *Novissima Sinica*:

But who would have believed that there is on earth a people who, though we are in our view so very advanced in every branch of behavior, still surpass us in comprehending the precepts of civil life? Yet now we find this to be so among the Chinese, as we learn to know them better. And so if we are their equals in the industrial arts, and ahead of them in contemplative sciences, certainly they surpass us (though it is almost shameful to confess this) in practical philosophy, that is, in the precepts of ethics and politics adapted to the present life and use of mortals. ①

Leibniz was not alone in his admiration for China. In France, one of great philosophers of the eighteenth century, François-Marie Arouet (1694-1778), mostly known for his pen name Voltaire, praised the Chinese bureaucracy in his *Essay on the Customs and the Spirit of Nations* (*Essai sur les mœurs et l'esprit des nations*) (1756), writing that:

The human mind cannot imagine a better government than one where all is decided by great tribunals subordinate to each other and staffed by men who have

---

① Preface to *Novissima Sinica*, (1697), § 3.

proven themselves qualified for their task by having taken several difficult examinations [as in China].

From the viewpoint of our century, the European admiration of the Chinese government and bureaucracy was perhaps an exaggerated one. Especially when Voltaire wrote that "the organization of their empire is in truth the best that the world has ever seen①", perhaps he misunderstood or distorted the reality of the Chinese society under the Qing dynasty. The life of ordinary people under the feudal system of the Qing dynasty was probably more difficult than Leibniz and Voltaire imagined. However, what is important for our purpose — investigation of the intellectual influence of the Chinese philosophy on emergence of the doctrine of international law — is that China received from the European philosophers such a high esteem in the late seventeenth and eighteenth centuries. This attitude of humility of the Europeans during these centuries are in a very good contrast with their attitude of arrogance in the late nineteenth century.

B. The Neo-Confucianism

Having briefly considered the fact that the Chinese philosophy could have a strong influence on the European philosophy and political thoughts, let me now turn to the universalistic character of the Neo-Confucianism. The universalistic philosophy is what makes the Neo-Confucianism different from the traditional Confucianism.

When the disciples of Confucius edited the Analects of the words of Confucius, they were interested in human behaviors. The most important principle was the principle of Courtesy (礼). How to venerate the emperor and high officials of the government, how to conduct ceremonies for the ancestors: these are the basic questions which a good Confucianist must study well in order to occupy a respectable position in the government and in the society.

By a long lapse of time after the death of Confucius, the Confucianism has become a dire code of rituals and a set of texts to be memorized for the national service examination (科举). During the Song period, the renaissance movement for lively literature and philosophy was intensified. The Confucianists of that period

---

① Hyobom Pak, *China and the West: Myths and Realities in History*, (Brill Academic Publishers, 1997), p. 56.

emphasized the principle of Rationality(理): whence the name is Song-Ming-Lixue (宋明理学). Among the Neo-Confucianists of the time, Zhu Xi(朱熹: 1130-1200) is by far the most famous and influential. Following the doctrine of Cheng Yi(程颐), Zhu Xi thought that everything is brought into being by the union of two universal aspects of reality: Qi(气) and Li(理). The Li is a rational order of nature which is materialized by Qi. Qi and Li are separate, but inseparably related to each other (dualism of Qi and Li). Every human has a nature(性) in accordance with the universal Li(性即理). The practical principle of the social order can be found in the Li of human individuals. This philosophical structure, called Taiji(太极) by Zhu Xi, was inspired by the tradition of Taoism. Conceived in this way, the Neo-Confucianism acquired a universal validity, applicable to all humans around the world①.

C. Leibniz's understanding of the Rationality(Li)

Gottfried Wilhelm Leibniz, from whose book I already quoted a passage, was among those European philosophers who were fascinated by the Chinese civilization. The key concept of Leibniz in understanding the Chinese philosophy was the principle of Rationality(Li).

Leibniz rightly noted that:

The first principle of the Chinese is called Li, that is, reason, or the foundation of all nature, the most universal reason and substance; there is nothing greater nor better than Li. From Li qua Li emanate five virtues: piety, justice, religion, prudence, and faith. ②

Leibniz was one of philosophers of the Enlightenment who were influenced by the deism, according to which the God exists and created the world, but he does not intervene now with the functioning of the natural world in any way, allowing it to run according to the laws of nature that he configured when he created all things. The God's plan at the beginning of the world may be understood as the Neo-Confucian Li. Leibniz and some other deists believed that the Chinese philosophy of Li is

① It is an interesting coincidence that two brilliant systematizers of the moral system appeared almost simultaneously in Europe and China. In Europe Thomas Aquinas systematized the Christian theology, while Zhu Xi systematized the Confucianism.

② G. W. Leibniz, D. J. Cook and H. Rosemont(trans.), *Writings on China*, (Open Court, 1994), §4, p. 79

perfectly correct, except the omission of the mention to the divine act of Creation at the beginning. Having understood the Chinese concept of Li in this way, Leibniz claimed that "the Li of the Chinese is the sovereign substance which we revere under the name of God①", against Father Longobardi who believed that the Li was nothing but the prime Matter②.

Among the philosophers of the time who were influenced by the Leibnizian philosophy, Christian Wolff is by far the most important figure in the history of German philosophy and also in the history of the science of international law. As I mentioned earlier, Wolff delivered his speech, *Oratio de sinarum philosophia practica* (Speech on the practical philosophy of the Chinese), in 1721 and published it in 1726. In this speech he declared that:

As the old Chinese, of whom now I speak, did not know of the Author of the Universe, they were not given a natural religion nor any book of divine revelation; and therefore without any religion they pursued the exercise of the virtue using only the power of the nature (*vires naturae*). ③

What he tried to prove by using the Chinese example is that the morality without religion is not only theoretically possible, but also a fact which is observable in the reality④. He saw in the Chinese philosophy possibility of constructing a general practical philosophy (*die allgemeine praktische Philosophie*), a universal moral and legal system, without reliance on the Christian religion.

D. China in the science of international law, particularly in that of Emer de Vattel

It is in such an intellectual atmosphere in Europe, Emer de Vattel wrote his

---

① G. W. Leibniz, D. J. Cook and H. Rosemont (trans.), *Writings on China*, (Open Court, 1994), § 9, p. 83.

② Ibid.

③ "Sinenses antiqui, de quibus nobis sermo est, cum nulla universi Autorem ignorantibus esset religio naturalis, multo minus aliqua revelationis divinae documenta innotuissent, non aliis quam naturae viribus iisque ab omni religione puris ad virtutis exercitium promovendum uti poterant. Eos autem felicissime iisdem usos fuisse, mox plenius contabit." (Ibid., p. 26)

④ Michael Albrecht, "Einleitung", Ch. Wolff, *Rede über die praktische Philosophie der Chinesen*, (Felix Meiner Verlag, 1985), p. XLIV.

treatise on the Law of Nations (*Le Droit des gens*). In writing the treatise of international law, he heavily relied on writings of Leibniz and Wolff, hence influenced by their admiration of the Chinese civilization.

In the literature of international law, we can find already in the writing of an author of the sixteenth century, Alberico Gentilis, a reference to China. Gentilis wrote in 1589 that every nation has the right to prohibit entry of foreigners and mentioned the seclusion policy of the Ming Dynasty as a case of the legitimate use of such a right①. In 1650, another famous writer of international law, Richard Zouche made even clearer that every nation had the right to restrict foreign trade referring to the Chinese case②.

Emer de Vattel took the same attitude to the question of the sovereign right of trade restriction and he, too, mentioned the Chinese case:

Each nation remains at liberty to consider, in particular cases, whether it be convenient for her to encourage or permit commerce; and as our duty to ourselves is paramount to our duty to others, if one nation finds herself in such circumstances that she thinks foreign commerce dangerous to the state, she may renounce and prohibit it. This is what the Chinese have done for a long time. ③

and healso explained that "there are states, such as China and Japan, into which

---

① "Quid praeterea, si negetur mecatoribus aditus ad penitiora regionis, & accessus detur tantùm ad limites? quod fecisse olim Britannos, nunc facere Sinenses, audimus. Mihi neque vetitum videtur comercium." (Alberico Gentili, *De iure belli libri tres*, [photographic reprint of 1612 edition (1st ed. 1589), The Classics of International Law, No. 16], (Oxford, 1933), Lib. I, Cap. 19, pp. 144-145)

② Richard Zouche, *Iuris et iudicii fecialis, sive, iuris inter gentes, et quaestionum de eodem explicatio*, [photographic reprint of 1st edition in 1650, The Classics of International Law, No. 1], (Washington, 1911), Pars III, Sect. V, Quaestio 9, p. 113: "In tantum Commercium vetare licet, ne Mercatoribus ad penitiora regni, aditus concedatur: Quod olim Britanni, nunc Sinenses non permittere, dicuntur."

③ Emer de Vattel, *Le Droit des Gens, ou Principes de la Loi Naturelle, appliqués à la Conduite et aux Aff aires des Nations et des Souverains*, (Londres [published in fact at Neuchâtel], 1758), photographic reprint, Carnegie Classics of International Law Series, No. 4, (Washington, D. C.: Carnegie Institution, 1916), Liv. 1, Ch. 8, §. 94.

all foreigners are forbid to penetrate without an express permission①" as examples of a lawful exercise of sovereignty. In addition, in the relatively short work of Vattel, we can find six more passages mentioning China to prove the universal practice of rules of international law②.

So what can we say about the contribution of the Chinese Neo-Confucianism to the birth of the modern doctrine of international law? Admittedly, we cannot find a direct influence of the Neo-Confucian universalism on the universalistic doctrine of international law of Emer de Vattel. In those days, scarcely no one in Europe could read Chinese. The translation of Chinese classical books were often imprecise and incomprehensible. It was very difficult for the Europeans to learn directly from the Chinese philosophy.

However, we can perhaps see the indirect consequence of the Neo-Confucian universalism on the European philosophy and in particular on the European science of international law. Because the Neo-Confucianism was such a highly developed system of philosophy, European philosophers accepted it as an expression of the universal practical philosophy they were looking for; and because the practical philosophy was conceived as a universally applicable philosophy, international law which was understood to be part of the practical philosophy could not be conceived but as a universal one. In other words, the philosophical universalism in China helped European philosophers of the Enlightenment to be sure of the certainty of their universal doctrine, to which the science of international law belonged. Some Europeans found the evidence of their universal ideas in the universal philosophy of Neo-Confucianism, practiced by virtuous conduct of Chinese bureaucrats in a peaceful society without wars. The European legal doctrine finally liberated itself from the Christian theology. In this process of secularization of legal doctrine, the very existence of the Neo-Confucian philosophy, practiced by the prosperous nation on the East coast of the Eurasian

---

① Emer de Vattel, *Le Droit des Gens, ou Principes de la Loi Naturelle, appliqués à la Conduite et aux Aff aires des Nations et des Souverains*, (Londres [published in fact at Neuchâtel], 1758), photographic reprint, Carnegie Classics of International Law Series, No. 4, (Washington, D. C.: Carnegie Institution, 1916), Liv. 2, Ch. 8, §. 100.

② Ibid., Liv. 1, Ch. 7, § 80 (importance of agriculture), Ch. 8, § 94 (prohibition of foreign commerce), Ch. 12. § 148 (expulsion of missionaries); Liv. 2, Ch. 7, § 94 (prohibition for foreigners to enter the territory), Ch. 8, § 100 (restriction on entry of foreigners); Liv. 3, Ch. 13, § 201 (acquisition of sovereignty by conquest), Liv. 4, Ch. 7, § 103 (privileges of ambassadors).

Continent, had influence on the European philosophers and lawyers.

E. The Opium Wars against international law

Having cited the passage from the treatise of Vattel on the freedom to restrict trade, I may have let you wonder how the Europeans considered the legality of the two Opium Wars in the nineteenth century. If China had the right to restrict foreign trade, the British claim of the freedom of opium trade should have been considered totally illegal.

Many international lawyers seemed to have been embarrassed by the British violation of one of basic rules of international law, according to which every sovereign state has the freedom to restrict foreign trade. For example, Henry W. Halleck, who was a lawyer and high military official of the US government①, noted in his book published in 1861, that:

Vattel says, that as every state has a perfect right to determine what is useful or salutary for it, it becomes a duty, as well as a right, for a nationto judge whether it is expedient to engage in a proposed trade, or to refuse any commercial overtures from others, and that such others have no "right to accuse it of injustice, or to demand a reason for such refusal, much less, to use compulsion. (...) China and Japan for a long time declined all commercial intercourse with other nations, and even now permit only a very restricted trade, in particular articles, and at particular places. The question was at one time discussed, whether these people could not be compelled to open their ports to foreigners, and engage in trade and general intercourse with the rest of the world. But, as a question of international jurisprudence, it scarcely merits consideration. No doubt on this could arise in the mind of any person except those who contend that the rules of international law, adopted by Christian nations, are wholly inapplicable to the countries of Asia. ②

Halleck did not mention explicitly the Opium Wars, but he was most probably aware of the fact the Second Opium War ended the previous year (1860) with the

① Major General (1861-1862) and General-in-chief of all U. S. armies (1862-1864).

② H. W. Halleck, *International Law, or Rules Regulating the Intercourse of States in Peace and War*, (San Francisco: H. H. Bancroft &Company, 1861), p. 281.

Chinese ratification of the Treaty of Tianjin①.

Similarly, Theodore D. Woolsey, President of Yale College, criticized "a disposition on the part of nations to act as if they had a right to require others to exchange products with them" which "has been seen in the dealings of later years with Oriental and other states. ②" Friedrich Heinrich Geffcken, former diplomat and professor of the University of Strasbourg, criticized the Opiums War by pointing out that "Japan, China and Paraguay had the right to exclude foreign merchants from their territories. ③"

Therefore even in the nineteenth century, international lawyers were aware of the universal nature of international law, giving the legal right to China to take a restrictive policy on trade④. What is regrettable is that the universal international law, partly inspired by the universalist philosophy of Neo-Confucianism, was not fully respected in practice.

---

① This makes a good contrast with words of a famous British writer William Edward Hall: "It is scarcely necessary to point out that as international law is a product of the special civilization of modern Europe, and forms a highly artificial system of which the principles cannot be supposed to be understood or recognised by countries differently civilised, such states only can be presumed to be subject to it as are inheritors of that civilisation" (W. E. Hall, *A Treatise on International Law*, 4th ed., Oxford: Clarendon Press, 1895, p. 42) and "it cannot be hoped that China, for a considerable time to come, would be able, if she tried, to secure obedience by her officers and soldiers even to the elementary European rules of war." (p. 44)

② Woolsey, *Introduction to the Study of International Law*, *Boston and Cambridge*, (James Munroe and Company, 1860), p. 29.

③ "... le Japon, la Chine et le Paraguay avaient le droit d'exclure de leurs frontières le commerce étranger." (A. G. Heffter, *Le droit international de l'Europe*, traduit par Jules Bergson et annotée par Friedrich Heinrich Geffcken, (Berlin: H. W. Müller, Paris, A. Cotillon & Cie., 1883), p. 163, annotation 2 in footnote)

④ Toyoda Tetsuya, "L'aspect universaliste du droit international européen du 19ème siècle et le statut juridique de la Turquie avant 1856", *Journal of History of International Law*, Vol. 8 (2006), pp. 19-37, at 32-33.

IV. Japanese acceptance of international law and the Neo-Confucian tradition

Now I would like to talk about the role played by the Neo-Confucian universalist philosophy in the process of acceptance of the modern international law in Japan in the nineteenth century.

Japan was the first East Asian nation to accept the European international law and to use it as a means of its foreign policy. The Neo-Confucian universalism facilitated the Japanese acceptance of international law in two ways. The one is the fact, as I have been arguing, that the Neo-Confucian philosophy influenced the European international law in its emerging stage in the eighteenth century to be more universalistic than narrowly European. If the European international law was purely European, rejecting its application to non-European nations, Japan could have neither be accepted as a full member to the international legal community nor accept international law as a law applicable to itself.

The other way the Neo-Confucianism helped the Japanese acceptance of the European international law was the fact that the Japanese philosophy since the seventeenth century was very much influenced by the Neo-Confucianism and was ready to accept the European international law as an expression of the universal law.

A. The Japanese Tradition of Neo-Confucianism

The Confucianism in Japan does not date back earlier than the seventeenth century. Until then, the Confucianism, classical or new, was mostly unknown in Japan, where the Buddhism and the Shintoism were dominant. It was only in the early seventeenth century that Fujiwara Seika (藤原惺窩: 1561-1619) became the first Japanese Confucianist by learning about the Neo-Confucianism from Japanese Buddhist monks.

But the Tokugawa dynasty, established in 1603, found this newly introduced philosophy extremely useful, because it preached the importance of a stable social order with an excellent presentation of a philosophical vision of the universal human society①. Tokugawa Ieyasu, the founder of the Tokugawa dynasty, asked Fujiwara Seika to serve the government. Fujiwara declined but offered one of his disciples, Hayashi Razan(林罗山:1583-1657), for the public service. The Neo-Confucianism remained the official teachings of the Tokugawa dynasty until its downfall in 1868. It is sometimes pointed out that the Japanese intellectuals did not fully understand the Confucianism. It may be true to say that the Japanese did not understand the Confucianism in the same way as the Chinese did. However, what is important here is the fact that it was accepted as the official teaching of the government and many Confucian texts were brought to and studied in Japan.

B. The Shintoism and the Confucianism facing the European international law

The two major trends of thoughts at the end of the Tokugawa era were Shintoism and Confucianism. As the downfall of the Tokugawa family took the form of Restoration of the Imperial Power (for this reason the political event of 1868 is usually called the Meiji Restoration), the Shintoism, for which the Emperor is a descendant of the Heavenly God, had a momentum. For the dogmatic Shintoism, the Japanese Emperor was at the center of the world and therefore the modern international law based on equality between nations should have been unacceptable as a matter of principle. Indeed there were some Shintoists to voice opposition to acceptance of the Western system②. But the most of Japanese political leaders were aware of the weakness of their own country in comparison with the Western powers, who could easily defeat the Qing Empire in the Opium wars. In spite of the inequality in military powers, the European doctrine of international law could give Japan a legal equality with the European powers. In this regard, it was better than the China-centered

① Similar elements were decisive also for acceptance of the Neo-Confucianism in Korea.

② 大国隆正:《新真公法论(The New and True Public Law)》(1867 年), 竹尾正胤(Takeo Masatane)《大帝国论(The Great Empire)》(1863 年).

tributary system①. The European doctrine of equality of nations should help Japan to be equal, in legal terms at least, with China and the European powers.

C. Neo-Confucian Vocabulary in the Translation of International Law

However, even if Japan was small and weak, it had its own intellectual and cultural tradition. If the Neo-Confucianism was not part of the Japanese intellectual tradition, it would have been difficult for the Japanese to accept the European international law.

The first textbook of international law to arrive in Japan was the textbook of Henry Wheaton. It was translated into Chinese in 1864 by the official translation office of the Qing Dynasty and the following year, in 1865, was brought to Japan②. The Japanese intellectuals of those days could read Chinese books without much difficulty. It is quite meaningful that the translation was brought from China, not directly from Western countries. Henry Wheaton' s textbook on international law was accepted in Japan as a book in Chinese and became one of best selling books in those days.

In the Chinese translation of the treatise of Wheaton, international law was explained as based on the great way (Dao) of public justice (公义之大道). Such an explanation should have reminded readers of the Neo-Confucian concept of Dao. Zhu Xi explained about the essence of Dao as derived from the human nature:

Humans and things follow their own natures. In their daily relations, everyone and

---

① Frederick Tse-shyang Chen, "The Confucian View of World Order", M. W. Janis (ed.), *Religion and International Law*, (1999), pp. 27-49. For this reasion, Japan did not accept to have diplomatic relations with China, refusing to send tributes to the Ming and Qing dynasties.

② For Japan's acceptance of the modern international law, see Kinji Akashi, "Japanese 'Acceptance' of the European Law of Nations: A Brief History of International Law in Japan c. 1853-1900", Stolleis et Yanagihara (ed.), *East Asian and European Perspectives on International Law*, 2004, pp. 1-21; R. P. Annand, "Family of 'Civilized' States and Japan", *Revue d'histoire du droit international*, tome 5, 2003, pp. 1-76; Onuma Yasuaki, "'Japanese International Law' in the Prewar Period", *The Japanese Annual of International Law*, No. 29, 1986, pp. 23-47; Ito Fujio, "One Hundred Years of International Law Studies in Japan", *Japanese Annual of International Law*, No. 13, 1969, pp. 19-34 and many other articles written in Japanese, a good summary of which can be found in Han Sang Hee, "The Accommodation of European Law of Nations in East Asia in the Nineteenth Century-Analysis of Japanese Scholars' Researches" (in Japanese), *Hosei Kenkyu* (*Journal of Law and Politics*), Vol. 74, 2007, pp. 234 (F1)-204 (F31).

everything cannot but have his/her/its way to go. That is Dao. ①

In fact, Wheaton himself had a tendency to emphasize positive international law based on treaties and customs. But because the word Dao (道) was used in the Chinese translation, international law appeared to be closely associated with the natural law②.

The Japanese intellectuals were especially keen to see the link between the natural law and international law. When the first Japanese translation was published in 1868, the translator Uryu Mitora explained in the translator's preface that international law is the public Dao of nations ultimately derived from the human nature:

Between the heaven and the earth, humans and things are born with own natures (xingli 性理) and they practice their nature in their daily relations. That is Dao (道). However, human characters and national customs are not same. Imposing the same manner on different peoples should disturb the great harmony between the heaven and the earth, which is not the finest Dao under the heaven. Therefore, countries exchange envoys to know each other and take the middle way among them as the public law, which they respect as the public law. That is the origin of the public Dao of nations(万国公道). ③

Because the Japanese understood international law as a kind of Dao(道), the righteous way of human life in harmony with Li(理) of the world, its acceptance was very much facilitated. In Japan, international law was accepted as the righteous Dao of public relations in the world(天地公道). It was synonymous to the common justice of the world(宇内之通义)④. The idea of the public Dao even appeared in the Five Articles of Imperial Oath which established the five basic principles of the new government in 1868. The fourth article of the Imperial Oath said:

---

① "人物各循其性自然、即其日用事物之间、莫不各有当行之路。是即所谓道也。"(《中庸章句》首章,朱子注)

② Cf. Lydia H. Liu, "Legislating the Universal: The Circulation of International Law in the Nineteenth Century", *Tokens of Exchange: The Problem of Translation in Global Civilizations*, edited by L. H. Liu, (Duke University Press, 1999), pp. 127-164.

③ "天地之间人物之生有所赋之性理而施之于日用事物之间是谓之道。然至人之气禀与国之风习或有不同者。欲使其不同者同之则扰天地之太和非是所谓天下之达道也。故各国遣使通情品节之取其中庸以为天下之公法各国盟而守之即是万国公道所由起也。"(Henry Wheaton, 瓜生三寅(Uryu Mitora)訳"交道起源 : 万国公法全书"(京师: 竹包楼, 1868)。The preface was written in Chinese, even though the text of translation was in Japanese.)

④ According to Zhuxi, "义者天理之所宜、利者人情之所欲"(《论语》· 里仁, 朱子注)。

Breaking wrong habits of the past, the new government should be based on the righteous way of the Tiandi(天地之公道).

The term "Tiandi" or Dao comes from texts of Confucianism. If there were not such words in the Japanese intellectual vocabulary, international law must have been accepted as a completely foreign philosophy. But as there ware already a tradition of Neo-Confucianism in Japan, it could be accepted as just a new expression for the old truth.

V. Concluding Remarks

Now it is time to conclude my modest presentation. I might have disappointed you, if you had expected to hear how the Chinese philosophy of Neo-Confucianism is reflected in specific rules of international law. Even though the Europeans had tried to do so, perhaps they failed because they did not fully understand the Neo-Confucianism. I must confess nor do I.

But the very fact that the highly respected nation of China presented a secular and universal philosophy of Neo-Confucianism helped European philosophers to secularize their moral philosophy. In the time of religious conflicts, the Europeans needed a universally applicable secular philosophy and China offered it with itself serving as a model of a peaceful and prosperous nation. Many Europeans including Gottfried Leibniz, Christian Wolff and Emer de Vattel, found in the Neo-Confucianism a true philosophy on which the international law could be established. If there was not the Chinese influence on the European doctrine of international law, it could have been conceived as a purely European law and inapplicable to non-European countries, including Japan. If that was the case, the destiny of Japan, the small country in the Far East could have been different. European powers, competing each other, respected the rules of international law, in order not to be criticized by other Europeans. If international law was not applicable to non-European nations, there would not have been any legal limit on actions to be taken against Japan①.

On the other hand, it was crucial for the Japanese intellectuals in the latter half

① I think it was a tragic irony of history that China's first experience of international law was the Opium War. During and after the Opium War, international law was applied wrongly and at the cost of the Chinese nation, which made the Chinese skeptical about the sincerity of the European international law.

of the nineteenth century that they could find a similarity between the European philosophy and the East Asian philosophy. Because the non-religious universalism of the European international law was inspired by the Neo-Confucianism, it was all natural for the Japanese to find a similarity between them. In this way, the Neo-Confucianism helped the Japanese to accept the European international law as a European version of Neo-Confucian teachings.

Finally I would like to make some remarks on the question of Euro-centrism. It has become fashionable to criticize the Euro-centrism in every aspect of international relations. But Europeans were not Euro-centric when they invented the universal concept of international law. Europeans of the Middle Ages were Euro-centric. They believed that the Christendom was the center of the world and they thought they had the rights to attack non-Christians in their Crusade. However, the encounter with the Chinese civilization made them understand that no one was at the center of the world. During the nineteenth century, Europeans became arrogant and Euro-centric again. The doctrine of international law emerged in the brief period in the European history when the Europeans had a universalistic, non Eurocentric, view of the world. Such a development was helped by the universalistic philosophy of the Neo-Confucianism①, which later facilitated the Japanese acceptance of the European international law as a universal doctrine of justice among nations.

---

① For the significance of the Confunicianist tradition in China in its acceptance of the modern values, Professor Chao Ming pointed out that "虽然近代中国自然权利观念得以出现确实与西方文化价值观念的影响有关，甚至于可以说，没有近代西方政治法律价值观念的传输，就不可能有我们现在所能看到的以西方话语表述的自然权利思想和观点，但是，中国思想传统在未受到西方文化冲击和挑战的前近代，它本身在相当长时段内的演进所孕育、凸现出来的种种问题，如果与源于西方的自然权利观念所指向的问题彼此之间毫无关联；中国传统思想尤其是传统儒学内在演化的基本方向，如果与西方近代自然权利观念背后所蕴藏的思想基调完全背道而驰，那么，近代西方自然权利观念和学说一经传入中国，便很快引起近代中国思想家们的极大兴趣和热情，而为他们所接受、运用和倡导，简直就是不可思议的事情。"（赵明：《近代中国的自然权利观："内在视角"的一种新解读》，载《先秦儒家政治哲学引论》，北京大学出版社 2004 年版，第 201 页）I fully agree with Professor Ming, but I also believe that, as far as international law is concerned, the Confucianism contributed not only to acceptance of the modern legal system in China but also to its creation in Europe.

国际投资条约实践中的税收措施问题*

□ 蔡从燕**

内容摘要 近年来一些国家由于征收“暴利税”而引发一系列重大投资争端凸显了投资条约实践中妥善处理税收措施问题的重要性。当前，多数投资条约在处理税收措施时采取“一般例外条款”模式。为更好地平衡维护东道国税收主权、保护投资者权益及协调不同涉税条约的不同需求，应该在“一般例外条款”模式基础上建构“特定例外条款”模式。中国投资条约在处理税收措施时采取的“一般肯定模式”不利于维护我国的税收主权，过度抑制了我国政府的政策空间，与我国涉税条约实践不相协调甚至造成条约冲突，与当前国际投资条约实践中日益重视平衡东道国主权权益与投资者私人权益的指导思想不相符合。

关键词 国际投资条约 税收措施

目 次

---

* 本文系作者主持的2009年教育部新世纪优秀人才支持计划的研究成果。

** 厦门大学法学院教授、博士生导师、法学博士。

税收主权是国家主权的核心组成部分，税收主权的维护对于确保国家机器的正常运转以及实现诸多公共目标都是至关重要的。同时，税收措施也是东道国采取的可能对外国投资者产生重大影响的投资措施。晚近，涉及税收的国际投资争端逐步增加。尤其是，近年来，一些国家针对自然资源类投资征收所谓“暴利税”引发了一系列重大投资争端。如何妥当处理税收措施问题也成为目前我国投资条约实践中一个迫切的理论与实践问题。

一、国际投资条约中的税收措施条款

把税收措施排除在适用范围之外是投资条约的一般做法，许多投资条约规定“除非本条另有规定，本协定任何规定不适用于税收措施”。2007年挪威双边投资条约（BIT）范本注释更是明确指出，“投资协定不应当管制税收问题”是挪威缔结投资条约的基本出发点。该注释指出，“原则上说，涉及税收的争端只能由国内法院处理”。① 直言之，税收措施条款是投资条约中的一般例外条款。但也有学者认为，许多国家在同样涉及主权的某些争端方面接受了国际仲裁，因而投资条约区别对待税收措施的理由并不充分。②

（一）国际投资条约处理税收措施问题的法律与政策因素

根据联合国贸易与发展会议（UNCTAD）的解释，国际投资条约倾向不处理税收措施问题的原因主要有三：③ 基于最大限度地维护税收主权的考虑；避免特定税收待遇经由投资条约中的最惠国待遇条款被多边化；投资条约中简约而格式化的税收措施条款难以处理复杂的税收事项。不难发现，这三个理由实际上都可以归结于对税收主权的关切。

UNCTAD对税收主权的关切是可以理解的。众所周知，税收主权是国家主权中最为核心的组成部分。只有有效地维护税收主权，才能为国家机器的正常运转，以及政府向公众提供足够的公共产品或者追求特定的公共政策目标，提供必要的物质

① 2007 Norway BIT Model, Comments, Part 4. 5. 5.

② Todd Weiler (ed.), NAFTA Investment Law and Arbitration: Past Issues, Current Practice, Future Prospects, Transnational Publishers, Inc., 2004, pp. 102-103.

③ UNCTAD, Taxation, UNCTAD Series on Issues in International Investment Agreements, UNCTAD/ITE/IIT/16, New York and Geneva, 2000, p. 36.

保障,① 确保必要的政策空间。因此，前述美国学者认为投资条约“优待”税收措施的理由不充分至少是没有充分认识到税收主权的特别重要性与敏感性。正是由于税收主权的特殊性，各国基本上不愿意接受对税收主权的限制。从国际法的角度看，目前“可以说并不存在有关限制国家税收立法管辖权的明确规则，各国在通过立法确定其对纳税人和征税对象的税收管辖权范围方面，除遵从国际法关于国家管辖权的一般原则外，不受其他限制”。② 作为规范跨国投资法律关系的专门性国际条约，投资条约显然不宜超越主权国家在税收主权问题方面的基本立场。尤其是，投资条约与避免双重征税协定（DTT）以及 WTO 协定③之间存在的两个重大差别使得税收主权在投资条约体制下可能受到严重挑战：第一，从待遇方面看，避免双重征税协定只规定单一的类似于国民待遇的无差别待遇,④ WTO 协定也只规定国民待遇与最惠国待遇，而投资条约则普遍提供包括国民待遇、最惠国待遇及公平与公正待遇在内的多元化的待遇标准。据此，如果不予以相应的排除，一国根据投资条约在税收方面要承担更多的国际义务。第二，从程序方面看，迄今避免双重征税协定只规定政治性争端解决机制，如相互协商程序，并未规定法律性争端解决机制,⑤ WTO 协定既未规定向私人开放的争端解决机制且该协定从未在 WTO 成员方内获得直接适用，而多数投资条约则规定外国投资者可以直接诉诸国际仲裁，由

---

① 因此，洛克说：“政府没有巨大的经费就不能维持，凡享受保护的人都应该从他的产业中支出他的一份来维持政府。”洛克：《政府论》（下篇），叶启芳、瞿菊农译，商务印书馆 1964 年版，第 88 页。

② 廖益新主编：《国际税法学》，高等教育出版社 2008 年版，第 20 页。

③ 截至 2006 年底，避免双重征税协定数量多达 2651 个（UNCTAD，Recent developments in international investment agreements，2006-June 2007，IIA MONITOR No. 3，2007，p. 8），WTO 体制则针对国际贸易的税收措施建立了强有力的多边约束体制。这二者，尤其避免双重征税协定构成了国际税收条约体系最重要的组成部分。

④ 国际税法中的无差别待遇派生于国际法上的国民待遇原则，它包括国籍无差别待遇、常设机构无差别待遇、费用扣除无差别待遇以及资本无差别待遇。或许由于无差别待遇不纯粹根据传统的“国籍”标准，国际税收协定中并未使用国民待遇的表述，但其本质与国民待遇似无不同。关于无差别待遇与国民待遇的关系。参见廖益新主编：《国际税法学》，高等教育出版社 2008 年版，第 20、71 ~ 72 页。

⑤ 在国际税收仲裁方面，1990 年欧共体成员国缔结的《关于避免因调整联属企业利润而引起的双重课税的公约》是一个里程碑式的成果，但即使根据该公约，纳税人也不是仲裁程序的当事人，而只是可以提供情报、证据等方式参与仲裁程序。

此投资条约可能异化成为避免双重征税协定以及WTO协定的实施机制,① 外国投资者也可能滥用诉权以挑战东道国的税收主权。② 可见，如果投资条约未能与涉税条约（仅指包含有税收条款的投资条约以外的涉税条约，下同）之间实现适当的协调，在税收主权维护方面就会形成“水桶效应”，即投资条约可能成为损害税收主权的突破口，进而东道国利用税收追求特定公共政策目标的能力将可能受到极大的抑制。值得注意的是，虽然发达国家的税收制度相当完善，并且素来贯彻税收中性原则，但投资条约实践表明，与中国等一些发展中国家不同，发达国家反倒是维护税收主权的坚定支持者，发达国家对税收主权之珍视可见一斑。

当然，税收主权的特殊重要性与敏感性不意味税收可以游离在法治化之外。事实上，税收法治化是一国法治化进程不可分割的组成部分，其中的税收法定原则更对近代法治“起到了先导和核心的作用”。③ 近年来，有关发展国际税收仲裁的热烈讨论及初步实践表明,④ 通过国际税收条约强化主权国家税收法治化是一个必然的趋势；并且，从避免双重征税协定实践中可以看出，各国着力维护的是税权的“设立”，而非税权的“行使”，这表明税收主权是有层次性的。进而，从国际投资法的角度看，由于通过吸引外资符合东道国的国家利益，而税收措施又是可能对投资者权益产生重大影响的一类投资措施，那么，综合考虑东道国税收主权的维护与投资者私人利益的保护，通过投资条约约束东道国的税收行为显然也是必要的。由此看来，前述西方学者质疑投资条约“优待”税收措施的理由是否充分并非没有道理。总之，投资条约可以在促进税收法治化方面扮演起到的作用。

诚然，由于投资者就是纳税人的重要组成部分，现行涉税条约客观上已经具有保护投资者的作用。比如，2007 年挪威 BIT 范本注释认为，“通过税收协定在很大程度上可以确保投资者免于受到歧视”。⑤ 但也诚如该注释所言，涉税条约只能为内外国投资者在税收事项方面免受“歧视”提供法律保障，对于某些尽管不构成

---

① 有西方学者已经建议认为，可以利用投资条约为违反 WTO 协定的行为提供救济。参见 Gaetan Verhoosel, *The Use Of Investor-State Arbitration Under Bilateral Investment Treaties To Seek Relief For Breaches Of WTO Law*, Journal of International Economic Law, Vol. 6, 2003.

② 近年来以美国为代表的一些国家所缔结的投资条约已经就外国投资者可能滥用诉权问题专门做了规定，参见 2004 年美国 BIT 范本第 24 条第 2 款、2008 年中国—新西兰自由贸易协定第 154 条、2008 年中国—墨西哥 BIT 第 12 条。

③ 金子宏：《日本税法原理》，刘多田等译，中国财政经济出版社 1989 年版，第 48 页。

④ ICC Commission on Taxation, Arbitration in international tax matters, Doc No. 180/438, 3 May 2000.

⑤ 比如，2007 年挪威 BIT 范本注释认为，“通过税收协定在很大程度上可以确保投资者免于受到歧视”。2007 Norway BIT Model, Comments, Part 4. 5. 5.

歧视但严重损害外国投资者利益的行为（如征收）仍然无济于事。可见，涉税条约难以完全胜任保护投资者的职责。

更进一步看，投资条约妥当处理税收措施对于协调其与涉税条约的关系也是必要的。这种关系一方面体现为投资条约应当不损害涉税条约实践，即涉税原则优先。以最惠国待遇为例，避免双重征税协定没有规定最惠国待遇实际上是具有很强的现实合理性，因为作为许多国家主要税种的所得税税率之间还存在较大差别，因此避免双重征税协定规定最惠国待遇将产生“搭便车”问题。在此情况下，投资条约显然不能无视避免双重征税协定的合理做法，贸然把最惠国待遇适用于税收措施。另一方面，保护投资者终究是投资条约的基本宗旨，因此涉税条约优先也不应该是绝对的、无条件的。以投资条约与 WTO 协定的关系为例，投资者在进出口贸易中涉及的税收问题在 WTO 协定的管辖范围之内，据此 WTO 争端解决机制客观上可以为投资者提供法律保护。但是，这一机制既未赋予私人以诉权，也未提供某种损害赔偿制度，这使得投资者实际上很难获得切实的保护。在此情况下，有必要寻求更好地协调投资条约与 WTO 协定的关系。

总之，投资条约中的税收措施条款应当同时兼顾东道国税收主权的维护、外国投资者权益的保护，以及不同涉税国际条约的协调问题。应当指出的是，由于不同国家在维护税收主权、保护投资者权益以及协调涉税条约方面面临的情况不同，在设计税收措施条款时固守某种“范本”意识未必是恰当的。比如，如果投资条约缔约方之间并未缔结税收协定，或者缔约方之一并非或两方均非 WTO 成员方，则贸然把税收措施排除在投资条约之外可能导致投资者的权益无法得到恰当的保护。

（二）国际投资条约处理税收措施的实践

实践中，国际投资条约鲜有把税收措施完全排除在适用范围之外，即把该事项完全交由缔约方国内税法，或者国际税收协定处理。1999 年阿根廷—新西兰 BIT 属于此种少数情形之一，该条约第 5 条第 2 款规定：“本协定规定不适用于任何缔约方领土内的税收事项。此类税收事项应当由各缔约方的国内法，并按缔约方之间缔结的任何涉及税收的协定的规定调整。”据此，任何税收措施不得被以与投资条约不符为由诉诸国际仲裁机制，而只能诉诸国内法救济或税收协定规定的争端解决机制。2003 年澳大利亚—新加坡自由贸易协定也是如此，该协定第八章（投资章）第 2 条第 3 款规定，“除非另有规定，本章不得适用于任何税收措施”，但该第八章中并没有所谓的“另有规定”，因此该协定与阿根廷—新西兰 BIT 的做法实际上是一致的。然而，把税收措施完全交由国内法或涉税条约处理的做法是不妥当的：首先，完全由国内法处理税收措施问题使得投资者保护完全国内法化了，这种做法违背了当代主权国家普遍同意为投资者提供国际法保护的国际投资立法潮流，诚不足取。其次，如前所述，涉税条约，比如只规定无差别待遇的避免双重征税协定无法解决处理严重损害投资者权益的某些问题；更何况，缔结有投资条约的两个国家之间可能没有缔结或同时加入涉税条约，① 在此情况下，税收措施问题的解决可能陷入“无法可依”的境地。再次，如前所述，税收主权的层次性表明并非所有的税收行为都应被看做涉及东道国的核心利益，因而把某些税收行为——笔者认为指的是税法实施行为——排他地由国内法或涉税条约处理未必就是合理、必要的。

类似地，把所有税收措施都涵盖在内的投资条约也是很少见的。1992 年美国—俄罗斯 BIT 就是其中之一，该条约没有包含税收措施条款，而正是这种做法使得所有税收措施均被涵盖该条约调整范围之内，由此任何涉及税收措施的争端均可诉诸国际仲裁机构。这种做法固然为投资者提供了最广泛的保护，但也带来两个重要的消极后果：第一，如前文所述，东道国将因此承担了较之税收协定项下更为沉重的国际义务，其核心的税收主权更有可能受到挑战；第二，不同争端解决机构可能就同一讼争税收措施行使管辖权，并可能作出不同，甚至矛盾的裁定。比如，对一项影响投资者的关税措施，WTO 争端解决机构与国际仲裁机构都可能行使管辖权，如果这两个机构作出相反的裁定，则东道国将陷入无所适从的境地。

投资条约的普遍实践是，有限地把税收措施纳入其调整范围，但程度并不一致。这些实践遵循两个基本原则：第一，涉税条约优先的原则。许多投资条约都规定：投资条约的规定不影响缔约方在任何税收条约项下的权利义务；投资条约与税收条约之间不一致的，优先适用税收条约。② 但仅从规范角度看，涉税条约优先原则不能解决所有问题，因为：（1）投资条约缔约方可能尚未缔结或同时加入特定涉税条约，如避免双重征税协定；（2）迄今为止的涉税条约并未涵盖所有税种或未涉及所有投资待遇标准。第二，尊重国家主权的原则。一些投资条约规定，国内税收当局在解决涉及税收措施的投资争端方面可以发挥突出的作用，如下文所述的“税收否决”（tax veto）机制。③ 这一原则在投资仲裁实践也得到体现。比如，EnCana Corporation v. Republic of Ecuador 案仲裁庭明确指出，“在税收事项方面仲裁庭不是厄瓜多尔的上诉法院”。④

从投资待遇方面看，基于一般例外条款模式，多数投资条约规定国民待遇、最

---

① 以我国为例，截至 2009 年 10 月，我国缔结的避免双重征税协定只有 90 个，而同时期缔结的双边投资条约则达到 123 个。

② 参见 2004 年美国—乌拉圭 BIT 第 21 条、NAFTA 第 2103 条第 2 款。

③ 参见 NAFTA 第 2103 条第 6 款。

④ EnCana Corporation v. Republic of Ecuador, London Court of International Arbitration, Award of 3 February 2006, para. 142.

惠国待遇以及公平与公正待遇均不适用于税收措施。就最惠国待遇而言，投资条约把最惠国待遇排除在外实际上与避免双重征税协定实践是一致的。不过，根据WTO协定，东道国应该履行此项义务。就国民待遇而言，由于避免双重征税协定所规定无差别待遇中的国籍无差别待遇实质上包含着国民待遇，因此投资条约把税收措施排除在国民待遇适用范围之外与避免双重征税协定间是存在冲突的。不过，由于许多投资条约规定涉税条约在其与投资条约不一致的范围内优先适用，据此投资条约的缔约方仍有义务根据税收协定给予国民待遇，因而避免双重征税协定与投资条约之间的冲突只是一种“虚假的法律冲突”。投资条约把税收措施排除在国民待遇适用范围之外的真正意义在于，使得投资者无法以东道国的税收措施违反国民待遇为由诉诸国际仲裁，而只能通过本国政府把此类争端诉诸涉税国际协定规定的政治性争端解决机制，如避免双重征税协定规定的相互协商程序，或WTO协定争端解决机制，从而或是追求更有效地维护税收主权，或是追求国际投资仲裁机制与其他国际争端解决机制间的协调。当然，投资条约的这种排除并不妨碍东道国根据国内法给予税收国民待遇。

应当指出的是，虽然较之作为相对待遇标准的国民待遇与最惠国待遇，作为绝对待遇标准的公平与公正待遇标准可能对一国的税收主权造成更大的限制，但或许是考虑到该待遇标准可以为投资者提供不依赖于东道国国内法的、“绝对”的保护，而这种保护恰恰是税收协定所无法提供的，一些投资条约规定该待遇标准适用于税收措施。具体的做法有两种：其一，敦促在税收措施方面给予公平与公正待遇。比如，1983年美国—塞内加尔BIT第11条规定，在税收政策方面缔约方应该“努力”（strive to）给予外国投资者以公正与公平待遇。① 从法理上说，缔约方在这种“努力”条款项下不负有真正的法律义务，② 但其中显然表达出它们期待在

---

① 相同或类似的规定，参见1984年美国BIT范本第11条、1983年美国—海地BIT第11条、1984年美国—民主刚果BIT第11条、1985年美国—埃及BIT第11条、1986年美国—柬埔寨BIT第11条、1986年美国—格林纳达BIT第11条、1990年美国—突尼斯BIT第11条、1990年美国—刚果BIT第11条、1990年美国—波兰BIT第6条、1991年美国—保加利亚BIT第11条、1991年美国—阿根廷BIT第12条、1991年美国——捷克BIT第11条、1991年美国—斯洛伐克BIT第11条、1991年美国—斯里兰卡BIT第11条、1992年美国——亚美尼亚BIT第11条、1992年美国—哈萨克斯坦BIT第11条、1992年美国—罗马尼亚BIT第11条、1993年美国—厄瓜多尔BIT第10条、1993年美国—摩尔多瓦BIT第10条、1994年美国—蒙古BIT第11条、1994年美国—牙买加BIT第11条、1994年美国—爱沙尼亚BIT第10条、1995年美国—拉脱维亚BIT第10条、1996年美国—乌克兰BIT第10条、1998年美国—立陶宛BIT第10条。

② 或者由于这个原因，1994年美国BIT范本第13条及2004年美国BIT范本第21条均没有包含这一规定。不过，1994年以后美国缔结的不少BIT仍然包含此类条款。

税收措施方面也能够为投资者提供某种绝对保护的意图。其二，明确规定在税收措施方面负有给予公平与公正待遇的义务。比如，根据2003年日本—越南BIT第19条的规定，在税收措施方面不适用最惠国待遇，但却适用公平与公正待遇以及国民待遇。① 这种做法较为少见。如下所述，中国投资条约的做法与此类似。这一做法是对国际税收协定的重大突破。

与在投资待遇标准方面表现出来的谨慎相比，一般例外条款项下的投资条约几乎都明确规定征收条款应当适用于税收措施，② 把税收措施排除在征收条款适用范围之外的情形极为罕见。③ 这表明，投资条约缔约方普遍认为税收措施可能构成征收，甚至征收成为税收风险的主要表现形式。2007年挪威BT范本注释更是直接指出，"与税收有关的主要风险是，现实中东道国对于投资者以税收为名，行征收之实，由此逃避对投资者的责任"。④ 一些投资条约，比如1983年美国—摩洛哥BIT第3条甚至明确把税收措施列举为可能的一种征收形式。⑤

对许多投资条约的实证考察表明，缔约方税收当局在解决投资争端方面发挥着特殊作用，这对于维护东道国的税收主权是有利的。这种作用体现在两方面：首先，从实体方面看，缔约方税收当局对特定问题拥有权威解释权。比如，许多投资条约规定，投资争端当事方对于涉税条约与投资条约是否存在冲突产生分歧的，缔约方税收当局是唯一的有权解释这一问题的机构，其结论对于投资仲裁庭具有拘束力。⑥ 但这些投资条约均未规定缔约双方的税收当局间未能就有关税收问题达成一致意见之后的后续救济措施，而在保护投资方面的利益不同决定了缔约双方的税收当局在这方面很可能无法达成一致意见，因此既有的条约实践是存在缺陷的。其次，从程序方面看，缔约方的税收当局在解决涉税争端方面拥有某种优先权。美国、加拿大缔结的许多投资条约特别为处理征收指控规定了前置程序，即规定缔约方的税收当局在认定征收方面拥有优先权。⑦ 比如，1999年美国—巴林BIT第13

① 也可参见2003年印度BIT范本第4条。

② 例见《北美自由贸易区协定》第2103条。

③ 参见2002年日本—新加坡自由贸易协定第5条。该协定第5条规定有关透明度、秘密信息以及安全与一般例外的规定应当适用于税收措施，但却把征收条款排除在外。

④ 2007 Norway BIT Model, Comments, Part 4.5.5.

⑤ 也可参见1983年美国—海地BIT第3条、1986年美国—柬埔寨BIT第3条。

⑥ 例见2007年挪威BIT范本第28条、2004年美国—乌拉圭BIT第21条第7款、2004年美国—摩洛哥自由贸易协定第21.3条。

⑦ 2004年加拿大BIT范本第16条第3款甚至规定，如果讼争税收是由于投资者与东道国之间签订的投资协议而引发的，所有争端均应首先由缔约方的税收当局认定。

条规定,① 如果投资者认为东道国的某项税收措施构成征收，必须首先分别请求投资东道国与投资者母国的税收当局进行认定。只有在两国税收当局就该税收措施是否构成征收无法达成一致意见时，投资者才可以就此诉诸国际仲裁机构。换言之，如果两国税收当局一致认定特定税收措施不构成征收，则投资者不能就此诉诸国际仲裁机构；反之，只要两国税收当局达不成一致的，投资者就可以诉诸国际仲裁机构。这种程序性机制被称之为“税收否决”（tax veto),② 它使得缔约方的税收当局可以直接否决投资者诉诸国际仲裁的权利。不过，就笔者阅读范围所及，目前仅在 Marvin Feldman v. Mexico 案中，美国与墨西哥的税收当局一致认为讼争税收行为不构成征收，据此仲裁庭没有就此做进一步的审理。③ 该机制鲜能发挥作用的原因显然是，为了使海外投资者能够诉诸国际救济，投资者母国会倾向不接受东道国提出的讼争措施不构成征收的主张。然而，这种针对涉税争端乃至其他被认为具有敏感性的投资争端（如金融监管争端）设立某种限制性前提的思路显然具有重要的启发意义。较之无条件地允许或拒绝把此类争端诉诸国际仲裁，这种思路应该说更好地实现了维护东道国主权与保护投资者利益之间的平衡。

在国际投资实践中，有些投资者会与东道国政府缔结被称为“国家契约”的投资协议，此类投资协议往往包含有关东道国承诺在投资存续期间不改变现行税收制度或维持某种税收待遇的条款，即所谓的“稳定条款”。一些投资条约规定其适用于违反投资协议的税收措施。比如，2005 年美国—乌拉圭 BIT 第 21 条第 5 款规定，该条约中的争端解决规则适用于违反被声称违反投资授权或投资协议的税收措施。④ 由于不少发展中国家，尤其地方政府为吸引外资往往会在税收待遇方面作出某种长期性的承诺。如果发展中国家无法兑现承诺，就可能引发投资争端，“稳定条款”，尤其他与投资条约的结合就可能使东道国面临极大的风险。比如，在

---

① 也可参见 1994 年美国—特立尼达与多巴哥 BIT 第 13 条、1994 年美国—乌兹别克斯坦 BIT 第 13 条、1994 年美国—格鲁吉亚 BIT 第 13 条、1995 年美国—阿尔巴尼亚 BIT 第 13 条、1995 年美国—洪都拉斯 BIT 第 13 条、1995 年尼加拉瓜 BIT 第 13 条、1996 年美国—克罗地亚 BIT 第 14 条、1997 年美国—约旦 BIT 第 13 条、1998 年美国—莫桑比克 BIT 第 13 条、1998 年美国—玻利维亚 BIT 第 13 条、1999 年美国—萨尔瓦多 BIT 第 13 条、2000 年美国—阿塞拜疆 BIT 第 13 条、1999 年美国—巴林 BIT 第 13 条；2003 年美国—新加坡 FTA 第 21 章第 3 条；加拿大—智利第 O-03 条。

② Todd Weiler (ed.), NAFTA Investment Law and Arbitration: Past Issues, Current Practice, Future Prospects, Transnational Publishers, Inc., 2004, p. 98.

③ Marvin Feldman v. Mexico Case, No. ARB (AF) /99/1, Award of December 16, 2002.

④ 也可参见加拿大—厄瓜多尔 BIT 第 12 条第 2 款。

Occidental Exploration and Production Company v. Ecuador 案中，① 仲裁庭正是以争端当事双方签订的投资协议中包含稳定条款为由受理 Occidental 公司提起的涉税争端。

此外，所有采取一般例外条款模式的投资条约都特别规定，争端解决条款，包括投资者—国家间争端解决条款应当适用于税收措施。这一规定显然是必要的，否则投资者将被剥夺诉诸国际仲裁的权利，而这正是投资条约与绝大多数没有赋予私人以诉权的国际条约之间的最大差别。

二、国际投资条约中税收措施条款的适用

以往，涉税投资仲裁案例并不多见。产生这一现象的主要原因可能有：第一，长期以来，竞相提供税收优惠是多数发展中国家吸引外资的重要手段，因而它们显然缺乏通过税收手段损害投资者权益的内在动力。第二，从征收实践看，“二战”后一些发展中国家为维护经济主权、实现本国经济发展而对外资实施征收。较之间接征收，发展中国家通过直接征收显然可以更有效实现这一目的。第三，在 Metalclad Corp. v. Mexico 案前，② 目前对于东道国主权可谓最具“杀伤力”的法律武器的公平与公正待遇条款的“妙用”尚未被投资者发现。近来，由于一些国家运用税收手段调整经济结构与分配的能力与意愿的增强等原因，涉税投资争端明显增加。尤其是，近年来一些国家针对自然资源领域内的投资征收所谓“暴利税”已经引发一系列重大投资争端。以下以结合“暴利税”为例分析投资条约中税收条款的适用。

（一）“暴利税”与投资争端

“暴利税”是“特别收益金”的俗称，是指国家对具有垄断行业或资源稀缺行业的产品价格超出一定水平所获得的超额收入按比例征收的收益金。之所以对这些行业或领域内的投资征收“暴利税”，是因为这些投资的部分利润并非通过市场竞争获得。

近年来，一些发展中国家，如厄瓜多尔、委内瑞拉、津巴布韦、哈萨克斯坦、蒙古、中国等都开征了“暴利税”。比如，2006 年 3 月 25 日，我国财政部发布了

① Occidental Exploration and Production Company v. The Republic of Ecuador, London Court of International Arbitration Administered Case No. UN 3467, Award of 1 July 2004.

② Metalclad Corp. v. The United Mexican States, CASE No. ARB (AF) /97/1, Award of August 30, 2000.

《石油特别收益金征收管理办法》，据此对在中国陆地领域和所辖海域独立开采并销售原油的所有内外资企业，按照五级超额累进从价定率计征石油特别收益金，即在每桶石油月加权价格超过40美元时按照五级税率进行征收。① 征收“暴利税”绝非发展中国家的“专利”，一些发达国家也有征收“暴利税”的做法，比如美国制定了《1980年原油暴利税法》、英国制定了《1997年暴利税法》、澳大利亚制定了《1997年特许费暴利税（设定）法》等。但是，目前因征收“暴利税”而被诉诸国际仲裁的都是发展中国家，比如，针对2006年4月厄瓜多尔通过的《石油修改法案》把石油“暴利税”税率提高到50%，美国政府立即指控该法违反了美国—厄瓜多尔BIT;② 2007年10月，该税率提高到99%。目前，已经有多家外国石油企业就此提起国际仲裁，涉及金额高达近百亿美元，这些案件目前均在审理中。③

较之其他税收措施，“暴利税”对于东道国，尤其投资者所造成的经济与法律影响往往更大，因此有必要结合“暴利税”争端考察税收措施条款的适用。在这方面，有意思的是，针对在厄瓜多尔“暴利税”事件中蒙受巨额损失的中国石油企业能否获得法律救济而进行的一项问卷调查中，63.7%的受访者认为厄瓜多尔的做法违反了保护投资者利益的基本规则，但认为中国石油企业提起国际仲裁能够胜诉的受访者比例只有30.73%，认为不能胜诉的比例则达到37.47%。④ 一些学者也认为中国石油企业在国际仲裁中不太可能胜诉，因为这一税收政策调整不是专门针对中国企业，企业必须接受。⑤ 但我们认为，应该结合投资条约中的税收措施条款、征收“暴利税”的普遍做法以及晚近国际投资仲裁实践进行分析。由于投资条约几乎都肯定征收条款可以适用于税收措施，因此“暴利税”争端首先——也最重要地——涉及其是否构成征收。其次，由于公平与公正待遇在近年来国际投资仲裁实践已经成为对东道国主权最具“杀伤力”的法律武器，而一些投资条约并

① 参见财政部：《石油特别收益金征收管理办法》第7条。

② U.S.: Ecuador Oil-Tax Law Violates Treaty (April 21, 2006), *available at* http://www.bilaterals.org/article.php3?id_article=4512, visited on July 1 2008.

③ See Investment Arbitration Report, May 16, 2008, pp.5-6; Investment Treaty News (ITN), March 2, 2007, pp.12-13; Investment Treaty News (ITN), May 16, 2006, pp.1-2; Fernando Cabrera Diaz, Ecuador threatens cancellation of oil contracts unless ICSID nixed as arbitration forum, Investment treaty news, visited on 29 August, 2008.

④ “厄瓜多尔征99%石油暴利税　中企欲提请国际仲裁”, at http://finance.sina.com.cn/world/gjjj/20071123/03204207121.shtml, 2008年4月1日访问。

⑤ “厄瓜多尔突征暴利税　中国油企国际仲裁胜算不大”　(2007/11/3), http://finance.sina.com.cn/g/20071130/15074237133.shtml, 2007年11月3日访问。

未把税收措施排除在该待遇适用范围之外，因此“暴利税”争端也会涉及是否违反该待遇标准问题。此外，由于目前引发投资争端的“暴利税”都是一体适用于所有内外资企业，因此东道国基本上不会被指控违反国民待遇义务。

（二）“暴利税”与征收问题

税收与征收之间的关系颇为复杂。至少在美国，能否以及如何运用征收权对征税权进行限制还是一个尚未完全定论的问题，因为税收在某种意义上就是一种征收。① 在 Eastern Enterprises v. Apfel 案中，② 为了避免陷入征收权与征税权之争，联邦最高法院甚至有意不援引美国联邦宪法第五修正案中的征收条款，而援引宪法第十四修正案规定的正当程序条款。尽管如此，由于税收对于国家机器运转以及实现社会公共目标的特殊重要性，税收在很大程度上被预设为是合法的，各国对此都是没有疑义的。国际法的基本立场也是如此。在涉税投资争端仲裁中经常被援引的美国《对外关系法重述》（第三次）认为，“对于善意实施的普遍性税收、管制、基于犯罪采取的没收，或者一般地被接受为属于国家治安权范围内的此类其他行动，如果它是非歧视的，国家对此造成的财产损失或其他经济不利结果不负责任”。③ 经合组织《多边投资协定（MAI）》（草案）认为，制定新的税收措施，或多个部门对投资进行税收一般情况不会构成征收，税收措施造成过度负担本身也不意味着就构成征收。大体上在国际公认的税收政策与实践的范围内的税收措施，不会被认为构成征收。MAI（草案）特别指出，如果在进行投资时税收措施已经生效，并且是透明的，该税收措施不具有征收性质。④ EnCana Corporation v. Republic of Ecuador 案仲裁庭直截了当地指出，“税法本身不是对财产的夺取；设若如此，一种普遍性的国家特权将会由于保证不进行征收而被遭到否定”。⑤

同时，税收确实可能构成征收。在前述 Eastern Enterprises v. Apfel 案中，美国联邦最高法院最终认定《煤碳行业退休人员福利法》违反美国联邦宪法第十四修正案规定的正当程序条款，有学者认为该判决实际上就是认定该法违反宪法第五修

---

① 有关征收与税收纠葛的讨论，See Eduardo Moises Penalver, *Regulatory Taxation*, Columbia Law Review, Vol. 104, 2004, pp. 2183-2185.

② Eastern Enterprises v. Apfel, 106 U. S. C. 9701-9722 (2000).

③ Restatement 3d of the Foreign Relations Law of the U. S., § 712, comment g.

④ 参见 MAI（草案）第 8 条第 2 款解释性说明。

⑤ EnCana Corporation v. Republic of Ecuador, London Court of International Arbitration, Award of 3 February 2006, para. 177.

正案中的征收条款。[1] 从国际法的角度看，如前所述，一些投资条约明确把税收列举为可能构成征收的形式之一。经合组织《保护外国人财产公约草案》认为，“过度或武断的”（excessive or arbitrary）税收可能构成间接征收。[2] UNCTAD 的一份报告把这种“过度或武断的”税收列为可能构成间接征的一种情形。[3] 值得注意的是，MAI（草案）认为，虽然针对特定国籍或特定纳税人的措施更有可能被认定构成征收，但普遍适用的措施并非不会被认定构成征收，只是可能性较低些。[4]

由于税收普遍被认为可能构成间接征收，而非直接征收，因此有必要结合晚近间接征收的规则发展与仲裁实践分析“暴利税”是否以及在何种情况下可能被认为构成间接征收。我们认为，近年来缔结的一些投资条约针对间接征收的认定办法及例外情形所做的特别规定会影响到“暴利税”的性质认定。就前者而言，长期以来，间接征收在投资条约中仅仅简单地被规定为与征收“任何类似的措施”，[5] 或与征收“效果相同的其他措施”，[6] 但并没有进一步规定认定间接征收的标准。从投资仲裁看，仲裁庭基本遵循所谓的“纯粹效果标准”，即根据讼争措施对投资者的财产造成的影响判断是否构成征收，而东道国采取该措施的目的基本不予考虑。但是，仲裁庭对于“效果”的理解也不一致，比如 Lauder v. Czech 案仲裁庭认为构成间接征收的行为必须“有效地使得对财产的享有变得无效了”，[7] Metalclad v. Mexico 案仲裁庭则认为“重大地”（in significant）剥夺了财产所有人对财产的使用或合理期待的经济利益的政府措施即可构成间接征收。[8] 近年来，以美国为代表的一些国家缔结的投资条约明确规定间接征收的认定标准。比如，根据美国最新的投资条约实践，仅仅根据政府行为对投资者财产的影响本身尚不能认定就构成间接征收，而应当考虑政府行为的性质（character），以及该行为对投资者

---

① Eric Kades, *Drawing the Line between Taxes and Taking: the Continuous Burdens Principles, and Its Broader Application*, Northwestern University Law Review, Vol. 97, 2002, pp. 193-196.

② OECD Draft Convention on the Protection of Foreign Property, Notes and Comments to Article 3.

③ UNCTAD, Taking of Property, UNCTAD/ITE/IIT/15, New York and Geneva, 2000, p. 12.

④ 参见 MAI（草案）第 8 条第 2 款解释性说明。

⑤ 例见中国—瑞典 BIT，第 3 条第 1 款。

⑥ 例见中国—罗马尼亚 BIT，第 4 条第 1 款。

⑦ Ronald S. Lauder v. the Czech Republic, Award of September 3, 2000, para. 200.

⑧ Metalclad Corp. v. United Mexican States, Award (ICSID (Additional Facility) Case No. ARB (AF) /97/1, Aug. 30, 2000), Award , para. 103.

的“突出、合理的投资期待”（distinct, reasonable investment-backed expectations）的干预程度。① 这些新规定摒弃了以往过分倚重甚至完全根据政府措施的经济影响认定间接征收的做法，较多地考虑政府行为的性质与目的，从而提高了认定间接征收的门槛。不过，这些规定仍然存在很大的不确定性，比如，“投资期待”的含义及其在认定间接征收中的重要性即便在美国征收法律实践中也仍然存在极大的争议；又如，这些新规定仍然没有提供判断政府措施之效果的标准。由此，仲裁庭在认定“暴利税”是否构成间接征收时仍然有很大的自由裁量空间。

就后者而言，近年来缔结的一些投资条约明确规定，“除非极少数情形，缔约一方旨在保护正当的社会公共福利目标（如公共健康、安全和环境）的非歧视性行为不构成间接征收”。② 由于税收就其本身而言就是旨在促进公共福利目标的，因此这一例外规定对于东道国维护税收主权具有重大的意义。当然，这一例外规定也表明并非所有旨在保护公共福利目标的税收均不会构成征收，因此可以说它也考虑到了保护投资者权益的法律需求。

具体就“暴利税”来看，虽然它会使外国投资者蒙受重大损失，但一般情况下不太可能被认定构成间接征收，其原因是：第一，“暴利税”通常是在特定价格基础上根据累进税率计征的，③ 东道国在确定计征方式及税率时一般会考虑到投资者的利润空间，因而不太可能导致投资者对财产的享有“变得无效”（Lauder v. Czech 案），或“重大地”剥夺投资者对财产的使用（Metalclad v. Mexico 案）。尤其是，由于“暴利税”所涉产品价格的暴涨往往并非真实的市场竞争或需求的产物，因而投资者所获超额利润很难说在其“合理的投资期待”范围之内。第二，东道国在征收“暴利税”时往往宣称是为了改善公共福利。④ 可以说，间接征收规则很难为投资者提供救济。

---

① 参见美国 2004 年 BIT 范本附件二、2004 美国—中美洲—多米尼加 FTA 附件 10-D、2005 年美国—澳大利亚 FTA 附件 11-B、2006 年中国—印度 BIT 议定书第 3 条等。

② 参见美国 2004 年 BIT 范本附件二、2004 美国—中美洲—多米尼加 FTA 附件 10-D、2005 年美国—澳大利亚 FTA 附件 11-B、2006 年中国—印度 BIT 议定书第 3 条等。

③ 比如，根据财政部《石油特别收益金征收管理办法》第 7 条的规定，石油月加权价格在 40 至 45 美元的，税率为 20%；45-50 美元的，税率为 25%；50-55 美元的，税率为 30%；55-60 美元的，税率为 35%；60 美元以上的，税率为 40%。参见财政部：《石油特别收益金征收管理办法》第 7 条。又如，根据 2008 年《石油高价特殊贡献法》，委内瑞拉政府在北海布伦特原油的月平均价格超过每桶 70 美元时开始对石油公司征收“暴利税”，税率为 50%；超过 100 美元时，税率为 60%。

④ Richard A. Epstein, *Taxation, Regulation, and Confiscation*, Osgoode Hall Law Journal, Vol. 20, 1982, p. 443.

当然，如果“暴利税”税率畸高，或者计征方式粗暴，导致投资者权益遭到重大损害，“暴利税”就可能构成间接征收。比如 EnCana Corporation v. Republic of Ecuador 案仲裁庭认为，如果“某个税法是异乎寻常的、从数额上看是惩罚性的，或者它的征税对象是恣意的”，就可能构成间接征收。① 值得注意的是，2008 年 6 月，厄瓜多尔宣布把“暴利税”税率从 99% 降至 70%，并且积极寻求与一些外国石油企业和解。这或许表明，厄瓜多尔可能意识到征收 99% 的“暴利税”可能被认定构成间接征收。仅从这个意义上说，在厄瓜多尔“暴利税”事件上蒙受重大损失的中国石油企业并非没有胜诉的可能。

（三）“暴利税”与公平与公正待遇问题

既然，间接征收规则基本上难以为投资者提供保护，那么，公平与公平待遇条款能否为“暴利税”风波中的投资者提供保护呢？从目前投资仲裁实践看，这是可能的。在 Occidental Exploration and Production Company v. Ecuador 案中，② 虽然仲裁庭认定厄瓜多尔拒绝给予 10% 的增值税退税不构成间接征收，但认定该行为违反了公平与公正待遇，③ 据此裁定厄瓜多尔应当向 Occidental 公司支付 7150 万美元的赔偿。

有别于被称为相对待遇标准的国民待遇与最惠国待遇——这些待遇的获得取决于东道国是否提供特定的待遇，公平与公正待遇标准普遍被认为是一种绝对待遇标准，是一种不依赖国内法的待遇标准，可以为投资者提供最低标准的保护。但是，国际法学者对于其具体含义则莫衷一是，也没有投资条约规定该待遇标准的含义，④ 在 1997 年 Metalclad Corp. v. Mexico 案之前投资者也从未援引过该待遇条款。然而，自 Metalclad Corp. v. Mexico 案起，投资者在投资仲裁中频频援引该待遇条款，多数仲裁庭对该待遇的解释非常宽泛，比如 Metalclad Corp. v. Mexico 案仲裁庭

---

① EnCana Corporation v. Republic of Ecuador, Award of 3 February 2006, para. 177.

② Occidental Exploration and Production Company v. The Republic of Ecuador, London Court of International Arbitration Administered Case No. UN 3467, Award of 1 July 2004.

③ 值得注意的是，美国—厄瓜多尔 BIT 第 10 条第 1 款只是规定，缔约方应该“努力”向缔约另一方的投资者给予公正与公正待遇。理论上说，这种“最佳努力”条款不会使缔约方负有法律义务。但是，仲裁庭认为，虽然第 10 条第 1 款对公正与公正待遇的措辞强制性程度较低，但它与该 BIT 第 2 条规定的公平与公正待遇并无区别。Occidental Exploration and Production Company v. The Republic of Ecuador, London Court of International Arbitration Administered Case No. UN 3467, Award of 1 July 2004, para. 77.

④ Rudolf Dolzer and Margrete Stevens, Bilateral Investment Treaties, Martinus Nijhoff Publisher, 1995, pp. 58-60.

把该待遇与透明度要求相挂钩，① Pope & Talbot, Inc v. Canada案仲裁庭则认为该待遇依赖于NAFTA成员国对“公正因素”含义的通常理解。② 这些宽泛解释引起NAFTA成员国的一致不满。2001年7月，NAFTA自由委员会发布解释指出，NAFTA第1105条所指的公平与公正待遇“不要求给予习惯国际法关于外国人最低待遇标准之外的待遇。”2004美国BIT范本及近年来美国缔结的投资条约都循此解释。③ 但何谓“最低待遇标准”，其含义仍然不太明确。

然而，目前对公平与公正待遇的含义作出限制性规定的投资条约还很少。从投资仲裁实践看，许多仲裁庭在适用公平与公正待遇条款时并未受到这些限制性规定的影响。④ 许多仲裁庭仍然认为投资环境的稳定性与可预见性是公平与公正待遇的基本构成要素。⑤ 因此，公平与公正待遇对于投资者来说仍然具有重要的意义，相应地，对于东道国仍然具有强大的“杀伤力”，因此必须进行适当的限制。

具体就“暴利税”来说，近年来一些发展中国家之所以屡次因征收“暴利税”被诉诸国际仲裁，税收决策过程有欠完善可能是重要原因之一。以厄瓜多尔为例，该国在2006年4月时把“暴利税”税率提高至50%后的一年半后就把该税率提高到99%，并且宣布即日起执行。这种做法无疑会被投资者认为是恣意的、武断的，从而违反了公平与公正待遇。

对于中国石油企业而言，现行中国投资条约中的公平与公正待遇条款也会起到一定的作用。以中国—厄瓜多尔BIT为例，根据该BIT第3条，公平与公正待遇只是不适用于根据区域一体化安排、避免双重征税协定项下给予的包括税收待遇在内的特定，而没有把税收措施完全排除在外。因此，厄瓜多尔征收“暴利税”的行为可能构成违反公平与公正待遇。诚然，该条约第9条规定投资者只能就征收补偿数额诉诸国际仲裁庭，因而中国企业无法就厄瓜多尔违反公平与公平待遇诉诸国际仲裁，但中国政府可以诉诸该BIT第8条规定的国家间仲裁机制。

（四）“暴利税”与东道国的特殊承诺问题

国际投资中，尤其涉及投资周期长、投资数额巨大的自然资源开发、基础设施

---

① Metalclad Corp. v. the United Mexican States, Final Award, 2 September 2000, para. 76.

② Pope & Talbot, Inc v. Canada, Final Merits Award, 10 April 2001. paras. 109-118.

③ See, e. g., 2004 US BIT Model, Annex 1, US-Uruguay BIT, Annex 1.

④ 比如，Occidental Exploration and Production Company v. Ecuador案仲裁庭明确指出，它在理解公平与公正条款时不会面临类似于NAFTA仲裁庭那样的问题。London Court of International Arbitration Administered Case No. UN 3467, Award of 1 July 2004, para. 192.

⑤ 最新的仲裁庭意见，参见Duke Energy Electroquil Partners & Electorquil S. A. v. Republic of Ecuador, ICSID Case No. ARB/04/19, Award of August 18, 2008, paras. 338-340.

建设项目，投资者往往会与东道国缔结投资协议，而东道国往往会在其中作出特定承诺，其中可能包括维持税收制度等外部环境的稳定性，即所谓“稳定条款”。在这种情况下，如果该投资协议被纳入到包含有税收措施条款中的投资条约中，即形成当前在国际投资仲裁引发激烈争论的“保护伞条款”。① 仲裁庭就可以针对东道国违反投资协议的行为行使管辖权。比如，在 Occidental Exploration and Production Company v. The Republic of Ecuador 案中，② 仲裁庭认为，由于争端涉及遵守及履行投资合同，它有权审理涉及美国—厄瓜多尔 BIT 第 10 条所指税收措施的争议。在 Revere Copper v. OPIC 案，仲裁庭也裁定牙买加采取包括征收暴利税在内的行为违反了投资协议中的税收稳定条款。③

三、国际投资条约中新型的税收措施条款之构建及中国投资条约实践之完善

（一）新型的税收措施条款：“特定例外条款”模式

鉴于前文对投资条约处理税收问题的政治与法律因素及现行投资条约实践所做的分析，以及结合“暴利税”争端对现行税收措施条款的适用所做的考察，现行投资条约普遍采取的一般例外条款模式基本上可以有效地维护税收主权。然而，为了更好地平衡维护东道国税收主权、保护投资者权益、促进税收法治，以及确保投资条约与涉税条约之间的协调适用的不同需求，在现行一般例外条款模式基础上构建新型的税收措施条款模式也是必要的、可能的。具体说，从三个方面对现行的一般例外条款模式予以完善：

第一，把税权的设立，即税收立法行为作为维护税收主权的核心，据此应该由涉税条约（如避免双重征税协定、WTO 协定）及国内法处理。据此，除非被指控构成征收——对投资者财产影响最严重的一种方式，投资条约对于东道国的税收立法不得置喙；同时，在恰当的程序保障的基础上，应该把税权的行使，即税收行政行为纳入投资条约的约束范围。如此，一般例外模式下税收措施条款的现行经典表述，即“除非本条另有规定，本协定不适用于税收措施”，应该修改为“除非本条

---

① 参见 1994 年美国 BIT 范本第 13 条、2004 年美国 BIT 范本第 21 条、2004 年加拿大 BIT 范本第 16 条。

② Occidental Exploration and Production Company v. The Republic of Ecuador, London Court of International Arbitration Administered Case No. UN 3467, Award of 1 July 2004.

③ International Law Reports (1980), Vol. 56, p. 286.

另有规定，本协定不适用于税收的设立”。这一新型的税收措施条款不妨定位为“特定例外条款”模式。

第二，根据特定涉税条约的具体情况决定处理投资条约与涉税条约间关系的方式。以投资条约与避免双重征税协定关系为例，鉴于避免双重征税协定把最惠国待遇排除在外的做法仍然具有现实合理性，因而该“特定例外条款”也应规定在税收待遇方面不适用于最惠国待遇。再以投资条约与WTO协定为例，投资条约可以规定WTO争端解决机构作出的裁决可以作为投资者提出主张及东道国进行抗辩的依据，而无须以关税问题由WTO专属管辖为由阻止投资条约处理关税问题。①

第三，更有效地发挥缔约双方的税收当局在解决涉税投资争端中的作用，以便投资条约处理此类争端提供恰当的程序保障。具体措施可以考虑包括：(1) 在借鉴采纳一些投资条约规定“税收否决”机制的基础上，进一步规定在某些重大涉税争端（如指控税收措施构成征收）中投资者必须履行用尽当地救济的义务；(2) 在借鉴一些投资条约规定缔约双方的税收当局对于涉税条约的解释对仲裁庭具有约束力的基础上，进一步规定即使税收当局在解释涉税条约方面无法达成一致的，仲裁庭仍应认真考虑税收当局的意见；(3) 规定缔约双方的税收当局有权以某种方式（如“法庭之友”）介入涉税投资争端。

此外，作为“特定例外”的税收措施条款不得影响投资条约中的“重大安全例外条款”——本质上属于“一般例外条款”——的适用。所谓“重大安全例外”，基本含义是指投资条约不得排除缔约方为维护公共秩序，或履行在维护或恢复国际和平或安全方面承担的义务，或保护其自身基本安全利益采取必要的措施。② 根据目前典型的“除非本协定另有规定，本协定的规定不适用于任何税收措施”之表述，此类“重大安全例外条款”似乎被排除适用。鉴于“重大安全例外条款”的重要性，税收措施条款应该明确规定其不影响“重大安全例外条款”的适用。

（二）现行中国投资条约关于税收措施实践评析

与多数国家的投资条约实践不同，中国缔结的投资条约没有针对税收措施规定一般例外条款，而是在一定范围内把某些税收措施排除在外，这种做法不妨称之为

① 比如，在Duke Energy Electroquil Partners & Electroquil S. A. v. Ecuador案中，仲裁庭认为其对讼争关税措施是否违反美国—厄瓜多尔BIT没有管辖权，因为该问题属于WTO管辖。Duke Energy Electroquil Partners & Electroquil S. A. v. Republic of Ecuador, ICSID Case No. ARB/04/19, Award of August 18, 2008, para. 179.

② 参见1994年美国—阿根廷BIT第11条。

“一般肯定模式”。一些中国投资条约甚至完全没有提及税收问题,① 这意味着所有税收措施均被涵盖在投资条约适用范围之内。显然，一般例外条款模式与“一般肯定模式”显然是不同的：前者的基本含义是“原则上不适用，例外地适用”，后者的基本含义是“原则上适用，例外地不适用”。显然，这种模式为投资者提供了更多的保护，而东道国承担了更多的义务与风险。

具体从投资待遇方面看，中国投资条约的做法是：（1）关于国民待遇。基于一般例外条款模式，缔约方没有义务给予税收国民待遇。与此不同，绝大多数中国投资条约没有把税收措施例外地排除在国民待遇的适用之外。虽然我国缔结的多数投资条约只是规定“在不损害其法律法规的情况下”给予国民待遇,② 但也有少数投资条约没有这种限制。③ 尤其是，近年来缔结的个别中国投资条约规定,④ 税收优惠、免税或特权不适用于国民待遇，即基于国内税法的规定赋予国内投资者的税收待遇可以不赋予外国投资者。然而，由于投资者可以援引最惠国待遇条款，少数中国投资条约中无限制的国民待遇条款使得多数中国投资条约针对国民待遇所做的限制变得毫无意义。（2）关于最惠国待遇。基于一般例外条款模式，投资条约的缔约方没有义务给予税收最惠国待遇，这与税收协定实践是一致的。与此不同，在“一般肯定模式”下，中国政府负有给予税收最惠国待遇的一般义务。中国投资条约只是例外地规定，基于区域经济一体化及国际税收协定项下的税收待遇不适用于最惠国待遇。⑤ （3）关于公平与公正待遇。与多数国家投资条约实践不同的是，绝大多数中国投资条约没有把公平与公正待遇排除适用于税收措施。⑥ 诚然，少数中国投资条约在区域经济一体化安排及税收协定项下排除适用公平与公正待遇,⑦ 但这种排除显然没有意义，因为经济一体化安排以及税收协定根本就没有规定公平与公正待遇。

关于投资条约与税收协定之间的关系，中国投资条约尚未从一般意义上予以规

① 比如 1984 年中国—卢森堡 BIT。

② 参见 2006 年中国—俄罗斯 BIT 第 3 条第 2 款。

③ 参见 2007 年中国—韩国 BIT 第 3 条。

④ 比如 2003 年中国—德国 BIT 议定书、2005 年中国—西班牙 BIT 第 3 条。在这方面，2003 年中国—圭亚那 BIT 的规定最为明确，该 BIT 第 3 条第 6 款规定，该条不妨碍缔约任一方根据本国法律、法规的规定，只是向本国国民与公司赋予特别激励，以旨在刺激当地产业的形成与增长，只要此类激励不损害缔约另一方的国民与公司的投资或投资相关的活动。

⑤ 例见 2008 年中国—墨西哥双边投资条约第 10 条。

⑥ 例见 2004 年中国—波兰双边投资条约第 3 条、2006 年中国—俄罗斯双边投资条约第 3 条。

⑦ 参见 2003 年中国—德国双边投资条约第 3 条第 4 款。

范，因而在条约适用方面可能产生困扰。比如，如前所述，近年来缔结的少数中国投资条约规定缔约方在特定情形下，在税收方面不承担给予国民待遇义务，但如果中外缔约双方均属 WTO 成员方，则双方在 WTO 协定项下就负有给予国民待遇的义务，此时即使投资者无法基于 BIT 主张中国给予国民待遇，但他可能通过母国政府主张中国在 WTO 协定项下履行国民待遇义务。此外，中外投资条约都没有专门规定缔约方的税收当局在解决涉税投资争端方面的作用。

中国投资条约处理税收措施的基本实践利弊并呈，但显然弊大于利。从积极的方面看，这些基本实践有利于保护我国海外投资。由于我国海外投资中的相当部分是位于法治化水平较低，甚至政治经济局势不稳定的发展中国家，因此这些基本实践适应了我国不断增加的保护海外投资的法律需求。然而，我国显然不能完全从保护我国海外投资考虑税收措施条款的规范设计。原因是，综合平衡东道国主权权益与投资者私人权益，而非片面保护投资者权益已经成为当前国际投资立法的基本指导思想。作为负责任的大国，我国不能以纯粹的实用主义作为投资条约实践的指导思想。从消极的方面看，首先，这些基本实践可能我国与外国投资者之间涉税争端增加。以往，我国把提供大幅度的税收优惠为作为吸引外资的重要手段，享受丰厚税收待遇当然不会对中国的税收制度不满。然而，《企业所得税法》的颁布实施无疑会影响到外国投资者对中国税收制度的满意度，甚至与我国政府发生税收争端。其次，这些基本实践抑制了我国运用税收手段追求特定公共政策目标的政策空间。鉴于近年来一些发展中国家大量地被诉诸国际仲裁，UNCTAD 新近告诫发展中国家尤其要珍视这种政策空间。① 事实上，对于早已确立税收中性原则的发达国家来说，它们主张尽可能把税收措施排除在投资条约适用范围之外的主要原因显然不在于据此避免因采取诸如征收惩罚性税收之类的税收措施而被外国投资者诉诸国际仲裁，而在于确保本国政府拥有足够的政策空间。这一考虑也应该是我国处理税收措施条款的基本出发点。再次，中国投资条约针对税收措施的做法明显超越了中国税收条约实践，并且未能实现投资条约与涉税条约之间的协调，甚至造成条约冲突。最后，我国缔结的传统投资条约只允许涉及征收补偿金额的争端可以提请国际仲裁，这使得投资者基本上难以利用国际仲裁机制挑战我国的税收主权，但 1998 年以来缔结的投资条约大都规定“涉及投资的所有法律争端”均可诉诸国际仲裁，这就为外国投资者挑战我国税收主权提供了程序便利。②

① UNCTAD, Preserving Flexibility in IIAs: The Use of Reservations, UNCTAD/ITE/IIT/2005/8, 2006, pp. 5-12.

② 详见陈安主编：《国际投资法的新发展与中国双边投资条约的新实践》，复旦大学出版社 2007 年版，第十八章。

据此，我国投资条约应该取消目前的“一般肯定模式”，采取“特定例外条款”。同时，这种“特定例外条款”应该应当具有中国的特色，以适应中国海外投资的特殊性、中国投资条约及税收条约实践的具体情况。具体来说，针对中国海外投资的特殊性，可以在税收措施条款中纳入投资协议内容，以便为某些特定的海外投资提供有针对性的保护；针对我国通过税收手段追求特定目标的意图，税收措施条款应该明确有关税收优惠、免税或特权不适用于国民待遇的投资条约优先避免双重征税协定；针对在与我国缔结 BIT 的国家中尚有约 40 个国家尚未与我国缔结避免双重征税协定，税收措施条款应该参照我国避免双重征税协定的实践直接作出规定，以免在解决涉税争端时陷入无法可依的境地。

Taxation Measures in International Investment Treaties

CAI Congyan

Abstract: Some investment disputes arising from the imposition of Windfall Tax make it important to deal with the issue of taxation measures in investment treaties properly. To date, most investment treaties take the “General Exception Clause” pattern with respect to taxation measures. In order to better balance diverse demands of protection of taxation sovereignty of host states, of protection of rights and interests of investors, and of the harmonization of the relationship among taxation-related treaties, it is desirable to establish the “Specific Exception Clause” pattern in the place of “General Exception Clause” pattern. Chinese investment treaties, in regulating taxation measures, adopt the “General Exception Clause” pattern, which is not in the interest of protection of Chinese taxation sovereignty, restrains Chinese government's policy space too far, make taxation-related treaties incompatible and in conflict each other, and does not keep up with the prevailing trend in the recent investment treaties which tend to balance the relationship between sovereignty interest of host states and private interest of foreign investors.

Keywords: International Investment Treaties Taxation Measures

GATT 第 24 条法律功能的法哲学反思

□ 刘彬 *

内容摘要 面对区域贸易协定广泛涌现而 WTO 无力进行有效规制的现实，GATT 第 24 条的法律功能需要被反思并重新定位。对此，进行国际法与法哲学交叉研究的方法是一个值得尝试的新思路。第 24 条关于世界贸易自由化“营造物”的传统宗旨目前在技术层面上难以测试，并且带有社会功利主义的弊端。第 24 条的实质法律功能并非是致力于缔造世界贸易自由化的“营造物”，而是对区域贸易协定发挥宏观制约作用，以维持国际贸易法治秩序最低限度的稳定性和可预测性。从而，国际贸易法治秩序是一种在互动实践中不断反思与纠正的柔性秩序。

关键词 GATT 第 24 条　法律功能　法哲学　柔性秩序

目　次

* 北京师范大学珠海分校法政学院讲师，法学博士。

目前，区域贸易协定（RTA）广泛涌现，而世界贸易组织（WTO）无力进行有效规制，以关税及贸易总协定（GATT）第 24 条为核心的 RTA 纪律处于涣散状态，而完善第 24 条等条文的法律努力迄今收效甚微。RTA 问题成为一大难题，主要表现在：（1）各成员对于第 24 条种种具体措辞的解释立场各异；（2）迄今没有一项关于第 24 条等实体规范的重大改革能够获得广泛的政治支持；（3）WTO 对 RTA 的审议工作几乎都流于形式；（4）WTO 争端解决机制在 RTA 问题上的极低利用率。①

对此，传统学术理念多侧重于研究 GATT 第 24 条等法条的完善，核心在于 WTO 成员争论不休的一些具体措辞，例如“实质上所有贸易”、“其他限制性商业法规”等用语如何澄清的讨论。这种研究进路旨在加强 WTO 对 RTA 的法律约束，使 RTA 成为 WTO 的有益补充，即成为多边贸易自由化的“营造物”（building blocks）而不是“阻碍物”（stumbling blocks）。但该进路对全球化与区域化并行的国际社会宏观背景关注不足，主观构建的色彩较强。可以说，人们对 WTO 中心角色的期盼以及对 GATT 第 24 条法律功能的传统理解已经在相当程度上脱离了国际社会的客观现实。

有理论法学研究者指出，由于社会变革时期法律在政治利益冲突影响下呈现出不确定性、非至上性，在分析实证主义的主流法学中，很难在其倡导的法律文本“内在视角”中解释法律与政治、社会的这种变迁关系。后现代法学在方法论上所采用的“外部视角”确有其用武之地。② 关于 WTO 与 RTA 的关系问题，“内在视角”的基本精神是谋求细化和精确 GATT 第 24 条等法条的具体内容，以达到严格 RTA 纪律之目的，其基本方法是分析实证主义的，也符合法律人的思维习惯。但笔者以为：对 WTO 与 RTA 的关系的讨论，不能脱离全球化趋势和民族国家主权利益并存的宏观社会背景，因为法律的发展植根于社会的发展是法律人众所周知的一个基本规律，忽略了这一基本社会现实，我们的法律讨论就容易陷入“规制主义”的主观泥潭。

为此，本文将目光转向法哲学。尽管传统法哲学一般是以国内社会及国内法为立足点，但在国际法学科例如 WTO 法领域中的运用也正在得到加强。③ 而笔者注意到，WTO 与 RTA 的关系恰恰也反映了传统法哲学一直热烈讨论的若干基本问

① 详见刘彬：《论 WTO 对 RTAs 的“适度规制”》，载《国际经济法学刊》2007 年第 14 卷第 1 期，第 153～186 页。

② 高中：《后现代主义法学思潮》，法律出版社 2005 年版，第 200～201 页。

③ 陈喜峰：《论 WTO 法的研究方法、理论模式和范式》，载曾华群主编：《国际经济新秩序与国际经济法新发展》（陈安教授八十华诞祝贺文集），法律出版社 2009 年版，第 173 页。

题，例如规范与事实、应然与实然的关系等。本文尝试借鉴法哲学的相关资源，对GATT第24条法律功能作出新的反思和定位。

一、GATT第24条传统宗旨的“测不准”特征①

按照GATT第24条第4款的规定，RTA之成立应是在不提高对集团外成员贸易壁垒的前提下促进集团内成员之间的贸易，也就是以区域一体化的方式增进贸易自由化，希望RTA成为世界贸易自由化的“营造物”。自瓦伊纳提出关税同盟理论以来，他所主张的“贸易创造须大于贸易转移”这一关于“良性RTA”的判定标准得到了许多著述的重申，成为对第24条第4款的经典诠释，例如杰克逊教授就持这种看法。② 在1999年土耳其数量限制案中，WTO上诉机构明确认为，第4款构成了第5~8款的前提，强调成立RTA的目的必须符合第4款所阐明的宗旨。③

但RTA是否能够成为世界贸易自由化的“营造物”，经济学界对此众说纷纭，并无定论。WTO官方承认关于RTA的统计数据和信息不易获得。④ 即使数据能够获得，经济学家们有关RTA的评价结论也很不相同。⑤ 以自由贸易区（FTA）的经济效应为例，至今尚无清晰的分析框架和相应答案，学者们只是在“FTA是一种次优选择”这一点上达成了共识。⑥ 即使一个RTA基本符合了GATT第24条第5~8款的条件，也不能保证它就符合第4款所列目标。它完全可能仍然造成严重的贸易转移，导致集团外国家的贸易条件和经济福利恶化，不利于世界贸易的自由化，乃至造成比较严重的分裂格局。这可以说是第24条的一个根本内在矛盾。前WTO总干事鲁杰罗就曾认为，即使要求任何RTA与GATT第24条相一致并且坚持在乌拉圭回合货物贸易协定的背景中来理解这一要求，“我们将在不到20到25年

① 德国物理学家海森堡提出了量子力学中的“测不准”定理，揭示出经典牛顿力学不适用于微观粒子世界，该定理成为后来混沌学中“不可断定性”定理的基础之一。本文在这里借用了“测不准”一词，意指经济学界目前对RTA的经济效应尚不能确切判断，没有定论。

② 参见［美］杰克逊：《关贸总协定和世贸组织的法理》，高等教育出版社2002年影印版，第102页。

③ WTO, WT/DS34/AB/R, paras. 56-57.

④ WTO Secretariat, Regional Trade Integration Under Transformation, available at http://192.91.247.23/english/tratop_e/region_e/sem_april02_e/clemens_boonekamp.doc, p. 13.

⑤ Sungjoon Cho, *Breaking the Barrier Between Regionalism and Multilateralism: A New Perspective on Trade Regionalism*, Harvard International Law Journal, Vol. 42, 2001, pp. 434-435.

⑥ Pravin Krishina & Arvind Panagariya, *A Unification of the Theory of Second Best*, Journal of International Economics, Vol. 52, No. 2, 2000, pp. 235-257.

的时间里将整个贸易世界分裂为两到三个跨洲的优惠区域”。①

国内有经济学者指出，有关经济一体化的成效评估和长期动态效应的研究是国际经济一体化理论发展中的一大难题。② 以经济一体化的一般均衡问题为例，关税同盟理论奠基者瓦伊纳的 1×3 模型（一种产品，三个国家）只代表了局部均衡，而要扩展到 M×N 模型（M 种产品，N 个国家）的一般均衡情况，由于要涉及众多产品市场间的复杂关系，难度远大于局部均衡分析，至今尚未有人突破此一难关。③ 这种经济效应研究上的瓶颈使人联想到现代混沌理论。④ 有关学者进一步指出，一般均衡问题的难以解决固然给估测整个一体化组织的成效造成了很大的制约，但有时也可以避开一体化的具体过程，只考察其最终结果；从目前各国衡量一体化对本国的影响所采用的方法来看，一般采取对加入一体化组织前后的各项经济指标进行对比分析的方法；但该学者仍然认为，由于一系列实际限制，准确测算依然无法实现；此外要衡量一体化组织的整体效果也很难。⑤ 另一方面，GATT 官方文件指出：由于关税的贸易限制效果历经八轮多边贸易谈判已大幅削减，所以区域一体化的经济效果分析已倾向于强调非关税壁垒、服务贸易、投资、竞争政策、知识产权、劳工标准、环境保护、贸易争端解决程序等领域的效应分析。然而，这些所谓的“系统性效应”，尤其是政治与社会等效应，目前仍很难通过数量方法加以分析，形成区域一体化经济理论的新挑战。⑥

即使排除政治、社会、外交等因素的考量，RTA 也是一种极其复杂的国际经济现象，堪称一个巨大的混沌。该领域中经济学研究资料极其丰富，然而不夸张地说，几乎各种研究结论都伴有与之相左的论据。例如，南北 RTA 究竟是好还是不好？在希夫和温特斯的有关著作中，对南北 RTA 经济效应的评论多而彼此并不一

① Renato Ruggeiro, The Road ahead: International Trade Policy in the Era of the WTO, WTO Press/49, 29 May 1996, at http://www.wto.org/english/news_e/pres96_e/pr049_e.htm, visited on Jul. 15, 2008.

② 田青：《国际经济一体化理论与实证研究》，中国经济出版社 2005 年版，第 69～71 页。

③ 田青：《国际经济一体化理论与实证研究》，中国经济出版社 2005 年版，第 69 页。

④ 有专家举例说明这种复杂性：就两个男女之间而言，相互的“爱”或“不爱”可以出现 2×2 的四种形式，加上似爱非爱、似恨非恨的形式，则花样更多；而三个以上数目更多的男女相遇，显然情况就更加复杂，就会出现混沌现象。而这种混沌现象在自然界和社会中是普遍存在的。事物之间“多因多果”的非线性相互作用使得任意小的影响都可能产生无法估量的巨大后果（蝴蝶效应），使得准确预测成为不可能。参见王颖：《混沌状态的清晰思考》，中国青年出版社 1999 年版，第 24～26 页。

⑤ 田青：《国际经济一体化理论与实证研究》，中国经济出版社 2005 年版，第 70 页。

⑥ GATT, A Brief Review of the Literature on the Trade Effects of Article XXIV type Regional Agreements, GNG/NG7/W/54, 1989, p. 9.

致，但总体上他们认为南北 RTA 优于南南 RTA。① 而联合国贸易与发展会议一份报告却认为南南 RTA 总体上具有贸易创造效应，有助于发展中国家融入世界经济。② 再如，传统上人们认为 RTA 大量涌现的一个重要原因是 GATT/WTO 多边回合进展不力导致各国兴趣转移，然而却有经济学者通过数学模型推导得出令人意外的结论：RTA 大量涌现正是多边贸易合作加深的一个必然结果，每一轮多边关税减让都会伴随新一轮的 RTA 数量与规模的扩张。③

经济学界这些互不一致的研究结论很多，不胜枚举。在这种情况下，GATT 第 24 条第 4 款希望 RTA 在促进集团内贸易自由化的同时不提高对集团外成员的贸易壁垒，以“利己不损人”的方式成为 WTO 的有益补充或世界贸易自由化的“营造物”，这种立法宗旨本身就缺乏经济学上经验性结论的稳定支撑。“不提高对集团外成员的贸易壁垒”极可能只停留在第 5 款的关税技术意义上，而在实质的竞争条件意义上能否做到并无定论。④ 所以，GATT 第 24 条第 4 款其实奉行的是一种“测不准”的法律宗旨，尽管主流的 WTO 法理学主观上赋予它终结性检验标准的至高地位，但它客观上并不能成为国际贸易协定体系中放之四海而皆准的圭臬。⑤ 即便是实证主义法学的代表人物之一，拉兹也曾指出，研究某一价值，不能直接从这个价值本身出发，而必须通过某种技术化处理，为这个价值附加能够为公共讨论所必须的条件；否则，任何关于价值的讨论都将陷入“公说公有理、婆说婆有理”

① Maurice Schiff & Alan L. Winters, Regional Integration and Development, World Bank and Oxford University Press, 2003, pp. 262-263.

② Lucian Cernat, Assessing South-South Regional Integration: Same Issues, Many Metrics, Policy Issues in International Trade and Commodities, UNCTAD Study Series No. 21, 2003, p. 17.

③ 参见谢建国：《多边贸易自由化与区域贸易协定——一个博弈论分析框架》，载《世界经济》2003 年第 12 期，第 25 ~ 33 页。

④ 对于“不提高对集团外成员的贸易壁垒”，WTO 成员确有从单纯的关税技术意义出发和从实质的竞争条件意义出发的两种不同理解。See WTO, Synopsis of “Systemic” Issues Related to Regional Trade Agreements, Note by the Secretariat, WT/REG/W/37, 2000, para. 67.

⑤ 用系统法学的观点审视，即使法律是完备的，控制者要想成功完成由规范行为空间向现实行为空间的转换，实现控制目的，还需要以下三个基本条件：转换机制不可缺；目标差信息可获得；控制能力有效。其中，目标差信息可获得的条件强调，从规范行为可能性空间向现实行为可能性空间的转化机制是受控制目的指导的。因此它是一种受目标差信息调控的反馈调节控制机制。如果控制目标与现实被调控行为之间的目标差信息不可获得，或者获取不充分或者信息失真，就不能满足有效控制的需求，造成“信息缺乏型”或“信息失真型”转化失控，导致控制目的不能实现或者歪曲。参见熊继宁：《系统法学导论》，知识产权出版社 2006 年版，第 64 ~ 65 页。

的窘境。① 我们对此可以理解为：任何立法价值或立法宗旨都需要相应的技术手段来支撑，否则不过是一种脱离法律运作的道德论证而已。

众所周知，法律并非万能，并非所有种类的社会行为都能被法律调控。诸如友谊、爱情、礼貌等事项，只是可能偶尔与法律规则产生关联，但总体上无疑不在法律调整范围之内。但在法律实践中，却常常出现将非法律规则贴上“法律”标签的现象。例如胡克认为，法律的自治性在于它可以将道德等非法律代码通过法律系统内部的自我指涉转译为法律代码，正是法律与外部环境的这种循环和沟通确保了法律的自治。但哈贝马斯认为：“法律系统的自主性，并不能只靠下面这点就可以得到保障：所有来源于法律之外的论据依附于法律文本，都披上实证法语言的外衣。”② 作为新分析实证主义法学的代表，哈特也向来主张法律与道德的分离，即不要因为一个规则在道德上是令人向往的，就认为它是一个法律规则。③

二、对 GATT 第 24 条第 4 款的功利主义立法观的反思

笔者认为，以上困惑的根源在于我们对 GATT 第 24 条法律功能的传统理解存在问题。经历了几十年的运行实践，现在我们已经有必要对第 24 条的法律功能作一番反思，并进行重新定位。这种重新定位，需要首先对第 24 条的传统立法宗旨提出必要的质疑。

我们不难注意到，与主要旨在促进世界经济福利增长和可持续发展的 WTO 相比，RTA 有其自身特定的优先目标，涉及经济、政治、社会政策乃至国家安全等多个复杂层面。对此，传统的国际经济一体化理论已经不能很好地解释各种 RTA 的动因，关于 RTA 的“非传统收益”理论应运而生。④ 这就意味着 RTA 的价值多样性，而不仅仅是对第 24 条的传统理解所强调的经济层面。如前所述，第 24 条第 4 款在纯经济层面所奉行的立法宗旨在经验性意义上是“测不准”的，目前也缺乏有效的技术和法律手段能够保证实现这一宗旨，加上 RTA 的各种复杂动机，第 4

① 陈景辉：《原则与法律的来源：拉兹的排他性法实证主义》，载《比较法研究》2006 年第 4 期，第 11 页。

② ［比利时］范·胡克：《法律的沟通之维》，孙国东译，法律出版社 2008 年版，译者导言第 17 ~ 18 页。

③ H. L . A. Hart, *Positivism and the Separation of Law and Morals*, Harvard Law Review, 1958, Vol. 71, No. 4, p. 599.

④ See Raquel Fernández & Jonathan Portes, *Returns to Regionalism: An Analysis of Non-Traditional Gains from Regional Trade Agreements*, the World Bank Economic Review, Vol. 8, No. 2, 1998, pp. 197-220.

款所追求的目标并不是一个适合法律调整的事项。

退一步说，即便这种立法宗旨在技术上能够测试，也未必就是合理的。按照杰克逊等人的解释，只要贸易创造大于贸易转移，RTA 就是可接受的，有利于全球福利增加和贸易自由化推进。笔者以为，这实际上奉行的是一种功利主义法学观，而在缺乏中央政府调控的国际社会，是需要认真推敲的。

（一）功利主义法学观的基本思想

边沁是功利主义法学的鼻祖。他有两句名言构成了功利主义法学的基本思想，一是："自然将人类置于快乐和痛苦这两个至尊主人的支配之下。只有这两个主人会指示我们应当做什么，并决定将要做什么。"① 即人类行为的基本规律是"避苦求乐"；二是："评判正确与错误的，正是最大多数人的最大幸福。"② 从而，政府的职责是通过避苦求乐来增进社会的幸福，而最大多数人的最大幸福就是判断是非的标准。法学家应为社会上最大多数人的最大幸福着想，立法的目的也在于"增进最大多数人的最大幸福"，必须以国民全体的快乐为基准。③

功利主义理论为后来的法经济学创造了思想萌芽。法经济学的基本研究方法是经济学的"成本—效益"分析方法，立论前提和价值判断标准是效率或效用最大化。帕累托效率是法律的经济分析的起点。效率最优是指这样一种状态：任何偏离某状态的方案都不可能使一部分人受益而其他人不受损，这就是"帕累托最优"。在存在经济无效率的情况下，若进行了资源重新配置，确实使得某些人的效用水平在其他人效用不变的情况下有所提高，这种重新配置就称为"帕累托改进"。④ 但是，帕累托最优在经济学上需要满足若干严格条件，而这些条件并非容易获得。⑤因此，所谓的"卡尔多—希克斯效率"就成了帕累托效率的替代标准。它表明在一种经济状态向另一种经济状态的转变中一些人受益是以另外一些人受损为代价，但只要受益者的受益大于受损者的损失，并且受益者有对受损者进行补偿性支付的

① Bentham, An Introduction to the Principles of Morals and Legislation, Oxford, 1823, p. 1. 转引自［美］博登海默：《法理学：法律哲学与法律方法》，邓正来译，中国政法大学出版社 2004 年版，第 110 页。

② Bentham, A Fragment on Government, Oxford, 1891, p. 93. 转引自［美］博登海默：《法理学：法律哲学与法律方法》，邓正来译，中国政法大学出版社 2004 年版，第 110～111 页。

③ 薄振峰：《当代西方综合法学思潮》，法律出版社 2005 年版，第 17 页。

④ 钱弘道：《经济分析法学》，法律出版社 2005 年版，第 177～178 页。

⑤ ［美］麦考罗、曼德姆著：《经济学与法律——从波斯纳到后现代主义》，朱慧等译，法律出版社 2005 年版，第 19～21 页。

潜在可能性，以致后者愿意接受这一转变，则社会福利仍然能够得到改善。补偿性原则并不要求确实支付了实际补偿，只要理论上表明一项政策将具有充足的、足以补偿受损者损失的受益者收益的潜在可能性即可。如果受损者实际得到了这种补偿，那么这种方案本质上就回到了帕累托状态。①

但是，社会功利主义在西方学界已经饱受批判。例如诺齐克认为，功利主义只从社会整体思考问题，而不考虑具体分配份额的问题；罗尔斯认为，功利主义实际上是允许一部分人侵犯另一部分人的平等和自由，但是每个人都有基于正义的不可侵犯性，不能因为所谓较大的社会利益而加以牺牲。上述对功利主义的批判意味着强调法律的其他价值，如平等、自由、公正等。在当代社会权利观念日益膨胀的氛围中，这些其他重要价值无疑更容易获得法理学家的青睐。②

（二）GATT 第 24 条功利主义立法观的弊端分析

第 24 条似乎正遵循着社会功利主义的理念。按照第 4 款的原文表述，在不增加与集团外成员的贸易壁垒的前提下增进集团内的贸易自由化，其精神是“利己不损人”，本质上体现了帕累托改进的思想。而在瓦伊纳的贸易创造和贸易转移理论提出后，按照杰克逊等人的说法，只要 RTA 贸易创造大于贸易转移，就是全球贸易自由化进程可以接受的；并且第 24 条及其谅解书明确规定：如果关税同盟成立时成员为满足共同关税标准而在部分产品上提高关税，有义务对受损的集团外国家进行经济补偿。这在本质上又体现了卡尔多—希克斯效率理念。

第 24 条作为国际法规范，其功利主义立法观应用于国际社会，理应受到质疑。因为很明显的一点在于：没有中央政府的国际社会严重缺乏直接的关于物质资源再分配的自动补偿机制。③ 由于大国主导的大型 RTA 更容易影响世界市场行情，补

① ［美］麦考罗、曼德姆著：《经济学与法律——从波斯纳到后现代主义》，朱慧等译，法律出版社 2005 年版，第 23 ~ 24 页。

② 刘星：《法律“强制力”观念的弱化》，载《外国法译评》1995 年第 3 期，第 24 页。

③ 有学者认为“分配正义”的概念理应可以适用于主权国家间层面，但这种分配正义系建立于罗尔斯的“机会平等”和“差别原则”的正义理论基础上，侧重于制度上的特殊与差别待遇和实质性公平竞争机制的提供，其实施途径主要是发达国家应为发展中国家在政治经济体制、企业管理与文化、人力资源与技能、科研教育、信息情报、专利转让等方面提供援助，在国际立法内容中强化弥补发展中国家竞争起点不足的各种扶持措施；而直接的物质资源再分配（如贝茨的“全球分配原则”、鲍格的“全球资源红利”说、托宾的“托宾税”方案等）按照这种思想只应存在于少数特殊情况下。详见刘志云：《全球化背景下“国际分配正义”在国家间的适用》，载《国际观察》2006 年第 6 期，第 36 ~ 42 页；刘志云：《全球化背景下罗尔斯正义理论在国家社会的适用》，载《吉林大学社会科学学报》2006 年第 46 期第 1 卷，第 25 ~ 32 页。

偿机制的缺乏往往使小国在经济利益方面处于十分不利的地位。值得注意的是，在RTA内部成员之间，由于契约意愿和主导成员的存在，建立利益补偿机制是相对容易的。由于区内成员的市场发育程度不同，竞争能力各异，为谋求贸易不平衡格局下的贸易利益的相对平衡，成员政府间的内部补偿是可选择方案之一。补偿的范围包括生产者损失、政府关税损失、行政成本损失等，补偿的资金来源是受益方新增贸易利益的一部分。① 此外，RTA成员税收利益（不限于关税）的竞争和协调也可能引发补偿问题。② 从法经济学的角度看，在成员之间取消交易成本而在受益者和受损者之间建立补偿机制，的确有助于资源的优化配置和整体福利的改善。

然而，跳出RTA的内部视野，着眼于RTA对集团外国家经济福利的影响，这种补偿机制却是苍白无力乃至缺失的。首先，第24条第6款和《谅解书》第4、5、6条关于非RTA成员方要求补偿性调整的规定，仅存在于成立关税同盟的情况，并且必须是“在满足第5款（a）项的要求时，一缔约方提议以与第2条规定不一致的方式提高任何关税税率”的场合。③ 在自由贸易区的情形下，集团外国家要求利益平衡的谈判权利就缺少相应的法律依据，集团内国家如何选择降低各自的外部壁垒，各方是否愿意谈判，谈判结果会怎样，谈判失败了又会如何，这一系列问题都没有确切答案。另外这种补偿形式只具有局部性意义，即仅涉及部分产品的关税提高带来的贸易福利损失，实际上是对WTO项下关税义务改变的一种补偿，而不涉及更广泛的贸易转移影响和税收利益等其他因素。

即使在关税同盟形成的情形下，第24条规定的要求补偿的权利在国际社会中也要受到政治因素的明显制约。以欧盟东扩为例，东扩前后一些集团外国家与欧盟进行了第24条项下的补偿谈判，我国也向欧盟提出了此种谈判要求。但欧洲一体化带有强烈的政治色彩，任何集团外国家都不可能不对此有所顾忌。尽管我国的有关补偿要

① 这种补偿主要着眼于自由贸易对政府财政收入的影响。例如，在NAFTA建立过程中，鉴于墨西哥经济社会状况相对落后的实际，美加特别是美国政府承担了自由化大部分的成本，仅改进美墨边境的环境条件一项就支付了数十亿美元；再以西非关税同盟（WACU）为例，科特迪瓦的工业基础和产品竞争力最强，集团内部取消关税后，布基纳法索、马里等从科特迪瓦较多进口产品的国家，其关税损失很大，因此WACU建立了内部补偿机制。在我国内地与香港CEPA实施过程中，也存在利益补偿问题。参见叶兴国、黄坚：《内部补偿机制：自贸区的经验与CEPA的取向》，载《特区经济》2006年第8期，第169页。

② See generally, Peter Walkenhorst, Compensating Lost Revenue in Regional Trade Agreements, World Bank Group, Trade Note 28.

③ 参见GATT第24条第6款。GATT第2条的内容是关于关税减让表。第5款（a）项指的是“总体上不得高于或严于”的要求。

求具有包括但不限于 WTO 法的一系列法律依据，但有学者分析认为，出于政策考虑，我国对欧盟采取强硬法律措施的可能性并不大。① 事实也证明了这一点。

其次，从立法技术的操作层面看，以国际社会为背景的综合性补偿机制也不易形成。试以经济学人麦克米兰的“贸易总量不降低”论为例。他建议：“为获得 GATT 批准，正在协议中的区域一体化协定将必须承诺不引进那些使（对集团外）贸易总量降低的政策。此外，如果若干年后该区域一体化协定被发现从世界其他地区减少进口，那么它必须调整贸易限制以扭转进口回落趋势。”② 此建议的目标当然是积极的，而且对一定时期内对外贸易额的测算也确实不难，但问题在于：这种表述过于概括和泛化，“世界其他地区”的范围太大，情况不一，受有关 RTA 影响而导致的贸易额下降幅度也不可能一致，甚至会差别很大，那么 RTA 成员又当如何调整对外贸易限制？是统一调整还是针对不同国家和地区进行逐个具体地进行调整？如果采用后者，是否会违背 WTO 下的最惠国待遇义务？何况现实世界中这种贸易数量的下降往往不可一概归罪于有关 RTA。有评论认为，经济一体化过程具有动态特征，所以贸易数据统计可能会有误导作用。③ 由于诸如汇率波动、金融危机等宏观经济环境和政策的复杂因素，单单对外贸易额的变化并不能完全精确反映出非成员国的福利变化状况，有时甚至非成员国自身有可能要对贸易额下降负有政策责任，这些更给 RTA 成员国进行调整带来难度，引发争议。至于“扭转进口回落趋势”是否构成强行性的义务，要扭转到什么程度，显然将是棘手的问题。

综上所述，第 24 条第 4 款后半段呈现出一种复杂的矛盾色彩：一方面它奉行的是社会功利主义的立法精神，而另一方面，它却又不是法律，只是一种道德宣言，用华丽美好的语言形式掩盖着其社会功利主义理念。

三、对 GATT 第 24 条法律功能的重新定位

从属于 WTO 致力于世界贸易多边自由化的宏大抱负，GATT 第 24 条被认为是

---

① 详见翁国民、傅林涌：《弥补贸易利益失衡——中欧关于欧盟东扩补偿谈判的法律依据》，载《国际贸易》2004 年第 6 期，第 43～46 页。

② John Mcmillan, *Does Regional Integration Foster Open Trade? Economic Theory and GATT's Article XXIV*, in Regional Integration and the Global Trading System, ed. by Kym Anderson & Richard Blackhurst, Harvester Wheatsheaf, 1993, p. 300.

③ WTO, Compendium of Issues Related to Regional Trade Agreements, TN/RL/W/8/Rev. 1, Part Ⅱ, para. 5.

最惠国待遇原则的例外，其宗旨在于确保 RTA 的“营造物”性质，服务于推进世界贸易自由化的目标。然而在进行了以上分析之后，我们现在应当对第 24 条法律功能的这种传统理解进行必要的调整。

（一）GATT 第 24 条法律功能新论：对 RTA 的基本塑形作用

第 24 条及其《谅解书》的核心内容已是众所周知。我们不能否认，这些条款仍然有其鲜明的合理内核。例如，“实质上所有贸易”这一文字游戏充分反映出国家间贸易自由化进程中必然存在慎于开放的敏感部门；同样，第 24 条中“过渡性临时协议”的设计，也是为了照顾国家承担贸易自由化义务的实际困难。GATT 缔造者们当初的这些立法设计，对于今天的各国 RTA 实践仍然是极具前瞻性的。

贝格威尔和思泰格尔曾指出，在纯粹的经济学理论意义上，真正实现贸易自由化的最佳选择是每个国家都实行单边自由化，但这在实践中却受到诸多制约，所以 GATT/WTO 的核心功能并不在于推进贸易自由化，而是为了避免成员方在单方面改善贸易条件过程中极易出现的“囚徒困境”，而互惠和非歧视原则相结合能够很好地达到这个目的，从而构成 GATT/WTO 的核心原则。① 受此启发，笔者个人认为，GATT 第 24 条的核心法律条款是第 5—8 款以及该条《谅解书》中最多 10 年过渡期的内容，其实质性法律功能在于制约各国在“少边”贸易自由化过程中在自由化时间表（时间维度上）、产品部门覆盖范围和内部贸易壁垒消除（空间维度上）这几个方面的随意性和选择性，从而对 RTA 发挥基本的塑形作用，避免国际贸易法治秩序及利益格局的大混乱，维持其最起码的稳定性和可预测性，而并非是“保证贸易创造大于贸易转移”、“使 RTA 成为多边贸易自由化的营造物”。②

在这个意义上，第 24 条的内容才成为真正的法律可调整事项，而不是道德宣

---

① 详见［美］科依勒·贝格威尔、罗伯特·W. 思泰格尔著：《世界贸易体系经济学》，雷达、詹弘毅等译，中国人民大学出版社 2005 年版。

② 这里需要对“少边主义”一词进行说明。“少边主义”，英文为 minilateralism，指与多边主义相对应的一种国际事务治理方式，其特征是合作对象的局部性和有选择性。所谓多边和“少边”，其实都是视合作范围大小而具有弹性的相对概念。Minilateralism 一词在西方国际政治学文献中已经较多使用。将该词译为“少边主义”，系原复旦大学国际政治学教授苏长和所倡，可参见［美］卡勒：《小数目和大数目中的多边主义》，载［美］鲁杰主编：《多边主义》，苏长和等译，浙江人民出版社 2003 年版，第 337 ~ 373 页。国内还有人译为“微型多边主义”、“局部主义”等。笔者个人以为，“少边主义”的译法虽然不太符合中文表达习惯，但有利于和“多边主义”形成对照式理解，在意思表达上也比较准确。因此经反复斟酌后，本文仍采用这种译法，特此说明。

示。归根结底，这种理解就是要摆脱该条第 4 款所施加的不切实际的道德包袱。

该法律功能包括以下若干要点：

1. 以多边自由化和少边自由化两股潮流长期并存为立法背景。GATT 第 1 条从多边自由化角度规定了最惠国待遇原则，而第 24 条从少边自由化角度规定了少边合作所需遵循的最低限度的纪律。

2. 通过一种形式上“要么全有、要么全无”的技术手段，加重成员缔结 RTA 的成本，从而制约成员在少边自由化过程中的随意性和选择性，保证国际贸易法治秩序和利益格局的最起码的稳定性。

3. 摆脱第 4 款和第 5—8 款是“目的”与“手段”的关系的两分式思维，第 5—8 款既是手段，也是目的，手段与目的相互作用而不分彼此。

4. 控制方式是柔性的，发挥的是对 RTA 基本塑形的作用，这种宏观制约作用的发挥意味着允许弹性解释的存在，从而 RTA 的行为评价模式不是“要么合法，要么非法”。

5. 以控制方式的柔化换取法律效力的相对硬化。在这种法律功能之下，各国对第 24 条的遵守并非是因为惧怕遭受多边组织的制裁，而是出于对国际贸易秩序需求的理性判断和内心认同。

6. 分别立足于多边主义和少边主义，GATT 第 1 条和第 24 条之间保持着彼此呼应、相互补充的一种联系，都源于并共同保障国际贸易法治的最低秩序需求。而这种最低秩序需求是基于哈耶克所说的“进化理性”。第 1 条和第 24 条作为一个整体（而不是单独）构成国际贸易法领域中带有“承认规则”色彩的基本规范。

本文下面将对此观点展开逐层论证。

（二）GATT 第 24 条法律功能新论的论证

1. 对“原则——例外”说的反思

关于 WTO 与 RTA 的“原则——例外”一说，大量文献对此已经重复了很多。① 然而，这种观念已经被实践证明经不起推敲。

首先，少边主义合作方式在国际社会中一直维持着其强有力的独立存在状态。即使仅就经济领域而言，GATT 在创始之初就迫于现实而承认歧视性贸易安排的合法存在。帕特森还指出，即便是在 20 世纪 60 年代中期，也就是普遍认为的美国影

① 例如参见［美］杰克逊：《关贸总协定和世贸组织的法理》，高等教育出版社 2002 年影印版，第 101 页。

响力最大及其主导下的多边主义最兴盛的时期，歧视方式照样被普遍运用，并且在多数的决策圈里被认为是完全有效的工具。① 在 2000 年，区域贸易协定委员会（CRTA）有关文件就已经指出：RTA 成员间贸易已占全球贸易的一半以上，并且影响越来越大。② 时至今日，我们已不可能再将 WTO 视为“通则”而将 RTA 视为“例外”。③ 多边主义和“少边主义”这两种治理方式在实现国家利益方面各有长短，长期共存。④ “少边主义”从来没有衰微的迹象，也不可能消除。将多边主义视为“原则”而将“少边主义”视为“例外”，只是一种道德宣示，并没有充分的事实支持。

其次，我们仔细翻阅 GATT 第 24 条及其《谅解书》全文时，会意外地发现通篇并不像第 14 条、第 20 条那样有诸如“非歧视原则的例外”这样的明确字眼。第 24 条原文的标题是“Territorial Application-Frontier Traffic-Customs Unions and Free Trade Areas”。至于为什么第 24 条及其《谅解书》没有明确采用“非歧视原则的例外”这种典型的法律语言，我们尚不得而知。或许是因为，非歧视原则与歧视性安排在大国的对外政策中，本来就是一种“无王无寇”的复杂关系？WTO 与 RTA “原则和例外”的观念，在 WTO 争端解决的司法实践中可以起到一种规范主义逻辑推理的作用，也确实为争端解决机构（DSB）的若干司法判例意见所确认。但这只是一种立足于 WTO 法的内部视角，并不能构成 WTO 与 RTA 关系的实然特征，而我们却是用一种外部视角看问题。

2. 各国 RTA 实践对第 24 条基本效力的佐证

从各国目前的 RTA 实践来看，通报到第 24 条项下的 RTA（包括一部分可能通报到授权条款项下的 RTA），大多在序言中声称要与 WTO 纪律规范特别是第 24 条的要求保持一致。但在协定内容方面，与第 24 条第 5—8 款的要求相比，各国几乎都带有不少例外规定。以亚太国家参与的 RTA 为例，笔者根据有关资料对部分 RTA 的贸易壁垒削减情况和过渡期规定如下表所示：⑤

---

① Gardner Patterson, Discrimination in International Trade: the Policy Issues, 1945-1965, Princeton University Press, 1966, p. 388.

② WTO, WT/REG/W/37, para. 1.

③ Zakir Hafez, *Weak Discipline: GATT Article XXIV and the Emerging WTO Jurisprudence on RTA*, North Dakota Law Review, Vol. 79, 2003, p. 879.

④ 参见［美］卡勒：《小数目和大数目中的多边主义》，载［美］鲁杰主编：《多边主义》，苏长和等译，浙江人民出版社 2003 年版，第 366～367 页。

⑤ 图表资料全部来自孟夏：《亚太区域贸易安排研究》，南开大学出版社 2005 年版，第 153～177 页。笔者对相关信息做了一些技术性整理。

	关税措施	非关税措施	过渡期
中国—东盟 FTA	部门开放采用正清单方式； 2002 年框架协议提出了以农产品为主的“早期收获”产品清单，主要包括活动物、肉类、鱼、乳制品、树、蔬菜、水果和坚果等八类产品。各成员可以选择某些产品列入例外清单；此类“早期收获”产品的关税削减最晚将于 2004 年 1 月开始，延续三年； 关于非“早期收获”类产品的关税削减谈判最迟于 2004 年 6 月 30 日完成； 协议各方可以选择将某些产品列入“敏感清单”，但协议将对此类产品的数量上限作出明确的规定； “10+1”协议将努力实现 WTO 提出的削减“实质上所有贸易”关税的目标。	可以采用 WTO 协议中所允许的非关税措施，同时应努力减少这些措施对贸易的扭曲。	框架协议于 2003 年 7 月 1 日生效；货物贸易协议于 2005 年 1 月 1 日生效。中国与东盟的六个初始成员国将在 2010 年完成关税削减，越南、老挝、柬埔寨、缅甸将在 2015 年完成关税削减。
智利—美国 FTA	关税削减采用负清单方式； 超过 85% 的居民消费品和工业品很快实现自由贸易，“绝大多数”双边贸易在 4 年内实现零关税； 酒类产品关税将首先统一到美国的较低关税水平，此后逐步取消； 智利对美国出口汽车征收的“奢侈税”将在 4 年内逐步取消； 截至 2004 年，农产品在敏感产品清单中占有很大比例，但在美国出口到智利的农产品中，约有四分之三将在四年内实现零关税；双方农产品关税将在 12 年内完全取消。	禁止使用配额； 智利将取消价格波动幅度限制； 双方仍然实行对肉类、乳制品的检验和肉类的分级制度； 根据 1920 年颁布的《海商法》，美国对任何树种的原木出口都可以实行数量限制； 智利可以对进口旧机动车实行数量限制。	所有关税在 12 年内逐步取消。

续表

	关税措施	非关税措施	过渡期
NAFTA	关税削减采用负清单方式；以零关税为目标； 美国和加拿大之间“几乎所有”的贸易商品都已经实现零关税，例外商品包括加拿大的乳制品和家禽，以及美国的糖、乳制品、花生和棉花等； 至2001年1月1日，墨西哥从加拿大进口商品的关税下降到0—4%，个别受关税配额限制的农产品、乳制品和家禽除外； 墨西哥和美国之间的关税将在5—10年间取消； 区内所有农产品将分别以5、10、15年的期限逐步取消，到2008年实现农产品贸易零关税；玉米、干豆、蔬菜、果汁和糖等敏感产品将需要更长的过渡期； 美国和加拿大之间仍然存在农产品贸易壁垒。美加之间保留一项“快速恢复”条款，规定当新鲜水果和蔬菜的进口价格低于当月平均进口价格一定比例时，进口方可以对这些产品征收临时性的关税。	截至1994年1月，所有影响美国和墨西哥农产品贸易的非关税措施都已经取消； 只有在不违背GATT第11条相关规定的前提下才能使用进口和出口限制； 除非经特别允许，否则成员间应立即取消现存的数量限制措施； 海关用户税将逐步取消。	参见“关税措施”一栏。

以上RTA尽管只是当代众多RTA中的一小部分，但范围包括了南南RTA、南北RTA、北北RTA三种基本类型，具有较强代表性。从以上图表内容可以看出，第24条对各国RTA实践的基本塑形作用是可以得到确认的。① 正如有学者所说

① 从法经济学的角度审视，制度环境和制度安排是相互影响的，因为制度环境建立了制度安排存在的一般框架，而制度安排的效果将产生导致制度环境变革的压力。参见［美］麦考罗、曼德姆著：《经济学与法律——从波斯纳到后现代主义》，朱慧等译，法律出版社2005年版，第175～176页。正式规则和强制执行机制通常是要花费昂贵的成本来建立和维持的，不足以保障契约绩效，因而保证绩效的唯一方法是提供激励使每方当事人有兴趣履行协议。换言之，制度环境的作用有限，对于特定情况而言，制度安排更加重要。然而，制度环境提供了一个规则框架，让行为人在其中从事生产、交换和分配；制度安排则决定了特定的一组从事生产、交换和分配的当事人间的函数关系。参见同上，第187页。

的，第 24 条等 WTO 纪律规范对于 RTA 发挥了一种最低程度的“地板”作用（floor requirement）。① 至少，各国在缔结 RTA 时基本都声称要按照第 24 条等条文的要求，“努力”或“尽可能”在彼此间实现比较充分的而不是局部性的自由化。那种局部性的自由化，实际上主要发生在通报到授权条款项下的南南 RTA 中。WTO 有关统计显示，仅在部分贸易部门实行局部性自由化的 RTA 对于各国吸引力不大，在 RTA 总量中比例极低；而且那些局部自由化的 RTA，实际上许多也是以真正意义上的 FTA 为努力目标，如中国与东盟的“早期收获”计划。②

第 24 条第 5—8 款之所以确实是法律而不是道德，就在于它们的技术可操作性，即以一种“加重成本”的技术化手段发挥着对各国贸易自由化行为的规范作用。③ 诚然，各国在产品部门开放、内部贸易壁垒消除、自由化时间表等方面的保留仍然大量存在，在农产品领域更为明显，例如欧盟、日本等坚持农业部门的例外。但这里的关键词是国家利益（包括国家整体利益和内部不同集团的利益）。这在国际法领域并不奇怪，因为国际法的立法行为本质上是国家对自己主权的自愿限制，或者说是主权另一种方式的行使。以“基本的塑形作用”立论，就意味着允许局部性背离行为的存在。正如赖斯曼所言，法律规制并不意味着规范百分之百有效适用，若以此为标准，所有的规范都将不符合法律的要求。事实上并不存在一个稳定的关于有效适用的数量标准来判定某一规范是否可以成为法律，需要的只是对某一规范将会被遵守的一种预期，或者至少这一规范所规定的行为经常发生从而足以使人们相信其有效性。④

3. 赖斯曼软法观视野下第 24 条的相对“硬化”

政策定向派代表学者赖斯曼教授曾提出他对国际法中“软法”的理解和判断标准，即国际立法“三要素”说：政策内容、权威信号、控制意图三个方面决定

① Luis Abugattas Mujlaf, Swimming in the Sphagettibowl: Challenges for Developing Countries under the “New Regionalism”, UNCTAD, Policy Issues in International Trade and Commodities, Study Series No. 27, 2004, pp. 11-13.

② Roberto V. Fiorentino, Luis Verdeja & Toqueboeuf, The Changing Landscape of Regional Trade Agreements: 2006 Update, WTO Regional Trade Agreements Section, Trade Policies Review Division, Discussion Paper No. 12, 2007, pp. 5-7.

③ 哈特就曾经指出，一些国际法规则包含了高度专门化、技术化的内容，它们因此而与道德区别开来。参见［英］哈特：《法律的概念》，张文显译，中国大百科全书出版社 1996 年版，第 220 ~ 221 页。

④ ［美］赖斯曼：《国际政治中软法的概念和作用》，载万鄂湘等主编：《国际法：领悟与构建》（赖斯曼教授论文集），法律出版社 2007 年版，第 144 页。

了法律的软硬程度，其中控制意图是最关键的因素。① 第 24 条在传统理解之下只能是一种软法，因为它在“政策内容”方面将一个法律无法有效调整的道德理想作为立法宗旨，从而把自己的“控制意图”定得层次太高而力所不能及。而对第 24 条的以上新理解，是用表面的“软”换取实质的“硬”，把自身控制意图降低了，尽管作为法律受众的各成员方的 RTA 实践背景并未改变，但却反而使自身法律性质得到了相对的硬化。

在这种理解下，关于 RTA 与第 24 条纪律是否相符的问题，对第 24 条谅解书中争端解决机制的潜在利用率就更低了。但这并不能表明第 24 条不是法。将法律和制裁性相联系是刑法领域的局部性思维，有的法律如大量的宪法规范，一般都没有具体惩罚性，并不能使其失去法律特征；而另一方面，宪法规范在很多情况下是以其他法律规范的具体惩罚机制为补充的。GATT 第 24 条和第 1 条的关系与之有些相似。尽管针对 RTA 与 WTO 法相符性的诉讼几乎没有，但反过来，当今国际社会几乎没有 WTO 成员敢于轻率地、公开地与个别贸易伙伴之间在极少部分的货物部门领域实行时间表极为随意的少边优惠待遇，因为这极可能引来其他 WTO 成员向 DSB 提起第 1 条项下关于最惠国待遇问题的诉讼。分别立足于多边主义和“少边主义”，第 1 条和第 24 条之间保持着彼此呼应、相互补充的一种联系，它们作为一个整体（而不是单独）构成国际贸易法领域的宪法性规范。

四、国际贸易法治：柔性的“最低限度”秩序

谈论 GATT 第 24 条的法律约束力，不能不研究国际法效力根据问题。而国际法效力根据问题贯穿着自然法学和实证法学这两大学派的论争流变。作为新自然法学和新实证主义法学各自的杰出代表，富勒和哈特为自己的学派作出了适应新时期的理论新贡献，他们之间的论战被视为 20 世纪西方法理学界的重大事件之一。强世功教授指出，富勒与哈特的论战实质其实是自由主义法治的两种不同策略路线的争论，这场争论反过来捍卫并加深了法律的现代性效果。法律与道德问题可以放心地放在技术、事实、程序等这样的立场上来思考。哲学建立在技术上，正义建立在程序上，政治建立在法律上，而这正是现代主义法律观所梦寐以求的。② 哈特与富勒的各自观点正是处在技术和伦理的两极上，成为我们克服现代性危机的不可缺少

① 详见［美］赖斯曼：《国际造法：一个沟通的进程》，载万鄂湘等主编：《国际法：领悟与构建》（赖斯曼教授论文集），法律出版社 2007 年版，第 88～114 页。

② 参见强世功：《法律现代性剧场：哈特与富勒论战》，法律出版社 2006 年版，第 83～84 页。

的两个要素。① 笔者认为，在本文所倡的对第 24 条法律功能的新理解之下，运用哈特的实证主义理论与富勒的自然法理论进行重新审视，它们对于第 24 条法律效力的阐释均能体现出各自的优势，从而可以为我们重新认识国际贸易法治秩序的特征提供极具价值的参考。

（一）运用哈特新实证法理论对第 24 条的重新阐释

哈特以“内在观点”说代替了传统的法律强制理论，这被认为是对国际法法律性质的重要强化。但是，将哈特的第一性规则和第二性规则学说应用于国际法领域时，有一个不可忽视的缺陷：国际法体系中并没有多少他所指的具有终结检验性质的“承认规则”。② 因此，运用哈特理论来阐释第 24 条时存在以下主要障碍：从要求“RTA 成为 WTO 的有益补充”、“贸易创造须大于贸易转移”的理解角度出发，由于多边主义和“少边主义”的长期共存，GATT 第 1 条在国际贸易法领域尚难以成为“承认规则”，而第 24 条在实践中亦未获得至高无上的地位——第 4 款的理想宗旨不能保证实现。按照这种理解，我们对第 24 条的认识就只能返回到哈特对国际法的基本立场——“弱法”或者“软法”。

但是，当我们重新调整对第 24 条的法律功能定位时，情况就有所不同。着眼于保障国际贸易法治的最低限度的秩序稳定，GATT 第 1 条和第 24 条分别立足于多边主义和“少边主义”的角度，作为一个整体能够构成国际贸易法领域的基础性规范，带有相对较强的“承认规则”色彩。这种基础性规范能够产生，是由于历史上各国以邻为壑的贸易政策同贸易集团相对抗导致国际社会的种种危机，处于发展进步中的国际社会对此进行了理性的反思。但这种理性绝非对各国决定如何开展对外贸易的主权自由进行无节制的干预，而是旨在保持国际贸易法治最低限度的秩序稳定，所以它不是那种无边无际的一元化“建构理性”，而是哈耶克所说的“进化理性”。③

---

① 强世功：《法律现代性剧场：哈特与富勒论战》，法律出版社 2006 年版，第 84 ~ 86 页。

② 参见古祖雪：《国际法的法律性质再认识：哈特国际法思想述评》，载《法学评论》1998 年第 1 期，第 37 ~ 41 页。

③ 建构理性主义认为纯粹理性可以帮助人们精心建构任何社会制度，从而多少有些夸大理性的力量。而进化理性主义认为人类的制度进化的确在很大程度上依靠理性，但个人理性是很有限且不完全的，整个文明社会是经过许多人的才智和无数代人的努力，在不断试错的基础上逐渐累积进化而来的。哈耶克认为，建构理性主义往往会导致一种全知全能的政府论或超人论。他主张，要明智地运用和捍卫理性，主要是关注理性所不及的、不受控制的领域。进化理性主义绝不意味着非理性主义，它只是把理性放在文化的进化过程中考虑和运用，这恰恰是尊重人类理性选择的体现。参见王振东：《自由主义法学》，法律出版社 2005 年版，第 146 ~ 147 页。

在这种理解背景下，哈特的“最低限度的自然法”和“内在陈述”观点也有了更充分的阐释力。哈特指出人类社会有一个自然目的和五个自然事实，因此社会必须有禁止暴力杀人和伤害、保护财产、要求相互妥协和克制等规则，这些最基本的行为规则就是哈特所说的“最低限度的自然法”。① 在国际法语境中，对于这种“最低限度的自然法”，各国的遵守主要是出于一种普遍的理性判断和内心认同，而这与“内在陈述”观点又无疑产生了更紧密的联系。② 第24条通过加重成本的方式制约各国在“少边”贸易自由化过程中在产品部门覆盖范围和内部贸易壁垒消除、自由化时间表这几个方面的随意性和选择性，从而对RTA发挥最基本的塑形作用，维持国际贸易法治秩序和利益格局的最起码的稳定性和可预测性，简单地说，就是体现了国际社会成员在对外贸易政策中一种共同的基本理性，即“不能胡来”，因为秩序需求是人类社会最基本的需求之一。

前面提到，以“基本的塑形作用”立论，就意味着允许局部性背离行为的存在。实际上，人们对于法律往往有不同的弹性理解，在这些弹性理解支配下的“灰色行为”在很多情况下与对法律的背离行为之间并不容易被有效地区分开来。在法律确定性问题上，哈特提出了“语言的开放结构”一说。他认为法律规则存在“意思中心”和“开放结构”。在法律规则的意思中心区域内，人们对怎样适用法律规则没有歧义，而在开放结构区域内，人们对于法律规则会有弹性的理解，规则具有“模糊性边缘”的倾向，表现出一定程度的不确定性，这也是法官行使自由裁量权的基础。③ 而在国际法领域中，法律规则的模糊性更是一个普遍现象。鲍威林就指出，国际法律规则制定的过程中，由于意志深刻分歧的大量国家协商一致的需要和磋商时间的沉重限制，模糊规则必将大量产生。④ 例如对第24条第5—8款以及《谅解书》在“实质上所有贸易”、“实质性取消关税和其他贸易壁垒”、“过渡期原则上不超过十年”的规定，历史上一直是不乏各种理解歧义。

---

① 一个自然目的是生存。五个自然事实是：（1）人是脆弱的；（2）人类大体上平等；（3）有限的利他主义；（4）人类可以利用的资源是有限的；（5）人的理解力和意志力是有限的。参见薄振峰：《当代西方综合法学思潮》，法律出版社2005年版，第41页。

② 亨金教授也指出，国家对于国际法有服从的内在动机，尽管这种内在的服从意识要弱于国内社会中的公民法律意识。参见［美］亨金：《国际法：政治与价值》，张乃根等译，中国政法大学出版社2005年版，第66～68页。

③ 详见［美］比克斯：《法律、语言与法律的确定性》，邱昭继译，法律出版社2007年版，第7～39页。

④ Joost Pauwelyn, Conflict of Norms in Public International Law, Cambridge University Press, 2003, p. 13.

但我们需要注意到一点：上述众多歧义是发生在对第 24 条的传统理解背景下。仍以 GATT 时期对欧共体《罗马条约》的审议为例，欧方主张第 4 款应与第 5—8 款保持“解释独立”，履行了第 5—8 款所设置的条件和要求就应被视作自动和必然地满足了第 4 款的要求；而在土耳其数量限制案中，WTO 上诉机构明确认为第 4 款构成了第 5—8 款的前提，强调成立 RTA 的目的必须符合第 4 款所阐明的宗旨。上诉机构的一个重要理由是第 5 款开头的“accordingly”一词，认为这是把第 4 款和第 5—8 款连接起来的桥梁。① 但当第 24 条背负着第 4 款的空泛道德包袱的时候，对“实质上所有贸易”这种标准的争论必然是围绕着如何使“贸易创造大于贸易转移”而展开，由于控制意图层次过高和技术测量的复杂性，导致对法律的准确性要求在事实上过于严苛，必然导致受众行为对法律控制意图的背离，使法律成为“软法”。

而在甩掉第 4 款的包袱而着眼于国际贸易最低限度秩序的时候，对“实质上所有贸易”的理解则是围绕着成员的核心主权利益而展开，只要不破坏国际贸易最低限度秩序，这种准确性的要求将会柔化。因为无论是发达国家还是发展中国家，都有自己慎于开放的敏感经济部门以及与这些经济利益相联系的政治和文化利益，正如哈特所说，“有限的利他主义”是一个自然事实。在这种理解下，在满足国际贸易最低限度秩序这一“意思中心”的基础上，允许各国对于“实质上所有贸易”等标准有不同的理解，是尊重各国主权选择的表现。② 也正如哈特认为的，应当把法律规则的“开放结构”当作优点而不是缺点，当规则适用于制定者没有预见或不可能预见的情境和问题时，“开放结构”特征允许它得到合理的解释。③ 实际上，在土耳其纺织品数量限制案中，上诉机构对“实质上所有贸易”也作了说明：“实质上所有贸易”不等于“所有贸易”，而是为 RTA 成员的贸易自由化提

---

① WTO，WT/DS34/AB/R，para. 56.

② 在此须强调，对国际贸易法治秩序的恰当理解，不应只包括 WTO 与 RTA 这两个制度要素，还要加上民族国家主权意志这一基础要素。探讨 WTO 与 RTA 之间关系的各种传统理解，正是在无意中忽视和排除了民族国家主权意志，在高唱澄清“实质上所有贸易”等措辞的同时忘记了一点：无论是 WTO 还是 RTA，它们作为国际贸易协定都是在民族国家主权意志的基础上发展起来并发挥作用的。RTA 在贸易自由化方面的确具有各种部门保留和例外，但 WTO 也同样如此，甚至 WTO 中关于贸易自由化的保留和例外比 RTA 还要多得多。不是 GATT 第 24 条的模糊性才导致 RTA 中出现众多例外部门，而恰恰是各国主权利益的多样化需求才导致 GATT 第 24 条的模糊性，这个根本的因果关系是不容倒置的。

③ ［美］比克斯：《法律、语言与法律的确定性》，邱昭继译，法律出版社 2007 年版，第 8 页。

供了某种弹性。① 这显然佐证了"意思中心"和"开放结构"的理解，也符合当年第 24 条立法背景中美国和加拿大之间商谈 FTA 的利弊权衡实践。②

对第 24 条这种"意思中心"和"开放结构"的理解，也同宪法学中的"冲突功能主义"思想相合。该学说认为，宪法的背后是竞争的利益。理性的结构是稳定性和弹性的复合体，弹性提供对冲突的承受能力。宪法规范中那些涉及根本性制度的内容，应尽可能不予改变，而那些具体操作性内容却可以根据具体情况作局部性调整。如果结构过于刚性，各种力量频繁互动之下冲突频度就越大，一味的僵化将使冲突压力无从排解，最终损害宪法体系。宪法体系通过结构的弹性，消弭现实冲突，实现渐进变迁。从这个意义上讲，宪法规范对于根本经济制度的规定要原则化、模糊化，尤其对那些社会生活中最为活跃和易变的方面更应如此。总之，宪法不应是一个刚性的集权体系，而应是一个弹性的开放体系。③ 以上思想观点，在缺乏中央政府的国际社会更应当获得高度重视，对于我们重新认识第 24 条的"模糊性"也具有极高参考价值。④

（二）运用富勒新自然法理论对第 24 条的重新阐释

以上论述反复提到：要甩掉第 24 条第 4 款这个沉重的空泛道德包袱。但这并非意味着反对道德与法律的联系，而只是因为第 4 款规定的是一个法律手段不能有效调整的道德理想，有必要反对法律万能主义。事实上，作为"最低限度的自然法"，"保障国际贸易法治最低秩序"本身仍然保持着强烈的道德色彩。在缺乏中央政府和"承认规则"的国际社会，国际法与道德之间无疑具有更为紧密的天然

① WTO，WT/DS34/AB/R，para. 48.

② 关于美国与加拿大在战后初期商谈 FTA 的历史实践对 GATT 第 24 条最终形成的影响，参见刘彬：《论昂格尔"民主实验主义"对发展中国家 RTA 实践的启示》，载曾华群主编：《国际经济新秩序与国际经济法新发展》（陈安教授八十华诞祝贺文集），法律出版社 2009 年版，第 149～151 页。

③ 参见杨利敏：《冲突功能主义的宪法学启示》，载《政治与法律》1998 年第 2 期，第 23～27 页。

④ GATT 第 1 条和第 24 条整体作为国际贸易领域的宪法性规范，可以将其视为一种"质料意义上的宪法"。所谓"质料意义上的宪法"，指在特定共同体内调整人们社会交往行为的那些最基本的规范，渗透于人们的日常实践活动中，而不以现实的宪政组织架构或成文宪法典的存在为前提。参见臧彦：《反思欧盟制宪实践——哈贝马斯式的视角》，载《法制与社会发展》2007 年第 6 期，第 140～141 页。

联系。① 富勒的自然法理论重视法的道德性，较之实证主义理论，对于国际法领域的解释力似乎要更强一些。本文下面将更多地围绕富勒的新自然法理论展开对第24条的阐释，思考国际贸易法治秩序的构建问题。

1. 两对道德概念的提出

富勒坚持法律与道德不可分的自然法学基本立场，关注的是如何实现并保障法律的道德性。他首先引入了“愿望的道德”和“义务的道德”这一对区分概念。愿望的道德是从顶端开始的，是关于幸福生活、美好品德及人的能力充分实现等方面的理想色彩的道德，而义务的道德则是从最底端开始的，是关于有序社会得以存在的必不可少的基本规则。② 在此基础上，富勒又提出了另外一组对应概念：法律的外在道德和法律的内在道德。外在道德主要是指传统自然法所主张的法律的各种实体目的，如公平、正义；内在道德则是指使法律成为可能的道德，即程序意义的法律性原则。③ 违反了内在道德的法律不仅仅是恶法，甚至根本就不是法。④ 法的内在道德的八项原则包括：法律的普遍性、法律的公布、非溯及既往、法律的明确性、避免法律中的矛盾、不应要求不可能做到的事情、法律的稳定性、官方行动与法律的一致性等。⑤ 之所以称公平、正义等法的实体目的为法的外在道德，是因为它们除了通过立法之外，还可以通过其他社会秩序化形式如调解、抽签等获得。而法的内在道德则必然是立法本身所特有的道德。⑥ 这是一种“自然法的程序观”，⑦ 内在道德以外在道德为伦理基础，并向着外在道德不断努力。

2. 关于手段与目的之关系

富勒的研究重点并非是传统自然法理论那些泛泛的神圣抽象话语，而是一种世

① 详见古祖雪、李杰豪：《论国际法的道德保障》，载《国际问题研究》2007 年第 5 期，第 24 ~ 30 页。

② 参见邹立君：《良好秩序观的建构：朗·富勒法律理论的研究》，法律出版社 2007 年版，第 69 页。

③ 参见邹立君：《良好秩序观的建构：朗·富勒法律理论的研究》，法律出版社 2007 年版，第 67 页。

④ 参见［美］富勒著：《法律的道德性》，郑戈译，商务印书馆 2007 年版，第 47 页。

⑤ 参见［美］富勒著：《法律的道德性》，郑戈译，商务印书馆 2007 年版，第 55 ~ 111 页。

⑥ 邹立君：《良好秩序观的建构：朗·富勒法律理论的研究》，法律出版社 2007 年版，第 67 ~ 68 页。

⑦ 邹立君：《良好秩序观的建构：朗·富勒法律理论的研究》，法律出版社 2007 年版，第 70 页。

俗化的自然法。① 传统自然法主要关注实体伦理，但富勒认为法律制度的目的是一个适度和朴素的目的：使人的行为服从规则的指导和控制，即“法律是使人的行为服从规则治理的事业”。② 他坚持将法律看做是一种目的性事业，其成功依赖于经营这一事业的人的精力、洞见、智力和意识，并且因为这种依赖，注定了在某种程度上总是无法完全达到它的目的。在从事法律这一目的性事业的不断努力的过程中，人们要想达到目的，就必须满足这一事业自身的内在逻辑所强加的各种要求，即法律的内在道德。而法律内在道德的程序性要求又是从目的性事业本身推演出来的。因此这两者互为前提，互为对方的存在依据。③

法律内在道德是达到使人的行为服从规则治理这一目的的手段。但富勒眼中的手段与目的之间的关系不同于人们通常所理解的那种两分式思维，即目的决定手段，手段为目的服务，以目的的合法性来论证手段的合理性等。针对实证主义法学将价值与事实、目的和手段分开来进行单独描述和评价的思维方式，富勒认为，对手段与目的应以相互关联的方式来对待。社会目的只能够在可用手段所允许的程度上实现，如果与实现它们的所有手段脱离，许多目的是不能被理解或适当界定的。④ 而法律如果仅仅被看做达致任何目的之手段，那么法律就可以为了任何目的而被粗暴地利用，甚至为达到目的而牺牲法律的一般性、明晰性和公开性等特征。⑤ 通过这些观点，富勒为他提出法律的内在道德打下了基础。

须强调，富勒眼中的手段与目的之间是一种相互作用的关系，这种相互作用关系可能很密切，以致于手段和目的难以再区分彼此。而且富勒所谓的与法律内在道德相联系的目的，也不仅是指某一特定法令的目的，而是指作为一个整体的法律体

---

① 赖斯曼教授也指出传统自然法理论的局限性：认为法律是永恒不变的、只等待被表述为明确的法律形式的自然法理论，对于一个世俗化的国际社会不合适。例如，自然法在深海开发矿藏上是怎么规定的？在海峡通行权上又是怎样说的？还有在跨国公司的外交保护方面又是怎么要求的？参见［美］赖斯曼：《国际造法：一个沟通的进程》，载万鄂湘等主编：《国际法：领悟与构建》（赖斯曼教授论文集），法律出版社2007年版，第91页。

② 邹立君：《良好秩序观的建构：朗·富勒法律理论的研究》，法律出版社2007年版，第70页。

③ 邹立君：《良好秩序观的建构：朗·富勒法律理论的研究》，法律出版社2007年版，第71～72页。

④ 邹立君：《良好秩序观的建构：朗·富勒法律理论的研究》，法律出版社2007年版，第27～31页。

⑤ 邹立君：《良好秩序观的建构：朗·富勒法律理论的研究》，法律出版社2007年版，第32～33页。

系的目的。① 总之，手段和目的不是两分的，而是相互促进的。②

笔者运用以上思想来分析第 24 条。按本文的理解，第 24 条旨在制约少边自由化的随意性，保障国际贸易最低限度秩序，这是它的目的，也是整个 WTO 法律体系目的之有机组成部分。为达到以上目的，第 24 条在少边自由化的空间和时间两个维度上采用了加重成本的技术性手段，但这种手段和目的有很大程度的融合性。我们也可以反过来说，国际贸易最低限度秩序本身就意味着，少边自由化行动在产品部门覆盖度、内部壁垒取消程度、过渡期限这几个方面必须克服随意性。因此，第 24 条的手段与目的之间实为相辅相成而难以区分，使贸易自由化进程成为“服从规则治理的事业”，但由于各国理性的有限性和利益的复杂性，这种目的并非总是能够完满实现，朝向这一目的的努力要获得基本方向的保证，就要求第 24 条必须具备法律的内在道德。

3. 第 24 条对内在道德的满足

前文提到，富勒提出了法律内在道德的八项程序性原则，严重违反这八项原则的法被他认为是恶法或根本就不是法。在这八项内在道德中，法律的明确性似乎是第 24 条的一个硬伤。此外，“不应要求不可能做到的事情”这一条，在第 24 条中似乎也存在问题，因为第 4 款的立法宗旨其实并非第 5—8 款的方式所能必然做到。

在采用了对第 24 条法律功能的新理解后，这两个主要障碍将在很大程度上得到化解。明确性方面，控制意图层次的降低将导致法律准确性要求的柔化，而第 24 条第 5—8 款以及《谅解书》中，一些相对简约的技术手段保证了法条相对于“意思中心”来说最基本的明确性；在“不应要求不可能做到的事情”方面，第 24 条将不再以虚无缥缈的“营造物”目标为己任。从这个意义上而不是“保证贸易创造大于贸易转移”的意义上，第 24 条可以视为基本具备了法律的内在道德要

---

① Robert S. Summers, *Professor Fuller's Jurisprudence and America's Dominant Philosophy of Law*, Harvard Law Review, Vol. 92, 1978, p. 438.

② 在富勒看来，表明目的的终极性和手段的单一工具性的观念带有误导性。他举了一个非常生动的例子：依靠写作来获得经费或申请工作，自然可以从简单的工具性的意义上来理解，但是如何理解论文式的写作呢？多数学生认为应在动笔前把一切都想好，以便真正地开始写作，但这种做法常常以困扰而终结，因为很少有在动笔前就取得完全成功的事前构思活动。原因在于，写作是表达思想的手段，正是在写作的过程中，人们才找到了他们真正要写些什么，但我们能由此认为写作就是思考的工具吗？写作也可以说是思考的工具，但在事先没有要写什么的想法时，你却又不能写出任何东西，这样思考又成为写作的工具了。问题在于，你的视角决定写作和思考的因果关系。更多时候两者是统一的，写作就是思考，思考就是写作。这就是富勒要表达的真正意图。参见［荷］韦斯特曼：《法律手段和法律目的》，载《学习与探索》2006 年第 3 期，第 109 页。

求，从而使自己成为法律。另外值得注意的是，八项内在道德原则中最后一项是“官方行动与法律的一致性”，针对第24条的情况，对此该如何理解？笔者认为，将富勒理论运用到国际法领域时，需要注意语境特点的变化。在国内法中立法者和法律受众在多数情况下是分离的，而国际法中立法者和法律受众则存在显著的重合——主权国家。在讨论第24条的时候，这里的“官方”对应的是GATT/WTO而不是各成员方。在代表GATT/WTO的官方行为中，无论是多哈部长级宣言，还是WTO司法实践，或者总干事等权威官员的公开言论，都表现出维护并完善第24条等有关RTA纪律条文的意愿，从而满足“官方行动与法律的一致性”的原则。①

而保障国际贸易最低限度秩序，则是第24条的“外在道德”。这种实体层面的道德不仅可以通过法律来获得，还可以通过国际政治协调等其他社会秩序化形式来获得，不是立法活动所特有的道德，因而是外在道德而不是内在道德。

“愿望的道德”促使法律于实践中在内在道德层面上不断朝向完善。尽管“愿望的道德”和“义务的道德”之间的分界是艰难的，而且在此界定过程中，主观因素的介入也在所难免，但这并不妨碍人们不断地作出探寻的努力。② 正如富勒的观点，法律并不是像哈特所认识的那样，是“在那里”的客观存在，而是一个“半存在”（half exist），是一个未完成的东西。法律不是已经存在于社会生活中的规则，而是一项处于实现过程中的事业。③ 这种“半存在”或“半成物”的理解，意味着分析实证意义上的法律仅仅是“使人的行为服从规则治理”这一目的性事业在某一阶段的产品而已。④ 我们可以看到，在法律的明确性、避免法律中的矛盾、不应要求不可能做到的事情等这几项内在道德原则中，要为第24条界定一个最低满足限度是很难的事情。以法律的明确性为例，新理解之下的第24条的明确性是一种相对的明确性，是相对于保障国际贸易法治最低限度秩序而言的，而为了

---

① 笔者的这种观点是立足于法律角度的理解。至于国际体制本身是否获得独立行动特征的问题，则是国际政治学的视角。有国际关系理论研究者指出：国际组织这台机器的规则可以限制国家的所作所为，但该机器本身还是被动的，国际组织本身不是有目的的政治行为体。参见巴尼特、芬尼莫尔：《国际组织的政治、权力与病症》，载［美］马丁、西蒙斯主编：《国际制度》，黄仁伟、蔡鹏鸿等译，上海人民出版社2006年版，第463~464页。但从国际法意义上看，即使GATT还不是真正法律意义上的国际组织，WTO无疑已经获得独立的国际法主体资格，它的机构和专职官员的行为，必须被理解为代表了组织本身的意志和行为。

② 邹立君：《良好秩序观的建构：朗·富勒法律理论的研究》，法律出版社2007年版，第156~157页。

③ 强世功：《法律现代性剧场：哈特与富勒论战》，法律出版社2006年版，第45~46页。

④ 邹立君：《良好秩序观的建构：朗·富勒法律理论的研究》，法律出版社2007年版，第185页。

保障这种最低秩序，实行柔性控制的第 24 条须以何种程度的明确性为底线，实践中很难断定，只能随着国际社会贸易事务实践的整体推进而不断演变。所以“实质上所有贸易”这些措辞发挥的只能是一个基本的塑形作用，最低的基本义务无法被清晰界定。

在此值得一提的是，即便是追求法律语言精确化的边沁，也清醒认识到“科学的真理”和“生活的条理化”之间的关系。他说：“真理和条理是携手并进的。前者被发现到什么程度，后者才能改善到什么程度。在确立一定的条理之前，可以有欠缺地表示真理，但不到一定份额的真理被形成和揭示出来，就不可能确立条理。发现真理导致确立条理，而确立条理决定并促进发现真理。”① 结合本文主题，目前经济学界对 RTA 的经济效应尚无定论，如果对 RTA 如何成为多边贸易自由化的“营造物”有技术上的定论，那么第 24 条的具体技术性条款无疑可望得到进一步的科学化和精确化。但现实并非如此，因此目前这些技术性条款的科学化和精确化程度，只能是差强人意。

有关学者指出，在社会生活创造过程的指引标准方面，富勒并未为法律设定任何实质性评判标准，而是赞成一种动态的潜在性概念。目的在他这里已不具有任何终极意义，它只是目的与手段往复循环链条中的一环。我们可以借助杜威“眼下可见的目的”来明确富勒的目的论的意蕴。“眼下可见的目的”否定宗教目的论里命中注定式的历史发展归趋,但并不因此放弃对于历史运动趋势的把握,而对趋势的掌握也就是对于运动可能趋向的方向有一个“事先的意识”(fore-consciousness)。在“眼下可见的目的”中，目的在行动过程中被时刻重塑着；这样一种对历史的看法允许行动者在行动中形塑目的，并对行动提出批判。这样，既能避免宏大叙事的集权主义危机，又能避免“怎样都行”的虚无主义漂流。②

笔者认为，以上思想对于我们正确认识第 24 条在现阶段国际社会中所发挥的法律功能以及 WTO 与 RTA 的宏观关系走向，具有极高的参考价值。这就意味着国际贸易法治中一种柔性而非刚性、动态而非静态的秩序。该秩序仿佛一个天平，一端是多边主义，另一端是“少边主义”，天平在不断摇摆，但绝不会完全倒向任何一边。它处于辩证法的螺旋式上升中，但绝不会走向崩溃。所谓的“最低限度”，允许各国在 RTA 贸易自由化的鲜活实践中既注意“选择性自由化”带来的贸易转移危害又坚持照顾自己慎于开放的敏感部门，在考虑到国际社会公共利益的同时又

---

① 谌洪果：《在迷惑与清醒之间徘徊：边沁的法律语言观及其对立法科学化的追求》，载葛洪义主编：《法律方法与法律思维》（第二辑），中国政法大学出版社 2003 年版，第 36 页。

② 邹立君：《良好秩序观的建构：朗·富勒法律理论的研究》，法律出版社 2007 年版，第 190 ~ 191 页。

不放弃自己核心的主权利益，从而这是一个交由国际社会在行动中去不断作出限定和反思的动态概念。① 也就是说，不是要通过这种柔性秩序去鼓励一种永无休止的混乱状况，而是要使制度的再生产与它的自我反思与纠正同步进行，在行动中去形塑观念。唯有如此，才能一方面免于 WTO 以绝对最惠国待遇为基础的独断危机，另一方面又注意克服各种 RTA“怎样都行”的虚无漂流之旅，让国际贸易法治在多边主义和“少边主义”的张力之间作一种左右摇晃但却有惊无险的钢丝行走。②这也是富勒所谓的“共享目标的合作表达”的含义所在。

有关学者还指出，富勒提出的八项内在道德，是只有立法活动才需要遵循的道德，除此之外，其他不同的活动不必遵循这些道德。③ 并且富勒的内在道德观点的提出，是从一个善良的立法者雷克斯八次立法均告失败的教训中提炼出来的，从而这是一种行动中的道德，是只有在实际的立法活动中才能体会到并展现出来的道德。④ 笔者对此的理解是：正是这种立法的内在道德使得立法活动的产物成为法

---

① 从沟通主义法律观的角度出发，胡克教授也认为：法律从来不是完全融贯的，其融贯性在很大程度上是通过法律的日常实践而添加的。法律的有效性几乎从未与某种历史上的“宪法”有关联，而正是“法律机理的当下运行”决定着法律系统能否被接受。一旦法律机制及其运行方式大体上被接受，法律系统就是可识别且有效的；一个法律系统的有效性不是基于一套静止的规范而被决定的，而是基于法律机制之间的一种动态互动，因为这些机制在社会学意义上为当下社会所接受。参见［比利时］范·胡克：《法律的沟通之维》，孙国东译，法律出版社 2008 年版，第 143 ~ 144 页。

② Paulus 也认为，社会生活现实太过丰富和具体，以至于不能用一种硬性的一般性规范和原则去束缚。缺乏完全的确定性并非意味着完全的不确定性。“合法或非法”的单一行为评价模式对于国际法语境并不完全适合。但另一方面，如果我们完全无视法律规则和标准，就会导致武断、随意乃至于不能被他人尤其是权力掌控者所接受的唯我主义。然而在如何将一定的法律规则和标准最好地应用于丰富而具体的社会生活时，法律人的想象力和创造力拥有广阔的用武之地。这意味着对行为的评价不是算术题式的“要么对要么错”，正确答案有时不止一个，有时可能根本没有。由社会共同体产生并承认的最低限度行为规则对于权力行使的控制是永远必要的。关键在于，不必在潜在的选择上偷偷摸摸，而是将其公示于众以供评论和批驳。法律事业将由这种透明度而赢得更多的信任度，被理解为并非是对一般规则的简单遵守，而是对任何权力行使的公开问责性的寻求。See Andreas L. Paulus, *International Law After Postmodernism: Towards Renewal or Decline of International Law*? Leiden Journal of International Law, Vol. 14, 2001, pp. 753-755.

③ 邹立君：《良好秩序观的建构：朗·富勒法律理论的研究》，法律出版社 2007 年版，第 84 页。

④ 邹立君：《良好秩序观的建构：朗·富勒法律理论的研究》，法律出版社 2007 年版，第 164 页。

律，而不是外在道德本身。惟有通过第 24 条 5—8 款以及《谅解书》中规定的一系列具有基本塑形作用的技术性内容，并且让这些技术性内容基本满足以上八项内在道德原则，才能使第 24 条具备保障国际贸易法治最低秩序这一外在道德的法律功能。对第 24 条立法活动的这种理解，是通过 GATT/WTO 官方对第 24 条试图解释、修改、完善的实践历程总结出来，惟有这种理解才能使第 24 条具备法律的内在道德，超越其实体目的本身（外在道德）而成为一种法律。

（三）对国际贸易法治秩序的综合认识

通过以上对新实证主义法学和新自然法学的观点分析，我们至此可见，唯有对 GATT 第 24 条作一种本文所述的新理解，国际贸易法治秩序才能大体做到现代主义法律观所追求的“哲学建立在技术上，正义建立在程序上，政治建立在法律上”，而这正是 GATT 第 1 条和第 24 条的共同特征，它们共同构成 WTO 法治理念的核心。在包含有二百多个主权国家而大国主导世界经济秩序的国际社会，大多数中小国家处于一种类似于原子化的无力个体的处境，因此“最低限度秩序”这样的道德指引是必不可少的，在法律能够调整的范围内通过法律技术手段来保障这种秩序，这是第 24 条的现代性法治观的本质体现。

一个可能的疑问是：对第 24 条的“基本塑形”作用的理解以及相应的“最低限度”的国际贸易法治秩序，能否满足国际社会中那些受到大国主导的大型 RTA 不利影响的弱小国家的正义需求？对此有必要提及“起码的国际正义”。有学者指出，由于国际权力结构始终向强国倾斜，所以强国无疑能在现有国际经济法律制度及相应秩序内获得更大的相对收益，因此国际层面的正义程度的要求往往比国内社会的正义程度的要求为低。国际经济法律制度中正义与秩序之间虽存在张力，但并非水火不容。如果起码的国际正义尚能维持，那么若采取宁为玉碎不为瓦全的态度，只因更高程度的正义不能满足而要求打破现有的国际经济法律制度及相应秩序，将严重损害各国的共同利益，是不明智的政策选择。① 笔者十分赞同这种观点。发展中国家是弱势群体，GATT/WTO 中现有的权力和利益分配格局对它们确实极不公平，而另一方面发达国家主导的若干大型 RTA 又使许多发展中国家饱受贸易转移之害。从这个意义上讲，发展中国家必须拥有自己在国际贸易领域的独立战略，积极投身于自己富有主体意识的 RTA 实践中。但这并非要完全抛弃现行的 WTO 多边主义的基本秩序。在经历了上世纪 30 年代各国以邻为壑的贸易政策的惨

① 徐崇利：《国际经济法律秩序与中国的“和平崛起”战略》，载《比较法研究》2005 年第 6 期，第 79 ~94 页。

痛教训后，以互惠与非歧视原则为核心的GATT毕竟是人类理性进化的结晶，有助于国际贸易法治秩序的稳定。取代GATT的WTO更以“规则导向”为特征，而从1994年算起，WTO也才只有十几年的历史。所以国际贸易法治秩序目前还是很不成熟的，从这个意义上说，现阶段我们仍然需要对WTO多边主义秩序给予最起码的尊重。①

但是，对WTO多边主义秩序给予最起码的尊重，并非死抱着第24条这一“客观标准”不放，而是需要相当程度的灵活性和包容性。希图在第24条的一些具体文字上进行追求终极结果的解释性磋商，事实证明并无有效结果。实际上，无论是日常生活经验还是心理学或社会学研究，都表明磋商在许多时候非但不能产生理想化共识，相反却可能越磋商越对立，出现“群体性两极分化”现象。②

在法律解释学领域，台湾学者林立通过对德沃金“唯一正解”观点的批判，论证了“柔性的法价值秩序”。他指出，无数法律人怀抱着司法的“正确性”理想，“正确性”不仅仅指依既有实证法律而言正确，同时也指道德上“客观地”正确。但问题在于这个道德上的“客观”尺度是什么，这个尺度本身是否具备法律身份，或是否来自自然法？德沃金正是着眼于恢复上述理想而希图建构一种封闭完美且道德正确的法律体系，进而提出了“唯一正解”的观点。当多个道德理论都可以一样顺利地解释法律实践时，要判别最正确的解释就取决于哪一个道德理论是其中道德性最高、最善的那一个。可以想见，这样的解答必然令人失望，因为所谓的“唯一正解”，只不过是解释者本人自认为最好的而已。在德沃金看来，只要抬出“原则”，法律便无漏洞，但这也未免过于乐观。林立教授指出，要维系一个正义的社会，重要的是要建立一个正义的大环境。在这个环境中，有畅通的信息渠道，一切事务都可诉诸大众理性的批评与讨论，亦有势均力敌的各种政治力量相互监督制衡。法律在这样的环境中，将能为追求正确的道德价值而不断被审慎对待、操作、修改。这种柔性的法价值秩序（soft legal order of value）将是我们可以得到的唯一可能的最好法秩序。德沃金不会赞同这样的“柔性”法秩序，因为一个

---

① 刘彬：《论昂格尔“民主实验主义”对发展中国家RTA实践的启示》，载曾华群主编：《国际经济新秩序与国际经济法新发展》（陈安教授八十华诞祝贺文集），法律出版社2009年版，第159页。

② 关于协商民主中的“群体性两极分化”现象，参见［美］孙斯坦：《设计民主：论宪法的作用》，金朝武、刘会春译，法律出版社2006年版，第15页。

"大体上正义的社会"对他而言是不够的，而一个"封闭完美的体系"才能让他安心，但林立教授仍然认为德沃金的理论观点极易陷入实践的无穷困境。① 上述意见对于国际法学也具有参考价值。如前所述，对 GATT 第 24 条法律功能的传统理解，正是建基于第 4 款后半段关于"营造物"理念的"法律原则"，但这个"原则"很大程度上是伪法律，只是一个技术上无法保证必然实现的道德理想。进而，对第 24 条 5—8 款中诸如"实质上所有贸易"等种种措辞的解释，也只是各国出于自身利益立场而作出的自认为最"正确"或最"合理"的解释。本文对第 24 条法律功能的新理解，承认各国核心的主权利益的存在，通过 WTO 业已建立的 RTA 透明度机制达致成员间信息和立场的交流沟通，主张一种柔性的控制方式，在一定的"意思中心"内核前提下允许各种弹性的理解，其本质不是"封闭完美"的，而是在互动过程中取得动态发展的。

在价值多元的社会中，按照"独断"方式通过设定一种形而上学的先验命题来作为认同基础是不可行的，哈贝马斯认为这种先验命题不过是一种未加反思的思维偏见而已。② 而这正是对 GATT 第 24 条的诸如"营造物"、"贸易创造大于贸易转移"等传统理解的局限性所在。季卫东教授指出，现代法学理论的最核心问题是如何在不求助于神圣假设的条件下实现法的正当性。③ 在麦考密克和魏因贝格尔为代表的制度法学派看来，法的正当化领域不囿于法律实证主义者情有独钟的法律规范本身，而与法的一般价值范畴乃至社会常识有密切的关系。正当化不是一劳永逸的，法律判断必须不断接受实践理性的检验，因此，正当的制度只能逐步建设和改进。④ 这就意味着自然法的彻底世俗化和实证法的内部社会化。⑤ 笔者对此的个人理解是，这实际上也体现了当代西方综合法学思潮所主张的自然法学、实证法学、社会法学三大派"合流"的精神。⑥

五、国际法学方法论的余思

本文从法哲学角度对国际法文本作出了大量分析。不过，将主要立足于国内社

① 以上论述全部引自林立：《论"法律原则"的可争议性及为"柔性的法价值秩序"辩护》，载许章润主编：《清华法学》（第一辑），清华大学出版社 2002 年版，第 76～108 页。

② 周赟：《论程序主义的合法性理论》，载《环球法律评论》2006 年第 6 期，第 656～657 页。

③ 季卫东：《法治秩序的建构》，中国政法大学出版社 1999 年版，第 334 页。

④ 同上，第 337 页。

⑤ 同注③，第 340 页。

⑥ 参见薄振峰：《当代西方综合法学思潮》，法律出版社 2005 年版，第 35～56 页。

会和国内法的法哲学思想移植运用于国际法领域，由于语境特征大不相同，可能还存在一些潜在的理论障碍。笔者尚未能对此类障碍进行深入思考，而这与本文主题又没有直接的关联，只能暂时搁置。另外，着眼于哈特与富勒等人的观点比较，在法哲学领域中也只是研究角度之一，还有很多其他流派的权威学者提出了各种著名观点，所以本文的分析角度也必然是很不完全的。谨慎而论，本文观点只能代表一家之言，肯定还有很多商榷余地。

跨学科范式在西方法学界已十分流行。例如，国际关系理论与国际法的交叉研究在西方已被承认为国际法学主要范式之一，在国内学界也有兴起之势。但事实上，许多学科的知识和理念是本质相通的，只是表面上存在学科门类的区分而已。例如在一篇关于国际法与建构主义理论的代表性论文中，有关学者指出，建构主义国际关系理论与富勒的法律互动理论可谓声息相通。① 两者的共同之处都在于，法律文本的意义并非完全取决于一成不变的僵化的“客观”法条，而是法律主体在具体实践中通过互动建构出来的，而这种互动过程建构出来的法律意义又有一种阶段性、程度性，从而，对法律主体的行为评价不是一种“要么合法要么非法”的硬性模式，而必然带有明显的实践弹性。建构主义反对对法律标准的“去情境化”的抽象理解，而极为重视具体情境下的个体体验以及这种体验间的互动。从这个意义上讲，本文尽管立足于法哲学资源，但实际上也是以建构主义作为基本精神的。

因此可以认为，国际法学科宜视野开阔，不必拘泥于某一两种范式。在承认法学难以“自给自足”的同时，国际政治学、国际经济学、国际社会学（法学学科之外）、法哲学、各兄弟部门法（法学学科之内）的智识资源都可以为国际法研究所用。国际关系理论与国际法的交叉研究已经成效显著，而法哲学理论由于国际社会不同于国内社会的特殊性，在国际法领域还运用较少。但只要法哲学有关观点具备合理性，对于分析国际法有关问题确有参考价值，那么我们不妨也可以先拿来进行局部性的借鉴。本文就是这样一种初步尝试。

① See generally, Jutta Brunnée & Stephen J. Toope, *International Law and Constructivism: Elements of an Interactional Theory of International Law*, Columbia Journal of Transnational Law, Vol. 39, 2000, pp. 19-74.

A Legal Philosophical Reflection on the Legal Function of GATT Article XXIV

LIU Bin

Abstract: Confronting the reality of widespread emergence of regional trade agreements and the inability of WTO to regulate them effectively, the legal function of GATT Article XXIV needs to be reflected and adjusted. An interdisciplinary paradigm combining international law and legal philosophy is a new way worthy of exploring. The traditional doctrine of Article XXIV on the basis of "building blocks" for the world trade liberalization is presently hard to test in technological sense and also carries a disadvantage of social utilitarianism. The essential legal function of Article XXIV lies not in creating the "building blocks" for the world trade liberalization, but in a macro constraint on regional trade agreements to maintain a minimum stability and predictability of the legal order of international trade community. Therefore, the legal order of international trade community is a dynamic and soft one with continuous reflection and correction in a process of interacting practice.

Keywords: GATT Article XXIV Legal function Legal philosophy Soft order

区域贸易协定下的贸易救济制度研究

——兼论对我国参与区域贸易协定谈判的政策建议*

□ 李晓玲** 陈雨松***

内容摘要 本文从WTO成员设置RTA贸易救济制度的实践出发，对RTA下纷繁复杂的贸易救济制度，特别是部分RTA修改WTO相关协定项下权利义务而形成的贸易救济制度，进行了梳理、比较、归纳和总结。在此基础上，本文进一步探讨了RTA成员选择不同贸易救济制度的动因，以及RTA下贸易救济制度与WTO体制的协调性等问题。我国未来参与RTA谈判时，应根据实际情况，设置适当的贸易救济制度，在保护国内产业和限制措施滥用方面取得平衡。

关键词 区域贸易协定（RTA） WTO 贸易救济

目 次

* 本文受中国博士后科学基金资助（编号：20090450227）。本文纯属个人观点，并不必然代表本人所在单位或任何机构、组织、政府的观点。

** 北京大学法学院博士后研究人员，北京大学WTO法律研究中心，法学博士。

*** 北京大学法学学士，荷兰阿姆斯特丹大学法学硕士（LL. M.），现任职于商务部条约法律司。

（三）RTA之特别保障措施制度

四、RTA下贸易救济制度的体制性问题

（一）区域经济一体化与RTA贸易救济制度设计的政治经济考量

（二）GATT第24.8条与RTA内部保留贸易救济措施的合法性问题

（三）GATT第24.5条与RTA贸易救济制度的歧视性问题

五、关于我国未来RTA贸易救济制度设置的政策建议

（一）我国未来RTA谈判应在内部贸易中适当保留贸易救济制度。

（二）我国未来RTA谈判宜兼采改良和协调方式，限制在内部贸易中使用贸易救济措施。

（三）在RTA外部关系上，我国宜保留RTA成员各自原有的、针对非RTA成员的贸易救济制度。

（四）慎重处理RTA贸易救济制度与WTO体制间的潜在冲突，充分利用作为WTO成员的权利，维护我国产业利益。

近年来，世界贸易组织（World Trade Organization，WTO）多哈回合谈判裹足不前，多边贸易谈判前景黯淡，越来越多的WTO成员主动或被动地卷入了谈判区域贸易协定（Regional Trade Agreement，RTA）的竞争中，这被生动地描述为“囚徒困境”。① RTA谈判的核心目标是在区域范围内取消各种贸易限制措施，实现较WTO体制更大程度的贸易自由化。然而，为了消除国内产业对市场开放的顾虑，越来越多的RTA也同时设置了贸易救济制度。根据WTO秘书处的RTA数据库，截至2009年11月15日，已生效的RTA已达195个，其中规定了反倾销措施、反补贴措施和保障措施的RTA分别为64、53和73个。② 可以说，贸易救济制度的设计和安排已经成为目前各国在RTA谈判中必须认真面对和解决的主要问题之一。

从现有RTA实践来看，部分RTA仅重申适用WTO贸易救济规则，但另外一些RTA则创造性地修改了WTO协定下的权利义务，增加了新的元素。这种现象在

① *See* Meredith Kolsky Lewis, *The Prisoners' Dilemma and FTAs: Applying Game Theory to Trade Liberalization Strategy*, in Ross Buckley, Vai Lo Lo & Laurence Boulle eds., *Challenges to Multilateral Trade: The Impact of Bilateral, Preferential and Regional Agreement*, Wolters Kluwer, 2008, pp. 21-39.

② 参见WTO秘书处之RTA数据库，http://rtais.wto.org/ui/PublicMaintainRTAHome.aspx，访问日期：2009年11月15日。

多哈回合规则谈判的大背景下，尤为明显。① 许多在多哈回合规则谈判中无法达成一致的问题，被引入区域性或双边的 RTA。由于不同 RTA 下贸易救济制度千差万别，这使得国际贸易规则愈加复杂化。尤其是，RTA 贸易救济制度往往在 RTA 成员与非成员之间造成歧视，扭曲贸易流向，加剧了“囚徒困境”的效应。本文拟以反倾销、反补贴和保障措施三种贸易救济制度为线索，比较和研究各国已生效 RTA 在这些方面的具体实践，探讨其在 WTO 体系下的规范性问题，同时也为我国未来 RTA 谈判提供可行的政策建议。

一、现有 RTA 之反倾销制度

反倾销是 WTO 成员使用最为频繁的贸易救济措施。许多 RTA 在保留适用 WTO《反倾销协定》的同时，对具体规则做了修改；明确排除反倾销措施的 RTA 仅为少数。在反倾销制度设计上，大致反映了激进、改良和协调三种方式。②

（一）激进式：少数 RTA 在内部排除适用反倾销措施

中国内地分别与香港、澳门签署的“关于建立更紧密经贸关系的安排”（CEPA）、欧洲经济区（EEA）、欧盟等 9 个 RTA 明确排除在内部适用反倾销措施，③ 在具体制度安排上，又主要有两种做法：一是在 RTA 内部贸易中取消反倾销措施，但保留 RTA 成员各自对第三方的反倾销措施；二是在 RTA 内部贸易中取消适用反倾销措施，并制定 RTA 共同的针对第三方的反倾销措施。此外，部分 RTA 在内部贸易中取消反倾销措施后，更以竞争政策代之发挥作用。

第一种做法的典型代表是 CEPA。CEPA 第 7 条规定：“双方承诺一方将不对原

---

① 在多哈回合谈判中，规则谈判（Rules Negotiations）包括两部分，一是关于澄清和改进反倾销、补贴与反补贴措施（包括渔业补贴）规则的谈判（见《多哈宣言》第 28 段）；二是关于区域贸易协定规则的谈判（见《多哈宣言》第 29 段）。关于世贸组织多哈回合谈判进展情况的一个全面介绍，请参见孙振宇主编：《WTO 多哈回合谈判中期回顾》，人民出版社 2005 年版。

② 这三种做法反映的是当前 WTO 成员在 RTA 中反倾销制度设计上的一些基本方式，但其并非是相互排斥或者非此即彼的。例如，安第斯共同体，在处理内部成员之间反倾销问题上，采取了“改良式”，设置了特殊的调查程序；但在对外反倾销行动上，又设立了统一的对外协调的反倾销机构。

③ 其余 5 个 RTA 为：《加拿大—智利自由贸易协定》、《澳大利亚—新西兰更紧密经济关系和贸易协定》、欧洲自由贸易联盟（EFTA）、《EFTA—智利自由贸易协定》和《EFTA—新加坡自由贸易协定》。但 EEA 取消反倾销措施之规定不适用于农产品和水产品。

产于另一方的进口货物采取反倾销措施。”与此类似，《加拿大—智利自由贸易协定》规定，自双方所有产品的关税降至零时或自 2003 年 1 月 1 日起（已先到者为准），取消双边贸易中的反倾销措施，但不影响成员单独对第三方的反倾销措施。① 第二种做法的典型代表是欧盟，即以统一的、针对第三国的反倾销政策取代成员各自的立法。南方共同市场（MERCOSU）正在效仿欧盟，规划在内部贸易中取消相互适用反倾销/反补贴措施，对外成立共同的调查机构，以共同的针对第三国进口的反倾销/反补贴立法，取代各自的相应立法。目前，MERCOSUR 针对外部进口的共同反补贴/反倾销立法已经完成，但尚未生效，成员之间仍适用 WTO 有关贸易救济措施的规则。②

许多学者主张以竞争政策取代反倾销措施，欧盟是将这一理论付诸实践的代表。作为欧盟前身，欧共体在成立之初，就在内部排除适用反倾销措施，以竞争政策代之。此外，欧洲自由贸易联盟（EFTA）与智利、新加坡签署的 RTA 均规定，成员各方确认有效执行竞争规则可解决导致倾销的经济原因，为此，任一方均不得对另一方的货物采取 WTO《反倾销协定》规定的反倾销措施。③ 另一著名实例是《澳大利亚—新西兰更紧密经济关系和贸易协定》(ANZCERTA)。ANZCERTA 订立于 1983 年，并在 1988 年签署《加快货物自由贸易议定书》。④ 该议定书第 4 条规定，在 1990 年 7 月实现自由贸易后取消反倾销措施；并同时扩大了双方竞争法的适用范围，以禁止在“跨塔斯曼市场”中滥用市场力量的行为。⑤从实践来看，以竞争政策取代反倾销措施增加了国内产业的举证责任。在实施反倾销措施的情况下，国内产业需要证明进口产品的倾销、损害和因果关系。在实施竞争政策的情况下，国内产业必须证明，一企业在“跨塔斯曼市场”具有市场支配地位或实质的市场力量，并滥用其市场力量进行掠夺性定价。因此，在相当长的时间内，在

① 参见该协定第 M 章。

② 2002 年，MERCOSUR 通过了第 22/02 号决议，对内部贸易中的反倾销措施进行约束。该决议规定，一缔约方调查机构应在发起调查前与出口国进行磋商；在调查前应当送交申诉书的非保密文本；救济措施不得超过 3 年等。但目前该决议尚未实施。

③ 参见《EFTA—智利自由贸易协定》第 18 条、《EFTA—新加坡自由贸易协定》第 16 条。

④ 本议定书英文全名为“Protocol to the Australia New Zealand Closer Economic Relations-Trade Agreement on Acceleration of Free Trade in Goods”。

⑤ 所谓的“跨塔斯曼市场”包括澳大利亚市场、新西兰市场和澳大利亚—新西兰共同市场。

ANZCERTA 并没有出现这类反竞争行为的案例。①

（二）改良式：多数 RTA 修改 WTO《反倾销协定》规则

绝大多数 RTA 保留了反倾销措施，但在实施程序或实体要件上增加了限制，防止 RTA 内部反倾销措施的滥用。作为多哈回合规则谈判“反倾销之友”的成员之一，新加坡主张严格限制成员滥用反倾销措施，其缔结的系列 RTA 对反倾销措施实体方面的诸多限制最具代表性。《新加坡—新西兰更紧密经济伙伴协定》、《新加坡—约旦自由贸易协定》、《新加坡—澳大利亚自由贸易协定》、《新加坡—韩国自由贸易协定》等均在 WTO《反倾销协定》基础之上，进一步严格反倾销纪律，约束反倾销措施，包括：将“微量倾销”的幅度从 2% 提高至 5%；将“可忽略进口数量”从 3% 提高至 5%；将日落复审或终止反倾销措施的期限从 5 年减至 3 年；禁止代表第三国的反倾销措施；在倾销幅度计算上禁止使用“归零法”；实施“低税原则”；规定评估进口量的调查期至少为 1 年；规定对遭受保障措施的产品不得进行反倾销调查，等等。② 一些 RTA 还对反倾销措施的程序给予限制，约束缔约方在发起反倾销调查和采取反倾销措施方面的随意性。如《新加坡—澳大利亚自由贸易协定》规定，一方在收到针对另一方进口的反倾销申请后，应立即通报另一方；在正式发起反倾销调查之前通知另一方，并给予磋商机会。③

安第斯共同体对 WTO《反倾销协定》规则的修改，与新加坡签订的系列 RTA 有相似之处，其不同之处是对 RTA 内部的反倾销调查设定了特殊程序，由各成员提请总干事对内部贸易中的倾销进行调查，并采取临时或最终反倾销措施。④ 在《美国—中美洲—多米尼加共和国自由贸易协定》中，美国给予了中美洲国家和多

① *See* Jean-François Bellis, *The Treatment of Dumping, Subsidies and Anti-competitive Practices in Regional Trade Agreements*, in Paul Demaret, Jean-François Bellis & Gonzalo Garcia Jimenez, *Regionalism and Multilateralism after the Uruguay Round: Convergence, Divergence and Interaction*, European Interuniversity Press, 1997, p. 380.

② 参见《新加坡—新西兰更紧密经济伙伴协定》第 9 条“反倾销”、《新加坡—约旦自由贸易协定》第 2.8 条“反倾销措施”、《新加坡—澳大利亚自由贸易协定》第 8 条“反倾销措施”、《新加坡—韩国自由贸易协定》第 6.2 条“反倾销措施”。

③ 参见《新加坡—澳大利亚自由贸易协定》第 8 条“反倾销措施”。

④ Robert Teh, Thomas J. Prusa & Michele Budetta, *Trade Remedy Provisions in Regional Trade Agreements*, WTO Staff Working Paper ERSD-2007-03, September, 2007, p. 19.

米尼加共和国特殊的优惠待遇，在进行反倾销损害调查时，不对其进口进行累积计算。① 该“非累积条款”（non-cumulation provision）最早见于《美国—以色列自由贸易协定》,② 据此中美洲国家和多米尼加共和国对美出口受到美国反倾销调查时，可以单独评估损害，从而大幅降低了其遭受反倾销措施的可能性。

（三）协调式：某些 RTA 设立了负责反倾销事务的区域机构

除实体和程序方面的调整外，若干 RTA 还在内部设立了负责反倾销事务的区域机构，依其职责大致可分为三类。其一，担负审查职能（包括调查机关的有关裁决和修正法案）的机构，以《北美自由贸易区协定》（NAFTA）最为典型。在 NAFTA 谈判中，加拿大和墨西哥曾主张以竞争政策取代反倾销/反补贴措施，由于美国坚持保留而未能如愿。在最终达成的文本中，各缔约方虽然保留了对来自其他缔约方进口货物采取反倾销/反补贴措施的权利，但也同时规定若干限制，特别是成立“双边专家组”（Bi-national Panel），取代成员对本国反倾销/反补贴税终裁的司法审查。③ 该双边专家组的管辖权是审查最终的反倾销/反补贴措施是否符合该进口国反倾销/反补贴法律，其审查标准与司法审查类似；若有关最终反倾销/反补贴措施在调查程序上存在违法之处，将被双边专家组推翻。其二，负责 RTA 统一的对外反倾销调查和征税的机构，以欧盟、安第斯共同体、中美洲共同市场、加勒比共同体和西非经济货币联盟为代表。这些 RTA 均是关税同盟。④ 其三，只作为反倾销调查等的磋商和通报机构，监督 RTA 的执行，以欧盟为中心缔结的 RTA 多属此类。中国近年与新加坡、新西兰、秘鲁等缔结的 RTA，虽未设立一个专门的机构，在反倾销方面均以诸多文字强调了磋商与通报。

---

① *See* U. S. -Dominican Republic-Central America Free Trade Agreement, Article 8.8: The United States shall continue to treat each other Party as a “beneficiary country” for purposes of 19 U. S. C. § § 1677 (7) (G) (ii) (III) and 1677 (7) (H) and any successor provisions. No Party may have recourse to dispute settlement under this Agreement for any matter arising under this paragraph.

② Dukgeun Ahn, *Foe or Friend of GATT Article XXIV: Diversity in Trade Remedy Rules*, Journal of International Economic Law, Vol. 11, Issue1, 2008, p. 113.

③ 参见 NAFTA 第 1904 条“对反倾销和反补贴税终裁的审查”。

④ Robert Teh, Thomas J. Prusa & Michele Budetta, *Trade Remedy Provisions in Regional Trade Agreements*, WTO Staff Working Paper ERSD-2007-03, September, 2007, pp. 19-20.

二、现有 RTA 之反补贴制度

与反倾销措施相比，对反补贴措施作出特别规定的 RTA 较少。即便有所规定，很多 RTA 也仅是重申采取反补贴措施应当遵守 WTO《补贴与反补贴措施协定》。《EFTA—智利自由贸易协定》、《新西兰—新加坡更紧密经济伙伴协定》，以及中国缔结的 CEPA 之外的所有其他 RTA，均属此类。主要原因是各个 RTA 对补贴的约束较少，成员客观上需要保留反补贴措施作为救济手段。各国不倾向于通过 RTA 削减或取消补贴，则是由于 RTA 削减或取消补贴的贸易利益，将不可避免地被非 RTA 成员分享。为了避免其他国家“搭便车”，多数成员认为，WTO 进行的多边贸易谈判才是削减补贴，尤其是农业补贴的最佳场合。①

除上述特点之外，RTA 下的反补贴制度安排与反倾销类似：一是在 RTA 内部排除适用反补贴措施；二是保留反补贴措施，但在 WTO《补贴与反补贴措施协定》基础上做某些具体修改；三是通过设立区域机构，协调 RTA 成员的反补贴措施。

与反倾销措施类似，在 RTA 内部排除反补贴措施是较为激进的方式，基本只适用于经济联系密切和一体化程度较高的区域，如 CEPA、欧盟、EEA 和 EFTA。中国内地与香港、澳门本属同一主权国家，CEPA 排除适用将抵消政府补贴效果的反补贴措施，是完全必要和可行的。而欧盟、EEA 和 EFTA 采用以竞争政策取代反补贴措施的途径，通过实施统一的竞争政策，特别是建立“国家援助”（state aid）规则，取代反补贴措施以约束各成员国的经济政策。从实体法的角度来看，以“国家援助”规则取代反补贴措施并不困难。事实上，二者的实体要件基本相同，最主要的区别体现在救济方式上。对于反补贴措施，最终的救济方式是针对进口征收相当于补贴幅度的反补贴税；对于“国家援助”，最终救济方式是直接取消该项补贴。就对贸易的影响而言，显然后者是“釜底抽薪”，可以最大限度地防止贸易扭曲，而且实施成本也较低。但是，实施“国家援助”规则的难点在于，需要在 RTA 下建立一个超国家的机构（如欧委会或欧洲法院），并能够对各成员作出有拘束力的命令或决定。这显然对 RTA 的区域整合程度有相当高的要求。② 即便是

① Robert Teh, Thomas J. Prusa & Michele Budetta, *Trade Remedy Provisions in Regional Trade Agreements*, WTO Staff Working Paper ERSD-2007-03, September, 2007, pp. 21-22.

② *See* Jean-François Bellis, *The Treatment of Dumping, Subsidies and Anti-competitive Practices in Regional Trade Agreements*, in Paul Demaret, Jean-François Bellis & Gonzalo Garcia Jimenez, *Regionalism and Multilateralism after the Uruguay Round: Convergence, Divergence and Interaction*, European Interuniversity Press, 1997, p. 378.

EEA 和 EFTA，以竞争政策取代反补贴措施也不适用于农产品和水产品。

一些 RTA 采用第二、三种方式，即保留反补贴措施，但在 WTO《补贴与反补贴措施协定》基础上增加额外规定，或设立区域机构进行反补贴调查，审查或发回重审反补贴税终裁。一些 RTA 规定了启动反补贴调查的程序性事项，增加约束条件。例如，《EFTA—韩国自由贸易协定》第 2.9 条规定，在一方启动反补贴调查之前，应当至少提前 30 天与另一方进行磋商，从而加强对反补贴的程序约束。《美国—韩国自由贸易协定》第 10.7 条也有类似规定。安第斯共同体、中美洲共同市场、加勒比共同体和 NAFTA 是第三种方式的典型代表。在《加拿大—智利自由贸易协定》中，双方约定建立共同的反倾销和反补贴委员会，以协商进一步加强补贴纪律，并消除反补贴措施。① 这些额外规定的共性是试图以明确且中立的程序，遏制反补贴措施的任意性和滥用。

三、现有 RTA 之保障措施制度

在保障措施方面，多数 RTA 在 WTO 规则基础上增加了限制性规定：在 RTA 成员之间排除适用保障措施；或者提高实施门槛，增加约束条件，减少启动保障措施的机会。此外，RTA 还设定了一些特殊的保障措施，如仅适用于 RTA 内部的过渡性保障措施（双边保障措施）、农产品特别保障措施、纺织品特别保障措施等。

（一）RTA 之全球保障措施制度

WTO 体系下实施保障措施的一个根本原则是，保障措施应当针对来自所有国家的产品并在非歧视的基础上实施。但是，部分 RTA 排除在内部贸易中适用保障措施，或规定了特殊规则。

完全排除全球保障措施的 RTA② 以《澳大利亚—新加坡自由贸易协定》和《新西兰—新加坡更紧密经济伙伴协定》最为典型，即规定自协定生效之日起，任何一方不得对来自另一方的产品采取保障措施。③ 另一些 RTA 附条件地取消在成员之间适用保障措施。例如，NAFTA 规定各缔约方保留根据 GATT 第 19 条采取全

---

① 参见《加拿大—智利自由贸易协定》第 M-05 条“反倾销和反补贴措施委员会”。

② 完全排除全球保障措施的 RTA 共有 5 个，分别是：《澳大利亚—新加坡自由贸易协定》、《加拿大—以色列自由贸易协定》、欧盟、MERCOSUR 和《新西兰—新加坡更紧密经济伙伴协定》。

③ 参见《澳大利亚—新加坡自由贸易协定》第 9 条及《新西兰—新加坡更紧密经济伙伴协定》第 8 条。

球保障措施的权利，但原则上应当排除适用于来自另一成员的进口，除非自该成员的进口独自构成了总进口的实质性份额，并是对进口国产业造成严重损害或威胁的重要原因。①鉴于《保障措施协定》要求保障措施应适用于所有进口产品，无论其来源何处，此类对 RTA 成员排除适用保障措施的做法，将导致 RTA 与 WTO 规则之间的冲突。迄今已有多个 WTO 案件涉及这一问题，如“阿根廷—鞋类保障措施案”、“美国—对欧共体小麦面筋保障措施案”、“美国—弧焊碳管最终保障措施案”等。

与完全或附条件排除保障措施相比，更多的 RTA 仍然保留了保障措施的适用，并有部分 RTA 在 GATT 第 19 条和 WTO《保障措施协定》基础上，加强了对保障措施的约束。例如，《欧共体—墨西哥自由贸易协定》第 15 条规定，保障措施实施时间从 4 年缩短为 1 年，在极特殊情况下可延长至 3 年；不得在 3 年内对该产品重复实施保障措施；实施保障措施的成员必须在采取措施之前提供补偿，以保证实质相当的贸易自由化水平。假若这些特殊规定只适用于与其签署了 RTA 的 WTO 成员，将不可避免地导致不同 WTO 成员间的差别待遇，成为 WTO 诉讼的潜在根源。

（二）RTA 之双边/过渡性保障措施制度

在逐步实施贸易自由化的过程中，为了解决对国内产业的冲击，诸多 RTA 规定了仅限于 RTA 范围内的保障措施，即 RTA 之双边保障措施。绝大多数双边保障措施仅在过渡期内实施，故亦称“过渡性保障措施”。此所谓过渡期，主要指 RTA 内关税削减的过渡期。以 ANZCERTA 为例，过渡期为成员仍保留下列措施的期间：关税、进口数量限制或关税配额、与出口实绩挂钩的出口促进措施、基于公平而采取的平衡贸易的措施。② 但并非所有的双边保障措施都只能在过渡期内实施，如 CEPA 没有明确规定适用期限。保障措施的基本形式是暂停削减关税或将优惠税率提高至最惠国税率的水平，但采取保障措施的时间一般短于全球保障措施（1 年至 3 年间），以减轻对 RTA 内部贸易的影响。此外，假若无法就补偿达成一致，受影响的成员可实施报复，且不受限于 WTO《保障措施协定》的要求，即除非绝对进口量增加，否则保障措施实施后的前三年内，不得采取报复。③ 该规定也可减少双边保障措施的启用频率。

绝大多数 RTA 都既保留 WTO 规定的全球保障措施，又单独设置了成员之间的

① 参见 NAFTA 第 802 条“全球行动”。

② 参见 ANZCERTA 第 17 条。

③ 参见 WTO《保障措施协定》第 8.3 条。

双边保障措施。在此方面以 NAFTA 最有代表性。(见表 1)

表 1　**RTA 下全球保障措施与双边（过渡性）保障之比较（以 NAFTA 为例）**

	全球保障措施	双边保障措施（NAFTA）
适用范围	来自全球进口	来自 NAFTA 成员进口
实施条件	未预见到的发展；进口增长；造成严重损害或其威胁；进口增长和产业损害之因果关系	由于 NAFTA 取消或降低关税；进口绝对增长；造成严重损害或其威胁；该进口增长本身（alone）是造成损害的实质性原因（a substantial cause）。
措施内容	禁止自愿出口限制；增加关税或数量限制；在防止或补救严重损害并便利调整所必需的限度内；数量限制不低于最近 3 年平均进口。	中止在 NAFTA 下进一步削减该产品关税；将该产品关税提升至采取措施时的 MFN 关税，或 NAFTA 生效时的 MFN 关税，以较低者为准；对季节性关税提升至 NAFTA 生效前相应季节水平；在补救或防止损害所必需的最低限度内。
临时措施	紧急情况；只能采取提高关税形式；不得超过 200 天。	(无规定)
实施期	防止或补救严重损害必需限度内；最长 4 年，延长后不得超过 8 年（发展中国家 10 年）。	不超过 3 年，特殊情况下可再延长 1 年；不超过过渡期（除非另一方同意）；在措施结束后应将关税降至特定水平。
再次启动	相等的期限内，不得再次实施；不适用期至少 2 年；180 天内的措施例外。	在过渡期内对同一产品实施措施不超过 1 次。
贸易补偿与报复	在相对增长的情况下，措施实施后；在绝对增长的情况下，措施超过 3 年；暂停实质相当减让义务水平。	采取措施的一方应向另一方提供双方同意的贸易补偿；若双方不能就补偿达成一致，另一方可以采取实质相当的关税措施。
适用时间	(无规定)	在过渡期内（NAFTA 为 10 年）；过渡期后须另一方同意。

(三) RTA 之特别保障措施制度

部分 RTA 还针对特定产业部门规定了特别保障措施。这些 RTA 允许缔约方根据进口量或价格变化，对敏感进口产品征收额外关税。例如，《加拿大—智利自由贸易协定》和《加拿大—哥斯达黎加自由贸易协定》规定了关于纺织品和服装的特殊保障措施。在农产品贸易领域，NAFTA、《美国—澳大利亚自由贸易协定》、《加拿大—智利自由贸易协定》等规定了类似 WTO《农业协定》第 5 条的特殊保障机制。这些保障措施的实施期一般不限于过渡期，其主旨是减少 RTA 对敏感产业的影响，其作用与更长的过渡期安排、部门排除以及复杂和限制性的原产地规则类似。①

四、RTA 下贸易救济制度的体制性问题

（一）区域经济一体化与 RTA 贸易救济制度设计的政治经济考量

早在 1947 年，美国总统就发布行政命令，要求美国在与其他国家签订贸易协定时必须规定“免责条款”。近年缔结的大多数 RTA 都规定了贸易救济制度，以便进口增加造成国内产业严重损害时，免除应尽的义务。但各个 RTA 贸易救济制度的具体内容各异，同一个国家签订的 RTA 之间也有所不同。总结现有 RTA 之贸易救济制度，无论是反倾销、反补贴措施，还是保障措施，仍大致可分为三种方式：在 RTA 内部取消特定贸易救济措施的激进式；通过在 WTO 相关协定基础上强化规则，避免特定贸易救济措施滥用的改良式；和通过建立区域机构等手段，协调 RTA 成员贸易救济行动，从而防止滥用的协调式。

从宏观政策角度来看，某一特定 RTA 采纳何种贸易救济制度，总体上取决于该 RTA 经济一体化的目标和程度。一般而言，只有在成员之间达到相当程度的经济整合，并且有信心在没有安全阀机制的情况下接受来自另一成员的进口，才会完全放弃贸易救济制度。因此，虽然欧盟内部已经全面取消了各种贸易救济制度，但与土耳其的关税同盟仍然保留了反倾销措施。对于多数 RTA 而言，成员仍需要保留一种或多种“安全阀”机制。这种“安全阀”既是经济上的，又是政治上的。从经济上来看，贸易救济制度可以协助国内产业进行调整，实现经济的平稳发展；从政治上来看，它有助于赢得国内在市场开放方面的政治支持。

对于区域经济一体化目标不高，尚不愿放弃贸易救济手段的国家而言，可考虑通过内设专门区域机构进行协调，或者在现有 WTO 相关协定基础上强化规则，防

① Robert Teh, Thomas J. Prusa & Michele Budetta, *Trade Remedy Provisions in Regional Trade Agreements*, WTO Staff Working Paper ERSD-2007-03, September, 2007, p. 24.

止 RTA 内部贸易救济措施的滥用。美国缔结的 NAFTA 和更早的美加自由贸易协定（CUSFTA）可作为范例。这两个 RTA 均内设专门的组织和程序（即“双边专家组”），审查成员调查机关作出的贸易救济裁决，以及对反倾销和反补贴法的修改。诸多经济学家对比了 NAFTA 和 CUSFTA 实施前后的数据，发现经过双边专家组程序之后，美国对加拿大和墨西哥作出的贸易救济裁决真正实施的数量减少了，并且缔约方相互之间的反倾销调查申请数量也减少了。① 这些研究成果证明，由一个相对独立的区域机构审查成员调查机关的裁决，可减少针对 RTA 内部贸易的贸易救济措施。

此外，从制度创新角度而言，研究 RTA 的学者将 RTA 称做一些“有趣的”多边规则的“实验场所”。② 这种说法针对的是 WTO 多哈回合谈判中久谈不决的问题，如低税原则、禁止归零法、日落复审等，被纳入了一些国家缔结的 RTA 中。采用改良的方式，在 WTO 相关协定的基础上强化规则，不影响原有的基本制度和原则，在技术上较为易行和可控。这也为今后 WTO 多边贸易救济制度的创新和发展提供了实践的平台。③

（二）GATT 第 24.8 条与 RTA 内部保留贸易救济措施的合法性问题

从法律角度来看，在现有 WTO 体制下，GATT 1994 第 24 条“适用领土—边境贸易—关税同盟和自由贸易区”及《关于解释 GATT 1994 第 24 条的谅解》是目前处理 RTA 与 WTO 体制关系的主要法律依据。然而，由于 GATT 第 24 条关键词语的含义并不明确，且现今 RTA 的复杂性已远超出该条款谈判之时，导致 RTA 各类贸易救济制度在若干方面与 WTO 体制可能存在潜在冲突，特别是 RTA 下贸易救济制度与 GATT 第 24.8 条及 GATT 第 24.5 条的协调问题。

GATT 第 24.8 条规定，RTA 成员之间应当对“实质上所有贸易”取消关税和

---

① *See* Rugman Alan M. & Andrew D. M. Anderson, *NAFTA and the Dispute Settlement Mechanism: A Transaction Costs Approach*, The World Economy, Vol. 20, No. 7, 1997, pp. 935-950; Bruce A. Blongigen, *The Effects of NAFTA on Antidumping and Countervailing Duty Activity*, The World Bank Economic Review, Vol. 19, No. 3, 2005.

② Dukgeun Ahn, *Foe or Friend of GATT Article XXIV: Diversity in Trade Remedy Rules*, Journal of International Economic Law, Vol. 11, Issue1, 2008, p. 109.

③ 又如，目前许多学者，甚至部分 WTO 成员，主张以竞争政策取代反倾销或反补贴措施。在 WTO 坎昆会议之前有关竞争政策的谈判中，日本、韩国等均主张建立统一、全面的竞争政策协定，取代反倾销措施，但遭到美国的强烈反对。当前的多哈发展议程已不再包括竞争政策，故而以竞争政策取代反倾销和反补贴暂时不可能在 WTO 体系里得以确立。然而，部分 RTA 以竞争政策取代反倾销措施的实践情况，或可为今后的论证和谈判提供素材。

“其他限制性商业法规”；但如有必要，第11条至第15条以及第20条允许的情况除外。① 继WTO“美国—弧焊碳管最终保障措施案”后，② “其他限制性商业法规”包括贸易救济措施已无实质性争论。接下来的问题是，第24.8条对第11条至第15条和第20条免于取消的列举，是否为穷尽性的？如果是穷尽性列举，RTA内部必须取消贸易救济措施，否则将构成对GATT第24.8条的违反。

《保障措施协定》脚注1规定，“本协定的任何规定不预断对GATT 第19条与第24.8条之间关系的解释”，似乎有意搁置涉及GATT 第24.8条的问题。相比之下，学术界可谓众说纷纭。有的学者认为，由于第24.8条没有将GATT第6条（反倾销、反补贴）和第19条（保障措施）列为例外，故对于RTA成员之间的实质上所有贸易，应取消贸易救济措施。③ 反对意见认为，第24.8条之列举并非穷尽性的，GATT第6条和第19条也理应包括在内；并且，如果在实施反倾销、反补贴和保障措施时排除RTA成员，可能加剧RTA对其他WTO成员造成的歧视，因此主张RTA成员之间应当保留这些措施。④ 另一些学者辩称，即便贸易救济措施属于应当取消的“其他限制性商业法规”，由于第24.8条要求对“实质上所有贸易”取消“其他限制性商业法规”，而非对“所有贸易”或“全部贸易”，故只要某一RTA贸易救济措施不影响到“实质上所有贸易”，便不会违反第24.8条。⑤

在WTO争端解决实践中，专家组和上诉机构一直避免直接裁定RTA内部应否排除适用贸易救济措施，而是以贸易救济措施调查和实施之间应保持“平行性”为由，作出裁断。所谓“平行性”（parallelism），是指在采取贸易救济措施时，其调查范围与采取措施范围应当相同。“平行性”的要件并未明文见于WTO规则，

---

① GATT第11-15条和第20条分别涉及：普遍取消数量限制、为保障国际收支而实施的限制、数量限制的非歧视管理、非歧视原则的例外、外汇安排和一般例外。

② *See* WTO Panel Report on *United States—Definitive Safeguard Measures in Imports of Circular Welded Carbon Quality Line Pipe*, WT/DS202/R, para. 7.14.

③ *See* Angela T. Gobbi Estrella & Gary N. Horlick, *Mandatory Abolition of Anti-dumping, Countervailing Duties and Safeguard in Customs Unions and Free Trade Areas Constituted Between WTO Members: Revisiting a Long-Standing Discussion in Light of the Appellate Body's Turkey-Textiles Ruling*, in Lorand Bartels & Federico Ortino, eds., *Regional Trade Agreements and the WTO Legal System*, Oxford University Press, 2006.

④ 参见，林彩瑜：《论WTO架构下区域贸易协定防卫措施适用之有关问题》，载《贸易调查专刊》第13期；Joost Pauwelyn, *The Puzzle of WTO Safeguards and Regional Trade Agreement*, Journal of International Economic Law, Vol.7, No.1, 2004.

⑤ Dukgeun Ahn, *Foe or Friend of GATT Article XXIV: Diversity in Trade Remedy Rules*, Journal of International Economic Law, Vol.11, Issue1, 2008, p.121.

而是在若干 WTO 保障措施案件中逐步发展起来的。在“阿根廷—鞋类保障措施案”、“美国—对欧共体小麦面筋保障措施案”、“美国—弧焊碳管最终保障措施案”等案中，上诉机构报告均以被申诉方将 RTA 成员的进口纳入调查范围，但在实施保障措施时却将其排除在外，缺乏“平行性”为由，裁定其未能明确证明排除 RTA 成员后的其他来源进口满足《保障措施协定》下实施保障措施的条件。反倾销和反补贴措施也存在同样的问题。例如，WTO《反倾销协定》和《补贴与反补贴措施协定》均允许在反倾销或反补贴调查中累计评估一个以上成员进口产品的影响。如果在累计评估时将 RTA 成员的进口产品计算在内，而在征收反倾销或反补贴税时，将其排除在外，将同样引发“平行性”问题。

在“美国—弧焊碳管最终保障措施案”中，上诉机构总结了符合“平行性”要求的两种情形：(1) 在贸易救济措施调查初始阶段即排除来自 RTA 成员的进口，并最终排除对 RTA 成员适用该项措施；(2) 在贸易救济措施调查初始阶段不排除来自 RTA 成员的进口，但有证据证明，来自非 RTA 成员的进口本身即满足实施贸易救济措施的要件，在此情况下亦可排除对来自 RTA 的进口适用贸易救济措施。据此，上诉机构实质上回避了 RTA 内应否保留贸易救济措施，或者是附条件地默认了 RTA 内仍可保留贸易救济制度。然而，“平行性”毕竟是在 GATT 第 24 条及其他 WTO 协定条款语焉不详的情形下发展出来的，是 WTO 争端解决实践创造的产物，并非 WTO 成员谈判商定的多边纪律。在制度层面上，RTA 内部保留贸易救济制度是否符合 GATT 第 24 条，并未获得解决。

(三) GATT 第 24.5 条与 RTA 贸易救济制度的歧视性问题

假如 GATT 第 24.8 条不排斥 RTA 在内部保留贸易救济措施，接下来的问题是如何保证与 WTO 协定相符。GATT 第 24.5 条是关键性条款。GATT 第 24.5 条规定，本协定的规定不得阻止在缔约方领土之间形成 RTA，但 RTA 成员对非成员的关税和其他贸易法规不得高于或严于 RTA 建立之前存在的相应关税或贸易法规。在“土耳其—纺织品及服务进口限制案”中，上诉机构报告的解释是，一项违反 GATT 其他条款的措施若要援引第 24 条获得“合法化”，需满足时间条件和具有必要性。所谓时间条件，指争议措施是在成立 RTA 时采取的；所谓必要性，指如果不采取该措施，将阻碍 RTA 之成立。① WTO 秘书处资深法律官员 Gabrielle Marceau 女士将其描述为“反向一致规则”，即除非有其他证明，违反 GATT 其他

① WTO Appellate Body Report, *Turkey—Restrictions on Imports of Textile and Clothing Products*, para. 58.

条款将导致RTA 及 RTA 下的优惠违反 WTO 多边规则。①

尽管 RTA 的初衷是促进成员间的贸易，但 RTA 对成员间贸易救济措施的特殊安排，往往事实上造成对非成员的歧视，引起贸易从非 RTA 成员向 RTA 成员的转移，相当于对非 RTA 成员提高了贸易壁垒。RTA 全球保障措施制度中的成员间排除适用条款，争议最大。WTO《保障措施协定》要求“保障措施应针对一正在进口的产品实施，而不考虑其来源”,② 然而，一些 RTA 却规定在采取全球保障措施时豁免另一 RTA 成员的产品，与《保障措施协定》存在明显的冲突，并且难以根据 GATT 第 24.5 条获得豁免：即便能满足前述时间条件，也难以证明此类保障措施条款为成立 RTA 所必要。

RTA 反补贴制度的特别规定较少，由此引发的争议也较少。关于反倾销措施，WTO《反倾销协定》第 9.2 条规定了征收反倾销税方面的非歧视原则，即“如对任何产品征收（imposed）反倾销税，则应对已被认定倾销和造成损害的所有来源的进口产品，根据每一案件的情况在非歧视基础上收取（collected）适当金额的反倾销税”。有学者根据“collect”一词的语义，认为这意味着成员可根据优惠的贸易救济规则，选择性地只对某些来源的进口裁定征收（impose）反倾销税，只要在实际收取（collect）反倾销税时，以非歧视的方式对待每一已被征收（impose）反倾销税的进口来源即可。《补贴与反补贴措施协定》第 19.3 条有关反补贴税的规定基本相同，但英文文本的措辞以“levied”取代了前述“collected”。而“levied”一词的语义与“impose”基本相同，故不存在《反倾销协定》第 9.2 条的问题。③

这种观点似乎可使 RTA 中的特殊反倾销条款“合法化”。尤其是，一成员如果在反倾销调查的初始阶段就排除与其缔结有 RTA 的产品来源国，将仍符合《反倾销协定》第 9.2 条。但除非有权威的乌拉圭回合谈判历史资料佐证，否则这种观点很难站住脚。2004 年“欧共体—对印度钢铁产品的反倾销措施案”中，印度诉称，欧共体仅对印度、中国台北、叙利亚和马其顿进口的钢铁产品征收反倾销税，但是对于埃及、斯洛伐克、土耳其进口的相同产品，虽然发现存在倾销并对欧共体产业造成损害，却排除征收反倾销税，因而违反了《反倾销协定》第 9.2 条之规

① Gabrielle Marceau & Cornelis Reiman, *When and How Is a Regional Trade Agreement Compatible with the WTO?* Legal Issues of Economic Integration Vol. 28, No. 3, 2001, p. 331.

② WTO《保障措施协定》第 2.2 条。

③ Dukgeun Ahn, *Foe or Friend of GATT Article XXIV: Diversity in Trade Remedy Rules*, Journal of International Economic Law, Vol. 11, Issue1, 2008, pp. 126-127.

定。经过双方协商，欧共体最终终止了其反倾销措施。① 作为乌拉圭回合最重要的谈判方之一，欧共体未就第 9.2 条提出对其有利的谈判历史资料。可见，前述单纯根据字面含义的推论，难以代表 WTO 成员当时的谈判意图。

为使 RTA 贸易救济制度符合第 24.5 条标准，有学者建议，法律上可行的解决方案是或者整体上移植 WTO 的贸易救济制度，或者将 RTA 之贸易救济制度扩展适用于所有的 WTO 成员。② 但假若采用第一种方案，便没有在 RTA 中单独规定贸易救济制度的必要；同时，RTA 贸易救济上的特殊安排，往往基于 RTA 内的经济一体化目标和其他承诺，若采用第二种方案，将其扩展适用于未作出同等承诺的第三方，恐难为 RTA 成员接受。RTA 下的优惠本身即蕴含了一定程度的“歧视性”，如何拟定具体规则，将此种“歧视性”限制在 WTO 各成员可接受的范围之内，平衡 RTA 成员和非成员的利益，才是较为实际的解决方案。正如曾任 WTO 上诉机构成员的著名学者松下满雄教授（Mitsuo Matsushita）所言，无论人们是否喜欢，RTA 的盛行是个无法更改的事实；尽管这将带来一定风险，但应当可以找到一种方法，使 WTO 代表的多边体制与 RTA 能够共存和相互补充。而确立有关 WTO 与 RTA 关系的法律原则，应当通过 WTO 成员的多边谈判解决。③在此问题上，WTO 成员不应继续逃避责任，将其推卸给 WTO 争端解决专家组和上诉机构。

五、关于我国未来 RTA 贸易救济制度设置的政策建议

截至 2009 年 11 月，我国缔结并生效的 RTA 共有 9 个，均就贸易救济制度作出了规定。但除少数情况外，基本仅重申了 WTO 相关协定（参见表 2）。在制度设计上，我国已生效 RTA 总体体现为下述特征：其一，所有 RTA 中，仅 CEPA 在内部贸易中排除适用反倾销和反补贴措施，但未以竞争政策取代；其二，CEPA 之外的其他 RTA 均保留了 WTO 协定下反倾销、反补贴和保障措施的适用，且除保障措施外，几乎未在 WTO 相关协定基础上作任何修改；其三，我国 RTA 在 WTO 协定基础上最大的修改是，在与新加坡、新西兰签署的 RTA 中明确规定，当根据 WTO

① *See* WTO case, *European Communities—Anti-dumping Duties on Certain Flat Rolled Iron or Non-Alloy Steel Products from India*, in WTO documents WT/DS313/1 & WT/DS313/2.

② Dukgeun Ahn, *Foe or Friend of GATT Article XXIV: Diversity in Trade Remedy Rules*, Journal of International Economic Law, Vol. 11, Issue1, 2008, pp. 125-126.

③ Mitsuo Matsushita, *Legal Aspects of Free Trade Agreements: In the Context of Article XXIV of the GATT* 1994, in Mitsuo Matsushita & Dukgeun Ahn, eds., *WTO and East Asia: New Perspectives*, Cameron May, 2004, p. 514.

有关规定采取全球保障措施时，可排除缔约对方的进口产品；另外，所有的RTA均规定了较为详细的双边保障措施。

表2　　我国已生效RTA中关于贸易救济措施的主要规定

RTA	反倾销	反补贴	保障措施
内地-香港	不适用	不适用	双边保障措施（未特别规定全球保障措施）
内地-澳门	不适用	不适用	同上
亚太贸易协定	适用	适用	全球保障措施；双边保障措施
中国-东盟	适用	适用	全球保障措施；双边/过渡性保障措施
中国-巴基斯坦	适用	适用	同上
中国-智利	适用	适用	同上
中国-新加坡	适用	适用	同上
中国-新西兰	适用	适用	同上
中国-秘鲁	适用	适用	同上

由于我国加入WTO和参与RTA谈判的时间不长，在RTA贸易救济制度的设计上，还显得相当谨慎和略有保守。随着我国自由贸易区战略的推进和双边、多边贸易谈判经验的积累，我国完全可以在目前RTA贸易救济制度的基础上，作出适当的调整，以维护我国产业的利益。

（一）我国未来RTA谈判应在内部贸易中适当保留贸易救济制度

RTA较WTO更大程度的关税减免和市场开放将不可避免地对国内产业造成竞争压力，而作为"安全阀"的贸易救济机制允许缔约方在特定情况下，援引该措施维护国家根本利益。在RTA内部完全排除贸易救济措施，需要区域经济一体化发展到相当之高的程度。目前，除CEPA缔约方为属同一主权国家的内地、香港和澳门，满足这一条件外，我国与任何其他贸易伙伴的经济联系尚未达到此种程度。在现阶段，中国既是各国贸易救济措施的主要对象，也是贸易救济措施的使用者；在未来，随着部分制造业从我国向境外转移，我国产业可能更加需要贸易救济措施，维护公平竞争环境。因此，在RTA内部贸易中全面排除贸易救济制度，尚不可行。即便在特殊情形下放弃，也应详细拟定所附的条件。

关于在RTA内部以竞争政策取代贸易救济措施，由于竞争政策的协调涉及各方经济政策的全面整合，实际操作上有很大难度。事实上，反倾销和反补贴法与竞争法的定位和功能也不完全重合。反倾销主要针对歧视性的国际定价对国内产业造成的损害；反补贴主要针对他国政府性财政资助对国内产业造成的损害；而竞争法则主要着眼于卡特尔和滥用市场支配地位等行为。在中国反垄断法刚出台，反垄断执法经验尚浅的背景下，讨论以反垄断法取代反倾销或反补贴，短期之内尚不太现实。但从长期来看，其可能性和对我国的利弊，值得研究。

（二）我国未来 RTA 谈判宜兼采改良和协调方式，限制在内部贸易中使用贸易救济措施

我国未来 RTA 谈判应在 WTO 相关协定基础上强化规则，严格限制采取贸易救济措施的条件，防止其被滥用，从而破坏 RTA 的整体政策目标。从各国 RTA 实践来看，限制性规定包括限定贸易救济措施的实施条件、实施程序和实施期限；限定贸易救济的范围和种类，并进行严格的监督。作为各国滥用贸易救济措施的最大受害方，我国在今后仍将保持出口大国地位，频繁的贸易摩擦在所难免。因此，我国应结合 RTA 谈判对象国、双方贸易结构、经济发展水平等实际情况，制定具体限制规定，力求在保护国内产业和限制措施滥用方面取得平衡。

除《中国—秘鲁自由贸易协定》外，我国已生效 RTA 基本不加修改地适用 WTO《反倾销协定》、《补贴与反补贴措施协定》和《保障措施协定》。除要求 RTA 缔约对方承认中国市场经济地位，排除适用《中国加入 WTO 议定书》第 15 条“确定补贴和倾销时的价格可比性”、第 16 条“特定产品过渡性保障机制”，以及《中国加入 WTO 工作组报告书》第 242 段有关纺织服装特保机制的规定外，RTA 并未反映我国在 WTO 多哈回合规则谈判中的立场和提案。建议我国在未来 RTA 贸易救济制度中纳入在多边谈判中提出的禁止归零、修改日落复审等立场，一方面避免贸易救济措施的滥用；另一方面，可通过 RTA 统一成员间在多边谈判中的立场，增强多边谈判中谈判立场。

再者，我国已生效 RTA 多以设立联系点的方式，或在调查主管机关之间建立合作机制，进行贸易救济行动上的信息交流、合作和磋商，均未设立专门的区域机构，以协调成员间在贸易救济事务上的行动。如前所述，NAFTA“双边专家组”机制确实起到了减少贸易救济措施的作用。未来我国可以研讨在 RTA 下设立类似专门区域机构的可能性。

（三）在 RTA 外部关系上，我国宜保留 RTA 成员各自原有的、针对非 RTA 成员的贸易救济制度

我国谈判缔结的 RTA 数量不多，制定共同的、针对第三方的贸易救济政策，难度较大。从现实的角度而言，在 RTA 成员间协调彼此贸易救济政策并非易事，很可能耗时过长，拖累整个 RTA 的谈判进程；并且，除俄罗斯之外，我国主要贸易伙伴均为 WTO 成员，在 WTO 相关协定基础上，彼此的贸易救济制度已具有基本的共性，统一 RTA 成员对外的贸易救济制度并无十分必要。从已经统一了对外贸易救济调查和征税机构的 RTA 来看，如欧盟、安第斯共同体、中美洲共同市场、加勒比共同体和西非经济货币联盟等，均是关税同盟。并且，后四个 RTA 成员国比较小，在经济一体化过程中一直严重依赖区域机构，由区域机构进行反倾销调查，可降低每个成员提供公共服务品的成本。① 这种情况较为特殊。

（四）慎重处理 RTA 贸易救济制度与 WTO 体制间的潜在冲突，充分利用作为 WTO 成员的权利，维护我国产业利益

关于 RTA 下的贸易救济制度是否属于 GATT 第 24 条例外的范围，目前还存在很大争议。从法律实践来看，RTA 中的贸易救济制度与现有 WTO 框架下的反倾销、反补贴和保障措施规则可能存在潜在冲突，不排除 WTO 今后对此作出更严格限制的可能性。我国已在两个 RTA 中允许附条件地排除适用保障措施。当中国采取全球保障措施但排除对 RTA 其他成员的适用时，其他 WTO 成员可能会指控中国此举违反了 WTO《保障措施协定》。同样，当与我国未缔结 RTA 的国家采取贸易救济措施，并将与其缔结 RTA 的国家排除在外时，我国也将处于不利地位。我国的 RTA 谈判起步较晚，已经与我国缔结了 RTA 的国家/地区占我国的贸易总量不大；而其他 RTA 实践较成熟的国家，可能得益于大量 RTA 授予的优惠待遇，使我国根据 WTO 协定而直接或间接享有的利益减损。对此，我国应慎重处理 RTA 贸易救济制度与 WTO 体制间的潜在冲突，继续积极参与制定 WTO 下有关 RTA 规则的谈判，重在澄清规则；同时，研究通过 WTO 的多边谈判、争端解决、贸易政策评审等机制适度限制 RTA 条款，加强对其他 WTO 成员 RTA 贸易救济措施的监督，密切跟踪 WTO 成员在 RTA 下采取贸易救济措施的实践，防止其对我国产生直接或间接的不利影响。

Trade Remedy Regimes under Regional Trade Agreements: Policy Implications for China's RTA Negotiations

LI Xiaoling　CHEN Yusong

Abstract: This article, having gone through WTO Members' practices under

① Robert Teh, Thomas J. Prusa & Michele Budetta, *Trade Remedy Provisions in Regional Trade Agreements*, WTO Staff Working Paper ERSD-2007-03, September, 2007, pp. 19-20.

regional trade agreements (RTAs), compares and summarizes different regimes with respect to trade remedies under RTAs, especially certain new models of trade remedies that altered rights and obligations under the traditional WTO Agreements. Based on these analyses, it further explores policy rationales behind the phenomenon and the consistency of these new regimes under the WTO system. In the end, the article argues that it would be prudent for China to incorporate trade remedy measures into RTAs and choose the appropriate regime so as to secure the balance between protection of domestic industry and preventing abuse of trade remedies.

Keywords: Regional Trade Agreement WTO Trade Remedies

《反倾销协定》第17.6（ii）条与美国Chevron规则的比较

——从美国国内法院与DSB的归零法判例谈起

□ 赵海乐*

内容摘要 如何判断行政机关作出的行政行为的合法性，不论是在国内法院的司法审查当中，还是在WTO争端解决机构的案件审理当中，都是一个必须回答的问题。在反倾销领域，由于美国的极力坚持，《反倾销协定》第17.6（ii）条，纳入了以美国Chevron规则为蓝本的司法审查标准。然而，第17.6（ii）条在DSB当中，并没有发挥Chevron规则在美国国内法院所发挥的功能。其原因在于，一方面，DSB并不受美国式的司法克制与三权分立理念的限制，而是会积极审查WTO成员国对于《反倾销协定》解释的合法性。另一方面，美国的国内法律体系是相对封闭的，因此DSB裁决在美国国内法院并没有既判力；然而，国际法是一个开放而模糊的体系，这就为DSB积极创造新的国际贸易规则提供了可能性。美国国内法院与DSB对于归零法问题的不同裁决结果，完整地体现了上述差异。对于我国来说，在针对美国的反倾销行为寻求法律救济时，要在避免被美国国内法律掣肘的同时，合理利用《反倾销协定》第17.6（ii）条，凭借WTO规则，合法地同美国进行对抗。

关 键 词 《反倾销协定》第17.6（ii）条 Chevron规则 归零法

目 次

---

* 对外经济贸易大学2008级国际法专业博士生。

一、概述

《反倾销协定》第 17.6（ii）条（以下简称第 17.6（ii）条），是《反倾销协议》当中一个充满了争议的条款。这一条款虽然没有为当事国规定任何实质性的权利义务，不能用于否定他国贸易保护措施的效力；但是，由于该条款设定了对于成员国政府行政行为合法性的司法审查标准，因此，对于在 DSB 被诉的国家来说，这一条款可以用于为其行为的合法性进行辩护。对于在 DSB 当中屡屡被诉的美国来说，这一条款更是有着重要的意义：该条款的诞生，就是始于美国在乌拉圭回合谈判当中的一再坚持；此后，美国在 DSB 应诉时更是频繁地引用这一条款。

第 17.6（ii）条的蓝本，是美国行政法上著名的 Chevron 规则。毫无疑问，美国试图将其写入《反倾销协定》，目的必然在于将 Chevron 规则的功能“国际化”。然而，事实并未能如美国所愿：十几年来，虽然美国在 DSB 应诉当中频繁援用第 17.6（ii）条，但专家组或上诉机构对于第 17.6（ii）条的解释方式，却往往与美国的解释方式大相径庭；而其裁决结果也与美国援用 Chevron 规则所得出的判决结果完全不同。美国商务部从事的某些行为的合法性在美国国内法院屡屡获得肯定性的判决。但在 DSB 的裁决当中，上述行为的合法性却一再被否定。这就带来了一个充满了矛盾的现象：一方面，Chevron 规则赋予了美国商务部充分的自由裁量权。美国国内法院在审理案件当中，间接容许了美国商务部同 WTO 的裁决不符的行政行为。这引起了世界上很多国家的不满。另一方面，美国对于自己的贸易政策的合法性屡屡被 DSB 否定同样非常不满，并且在各种国际场合公开声明自己对于第

17.6（ii）条被“误读”的遗憾。① 其中，最容易引发争议的美国商务部的行政行为就是“归零法”。② 在美国法院几乎一概肯定归零法效力的同时，DSB 发布的报告，却屡屡否认归零法的效力。（参见附录：美国因“归零法”败诉的 DSB 争议一览表）

由于“归零法”本身即可构成诉讼对象，③ 对“归零法”合法性的认定也并不依赖具体案件事实而存在；因此，探讨美国国内法院与 DSB 对“归零法”合法性的不同认定方式，能够为比较分析《反倾销协定》第 17.6（ii）条与美国 Chevron 规则的功能差异，提供合适的平台。

二、《反倾销协定》第 17.6（ii）条与美国 Chevron 规则在文义上具有相似性

美国法上的 Chevron 规则，因 1984 年的 Chevron U. S. A.，Inc. v. Natural Resources Defense Council，Inc④ 一案而得名。这一判例确立了法院对行政机关的行为进行司法审查的标准：“当法院审查行政机构对其执行的行政法规解释是否得当时，法院要考虑两个问题：首先，国会是否对该问题进行了直接的、明确的规定。如果国会的意图是明确的，那么，问题到此为止。法院会适用国会明确的法律意图。但是，如果法院认为，法律对某一特定问题的规定导致理解模糊时……法院面临的问题就是行政机构对法律的解释是否是法律本身所允许的解释。”⑤ 如果是，那么，法院就应该尊重行政机构的解释。尽管对于争议所涉及的法律，还可能具有其他几种解释方式。⑥

根据 Chevron 规则，如果法律对于某个问题的规定并不清晰，并直接导致了该问题可能有若干种执行方法；而行政机关采取的某种执行方法又违反了 DSB 的裁

① *Statements by the United States at the February* 19，2009 *Meeting of the WTO Dispute Settlement Body*（DSB），available at http：//www. us-mission. ch/Press2009/0219-DSB. pdf.，visited on July 11，2009.

② Dan Ikenson，Zeroing In：Antidumping Flawed Methodology under Fire，available at http：//www. freetrade. org/pubs/FTBs/FTB-011. html，visited on July 11，2009.

③ United States — Measures Relating to Zeroing and Sunset Reviews，DISPUTE DS322.

④ Chevron U. S. A.，Inc. v. Natural Resources Defence Council，Inc，104 S. Ct. 2778.

⑤ Ibid.

⑥ 吕晓杰：《美国的 Charming Besty 原则与 WTO 协定的内国效力》，载《暨南学报（哲学社会科学版）》2008 年第 4 期，第 56 ~ 57 页。

决；那么，只要行政机关的做法是一种“法律本身所允许的解释”，而且这种解释本身并不与法律的目的相冲突，美国法院就无权否定行政机关的行为的合法性。①

Chevron 规则，同美国的司法审查制度类似，都是三权分立政体的产物。如果说司法审查制度体现的是司法对于行政的制衡，那么，Chevron 规则体现的就是司法对于行政的尊重。然而，在世界贸易组织当中，拥有行政权力的各国政府与拥有准司法职能的 DSB 之间同样存在权力的划分问题。虽然任何一个国际条约的缔结都是主权国家主动让渡一部分主权的结果，但是，任何一个国家的政府，尤其是在国际贸易当中拥有话语权甚至主导权的国家政府，都不希望“让渡一部分主权”的结果是允许一个超国家机构对本国的贸易政策指手画脚。因此，

“在乌拉圭回合关于《反倾销协定》的谈判中，美国为了限制新的 WTO 争端解决机构推翻其商务部和国际贸易委员会作出的反倾销裁定的可能性，其贸易代表强烈要求将上述美国法院对行政机构法律解释的审查标准纳入到《反倾销协定》中以限制 DSB 司法解释的权限。”②

正是由于美国的坚持，在乌拉圭回合谈判的最后几天，美国提出的《反倾销协定》的第 17.6（ii）条草案最终得以采纳。第 17.6（ii）条当中规定：“专家组应根据国际公法之解释的惯例规则来解释本协定的有关规定。在专家组认为就本协定的有关规定可作出一种以上的可允许的解释时，如果主管机构的措施符合其中的一种可允许的解释，则专家组应认定该措施符合本协定。”③

如果仅从字面上看，第 17.6（ii）条并没有纳入 Chevron 规则当中的“第一个”问题，即 DSB 应当在《反倾销协定》内容清晰时直接适用协定的明确条文。除此之外，两条规则的核心内容在文义上是极为相似的：首先，两条规则均承认，不论法律还是条约，都会存在如何解释的问题。不论是法律还是条约，在制定时都不可能囊括所有问题的答案，更不可能对所有法律概念的内涵和外延都进行精准的

---

① 在美国，有的学者认为，如果某种对于制定法的解释违反了 DSB 裁决，那么，这种对制定法的解释，就是违背了美国在 WTO 项下的义务。由于国会批准了 WTO 文本，因此，国会的意图，必然是希望美国遵守其在 WTO 项下的义务。那么，违背了美国在 WTO 项下的义务对制定法的解释，就是违背国会意图的解释。本文作者认为，这种理论在逻辑上的纰漏在于，美国同样有学者主张，由于根据 WTO 协议，美国有权选择接受他国的报复行为或者选择赔偿他国损失，因此，国会的意图并不在于要求美国遵守每一个 DSB 裁决当中每一条内容。对于此问题，此处不加赘述。

② 贺小勇：《国际贸易争端解决与中国对策研究——以 WTO 为视角》，法律出版社 2006 年版，第 88 页。

③ 刘成伟：《DSU 系列论文之十二：反倾销争端的审查标准》，on http://www.wtolaw.gov.cn/display/displayInfo.asp? IID=200209101250333955，2009 年 7 月 4 日访问。

定义。其次，两个规则当中都认为，对于同一个法律条文或者条约条款可能存在不同的解释。最后，两个规则都肯定了“可允许的解释”的效力。这种文义上的相似程度，是美国政府所希望达到的效果。美国总统在向国会提交的“关于乌拉圭回合贸易协定及实施法案”的附件“行政行为申明”中，同样明确地指出：“WTO争端解决机构对商务部和国际贸易委员会所采取的措施的审查标准，与美国法院实行的遵从标准是相类似的。”①

然而，文义上的相似性，并不能保证两个规则在实践当中发挥完全相同的作用。橘生淮南为橘，淮北为枳。在实践当中，一项规则总要融入它存在的法律环境与法律传统，并且在相互作用中发挥效果。这就预示着，Chevron 规则和第 17.6 (ii) 条，处于各自的法律环境当中，就必然会服务于不同的目的。美国国内法院与 DSB 处理归零法相关争议的司法实践，充分地印证了上述结论。

三、美国法院对归零法案件的判决与 Chevron 规则的作用分析

归零法是美国商务部用于细化美国反倾销相关法律的一种计算倾销幅度的方法。此种方法自采用以来，引发的诉讼就一直不断。从 1961 年的 United States v. Shimer② 案，到 1996 年的 Torrington Co. v. U. S. ③ 案，再到 2009 年 3 月才最终作出判决的 Corus Staal BV v. United States④ 案，几十年来，不断有反倾销诉讼的当事人⑤质疑归零法的合法性。虽然这些案件的案由、审理法院等各不相同，但几十年来，不论是美国联邦法院，还是国际贸易法院，⑥ 在对归零法进行司法审查时，其态度是基本确定的。美国国内法院的判决当中表明，Chevron 规则在美国法院肯定归零法的合法性方面起到了很大的作用：

---

① 贺小勇：《国际贸易争端解决与中国对策研究——以 WTO 为视角》，法律出版社 2006 年版，第 88～89 页。

② 367 U. S. 374, 382, 383, 81 S. Ct. 1554, 1560, 1561, 6 L. Ed. 2d 908 (1961)

③ 82 F. 3d 1039, C. A. Fed. (1996).

④ 2009 Ct. Intl. Trade LEXIS 14; SLIP OP. 2009-21.

⑤ 需要说明的是，此处“反倾销诉讼的当事人”，是指对美国商务部采取的反倾销措施存在异议，通过司法途径提起诉讼的当事人，也就是反倾销措施所针对的当事人。

⑥ 由于美国国际贸易法院审理对海关作出的裁定的上诉案件，而税收是贸易救济的主要手段，因此，与归零法相关的多数案件会在国际贸易法院起诉。也有少数案件在联邦法院审理。*U. S. Court System*, available at http: //www2. maxwell. syr. edu/plegal/scales/court. html, visited on August 4, 2009.

首先，各法院在审理此类案件时，基本上均会援引 Chevron 规则，阐明在归零法问题上，法院仅仅会考量行政机关的法律解释是否为“可允许”的解释。这是由于，美国的制定法当中既没有明确规定应当使用归零法，也没有明确禁止行政机关采用归零法。因此，“如果制定法对某一特定问题未作规定，或者语义不明，那么，法院面临的问题就是行政机关的答案（对制定法的解释），是否为对制定法的可允许的解释”。①

其次，虽然从字面上分析，Chevron 规则似乎赋予了法院审查行政机关对于制定法的解释是否为“可允许的解释”的权力，但实际上，法院并不主动对制定法进行分析，并评判行政机关的解释是否为“可允许的”。相反，法院的立场是：“如果行政机关选择的法律解释，代表了制定法授权行政机关进行的、对于相冲突的政策考量的合理安排；那么，我们就不应该干预这种解释，除非从制定法或立法史中能够发现，这种安排不是国会能够容许的。”② 即：只要制定法或者立法史中对归零法没有明确的相反规定，那么，归零法就构成行政机关对制定法“可允许的”解释。

再次，美国法院并不会在每一起案件当中都重新分析归零法的合法性。只要一起案件的案情同先例没有太大的不一致，那么，法院就可以根据从前的判决直接认定归零法是合法的。例如，在 CORUS STAAL BV. v. UNITED STATES③ 一案中，法官认为：“本法院仔细地考虑了原告所有的主张，但并未发现任何足以背离本法院或联邦巡回法院先前的判决的理由。此外，法院考虑了美国钢铁公司提出的观点：‘……根据制定法的规定，使用归零法是必要的。’法院并没有对此观点进行审理，因为法院在先前的判决当中认定商务部的行为是可以允许的。这就足够支持本案的判决了。”④ 在 SKF USA Inc. v. U. S. ⑤ 一案中，法官对此的叙述更加直接：“除非有新的信息表明情况已经发生了变化，或者有某种原因需要使用 Chevron 规则进行新的分析，那么，此处就没有必要再次分析归零法了。”⑥

美国法院的此种态度，对于提起反倾销诉讼的当事人来讲，显然是非常不利

① Torrington Co. v. U. S. , 82 F. 3d 1039, C. A. Fed. , (1996).

② United States v. Shimer, 367 U. S. 374, 382, 383, 81 S. Ct. 1554, 1560, 1561, 6 L. Ed. 2d 908 (1961).

③ 30 C. I. T. 1040, 28 Int'l Trade Rep. (BNA) 2111.

④ Corus Staal BV v. United States 30, C. I. T. 1040, *; 28 Int'l Trade Rep. (BNA) 2111, *1044.

⑤ 491 F. Supp. 2d 1354, CIT, (2007).

⑥ Ibid.

的。特别是对于就同一产品被提起多次反倾销调查的当事方而言，在案情没有发生重大变化的情况下，当事方针对多次行政复审当中的归零法提起诉讼，结局很可能是相同的。事实上，前文屡次引用的 Corus Staal BV. V. United States 案中，当事方荷兰 Corus Staal 公司从 2003 年①起就开始对美国商务部使用的归零法产生质疑；并且在 2005②、2006③、2007④、2008⑤ 年多次提出了类似的质疑。美国法院对此问题的最后一次判决是在 2009 年 3 月 24 日。在这一判决当中，美国国际贸易法院再一次裁定，“美国商务部有权采取归零法重新计算原告的倾销幅度”。Corus Staal 公司在行政复审当中对归零法的挑战也再一次以失败而告终。

最后，根据 Chevron 规则，法院对行政机关作出的法律解释合法性进行审查时，有权参考的规范性文件仅仅包括“国会制定的法律”以及“立法历史”。这就表明，Chevron 规则实际上排除了国际法在上述司法审查当中的直接作用。这也是“归零法”的效力得到美国国内法院肯定的一个重要原因：根据 Chevron 规则，美国法官无权依据 WTO 文件或 DSB 报告直接认定美国商务部对法律的解释不是“可允许”的解释。即使 DSB 报告当中明确指出归零法违背了《反倾销协定》，美国法官也无权直接援引 DSB 报告否定归零法的效力。这种态度，在美国制定法当中进一步得以反映：根据美国法典第 19 章第 3512 节⑥（a）（1）⑦ 的规定，当美国法律与 WTO 文件冲突时，美国法律效力层级高于 WTO 文件的效力。“乌拉圭回合的

① Corus Staal BV v. United States DOC, 27 Ct. Int'l Trade 386, 259 F. Supp. 2d 1253 (2003).

② Corus Staal BV v. United States, 29 CIT 777, 387 F. Supp. 2d 1291 (2005).

③ 186 Fed. Appx. 997 (Fed. Cir. 2006), cert. denied.

④ Corus Staal BV v. United States, 515 F. Supp. 2d 1337 (2007) ("Corus Staal 1AR"); Corus Staal BV v. United States, 493 F. Supp. 2d 1276 (2007); 127 S. Ct. 3001, 168 L. Ed. 2d 726 (2007).

⑤ 573 F. Supp. 2d 1373; 30 Int'l Trade Rep. (BNA) 2484.

⑥ 该节标题为“协议与美国联邦法和州法之间的关系（Relationship of agreements to United States law and State law)”。虽然“协议”一词为复数，但在该节当中，结合上下文分析，“协议”专指《乌拉圭回合协议》。

⑦ 19 U. S. C. sec. 3512 (a) (1) (2004):

(a) Relationship of agreements to United States law

(1) United States law to prevail in conflict No provision of any of the Uruguay Round Agreements, nor the application of any such provision to any person or circumstance, that is inconsistent with any law of the United States shall have effect. available at http: //vlex. com/vid/relationship-agreements-law-state-19194873, visited on July 11, 2009.

任何条款，或者该条款在任何情形之下或者对于任何人的适用，如果同美国法律相冲突，都是不具有约束力的。”除非，由美国国会根据美国法典第 19 章 3533 节（f）（3）① 的规定将 DSB 报告纳入到国内法律当中。这就表明，除非美国国会决定以立法的形式否认归零法的合法性，归零法在美国国内的合法性就会一直被法院认可。DSB 的裁决并不会对此产生任何影响。

在美国的相关判例当中，美国法官同样明确地指出，在对行政机关作出的法律解释进行审查时，审查的依据不包括 WTO 文件或报告，即使审查的结果会导致美国违反国际法上的义务也必须如此。上文提及的 SKF USA Inc. v. U. S. ② 一案中，法官就曾明确指出：“由于在 Corus Staal 案③和 Timken 案④当中，联邦巡回法院已经确认并认可了归零法，因此，不存在任何原因需要根据 WTO 的一项裁决否定商务部的归零做法，除非——而且直到——这一裁决根据某一制定法的规定，纳入了国内法当中。由于在本案当中，还没有将这一裁决纳入国内立法，因此，也就不存在任何原因，需要重新审查归零法问题。”这一判决同样表明，由于 WTO 针对归零法的否定性裁决并没有纳入美国的国内法律体系，因此，不具有直接的适用性，更不会导致美国法院重新审查归零法的合法性。

综上，归零法的效力屡屡得到美国法院的肯定，正是因为 Chevron 规则为质疑归零法的效力设置了多重障碍：首先，Chevron 规则为美国法院定下了“司法克制”的基调，法院的司法审查必须在该基调内进行。其次，Chevron 规则在实施当中，被法官进一步强化了司法克制的范围：法官不愿积极审查行政机关的法律解释是否“合法”，只需审查法律解释“不违法”即可，从而把“合法”和“不违法”之间的灰色地带留给了行政机关自由裁量。再次，由于普通法遵循先例的传统，美国法院一般不会在个案当中对归零法的合法性重新进行审查，而是遵循先前判例当

---

① 19 U. S. C. sec. 3533 (2004)

(f) Actions upon circulation of reports

Promptly after the circulation of a report of a panel or of the Appellate Body to WTO members in a proceeding described in subsection (d) of this section, the Trade Representative shall—

……

(3) if the report is adverse to the United States, consult with the appropriate congressional committees concerning whether to implement the report's recommendation and, if so, the manner of such implementation and the period of time needed for such implementation. Available at http://www.law.cornell.edu/uscode/search/display.html? terms = 3533&url =/uscode/html/uscode19/usc_sec_19_00003533—000-.html, visited on July 4, 2009.

② 491 F. Supp. 2d 1354, CIT, (2007).

③ Corus Staal BV v. United States, 30 C. I. T. 1040, *; 28 Int'l Trade Rep. (BNA) 2111.

④ Timken Co. v. U. S., 354 F. 3d 1334, C. A. Fed., (2004).

中的受案法院对于归零法合法性的认定。最后，Chevron 规则将美国国内法院进行司法审查的依据内容限定在了非常窄的范围之内。由于美国的法律是一个相对封闭的体系，因此，国际法的发展不会导致美国法院对归零法合法性认定的变更。

四、DSB 对于归零法效力的认定与对第 17.6(ii)条的执行

与美国商务部屡次在国内的行政诉讼中因为归零法而成为被告类似，在 WTO 的争端解决机构当中，美国政府也多次因为使用归零法而成为被诉一方。几乎在每一起因归零法产生的争议当中，美国均会引用第 17.6（ii）条进行抗辩。例如，在 US—Continued Zeroing 案①当中，美国在其上诉资料当中声称，“专家组认可了《反倾销协定》可能存在不止一种解释方式，而归零法的应用，就是‘建立在其中一种解释方式之上’”。② 然而，在 DSB 争端解决实践中，DSB 对待第 17.6（ii）条的态度，却与美国法院执行 Chevron 规则时的态度完全不同。一般来说，DSB 处理《反倾销协定》的第 17.6（ii）条时，大致会表现出两种态度：一种态度，可以概括为“忽略”：“专家小组或上诉机构似乎一方面承认第 17.6（ii）条特殊法律解释标准的存在，但另一方面又只是简单地论断‘进口成员方反倾销当局的解释不是可允许的解释’，从而事实上忽略了第 17.6（ii）条的特殊法律解释标准。”③ 另一种态度，则是“回避”：“专家组不再讨论成员方对《反倾销协定》特定条款的解释是否为‘可允许的’，或争议措施是否属于“可允许的”解释之一，而是径直作出了自己的解释并据此断案。”④ 以上两种情形，在 DSB 的实践当中均有体现。

（一）DSB 根据第 17.6（ii）条裁定美国对《反倾销协定》的解释不是“可允许的解释”

在 2008 年 5 月 20 日通过的“美国对墨西哥出口不锈钢反倾销案”⑤ 上诉机构报告当中，上诉机构处理第 17.6（ii）条的方式，属于上述第一种情形。一方面，

---

① WT/DS350/AB/R.

② WT/DS350/AB/R. Para82.

③ 贺小勇：《论 DSB 对〈反倾销协定〉解释的边界——〈反倾销协定〉第 17.6（ii）条评析》，载《法学》2005 年第 9 期，第 41 页。

④ 刘勇：《尽力维护 WTO 争端解决程序的统一性——也谈 WTO 争端解决机构对〈反倾销协定〉第 17.6 条（ii）项的适用》，载《世界贸易组织动态与研究》2006 年第 7 期，第 36 页。

⑤ United States—Final Anti-dumping measures on Stainless Steel from Mexico, WT/DS344/AB/R.

上诉机构指出："在分析当中，我们会注意到，对于《反倾销协定》的某一条款可能存在不止一种'可允许的解释'。"但另一方面，上诉机构也在裁决当中表明："我们现在要分析的问题，是在根据《反倾销协定》第 9.3 条计算关税时，忽视出口价高于正常价值的交易数量是否为一种'可允许的解释'——即，在计算关税的程序当中，使用'简单归零法'是否为可允许的。"最终，在考虑了双方的主张过后，上诉机构认为，简单归零法不构成"可允许的解释"，原因包括如下三点：

首先，"在 GATT 1994 的第六条第 2 款当中，以及《反倾销协定》第 2 条和第 9.3 条当中，我们都没有发现在计算某一出口商的倾销幅度时，不予考虑出口价高于正常价值的结果这种做法的基础"。① 这就说明，归零法在协议当中没有明确的法律基础。

其次，"上诉机构此前曾注意到，在反倾销协定中，如果允许当事国在判断是否存在倾销时不予考虑某些情形，就会对此进行明确的规定。例如，反倾销协定的第 9.4 条明确地要求调查机构在某些情形之下，在针对未能分别进行调查的出口商计算加权平均倾销幅度时，对于'零幅度和微量幅度'不予考虑……因此，如果谈判各方打算允许调查机构不予考虑某些情形时，他们就会对此明确说明。"② 由于运用归零法，并在计算倾销幅度时将某些不构成倾销的进口进行归零处理这种做法并不是《反倾销协定》明确规定可以采取的，因此，此种做法是同《反倾销协定》起草者的意图相违背的。

最后，上诉机构大量引用了此前作出的关于归零法的判例，用于说明归零法不符合《反倾销协定》的要求。上诉机构分别引用"美国—软木案"、US-Zeroing（EC）案③，以及 US—Zeroing（Japan）案④当中对于归零法的裁判结果，并指出："在使用 W-W 对比法的初始调查当中，使用归零法是不符合《反倾销协定》的第 2.4.2 条的。"⑤"上诉机构确认了它对于 GATT 1994 第六条第 1 款和《反倾销协定》第 2.1 条的解释，认定在根据《反倾销协定》第 9.3 条进行的征收反倾销税过程中，使用归零法同样是应该禁止的。""这种做法，不利于在反倾销调查当中

---

① United States—Final Anti-dumping measures on Stainless Steel from Mexico, WT/DS344/AB/R. Para. 103.

② United States—Final Anti-dumping measures on Stainless Steel from Mexico, WT/DS344/AB/R. Para 103-104.

③ United States-Laws, Regulations and Methodology for Calculating Dumping Margins ("Zeroing"), WT/DS294/AB/R.

④ United States-Measures Relating to Zeroing and Sunset Reviews, WT/DS322/AB/R.

⑤ US-Softwood Lumber V, WT/DS264/AB/R, para. 117.

对同一种产品给予前后一致的待遇。”①

根据上述三点理由，上诉机构最终认定，美国使用的归零法不构成“可允许的解释”，因而是违背美国在 WTO 项下的义务的。与美国国内法院对待归零法的态度不同，上诉机构不仅实质性审查了归零法的内容，还特别指出，归零法在《反倾销协定》当中不具有法律基础，更不存在明确认定其合法性的条文。此外，在该篇报告当中，上诉机构还引用了大量 DSB 先例，用以证明否定归零法的合法性这一做法是有充足的法理支持的。

（二）DSB 完全回避第 17.6（ii）条的要求

DSB 对待第 17.6（ii）条的第二种态度，就是仅仅在行文当中提及第 17.6（ii）条的规定，但实际上并不加以适用。在较近的一起裁决 US—Continued Zeroing② 当中，此种态度体现得较为明显。在该案中，欧盟认为，美国采用的归零法不能构成第 17.6（ii）条所指的“可允许的解释”。并且，欧盟指出，此前的 15 个专家组和上诉机构的报告都支持了“对于 GATT 1994 和反倾销协定的正确的法律解释”。③ 上诉机构报告的第 275 段中特别指出：

“由于本案是上诉案件，我们无需分析专家组是否认为，在阶段复审当中使用归零法是对于相关协定条款的可允许的解释。我们需要裁决的是，专家组认定美国的行为不符合反倾销协定第 9.3 条和 GATT 1994 第六条第 2 款，这一认定结果是否存在错误。在处理这一问题时，我们必须裁定，第 17.6（ii）条的第二句是否适用。”

很明显，强调“需要考虑第 17.6（ii）条第二句是否适用”，就为不适用第 17.6（ii）条的第二句④留下了余地。而事实上，在上诉机构的报告当中，从第 276 段开始直至第 287 段，上诉机构完全没有讨论第 17.6（ii）条是否适用的问题，反而开始讨论《反倾销协定》当中“倾销”和“倾销幅度”的概念问题。并且，在此基础上最终认定，美国“可以在个别交易层面认定倾销，以及多重比照结果本身就可以构成倾销幅度”这种观点是不能获得上诉机构的支持的。⑤

在此份裁决当中，DSB 对于第 17.6（ii）条的态度实际上是“避重就轻”的。

---

① US-Zeroing（Japan），WT/DS322/AB/R，para. 128.

② Dispute DS350. 该争端的上诉机构报告于 2009 年 2 月发布。

③ WT/DS350/AB/R，para. 100.

④ 《反倾销协定》第 17.6（ii）条的第二句如下：“在专家组认为就本协定的有关规定可作出一种以上的可允许的解释时，如果主管机构的措施符合其中的一种可允许的解释，则专家组应认定该措施符合本协定。”

⑤ WT/DS350/AB/R，para. 287.

这也实际上表明了 DSB 对于第 17.6（ii）条实际上并不重视，也并未做好真正去实施该条款的准备。

综上，不论 DSB 对待第 17.6（ii）条是上述哪一种态度，实际上都反映了一个共同的问题：DSB 尊重 WTO 成员国的主权，但并不打算由于第 17.6（ii）条写入了《反倾销协定》，就将评判一国贸易政策是否符合 WTO 要求的权力下放给各成员国。这是因为，这一权力是 DSB 履行其准司法职能所不可或缺的。因此，当第 17.6（ii）条可能对 DSB 履行职能形成障碍时，不论是 DSB 还是美国以外的 WTO 其他成员国，都会选择弱化甚至忽视该条款的要求。与此相反，Chevron 规则是美国判例法当中产生的规则。Chevron 规则的产生是美国法院主动遵从司法克制原则的结果，而非美国制定法强加给美国法院的义务；美国法院也因而不可能选择弱化甚至忽视 Chevron 规则。这就意味着，司法机关对待“归零法”问题不同的出发点，造就了它们在实施类似的司法审查规则时会出现不同的结果。对此，下文还将进行详细的分析。

五、DSB 与美国国内法院视角差异的原因分析

上文曾经指出，Chevron 规则和第 17.6（ii）条在实施中产生的不同结果，同司法机关所承担的不同使命是直接相关的。这一“不同使命”，更具体地讲，就是不同的法律文化、法律环境对司法机关提出的不同要求。正是这些不同的法律文化和法律环境，决定了 Chevron 规则的文本虽然可以移植到 WTO 规则当中，但 Chevron 规则所生长的制度背景是无法移植的。而正是这些制度背景，导致了文义相似的法律规则的内涵完全不同。

首先，Chevron 规则为美国法院定下了“司法克制”的基调。法官不愿积极审查行政机关的法律解释是否“合法”，只需审查法律解释“不违法”即可，从而把“合法”和“不违法”之间的灰色地带交由行政机关自由裁量。然而，《反倾销协定》第 17.6（ii）条，仅从字面上看，赋予了专家组和上诉机构积极审查成员国的行政决定是否为“对条约的可允许的解释”的权力；而从实践上看，WTO 的争端解决机构也在积极行使这一权力。

其次，在审查行政机关的行为时，WTO 争端解决机构的态度，绝非“只要行政行为不与《反倾销协定》冲突，即可构成‘对条约可允许的解释’”。恰恰相反，在“美国——不锈钢”案①当中，上诉机构的态度可以概括为：只要反倾销协定

① WT/DS350/AB/R.

当中没有肯定归零法的合法性，那么，此种方法就是可怀疑的。甚至，正如一个美国人所感叹的，“DSB 对于条约的解释，甚至不允许美国用于实施《反倾销协定》的条例同《协定》的语言之间存在微小的不一致……‘不可允许的解释’，就是未能同《协定》文本一模一样的解释”。① 这一评价虽然反映的仅仅是美国人的视角，也未必完全客观；但至少能够说明，DSB 对此问题的态度是与美国法院完全相反的，因而也是美国人不习惯、不愿赞同的。

再次，美国的法律是一个相对封闭的体系，但国际法的体系是开放而模糊的。美国法官可以认为，只要 WTO 的争端解决报告未能纳入国内法律，就仅仅对司法具有“说服力”而非“强制效力”。但对于 DSB 而言，虽然先前的争端解决报告并不具有判例法的效力，但对后续的案件是具有相当影响力的。事实上，近年来的每一起争端解决报告正文之前都附有本报告引用先例的列表。“美国—不锈钢案”（WT/DS350/AB/R）的报告当中引用的先例甚至多达 64 个。在美国国内法院，法院可以根据先前的判例直接认定归零法是合法的；而在 WTO 的争端解决机构当中，也正在出现一种倾向：DSB 对待归零法的态度在某种程度上同样是确定的。由此，不难理解，美国在强调国内法上判例的效力的同时，竭力反对 DSB 报告在美国国内法律体系当中拥有既判力。②

最后，对于美国法院来讲，Chevron 原则是具有主导性的；但 DSB 发布的某些报告表明，《反倾销协定》第 17.6（ii）条在个案当中有可能被回避。这就进一步削弱了该条款可能产生的效力。

上述四个原因足以表明，表面上看，是 Chevron 规则导致了归零法在美国国内的行政诉讼当中被认定为合法；但是，真正决定 Chevron 规则能够发挥上述作用的是 Chevron 规则生长的制度背景。这些制度背景只能存在于美国而不能存在于 WTO 之中。再进一步来讲，Chevron 规则的存在，正是依赖着美式的司法克制与三权分

---

① Lee D. Hamilton, *US Anti-dumping decisions and the WTO standard of review: deference or disregard?* Chicago Journal of International Law, Spring, 2003, pp. 269-270.

② •例如，美国在 2009 年 2 月 19 日，针对“美国——不锈钢”一案作出的发言当中声称：

“上诉机构曾经指出，在本案当中，专家组‘似乎服从了 DSU 当中的层级结构’对此，我们忧心忡忡。这一说法既没有得到解释，也没有证据支持。在上述声明当中，虽然提及的是所谓的层级结构问题，但声明的要旨在于，专家组必须遵循上诉机构的报告内容，即使根据专家组自己的客观判断……可以得到不同的结论。很容易理解这一做法对于上诉机构的成员来讲是方便而有吸引力的，但是，这一做法既没有得到 WTO 成员国的首肯，也并非上诉机构报告（应有的）法律效果。”available at http://www.us-mission.ch/Press2009/0219-DSB.pdf, visited on July 14, 2009.

立的传统。但这一传统，却是与 WTO 的精神背道而驰的。Chevron 规则，作为美国国内由判例法确立的标准，体现了司法对于行政的尊重和司法对于立法的信赖。但对于 DSB 这个准司法机构而言，它固然要尊重 WTO 成员国的主权，但更要干预 WTO 成员国行使主权时侵犯到他国的利益。美国只拥有一个中央行政机关，但 WTO 中拥有上百个主权国家。这就决定了 DSB 必然在维护国际贸易秩序方面更加主动。更何况，在实践当中"边缘化"第 17.6（ii）条，事实上赋予 DSB 与时俱进地更新 WTO 规则的权力。这对于在 WTO 文件起草阶段未能拥有发言权的国家来说，是符合其利益的。这也注定了，以背离 Chevron 规则的方式实施第 17.6（ii）条，抗议者必然是少数。

六、DSB 与美国国内法院视角差异对我国的启示

分析 DSB 与美国国内法院视角的差异，并且理解此种差异产生的原因，不论对我国政府来说，还是对我国出口企业来说，其意义都是重大的。这不仅有利于我国政府和企业正视美国所采用的"归零法"，还有利于我国政府和企业在对抗美国作出的反倾销裁定时更理性地选择诉讼的渠道与策略。

（一）我国政府应当借助 WTO 提供的平台，与其他国家共同抵制归零法

如果仅就归零法问题而言，我国还没有因为美国采用归零法在 DSB 提起诉讼请求；然而，这并不代表我国没有遭遇到归零法的威胁。一方面，在《反倾销协定》谈判当中，中国曾与印度、埃及等国一道提出了对归零法的质疑。① 另一方面，在 DSB 已经作出裁决的五起典型案件当中，中国均作为第三方参与了诉讼并发表了自己的看法（参见本文附录：美国因"归零法"败诉的 DSB 争议一览表）。另外两个作为第三方或者当事方参与了全部五起诉讼的，分别是欧盟与日本。这就说明，对于中国来说，归零法或许不是迫在眉睫的问题；但是，我国同样盼望将此问题加以解决，也希望在国际社会寻求到具有相当发言权的、可以共同对抗归零法的盟友。而解决此问题唯一可行的方法，就是利用 WTO 提供的平台，营造孤立

---

① Negotiating Group on Rules, Communication from the People's Republic of China, Proposal of the People's Republic of China on the Negotiation on Anti-Dumping, TN/RL/W/66 (Mar 6, 2003), available at http: //www. wtocenter. org. tw/SmartKMS/do/www/readDoc? document _ id = 18976, visited on July 24, 2009.

“反倾销归零”的氛围和大势。①

（二）我国政府应当认真分析、合理看待美国援引《反倾销协定》提出的抗辩

在本文的开头，笔者曾经提及，美国在 WTO 的争端解决之诉当中，曾频繁援引第 17.6（ii）条进行抗辩。由于归零法仅仅是美国商务部执行其贸易救济法律的一种具体措施，而美国贸易救济法律当中不可能将全部问题的操作细则都一一列举，因此，除了归零法之外，第 17.6（ii）条还可能被美国用于对其他贸易保护行为进行抗辩。然而，正是由于 DSB 与美国国内法院的视角存在差异，此种抗辩很有可能不被 DSB 接受。因此，面对此种抗辩，我国政府可能并且应当把握住美国国内法律同 DSB 态度的差异并据理力争。不论是专家组还是上诉机构，在履行其职责的过程当中，都比美国国内法院更加积极；在判定美国的做法是否违背了《反倾销协定》时，审查的范围和深度也更加广泛。因此，只有认真分析《反倾销协定》文本并找出美国的行为与其不符之处，才能凭借 WTO 规则合法地同美国进行对抗。

（三）我国出口企业应当科学选择在美诉讼策略

除了政府之外，我国出口企业同样是对抗美国反倾销裁定的重要力量，更是美国反倾销裁定的直接利益相关者。这就客观上要求我国出口企业应当认真研究美国国内法律，合理选择诉讼策略，尽量避免直接质疑美国行政机关决定的合法性——此种诉讼请求，很可能直接被美国法院依据 Chevron 规则驳回。这样的判决结果，对于负担了高额诉讼费用的我国企业来讲，无疑是雪上加霜。

在此问题上的一起典型案例，是美国国际贸易法院于 2009 年 5 月 13 日针对我国四家大蒜出口商诉美国商务部一案作出的判决。② 在该判决当中，我国出口商提

---

① 朱广东：《反倾销归零及其应对策略研究》，载《武大国际法评论》2009 年第 1 期，第 32～35 页。

② Zhengzhou Harmoni Spice Co. Ltd., Jinan Yipin Corporation, Ltd, Jining Trans-high Trading Co. Ltd, Jinxiang Shanyang Freezing Storage Co. Ltd., Linshu Dading Private Agricultural Products Co. Ltd., Shanghai LJ International Trading Co. Ltd., and Sunny Import and Export Ltd. V. United States, and Fresh Garlic Producers Association, Christopher Ranch, L. L. C., The Garlic Company, Valley Garlic, and Vessey and Company, Inc. Court No. 06-00189.

这也是自 1994 年美国对于中国出口的新鲜大蒜征收反倾销税开始，16 年当中我国大蒜出口企业提起的唯一一起诉讼。

出的、对于美国商务部使用的“中间投入方法”① 合法性的质疑，被美国国际贸易法院直接援引 Chevron 规则驳回。法官在判决当中指出，“中间投入方法”固然不是美国联邦法律明确规定的做法，但行政机关采取此种做法是对联邦法律“可允许”的解释。在确定如何计算源于非市场经济国家的产品的倾销幅度这一问题上，美国国会授予了美国商务部广泛的裁量权。法律对此种裁量权唯一的限制，是美国商务部的裁决必须在个案当中保证“基于可获得的最佳信息”作出决策②。同时，美国联邦上诉法院在判例当中也曾指出，在计算生产要素的价值时，如果有证据表明其他计算方法能够提供“可获得的最佳信息”③，那么，美国商务部有权偏离传统的替代价格方法，而采用其他的计算方法。即使根据美国的制定法，除了美国商务部已经采用的计算方法之外，商务部还有可能采取其他的倾销计算方式；但国际贸易法院不会因此而否定商务部已经采用的计算方式的效力。这就说明，面对美国行政机关的行政行为合法性问题，美国国内法院的审查标准相对宽松，也更加倾向于支持行政机关的裁定。因此，如果相关判例当中尚不存在成功地否定某种行政行为合法性的先例，贸然对此进行挑战，是不明智的。

此外，质疑美国行政机关行政行为的合法性，仅仅是针对反倾销裁定进行起诉的策略之一。Chevron 规则保护的仅仅是美国行政机关对于法律的解释权和自由裁量权；它并不保护美国行政机关明显违背美国国内法律的行为，更不阻止当事人对事实问题和程序问题提出质疑。事实上，否定一起反倾销裁决，有时需要的仅仅是一个程序上的瑕疵或者一个对事实问题的反证。例如，在上文曾经提及的我国大蒜出口商诉美国商务部一案当中，虽然我国当事人对“中间投入方法”的质疑被驳回，但最终的判决结果仍然是部分撤销商务部的行政复审结果。我国大蒜出口商取得部分胜诉的原因就在于，他们成功地指出了美国商务部在计算正常价值时，使用他国产品的“替代价值”存在多处不当：首先，美国商务部选取的替代产品为印

① 其英文名称为：intermediate input methodology，具体含义如下：由于美国尚未承认中国的市场经济地位，因此，“如果标的商品是从非市场经济国家进口的，并且，商务部认为，考虑到数据的充分性或可信性，能够获得的信息，无法根据 19 U.S.C. sec. 1677b（a）条（即，通过调整各生产要素的价值，确定产品本身的最终“正常价值”），确定标的的正常价值，那么，该法规定，商务部可以基于“在市场经济国家，能够获得的关于这些要素的最佳信息，使用替代价值”。因此，如果美国商务部认为，中国生产商提供的生产要素信息不够充分，那么，根据美国的法律，美国商务部就需要完全通过在可比市场经济环境下生产的可比商品在他国的售价，确定正常价值。

② Shakeproof Assembly Components v. United States，268 F.3d 1376，1381.

③ Lasko Metal Prods.，Inc. v. United States，43 F.3d 1442，1446（Fed. Cir. 1994）.

度产大蒜，此种大蒜与中国大蒜的大小和品种完全不同。其次，美国商务部毫无依据地否定了中国提交的海运运费数据。最后，在选取包装箱的替代价格时，美国商务部选用的是印度海关的统计价格，但此价格却是印度国内市场价格的三倍，等等。以上质疑都属于事实问题而非法律问题的范畴。美国国际贸易法院对于事实问题的审查，依照的判断标准并非 Chevron 规则，而是“实质性证据”规则。这一规则要求美国商务部证明其对于替代价值的认定是拥有实质性证据的①。因此，将诉讼重心放在对事实问题和程序问题的质疑，就可以在避开了 Chevron 规则的基础上，成功地转移举证责任，从而增加诉讼的获胜几率。

（四）美国 Chevron 规则设立的法律障碍，要求我国出口企业同政府加强沟通，合理分担对抗贸易保护主义的任务

Chevron 规则与《反倾销协定》第 17.6（ii）条的差异，可能会直接导致同一个问题在 DSB 和美国国内法院提起诉讼产生不同的结果。这就说明，仅仅依靠我国出口企业向美国司法机关请求救济，很可能无法对抗美国行政机关借反倾销之名推行的贸易保护主义。这也客观上要求我国政府对此适时进行关注和参与，将某些问题提升到国际法的层面进行解决，尤其是对于某些美国国内法院援引 Chevron 规则拒绝进行实质性审查的问题，政府间的谈判和向 WTO 提起争端解决之诉可能会更好地解决问题。同时，我国企业在美国国内法院就某一问题提起诉讼，并不妨碍

---

① 根据 19 U. S. C. sec. 1516a（b）（1）（B）（i）的规定，如果美国商务部的行政决定“在记录当中没有实质性证据支持，或者不符合法律的规定”，那么，美国国际贸易法院将判决该行政决定为非法。具体到本案当中，法官进一步澄清了审查事实问题的“实质性证据”标准的内涵：

1）实质性证据必须是“多于一点火花”（more than a mere scintilla）的。它必须达到“证据的相关性，能够使合理人接受，这一证据足以支持作出的结论”。

2）审查证据是否具备了“实质性”，必须考虑到记录在案的全部证据，包括相互矛盾的证据，或者，可能得出矛盾的结论的证据。

3）然而，即使商务部提供的证据，可能得出两个不一致的结论，这也不能成为否认商务部的裁决具有实质性证据支持的理由。

4）虽然商务部必须解释做出裁决的基础，但这一解释不需完美。在判例法当中，对此的要求是，“商务部作出裁决的思路必须是合理程度的清晰的”。

Zhengzhou Harmoni spice Co. Ltd., Jinan Yipin Corporation, Ltd, Jining Trans-high Trading Co. Ltd, Jinxiang Shanyang Freezing Storage Co. Ltd., Linshu Dading Private Agricultural Products Co. Ltd., Shanghai LJ International Trading Co. Ltd., and Sunny Import and Export Ltd. V. United States, and Fresh Garlic Producers Association, Christopher Ranch, L. L. C., The Garlic Company, Valley Garlic, and Vessey and Company, Inc.. Court No. 06-00189. pp. 12-13.

我国政府在 WTO 提起争端解决要求。二者完全可以同时进行或先后进行。虽然由于美国国内法的相对封闭性，DSB 发布的报告不会在美国法院产生直接的可适用性，也不会改变美国法院的一贯态度。但是，DSB 裁决可能会导致美国商务部主动改变其做法。① 虽然美国商务部主动停止使用归零法的可能性并不大，但在其他问题上，美国商务部作出让步的先例却并不少见。因此，只有充分把握每一种救济措施的利弊，才会更好地与美国政府的贸易保护措施相抗衡。

附：美国因“归零法”败诉的 DSB 争议一览表

案号	全称	争议双方	第三方	DSB 的裁定
DISPUTE DS294	United States—Laws, Regulations and Methodology for Calculating Dumping Margins (Zeroing)	美国 欧盟	阿根廷，巴西，中国台北，中国香港，印度，日本，韩国，墨西哥，挪威，土耳其	美国败诉。归零法不符合《反倾销协定》第 9.3 条和 GATT 第 6 条第 1 款的规定
DISPUTE DS322	United States — Measures Relating to Zeroing and Sunset Reviews	美国 日本	阿根廷，中国，欧盟，中国香港，印度，韩国，墨西哥，新西兰，挪威，泰国	美国败诉。归零法不符合《反倾销协定》第 2.4 条和第 2.4.2 条的规定

① John M. Ryan, *Interplay of WTO and U. S. domestic judicial review: when the same U. S. administrative determinations are appealed under the WTO agreements and under U. S. law, do the respective decisions and available remedies coexist or collide?* Tulane Journal of International and Comparative Law, Spring 2009, pp. 386-387.

续表

案号	全称	争议双方	第三方	DSB 的裁定
DISPUTE DS335	United States—Anti-Dumping Measure on Shrimp from Ecuador	美国 厄瓜多尔	巴西，智利，中国，欧盟，印度，日本，韩国，墨西哥和泰国	美国败诉。归零法不符合《反倾销协定》第 2.4.2 条的规定
DISPUTE DS344	United States—Final Anti-dumping Measures on Stainless Steel from Mexico	美国 墨西哥	智利，中国，欧盟，日本，泰国	美国败诉。归零法不符合《反倾销协定》第 9.3 条和 GATT 1994 第 6 条第 2 款的规定
DISPUTE DS350	United States—Continued Existence and Application of Zeroing Methodology	美国 欧盟	巴西，中国，埃及，印度，日本，韩国，墨西哥，挪威，中国台北，泰国	美国败诉。归零法不符合《反倾销协定》第 9.3 条和 GATT 1994 第 6 条的规定

The comparison between Article 17.6 (ii) of the Anti-Dumping Agreement and Chevron Doctrine —an analysis of "zeroing" lawsuits in American domestic courts and DSB decisions

ZHAO Haile

Abstract: The determination of the legality of governmental administrative actions has been a question to answer not only for domestic courts but also for the Dispute Settlement Body of WTO. In the area of anti-dumping, owning to the insistence of the US, the drafting of the Article 17.6 (ii) of the Anti-Dumping Agreement was based on the Chevron Doctrine. However, the Article 17.6 (ii) doesn't function in the same way as the Chevron Doctrine does in American domestic courts. The reasons are as follows: on one hand, the function of DSB isn't barred by the separation of power and judicial restraint. DSB will actively scrutinize the legality of interpretations of the Anti-dumping Agreement made by member states of WTO. On the other hand, the American legal system is relatively secluded, and DSB determinations are not considered as binding laws in the US legal system. Meanwhile, the international law is a system with open and obscure edges, which provides DSB with opportunities to actively create new international trade rules. The different outcomes of Zeroing lawsuits in American domestic courts and DSB decisions have fully demonstrated such differences. As to the practices of China, when seeking relief for US anti-dumping decisions, it's wise to avoid the unfavorable US domestic laws, and take advantage of the Article 17.6 (ii) of the Anti-Dumping Agreement in order to better battle against maneuvers of the US government.

Keywords: Article 17.6 (ii) of the Anti-Dumping Agreement　Chevron Doctrine　Zeroing Practice

二、专题一：国际私法立法专题

中国国际私法立法的十二个问题

——在中国国际私法学会2009年年会上的发言

□ 费宗祎*

各位代表，各位学友：

我们中国国际私法学会2009年年会是在学会的创始人我们大家敬爱的韩老去世不足五个月的时候召开的。首先我提请大家起立默哀一分钟以寄托我们对韩老的哀思。我们怀念韩老，应当继承他的遗志，继续繁荣和发展中国的国际私法，以此来慰藉他的在天之灵。

国际私法是一门应用法学。它应当以服务于司法、外交实务为其出发点和落脚点。国际私法的理论、规则只有通过立法成为法律才能发挥其对司法、外交实践的指导作用。现在立法机关已经将制订涉外民事关系法律适用法列入本届全国人大的立法规划，人大法工委将在侵权责任法的起草工作基本完成后立即开始动手起草涉外民事关系法律适用法。人大法工委希望在这项法律的起草过程中得到我们国际私法学界的积极协助。我们国际私法学界理应义不容辞地承担起这项任务。这对于我们搞国际私法研究和教学的同志来说，既是一个绝好的机遇，也是一个挑战。借此机会，我们可以进一步深化对中国国际私法的研究，建立有中国特色的国际私法。而建立有中国特色的国际私法，不但要借鉴外国的经验，还应当，而且也是更为重要的，立足于中国国情，总结我国司法、外交的实践经验，制定出能为社会和国家执法机关所接受并实际操作的法律。我仍然认为，无论是国际私法研究还是国际私法立法，都应当坚持不唯书、不唯上、不唯洋，解放思想，有破有立，求真务实，与时俱进。这次我们国际私法学会受人大法工委的委托，在他们提交给全国人大的

---

* 前最高人民法院法官，资深仲裁员，并任多所高校的兼职教授。

民法草案的基础上，提出了一个涉外民事关系法律适用法的修改建议稿，现在拿到年会上来，发给大家，作为一个靶子，供大家讨论，希望大家利用这两天的时间，认真提出批评和修改意见，学会将根据大家的意见，对这个建议稿再作修改后提交给全国人大法工委。

在这里，我也顺便将中国国际私法示范法出台以来我们国际私法学界对涉外民事关系法律适用法起草过程中遇到的一些问题提出来，请大家研究：

1. 要不要规定什么是涉外民事关系，构成涉外民事关系的涉外因素有哪些？纯内国民事关系的当事人可不可以选择适用外国法律，并因此转化为涉外民事关系，也就是说选择适用外国法律也是涉外因素之一？

2. 涉外民事关系法律适用法中需不需要、可不可以规定适用国际条约和国际惯例，如果回答是肯定的话，又应如何规定？适用国际条约是否应当无条件优先于适用国内法？对于国际惯例，法官可否依职权予以适用？

3. 在当事人意思自治原则已普遍适用于合同领域并部分适用于侵权和其他领域，而且又明确规定当事人的自由选择不得违反国内法律的强制性规定的情况下，是否还有必要规定“法律规避”？

4. 对于“反致”，是采取原则上肯定，个别领域否定（如合同方面），还是原则上否定，个别领域（如人身关系方面）肯定，还是绝对否定，完全抛弃？对于“反致”原则的实用价值应当如何评价？

5. 在合同领域，最密切联系原则是补充性的还是原则性的，有无必要规定特征履行原则，并细化到若干具体有名合同？

6. 是否仍需坚持中外合资、合作经营合同、开发自然资源合同等必须适用中国法律？能否用其他方式的规定予以取代（例如规定企业股东之间、股东与企业之间的争议适用企业注册登记地法）？

7. 如何进一步体现保护弱势群体的利益（如对消费者、未成年子女、工人、污染损害或产品责任的受害者等）？

8. 在侵权责任领域，如何使规定的内容更丰富一些（结合已颁布的“侵权责任法”）？

9. 在民事主体和婚姻家庭部分是采用国籍国法为主，还是采用住所地法（惯常居所地法）为主？

10. 在涉外民事关系法律适用法的“一般规定”一章中有无必要、可不可以将当事人意思自治原则、最密切联系原则、保护弱势群体原则、直接适用原则提升为基本原则？

11. 调查取证应当以法官依职权为主还是以当事人自行提供为主？

12. 涉外民事关系法律适用法的各部分如何排序。例如是总则（即一般规定）、人法（民事主体、婚姻家庭、继承）、物权、知识产权、合同、侵权，还是总则、民事主体、物权、知识产权、合同、侵权、婚姻家庭、继承?

希望大家本着学术自由、百家争鸣的原则，对修改建议稿认真讨论，提出宝贵意见，以便学会组织的起草班子对建议稿作出进一步的修改。

谢谢大家!

Twelve Issues in the Legislation of Private International Law of China

FEI Zongyi

中美国际版权法律适用规则之分析*

□ 孙南申**

内容摘要 国际版权保护的法律适用涉及版权国际条约与版权国内法两个层面。本文探讨与比较中美两国这一领域法律适用的理论、规则与实践。美国加入伯尔尼公约后，通过国内立法与司法判例形成了一套国际版权的法律选择规则，以分割论为特点，具有一定的复杂性与合理性。中国法院近年的司法实践面临着涉外版权纠纷案件的法律适用问题，但有关涉外版权冲突的法律适用规则尚付阙如，一般适用著作权法的规定，并有条件优先适用版权国际条约。因此需要从理论研究与立法完善角度，对美国的国际版权规则予以了解与借鉴，形成一套法律适用的思路与方法。

关 键 词 国际版权 法律适用规则 伯尔尼公约 起源国法 被请求保护国法

目 次

---

* 本文系作者承担的复旦大学国家哲学社科创新基地“美国知识产权法律制度研究”项目（项目编号：07FCZD026）的阶段成果之一。

** 复旦大学法学院院长、教授、博士生导师，研究领域为国际私法、国际经济法。

在国际私法实践与冲突法理论方面，我们正面临着一个不容忽视的现实与理论问题：近年来随着经济全球化与网络国际化的进程加快，中美之间经济与文化领域的版权纠纷与争议案件亦在不断增加，涉及的客体范围包括软件版权、影像作品、网络作品电子版权等方面。从解决版权纠纷角度，中美两国法院均会受理与管辖这类私权性质的纠纷，并面临着处理这类国际版权纠纷案件中如何确定法律适用问题。

国际版权是具有国际或涉外因素的版权问题，在版权的主体（版权归属）、客体（外国作品）与事实（版权使用、转让或贸易）等方面，至少有两个以上的因素与国外有关。因此国际版权问题实为版权国际保护问题，涉及一国在处理版权纠纷中是否对外国作品提供保护，或伯尔尼公约体系下的缔约国对外国作品如何实施保护的问题。

国际版权的法律适用为冲突法领域中的一个特殊方面，具有不同于一般问题法律适用的独特性与复杂性：其一，既受制于伯尔尼公约的国民待遇原则，又得益于该公约的版权独立保护原则；其二，并非以同一冲突规范涵盖所有问题，而是根据版权问题的不同方面，采用不同的冲突法原则；第三，其适用范围的复杂性不但反映为产权性质的版权存在与版权归属问题，表现出债权性质的版权侵权与版权转让问题；第四，因互联网的传播而产生多个管辖连结点。这些特征将在本文论述的有关版权法律适用国际实践的内容中得到反映与印证。

基于以上的背景与分析，本文从中美两国的视角来探讨这一特定领域的法律适用规则。美国不仅传统上在冲突法理论研究与相关的司法判例实践上处于领先地位，而且1989年加入伯尔尼公约后又在国际版权领域形成一套法律适用规则，有其独特与代表性。中国法院近年虽面临不少具有涉外因素的版权案件，并有一定司法实践与做法，但在立法层面，有关涉外版权冲突的法律适用规则却尚付阙如。中国需要从理论研究与立法完善角度，对美国的国际版权规则予以了解与借鉴，并根据相关国际惯例总结出一套法律适用的思路与方法。

一、美国国际版权法律适用理论与实践

（一）联邦版权法与伯尔尼公约

在 1989 年加入《伯尔尼公约》之前，美国长期置身国际版权法律体系之外，有关版权案件的法律选择的结果是只有美国国内版权法可以适用。美国法律制度下的版权法属于联邦立法，即作为《美国法典》第 17 编（17 U.S.C）于 1978 年 1 月生效的联邦《版权法》。① 在版权保护范围方面，联邦《版权法》的规定涵盖了所有智力创作并具独创性的作品。为适应信息与网络技术发展需求，美国又及时对传统版权体系予以调整，将数字作品、网络作品纳入版权保护范围。

加入《伯尔尼公约》后，美国开始面临复杂的版权法领域内的法律选择问题。在美国法院管辖的跨国版权案件中，仅有外国当事方的出现并不足以构成法律冲突，还必须考虑跨国版权案件的其他构成要素：（1）版权的客体，即作为版权保护对象的原始作品；（2）版权的归属，针对原告的身份，是作为作者还是作品的受让者；（3）侵权行为，通常指被告基于某种行为，未经许可大量使用作品。然后在此基础上考察相关条约、版权法或任何其他法律能否提供法律选择的标准。因此，版权侵权案件诉因必须具备四个构成要素：第一，一部作者持有的原创作品；第二，作品为受美国法律保护的对象；第三，原告是作为作者，或是受让者所有该作品；第四，被告基于某种行为，如未经许可大量使用的侵权行为。②

根据美国实施《伯尔尼公约》的立法，涉及外国作品的版权案件的权利人并不能依据该公约直接主张有关版权的任何权利。而只能在确定给予作品法律保护的前提下，决定适用何国法律予以保护。③ 因此对于美国而言，《伯尔尼公约》的主要功能是对外国作品按国民待遇原则提供保护，而不是直接赋予成员国的作者有关版权的实体权利。在适用美国法的情况下，美国任何的版权侵权案件都必须受到联邦版权成文法的专属管辖，而不存在联邦普通法下的版权。

---

① 该法案于 1976 年制定，在 1978 年 1 月生效之前，各州仍由普通法保护未发表作品。1978 年 1 月后，所有未发表作品归由该联邦成文法进行保护。

② See William Partry, *Choice of law and International copyright*, American Journal of Comparative Law, Vol. 48, No. 3, 2000, p. 386.

③ See William Partry, 3 *Copyright law & Practice*, 1994, p. 1686.

（二）版权的性质与保护对象的原创性

美国法律制度下的版权权利被表述为“宪法权利”，来源于美国联邦宪法第1条第8节第8款的规定，即赋予国会“为了促进科学发展，在一定时间内保护作者对其作品的排他的权利”。在 Feist Publications, Inc. v. Rural Telephone Serv. 案中，美国最高法院对“作者”和“作品”两词的解释认为，这两个词必须符合宪法的“原创性”（originality）要求，并强调该等宪法权利是“版权的精华”。① 因此，国会应该仅对原创作品进行版权保护。② 由此可知，在法律选择的问题上，美国关于确定“原创性”所适用的法律的答案是必须适用美国法。

美国联邦《版权法》第102（a）节列出了八类可以受到保护的对象，但这并非穷尽。在美国，作品的“原创性”是法律保护的唯一标准。一项外国作品是否应受到保护，可以根据以下具体情况来决定：（1）如果一项原创作品在其起源国受版权保护而在美国因不具原创性而不受版权保护，则按域外适用美国法的原则处理。换言之，该类作品在美国不予法律保护。（2）如果一项外国作品具有原创性，但要受到联邦《版权法》的保护，还必须在国会实施保护的对象范围之列，因为有些作品可能被排除在保护范围之外。（3）如果一项原创作品在其起源国不受版权保护，而在美国《版权法》保护范围之内，该作品在美国则可因国民待遇原则而受到法律保护。③ 毫无疑问，对于“原创性”问题，其法律渊源是美国宪法，因此判断此要素的准据法是美国法。

（三）外国作品保护与版权既得权原则

对于外国作品在美国的法律保护，理论上首先要解决的问题是：在被请求保护国的版权各自不同的现状之下，一项外国作品是可以有多个独立的版权，还是只有一个最初产生于作品起源国的版权，而后该版权因国际公约规定的国民待遇原则而在世界各国得到实施？

受 Joseph Beale 教授的影响，美国《第一次冲突法重述》采用了“既得权利”理论（theory of vested rights）。Beale 教授认为：“法院并非适用外国法律，因为外

---

① See Feist Publications, Inc. v. Rural Telephone Serv., 499 U.S. 340, 345 (1990) (Feist).

② 参见联邦《版权法》第102（a）节。

③ 多数国家的法院采取与此类似的原则，认为国民待遇原则要求法院保护外国作品，即使该外国作品在其起源国并不受到保护，但也有少数国家的法院只保护在起源国和法院地都给予保护的作品。其原理类似中国的“皮之不存，毛将焉附”之意。

国法律对本国法院不应该产生任何效力，本国法院仅仅是承认某项权利已在国外产生这样一个‘事实’，要想创设某项权利，一国必须具有立法管辖权，且该等创造权利的权力仅在该国域内有效。”①

联邦《版权法》第104节则明确规定，可根据多个连接因素确定在美国境内对外国作品实施保护，主要指“作者是美国加入或缔结的国际条约的缔约国的国民或居民”，以及“作品首次发表的国家是《世界版权公约》或《伯尔尼公约》的成员国”。前者类似伯尔尼公约中的“人身标准”，后者类似该公约中的“地理标准”。看来，第104节根据某一连接因素承认外国版权的规定属于第二种理论，即只有一个最初产生于作品起源国的版权，而后该版权经过国际公约中规定的国民待遇原则而在世界各国得到实施。②

与专利权或商标权进行比较，可以发现版权并非完全“属地”。在世界范围内，版权是随着作品的产生而自动生成的，而并无需任何行政机关批准后赋予此项权利。而专利权没有国家行政机关的批准则无法自动产生，商标权居于两者之间：其权利是基于“使用”产生，但权利的存续需要经过多次的注册。

（四）国民待遇原则的适用

关于伯尔尼公约国民待遇的适用范围，公约中约定的权利在下列两种情况下可以由各缔约国享有：（1）公约提供的保护仅仅及于作为缔约国公民的作者，或者在缔约国有住所的作者；（2）或者公约提供的保护及于非缔约国的作者，只要该作者的作品首次发表地为缔约国。③ 以上第一种情况为人身标准，第二种情况为地理标准。一般而言，各公约提供保护所根据的连接因素主要有国籍、住所地、首次发表地等。

根据世界知识产权组织（WIPO）1978年制定的《伯尔尼公约指南》（Guide to Berne Convention）第32条，“国民待遇”一词被表述为“将外国作者同化，使其获得与内国作者同等的地位”。对于外国作品，美国法院采用了类似的“同化”（assimilation）方法，就是为外国作者提供其为本国作者提供的全部权利，不论国际版权公约是否提供这些权利，但基于美国对公约的适用方式，法院并不为作者提

① See Joseph Beale, *Treaties on the Conflict of laws*, 1935, pp. 448-449.

② See William Partry, *Choice of law and International copyright*, American Journal of Comparative Law, Vol. 48, No. 3, 2000, p. 394.

③ 参见《伯尔尼公约》第5条第3款、第3条第2款、第3条第1款。

供公约规定的权利。[①] 而事实上，法院地国或被请求保护国在公约下并不需要完成这种“同化”，仅需满足公约规定的最低标准即可，因为国民待遇要求缔约国赋予外国作者最低标准的权利。而美国的版权法所规定的权利已达到这一标准。

美国加入伯尔尼公约的一个基本动因是充分认识到，公约所设定的最低标准国民待遇原则对于版权的国际保护的重要意义。如果公约不设立最低标准，国民待遇对美国将可能成为一种得不偿失的原则。一个仅从外国引进作品的国家可以为其国民设立极低的不足的保护标准，然后依据国民待遇原则，将这种极低的标准扩大适用于仅向外国输出作品的国家的外国作者。正是为了避免这种结果，伯尔尼公约设立了最低保护标准。同时，国民待遇又是一个避免歧视的工具，该原则限制了各国任意适用对其内国作者比外国作者更加有利的法律。国民待遇仅仅要求对外国作者与内国作者适用“同样的法律”，而非各自适用“某一特定的法律”。

Hasbro Bradley v. Sparkle Toys 一案表明美国法院如何适用国民待遇原则对外国作品加以保护。[②] 该案中，Hasbro 开发了“变形金刚”系列玩具，该系列玩具由日本 Takara 公司为 Hasbro 生产。1983 年，Takara 公司自行开发出两件新的原创的玩具，分别命名 Topspin 和 Twin Twist。因为这两个玩具是为大众市场所生产，所以根据日本法律，这两件玩具的设计不享有版权。1984 年 6 月，Harbro 决定将这两件玩具添加进变形金刚系列玩具，并从 Takara 处获得该玩具的转让权。

另一家美国玩具生产商 Sparkle 根据 Takara 在亚洲市场投放的 Topspin 和 Twin Twist 这两件玩具的原型复制了一批玩具，并投放美国市场销售。后 Hasbro 在美国起诉 Sparkle 侵犯其对这两件玩具设计享有的版权。Sparkle 称：这两件玩具的设计在其起源地日本不享有版权，所以在美国也不享有版权。但本案法官 Friendly 驳回了 Sparkle 的抗辩，其依据是日本设计者基于美国法典第 17 编即《版权法》第 104（b）（2）款享有“国民资格”。根据该节规定，“某一作品在外国首次发表，如果发表之日，该外国为《伯尔尼公约》成员国，则该作品应受到美国《版权法》保护”。因为日本是该公约的成员国，所以法官认为这两种玩具的设计在美国应该受到保护，即使其在日本不受保护。根据《伯尔尼公约》第 5 条第（2）款，有关版权侵权之诉的准据法的规定，本案也应适用被请求保护地法（laws of country where protection is claimed），即美国法律。显然，本案法官根据人身标准适用国民待遇原则而使原告受到法律保护。

---

① See William Partry, *Choice of law and International copyright*, American Journal of Comparative Law, Vol. 48, No. 3, 2000, p. 404.

② 780 F. 2d 189 (2d Cir. 1985).

（五）版权独立原则的适用

根据《伯尔尼公约》第 5 条第 2 款的规定，作者在其他缔约国享有的版权权利并不依赖于作品在其起源国的保护，因此除了公约规定的最低标准外，保护的范围以及提供的救济方法完全由被请求保护国法决定。这就是公约所确定的“版权独立原则”，其含义实为“版权独立保护原则”，而非“版权独立存在原则”。换言之，“作品在起源国的保护和在其他缔约国的保护是相互独立的”。① 据此原则，如果一件中国作品在美国被人复制，则应通过美国版权法获得救济，如果美国作品在中国受到侵犯，也应依据中国著作权法请求保护。

由于《伯尔尼公约》并未明确规定某一作品的版权在不同国家独立于彼此而存在，而根据美国的“既得权利原则”理论，版权则应该被视为是最初在起源国获得，而后基于公约义务而在世界各国得到实施。也因如此，联邦版权法中才确定了版权的所有应该适用作品起源国（source country of the work）法律的原则。② 根据版权的“既得权利原则”，作品起源国法将得到适用，至少在所有权归属和转让限制等与作品创作密切相关的问题上将以此为准据法。

从权利取得角度看，版权应当不像专利和商标权那样适用“独立权利原则”，因为其他国家只是在国民待遇义务下承认作品起源地国的权利，而非按法定程序独立给予权利。但从权利保护角度看，则应适用“独立权利原则”，因为必须按法院地或被请求保护国来决定保护的范围，此乃《伯尔尼公约》规定的权利独立原则的含义。

（六）关于公约的法律选择规则

《伯尔尼公约》第 5 条第（2）款规定：“除本公约的规定外，受保护程度及为保护作者权利而向其提供的救济方式，完全适用提供保护的那个国家的法律。”

公约的该项规定通常被视为一项法律选择规则，因为对版权侵权之诉的准据法进行了规定：被请求保护国法。根据该项规定，被请求保护国应为必须在法律上能够为涉案作品提供保护的那个国家，可能就是提起诉讼请求所在的国家，即法院地国，只要该作品在法院地国法律的保护范围内；也可能是使用该作品所在地的国家，如果所在地国家的法律对该作品提供保护，虽然多数情况下，被请求保护国法就是法院地法（laws of forum country）。

① 汤宗舜：《知识产权的国际保护》，人民法院出版社 1999 年版，第 80 页。

② 参见美国《联邦版权法》第 201（a）节（1978）。

关于该公约第5条第（2）款所规定的“被请求保护国法”规则的适用范围，是一个值得讨论的问题，主要涉及是否适用于版权归属与利用等方面。作为准据法，适用被请求保护国法将确定保护哪些权利，保护的范围以及可行的救济方法。

从文义看，该条款的适用范围本身只涉及两个领域：版权保护的程度和版权救济方式。前者指版权的保护范围和版权的保护期限，后者指有效的补救措施。

换言之，该条款对版权归谁享有这一问题并没有提出法律适用规则，即该条款并未涵盖版权归属关系这一重要问题或提供确定版权使用权等问题的法律选择规则，这些问题涉及一些雇佣作品的作者和出版者或其他传播者之间的合同关系，需要专门作出规定。因此，《伯尔尼公约》第5条第（2）款不是版权所有权归属问题的法律选择规则，而将此问题交由各国自行解决。

（七）所有权归属的法律适用规则

根据联邦《版权法》（美国法典第17编）第104（a）节的规定，凡因不符合该法设定的手续（如公示或更新）而在美国被视为进入公共领域的外国作品，均不能得到法律保护。为履行在《伯尔尼公约》第18（1）款下的义务，美国将该104（a）节加入其1994年《乌拉圭回合协议法》，从而使得以上部分作品可以根据美国在TRIPs协议下的义务而“复活”（resurrect）并重新获得保护。①

但这些“复活”的外国作品的所有权归属问题同样面临着法律选择：应该适用使之“复活”的美国法还是最初赋予它们版权的起源国法？美国的版权法的规则及司法判例均是：应根据作品的起源国法律确定这些“复活”的作品的所有权归属。② 当然这是以起源国为WTO或伯尔尼公约的成员国为条件的，而且主要指那些由于不符合美国先前设定的手续而在美国进入公共领域的外国作品。

版权归属问题有其特殊性，适用“作品起源国”规则加以解决似乎更为合理。其重要性在于：当版权交易存在跨国流动时，作品每跨越一国的边界，就可能使其版权的归属问题发生变化，从而给作品的所有权带来很大的不确定性。不过司法实践中“作品起源国”规则通常需要与“最密切联系地法”结合起来使用，因为“作品起源国”往往被认为与作品有着更为密切的联系。关于这点，将会在以下案例分析中述及。事实上，对于版权的权属问题，美国法院正基于国际习惯法而适用作品起源国法。

---

① See William Partry, *Choice of law and International copyright*, American Journal of Comparative Law, Vol. 48, No. 3, 2000, p. 410.

② 参见美国《联邦版权法》第104（b）节（1978）。

尽管伯尔尼公约第5条第（2）款的被请求保护国法规则在美国不是版权所有权归属问题的法律选择规则，但对于电影作品则另当别论。公约第14条之二（a）款对此有特别的规定，即："确定电影作品版权的所有者，属于被要求给予保护的国家法律规定的范围。"公约在此处使用了"版权的所有者"而非"作者"，这是考虑到各国法律的规定不同。有的国家法律规定"制作者"如制片人是电影使用权的第一享有者，有些法律规定编剧、作者或背景设计者等保有对他们各自创作部分的作者权利，还有国家法律将这些人统一归为"共同作者"。在美国，制片人被视为作者，从而享有版权初始所有者的全部权利。所以，公约第14条之二（a）款规定的电影作品归属问题适用法院地法（被申请保护地法）的原则，是对适用作品起源国原则的例外。

该特殊规定在美国并未被认同，有学者认为：即使暂且不讨论人身权利的问题，从促进电影的商业利用的角度来看，第14条之二（a）款也不是一种明智的规定。因为"法院地"可以因起诉人在不同国家起诉而变动，相比之下，采用"作品起源国法律"则较好，因为"起源国"相对确定且与作品有"最密切的联系"。①

（八）版权法律适用的"分割论"

虽然作品起源国的准据法已在美国普遍接受，但是作品所有权归属法律适用规则并不够解决所有问题。美国版权保护司法实践中的法律选择问题往往采用"分割论"，即对版权案件中的不同问题适用不同的法律。在Itar-Tass Russian News Agency，Inc. v. Russian Kurier，Inc. 一案中，② 原告是多名报纸和期刊出版商，诉称一在纽约发行的俄文报纸侵犯了其俄罗斯记者撰写的在俄罗斯首次发表的报纸和杂志文章版权。原告认为，文章版权的所有权归属应该适用美国法，被告坚持应该适用俄罗斯法。本案涉及的法律冲突是：如果根据美国法的"雇佣创作作品规定"，所有原告都应该被视为作者，从而是本诉讼的适格主体；但是根据俄罗斯法律，只有原告Itar-Tass有资格诉讼，其他原告都非适格主体。

本案中涉及版权归属与侵权责任两个问题。地区法院对所有权归属和侵权两个问题都适用了俄罗斯法律，赋予"集体作品"作者比美国法更加广泛的资格和救济。第二巡回法院撤销了该判决并发回重审。上诉法院认为应将所有权和侵权事项

---

① See William Partry，*Choice of law and International copyright*，American Journal of Comparative Law，Vol. 48，No. 3，2000，pp. 429-430.

② 153 F 3d 82（2d Cir. 1998）.

的法律适用分别处理，而不应都适用侵权行为地法（laws of country where the infringement occurred）。

该案的上诉法院运用“分割论”（theory of depecage），将所有权归属和侵权问题分开处理。法院认为：“版权是财产的一种……通常的规则是双方的财产权益由‘最密切联系地法’确定。”该案中作品由俄罗斯记者在俄罗斯创作，首次发表于俄罗斯，所以俄罗斯无疑是“唯一”的与作品的创作有着最密切联系的国家。① 因此，本案的版权归属问题适用了俄罗斯法，而侵权责任问题适用了美国法律。

Newman 法官用“最密切联系地原则”作为所有权归属准据法的法律选择规则，而选取《版权法》中定义的“伯尔尼公约作品的起源国”作为连结因素。不过，本案之所以选择这一连结点作为，是因为本案中没有涉及复杂的国籍国、住所地国、创作国、首次发表国等多个连接因素的选择问题，因为本案的作者国籍国、首次发表国、创作国等都是俄罗斯。如果一旦涉及这些连接点都互不相同，那么就很难确定哪一个连结点是“最密切联系地”。② 由此可见，美国司法实践中对此并无固定的结论。如果机械地确定一个连结点，如“首次发表地”，然后加以选择法律，显然是一种不合适的做法。

美国理论界认为，法院应该考察所有可能的连结点，根据版权国际习惯法一般赋予各连结点不同的分量，如“国籍国 v. 住所地”时，国籍国分量更重；“创作国 v. 首次发表国”时，首次发表国一般更具分量。③ 但是即使是根据国际习惯法进行的这种比较，也不能形成相对固定的结论。虽然理论界对此的争论并无结果，美国法院已在审判实践中适用习惯国际法，重要的是必须找出那些“被各国所共同认可的规则”。

在版权案件中，这些规则最有可能存在于国际版权公约中，尤其是《伯尔尼公约》中。然而，国会又明确禁止直接适用该公约。这样一来，通过适用习惯国际法而将《伯尔尼公约》融入美国《版权法》是一种巧妙地规避了立法机构明确的“非直接适用”政策。但是，美国《版权法》对法律选择问题没有作出规定，而伯尔尼公约又不能直接适用，那么又如何寻求版权的法律选择规则呢？上述 Itar-Tass 案适用《第二次冲突法重述》（即分割论）部分解决了这个问题。

---

① 153 F. 3d. at 90-91.

② See William Partry, *Choice of law and International copyright*, American Journal of Comparative Law, Vol. 48, No. 3, 2000, pp. 424-426.

③ 参见《伯尔尼公约》第 3 条第 1 款 a、b 项，第 5 条第 4 款 a、b 项。

（九）版权法律适用中的公共政策与当事人意思自治

美国公共政策对版权法律选择规则导致外国法适用的限制主要针对以下两种情况:① 第一，根据该法律选择规则选定适用的外国法将保护的作品在美国法下依宪法不应受到保护。如果根据美国宪法，这种作品不能受到保护，那么即使根据法律选择规则指引后适用的外国法保护该作品，我们也不能违宪给予其保护。第二，根据该法律选择规则选定适用的外国法将赋予某一个人相应版权，而根据美国宪法，该人不应被视为作者。例如，仅仅是提供了观点、事实或其他非版权材料。这种情况下，应该适用美国法。

如同公关政策限制一样，关于当事人意思自治。决定是否保护某个对象，或者某作品的版权归属于哪个作者，这些都是根本的立法政策，所以不应该由当事人任意操纵。但此政策也不绝对，在“共同作者”的情况下，就可以采用这一意思自治规则。例如一部由美国作者和英国作者共同完成的作品，他们通过电子邮件往来讨论该作品草稿，但美国和英国法律对于共同作者的规定是不同的：美国法规定共同作者是作品的共同占有者，任意一个共同作者可以不经过其他作者的同意，将作品许可第三方非排他地使用；而英国法律规定，任意一个作者未经其他作者同意，不得许可第三方使用作品；此时，采用当事人意思自治原则，让当事人自己选择准据法就未尝不可。②

（十）版权转让的法律适用

当一个大陆法国家的作者向美国公司转让版权权利时，若该大陆法国家禁止该转让，而美国则允许，那么就产生了法律冲突。在这样的转让中，涉及转让限制的识别问题，是将其识别为版权所有权归属问题，还是合同法问题？从而导致应该适用版权问题的法律选择规则，还是适用合同问题的法律选择规则。对此，司法判例并未形成较为固定的模式。

如对美国联邦版权法的规定加以分析，则可得出适用版权问题的法律选择规定更为合理的结论，因为对转让的限制应该被视为一种要求作者保留所有权的立法命令，这些限制的目的是更好地实行保护作者的国家政策和实现国家的社会与文化目标；因此，对版权所有权归属问题适用作品起源国法，对所有权的限制问题也应该适用同种法律；而且，财产权是合同的产物，但是版权又是依赖设立限制的法律而

① See Brainerd Currie, *Selected Essays on the Conflict of laws*, pp. 183-184 (1963).

② Oddo v. Ries. 743 F. 2d 630 (9th Cir. 1984).

存在。①

因此，美国对版权转让问题的法律适用要进行具体的分析：当作为作品起源国的外国法律对转让进行了某些限制的时候，这些限制应该被视为是所有权权能的一部分，从而适用判断所有权时适用的准据法；当作者的转让权利没有受到任何限制，并且转让合同的履行地是美国时，那么该转让应该适用美国法。

（十一）保护期限的法律适用

各国对于作品保护期限问题有着各自的文化和政治考虑，所以一般都会适用法院地法来决定保护期限问题。《伯尔尼公约》规定的最低保护期限为“作者生前以及死后 50 年”。但是，公约第 19 条又同时允许各国提供更长的保护期限。事实上，许多国家也因此提供更长的保护期限，例如欧盟和美国都已经将其保护期限定为“生前加死后 70 年”。美国并没有立法执行伯尔尼公约的上述“最低保护期限条款”，而是直接对所有作者都提供同样的保护期限，不管其起源国期限如何。

在 1976 年联邦《版权法》规定了统一的保护期限之前，美国自 1790 年第一部版权法开始，一直采用“双重期限”。依据 1790 年版权法，首次保护期限是自作者向其居住地法院提交预发表作品的标题页副本之日起 14 年。如果作者在这 14 年到期时仍然在世，那么在第 14 年内，需提交第二次申请，否则作品就不可逆转地进入公共领域。如果第二次申请成功，那么作者将被赋予额外的 14 年保护（延期保护），即一部作品的保护期限最长为 28 年。在美国，这种双重期限的做法一直沿用到 1978 年，虽然后来（1909 年之后）保护的期限年数翻了一倍，成为 28 年加 28 年共 56 年；1976 年联邦《版权法》规定的保护期限为作者终生加死后 50 年，而 1998 年的版权扩张法案又在 1976 年法案基础上再增加了 20 年。②

美国这种特殊的保护期限规定亦会导致有关的法律冲突与适用问题。例如在外国涉讼的一部美国作品，由于未能延期已在美国进入公共领域，但在外国并没有进入公共领域，那么就面临着应该适用哪国法律的问题。美国直到 20 世纪还在使用版权保护的双重期限法，是世界上唯一一个依申请手续而提供保护期限的国家，而不像其他国家那样，以作者的生存期限加上死后固定年限的保护方法。这种双重期限体系下，当作品由于未能履行延期申请手续而进入公共领域后，会引发很多法律冲突问题。如果作者或作者的继承人在外国提起侵权诉讼，那么该外国应该依据美国法律还是其本国的法律确定保护期限呢？实际中，大部分国家都仅仅承认该作品

---

① 参见美国《联邦版权法》第 203（b）节，第 304（c）节（6）。

② 参见陈剑玲：《美国知识产权法》，对外经贸大学出版社 2007 年版，第 25 ~ 26 页；Eric Eldred v. Kohn D. Ashcroft，537 U. S. 186，2003。

在美国被赋予的保护期限，而非该法院国的更长期限。对于受保护的对象和保护期限的法律适用，经过分析美国法典第17编（版权法）和条约，可以得出美国法应以适用的法律适用规则。

（十二）版权侵权行为的法律适用问题

在美国境内发生的版权侵权案件的准据法应该适用美国国内实体法：这一原则不仅为Itar-Tass一案的司法判例所确定，并且在《伯尔尼公约》第5（3）款和美国为适用公约而进行的相应立法中也得以体现。① 同时，该原则亦符合国际通行的"侵权行为适用侵权行为地法"冲突规范的国际惯例。

值得讨论的问题是：在互联网上的版权侵权，并在美国法院提起诉讼的海外的版权侵权案件，通常被美国法院认定为互联网上的版权侵权。此类侵权行为的发生不外乎两种情况。第一种情形是：未经授权的作品通过位于国外的服务器或网站上传，后在美国境内被下载。第二种情形是：未经授权的作品通过位于美国的服务器或网站上传刊登，后在国外被下载。

为了惩罚网络侵权者，美国近年来主要根据"盗版者没有避风港"这一理论支持法院的管辖权：利用国际信息互联网进行的侵权不应该受到"地域原则"的限制，因为互联网本身没有国界，因此不能用传统的法律地域原则限制管辖权，Ginsburg教授建议适用法院地法，只要该源自其他国家的侵权行为在法院国得到了"便利"。所以如果侵权者是法院地的公民、有住所，或者在法院地存在"有效的业务往来"，那么法院地都可以管辖该案。② 其实这不过是将美国传统的属人管辖与长臂管辖运用于网络侵权案件而已。同时，法院地在任何情况下都可以为在海外发生的侵权提供救济。

复制行为出现的地方通常就是美国法院认定的侵权行为地。例如某人在美国写了一本侵犯他人版权的书，则他在美国应该承担侵权责任。如果他在美国将这本书卖给一个德国公民，该公民带着这本书到德国去进行复制，那么版权所有者针对这些德国复制品的请求权应该在德国。互联网使得复制行为更加容易，也带来更多问题，但是认定的基本原则还是和一般的知识产权侵权一样。

美国的相关司法实践表明：在确定《版权法》域外效力时，不应忽略了版权另一个重要特性：间接侵权（contributory infringement）行为往往不会独立存在，

① 参见《伯尔尼公约》第5条第3款；《美国法典》第17编，第104（c）节（1989）。

② See Ginsberg, Global Use/Territorial Rights: Private International law Questions of the Global Information Infrastructure, 42 J. Corp. Society, pp. 318-320 (1995).

而必然以直接侵权（direct infrigement）为前提，美国通过司法判例确立的间接侵权主要是指第三人为直接侵权人的行为承担责任的一种“帮助侵权责任”。① 美国版权法106节赋予版权所有者“使用或授权他人使用”六项排他性的权利中的任意一项。“使用”一词对应着直接侵权（例如被告亲自非法翻录了一盘租来的录像带）。而“授权”一词则对应着间接侵权行为。1978年《版权法》立法过程中将间接侵权人定义为：“知晓（直接）侵权行为存在的，诱导、导致或者实质地辅助他人的（直接）侵权行为的人。”该定义表明，如果存在间接侵权行为，那么必然存在直接侵权行为。

在互联网侵权案件中，只要在美国境内没有直接的侵权存在，那么不论外国法怎么规定，美国法院都不可能认定存在相应的间接侵权。也就是说，如果海外实施的某一行为并没有违反美国法典第17编，那么即使知晓、诱导、导致和辅助这一海外行为的其他行为发生在美国，这些行为也不能构成间接侵权。

在美国的有些法院，如第二巡回法院认为，当被告在美国境内参与了直接侵权，例如生产侵权复制品，而后海外的侵权复制品正是以该复制品为模板的，才能对该案进行域外管辖；而如果仅仅是在外国制造侵权复制品，或者参与了在美国不构成直接侵权的行为，即使该行为在海外可能构成直接侵权，也不足以对该案实施域外管辖。②

在网络侵权的上述两种情形中，第一种情形，即被告将未经授权的作品通过位于国外的服务器或网站上传，后在美国境内被下载，美国法院是不能追究被告的责任的，仅可以对日后的美国境内的下载进行管辖。第二种情形，即被告将未经授权的作品通过位于美国的服务器或网站上传刊登，后在国外被下载，美国法院可以追究被告的责任，但是对日后在国外进行的下载不能管辖。结论是：对于侵权行为，包括互联网侵权问题，应该适用美国法。但是对于海外的侵权行为，美国法院一般没有管辖权，除非国会作出相反决定。③

二、中国涉外版权法律适用分析

版权在中国立法中的同义用语为“著作权”，其法律适用涉及国际立法与国内立法两个层面。中国法院在处理涉外著作权纠纷中应采用的法律适用原则是：在适

① 参见陈剑玲：《美国知识产权法》，对外经贸大学出版社2007年版，第25～26页。

② Update Art, Inc. v. Modiin Pub., Ltd., 843 F2d 67, 73 (2d Cir. 1988).

③ See William Partry, *Choice of law and International copyright*, American Journal of Comparative Law, Vol. 48, No. 3, 2000, p. 470.

用国内法律的同时必须确保其结果符合中国缔结或加入的知识产权国际条约所规定的原则。对于TRIPs协议，中国法院在处理此类案件中并不直接适用，而是适用我国著作权法中的有关规定。但对于《伯尔尼公约》与《世界版权公约》的适用则采用不同于TRIPs协议的方式，其基本原则是国际条约优先适用，条件是只有国内立法与国际条约相抵触时才优先适用，而两者相符时则仍适用著作权法。此外，中国著作权法与上述两公约还存在着相互反致适用关系，此乃两者的条文具体规定所致。

版权保护亦是TRIPs协议的调整对象：该协议涵盖知识产权的主要领域，一共包括七个方面，即：版权和相关权利①、商标权、地理标志、工业品外观设计、专利、集成电路布图设计（拓朴图）、未披露信息。其法律结构近似于一些已有的知识产权国际公约，如世界知识产权组织下的《巴黎公约》、《伯尔尼公约》、《罗马公约》和《集成电路知识产权公约》。像上述公约一样，TRIPs协议还规定了成员国相互提供国民待遇和最惠国待遇的原则。同时，该协议明确规定了与上述四个公约的关系，即：WTO的全体成员视为上述四个知识产权国际公约的全体成员。因此，TRIPs协议的基本原则与四个主要国际公约的规定是一致的。TRIPs协议第2条第2款规定："本协议第一至第四部分之所有规定，均不得有损于成员之间依照巴黎公约、伯尔尼公约、罗马公约及集成电路知识产权条约已经承担的现有义务。"

（一）著作权保护中的法律适用关系

中国著作权或版权保护中的法律适用主要体现为中外著作权纠纷处理中的法律适用问题。关于知识产权保护的法律适用的基本原则是，在适用国内相关法律规定的同时也必须确保法律适用符合中国加入的TRIPs协议和其他知识产权国际条约的规定。因此，版权保护中法律适用的范围涉及国际立法与国内立法两个层面：前者包括TRIPs协议，伯尔尼公约和世界版权公约；后者指中国的《著作权法》。

1. 关于TRIPs协议与著作权法的适用关系

中国法院在处理涉外著作权纠纷中并不直接适用TRIPs协议，而是适用《著作权法》中的有关规则，因为后者的保护水准已经达到TRIPs协议所要求缔约国给予的最低保护标准。因此TRIPs协议在事实上已间接适用于中外版权纠纷的处理，这种适用方式的法律依据为中国政府在加入WTO的工作组报告中所作承诺，即中国将以修改现行国内法律、法规和制定完全符合WTO协议的新法的方式来实施WTO

① 参见TRIPs协议第1条第3款。

协定。①

2. 关于版权两公约与著作权法的适用关系

《伯尔尼公约》与《世界版权公约》为专项的著作权国际公约，但内容上并不包括权利的实施（即保护程序与救济措施）的规定，这与 TRIPs 协议有所不同。后者其重点内容在于权利的实施，即法律保护的各种法定程序与救济措施。因此，中国法律对于这两个著作权公约的适用采用了不同于 TRIPs 协议适用的方式。其基本原则是国际条约优先适用，条件是只有国内立法与国际条约的规定相抵触时才优先适用，而两者相符时仍适用国内著作权法，其法律依据为中国民法通则第 142 条之规定。虽然如此，我国著作权法与两个著作权公约却存在着相互“反致适用”的关系，这是因为其条文的具体规定所致。具体反映为《著作权法》中第 2 条第 1、2、3 款的如下规定：

（1）中国公民、法人或者其他组织的作品，不论是否发表，依照本法享有著作权。

（2）外国人、无国籍人的作品根据其作者所属国或者经常居住地国同中国签订的协议或者共同参加的国际条约享有的著作权，② 受本法保护。

（3）外国人、无国籍人的作品首先在中国境内出版的，依照本法享有著作权。

以上规定中的“受本法保护”（第 2 款）和“依本法享有著作权”（第 3 款）有不同含义：前者指保护的程序或权利的实施，适用中国著作权法；后者指权利内容，适用中国著作权法。但前者中涉及的外国人作品的权利内容依第 2 款规定则应适用国际条约规定，这种适用方式类似于国际私法中的“反致”。此外，第 3 款提及的外国人作品首先在中国出版，是依著作权法享有著作权的条件，否则，只能依作品来源地享有著作权。

上述著作权两公约虽然规定了著作权保护的范围（即权利的内容），但对保护的程序（即权利的实施），并不作具体规定，而是规定依靠各缔约国的国内立法加以实施，这便是公约中的反致适用国内立法的原则，因为其适用国内立法的方式类似于国际私法中的“反致”。其具体条文规定，将通过本文的以下影视作品版权纠纷案例加以说明。

（二）著作权法保护的范围与内容

1. 保护的客体范围

作品是版权保护的客体，《著作权法》所称作品，是指文学、艺术和科学领域

① 参见《中国加入工作组报告书》第 67 节。

② 此处著作权内容应理解为中国参加的著作权公约中所规定的著作权的保护范围。

内具有独创性并能从某种形式复制的智力成果。① 显然，只有具有“独创性”和“表述性”的智力成果才是版权法意义上的作品。《著作权法》第3条将作品可涉及的范围界定于文学艺术、自然科学、社会科学和工程技术这四大领域，同时还具体规定了作品的形式或类别，包括：文学作品、口述作品、艺术作品（如音乐、戏剧、曲艺等)、美术与建筑作品、摄影作品、电影作品（包括电视作品)、图形作品（如工程设计图、产品设计图、地图等)、计算机软件等共八类作品。且规定不论是何种形式的作品，著作权人对其均享有专有权利，未经著作权人许可，任何人或单位均不得擅自使用其作品。凡使用他人作品应当同著作权人订立许可使用合同。②

2. 保护的权利内容

著作权的内容由人身权与财产权两大类构成，其权利范围广泛，具体包括以下各项权利：(1）发表权；(2）署名权；(3）修改权；(4）完整权；(5）复制权；(6）发行权；(7）出租权；(8）展览权；(9）表演权；(10）放映权；(11）播放权；(12）传播权；(13）摄制权；(14）改编权；(15）翻译权；(16）汇编权；(17）应当由著作权人享有的其他权利。③

以上各项权利，第（1）至（4）项为精神权利，亦称人身权；第（5）至（17）项均为经济权利，亦称财产权，著作权人可以许可他人行使这些财产权利，并依照约定或者《著作权法》的规定取得报酬。对于著作权人而言，上述财产权中最核心的权利是复制权，即以印刷、复印、拓印、录音、录像、翻录、翻拍等方式将作品制作一份或者多份的权利。对于电影作品而言，出租权显得至关重要，即有偿许可他人临时使用电影作品和以类似电影的方法创作的作品。在互联网已被社会广泛运用的背景下，传播权对权利人有着更为重要利益关系。传播权又称信息网络传播权，即以有线或者无线方式向公众提供作品，使公众可以在其个人选定的时间和地点获得作品的权利。

3. 侵权与责任

侵犯著作权的行为有各种表现形式，《著作权法》将其分为两大类，分别在第46条和第47条中加以规定。第46条中所列举的是仅承担民事责任的各种侵权行为；而第47条所列举的则是更为严重的侵权行为，除了承担民事责任外，还将根据其后果与情节，受到行政处罚，甚至被追究刑事责任。

4. 制止侵权的救济措施

---

① 参见《著作权法》第2条。

② 参见《著作权法实施条例》第23条。

③ 参见《著作权法》第10条。

对于侵权行为除了可依法提起损害赔偿之诉外，《著作权法》还规定有禁止即发侵权及诉前财产、证据保全的内容。当权利人有证据证明他人正在实施或者即将实施侵犯其权利的行为，如不及时制止将会使其合法权益受到难以弥补的损害的，可以在起诉前向人民法院申请采取责令停止有关行为和财产保全的措施。为制止侵权行为，在证据可能灭失或者以后难以取得的情况下，权利人可以在起诉前向人民法院申请保全证据。关于损害赔偿额的标准，《著作权法》亦规定了实际赔偿原则，即侵权人首先是对权利人的实际损失给予赔偿；其次是实际损失难以计算的，可以按照侵权人的违法所得给予赔偿。上述两项赔偿数额还应当包括权利人为制止侵权行为所支付的合理开支。

（三）影视作品侵权纠纷案例的法律适用分析

鉴于中国立法目前尚无关于解决跨国版权法律适用问题的专项冲突规范，本文先通过具体的涉外版权纠纷典型案例来分析中国法院处理此类案件中采用的原则法律适用。

该案涉及外国某公司（原告）与中国北京的某公司（被告）之间的影视作品侵权纠纷。原告为ATM① 影视作品的著作权人，并一直在该影视作品及使用ATM形象的商品上标有圆圈内C外加著作权人名称的外文著作权标志。② 后来原告发现被告在北京某商城销售的玩具上使用了ATM形象，并在玩具上标有圆圈内C外加其他公司名称的标志。原告认为被告的这一行为的目的是要表示其他公司为ATM影视作品的著作权人，严重地侵害了原告作为ATM影视作品著作权人享有的署名权等权利，因此向被告所在地的中级人民法院提起侵权之诉，请求事项包括判令被告销毁使用ATM形象并标有著作权标志的玩具商品、在媒体上公开赔礼道歉以及赔偿损害等。

法院在案件的审理中确认了以下事实：一、原告对ATM形象享有著作权，应受法律保护；二、被告在商城销售了使用ATM形象的玩具，该玩具外包装上标有圆圈内C外加被告许可的其他公司名称。经审理后法院认为：第一，中国与原告所属国同为伯尔尼公约成员国，根据该公约确定的“国民待遇原则”和中国相关法律规定，外国人的作品根据其所属国同中国共同参加的国际条约享有的著作权，受中国著作权法保护。第二，原告主张被告销售标有圆圈内C外加其他公司名称的使用ATM形象的玩具侵犯其享有的署名权，在本案中未主张著作权中其他权项。

① ATM为外国某影视动画片（电视剧）的主人公形象的名称英文缩写。

② 这是根据《世界版权公约》第3条之规定，用以表明版权及所有者。

法院确认原告享有ATM形象作品的署名权，其署名权应受我国著作权法保护。第三，《世界版权公约》的圆圈内C符号的含义为版权所有权，但该公约中的版权是指版权的经济权利，不包括署名权，因此，在使用ATM形象的玩具上标有圆圈内C外加被告许可的其他公司名称，并未侵犯原告的署名权，法院因此驳回了原告的诉讼请求。

一审判决结果引起较大争议，原告不服而上诉。本案引发争议的、亦是在二审中将要处理的关键问题有两个：一是事实问题，即原告主张的权利是否仅限于署名权，而不包括著作权中的其他权项？二是法律问题，即本案究竟应适用什么法律来判决？是伯尔尼公约，世界版权公约，还是中国著作权法，还是三者均适用？

关于第一个问题，即原告主张权利的范围，只是原告诉状上的表述及一审法院有不同理解，比较简单，此处不再讨论。关于第二个问题，即本案的法律适用问题，是本文讨论的重点所在。一审法院在确定第一个问题的基础上（即原告权利主张仅限于署名权），显然只适用了世界版权公约，而未适用伯尔尼公约与我国著作权法。伯尔尼公约与中国著作权法均保护作者的署名权，但世界版权公约中的版权主要针对经济权利，而未提及署名权等精神权利，一审法院即以此为由驳回了原告的诉请，但在判决中并未说明本案的法律适用原则。本案在法律适用的理由上，至少应明确本案为什么适用了世界版权公约 而未适用中国著作权法？这其实是一个可以说得清的问题：因为本案中的影视作品并非是一个“首先在中国境内出版的”外国作品。

有关本案法律适用的基本原则应当是首先适用中国著作权法，然后根据该法第2条第2款的规定反致适用著作权的两公约的规定。在作品的权利内容方面，应不仅适用版权公约，也适用伯尔尼公约；而在权利的实施即保护的程序上，则又根据两公约的规定反致适用中国著作权法。现将该原则具体分析如下：

1. 国内立法与国际条约互为反致适用问题

本案应首先适用中国著作权法，我国《民法通则》第142条所规定的适用国际条约的条件是：只有在国内立法与国际条约存在冲突时（有不同规定时）才优先适用国际条约。鉴于本案中的外国人作品并非首先在中国出版，所以根据著作权法第2条之规定，本案影视作品的著作权保护范围（内容）反致适用中国缔结或参加的国际条约，包括伯尔尼公约与世界版权公约。中国已在1992年同时参加两公约，这是为了与所有的国家建立条约关系。由于伯尔尼公约并不拒绝对精神权利的保护，所以作品的署名权亦在保护之列。在权利保护的程序方面，即权利的实施，根据伯尔尼公约第6条之2第2款的规定，又反致适用中国著作权法的规定。

2. 关于世界版权公约适用问题

世界版权公约适用于本案应当不是问题，因为中国与原告所属国均为该公约成员国，但由于版权公约所列举的权利范围仅涉及经济利益，而未提及署名权，因此可得出该公约不保护精神权利的结论。当然亦有不同看法，认为版权公约并不当然排除精神权利。不过从该公约第 4 条之 2 第 2 款的精神权利的例外规定来看，以文义解释或目的解释角度，版权公约似应不保护精神权利，版权公约的该例外条款虽然允许缔约国对公约列举的几种权利作出例外规定，但这些例外规定可能并不符合版权公约的精神和内容，即不对精神权利提供保护。

世界版权公约虽然不保护版权中的署名权，但保护版权中的经济权利，尤其是复制权，本案中被告的行为已侵犯原告的此项经济权利，只是原告的诉请中未予明确，而是强调了表明作者身份的署名权。一审判决承认了原告为 ATM 影视作品的著作权人，但能否仅以世界版权公约不保护精神权利或原告强调署名权，即不考虑对其经济权利的保护，尚须质疑。

3. 关于伯尔尼公约的适用问题

本案一审法院已确认中国与原告所属国均为伯尔尼公约缔约国，根据我国著作权法关于外国作品著作权的规定,① 本案同样应反致适用伯尔尼公约中著作权保护范围的规定，包括精神权利保护的规定。本案一审法院仅因为涉案作品的玩具上标有圆圈内 C 符号,② 就认定本案著作权的内容只能适用版权公约而不适用伯尔尼公约，显然是不恰当的。因为在涉案作品的玩具上标有圆圈内 C 符号是一个事实问题，其法律意义也仅在于要求得到世界版权公约保护的手续，这并不妨碍伯尔尼公约对本案的适用，否则中国与原告所属国作为该公约的缔约国在本案中就无任何法律意义。

（四）解决涉外版权纠纷法律适用问题的方法

对于涉外知识产权纠纷的法律适用问题，我国著作权法并未规定相应的冲突规范，其他相关法律均未对此作出专项规定，导致国内法院处理此类版权案件中法律适用上的困难。如果这类案件在我国人民法院涉讼，其法律适用问题在理论上只有按照现行的相关法律原则来处理，应当可以有以下三种方法：

（1）通过国民待遇原则直接适用我国著作权法，条件是该外国作品必须在我国著作权法的保护范围之内，其法律依据是《著作权法》中第 2 条第 2 款的规定："外国人、无国籍人的作品根据其作者所属国或者经常居住地国同中国签订的协议

① 即《著作权法》第 2 条规定的外国作品根据其作者所属国与中国共同参加的国际条约享有的著作权受本法保护。

② 在作品上标有©符号是世界版权公约第 3 条关于非自动保护原则下所要求的手续。

或者共同参加的国际条约享有的著作权，受本法保护。”

（2）按《民法通则》第146条的规定，适用侵权行为地法律，条件是这类知识产权纠纷可定性为侵权行为的损害赔偿。

（3）采用《伯尔尼公约》第5条第2款所规定的法律适用原则，适用被请求保护国法律和该公约有关实体权利保护的规定，其依据是《民法通则》第142条中有关优先适用我国缔结或参加的国际条约，或者适用国际惯例的规定。

以上法律适用原则解决的是多数情况下涉外知识产权纠纷的法律适用问题，而并非适用于所有的情况，尤其是版权合同纠纷与作品权属纠纷。对于版权合同纠纷，应按我国有关合同的法律适用原则处理。对于作品的权利归属纠纷，其法律适用问题有一定特殊性，由于涉及权利的最初来源，则应借鉴英美法的“既得权理论”，适用作品来源地国法律比较合适。作品来源国即最初产生作品的国家，根据伯尔尼公约第5条第4款的规定，确定作品来源国有两种标准：地理标准和人身标准。前者针对已发表或出版作品，以作品的出版或发表地为标准，即以首次出版地的缔约国为来源地国；后者适用于未出版作品，以作者的国籍为标准，即以作者为其国民的缔约国为来源地国。以便优先考虑地理标准，其次才考虑人身标准。

The Analysis on Choice of Law Rules Concerning International Copyrights from America and China

SUN Nanshen

Abstract The application of laws concerning protection of international copyrights covers both copyright international conventions and copyright domestic laws. The legal theory, choice of law rules and judicial practice in such field between America and China are discussed and compared in this article. A set of choice of law rules has been formed through national legislations and judicial precedents with the feature of theory of depecage in the United States since its accession to Berne Convention, which reflects somewhat complexity and reasonableness. The Chinese courts often have to deal with the problem of law application for copyright disputes cases in the judicial practice of recent years with the situation that no choice of law rules to solve foreign-related copyright conflict exists, which results in the application of Chinese Copyright Law and the prior application of international conventions with certain condition. In this way, China is required to have a good knowledge and reference to American choice of law rules concerning international copyrights through theoretical research and perfection of legislations, so as to form a set of approaches and methods for law applications.

Keywords international copyrights choice of law rules Berne Convention laws of source country laws of country where protection is claimed

欧盟保险合同法律适用规则的最新发展及其对我国的启示*

□ 温树英** 刘佳佳***

内容摘要 欧盟议会和理事会《关于合同义务法律适用条例》以共同体立法的形式实现了欧盟成员国之间合同义务法律适用的统一。由于保险合同的特殊性质以及出于保护保单持有人利益的目的，条例在保险合同法律适用方面规定了特殊的规则。就其内容而言，条例并没有在实质上改变欧盟保险指令中的法律适用规则，但在价值取向上更重视保单持有人利益的保护。我国现行法律关于保险合同法律适用的规定存在诸多缺陷，欧盟保险合同的法律适用规则为我国国际保险合同立法提供了有益借鉴。

关键词 《罗马条例 I》 《罗马公约》 欧盟保险指令 国际保险合同法律适用

目 次

---

* 山西省回国留学人员科研资助项目。

** 山西大学法学院副教授，法学博士。
*** 山西大学法学院研究生。

2008 年 6 月 17 日欧盟议会和理事会通过了《关于合同义务的法律适用条例》（以下简称《罗马条例 I》），① 该条例以共同体立法的形式实现了欧盟成员国之间合同义务法律适用的统一，可以说是欧盟统一国际私法的最新发展。该条例从 2009 年 12 月 17 日起在除丹麦以外的所有其他欧盟成员国开始实施。由于保险合同的特殊性质以及出于保护保单持有人利益的目的，条例在保险合同法律适用方面规定了特殊的规则。条例的施行改变了 1980 年《关于合同义务的法律适用公约》（以下简称《罗马公约》）与欧盟保险指令并行调整欧盟国际保险合同法律适用的状况，从而在欧盟保险合同法律适用方面确立了统一的规则。对欧盟保险合同法律适用的新规则进行研究，不仅有助于我们把握欧盟国际私法统一进程和国际保险合同的立法动态，而且对我国涉外民事关系法律适用法的制定具有很强的现实意义。

一、欧盟保险合同法律适用规则的历史发展

（一）《罗马公约》与欧盟保险指令并行调整的时期

《罗马条例 I》颁布之前，以承保风险所在地为标准，欧盟在保险合同的法律适用方面规定了不同的法律适用规则。对于再保险合同及风险位于欧盟成员国境外的保险合同，适用《罗马公约》；当承保的风险与保险人都位于共同体成员国领土之内时，则适用欧盟有关的保险指令；对于共同体成员国境外设立的保险公司承保位于共同体成员国境内的保险合同，适用成员国国内的冲突规则。

《罗马公约》在合同准据法方面规定了两类规则：一类是适用于一般合同的法律适用规则，包括意思自治原则、最密切联系原则、强制性规则等；二是适用于特

① Regulation (EC) No 593/2008 of The European Parliament and of The Council of 17 June 2008 on the law applicable to contractual obligations (Rome I).

殊合同，包括消费合同和雇佣合同的法律适用规则。根据公约第5条的规定，消费合同是指向消费者提供其行业或职业以外的货物或服务的合同，或者为了该货物或服务提供信贷的合同。由于该条适用于提供服务的合同，因而它可能适用于保险合同。① 因此，保险合同既可能适用《罗马公约》中一般合同的法律适用规则，也可能适用消费合同的特殊规则。

保险指令方面，在20世纪70年代协调成员国实体保险合同法失败的背景下，委员会采纳了替代的方法，即在第二阶段指令及第三阶段指令中规定了保险合同的法律适用规则。非寿险合同方面，第二非寿险88/357/EEC指令第7条和第8条首次对非寿险合同的法律适用作出规定。② 第三非寿险指令第27条对第二非寿险指令的规定进行了一定的修改，③ 扩大了当事人可以自由选择法律的范围。在寿险方面，委员会最早在1990年第二寿险指令第4条对寿险合同的法律适用作了规定。④ 2002年11月5日欧洲议会和理事会2002/83/EC寿险综合指令中有关法律适用的第32条则与上述第4条的规定完全相同。⑤ 总结指令中的相关规定，对于非寿险合同而言，指令将所承保的风险分为普通风险和大风险加以区别对待。在大风险的情况下，适用意思自治原则，当事人可以选择任何法律。对非寿险的普通风险而言，主要采纳有限制的意思自治原则和有限制的最密切联系原则。寿险合同适用保单持有人有惯常居所地的国家的法律；如果保单持有人是法人，则适用该法人与合同有关的机构所在地成员国的法律。

（二）《罗马条例 I》的单一调整时期

管辖权问题和法律适用问题是国际私法立法不可或缺的两个重要方面。在管辖

---

① Robert Merkin and Angus Rodger (1997), EC Insurance Law, Longman, p. 146.

② Second Council Directive 88/357/EEC of 22 June 1988 in the coordination of laws, regulations and administrative provisions relating to direct insurance other than life assurance and laying down provision to facilitate the effective exercise of freedom to provide services and amending Directive 73/239/EEC.

③ Council Directive 92/49/EEC of 18 June 1992 on the coordination of laws, regulations and administrative provisions relating to direct insurance other than life assurance and amending Directives 73/239/EEC and 88/357/EEC (third non-life insurance Directive).

④ Council Directive 90/619/EEC of 8 November 1990 on the coordination of laws, regulations and administrative provisions relating to direct life assurance, laying down provisions to facilitate the effective exercise of freedom to provide services and amending Directive 79/267/EEC.

⑤ Directive 2002/83/EC of the European Parliament and of the Council on 5 November 2002 Concerning Life Assurance.

权问题方面，1968 年《关于民商事案件管辖权及判决承认与执行的公约》（以下简称《布鲁塞尔公约》）统一了成员国在国际民商事领域的管辖权，同时在判决的承认与执行方面制定了相关规则。作为《布鲁塞尔公约》的补充，调整法律适用的《罗马公约》从 1991 年 4 月开始生效。通过确保所有成员国的法院对同一国际合同适用相同的冲突规则，《罗马公约》一定程度上减少了当事人为适用有利于自己的法律而挑选法院的现象。

1997 年《阿姆斯特丹条约》的签署使民事方面的司法合作成为欧盟“第一支柱”的范围，相应地，该领域的立法过程也由原来的在成员国之间谈判和缔结条约转变为共同体直接立法，从而为共同体水平上的国际私法的产生提供了法律依据。管辖权方面，2001 年欧盟理事会通过了《关于民商事管辖权及判决承认与执行的第 44/2001 号条例》（以下简称《布鲁塞尔条例》）取代《布鲁塞尔公约》。① 法律适用方面，欧洲议会和欧盟理事会于 2007 年 7 月 11 日正式通过了《非合同义务法律适用条例》（以下简称《罗马条例 II》），② 该条例以共同体立法的形式完成了欧盟成员国之间非合同之债法律适用的统一。上述两个条例的通过使得《罗马公约》成为共同体层面唯一以国际协议形式存在的国际私法。由于公约仍保留国际协议而非共同体立法的形式，因此它不能自动适用于 2004 年加入欧盟的 10 个新成员。并且，对与合同义务有关的冲突规则进行协调，是保证内部市场的正常运转所必需的。在此背景下，对《罗马公约》的改革得到了各国的认可，改革提议不仅涉及立法形式的改革，而且涉及公约实质内容的改进。2003 年 1 月 14 日，欧盟委员会公布《关于将 1980 年合同法律适用罗马公约引入欧盟法并对其进行改进的绿皮书》，③ 以广泛征求成员国、欧盟其他机构和民间机构的建议。在此基础上，2005 年 12 月欧盟委员会提出旨在对《罗马公约》作出部分修改的《罗马条例 I》的相关建议。④ 在委员会建议的基础上，欧盟议会和理事会正式发布《罗马条例 I》，该条例取代《罗马公约》成为共同体水平上的欧盟国际私法。

《罗马条例 I》适用于与民事和商事合同义务有关的法律冲突。纵观该条例的

---

① Council Regulation (EC) No 44/2001 of 22 December 2000 on jurisdiction and the recognition and enforcement of judgments in civil and commercial matters.

② Regulation (EC) No864/2007 of The European Parliament and of The Council of 11July 2007 on the law applicable to non-contractual obligations (Rome II).

③ Green paper on the conversion of the Rome Convention of 1980 on the law applicable to contractual obligations into a Community instrument and its modernisation.

④ Proposal for a Regulation of the European Parliament and the Council on the law applicable to contractual obligations (Rome I).

规定，它并没有将保险合同排除在其适用范围之外，相反，它在保险合同的法律适用方面规定了专门规则。根据《罗马条例I》第7条的规定，条例适用于承保大风险的保险合同以及其他除承保大风险的保险合同以外的保险合同。对于前者，条例规定不管风险是否位于成员国境内都适用《罗马条例I》；对于后者，《罗马条例I》只适用于风险位于成员国境内的合同。

如前所述，《罗马条例I》出台前，风险位于成员国内的保险合同适用保险指令中的法律适用规则。关于条例与保险指令的关系，条例第23条规定，条例不影响共同体法律中与合同义务有关的冲突规则的适用，同时又将保险合同作为例外。据此，《罗马条例I》的生效将导致保险指令中的法律适用规则自动失效，在保险合同的法律适用方面，欧盟进入《罗马条例I》单一调整的时期。在成员国内，条例取代《罗马公约》和保险指令，成为调整国际保险合同法律适用的共同体水平上的立法。

二、《罗马条例I》中的保险合同法律适用规则的具体内容

在最初起草的文本，包括委员会就条例的制定提出的建议中，并没有包括关于保险合同的特殊规定，关于保险合同的规定是在最后增加的。由于保险合同的特殊性质，《罗马条例I》第7条在保险合同的法律适用方面作了特殊规定，目的在于对保单持有人提供充分的保护。① 虽然有些保险合同属于消费合同，但《罗马条例I》明确规定保险合同不适用关于消费合同的特殊规则。② 除了第7条的专门规定外，条例的其他条款，如关于法律选择的规定、强制性规则等也适用于保险合同。

（一）承保大风险的非寿险合同的法律适用

条例所称的大风险是指根据保险指令定义的风险。根据欧盟第二非寿险指令第5（d）条的规定，大风险包括：仅根据风险的性质定义的风险，如海上、航空、铁路运输工具有关的财产及运输保险；根据风险的性质及保险原因定义的风险，如为专业或商业目的而投保的信贷和保证保险；根据风险的性质以及保单持有人的类型定义的风险，如火灾和自然灾害造成的财产损失、火灾和自然灾害以外的其他原因造成的财产损失、普通责任、各种金融损失。在最后一种情况下，指令对保单持

① 《罗马条例I》第7条的特殊规定不适用于再保险合同，再保险合同适用条例的一般规定。

② 见《罗马条例I》前言第32段。

有人的财产总额、营业额、雇员等方面规定了其他要求。没有纳入上述范围的风险作为“普通风险”处理。

对于承保上述风险的保险合同，《罗马条例 I》第 7 条第 2 款规定，承保大风险的非寿险合同可以适用当事人选择的法律。当事人选择法律必须是明示的或必须通过合同条款或案件的情形明确地表达出来。当事人选择的法律可以适用于合同的全部或部分。当事人没有选择时，保险合同应适用保险人有惯常居所地国家的法律。当所有情况表明合同明显地与另一国家有更密切联系时，应适用更密切联系国家的法律。

（二）其他保险合同的法律适用规则

根据《罗马条例 I》第 7 条第 3 款，对于承保风险位于成员国内的大风险以外的其他风险的保险合同，当事人仅可以选择下列国家的法律：（a）订立合同时风险所在地成员国的法律；（b）保单持有人有惯常居所地国家的法律；（c）人身保险的情况下，保单持有人国籍国法；（d）当合同承保的风险仅限于在一个成员国内发生的事件，而不是风险所在地成员国时，应选择造成损失的事件发生地成员国的法律；（e）当保单持有人从事商业或工业活动或自由职业，并且合同所承保的风险是与这些活动有关的且位于不同成员国境内的两种或多种风险时，可以选择与所涉活动及风险有关的任何成员国的法律，或者保单持有人有惯常居所地的国家的法律。如果（a）（b）（e）中提及的成员国在保险合同的准据法选择方面给予更大的自由，当事人可以利用这种自由。

如果当事人没有根据上述规定选择法律，合同应适用订立合同时风险所在地成员国的法律。对于风险所在地，条例规定按照保险指令确定。对寿险合同而言，根据 2002/83/EC 第 1 条第 1 款的规定，风险所在地是指保单持有人有惯常居所地的国家。对非寿险合同而言，根据第二非寿险指令第 2 条的规定，风险所在地大多数情况下是指保单持有人有惯常居所地的国家，但对建筑保险而言是建筑所在地，汽车保险为交通工具登记地，四个月内的旅行保险为办理保险的成员国。

（三）强制保险的法律适用

关于强制保险，根据条例第 7 条第 4 款的规定，强制保险合同应符合施加强制投保义务的成员国关于该保险的专门规定。当风险所在地成员国与施加强制投保义务的成员国的法律冲突时，施加强制投保义务的成员国的法律优先适用。条例同时规定，尽管有上述第 7 条第 2 款及第 3 款的规定，成员国可以规定强制保险合同适用施加强制投保义务的成员国的法律。

（四）强制性规则和公共秩序

与《罗马公约》相比较，《罗马条例 I》在强制性规则方面的规定更加明确。首先，条例对“最重要的强制性规定”与“不能通过协议减损的规定”这两个概念加以区分，指出对前者应加以限制解释。① 其次，条例分别在第 9 条和第 3 条对这两类规则的适用作了具体规定。

条例第 9 条是关于“最重要的强制性规则”的规定。根据该条，强制性规则是指规则的遵守被一国认为是为保护其政治、社会或经济等公共利益至关重要的，因而适用于其适用范围内的任何情形。条例规定了两类强制性规则：法院地强制性规则和第三国强制性规则。就法院地强制性规则而言，条例的任何规定都不得限制法院地强制性规则的适用。就第三国强制性规则而言，条例的规定有所不同。条例所指的第三国是指合同义务的履行地所在国。只有在第三国的强制性规定导致合同的履行非法的情况下，才能赋予其效力。条例同时要求在考虑是否赋予第三国强制性规则效力时要进行司法评估，即应注意其性质、目的，以及适用或不适用这些规则所带来的后果。与第三国强制性规则相比，法院地强制性规则的适用并未要求法院地法与案件之间有特定联系，因此，法官在适用法院地强制性规则方面有较大的自由裁量权。②

根据条例第 3 条，如果当事人选择了某一国法律，而在选择时，一切与当时情况有关的其他因素都位于该国以外的其他国家，当事人的选择不应影响该另一国法律中不能通过协议减损的规定的适用。如果在选择时，一切与当时情况有关的其他因素位于一个或一个以上的成员国时，当事人的选择不应影响法院地成员国实施的共同体法中不能通过协议减损的规定的适用。

公共秩序方面，根据《罗马条例 I》第 21 条的规定，适用任何国家的法律规则，只有在这种适用与法院地国的公共政策显然不符时，才可以拒绝适用。

（五）解决区际法律冲突的规则

关于区际法律冲突，条例第 22 条规定，当一个成员国包含几个领土区域，每个领土区域在合同义务方面都有自己的法律规则时，为确定准据法的目的，每个领土区域都应被视为一个国家。但条例的规定不适用于成员国的不同领土区域产生的

① 见《罗马条例 I》序言第 37 段。

② Francesco Seatzu, Insurance in Private International Law: A European Perspective, Oxford-Portland Oregon, 2003, p. 112.

与合同义务有关的法律规则的冲突。因此，条例采取了对区际法律冲突和国际法律冲突不加区分的方法，适用与解决国际法律冲突基本相同的规则来解决区际法律冲突的问题。该方法的好处在于，尽量减少因各区域私法规则的适用带来合同权利与义务上的不确定性，增强法律适用的可预见性。

三、《罗马条例 I》中的保险合同法律适用规则的特点

《罗马条例 I》的实施，使得欧盟在管辖权、合同义务与非合同义务的法律适用方面都有了相应的共同体水平上的立法。《罗马条例 I》与《布鲁塞尔条例》、《罗马条例 II》在适用范围上相互协调和补充，必将极大地推动欧盟统一国际私法的发展和内部共同市场的正常运转。与《罗马公约》以及欧盟保险指令中的法律适用规则相比较，《罗马条例 I》中的保险合同适用法律规则具有以下特点。

（一）基本采纳欧盟保险指令中的法律适用规则

就法律适用规则的内容而言，《罗马条例 I》并不是对《罗马公约》与保险指令中相关规定的简单组合。与《罗马公约》以及欧盟保险指令中的法律适用规则相比较，可以看出《罗马条例 I》基本上采纳了欧盟保险指令中的相关规定。

根据《罗马公约》第 3 条第 1 款的规定，合同应适用当事人明示选择的法律，如果当事人没有明示选择，则根据合同条款或案件的具体情况加以确定。根据《罗马公约》第 4 条的规定，在依据公约第 3 条无法确定当事人选择的法律时，合同应适用与它有最密切联系的国家的法律。此外，公约规定通过特征性履行方法来确定与合同有最密切联系的国家。与特征性之债务人有最密切联系的法律包括其惯常居所地、法人或非法人组织的管理中心所在地和营业所在地国家的法律。① 如果合同的标的涉及不动产，不动产所在地国家应被推定为最密切联系国家。在最密切联系原则之外，公约第 4 条第 5 款还规定了更密切联系原则来确定合同准据法。

除适用于一般合同的规则外，为保护消费者的利益，《罗马公约》第 5 条对消费合同的法律适用作了限制性规定。根据该条第 2 款的规定，在下列两种情况下，② 保险合同的法律适用遵循特殊规则：第一，合同在消费者惯常居所地所在国订立，消费者在签署合同前收到了专门的邀请或者广告，且在该国履行了缔结合同

---

① 见《罗马公约》第 4 条第 2 款。

② 公约第 5 条第 2 款规定了适用特殊规则的三种情况，第三种情况涉及销售货物的消费合同，与保险合同无关。

必需的所有手续。第二，在消费者惯常居所地所在国，另一方当事人或者其代理人收到了消费者的缔约请求。在上述两种情况下，尽管当事人可以选择法律，但当事人选择的法律不得剥夺消费者惯常居所地国法律的强制性规则对其提供的保护。如果当事人没有选择法律，该合同适用消费者惯常居所地所在国的法律。但是，当服务完全是位于消费者惯常居所地所在国家外提供时，保险合同的法律适用仍适用《罗马公约》的一般规则。

从上述法律适用规则可以看出，《罗马公约》给了当事人很大的选择自由，除消费合同外，对其选择适用法律的范围几乎未加任何限制。而在欧盟保险指令中，除了非寿险中的大风险合同当事人有完全选择法律的自由外，对于非寿险中的普通风险合同和寿险合同，当事人只能选择特定国家的法律作为争议发生后适用的准据法。因此，《罗马条例 I》在一定程度上可以说是遵循了保险指令中的原则精神，它并没有在实质上改变保险指令中的法律适用规则。

（二）体现对保单持有人利益的充分保护

欧盟保险合同法律适用原则实际上是服务于双重目的的：确保保险服务自由提供的同时，确保保单持有人的利益不因为保险人的法律选择条款而受到侵害。统一国际私法的目的就在于通过提高诉讼后果的可预见性、准据法的确定性以及判决的相互承认确保内部市场的正常运转。因此，条例有助于保险服务自由提供是毋庸置疑的。另一方面，与《罗马公约》相比，条例的很多改进都加强了对包括保单持有人在内的弱者当事人正当权益的保护。①

《罗马条例 I》的序言就表明，条例在保险合同方面进行特殊规定的目的在于确保保单持有人充分的保护水平。就具体规定而言，《罗马条例 I》采纳的有限制的意思自治原则也充分体现出对保单持有人利益的保护。理论上而言，只有允许当事人完全自由地选择适用于合同的法律，才能实现保险服务的完全自由流动。但是，当事人选择法律的自由将不可避免地会导致国内合同法之间的竞争，保险业务将会流向那些法律对保单持有人提供最少保护的国家，这些国家明显的价格优势会吸引被保险人与保险公司订立保险合同。当发生争议时，保单持有人才发现自己并没有得到充分而合理的保护。而有限制的意思自治原则将确定合同准据法的连结点限制在有限的国家中，力图使合同的准据法适用风险所在地、保单持有人的惯常居所地、保险事故发生地成员国的法律，增加了法律适用的可预见性，同时可以避免

---

① 王军、王秀转：《欧盟合同法律适用制度的演进》，载《清华法学》2007 年第 1 期，第 18 页。

保险人利用其在合同谈判方面的优势而要求适用其所在国家的法律。所以，有限制的意思自治原则有利于保护保单持有人的利益。

并且，在当事人没有选择法律的情况下，条例将准据法限制在保单持有人有惯常居所地国家的法律，这也是有利于保单持有人利益的体现。对于保单持有人而言，他们对其惯常居所地国家的法律更熟悉，对自己所缔结合同的权利和义务更清楚，更有利于保护自己的利益。

四、欧盟保险合同法律适用规则对我国的启示

在我国规制保险的基本法《保险法》中，对于国际保险合同的法律适用没有作出任何规定。对于合同准据法的确定只有在《民法通则》、《合同法》、《海商法》中有原则性的规定。另一方面，保险服务的自由流动已成为国际保险业发展的趋势。加入 WTO 以后，外资保险在中国加速扩张，保费收入以年均复合增长率 50% 以上的速度高速增长。① 如何在开放市场的同时，加强对保单持有人利益的保护也是我国保险业开放中必须关注的问题。因此，完善我国国际保险合同立法已显得十分迫切。

（一）我国现行法律关于国际保险合同法律适用的规定

2009 年 2 月 28 日，十一届全国人大常委会第七次会议审议通过了《中华人民共和国保险法（修正案）》，并于 2009 年 10 月 1 日起开始实施。但是，作为规制保险的基本法，新《保险法》中却没有相关国际保险合同的条款，也没有涉及国际保险合同法律适用的规则。因此，在我国发生国际保险合同纠纷时，只能依照《民法通则》、《合同法》、《海商法》的一般规定来确定合同准据法。② 2007 年 7 月 23 日最高人民法院发布的《关于审理涉外民事或商事合同纠纷案件法律适用若干问题的规定》对涉外合同的法律适用作了原则性的规定。根据上述法律及规定，关于保险合同的法律适用，首先根据意思自治原则来确定，在当事人没有明示选择时，适用与合同有最密切联系的国家或地区的法律。根据《关于审理涉外民事或商事合同纠纷案件法律适用若干问题的规定》第 5 条，与保险合同最密切联系的法律是保险人住所地法。

① 刘璐：《外资保险公司进入中国的效应分析与策略选择》，载《区域金融研究》2009 年第 5 期，第 50 页。

② 《民法通则》第 145 条、《合同法》第 126 条、《海商法》第 269 条。

从上面的分析可以看出，我国关于保险合同法律适用的规定过于原则和简单。这种状况与保险业进一步对外开放的现状和趋势是不相适应的，同时也不利于当事人实体权利义务的确定。① 国际保险合同立法方面的空白，不仅不利于保护保单持有人的利益，还会给保险公司开展业务带来极大风险，不利于我国保险市场的安全和稳定。

（二）完善我国国际保险合同法律适用规则的具体建议

在中国国际私法学会的主持下，由我国国际私法专家、学者草拟的《中华人民共和国国际私法示范法》（以下简称《示范法》）为我国制定国际私法法典提供了一个范本。但是，在保险合同的法律适用方面，《示范法》没有任何专门规定。2002 年 12 月出台的《中华人民共和国民法（草案）》第九编第 50 条是关于涉外合同法律适用的规定。草案在涉外合同法律适用方面的规定过于简单，可操作性不强。很显然，无论是《示范法》还是草案，都未能充分反映涉外保险合同与其他涉外合同的显著区别，难以有效解决保险市场开放中产生的合同纠纷。

笔者认为，在推进欧盟市场一体化进程中发展而成的保险合同法律适用规则虽然有其特殊的生成背景，但它在一定程度上代表了国际保险合同法律适用的发展趋势，对完善我国国际保险合同法律适用具有重要的借鉴意义。在我国涉外民事法律适用法的制定中，保险合同的法律适用应关注下列问题：

1. 区别人身保险合同与财产保险合同规定不同的法律适用规则

根据保险标的的不同，保险合同分为人身保险合同与财产保险合同。我国《保险法》就是根据这一分类标准对人身保险合同和财产保险合同分别加以规制，欧盟《罗马条例 I》也区分寿险合同与非寿险合同制定了不同的法律适用规则。

人身保险合同与财产保险合同的一个显著区别在于人身保险合同为定额保险和给付性合同，而财产保险以补偿被保险人的财产损失为目的，被保险人在保险事故发生时应取得的保险赔偿，也仅限补偿所受的利益损失。二者的保险风险也不同，由于人身保险合同是以人的寿命和身体为保险标的的合同，决定了人身保险的保险风险在于被保险人的身体健康、寿命长短以及外在因素对被保险人侵害的可能性。财产保险合同是以财产及有关利益为保险标的的保险合同，其保险风险是可能使保险财产遭受损害的危险或事故。最后，从法律适用的角度来看，财产保险合同当事人的权利义务遵循合同法的一般规定，其冲突问题依据合同法的冲突规则解决；而

① 李瑞跃、陈晶：《涉外商业保险的法律适用》，载《经济导刊》2002 年第 6 期，第 13 页。

人身保险合同中保单持有人及第三方受益人的权利义务并不完全适用合同法，其冲突问题依据劳动法、家庭法、合同法的冲突规则加以解决。① 基于人身保险合同和财产保险合同的上述不同特性，对其法律适用规则加以区分是必要的。

2. 注重保单持有人利益的保护

如前所述，在推进欧盟保险市场一体化以及统一国际私法的进程中，注重保单持有人利益的保护也是欧盟立法所追求的目标。为此，欧盟保险指令采纳了有限制的意思自治原则和有限制的最密切联系原则。即使采纳完全意思自治原则的《罗马公约》，为了加强对消费者利益的保护，在消费合同的法律适用方面也作了一些特殊规定。《罗马条例 I》则综合两者的规定，采纳了有限制的意思自治原则。笔者认为，我国应借鉴欧盟立法，在我国的国际保险立法中，重视对保单持有人利益的保护，采纳有限制的意思自治原则和有限制的最密切联系原则。

完全的意思自治原则有利于保险服务的自由提供。在保险服务贸易自由化方面，我国也承担了相应的国际义务。所以，意思自治原则应当在我国未来的保险立法中有所体现。但是，完全的意思自治原则不利于保单持有人利益的保护，为此我们可以借鉴欧盟条例中有限制的意思自治原则。一方面，尊重保险合同双方当事人的自由意愿，允许当事人明示选择将来适用于合同的准据法，从而为保险服务的自由流动提供有利条件；另一方面，对当事人所选择的准据法有所限制，将合同准据法的连结点限制在有利于保护保单持有人利益的国家中，使保单持有人的利益得到更好的保护。

在当事人没有明示选择法律，或所选择的法律的国家不在所限制的有利于保护保单持有人利益的国家中时，可以通过最密切联系原则来确定所适用的合同准据法。为了实现保护保单持有人利益这一目标，应该对最密切联系国家进行一定的限定。对这些国家进行一定的限制，有利于当事人对将来适用的合同准据法形成预期，从而消除当事人对法律适用不确定的后顾之忧，向有利于实现自己利益最大化的国际保险公司投保，进而促进国际保险服务的跨境提供。具体而言，人身保险合同中，对于自然人而言，合同准据法的连结点应确定为保单持有人惯常居所地；对于法人而言，即为该法人与合同有关的机构所在地。在财产保险合同中，最密切联系地除了保险人住所地外，还应包括承保风险所在地、保险事故发生地、保单持有人的惯常居所地或管理中心所在地。对不动产保险合同而言，最密切联系地应为不动产所在地。交通工具保险合同的最密切联系地应为交通工具注册登记地。

① Francesco Seatzu, *Insurance in Private International Law: A European Perspective*, Oxford-Portland Oregon, 2003, p. 35.

3. 重视强制性规则及公共秩序保留制度的适用

强制性规则通常与一国的社会、经济利益有重大关系，它包括直接适用的规则、法院地的公共政策以及保护公共利益的法律规定。① 强制性规定在各国消费者权益保护法和劳动法领域大量存在，因而对保险合同来说也是很重要的一方面。我国现行立法中关于强制性规则的设计过于简单，不仅不符合国际立法趋势，而且也不利于涉外纠纷的解决。在我国的涉外民事法律适用法的制定中，除了法院地强制性规则外，还应对第三国强制性规则的适用条件作出明确规定。

总之，任何国际保险合同的法律适用都不可避免地涉及服务自由与消费者保护之间的平衡，这对以市场一体化为目标的欧盟成员国来讲，尤其如此。②《罗马条例Ⅰ》的实施客观上有利于保险服务的自由流动和内部市场的正常运转，但其中的诸多规定体现出对保单持有人利益的保护。由此可见，确保保险服务自由提供与确保保单持有人利益这一双重目标，已成为当代国际保险合同法的立法趋势。顺应这一立法趋势，我国应积极完善国际保险合同的法律适用规则，促进我国保险市场的稳步开放和发展。

附条文设计：

人身保险合同，当事人可以选择适用保单持有人惯常居所地法或保单持有人国籍国法。

财产保险合同，当事人可以选择适用下列国家的法律：保险人住所地法；订立合同时风险所在地法；保单持有人惯常居所地法；造成损失的事件发生地法。

强制保险合同，适用规定强制投保义务的国家的法律。

再保险合同，适用当事人协议选择的法律。

当事人的选择不得违反当事人本国的强制性或者禁止性法律规定。如果合同的所有其他相关因素均只与某一个国家有关，则当事人的选择不得排除该国法律中强制性规范的适用。

当事人没有选择法律的，适用合同的最密切联系地法。在通常情况下，保险合同的最密切联系地法依如下规定确定：

（一）人身保险合同，适用保单持有人惯常居所地法。

（二）不动产和运输工具保险合同之外的财产保险合同，适用保险人住所地

① Ole Lando (1993), Mandatory Rules Governing Insurance Contracts and Private International Law, in Fritz Reichert-Facilides, Hans Ulrich Jessurum d'Oliveria (ed.), International Insurance Contract Law in the EC, Kluwer Law and Taxation Publisher, p. 101.

② 温树英：《论欧盟保险指令中的法律适用规则》，载《中国国际私法与比较法年刊》第11卷，第350页。

法、承保风险所在地法、保险事故发生地法、保单持有人惯常居所地或管理中心所在地法；不动产保险合同，适用不动产所在地法；运输工具保险合同，适用运输工具注册登记地法。

（三）再保险合同，适用再保险人住所地法。

若保险合同明显与另一个国家或地区有更密切联系的，则适用该另一个国家或地区的法律。

Latest Development of Conflict-of-law Rules Applicable to International Insurance Contracts in the EU and Its Useful Lessons for China

WEN Shuying LIU Jiajia

Abstract: As a Community instrument, Regulation (EC) No 593/2008 of The European Parliament and of The Council of 17 June 2008 on the Law Applicable to Contractual Obligations (Rome I) unifies the conflict-of-law rules applicable to contractual obligations of the Member States. Owing to the particular nature of insurance contracts and the aim of protecting the policy holders, Rome I includes special rules on insurance contracts. As far as its contents are concerned, the provisions for insurance contracts in Rome I do not substantially change the substance of the law set out in the Directives. Moreover, it provides adequate level of protection for policy holders. Considering the defects of Chinese international insurance contracts law, EU private international law of insurance provides useful lessons for Chinese future legislation.

Keywords: Rome I Regulation Rome Convention EU insurance directives International insurance contracts Applicable law

涉外结婚冲突规则的立法建构

□ 焦燕*

内容摘要 我国涉外结婚法律适用的现有立法并不能满足当下国际私法立法的需要，需要审慎地重构相关规则。涉外结婚法律适用应区分结婚形式有效性的法律适用问题和实质有效性的法律适用问题，并贯彻“促进婚姻有效”的基本政策。结婚形式有效性的基本规则是适用婚姻缔结地法，而结婚的实质有效性的基本规则是适用当事人的属人法。

关键词 涉外结婚 婚姻缔结地法 属人法

目 次

我国《涉外民事法律适用法》正在紧锣密鼓地制定过程中，各领域冲突规则的立法建构，已经成为当下我国国际私法学界的头等要务。立法并非枯坐书斋就可完成的，而是需要以深厚的学术积淀为学理基础，同时以实务经验的细致总结为实践指南。在国际私法的诸领域中，无论是婚姻冲突法的学术积淀还是经验总结，相对于诸如合同、侵权等领域，都是最为薄弱的，但婚姻冲突法在涉外婚姻实践

* 南京大学法学院讲师，法学博士。

（包括涉外婚姻登记和涉外婚姻审判）中的重要意义丝毫不亚于其他领域。因此，在这立法酝酿的关键时刻，尤其要注重婚姻冲突法的立法问题。本文正是基于这样的考虑，择取婚姻冲突法的首个重要问题，即涉外结婚的法律适用问题，展开立法建构方面的讨论。

一、我国涉外结婚冲突规则的立法现状

目前，我国有关涉外结婚的法律适用问题主要规定在《中华人民共和国民法通则》（以下简称《民法通则》）及其司法解释之中。《民法通则》第147条规定，“中华人民共和国公民和外国人结婚适用婚姻缔结地法律”，这是一条不完全的双边冲突规则，因为除了中国人和外国人结婚之外，两个外国人之间结婚以及两个中国人之间在外国结婚也都应当属于涉外结婚的情形。为此，民法通则的司法解释将其彻底地双边化，规定关于婚姻是否有效的问题，适用婚姻缔结地法律。① 我国国际私法学界所制定的《中国国际私法示范法》（以下简称示范法）则不同于实在法的规定，它区分结婚的形式要件和实质要件，规定结婚形式只要符合包括婚姻缔结地在内的多个准据法之一即为有效，在实质要件问题上，示范法仍然延续了实在法的内容，规定适用婚姻缔结地法。②

现有实在法或是示范法的规定能被纳入到新的立法中吗？若从比较法的视角出发，则可发现还有许多学术争议有待梳理和澄清，不能简单给予肯定或否定的回答。从总体上看，大部分国家区分结婚的形式要件与实质要件，并分别为这两类问题规定各自的冲突规则，只有中国和美国等少数国家不区分结婚的形式要件和实质要件，规定所有的结婚要件适用同一冲突规则。中国应一如既往地站在少数派的阵营中吗？就结婚的形式要件而言，各国的规定相对一致，都承认婚姻缔结地法规则，但属人法同时也发挥了重大的影响，而我国却难觅属人法的踪影。就结婚的实质要件而言，情况就更加复杂了，正是在这个问题上，各国存在重大分歧，住所、国籍、婚姻缔结地、法院地，各种可能的连结点似乎都在影响实质要件的法律选择。

我国当下立法必须直面上述疑惑与问题，并结合我国的实际情况，对结婚冲突法的立法结构和具体立法规则作出审慎的抉择。

---

① 1990年最高人民法院《关于贯彻执行〈民法通则〉若干问题的意见》第217条后段。

② 《中国国际私法示范法》第131条第1款和第3款。

二、涉外结婚法律适用规则的立法结构

结婚冲突法的立法结构，首先面临的是采取政策导向还是规则导向的问题。政策导向的冲突法是美国冲突法革命的产物，对当代各国冲突法产生了巨大的冲击，虽然如此，各国国际私法重回规则导向的趋势在当代也越来越明显，① 涉外结婚冲突法也不例外。因此，此处要探讨的结婚冲突法的立法结构，是建立在规则导向的冲突法体系基础之上的。婚姻冲突法的立法结构是构建具体规则的基础，是横贯所有具体规则的一个红线，只有构建合理的立法结构，才能为具体规则设置其“安身之处”，同时也能为它们提出正当化之证明。

1. 婚姻缔结和结婚有效性

当下结婚冲突法立法所面对的第一个结构性问题就是：是否应为婚姻缔结和结婚有效性设置不同的冲突规则？

结婚既指婚姻的缔结又指婚姻身份，有关结婚的冲突法也同时适用于这两个方面，但发挥的作用不尽相同。在婚姻缔结阶段，如果当事人一方或双方是外国人或者他们的住所在国外，那么有关机构将依据本国内国法上有关结婚的冲突法规定，决定将要缔结的婚姻的法律适用问题，此时，有关结婚的冲突规则起着直接调整的作用，而且其适用是“单边的”，即只适用于内国婚姻，而不适用于外国婚姻。② 在婚姻缔结之后、确定当事人婚姻身份的阶段，审查的对象是已缔结的婚姻是否有效的问题。③ 法院都将依据冲突规则所指向的法律，审查该婚姻在缔结时是否遵守了法律规定的条件，从而确定婚姻是有效还是无效。此时，结婚冲突规则的作用是间接的，它们既可以适用于内国婚姻，也可以适用于外国婚姻。

---

① 参见宋晓：《当代国际私法的实体取向》，武汉大学出版社 2004 年版，第 135～139 页。

② See Lennart Pålsson, *International Encyclopedia of Comparative Law* (vol. Ⅲ, ch. 16), *Marriage and Divorce* (1974), p. 22. 一项婚姻究竟是内国婚姻还是外国婚姻，判断标准不是婚姻缔结地位于内国还是外国，而是办理结婚手续的有关机构的所属国，在一般情况下，“内国婚姻”就是在内国缔结的婚姻，但也有例外，比如外国驻内国的领事为其国民举行的婚姻就不属于“内国婚姻”，尽管婚姻是在内国缔结的。

③ 婚姻是否有效包括婚姻无效和可撤销两种情况，它不同于婚姻的成立，后者指婚姻是否存在。然而，对于这两个不同问题，本文不作区分，原因如下：其一，结婚需要符合一定的条件，但哪些是婚姻的成立要件，哪些是婚姻的生效要件，各国法律的规定很不相同，若径直按照我国婚姻法的规定强作划分，则与本文旨在讨论“国际背景下的婚姻”这一主题大异其趣；其二，就当事人依其行为所期望实现的法律效果而言，二者并无实质差异，不论是婚姻根本不存在还是婚姻虽已成立但无效，当事人都无从主张婚姻上的权利。

毋庸置疑，二者同属结婚问题，是同一问题的两个不同方面，因而二者的法律适用规则在相当程度上是“大同小异”、相互协调的。例如，如果一项婚姻在缔结时依据法院地国的冲突规则完全符合法定的结婚条件，但以后该国法院却根据完全不同的冲突规则判决婚姻无效，那么如此判决显然是不合理的。当然，这仅就内国婚姻而言，如果是外国婚姻，内国的冲突规则只在审查婚姻是否有效时适用，涉及两个不同国家的冲突法，自不存在上述问题。

尽管婚姻缔结和婚姻有效性二者有联系，但若不加区分显然会忽视在结婚领域一项重要的实体政策，即促进婚姻有效的政策（favor matrimonii），目前各国的婚姻冲突法都或多或少地体现了该政策。为此，一项婚姻尽管在缔结时违反了法律规定的结婚要件，但在婚姻缔结后的承认阶段却仍然可能被认为是有效婚姻，也就是说，与婚姻在缔结时相比，在审查婚姻有效性阶段所适用的冲突规则对结婚条件的要求通常要更宽松一些。

因此，尽管从表面上看，不论在婚姻缔结阶段，还是在审查已缔结婚姻是否有效的阶段，所要考察的都是结婚要件是否得到满足的问题，但在冲突法上往往是对二者区别对待的，区别的方式主要有两种：其一，明确作出区分，分别为二者设置各自的冲突规则，最典型的是 1978 年《海牙婚姻缔结和承认婚姻有效公约》以及 1987 年《瑞士联邦国际私法》第 44 条和第 45 条；其二，对二者不作明显区分，二者的冲突规则相同，但在有关冲突法制度的运用上则区别对待，例如规定仅在婚姻效力的承认阶段承认反致等。

2. 形式要件和实质要件

当下结婚冲突法立法所面对的第二个结构性问题就是：是否应区分结婚的形式要件和实质要件，并分别设置不同的冲突规则？

婚姻的缔结须符合法定条件才可成立合法有效的婚姻，这些条件即结婚的要件可分为两种，一为形式要件，是关于婚姻成立方式的要件，一为实质要件，是结婚当事人不可不具备的要件。①

在冲突法上，除了少数国家，如中国、美国，绝大多数国家都对结婚的形式要件和实质要件作出区分，为它们设立不同的法律适用规则，最常见的是规定形式要件适用婚姻缔结地法，而实质要件适用当事人属人法。之所以区分结婚的形式要件和实质要件，大致有如下两个原因：

其一，就结婚而言，婚姻缔结行为也是法律行为，因而关于结婚方式自然属于法律行为的方式这一类别，同时，结婚的实质要件涉及当事人的结婚能力问题，因

① 参见史尚宽：《亲属法论》，中国政法大学出版社 2002 年版，第 166 页。

而属于人的身份和能力这一类别。从国际私法的一般原理来看，对形式要件的成立常常采取宽松的法律政策，而实质要件的冲突法政策则相反。可见，结婚的形式要件和实质要件分属不同的类别，自然应当区别对待。

其二，从结婚所涉及的国家的角度看，不同国家具有不同的利益。婚姻缔结地国往往坚持，不论当事人双方的国籍为何，也不论当事人是否只在内国作短暂的停留，只要是在内国缔结的婚姻，均须履行内国法所要求的程序和手续，才可签发结婚许可证或予以结婚登记。当事人的属人法国则认为，它在婚姻这一持续性的身份状况中具有适用内国法律的更为持久的利益，尤其是那些触及婚姻制度的实质的法律规定。① 对于婚姻缔结地国与当事人属人法国各自的利益要求，只有将结婚要件区分为形式要件和实质要件，并分别适用婚姻缔结地法和属人法，才能最大程度地予以协调。

既然冲突法上对结婚形式要件和实质要件予以区分，那么，某一结婚条件究竟是形式要件还是实质要件就是无法回避的问题。一般情况下，识别是很容易的。例如关于法定婚龄、一定亲属之间的禁婚、禁止重婚等规定均属于实质要件，而关于婚姻方式的规定，如举行婚礼的时间和地点、证人的到场、婚姻登记、婚姻预先公告等规定，通常属于形式要件。只有在极少数情形下，才存在识别困难的问题，因识别问题不构成反对区分形式要件和实质要件的有力理由。②

3. 促进婚姻有效原则

当下结婚冲突法立法所面对的第三个结构性问题就是：在结婚冲突法领域，是否该承认“促进婚姻是否有效原则”，如果承认，则该如何贯彻该原则？

从婚姻实体法的角度看，目前各国婚姻法的发展趋势是扩大有效婚姻的范围，或者使无效婚姻也能产生一些婚姻上的权利义务关系，这就是促进婚姻有效原则(favor matrimonii)，该原则具体表现在如下三个方面：第一，区分任何时候都不得违反的结婚的绝对要件和事后审查婚姻效力的相对要件；第二，设立一些特殊规则，使无效婚姻也可以在一定范围内产生婚姻上的权利义务；第三，对于在结婚的形式方面有所欠缺甚至是完全没有履行法定手续的婚姻，还可以通过有关的法律推定或者证据规则，来提供补救方法。

上述各国婚姻法的发展趋势，反映在冲突法上，就是促进婚姻有效的原则。冲

---

① See Actes et documents de la Treizième session de La Haye, 1976, Tom Ⅲ, *Marrige*, at 24-25.

② 例如，宗教仪式和未成年人结婚需其法定代理人同意问题应识别为方式问题还是实质问题，向来是有争议的，参见焦燕：《婚姻冲突法问题研究》，法律出版社 2007 年版，第 20～21 页。

突法无非是采用了一些有别于实体法的独特的法律技术来促进跨国婚姻的有效，但就促进婚姻有效而言，冲突法与实体法的基本精神完全是一致的。海牙国际私法会议是该原则的大力倡导者，并将其作为1978年《海牙婚姻缔结和承认婚姻有效公约》的指导思想。我国当下的结婚冲突法的立法也离不开这一国际社会公认的指导原则。

三、涉外结婚形式要件的法律适用

（一）婚姻缔结阶段结婚形式要件的法律适用

一般而言，一国法律所规定的结婚形式对外国人（在英美法系国家则往往指在内国没有住所的人）同样开放，或者说，外国人也可以按照内国法上的结婚形式缔结婚姻。在我国，对于外国人是否可以按照我国法律的规定，通过到婚姻登记机关办理结婚登记而缔结婚姻的问题，我国是持肯定态度的，并且允许在我国结婚的外国人的范围也在逐步扩大，这可以从我国在80年代后发布的一系列法律法规中看出。① 各类外国人，包括常驻我国和临时来华的外国人、外籍华人、定居我国的外国侨民、在华工作的外国人等自愿在我国境内结婚的，都可以到有关婚姻登记机关办理结婚登记，但是如果男女双方都是临时来华的外国人，他们是否可以在我国办理结婚登记还不清楚。

一国婚姻机关在为外国人办理结婚时，通常只根据内国法所规定的程序进行，而不会去考虑内国法上的婚姻形式是否为当事人属人法国所承认。一般而言，得到属人法国的承认不会有什么疑问，因为绝大多数国家的冲突法都规定婚姻的形式要件适用婚姻缔结地法。我国的婚姻冲突法虽然不区分结婚形式要件和实质要件，一概适用婚姻缔结地法，但“对于男女双方都是来华工作的外国人，或一方是在华工作的外国人，另一方是临时来华的外国人，要求在华办理结婚登记的”，只要他们具备婚姻登记所要求的证件，并且符合我国婚姻法关于结婚的规定，就可以在我国办理结婚登记，而“为了保证我国婚姻登记的有效性，可以让婚姻当事人提供本国法律在国外办理结婚登记有效的条文”。② 值得一提的是，这类措施并非强制

---

① 主要包括1983年《华侨同国内公民、港澳同胞同内地公民之间办理婚姻登记的几项规定》、1983年国务院制定的《中国公民同外国人办理婚姻登记的几项规定》、1983年《民政部办理婚姻登记中几个涉外问题处理意见的批复》、1994年《婚姻登记管理条例》和2003年《婚姻登记条例》等。

② 见1983年《民政部关于办理婚姻登记中几个涉外问题处理意见的批复》第3条。

性规则，因而不能保证完全消灭跛脚婚姻，不可否认的是，这类措施有助于减少跛脚婚姻的数量，至少对那些并无规避本国法的意图、又毫不知情的当事人而言，这是个善意的提醒。

因此，在婚姻缔结阶段，结婚的形式要件只需要依据婚姻缔结地法即可。

（二）婚姻形式有效性的法律适用

婚姻的形式有效性发生在法院审查已缔结婚姻在形式上是否有效的阶段，一般而言，如果结婚方式符合缔结地法的要求，那么不论在婚姻缔结地国还是在其他国家，婚姻在形式上都将被认为有效。在国际私法领域，婚姻的形式要件适用婚姻缔结地法，已经成为一项被广泛接受的普遍性规则，然而，在婚姻的形式有效性问题上，尽管婚姻缔结地法规则得到国际社会的普遍承认，但从比较法角度出发，在具体的适用方式上仍然有多种选择。

第一种方式是只考虑婚姻缔结地法规则，任何其他法律都不予考虑，英国就是采这类规则的最典型的国家。①

然而，单纯适用婚姻缔结地法有时候会导致问题的僵化，不利于婚姻的成立。英国法院只好接受反致来缓和这一僵化。最早涉及反致问题的是 1957 年 "Taczanowska v. Taczanowski" 案，案情是，两个住所均在波兰的波兰人于 1946 年在一座位于意大利的军营中结婚，因为男方是同盟国驻意大利的占领军成员。婚姻没有按照意大利法所要求的方式缔结，但英国法院注意到，依据意大利的冲突法，如果婚姻符合当事人的共同本国法即波兰法所规定的形式要求，意大利法院将承认其在形式上有效。《戴赛与莫里斯论冲突法》中的规则 67（1）表述为，"婚姻如果依据婚姻缔结地国家的法律所要求的方式缔结，或者依据婚姻缔结地国家的法律认为充分的方式缔结"，则在形式上就是有效的。英格兰法律委员会在 1985 年的工作报告中也赞成将反致理论运用于婚姻的形式效力，认为这有利于促进婚姻在形式上有效，也有利于促进当事人的婚姻身份在各国的统一，避免跛脚婚姻的发生。②

第二种方式是除了可以适用婚姻缔结地法之外，还可以选择适用当事人的属人法。按照是否区分在内国缔结的婚姻和在外国缔结的婚姻，这又可以分为两种情况：

其一，在内国缔结的婚姻必须绝对地符合内国法律的形式要求，而在外国缔结

---

① See Dicey and Morris, The Conflict of Laws, 13th ed., Sweet & Maxwell, 2000, pp. 652-653.

② See Cheshire and North, Private International Law, 13th ed., Butterworths, 1999, pp. 710-711.

的婚姻，则既可以遵守婚姻缔结地法所规定的结婚形式，也可以遵守当事人属人法的规定，只要符合其中任何一个法律的要求，就是形式有效的婚姻。① 这等于规定，在外国婚姻的形式效力问题上，选择适用婚姻缔结地法和法院地法。

其二，不区分内国婚姻和外国婚姻，任何已经缔结的婚姻，只要符合婚姻缔结地法或者当事人属人法规定的形式要件，就是形式有效的婚姻。这样，婚姻缔结地法与当事人属人法就是平行的、可选择的两个连结点，且不加任何的限制性条件，这显然更有利于促进婚姻的有效成立，意大利的规定即属此类。②

上述两种情况下所构成的都是选择性的冲突规则，连结点的数量有两个或者更多，连结点的范围除了婚姻缔结地，还包括国籍、住所、共同居所、惯常居所等，而且，这些连结点往往只和当事人一方有关，体现了“促进婚姻有效”这一实体政策。

第三种方式是重叠适用婚姻缔结地法与属人法，婚姻的形式要件除了要符合缔结地法的规定，同时还必须满足属人法的规定。这里的重叠适用具有两个特点：一是不要求完全地重叠适用，即以婚姻缔结地法为主，同时辅之以属人法的特定要求；二是仅限于本国人在外国缔结的婚姻，至于其他婚姻，则只需满足缔结地法的要求即可，因而所谓的重叠适用是有限的、不完全的。

法国是最典型的采用这类规则的国家，③ 根据法国法的规定，法国人在外国结婚，除了按照缔结地国的通常形式进行之外，还应当在法国完成一定的形式要件，即婚前公告程序，至于外国人之间的婚姻，不论是在法国缔结还是在外国缔结，都只适用婚姻缔结地法。之所以要求法国人遵守其本国法的婚前公告程序，主要的理由在于让那些了解情况的当事人的父母或利害关系人提出异议，从而阻止可能的非

---

① 这一做法被相当多的国家所采纳，例如，1978 年《奥地利国际私法》第 16 条规定：“在内国领域内缔结的婚姻，其方式依内国法关于方式的规定。在外国缔结的婚姻，其方式依结婚各方的属人法；但已符合婚姻缔结地法关于方式的规定者亦属有效。”1902 年海牙《婚姻法律冲突公约》第 7 条也规定：“婚姻的形式在缔结地国被认为无效，但如依各该当事人的本国法举行的，在其他国家得认为有效。”瑞士、德国等国家均属于这一类。此外，1992 年《罗马尼亚国际私法》第 24 条第 2 款规定，“在外国缔结的违反形式要件的婚姻只有在罗马尼亚法律同样认为其无效时，其无效性才能在罗马尼亚得到承认”。

② 1995 年《意大利国际私法》第 28 条规定：“就形式而言，婚姻如果依据缔结地法为有效，或者依据至少当事人一方在婚姻缔结时的本国法为有效，或者依据当事人双方在婚姻缔结时共同居住地国家的法律为有效，那么就是形式有效的婚姻。”

③ 《法国民法典》第 170 条第 1 款规定：“法国人之间，法国人与外国人之间，在国外缔结的婚姻，如系按照所在国的通常形式进行，只要进行《身份证书》编第 63 条所规定的公告，并且法国人不违反前一章的各项规定，婚姻即属有效。”

法结合。从法国法院的司法实践看，法国法所要求的婚前公告程序只是禁止性的婚姻障碍，违反该规定并不会使婚姻无效，只有存在法律规避的情形，法院才会拒绝承认婚姻的效力。因此，在婚姻的形式效力问题上，尽管法国法要求重叠适用婚姻缔结地法和当事人属人法，但实际上仍然只取决于婚姻缔结地法。

我国民法通则及其司法解释规定，结婚问题不区分形式要件与实质要件，一概适用婚姻缔结地法，也就是说，关于结婚的形式要件，我国目前只承认婚姻缔结地这个唯一的连结点。相比较而言，我国学界所制定的《中国国际私法示范法》则采取了更加开放的态度，示范法第131条第3款规定："结婚形式只要符合婚姻缔结地法，或者符合任何一方当事人的本国法、住所地法或者惯常居所地法的，均为有效。"结合我们上面的分析和论述，我们认为在结婚的形式要件问题上，我国的现行立法过于严格，而示范法的规定又失之过宽。从我国实际情况出发，并结合当前放宽结婚形式要求、以促进婚姻形式有效性的普遍趋势，最好应采取上述第二种方法，区分在内国缔结的婚姻和在外国缔结的婚姻，前者只适用婚姻缔结地法，后者则可以选择适用婚姻缔结地法或当事人属人法，理由如下：

其一，为了实现促进婚姻有效的实体政策，制定选择性冲突规则即可达到目的，不必依赖间接的、迂回的反致制度。在冲突规则十分僵硬的情况下，反致是法官不得已而采用的方法，一旦冲突规则本身变得灵活，并且足以实现判决的合理性，反致就没有必要存在了。而且，反致制度的弊端很大，一方面，反致的作用在于缓和冲突规则的僵固性，因而反致本身是由法官灵活采用的，在"灵活"的反致制度下，很难保证法律适用的确定性和可预见性；另一方面，在运用反致时，法官不仅要查明外国的实体法，还要查明外国的冲突法，司法负担明显增加。因此，反致只能在极其例外的场合被运用。就法律适用的合理化这一目标而言，直接改造冲突规则、而非运用反致，才是正途。

其二，从表面上看，所有婚姻不加区分，不论是内国婚姻还是外国婚姻都可以选择适用缔结地法或属人法的做法，更有利于婚姻在形式上的有效性，但这一规则实行起来恐怕困难会很大。对于外国人申请在我国境内结婚的情况，如果要求我国的婚姻登记机关按照外国法所规定的结婚程序进行，那么无异于要求法院按照外国法规定的诉讼程序审理案件，是不切实际的要求。明知法律无法得到切实的执行而仍然如此规定，将损害法律的威严。而且，我国法律规定的结婚手续十分简便，登记机关对符合条件的当事人，当场就可以进行登记并发给结婚证书，既不要进行结婚公告，也不必举行任何形式的婚礼。与大多数外国法规定相比，我国对结婚形式的要求很低，因而一般不会给申请结婚的外国人带来不便和麻烦。另外，外国人为了满足其本国法上的形式要求，另行举行婚礼等也不为我国法律所反对。

四、涉外结婚实质要件的法律适用

婚姻的实质有效性（essential validity of marriages），它指除形式要件以外，所有关于婚姻成立及效力的规定，综观各国法律，结婚的实质要件主要包括：有关结婚行为能力的一般性规定、① 亲属间结婚的限制、限制罹患某些疾病的人结婚、禁止重婚以维护一夫一妻制度等、要求当事人双方自愿结为夫妻、对再婚的限制等。

在冲突法中，面对结婚实质有效性的法律适用问题，自始至终交织着两对矛盾，其中一对矛盾是婚姻缔结阶段和婚姻有效性的实质问题的法律适用，前者关乎婚姻机关审查当事人是否符合实质要件，以便决定是否同意其结婚申请；后者是对于已经缔结的婚姻，法院审查婚姻是否因违反实质要件而无效，在事后判断已缔结婚姻的效力时，促进婚姻有效的原则往往成为法律适用的重要的政策考虑，因而可能影响到结婚实质要件的法律适用结果。另一对矛盾是行为地法和属人法这两大系属公式在实质有效性问题上的竞争，究竟是适用婚姻缔结地法更为合理，还是适用属人法更为合理？以下分别探讨两大系属各自的合理性基础，在比较之后阐述我国立法的应有抉择。

（一）适用婚姻缔结地法的理性基础及其弊端

目前，关于结婚实质要件，以婚姻缔结地法为基本规则的国家主要有美国、澳大利亚、南非以及阿根廷、智利等拉丁美洲国家。② 在国际立法方面，1978 年《海牙婚姻缔结和承认婚姻有效公约》也以婚姻缔结地法作为承认婚姻有效的基本规则，公约第 9 条第 1 款规定，依婚姻缔结地国家法律缔结的有效婚姻，或者后来依该国法律成为有效的婚姻，除非另有规定，所有缔约国均应承认婚姻为有效。我

① 结婚的行为能力，仅指结婚的意思能力，瑞士民法又称之为判断能力，故不适用民法总则中关于行为能力的一般规定。所谓结婚的意思能力，指能正常认识结婚行为并预期其效力的能力。所以，限制行为能力人或无行为能力人，只要有意思能力，原则上就可以缔结婚姻。参见史尚宽：《亲属法论》，中国政法大学出版社 2002 年版，第 12 ~ 14 页。

② 瑞士的情况比较特别，1987 年《瑞士联邦国际私法》第 44 条和第 45 条规定将结婚实质要件的法律适用区分为两种情况：其一，如果婚姻在瑞士缔结，则适用瑞士法律，也就是适用婚姻缔结地法；但对于外国人之间在瑞士缔结的婚姻，如果不符合瑞士法规定的实质要件，那么只要符合男女双方任何一方的本国法规定，仍然可以缔结，这其实等于在婚姻缔结地法、当事人双方各自的本国法这三个法律中选择适用。其二，在外国有效缔结的婚姻，瑞士一概予以承认，不要求婚姻必须是在住所地国家、惯常居所地国家或当事人任何一方的国籍所属国为有效婚姻。参见陈卫佐：《瑞士国际私法法典研究》，法律出版社 1998 年版，第 88 ~ 91 页。

国也采用婚姻缔结地法规则，1986 年《民法通则》第 147 条规定，“中国公民和外国人结婚适用婚姻缔结地法律”，1990 年最高人民法院《关于贯彻执行〈民法通则〉若干问题的意见》将其扩展成一条双边冲突规则，意见第 217 条规定“认定婚姻是否有效，适用婚姻缔结地法律”。可见，我国法律不区分结婚的形式要件和实质要件，统一适用婚姻缔结地法规则，我国的规定基本照搬了前苏联的立法。①

归纳起来，有关国家之所以在结婚的实质要件问题上采用婚姻缔结地法规则，大致有如下几个原因：其一，沿袭传统的法律适用规则。早期的合同法律适用受“场所支配行为”规则调整，无论合同形式问题还是其他问题，都适用合同签订地法，而婚姻在早期也被视为一种合同关系，比照合同法律适用规则，婚姻自然也不区分形式要件和实质要件，一律适用婚姻缔结地法。其二，出于对一国的社会及人口因素的考虑。美国及多数拉丁美洲国家属于移民国家，移民人口众多，如果采用属人法规则，就会频繁地适用外国法，给婚姻机关和当事人带来不便。美国的情况尤其突出，它不仅是移民国家，还是多法域国家，州际之间的人员流动十分频繁，婚姻的实质要件只有适用婚姻缔结地法才是最简便可行的规则。其三，基于极端保守的观念，认为婚姻缔结地法中关于婚姻实质要件的规定大多属于公共秩序的范畴，具有强烈的属地主义性质，即便结婚双方是外国人也应当遵守。②

婚姻缔结地法规则最大的好处在于简单方便，婚姻机关只需按照其熟悉的内国法规定，审查当事人是否符合结婚的要件，而不必考虑有关外国法的规定，从而可以大大减轻工作负担。如果与婚姻效力有关的案件正好是在婚姻缔结地国家提起，审理案件的法院也可以避开繁难复杂的外国法证明问题。婚姻缔结地法规则还有利于法律适用的确定性和可预见性，因为结婚的形式要件通常也适用婚姻缔结地法，这与属人法规则相比，既不存在识别上的困难，又可以避开当事人双方缺乏共同属人法的情形。此外，婚姻缔结地法规则还有助于实现促进婚姻有效的政策，因为婚姻通常会符合缔结地法的要求，否则婚姻机关很可能拒绝为当事人缔结婚姻。

婚姻缔结地法规则也存在不少的缺陷，最明显的是，婚姻缔结地与当事人双方之间往往缺乏本质的联系，除非缔结地国家同时是当事人的国籍所属国或住所地国，或者当事人打算婚后在那里居住，否则单纯依据缔结地法来决定婚姻的实质要件，其合理性是很值得怀疑的。无论如何，法律选择的目的始终是要探寻与特定问题之间存在实质联系的地方的法律，如果仅仅为了追求法律适用的简单便利而将这一目标弃置不顾，则无疑是本末倒置。婚姻缔结地法规则还容易助长当事人的法律

① 参见 1968 年《苏联和各加盟共和国婚姻家庭立法纲要》第 31 条和第 32 条。

② 参见肖永平：《中国冲突法立法问题研究》，武汉大学出版社 1996 年版，第 356 页。

规避行为，他们只要跨越国界，就可以摆脱原本应当适用的婚姻障碍，而当事人所属国的规定因此而形同虚设。美国为了阻止这种规避行为，其统一州法委员会曾通过《统一婚姻规避法》，规定当事人因规避住所地州法律而成立的婚姻无效。①

此外，婚姻缔结地法规则的优点只是相对而言的，有时在实践中并不能完全体现出来。例如，婚姻缔结地法有助于促进婚姻有效的政策，但目前大多数国家仍然适用属人法来决定婚姻的实质效力，因此，婚姻如果违反当事人属人法的规定，即便在婚姻缔结地国为有效，也无法得到其他国家的承认，婚姻缔结地法的适用反而造成了跛脚婚姻。又如，婚姻缔结地法规则简单、明确、可预见的优点，在实践中并没有我们想象的那么明显，因为婚姻缔结地法只是支配婚姻实质要件的基本规则，在基本规则之外还存在许多例外情形，尤其是涉及在外国缔结的婚姻时更是如此，各种例外情形无疑使得法律适用变得复杂而不确定。

美国是比较彻底地适用缔结地法的典型国家，但是，美国的经验并不能照搬到我国。在美国，冲突法的理论与规则主要是针对州际冲突而形成的，在国内背景之下，美国冲突法可以尝试新颖的法律选择方法、分析法律的实体政策，甚至将州利益直接作为法律选择的标准，而这一切都是在一个共同的“安全网”中进行的。这个网由三大要素编织而成，它们是：州法受共同的法律文化影响而差别不大、联邦宪法可以保证各州之间最低程度的合作、联邦最高法院的监督可以限制各州只顾追求本州政策的行为。② 具体到结婚实质要件的问题，美国的缔结地法规则所形成的国内背景表现在以下三个方面，这也是《第二次冲突法重述》所给出的理由：

首先，婚姻是否有效，是当事人及其子女最为关心的问题，因而婚姻实质要件的法律适用应当尽量简单，准据法也应当是当事人最容易知悉或咨询到的法律，而婚姻缔结地法无疑十分符合这个要求。其次，促使婚姻有效是各州共同的重要政策，婚姻无效会给当事人及其子女带来不幸，因而对于那些经过适当程序而缔结的婚姻，应当尽量承认其为有效。在实践中，当事人一般总是符合婚姻缔结地法的结婚要求，因而采用婚姻缔结地法规则，可以在最大程度上实现这一政策。最后，各州在婚姻实体法上的差别并不是很大，一般不会涉及一州重要的或根本的政策，因而在当事人的住所地州看来，适用婚姻缔结地法的规定是完全可以容忍的。③

---

① 美国统一州法委员会已于 1945 年撤回该法，目前该法仅在少数州施行。

② Mathias Reimann, “Domestic and International Conflicts Law in the United States and Western Europe”, in Patrick J. Borchers & Joachim Zekoll eds., International Conflict of Laws for the Third Millennium: Essays in Honor of Friedrich K. Juenger, Transnational Publishers, 2001, p. 113.

③ See *Restatement*, *Second Conflict of Laws* (1971), §283 comment (h).

在我国，冲突法所解决的主要是国际性案件，虽然也有涉及香港、澳门和台湾地区的区际冲突，但它们与美国的州际冲突很不相同，反而更类似国际性冲突。在国际背景下，结婚实质要件适用婚姻缔结地法意味着，对于中国公民在外国缔结的婚姻，我们将放弃自己东方特质的婚姻观念，一旦发现外国法的规定无法容忍，法官只有频繁借助公共秩序保留制度来排除外国法的适用，而这个问题原本是可以通过属人法规则得到圆满解决的。

（二）适用属人法规则的合理基础及其例外

1. 适用属人法规则的合理基础

婚姻是人的重要身份，世界上大多数国家都把属人法作为支配婚姻实质要件的主要规则。值得特别提出的是，为了实现促进婚姻有效的实体政策，一些国家抛弃了单纯以属人法来决定实质要件的传统做法，改采放宽条件的选择性冲突规则。例如，《瑞士联邦国际私法》第 44 条规定，外国人的婚姻如果符合瑞士法所规定的实质要件，或者符合当事人一方的本国法，在瑞士就被认为有效。德国也在此领域制定了有条件的选择性冲突规则，它规定结婚首先要符合当事人一方的本国法，如果当事人双方的本国法均不允许结婚，那么只要一方当事人是德国公民或居民，并且当事人双方的本国法是“违背结婚自由原则”的，就可适用德国法。① 不过，大多数国家仍然坚持采用保守的传统规则。

在采属人法规则的国家中，对于究竟何为属人法的问题，始终存在着两大对立阵营，即本国法主义与住所地法主义。国籍与住所是属人法的两大连结点，在国际私法的其他领域，近来的趋势是逐渐偏向住所，但在婚姻领域，这种倾向即使有也不是很明显，因为采本国法主义的国家仍然占了大多数。例如在欧洲大陆，除了挪威等个别国家，其余均坚持国籍原则，而采住所地法主义的，以英国及加拿大、澳大利亚、新西兰等英联邦成员为主，此外只包括挪威、巴西、委内瑞拉等少数国家。一国究竟是以国籍还是以住所为属人法的连结点，主要取决于其历史传统和法律观念。由于婚姻问题触及一国的传统价值和伦理道德观念，因而这种对立在短期内将很难消弭。不过，无论本国法与住所地法之间的分歧有多大，它们毕竟都是属人法规则，作为婚姻实质效力的准据法，它们有着共同的利弊。

与婚姻举行地法相比，属人法无疑是更为合适的规则。首先，婚姻虽因一时的缔结行为而成立，但更重要的，婚姻还是一种长期的身份关系，在决定婚姻是否有效时（实质有效性），属人法国因与婚姻有长久的联系而具有更大的利益。美国虽

---

① 参见《德国民法施行法》第 13 条。

以举行地法为一般规则，但它同时也承认，与婚姻及当事人有最密切联系的不是婚姻举行地州，而是当事人在婚前及婚后的住所地州。① 因此，婚姻举行地法虽然简便易行，但仍应当让位于有实质联系的属人法。其次，无论是本国法还是住所地法，它们在一定程度上都比较稳定，这使得当事人的结婚能力相对稳定，不至于因偶然的婚姻举行地不同而发生变化。相应地，如果当事人意欲规避属人法上的婚姻障碍，那么虽然不是不可能，但要面临相当的困难，至少需要改变现有的国籍或住所。

属人法规则也有它的缺陷，它最大的问题是要频繁地证明和适用外国法，即使婚姻在法院地国境内缔结，只要婚姻当事人来自外国，法院就不得不面临外国的实体法。在婚姻缔结阶段，外国的属人法将会更多地出现，而此时面对这一问题的，是比法院更难胜任的婚姻机关。在实践中，婚姻机关往往要求当事人提供其属人法国出具的文件，以证明其有结婚能力，从而减轻自己证明外国法的负担。属人法规则还会带来其他一些复杂问题，例如，在双方当事人的属人法不一致时，应当如何适用法律的问题。一般而言，为体现男女平等原则，大多数国家都规定适用当事人各自的属人法，这意味着准据法的数量是两个，法院的负担因而进一步加重。属人法的另一个问题与某些结婚要件的特殊性质有关，在判断一方当事人能否与对方结婚时，本来只需要适用他（她）自己的属人法即可，但是，有些结婚要件具有特殊的性质，它们必须同时适用于双方当事人才有意义，例如禁止直系亲属之间结婚的规定，因而就这类结婚要件而言，当事人必须重叠适用双方的属人法。那么，究竟哪些结婚要件具有这种性质呢？这又引发了如何认定结婚要件的性质的问题。

在婚姻实质要件适用属人法时，常常会遇到当事人双方缺乏共同属人法的情形，或者是无共同国籍，或者是无共同住所，此时，各国的普遍规则是分别适用当事人各自的属人法。如此规定很合情理，因为结婚实质要件的内容主要关系当事人的结婚能力问题，即当事人能否结婚、能和谁结婚的问题，只要当事人满足了其属人法的要求，就应当认定他有结婚能力。例如，男方 18 岁，女方 16 岁，双方均达到各自属人法对最低婚龄的要求，此时就应当承认婚姻有效，尽管男方的属人法规定女方必须达到 18 岁才能结婚，但这不影响婚姻的有效成立。

然而，与最低婚龄不同的是，有些结婚要件或者说婚姻障碍具有特殊的性质，它们要求同时适用于男女双方，否则就不能达到规定的目的。为此，这类结婚要件不仅要适用于隶属于该属人法的一方当事人，还要适用于有不同属人法的另一方当事人，任何一方违反这类要件的规定都将使婚姻无效，因而这类结婚要件具有双边

① See *Restatement, Second Conflict of Laws* (1971), §283 comment (c).

性质。① 最常见的例子是有关一夫一妻制的规定，假如女方的属人法国家实行一夫一妻制婚姻，那么，一方面，她在已经缔结了有效婚姻的情况下不得再次结婚，另一方面，她也不得与任何已经结婚的人结婚，即使她自己是未婚，并且男方的属人法实行多配偶制婚姻，允许男方同时拥有两个妻子。可见，在缺乏共同属人法的情况下，一方属人法中的结婚要件一旦被认定为是双边性质的，就要同时适用于双方，这意味着双方法律中较为严格的规定会得到适用，其结果是不利于婚姻的有效成立。

结婚要件是否具有双边性质应当如何确定呢？这个问题迄今并无统一的客观标准，它首先涉及对法律规则的解释问题，因而需要运用法律解释的方法，包括文义解释和目的解释等，这里运用得最多的是目的解释，即探求某一结婚实质要件背后的立法目的和立法精神，如果某一结婚要件必须同时适用于当事人双方才有意义，否则就达不到其原有的立法目的，那么，它就是双边性质的。从各国司法实践看，双边性质的结婚要件大致包括如下三类：一是有关禁止重婚、从而维护一夫一妻制的规定，这类规则的双边性质很容易理解，因为它要求男方只能有一个妻子而女方也只能有一个丈夫，是同时针对双方而言的；二是有关禁止近亲属之间结婚的规定，如禁止伯父或叔父与侄女结婚的规定，也常常被认为具有双边性质；三是禁止患某些疾病的人结婚的规定，这些规定主要基于优生学的考虑，必须同时适用于男女双方，才能达到健康生育的目的，为此，属人法中禁止精神病人结婚的规定，如果其立法理由是精神病人缺乏判断能力，无法真实地表达结婚意愿，而与优生学上的考虑无关，那么它就不是双边性质的。至于单边性质的结婚要件，通常认为也包括如下三类：一是关于最低婚龄的规定，即男方的年龄要求适用男方的属人法，女方亦同；二是关于未成年人或其他限制行为能力人结婚须征得其监护人同意的规定，也具有单边性质，只能约束其所属的一方当事人；三是关于当事人双方具有真实的结婚意愿的规定，包括因欺诈、胁迫、错误等而缔结婚姻的情形，这类规则的主要目的在于保护因受欺诈等影响而意思表示不真实的一方当事人，其适用也只是单边的。此外，还有一些结婚要件的性质如何，仍然争议颇多，如有关待婚期间的规定等。

值得注意的是，上述对结婚实质要件的性质的认定，并非是绝对的、确定无疑的，在司法实践中也会发生完全相反的认定结果，原因在于，一项要件究竟是单边性质还是双边性质，并非单纯的从概念上加以辨析，它涉及对规则背后的政策的考

① 参见［法］亨利·巴迪福：《国际私法各论》，曾陈明汝译述，台湾正中书局 1979 年版，第 54 页；Lennart Pålsson, *International Encyclopedia of Comparative Law* (vol. Ⅲ, ch. 16), *Marriage and Divorce* (1974), p. 74.

量，最终的结果往往取决于法官的价值判断，因而认定的结果在很大程度上是相对的。具体而言，发生认定困难的原因包括如下三方面：①

首先，某一结婚要件背后的立法目的与立法政策常常是很难确认的，因为一条规则可能同时具有多种目的，而且，同样的规则在不同的法律体系中所起的作用可能完全不同。例如，一些国家有关于待婚期间的规定，即要求妇女在离婚后需经过一段时间才可以再婚，这条规定的目的可能是保护婚姻制度，避免当事人在离婚后仓促再婚，或者可能是防止血统的混乱，以方便确认子女的身份，又或者可能是对当事人所施加的惩罚性措施。因此，结婚要件的性质也随之变得难以认定。

其次，即便结婚要件背后的立法目的十分明确，它的性质也可能不那么容易判断，因为法官在判断它的性质时，需要考虑影响法律选择的各种政策因素，如公共秩序保留等，因此，同一个法律体系里的一项结婚要件，在案件与该法律体系联系紧密时可能被认为具有双边性质，而在联系不那么密切时则可能仅被看做单边性质。例如，当事人一方甲是法院地国人且住所也在法院地国，而乙则刚刚离婚且依其属人法离婚有效，但法院不承认该离婚，认为乙仍受婚姻约束，假如甲乙双方欲在法院地国缔结婚姻，那么法院很有可能认为内国法中关于禁止重婚的规定具有双边性质，因而不允许甲乙之间的婚姻；然而，假如甲乙是在法院以外的国家结婚，尤其是他们已经共同生活多年，并且他们的婚姻在有关的外国亦被认为有效，那么法院很可能改变立场，判定甲乙之间的婚姻有效，因为此时促进婚姻有效的政策应当得到优先考虑，不应当再固守关于结婚要件的双边性质这一教条。

最后，当案件所涉及的结婚要件来自外国的属人法时，其性质的认定实际上包含两个问题：其一，法院需要查明这一要件的立法目的，从而判断它本身是否要求同时适用于当事人双方，这其实是对外国法的解释问题；其二，如果外国法本身要求双边适用，那么还有一个法院是否认可的问题，这和上一个问题常常纠缠在一起，因而不太容易区分清楚。在多数情况下，法院会予以认可，因为既然适用的是外国法，就应当尽量按照外国法的原意去适用它，这也有利于婚姻在该外国的有效性。但是，法院若认为如此认定将与其他的政策考虑相冲突，那么它也可能拒绝承认外国法规定的双边性质。例如，西班牙法律曾经禁止本国人与离过婚的外国人结婚，这条规定依西班牙法具有双边性质，然而一些国家的法院却对此不予理会，理由是这样的规定过度地限制了当事人的结婚权，违反了法院地法中有关离婚者再婚的政策。

---

① See Lennart Pålsson, *International Encyclopedia of Comparative Law* (vol. Ⅲ, ch. 16), *Marriage and Divorce* (1974), pp. 76-77.

总之，结婚实质要件的性质问题十分复杂，法院在认定时需要考虑多种因素，综合衡量相关政策，因而同一规则在不同的案件中可能具有不同的性质，这是毫不奇怪的。

2. 婚姻缔结阶段适用属人法规则的例外

在婚姻缔结阶段，属人法规则一般由婚姻机关而非法院适用，除非当事人因婚姻机关拒绝办理结婚手续而起诉到法院，此时，婚姻缔结地与法院地是一致的。在当事人在内国结婚时，缔结地国家的法律虽然规定实质要件适用属人法，但是往往要求婚姻官员同时考虑自己国家的法律，即婚姻缔结地法，有的甚至以缔结地法完全取代属人法，这在不同国家有不同的表现。

在欧洲大陆国家，有关结婚实质要件的冲突法规定，从立法旨意上看，不仅适用于法院判决已缔结的婚姻是否有效的场合，而且更重要的，是适用于婚姻官员决定是否为当事人举行婚姻的场合。① 在实践中，后一种情况更常见，目的是阻止当事人缔结不合格的婚姻，从而起到预防的作用。为此，婚姻官员通常会要求当事人提供其属人法国出具的文件，以证明其有结婚能力或婚姻不存在任何障碍，在满足这一条件后，才可为当事人办理结婚手续。然而此时，婚姻缔结地法的作用也不可忽视。最常见的是，婚姻官员如果发现当事人之间的婚姻将违反缔结地的公共政策，那么他会拒绝办理结婚手续。由于公共政策是抽象而模糊的概念，为方便婚姻官员确认，有的国家明确规定，内国法中某些婚姻要件是不得违反的。

例如，《意大利民法典》第 116 条第 2 款规定，在意大利结婚的外国人必须遵守该法典所规定的部分结婚实质要件，包括禁止精神病人结婚、禁止重婚、禁止在谋杀配偶一方之后与另一方结婚、对女方再婚期间的限制，以及禁止结婚的九种亲属关系中的三种。然而，值得注意的是，婚姻缔结地的公共政策不只是起阻止婚姻缔结的作用，近来更表现出促进婚姻成立的趋势，例如，《罗马尼亚国际私法》第 18 条规定："结婚的实质要件适用夫妻双方各自本国法，如果本国法规定有碍婚姻的实现，且按照罗马尼亚法律与婚姻自由相违背，那么，只要夫妻一方是罗马尼亚人并且婚姻是在罗马尼亚领域内缔结，就应当排除该婚姻障碍的适用。"

与欧洲大陆国家不同，在英国及其他英联邦国家，有关结婚实质要件的属人法规则似乎只适用于法院审查已缔结的婚姻是否有效的场合，那么，在婚姻缔结阶段，登记官依据什么法律来决定当事人有无结婚能力呢？关于这个问题，英国至今还没有相关的判例，并且这个问题也不大会要求法院来决定，因为只有在登记官拒

---

① See Lennart Pålsson, *International Encyclopedia of Comparative Law* (vol. Ⅲ, ch. 16), *Marriage and Divorce* (1974), p. 81.

绝发给当事人许可证或者结婚证书，并且主任登记官驳回当事人的申诉时，这个问题才会经由命令书（mandamus）的方法要求法院来决定，而这种情形极少发生，法院事实上还没有机会就此发表意见。① 同时，成文法对这个问题也没有明确的规定，例如，1949年英国《婚姻法》只是规定，登记官只有在当事人双方都不存在任何的婚姻障碍时，才可向他们颁发结婚证书，但该法没有说明，登记官应当根据什么法律来决定婚姻是否存在法律上的障碍。

总之，在婚姻缔结阶段，属人法规则常常不能得到严格执行，而婚姻缔结地法则可能影响当事人的结婚能力，它或者和属人法同时适用，或者竟取代属人法而单独适用。之所以如此，大概是因为婚姻机关与法院不同，它属于一国的行政机构，在适用法律上更偏向法律的属地主义，因而强调婚姻缔结地法的重要性。此外，结婚冲突法领域的重要政策——促进婚姻有效的原则，对于尚未缔结的婚姻而言，影响不是很大。

3. 基于公共秩序保留的例外

只要结婚的实质有效性适用属人法，就意味着法院向外国法敞开了大门，与此同时，公共秩序的作用就相应增大了。从各国以往的司法实践看，婚姻家庭领域一向是公共秩序频繁出现的地方，因为婚姻家庭法的内容受到一国独特的传统文化、道德观念及宗教信仰等因素的影响很深，各国在婚姻家庭法领域的差异很大，尤其是在拥有不同文明的国家和地区之间，如西方文明国家、儒家文明国家、伊斯兰文明国家和非洲部落国家，差异甚至是巨大而深刻的，在这种情况下，公共秩序保留作为消极防范外国法的最后手段，其介入就是不可避免的了。②

在结婚实质要件问题上，公共秩序介入后的效果有两种：其一，使原本依外国属人法无效的婚姻变为有效，例如英国法规定，当事人依其住所地法缺乏结婚能力的，如果所涉及的结婚要件属于惩罚性的或歧视性的，则因违反英国的公共秩序而不予适用，如禁止牧师和修女结婚的规定、禁止不同种族和宗教信仰的人之间结婚的规定等。③ 其二，使原本依外国属人法有效的婚姻变为无效，例如同样在英国，

---

① 参见［英］马丁·沃尔夫：《国际私法》，李浩培、汤宗舜译，法律出版社1988年版，第472～473页。

② 法国学者巴迪福认为，冲突规则的运用必须以某种法律共同体的存在为前提，自萨维尼以来这已经成为一项公认的原则，而萨维尼是用基督教和罗马法来说明存在于欧洲的法律共同体的。继萨维尼之后，法国学者巴丹（Bartin）以法律共同体的缺乏作为公共秩序例外的基础。参见［法］亨利·巴蒂福和保罗·拉加德：《国际私法总论》，陈洪武等译，中国对外翻译出版公司1989年版，第493页。

③ See Dicey and Morris, The Conflict of Laws, 13th ed., Sweet & Maxwell, 2000, p. 688.

依外国住所地法为有效的婚姻，如果双方当事人是近亲属，并且他们的结合触犯了英国刑法中有关乱伦的规定，那么法院将判决婚姻无效。①

至于公共秩序介入的范围，历史上几乎涵盖了所有的结婚实质要件，然而在当代，公共秩序的活动空间已经急剧收缩，即便是在最保守、最传统的婚姻家庭领域也是如此。这有两个原因：一方面，在传统国际私法中，冲突规则本身只作法律选择，而对选择的结果毫不关心，因此，法官在适用了冲突规则之后，一旦发现外国准据法的内容令其无法接受，就会自然而然地利用公共秩序例外来逃避本应适用的外国法，此时，公共秩序的作用被扭曲了。当代国际私法则不同，它在以冲突规则的形式进行法律选择的同时，开始注重考虑相关实体规则的内容和立法政策，由于法官事先知道外国法的内容或选择的结果，事后就不必将公共秩序作为逃避的方法了。例如，如果支配结婚形式要件的冲突规则是选择性的，包括了婚姻缔结地在内的多个连结点，此时，公共秩序就没有介入的必要了。

另一方面，各国越来越认识到，公共秩序的运用应当有严格的限制条件，除了外国法规定违反法院地国的公共秩序之外，还要考虑其他的条件和因素。首先需要考虑的是案件与法院地国的联系程度，联系越是紧密，公共秩序越是可能介入，例如，法院地国同时也是婚姻缔结地国或当事人的住所地国或国籍所属国等；其次是要区分尚未缔结的婚姻与已经缔结的婚姻，在涉及的外国法规定违反公共秩序的情况下，法院通常会拒绝当事人的结婚申请，但却可能在事后容忍这种婚姻，支持婚姻有效。

五、我国涉外结婚法律适用规则立法建议

上述分析完全是基于立法论的分析，而非基于法律解释论的分析，因其目的是希望能够建构我国相对合理的涉外结婚的冲突规则。通过上述分析，我们可以得出结论认为，《民法通则》及其司法解释完全不能经受法律理性和现代冲突法的基本价值观念的拷问，《示范法》中的相关规则距离本文的分析结论也有一定的距离，现在我们重新审慎地建构我国涉外结婚冲突规则的时候了。

建立在上述所有分析的基础之上，本文建构如下规则，希望对当下涉外民事法律适用法的立法工作有所裨益：

【结婚的形式有效性】

在我国境内缔结的婚姻，其方式适用我国法律。

---

① See Dicey and Morris, The Conflict of Laws, 13th ed., Sweet & Maxwell, 2000, p.688.

在我国境外缔结的婚姻，其方式只要符合婚姻缔结地法，或者符合任何一方当事人的本国法或住所地法，即为有效。

在外国的中国公民之间缔结婚姻的，可以向我国驻该国的使领馆申请办理结婚登记。

【结婚的实质有效性】

结婚的实质要件适用当事人双方各自的本国法。

在我国境内缔结的婚姻，一方当事人为我国公民，另一方当事人的本国法认为婚姻违反其实质要件，但不违反我国法律规定的，即为有效。

The Legal Reconstructing of the Conflicts rules Concerning Foreign related Marriage in China

JIAO Yan

Abstract: The positive rules concerning the applicable law of foreign related marriage is not appropriate to be kept in the new Chinese PIL code and should be reconstructed. The applicable law of the validity should be distinguished between formal requirements and essential requirements. The most important policy in this field is '*favor matrimonii*' . In regard formalities, the basic rule is to apply the law of the place of celebration; in regard to essential requirements, the basic rule is to apply parties' personal law.

Keywords: foreign related marriage lex roci celebrationis lex personalis

三、专题二：气候变化问题研究

气候变化国际法中公平与效率的协调*

□ 秦天宝** 成郜***

内容摘要 公平和效率价值的协调是法律中永恒的课题。而全球气候变化问题的独特性，使得与之相关的国际立法中公平和效率的协调问题具有特别的重要性。在《联合国气候变化框架公约》及其《京都议定书》所构成的立法体系中，公平与效率的协调主要是通过共同但有区别的责任来体现的。近年来随着中国等发展中国家逐渐成为温室气体排放大国，以共同但有区别的责任为核心的公平观受到越来越多的挑战，同时气候变化的加速也使得包括发展中国家在内的排放大国承受着空前的减排压力。这些因素都对传统的公平与效率协调机制造成了彻底的影响。随着后京都时代的来临，国际立法环境的变化需要我们将未来的谈判和立法建构在新的公平与效率的协调机制上。

关键词 气候变化 公平 效率 环境正义

目 次

---

* 本文系教育部2009年“新世纪优秀人才支持计划”（NCET-10-0617）、武汉大学自主科研项目（人文社会科学类）“应对全球气候变化国际法的最新发展及我国的对策”及2008年度国家社会科学基金重大项目中标课题“中国在解决重大国际争端和全球性问题中的建设性作用研究”（08&ZD055）项下子课题之阶段性成果。

** 武汉大学环境法研究所教授、博士生导师，法学博士。

*** 武汉大学环境法研究所硕士研究生，法国巴黎第十一大学法学硕士。

一、问题的提出

21 世纪的第一个十年，气候变化成为了这个星球上最热门的话题。世界各大媒体、众多重要的国际会议、许多国际机构和专家学者纷纷将注意力集中在全球气候变化问题上。

2008 年 2 月，联合国政府间气候变化专门委员会（简称 IPCC）公布了第四份气候变化评估报告的第一部分①，它以大量事实和科学数据来证实正是人类无节制的大规模工业化活动造成了全球气候变暖。4 月 6 日，这份报告的第二部分公布，再次在全世界范围内引起极大震动。报告告诉我们：

近 100 年来，地球的平均气温已经升高了 0.74 摄氏度，主要的变暖阶段是最近 50 年。在未来的 20 年内，地球气候每 10 年将会变暖 0.2 摄氏度。到 2100 年，与 20 世纪末相比，全球平均气温可能会升高 1.8 至 4 摄氏度。造成气候变暖的原因是温室气体在大气中的浓度增加。

不过近年来气候变化问题有了新的特点，那就是中国、印度等发展中国家温室气体排放量迅速跃居世界前列。环球能源网根据碳监测行动（CARMA）网站提供的数据，对全球各国的二氧化碳排放量进行了比较排行，详见下表②：

① See Intergovernment Panel on Climate Change, *Climate Change* 2007: *The Physical Science Basis*, available at http: //www. ipcc. ch/icppreports/ar4-wg1. htm, visited on 12 September 2009.

② 参见《全球各国 CO_2 排放量比较排行》，资料来源于：http: //www. lrn. cn/zjtg/societydiscussion/200711/t20071128_172287. htm，2009 年 9 月 12 日访问。

位次	国家	二氧化碳排放总量（单位：亿吨）
第1名	美国	28
第2名	中国	27
第3名	俄罗斯	6.61
第4名	印度	5.83
第5名	日本	4
第6名	德国	3.56
第7名	澳大利亚	2.26
第8名	南非	2.22
第9名	英国	2.12
第10名	韩国	1.85

从这个表上可以看出，中国的二氧化碳排放当量已经非常接近美国，相当于随后八个国家排放当量的总和。而且就目前的速度来看，中国很快会超过美国，成为最大的排放者。这确实是《京都议定书》缔结时未曾料到的。

在此背景下，后京都时代的气候谈判中讨论得最多的毫无疑问将是中国等发展中排放大国是否应该承担强制减排义务的问题，以及如何调整现有机制，让新法律为更多的缔约方所接受以及更有效地实施。中国等发展中排放大国的减排责任在今后的谈判中尤为关键。① 岛屿国家和荒漠化国家抱怨如果不将中国等国纳入强制减排范围，温室气体减排计划会无功而返。美国以中国等排放大国不纳入强制减排范围为挡箭牌拒绝合作。欧洲国家则认为中国等国温室气体排放量远远超过自己而不纳入强制减排范围严重影响减排义务分配的公平性②。

中国在未来的气候变化国际立法谈判中应该坚持什么立场才能尽可能地维护国家的利益同时又履行作为世界大国应有的环境责任，以及坚持这种立场所凭借的法理依据何在，是两个重要的问题。

要回答这两个问题，我们需要解决的理论问题有：《联合国气候变化框架公约》所规定的“各缔约方应当在公平的基础上，并根据他们共同但有区别责任和

① See Cass R. Sunstein, *The World vs. the United States and China? The Complex Climate Change Incentives of the Leading Greenhouse Gas Emitters*, 55 UCLA L. Rev. 1675, 2008.

② 《应对气候变化的国际博弈》，资料来源于：http://zhen.wenming.cn/ssjt/content/2009-12/07/content_74638_4.htm，2009年12月10日访问。

各自的能力，为人类当代和后代的利益保护气候系统。因此，发达国家缔约方应当率先对付气候变化及其不利影响”以及“发展中国家缔约方能在多大程度上有效履行其在本公约下的承诺，将取决于发达国家缔约方对其在本公约下所承担的有关资金和技术转让的承诺的有效履行，并将充分考虑到经济和社会发展及消除贫困是发展中国家缔约方的首要和压倒一切的优先事项”中，（1）何为气候变化国际立法所指的公平？（2）“根据各自的能力”是什么含义？（3）区别责任和发达国家应当率先对付气候变化及其不利影响的理由何在？（4）为什么要强调发达国家在资金和技术上支持发展中国家？

本文认为，以上问题的本质正是法律的公平价值和效率价值的协调问题，即气候变化国际立法既要满足当代人之间对气候变化所承担的责任的公平要求和当代人与下代人之间的公平要求，又要能够体现法律实施所需要的效率价值。框架公约对公平和效率之间的矛盾作了原则性的协调，其把具体的制度设计留给了其后缔约方大会（Conference of Parties）所制定的法律文件。其中包括《京都议定书》、《巴厘岛路线图》以及《哥本哈根协议》等。

本文试图从公平和效率价值的冲突与协调的角度出发，结合上述法律文件论述各国在环境责任上的分配依据。

二、气候变化国际立法中公平与效率协调的社会基础

（一）气候变化国际立法中的公平要求

德国教授 Michael Bothe 认为，在国际环境法里公平主要是一个分配问题，即如何分配自然资源的用益权和保护自然资源与人类健康造成的花费。在另一种背景下，公平又是一个平衡当代人之间（代内公平）和当代人与后代之间平等或者说公正分配的问题①。本文认为这一理解言简意赅，极富概括性。

气候变化国际立法中的公平主要体现为国家间责任分配的公平，因此目前是以国家为主体的形式实现的。但是由于以国家为主体的公平十分不利于中国这样的发展中人口大国，近年来有中国学者提出气候变化国际立法上的公平不应该是“国际公平”，而应当是“人际公平”，即由基本生存要求引起的温室气体排放是人人

① See Michael Bothe, “International environmental law between efficiency and equity”, available at http://erelaw.tsinghua.edu.cn/news_view.asp?newsid=310, visited on April 20, 2008.

平等享有基本人权之一①。另外根据应对气候变化的内容来分，也可以区别在减缓行动中和适应行动中不同的公平要求。本文认为，大体而言，和其他环境问题一样，气候变化问题中的公平也包括代际公平和代内公平两个方面。

1. 代际公平

代际公平的理论最早由美国学者埃迪·维丝提出。她认为每一代人都是后代人的地球权益的托管人，并提出实现每一代人之间在开发利用自然资源方面的权利的平等。代际公平由三个基本原则组成：首先，每一代人均应在享受自然和文化多样性的同时保留后代人在解决他们的问题和满足他们的价值时可以得到相应的多样性的选择。其次，每一代人均应在享有前一代人所享有的自然环境质量的同时保证后一代人也能享受不比现在更糟糕的环境质量。再次，每一代人应对其成员提供平等取得和利用前代人的遗产的权利并为后代人保存这种取得和利用权②。

代际公平理论是可持续发展思想的基础。在气候变化国际立法中，代际公平理论是重要的指导思想。框架公约规定"各缔约方应当在公平的基础上，并根据他们共同但有区别责任和各自的能力，为人类当代和后代的利益保护气候系统"。可见公约把代际公平共同作为了整个框架公约的立法目标。也可以说，实现代际公平是整个气候变化国际立法的最终目标。

2. 代内公平

代内公平是指同一时代的所有人对于自然资源和清洁环境享有平等的利用权。然而可以说在历史上和当今时代，发达国家和发展中国家在自然资源和环境的利用上存在着严重的不公平，这种不公平是由不平等的国际政治经济秩序所造成的。代内之间对自然资源和环境利用的不公平不仅造成了发达国家与发展中国家之间经济水平的差异，也制造了人类的环境危机③，一方面发达国家凭借经济优势消耗浪费了大量的自然资源，另一方面贫穷的发展中国家为了谋求发展不得不大量开采资源和破坏环境。④

在气候变化国际立法中，代内公平的思想主要通过共同但有区别原则和污染者负担原则体现出来。

框架公约规定，"各缔约方应在公平的基础上，并根据他们共同但有区别的责

① 参见陈迎、潘家华：《气候变化与公平问题》，载《科技日报》2008年4月23日，第1版。

② 参见王曦：《国际环境法》（第二版），法律出版社2005年版，第102页。

③ 参见王曦：《国际环境法》（第二版），法律出版社2005年版，第104页。

④ See Intergovernment Panel on Climate Change, *Impact, Adaptation and Vulnerability*, p. 472, available at http://www.ipcc.ch/ipccreports/ar4-wg2.hm, visited on 12 September 2009.

任和各自的能力，为人类当代和后代的利益保护气候系统。因此，发达国家缔约方应当率先应对气候变化及其不利影响”。《京都议定书》将这种思想转化成了具体的制度安排。其规定发达国家和经济转型国家要根据各自能力承担强制减排义务，而发展中国家无需承担强制减排任务。议定书还建立了有助于发达国家向发展中国家提供资金和技术援助的清洁发展机制（CDM）。这是区别责任原则的体现。但发达国家的率先行动并没有否认发展中国家在控制温室气体排放上的责任，不过这个责任主要体现在发展中国家对自身减缓和适应能力的建设上。这又体现了共同责任原则。

污染者负担原则是代内公平的另外一个体现。这一原则的现实基础是温室气体排放在地域、人口以及行业上的严重分布不均，继而要求不同国家、地区和行业承担相应的责任。不过近年来污染者负担原则有了新的发展，即所谓受惠者负担原则①，受惠者负担原则的提倡者认为污染者负担原则不能体现真正的公平，在当今国际经济秩序中，污染源即产品生产已经被大量转移到发展中国家，而产品真正的受惠者却在发达国家，而消费者在选择产品的同时也应当承担所选择产品所包含的环境责任。然而笔者认为受惠者负担原则也不能真正体现公平的价值，因为一方面生产者即污染者在选择生产方式时仍然有较大的选择余地，故而也应该承担部分责任，另一方面根据一旦选择消费者承担责任，这种责任也必然通过市场机制部分转移到生产者即直接污染者身上。因此，笔者认为污染者负担原则和受惠者负担原则应该相互补充，共同适用。

（二）气候变化国际立法中的效率要求

在国际环境立法中，我们对立法效率的评价是：用最小的代价使立法目的得以最大的实现。这其中包括两层意思。首先，立法目的得以最大限度的实现。例如温室气体总量的控制是一个目标，则京都议定书的有效率与否首先在于它能将总量控制在一个什么程度上。其次，立法目的的实现要尽可能少地付出代价。例如温室气体的强制减排对中国这样的发展中国家的经济会有很大的冲击，如果代价过大，减排计划就不可能成功。

减缓和适应气候变化是对各国原有经济和社会发展模式的重大挑战，一方面各国的经济增长会因此而遭到抑制，另一方面各国居民原有的生活方式也必须被改

---

① 参见王玲娟：《污染者付费原则的质疑》、汪劲：《论〈环境保护法〉的修改》，载《2004年武汉大学环境法研究所基地会议论文集》。

变。① 在目前看来，这个转变过程充满了阻力，各国均希望在最低的成本上履行减缓和适应义务。从这个角度出发，本文认为气候变化国际立法中的效率要求包括两个方面：

1. 减缓和适应气候变化的目标实现

减排目标的实现和各国适应气候变化能力的建设是效率要求的基础和前提条件。

要实现框架公约及其下其他协定中确立的气候变化减缓目标，减排指标的分配必须要立足于各国环境技术水平，其各种规定应当考虑到技术和经济上的可行性。但要注意当今世界环境技术和经济的发展是极不均衡的，环境技术的交流也是很不充分的，不能用全球整体的技术和经济发展水平来衡量每个国家的相应水平。

另外，减排目标的实现与各国生产和生活特点有密切关系。不同的生产和生活习惯会导致截然不同的减排可能性。以中国为例，中国是一个以煤炭为主要矿物燃料的国家，燃煤占一次能源的比例在2/3以上②。煤炭燃烧所产生的温室气体远多于石油，更远多于天然气。因此要在中国实现减排，就必须改变中国的能源结构，其难度可想而知。再有一例，中国人大多以稻米为主食，而有研究称生产稻米的水田会排放大量甲烷③（一种重要的温室气体）。这些就导致了国际上一般的减排措施在中国会有失效的危险。

减排目标的实现与各国居民的环境保护意识发展水平也是有关的。但由于这是一个很难量化的水平，也由于其具有易变性。故对气候变化立法并没有多大参考价值。

2. 减排义务履行的成本控制

以最低的代价实现目标，这是效率的核心要义。使各国减缓和适应行动对经济发展造成的负面影响降到最低是气候变化国际立法的又一重要准则。具体而言，需要考虑以下几个因素：

其一，温室气体减排不能过度影响经济的发展速度。实现环境与经济协调发展是当今时代为大多数国家所采纳的发展思想。温室气体减排必然会影响经济的发展，如何使影响降低到履约各方都能接受合理程度大体上也就决定了各国对立法的

---

① See Robert W. Hahn, *Climate Policy: Separating Fact From Fantasy*, Vol. 33, *Harv. Envtl. L. Rev.*, p. 557.

② 王显政：《在今后较长时期内煤炭仍将是中国的主要能源》，资料来源于：http://china5e.com/show.php?contentid=53740，2009年10月28日访问。

③ 参见《稻田排放温室气体岂能少种少吃大米》，资料来源于：http://intl.ce.cn/zgysj/200912/13/t20091213_20605544.shtml，2009年11月12日访问。

接受程度。美国拒绝签署《京都议定书》的重要理由之一就是减排对美国经济发展影响过大，而现在许多国家要求中国等发展中排放大国承担强制减排义务的要求很难实现的根本原因就是作为技术装备落后的国家，强制减排必然要求全国各行业机器设备的大规模更新，发展中国家无力也不愿承担这样的巨大投资。① 履约成本过高会使任何立法失去合理性。

其二，预防措施为主，降低治理成本。预防为主是环境立法的基本原则，其主要考虑就是事后治理的成本要远远高于预防的成本，而且某些环境危害具有不可逆转性，事后治理是徒劳无功的。从这个角度出发，强调预防是控制减排义务履行成本的有效措施。就温室气体减排来说，要将大气层中的温室气体浓度降低，几乎为人力所不能及。有学者认为，人类目前有效的办法只能是控制排放和适应气候变化。②《气候变化框架公约》第2条规定，公约的目标是将大气层中温室气体的浓度稳定在防止气候系统受到危险的人为干扰的水平上。公约第3条第3款又规定当存在造成严重或不可逆转的损害的威胁时，不应当以科学上没有完全的确定性为理由推迟采取这类措施。这两条规定反映的正是环境立法中的损害预防原则和风险预防原则。即有损害将发生或存在不确定的损害危险时，各国均应采取有效措施预防。

其三，寻求低成本的替代性履行途径。这种方法实际上是将环境责任加以软化，力求在不过于影响立法目标实现的基础上，降低和分散缔约国的履约成本。例如鼓励多国合作，在技术和资金上取长补短。还有用其他替代性方式来弥补其对环境的损害。用这种方式的缺点是容易为缔约国制造规避责任的途径。

（三）气候变化国际立法中公平与效率的矛盾与协调

气候变化国际立法中公平与效率的矛盾应当分代内公平与效率以及代际公平与效率两方面来考察：

1. 代内公平与效率

根据《联合国气候变化框架公约》的规定，“各缔约方应当在公平的基础上，并根据他们共同但有区别责任和各自的能力，为人类当代和后代的利益保护气候系统。因此，发达国家缔约方应当率先对付气候变化极其不利影响”。这是框架公约

---

① See Robert W. Hahn, *Climate Policy: Separating Fact From Fantasy*, Vol. 33, *Harv. Envtl. L. Rev.*, p. 557.

② See Intergovernment Panel on Climate Change, *Climate Change* 2007: *The Physical Science Basis*, available at http://www.ipcc.ch/icppreports/ar4-wg1.htm, visited on 12 September 2009.

对区别责任与代内公平之间的协调所作的原则性规定。① 由这个规定我们看出，目前发达国家与发展中国家在应对气候变化上的区别责任建立在两个基础上：

其一，各国之间在应对全球气候变化的责任的分担上的公平。怎样才算是公平？目前常被援引的依据主要有以下几个：

各国的历史排放量。较早进入工业化的发达国家在人类的历史活动中排放了绝大部分的温室气体，可以说今天的全球气候变化主要是由发达国家的历史排放造成的，而发展中国家的排放量增加主要是近几十年的发展产生的，因此发达国家应该承担历史责任。目前发展中国家与发达国家在这一依据上达成了一致。

各国人均排放量。发达国家的人均排放量远远超过发展中国家，以人均排放量为依据背后反映的是各国经济社会发展水平上的不平衡。随着中国等发展中大国的排放量跃居世界前列，这一依据也常被援引。

各国的产品消费量。为了避免国内的污染和减少本国温室气体排放量，发达国家转移了大量的高耗能高排放企业到发展中国家，但这无法掩饰绝大部分产品被发达国家居民消费的事实。由产品的消费者来承担产品所造成的环境代价已为发达国家所广泛采用。例如德国规定商品的包装导致的回收应该有生产厂家负责。这样就会将包装的回收费用折算到商品的成本里并转嫁到消费者身上。消费者在选择商品的时候，有责任承担因自己的选择而造成的环境代价。否则便是将全体纳税人的钱去治理部分人消费造成的环境损害。从国际层面来说，让全世界的人来承担部分人消费造成的环境损害是不公平的。②

其二，各自的能力。这既涉及公平的问题，也涉及效率的问题。气候变化问题具有高度的复杂性，牵涉到各国政治、经济、社会的各个方面。公平的责任分担并不能真实地反映各国在履行框架公约区别责任上的实际效果，根据各国经济实力、环境技术水平、公众环境意识等因素决定的国家履约能力是另一重要的决定因素。在这能力上，发达国家和发展中国家之间有巨大差别，发达国家之间也有参差。不过整体而言，发达国家凭借资金、技术和公民素质上的优势，有条件率先承担责任。对于发展中国家而言，抑制经济发展去应对气候变化会付出昂贵的代价，那就是无数人的饥饿和贫困。③

---

① See Michael Bothe. International environmental law between efficiency and equity, available at http: //erelaw. tsinghua. edu. cn/news_view. asp? newsid = 310, visited on April 20, 2008.

② See A. J. Leach, *The Welfare Implications of Climate Change Policy*, Vol. 57 *J. Envtl. Econ. & Mgmt.* pp. 151-152.

③ See Bonnie Docherty & Tyler Giannini, *Confronting a Rising Tide: A Proposal For a Convention on Climate Change Refugees*, Vol. 33, *Harv. Envtl. L. Rev.*, p. 348.

框架公约和后来的《京都议定书》所确立的目标在任何程度上的实现都是这两个因素博弈的结果，即如何公平地划分国家间责任的同时考虑各国的履约能力。

2. 代际公平与效率

实现代际公平是《气候变化框架公约》的立法目的，即“为人类当代和后代的利益保护气候系统”。代际公平还要求各国在平衡当代人和后代人的基础上协调经济发展与环境保护之间的关系。代际公平与在框架公约及其议定书中确立的有区别的责任原则之间有密切的关系。

对于发达国家而言，实现代际公平的条件是相对成熟的。在发达国家实现代际公平，其主要措施是加大对环境保护的资金和技术的投入，同时节制其居民对资源的浪费。目前发达国家的居民对于商品的不适当消费造成了巨大的环境损害。实现代际公平对发达国家而言需要付出的代价主要是居民的部分福利水平和生活便利。

发展中国家的环境问题主要是由贫穷和落后造成的，这与发达国家的环境问题有本质的不同。对于发展中国家而言，既不能损害后代人平等利用资源的权利，也不能以当代人的贫困和饥饿为代价保护环境。发展中国家当前最为迫切的任务是实现经济和社会的发展，消除饥饿与贫困并实现可持续发展。如果过分强调代际公平，节制当代人的发展需要，其结果是贫穷落后继续存在，可持续发展更无从谈起。①

甚至可以说，正是代际公平对发达国家与发展中国家完全不同的意义，使得实现框架公约的目标对于这两类国家而言会付出完全不同的代价。因此，气候变化国际立法必须将两类国家的责任加以区别。

三、气候变化国际法中协调公平与效率的实践

（一）《京都议定书》对协调公平与效率的尝试

1.《京都议定书》对国家责任的分配

为了体现《气候变化框架公约》所确立的共同但有区别的责任原则，以及其规定的“发展中国家缔约方能在多大程度上有效履行其在本公约下的承诺，将取决于发达国家缔约方对其在本公约下所承担的有关资金和技术转让的承诺的有效履行，并将充分考虑到经济和社会发展及消除贫困是发展中国家缔约方的首要和压倒

① See Siobhan McInerney-Lankford, *Climate Change and Human Rights: an Introduction to Legal Issues*, Vol. 33, *Harv. Envtl. L. Rev.*, p. 431.

一切的优先事项”，《京都议定书》为在各缔约方之间寻求一种公平且可接受的义务分配进行了不懈的努力。

由于发达国家和发展中国家在减排能力上存在显著的差异，《京都议定书》将所有缔约国区分为承担强制减排义务的国家和不承担强制减排义务的国家。

38个列在附件1的发达国家和经济转型国家要确保其所排放的被管制的温室气体的人为二氧化碳当量的排放总量不超过按照议定书规定的量化限制数量，以此使这些国家在2008年至2012年承诺期内，将其温室气体的排放量在1990年的基础上减少5%。这一分配方式默认了各国现实排放水平上的差异，因此被学者们形象地称为“祖父原则”①。

而对于发展中国家而言，任何减排都是自愿的。议定书允许各发展中国家根据自己的实际能力制定自己的减排计划。如中国在“十一五”规划中计划到2010年，中国万元国内生产总值能耗将由2005年的1.22吨标准煤下降到1吨标准煤以下，降低20%左右；二氧化硫排放量由2005年的2549万吨减少到2295万吨，化学需氧量（COD）由1414万吨减少到1273万吨②。哥本哈根谈判前夕，中国政府又对中国低碳经济的发展提出三个目标：即到2020年，中国单位GDP二氧化碳排放量在2005年基础上降低40%-45%；可再生能源在一次能源消费量中比例达到15%；森林面积比2005年增加4000万公顷，森林蓄积量比2005年增加13亿立方米③。

考虑到各国在历史排放量、现行排放量、国民经济的结构、居民的生活习惯等方面的巨大差异，某种意义上来说要确定一个恰当减排量几乎是不可能的。各国在减排目标的确定上存在着巨大争议，这也是《京都议定书》实施困难的主要原因。

连选择1990年作为基数年份也颇有争议，因为这就意味着那些1990年开始增加温室气体排放量的国家必须在目前排放量的基础上作出高达30%或者更多的削减。美国就属于这一类国家：在2000年为了减排至1990年的水平它需要削减大约36%的排放量。因此在今年哥本哈根谈判前夕，美国政府提出的减排目标就是在2005年的基础上在2020年实现温室气体减排17%，而这个目标相对于1990年的标准来说只减排了4%。在某些情况下，经济转型国家如俄罗斯、乌克兰等则可能

① 《“碳预算方案”，让世界公平地排放 CO_2——潘家华研究员专访》，资料来源于：http：//www.cass.net.cn/file/20090219219451.html，2009年10月12日访问。

② 《“十一五”节能减排目标是政府对人民的庄严承诺》，资料来源于：http：//env.people.com.cn/GB/6592412.html，2009年10月12日访问。

③ 《中国代表团解读我国二氧化碳减排目标》，资料来源于：http：//cs.xinhuanet.com/cqzk/05/200912/t20091213_2289855.html，2009年12月19日访问。

选择一个比1990年更早的基数年份以使它们能够增加温室气体的排放，因为它们的经济正好从1990年开始出现大幅度的萎缩①。

总的来说，《京都议定书》的分配得到了大多数缔约方的同意，在国际环境立法上来说还是一个里程碑。它构建了有史以来最为复杂的权利义务分配体制并使之生效，这是十分难得的。在即将来临的后京都时代，减排义务的分配又将是一个谈判的难点，这种情况下，《京都议定书》将能提供目前为止最为重要的实践经验。

2. “京都机制”对公平和效率的协调

大体上《京都议定书》采取了一种总量控制加排放权交易（Cap-and-Trade）的控制模式②，被统称为京都机制。在这一模式之下，议定书制定了三种补偿机制，即清洁发展机制（CDM）、联合履行（JI）和排放权交易（ET）。

清洁发展机制是指附件1的国家可以将通过项目帮助非附件1的国家获得的经证明的温室气体减排量，作为其履行议定书第3条规定的量化的限制和减少排放的承诺的一部分。简而言之就是附件1国家可以通过帮助发展中国家减排来履行自己的减排义务。

清洁发展机制可以帮助非附件1国家（发展中国家）实现可持续发展和有益于框架公约的最终目标，同时帮助附件1国家（发达国家和经济转型国家）降低减排成本。

联合履行机制是指为了实现议定书第5条规定的减排承诺，附件1国家可以向任何其他附件1缔约方通过建立旨在减少温室气体“源的排放”或增加温室气体“汇的清除”的项目的方式转让或从他们那里获得削减排放数量。简而言之，就是若干附件1国家可以通过一个共同的项目来分享减排数量。

排放权交易是《京都议定书》借鉴国内排污权交易的结果。它是指当一个附件一国家可能超量排放所控制的温室气体时，通过向另一个有多余排放余额的、属于框架公约附件1缔约方购买排放份额，从而达到它限量排放的承诺。议定书的附件B国家可以参与排放交易。

京都机制最大的成功之处就在于提高了履约的效率，降低了各缔约国履约的成本。这主要表现在两个方面，即促进了资金技术的交流以及通过排放的转移降低了减排成本。这种总量控制加排放权交易的模式迅速被各国国内法所借鉴，产生了巨

---

① ［英］Patricia Birnie /Alan Boyle 著：《国际法与环境》（第二版），那力等译，高等教育出版社2007年版，第505页。

② See Michael P. Vandenbergh, “Micro-offsets and Macro-transformation: An Inconvenient View of Climate Change Justice”, Vol. 33, *Harv. Envtl. L. Rev.*, p. 304.

大的影响①。

京都机制对公平的贡献主要体现在清洁发展机制上，发展中国家可以在自主选择的前提下获得资金技术的支持，同时减少温室气体的排放；发达国家则可以减少减排成本。

然而京都机制的实施效果远未达到立法者的预期。无论是在公平还是效率的实现上，其都不能满足国际社会的要求。这主要体现在这几个方面：第一，灵活履约机制未能有效削弱环保技术上的垄断状况，技术交流停滞不前，这备受发展中国家的诟病；第二，发展中国家迅速被分化，部分国家如中国迅速受益于清洁发展机制和自身的发展，然而处于最不利地位的不发达国家却因缺少有吸引力的项目而缺乏合作的机会，② 这显然有违框架公约和议定书的初衷；第三，清洁发展机制之下的碳汇价格偏低，造成发达国家减排动力不足，而发展中国家进一步发展空间却有遭到限制的危险。这些不足之处都在“后京都时代”的气候变化谈判中有深入的讨论。资金的转移和技术的分享已成为“后京都时代”的立法重点。

（二）“巴厘岛路线图”所反映的公平与效率的协调

2007 年底在印尼巴厘岛召开的联合国气候变化大会标志着“后京都时代”气候变化国际立法的起步，经过艰难的妥协之后，各国就《京都议定书》到期后继续减排达成了一个下一阶段谈判的指导性原则和时间表，这一系列决议统称为“巴厘岛路线图”。从内容上来看，这份路线图是十分简略的，但其意义却十分重要，因为它基本肯定了《京都议定书》所确立的指导原则，使得下一阶段的谈判和立法具有较强的继承性。

“巴厘岛路线图”强调下一阶段的谈判必须依据公约所确立的共同但有区别的责任原则，充分考虑各国社会、经济条件和其他因素。在此基础上，在路线图的核心部分亦即《巴厘行动计划》中，下一阶段的气候变化立法应对被分为了四个部分：减缓、适应、技术和资金。

减缓主要是指通过发达国家的减排承诺和发展中国家的自主减排行动来实现大气层二氧化碳浓度的控制。在这个方面，《巴厘行动计划》强调框架公约发达国家

---

① See Valentina Bosetti et al., *Modeling Economic Impacts of Alternative International Climate Policy Architectures: A Quantitative and Comparative Assessment of Architectures for Agreement* (Harvard Project on Int'l Climate Agreements, Discussion Paper 08-20, 2008), available at http://belfercenter.ksg.harvard.edu/files/CarraroWeb3.pdf, visited September 20, 2009.

② See Andrew C. Revkin, "Poorest Nations Will Bear Brunt as World Warms", *N. Y. Times*, Apri. 1, 2007, at A1.

缔约方要依据其不同国情，承担可测量、可报告和可核实的温室气体减排承诺或行动，同时要确保发达国家间减排努力的可比性。这一要求成功地将美国涵括进来，因为美国既没有减排承诺也不是《京都议定书》缔约国，为此，路线图尤其强调在议定书下和框架公约下分别谈判即所谓“双轨制”谈判机制的重要性，目的就是坚持京都机制的同时牢牢把美国绑在整个谈判进程中。而对于发展中国家，它强调发展中国家要在可持续发展框架下，在发达国家履行向发展中国家提供足够的技术、资金和能力建设支持的前提下，采取适当的国内减排行动。而且这里的“足够”是指要达到发展中国家能够采取可测量、可报告和可核实的国内减排行动的程度。

适应就是指适应气候变化，包括气候变化影响和脆弱性评估，帮助发展中国家加强适应气候变化能力建设，为发展中国家提供技术和资金，灾害和风险分析、管理，以及减灾行动等。

同时，《巴厘行动计划》还要求加强减缓温室气体排放和适应气候变化的技术研发和转让，包括消除技术转让的障碍、建立有效的技术研发和转让机制，加强技术推广应用的途径、合作研发新的技术等。

在资金方面，该行动计划要求为减排温室气体、适应气候变化及技术转让提供资金和融资，要求发达国家提供充足的、可预测的、可持续的新的和额外的资金资源，帮助发展中国家参与应对气候变化的行动。

从以上内容中我们可以看出，《巴厘行动计划》虽然是在《京都议定书》的框架之外，在框架公约之下制定的，但其精神和议定书的精神却是一致的，它表明了国际社会对于《京都议定书》的机制所反映的价值取向是十分认同的，这也从另外一个角度印证了本文前面对议定书中公平和效率价值协调的评价。

但是我们也要注意到这份行动计划与《京都议定书》所不同的一面。

首先，发达国家责任得到了强化。虽然《京都议定书》下的清洁发展机制也鼓励发达国家向发展中国家转移技术和资金，而且其实施取得了显著的效果，但是其不足之处也逐渐明显。发达国家利用清洁发展机制大量廉价地购买发展中国家的碳减排量，为今后发展中国家承担可能的减排义务埋下了隐患，有碍这些国家的进一步发展，这从长远来看是违背公平要求的。① 清洁发展机制不符合公平的另一个表现是现阶段资金和技术流动主要集中在发达国家和工业化快速发展的国家，原因

① See Valentina Bosetti et al., *Modeling Economic Impacts of Alternative International Climate Policy Architectures: A Quantitative and Comparative Assessment of Architectures for Agreement* (Harvard Project on Int'l Climate Agreements, Discussion Paper 08-20, 2008), available at http://belfercenter.ksg.harvard.edu/files/CarraroWeb3.pdf, visited September 20, 2009.

是这些国家有更大的减排潜力，而最不发达国家因为没有大规模减排潜力而未能享受资金技术转让的惠益。而其最大的不公平莫过于美国被排除在了这个体制之外。①《巴厘行动计划》提出要进一步消除资金技术转让的障碍，并将美国涵括进了减排要求之中，正是为了强化发达国家在资金技术援助上的责任，未来的机制不仅限于清洁机制这样的柔性鼓励机制。例如现在越来越多的国家呼吁建立全球性的环境基金，其经费来源于发达国家的摊派，基金将独立运作，将资金和技术投放到最需要的国家。

其次，发展中国家的责任也得到强化。《巴厘行动计划》将发展中国家的自主国内减排放到了一个更为重要的位置，并要求这些减排也符合可测量、可报告和可核实的要求，尽管这些义务实现的前提发达国家提供足够的资金技术支持和能力建设帮助。近年来，发展中国家尤其中国在温室气体排放量上迅速增加，尽管中国暂时能援引发展权来保护自己，但是客观现实是大气层温室气体浓度必须维持在会引发灾难性后果的水平之下，忽视这个现实，公平效率都会失去其基础而毫无意义。因此提高发展中国家减排能力，强化发展中国家的责任意识的实现实质公平的必然要求。

总体而言，“巴厘岛路线图”在公平与效率的协调上取得了显著的进步，反映了国际社会的共同利益需要。

(三)《哥本哈根协议》所反映的公平与效率的协调

哥本哈根会议最终未达成预期目标，即建立后京都时代的减排机制，无疑是令人遗憾的。会议最终通过的《哥本哈根协议》仅是一个内容简略的并无法律拘束力的文件。但是仅从这个角度来看待该协议是不够的。这份协议出台的背后是一百多个国家十多天的激烈争论，以及《京都议定书》以来国际社会十余年对气候变化从科学、经济、社会以及伦理等不同角度的认识的不断发展，而这份协议对以上这些发展都有所提及。

短短十余个条文中，《哥本哈根协议》多次提及了公平基础上的责任和履约的效率，然而，该协定基本上是在肯定《巴厘岛路线图》的共识而并无特别的内容。这从另一个角度也反映了《巴厘岛路线图》所确立的基本原则是国际社会的共识，也将是《京都议定书》的继承者的核心内容。它包括这么几个部分：

首先，碳排放交易的机制会得到进一步完善。该协议第7条提出要通过各种方

① See Cass R. Sunstein, “The World vs. the United States and China? The Complex Climate Change Incentives of the Leading Greenhouse Gas Emitters”, 55 *UCLA L. Rev.* 1675, 2008.

式，包括碳交易市场的方式，来提高减排措施的成本效益，促进减排措施的执行。

其次，发达国家向发展中国家提供资金和技术的援助得到强化。《京都议定书》下发达国家向发展中国家提供资金和技术主要通过清洁发展机制，然而这一机制被证明过于柔化且不能保证最不发达国家的需要。因此《哥本哈根协议》在其第8条详细阐述了建立资金技术援助机制的原则，尤其强调建立发达国家与发展中国家平等管理下的多边性资金筹措机制，并提出大部分资金将通过一个叫“哥本哈根绿色气候基金”（Copenhagen Green Climate Fund）来发放。同时为了促进技术的研发和转让，该协议第11条还提出建立一个“技术机制”（Technology Mechanism）。这一机制的内容丝毫未有提及，但无疑是一种更为高效的机制。且值得注意的是该表述将技术的研发和转让并列，丰富了原仅有的转让机制，如果在新的机制下低碳技术的研发获得了国际性基金的支持，其专利性必然会被弱化，这是《哥本哈根协议》的重要进步。

再次，发展中国家的分化首次得到承认。协议在第五条和第八条明确将最不发达国家及小岛屿发展中国家与其他发展中国家区别开来，在资金技术援助和减排责任上至于最特别的地位。这表明部分发展中国家应当承担与其发展水平相对应的责任也成为了国际社会的共识。

从这内容来看，哥本哈根会议虽未有法律文件产生，但却将今后的气候立法谈判紧紧绑定《巴厘岛路线图》所确立的原则上，可见国际社会在“后京都时代”气候立法上达成的基本共识很难会发生巨大的变化。

四、气候变化国际法中公平与效率协调的实现

（一）“后京都时代”国家责任分配方法建议之评述

目前关于后京都时代的温室气体减排模式设计的建议众多，甚至很难说哪一种占据了主导地位。这些众多建议一方面反映了目前各利益集团难以调和的矛盾，另一方面也反映了国际社会在公平和效率问题上的不同认识。这些建议中影响比较大的大致有以下几种：

1. 沿用京都模式

京都模式的特点是在一个基准年（目前采用1990年）排放量的基础上根据各国具体经济和技术能力确定一个减排目标，由此可以计算出每年的减排量。这种减排模式实际上承认各国在排放量上的历史差异，并让这种差异在今后继续存在。这种建议的优点在于比较容易达成减排协议，同时由于对各国现状冲击较小，成本较低。但是这个模式本身是对历史造成的不公平的承认，故有伤害公平价值之虞。

2. 巴西方案①

巴西方案主要特点是根据各国历史上形成的累积排放量确定各国的义务分担。这种方案的优点是充分体现污染者负担原则所蕴含的公平价值。但其缺点在于各国历史排放量的计算是一个极其困难的任务。所选择的气体、排放部门、时间界限以及大气化学的表示方法略有不同，计算出的结果就会大相径庭。另外以国家为单位进行排放量比较并不能客观反映一国的经济技术发展水平。以上这些因素都会限制这种方案的应用。

3. 排放强度模式②

这种模式将温室气体排放量与一国的经济产出进行相关，计算出单位 GDP 造成的温室气体排放量，各国的减排目标不是降低温室气体排放的总量，而是逐步降低温室气体的排放强度。我国目前就在采取这种模式，并在哥本哈根大会前夕宣布到 2020 年将单位 GDP 温室气体排放量在 2005 年的基础上降低 40% 至 45%。这种模式的优点是排放强度能客观地反映一国的经济实力，亦即潜在的减排能力，同时这种模式鼓励各国在低碳技术研发应用上进行投入。最重要的是，这种减排模式能大大软化中国这样的快速发展中国家的责任，保障其减缓和适应能力的建设。但是这种模式也有较大缺陷，其不能反映各国的历史责任，不能适用于发达国家，而且受限于全球温室气体浓度控制的总量目标不能长期适用，因此只能作为发展中国家进行减缓和适应行动的过渡措施。另外，当经济增长持续低于预期时，这种减排承诺的履行是很困难的。由此观之，这种模式只能说部分兼顾了公平和效率，没有普遍意义。

4. 人均方案

人均方案可以说是众多方案中公平价值体现得最为彻底的，其理论基础是大气资源是全球公共资源，人人享有平等的排放权。这种模式不考虑各国当前的排放水平，而将全球温室气体排放总量进行预算并根据人口平均分配给各国，那些排放量超过预算的国家必须向其他国家购买排放指标。其中中国学者潘家华的建议颇为典型，根据他的方案，1900—2050 年间全球碳预算大约为人均 2.33 吨，排放量超出

① 《巴厘行动计划：气候谈判中的关键问题——给于决策者们的概述》，资料来源：http：//www. undp. org/climatechange/docs/Chinese/UNDP _ Bali% 20Action% 20Plan _ Summary% 20for% 20Policy% 20Makers_CH. pdf，2009 年 12 月 3 日访问。

② 《巴厘行动计划：气候谈判中的关键问题——给于决策者们的概述》，资料来源：http：//www. undp. org/climatechange/docs/Chinese/UNDP _ Bali% 20Action% 20Plan _ Summary% 20for% 20Policy% 20Makers_CH. pdf，2009 年 12 月 3 日访问。

预算的发达国家须以支付转移和累进碳税等方式交换发展中国家的排放指标盈余。① 这样的方案一方面能体现彻底的公平，另外一方面由于资金的转移能帮助发展中国家的减缓和适应能力建设，因此这个方案一度引起了广泛重视。但其缺点和巴西方案一样缺少可测量性，因而不能实现真正的公平。

（二）“后京都时代”立法中协调公平与效率的思路

在气候问题上协调公平与效率毫无疑问是极其困难的事，这是对人类智慧和理性的空前挑战。有学者甚至认为在气候变化这一问题上，真正的公平或者是全球性的正义是无法通过目前在国家间进行减排量和负担分配的模式实现的，而应当通过转变各国的发展模式来实现。② 诚然，该观点在宏观层面上有其合理性，然而在具体层面上，却忽视国际社会多年来在气候变化问题上协调公平和效率的努力。尤其是目前情况下，发达国家与发展中国家已在一系列责任分配问题上达成了广泛共识，因此，如何将这些共识转化为具体的执行机制才是最为现实的途径。

1. 公平与效率协调的主观条件

决定国际环境立法效果的因素有很多。除了立法本身的科学性外，国家之间的力量对比、国家的内外政策传统、各国国内利益集团和民意的博弈等都会直接或间接地影响到立法结果。③ 因此，公平和效率的协调有赖于一定的主观条件。

首先，其有赖于各国对于框架公约所指的共同责任的认识。即各国应充分认识到气候变化关系人类共同的前途，没有一个国家能够置身事外。尽管现在的科学监测水平还不足以认定气候变化就是人类排放温室气体造成的，但本着框架公约确定的风险预防原则（Precautionary Principle），各国应采取措施来共同应对。“巴厘岛路线图”最后关头得到了美国的支持，今年澳大利亚新政府签署了《京都议定书》，这些都给人带来巨大的鼓舞。但现在所达成的共识是脆弱的，未来的立法谈判中，仍需要各方不断促成共同责任和风险预防的共识。

其次，其有赖于各国居民对于应对全球气候变化的必要性的认识。公民意愿对于政府的政策也有巨大的影响。虽然各国政治中总少不了利益集团的身影，但从

---

① 《“碳预算方案”，让世界公平地排放 CO_2——潘家华研究员专访》，资料来源：http：//www. cass. net. cn/file/20090219219451. html，2009 年 10 月 12 日访问。

② See Michael P. Vandenbergh & Brooke A. Ackerly, “Micro-offsets and Macro-transformation: An inconvenient view of clamte change justice”, Vol 33, *Harv. Envtl. L. Rev*, 2009, p. 303.

③ See Joseph E. Aldy & Robert N. Stavins, “Designing the Post-Kyoto Climate Regime: Lessons from the Harvard Project on International Climate Agreements”, *available at* http：//belfercenter. ksg. harvard. edu/files/Interim% 20Report% 20081203% 20Akiko% 20v6. pdf, visited on September 20, 2009.

60 年代到目前为止此起彼伏的环保运动和迅速成长的非政府环保组织对于各国政策的影响主可以证明民意的重要性。

最后，近年来全球若隐若现的能源危机和环境技术的产业化使得国际社会的意识朝着有利于气候变化减缓和适应的方向转变。一方面政府更加重视经济发展方式的转变，近年中国在全球气候问题上态度微妙的转变是很好的例子；另一方面出现了大量以环保产业为支撑的游说集团，例如环境技术产业的影响就是欧盟积极应对全球气候变化的重要原因。

2. 公平与效率协调的机制保证

京都时代的立法及其实施状况可以为我们提供这样一些经验：

首先，有效协调公平与效率的机制必须有广泛的基础，及发达国家和发展中国家的广泛参与和承担责任。如果在后京都时代的减缓和适应机制设计中，美国作为主要的温室气体排放国和世界上最发达的国家不能涵括到相应机制当中，则任何精心设计的协调公平和效率的机制都无法有效实现预期目标。这是目前气候变化国际立法面临的最大阻碍。

其次，有效的减排机制必须区别当今时代两种性质不同的温室气体排放问题和两类国家对应对全球气候变化所承担的不同责任。即发达国家的温室气体排放的目标是实现发展模式的改变，而发展中国家的温室气体排放的首要目标是消除贫困。① 目前这一原则被历次谈判成果所肯定，但是发达国家在提出温室气体排放控制方案时，却故意混淆视听，忽略这一原则，这是有悖公平要求的。但值得注意的是，近年来发展中国家的分化也提出了新的课题，部分发展中国家由于持续快速的经济发展使得其消除贫困的压力减小，其发展模式已逐渐接近发达国家，因此这类国家应当承担区别于发达国家和最不发达国家的责任已经成为共识。

最后，在区别责任的基础上，有效协调机制必须区分不同国家的履约能力，充分认识发展中国家能在多大程度上有效履行其在框架公约下的承诺，取决于发达国家在资金和技术上的有效支持。因此，还应该围绕促进发达国家在资金和技术上支持发展中国家建立一系列的促进和保障机制。京都机制有其开创性，但也有不足，那就是发达国家的资金技术支持远远未达到发展中国家的需要。目前以双边为主的合作交流是资金技术未能有效到位的主要原因。因为双边性的交流合作的成败取决于很复杂的双边关系，并不能保证资金和技术流向它们需要去的地方。今后的立法

① See Siobhan McInerney-Lankerford, “Climate change and humain rights: An introduction to legal issues”, Vol. 33, *Harv. Envtl. L. Rev*, 2009, p. 431.

发展中，建立和健全多边性的资金和技术支持机制可以更好地解决这一问题。①

目前《巴厘行动计划》和《哥本哈根协议》大体上包含了建立这样一种有效机制的基本原则，但是今后在将其具体化过程中的谈判能否充分尊重这些原则还有待观察。

The Coordination of Equity and Efficiency in the International Law on Climate Change

QIN Tianbao　CHENG Han

Abstract: The coordination of equity and efficiency is an immutable issue in legislation, especially in international legislation on climate change. The complexity of the issue "global climate change" makes this kind of coordination particularly important in relevant legislation. In the system founded by United Nations Framework Convention on Climate Change and Kyoto Protocol, this coordination mechanism is functioning on the basis of common but differentiated responsibilities. But in recent years, as China and some other developing countries are playing a pivotal role in greenhouse gas emission, the basis of common but differentiated responsibilities has faced more and more challenges. Moreover, the acceleration of climate change also makes the major developing emitters withstand an unprecedented pressure to reduce their emissions. These above factors have made considerable impact on the traditional concept of equity and efficiency in the international legislation on climate change. With the coming of post-Kyoto era, we need to launch a series of new intergovernmental negotiations and legislations. The future legislation on climate change must be built on some new coordination mechanisms between equity and efficiency.

Keywords: Climate change　Equity　Efficiency　Environmental Justice

① See Brooke Ackerly & Michael P. "Vanbenberg, Climate Change Justice: The Challenge for Global Governance", 20 *Geo. Int'l Envtl. L. Rev.* 553, 2008.

气候正义与气候变化的国际法律应对*

□ 张建伟**

内容摘要 气候变化问题的解决需要全球气候治理，而全球气候治理的基础是气候正义。因此，气候正义应成为气候变化国际法律应对的核心考量。在气候变化国际法律应对中落实气候正义应坚持区别对待，但现有气候变化国际法律应对存在不足，为此应加以完善以实现气候正义。

关 键 词 气候变化 气候正义 国际法律应对

目 次

气候变化是当今人类社会面临的新的环境问题，与传统的环境问题不同，其影

* 本文系河南省骨干教师资助计划《可再生能源发展战略法治保障研究》之部分成果。

** 法学博士，河南大学民商法研究所所长。

响是多尺度、全方位、多层次的，正面和负面影响并存，但负面影响更受关注。《联合国气候变化框架公约》（UNFCCC）第一款中，将气候变化定义为："经过相当一段时间的观察，在自然气候变化之外由人类活动直接或间接地改变全球大气组成所导致的气候改变。"① 目前大气层中的温室气体含量已超过390ppm二氧化碳当量，并且每年继续上升1.5-2ppm，而1750年前后即西方工业革命开始阶段，大气中的二氧化碳只有280ppm。② 气候变化将导致地球气候系统的深刻变化，使人类与生态环境系统之间业已建立起来的相互适应关系受到显著影响和扰动。政府间气候变化专门委员会（IPCC）在其第四次评估报告的综合报告中指出："地球上的许多地方将变得越来越温暖。旱灾、水灾和其他形式的极端天气会变得更加频繁，并威胁到粮食供应。不能适应这种变化的植物和动物将会死亡。现在海平面正在上升，未来这种趋势还将持续，这将迫使成千上万沿海地区的人口发生迁移。"

因此，全球气候变化问题引起了国际社会的普遍关注。针对气候变化的国际法律应对随着联合国气候变化框架条约的发展而逐渐成型。1992年通过的《联合国气候变化框架公约》（UNFCCC）阐明了其行动框架，力求把温室气体的大气浓度稳定在某一水平上，从而防止人类活动对气候系统产生"负面影响"；1997年通过的《京都议定书》确定了发达国家2008—2012年的量化减排指标；2007年12月达成的巴厘路线图，确定就加强UNFCCC和《议定书》的实施分别展开谈判，并于2009年12月在丹麦哥本哈根举行了缔约方会议。不过截至目前，气候变化的国际法律应对更多关注的是温室气体的减排，虽然针对发达国家和发展中国家，在责任的承担上其确立了"共同但有区别的责任"原则，但气候正义尚未得到充分的落实，而气候正义能否实现事关气候变化国际法律应对的成败。

一、气候正义：气候变化国际法律应对的核心考量

气候正义（CLIMATE JUSTICE）是环境正义在气候变化领域的具体要求。根据美国联邦环境保护署（EPA）对环境正义所作的界定，"环境正义是指在环境法律、法规和政策的制定、适用和执行等方面，全体人类，不论种族、肤色、国籍和财产状况差异，都应得到公平对待和有效参与环境决策"，气候正义可以概括为在

① 一般认为，气候变化主要是由于工业革命以来人类活动特别是发达国家工业化过程的经济活动引起的。其中，化石燃料燃烧和毁林、土地利用变化等人类活动所排放温室气体导致大气温室气体浓度大幅增加，温室效应增强，从而引起全球气候变化。

② 参见《什么是气候变化》，资料来源：联合国环境规划署官方网站 http://www.unep.org/chinese/Themes/climatechange/whatis/index.asp，2009年12月2日访问。

气候变化的法律应对方面（包括制定、适用和执行等），无论发达国家还是发展中国家，全体人类都应得到公平对待和有效参与气候治理。当前，“气候变化引发的正义问题严重影响了解决气候变化各种措施的有效性”。① 因此，气候正义应是气候变化国际法律应对的核心考量。其原因在于：

（一）气候变化问题的解决需要全球气候治理

根据政府间气候变化专门委员会（IPCC）2007 年第四次评估报告最新科学结论：“由于人口数量和人均能源消耗的不断增长，1970—2004 年全球主要温室气体的排放量增加了 70%，其中 1990 年以后增加了 24%。如不采取积极措施，到 2030 年全球温室气体总量将比 2000 年增加 25%—90%，其中二氧化碳排放量将增加 40%—110%。”如此，气候变化将会超出人类和自然系统的适应能力，对当前和未来人类的经济和社会可持续发展产生重大影响，并带来以下严重威胁：“资源引发的冲突；沿海城市及其基础设施面临危险；领土损失和边界争端；环境问题引发的移民；社会逐渐衰落、激进行为日益盛行；能源供应紧张；国际监管压力加大。”② 因此基于人类社会的可持续发展，必须采取措施解决气候变化问题，但气候变化问题作为全球性的环境问题单靠某一国家或某些国家是无法解决的，作为全球性的公共产品其有赖于国际社会的通力合作，通过实施全球气候治理才能达成。

气候变化是迄今为止人类面临的最严峻的全球性环境问题，其演变过程既有历史背景又有现实因素。一方面，从历史背景看大气中现存二氧化碳中约 70%—80% 是由发达国家产生的。另一方面，从现实因素看一些发展中大国如中国、印度、巴西、墨西哥和印度尼西亚等近年来二氧化碳排放量增加迅猛。③ 所以，全球气候治理需要发达国家和发展中国家的共同参与，不如此将会导致碳逃逸（Carbon Leakage），从而造成气候变化问题无法有效解决。“单边气候政策的严重威胁就在

① See Seth Johnson, *Climate Change and Global Justice*: *Crafing fair solutions for nations and peoples*, Harvad Environmental Law Review, Vol. 33, No. 2, 2009, p. 301.

② See Paper from the High Representative and European Commission to the European Council, *Climate Change and International Security*, available at http://www.consilium.europa.eu/uedocs/cms_data/docs/pressdata/en/reports/99387.pdf, visited on December 1, 2009.

③ See the Netherlands Environmental Assesment Agency (PBL), *China Now No. 1 in CO_2 Emission*; *USA in Second Position*, available at http://www.pbl.nl/en/index.html, visited on November 30, 2009.

于当一些国家碳排放减少的同时，另一些国家的碳排放却在增加。"①

（二）全球气候治理的基础是气候正义

全球气候治理是全球环境治理在气候变化领域的具体体现，其目的是通过各国政府、企业和社会公众的共同参与解决气候变化问题，为人类社会的可持续发展提供适宜的气候环境。环境正义是环境治理的合法性基础，因此全球气候治理的基础是气候正义，脱离了气候正义的全球气候治理将丧失其合法性。当前全球气候治理中有关气候正义需要关注的重点是：

（1）生存权与全球气候治理

生存权作为一项基本人权在全球气候治理中应受到特别的关注。目前在气候变化问题上，"那些在造成气候变化上责任最小的群体，即贫困和脆弱人群，所遭受的负面影响却是最大的"，② 典型的如一些岛屿国家由于气候变化造成的海平面上升而面临成为气候难民的局面。因此，在全球气候治理中必须特别关注那些过去没有、现在和将来也不会显著增加温室气体排放的贫困人群和不发达国家，原因在于：一方面气候变化对他们影响显著；另一方面对于气候变化他们又缺乏适应能力。所以，生存权应成为全球气候治理中气候正义关注的重点。

（2）发展权与全球气候治理

发展权作为一项基本人权在全球气候治理中也应受到特别的关注。当前全球气候治理面临的一个困境是在发达国家承诺减排的同时，发展中国家如中国、印度等随着经济的快速发展碳排放则迅速增加。③

因此，一些发达国家如美国要求中国、印度等发展中大国也要承担明确的减排责任。但是，这实际上是在全球气候治理中忽视了发展中国家人民的发展权。发展中国家由于历史的原因目前正处于工业化的进程中，其温室气体排放量尚未如发达国家已达到峰值，在发展经济的过程中如不能实现技术的飞跃和经济的转型，排放总额无疑将会随着工业化的深入而不断增加。不过，通过限制发展中国家人民的发

① See Corrado Maria & Edwin Werf, *Carbon leakage revisited: unilateral climate policy with directed technical change*, Environmental & Resource Economists, Vol. 39, No. 2, 2008, pp. 55-74.

② See Tony Blair, *Breaking the Climate Change Deadlock: A Global Deal for Our Low-Carbon Future*, available at http://www.theclimategroup.org/_assets/files//BTCDJune08Report.Fin.pdf, visited on November 1, 2009.

③ 根据国际能源署（IEA）发布的《2008 世界能源展望》：到 2030 年与能源有关的温室气体排放量中国将上升 225%，印度和印度尼西亚上升 190%，巴西上升 177%，墨西哥上升 170%。

展权进行全球气候治理是有违气候正义的，其无法吸引发展中国家真正融入到全球气候治理之中，而单靠发达国家是无法实现全球气候治理的。目前，从人均碳排放水平来看发展中国家远低于发达国家;① 而且，发展中国家碳排放中有相当一部分是由于生产出口到发达国家的产品所致。所以，发展权也应成为全球气候治理中气候正义关注的重点。

基于此，在全球气候治理的视野下，针对气候变化问题的国际法律应对需要将气候正义作为其核心考量。

二、区别对待：气候正义在气候变化国际法律应对的落实

长期以来，“国际法一直基于国家具有司法平等这一概念，法律平等的后果是相等原则，即条约的每一方都具有相同的权利和义务”。② 但现实中各国在人口、领土面积、历史、文化、经济和社会发展水平等方面存在着程度不等的差异，所以在某些情况下基于司法平等，要求各国承担相同的权利和义务反而会导致实质上的非正义。因此，作为相等原则的例外，区别对待（Differential Treatment）原则在国际法中逐渐发展起来。所谓区别对待可以概括为：“由于国家之间存在普遍差异，国家相等原则在某些情况下不得不被忽略，而需要采取差异化的处理去适应诸如国家之间经济发展水平不一或应对问题能力不同等的情形。”③ 区别对待首先是在一些国际经济协定中确立的。“二战”后随着殖民地独立运动的开展，许多新成立的发展中国家认识到政治的独立并不意味着经济上的独立，因此要求在其加入的有关国际经济协定中采取有利于发展中国家的区别对待措施。④ 根据区别对待原则，有关国际经济协定给予一些国家主要是发展中国家或最不发达国家以优惠，从而实现经济发展上的公平正义。因此，区别对待已成为发展时代国际法的显著特色。需要指出的是，区别对待并不是为了建立一个新的法律秩序，而是为了在现有的法律框

---

① 根据世界资源研究所2005年的报告：2005年人均碳排放水平发达国家如美国23.9吨、加拿大22.8吨、德国12.2吨、英国11.3吨、日本10.8吨，而发展中国家如中国5.6吨、印度1.7吨、巴西5.5吨、墨西哥6.2吨、印度尼西亚2.7吨。

② See Michael Byers., Custom, Power, and the Power of Rules-International Relation and Customary International Law, 1st ed, Cambradge University Press, 1999, p. 88.

③ See Philippe Cullet, Differential Treatment in International Environmental Law, 1st ed, Ashgate Publishing Limited, 2003, p. 15.

④ See generally Wil. D. Verwey., The Principles of a New International Economic Order and the Law of the General Agreement on Tariffs and Trade (GATT), 1st ed, leiden J. Int'IL , 1990, p. 117.

架下寻求达成更富有成效和平等的结果，其确立了一个强调团结和合作的原则基础。

随着发展时代经济的全球化，环境问题也日益呈现全球化的特点。因此，国际环境法作为国家之间制定的以全球环境与生态保护为目的的国际法律规范迅速发展起来。在国际环境法的主要渊源——国际环境条约中，区别对待成为其基本要义，这其中最明显的标志就是共同但有区别责任原则的确立。① 共同但有区别的责任（Common but Differentiated Responsibilities）一方面要求各国对保护全球环境具有共同的责任和义务，另一方面强调在发达国家和发展中国家之间这种共同责任是有区别的。气候变化作为当今人类面临的最迫切全球性环境问题，其解决需要全球气候治理，而全球气候治理的基础是气候正义，在国际气候变化法律应对中只有坚持区别对待原则才能落实气候正义。其原因主要有两点，一是各国对气候变化的历史“贡献”不同；根据世界资源研究所统计，富裕国家在二氧化碳排放总量中占主要部分，工业化时代所排放的每 10 吨二氧化碳中，约有 7 吨是发达国家排放的。英国和美国的人均历史排放量约达 1100 吨二氧化碳，而中国和印度的人均水平分别为 66 吨和 23 吨。② 另一是各国应对气候变化的现实“能力”不同；气候变化涉及了不同种类的风险，不同的国家和人群会面临不同的风险，但由于各国自身经济和社会发展水平的差异，在应对气候变化风险时其适应、减缓、解决、恢复的能力有着很大的不同，明显的如发达国家与发展中国家之间。所以在国际气候变化法律应对中，如果各国承担的权利和义务相同，那么带来的只能是形式正义而非实质正义，要真正落实气候正义则必须坚持区别对待原则。

三、现有气候变化国际法律应对在实现气候正义方面的不足

现有气候变化国际法律应对目前集中体现在 1992 年 6 月在巴西里约热内卢签署的《联合国气候变化框架公约》（UNFCCC）和 1997 年 12 月公约第 3 次缔约方

① 1992 年联合国环境与发展大会通过的《环境与发展宣言》中，其原则 7 明确指出：“各国应当本着全球伙伴精神，为保存、保护和恢复地球生态系统的健康和完整进行合作。鉴于导致全球环境退化的各种不同因素，各国负有共同但又有差别的责任。”

② 转引自胡鞍钢、管清友：《应对全球气候变化：中国的贡献》，载《当代亚太》2008 年第 4 期，第 9 页。

大会在日本京都通过的《京都议定书》,① 其分别在实现气候正义方面起到了积极的作用,如《联合国气候变化框架公约》明确指出:“注意到历史上和目前全球温室气体排放的最大部分源自发达国家;发展中国家的人均排放仍相对较低;发展中国家在全球排放中所占的份额将会增加,以满足其社会和发展需要……承认气候变化的全球性要求所有国家根据其共同但有区别的责任和各自的能力及其社会和经济条件,尽可能开展最广泛的合作,并参与有效和适当的国际应对行动。”《京都议定书》则对发达国家提出了先期减排的具体要求:“附件一所列缔约方应个别地或共同地确保其在附件 A 中所列温室气体的人为二氧化碳当量排放总量不超过按照附件 B 中量化的限制和减少排放的承诺以及根据本规定所计算的分配数量,以使其在 2008 年至 2012 年承诺期内这些气体的全部排放量从 1990 年至少减少 5%。”(第 3 条第 1 款)但现有气候变化国际法律应对的基本出发点是,“本公约以及缔约方会议可能通过的任何相关法律文书的最终目标是:根据本公约的各项有关规定,将大气中温室气体的浓度稳定在防止气候系统受到危险的人为干扰的水平上。这一水平应当在足以使生态系统能够自然地适应气候变化、确保粮食生产免受威胁并使经济发展能够可持续地进行的时间范围内实现”,而气候正义并未成为其核心考量,因此导致现有气候变化国际法律应对在实现气候正义方面的不足,主要表现为:

(一)生存权问题

生存权是全球气候治理中气候正义关注的基本事项,当前的核心内容是气候难民问题。所谓气候难民(Climate Change Refugee)是指由于气候变化而不得不迁离本土的人群。② 早在 1990 年政府间气候变化委员会(IPCC)就强调了气候变化对人类的影响,指出:“气候变化的最严重影响是由于海岸线侵蚀、洪水泛滥和农业瓦解,而出现成百上千万人口的迁移。”据环境正义基金会最近发表的一份报告称,由于全球气候变暖,在未来 40 年,10% 的全球人口,约为 5 亿到 6 亿人,面临沦为“气候难民”的危险,他们届时将被迫迁往其他国家。目前已有 2600 万人因为气候变暖而开始搬迁,到 2050 年时,这一数字可能上升至 1.5 亿。③

---

① 《联合国气候变化框架公约》于 1994 年 3 月 21 日正式生效,目前全球已有 190 多个国家批准了公约,成为其缔约方。《京都议定书》于 2005 年 2 月 16 日正式生效,目前全球已有 183 个国家通过了议定书,但此前在 2000 年 11 月在海牙召开的公约第 6 次缔约方大会期间,美国宣布退出《京都议定书》。

② 自 20 世纪 80 年代中期环境难民这一术语就开始出现,但气候难民则是近年来才提出。

③ 转引自李雪:《2050 年全球 6 亿人将成为气候难民》,资料来源:环球网 http://www.huanqiu.com/,2009 年 12 月 3 日访问。

目前，气候难民主要集中在发展中国家，其对气候变化缺乏适应能力，为了生存迫不得已在一国内部或跨国进行迁移。而现有气候变化国际法律应对侧重于减缓气候变化，这一点突出体现在《联合国气候变化框架公约》确立的原则上："各缔约方应当采取预防措施，预测、防止或尽量减少引起气候变化的原因，并缓解其不利影响。"在有关生存权的核心内容气候难民问题上，现有的气候变化国际法律应对缺乏专门的制度安排，正如有学者指出的："作为一项国际环境法律条约，UNFCCC 主要关注的是国家之间的联系，其并没有讨论国家对个人或公众的责任，如在人权或难民方面。"① 虽然有关气候变化国际法律应对要求国家采取措施适应气候变化，但其并不是特别针对气候难民而采取的。所以，气候难民所引发的生存权问题成为现有气候变化国际法律应对在实现气候正义方面的显著不足。

（二）发展权问题

发展权是全球气候治理中气候正义关注的另一基本事项，目前的焦点是气候减排的"双轨制"。所谓"双轨制"是指在气候减排过程中，依据共同但有区别的责任原则，发达国家率先承担减排义务，发展中国家依据自身能力采取减排行动，且在其减排行动中发达国家应提供资金和技术的支持。在当前的经济发展模式下，气候减排会对一国的经济发展造成相当的影响，但就发达国家和发展中国家而言，其影响是不一样的。② 同时，发达国家和发展中国家应对气候减排的能力也存在明显差异，发展中国家缺乏必要的资金和技术，其有赖于发达国家的支持。现有气候变化国际法律应对在事涉发展权的气候减排"双轨制"问题上虽有考量，但却有许多不完善的地方，这一点特别表现在发达国家对发展中国家减排的资金和技术支持方面，如《联合国气候变化框架公约》要求，"附件二所列的发达国家缔约方和其他发达缔约方应提供新的和额外的资金，以支付经议定的发展中国家缔约方为履行第 12 条第 1 款规定的义务而招致的全部费用。它们还应提供发展中国家缔约方所需要的资金，包括用于技术转让的资金，以支付经议定的为执行本条第 1 款所述并经发展中国家缔约方同第 11 条所述那个或那些国际实体依该条议定的措施的全部增加费用"（第 4 条第 3 款）；"附件二所列的发达国家缔约方和其他发达缔约方应采取一切实际可行的步骤，酌情促进、便利和资助向其他缔约方特别是发展中国家缔约方转让或使它们有机会得到无害环境的技术和专有技术，以使它们能够履行本

① See Hari M. Osofsky, Learning from Environmental Justice: A New Model for International Environmental Rights, 1st ed, STAN. ENVTL. L. J, 2005, pp. 71, 75-88.

② 原因在于：发达国家基于高消费模式，其排放属于"奢侈性"排放；发展中国家则是为了脱离贫困，其排放属于"发展性"排放。

公约的各项规定”（第 4 条第 5 款）。但现实中发达国家对发展中国家的资金和技术支持是远远不够的，① 因而未能真正解决气候减排引发的发展权问题是现有气候变化国际法律应对在实现气候正义方面的另一突出不足。

（三）清洁发展机制“失灵”问题

为了解决气候变化问题，现有气候变化国际法律应对确立了灵活的实施机制，这其中《京都议定书》针对气候减排创造性引进了基于市场的合作机制，即联合履约机制、排放贸易和清洁发展机制。三种机制中，清洁发展机制对于全球气候治理中气候正义的实现具有重要意义。所谓清洁发展机制（Clean Development Mechanism）是根据《京都议定书》第 12 条建立的发达国家与发展中国家合作减排温室气体的灵活机制。清洁发展机制的运行机制是基于市场建立的，即发达国家和发展中国家在温室气体减排方面存在不同的边际成本，发达国家由于减排成本高，通过提供资金或转移先进技术的方式参加在发展中国家的减排项目以获取核定减排量（CER），从而降低自身的减排成本；同时发展中国家可以通过证明减排量的“额外性”，即没有 CDM 将无法减少该温室气体的排放来发展合格的 CDM 项目，以便吸引投资和清洁技术进而促进自身的可持续发展。但由于现有气候变化国际法律应对的不完善，在实际层面清洁发展机制发生了“失灵”，表现在：一方面，许多发达国家 CDM 的投资者都会选择最简易和最符合成本有效性的方式，尽可能使用最少的投资和可以保持它们竞争优势的最少技术转移去实现其减排目标；另一方面，在 CDM 合作伙伴的选取上，其对象目前主要集中在少数发展中大国，一般发展中国家由于缺乏竞争力而无法获得有关 CDM 项目。② 由此，清洁发展机制“失灵”问题是现有气候变化国际法律应对在实现气候正义方面的又一不足。

四、实现气候正义：气候变化国际法律应对的完善

据政府间气候变化专门委员会（IPCC）2007 年发布的第四次评估报告：“为

---

① 如在资金方面，正在进行的哥本哈根气候谈判，发展中经济体要求在 2020 年之前每年得到 4000 亿美元，而发达经济体只同意付出 1000 亿欧元（约 1646 亿美元）。同时，发达国家向发展中国家提供的用于温室气体减排的资金主要是来源于发达国家政府的官方发展援助资金（ODA），这些资金的增加是以削减对发展中国家其他领域比如教育、医疗、等方面的援助为代价的。

② 目前，中国、印度、巴西在已经注册的 CDM 数量、已经签发的 CERs 总量和预计签发的 CERs 年平均总量中都居前三位。

了避免极端气候风险，地球的平均温度与工业化前相比较不应超过 2°C，大气中温室气体的浓度应控制在 450PPM 左右。”① 要实现这一目标，国际社会必须通力合作，因为“在应对全球气候变化的问题上，任何一个国家都无力提供这一全球公共产品”。② 基于此，气候变化国际法律应对需要发达国家和发展中国家的共同支持。但是，由于现有气候变化国际法律应对在实现气候正义方面的不足，其难以吸引发展中国家的有效参与，而没有发展中国家特别是中国、印度等发展中大国的积极参与，有关气候变化的应对目标将难以实现。所以，气候变化国际法律应对需要加以完善以实现气候正义，其要旨在于：

（一）坚持区别对待原则

气候变化国际法律应对需要坚持区别对待原则以实现气候正义。区别对待原则在气候变化国际法律应对中可以通过以下几种方式加以体现：首先，根据各国对气候变化的历史贡献和现实应对能力承担共同但有区别的责任；这一点在《联合国气候变化框架公约》及其《京都议定书》中已有明确的规定，如《京都议定书》对 2012 年前主要发达国家减排温室气体的种类、减排时间和额度等作出了具体规定，发展中国家则不需要承担具体的减排义务。其次，在实施有关应对气候变化的国际法律文件时，应根据不同国家的实施能力区别对待，采取针对发达国家和发展中国家的灵活机制，以保证法律的实效性。最后，为了整合国际社会在解决气候变化问题上的资源配置，基于全球气候治理需要对国家、企业和社会公众在气候变化国际法律应对中的权利和义务进行区别对待。需要指出的是，区别对待原则涉及的国家归类可以在传统的发达国家与发展中国家分类之下再进一步细分，如可以分为一般发达国家、经济转型国家，欠发达国家、最不发达国家等，这样才能更好地针对各国具体情况实行区别对待。

（二）关注气候适应解决生存权问题

当前气候变化对人类的不利影响已经显现，大量气候难民的出现已凸显气候变化引发的生存权问题必须要加以解决。气候难民主要集中在发展中国家，所以对于广大发展中国家来说，减缓全球气候变化是一项长期、艰巨的挑战，而适应气候变化则是一项现实、紧迫的任务。因此，气候变化国际法律应对在注重气候减缓的同

---

① IPCC 的数字是根据气候变化对地球产生的危害来计算的，2°C 是地球不至于发生严重灾难的最低要求。

② 胡鞍钢、管清友：《应对全球气候变化：中国的贡献》，载《当代亚太》2008 年第 4 期，第 10 页。

时，还应关注气候适应特别是发展中国家的适应需求，从而实现气候正义。1992年通过的《联合国气候变化框架公约》在其序言中已提到说："地势低洼国家和其他小岛屿国家、拥有低洼沿海地区、干旱和半干旱地区或易受水灾、旱灾和沙漠化影响地区的国家以及具有脆弱的山区生态系统的发展中国家特别容易受到气候变化的不利影响。"对此，气候变化国际法律应对需要加强对上述国家和地区适应气候变化的能力支持，这其中特别重要的是有关适应行动的资金机制保障，充足性和额外性是关键。另外，针对气候难民需要在气候变化国际法律应对中进行专门的安排，并和《联合国关于难民地位的公约》加以协调。

（三）在公平的基础上落实减排的有效性

根据 IPCC 的报告，要想把地球升温幅度控制在 2°C 以内，全球温室气体排放必须在 2015 年达到顶峰，然后迅速下降。《京都议定书》只是确立了短期的减排目标：即要求发达国家在 2008—2012 年承诺期期间，与 1990 年相比温室气体减排 5%；发展中国家不承担具体的减排义务，但需要编制温室气体国家清单等。目前，气候变化国际法律应对的焦点是设定温室气体排放的全球中长期目标以及发达国家和发展中国家的责任分担。为了实现应对气候变化的全球目标，如果 2050 年全球温室气体比 1990 年减排 50% 并且合理控制排放路径，那么即便发达国家长期减排 80%—95%，在中期减排 25%—40%，发展中国家排放量也需要在 2030 年左右达到峰值，并且在 2050 年减排约 20%。① 所以，发达国家（特别是美国）强调没有发展中国家主要是中国、印度等发展中大国的参与，减排目标将难以实现。正如布莱尔报告所指出的："为了避免极端气候风险，所有国家都应调整其国民经济结构并减少二氧化碳排放量，仅仅有发达国家的承诺是不够的。"但是，减排的有效性必须在公平的基础上才能落实。与发展中国家相比，发达国家的碳足迹（Carbon Footprint）最深。② 因此要实现气候正义，气候变化国际法律应对需要明确发达国家的率先减排义务，发展中国家也应在获得发达国家技术和资金援助的前提下承担符合自身能力的减排任务。

（四）在正当的基础上实现减排的经济性

发达国家和发展中国家由于经济发展阶段的不同，温室气体的减排成本存在较

---

① 参见邓梁春、吴昌华：《中国参与构建 2012 年后国际气候制度的战略思考》，载《气候变化研究进展》2009 年第 3 期，第 157 页。

② 根据维基百科（Wikipedia）的解释："碳足迹是人类活动产生的温室气体对环境的影响，用单位二氧化碳来标示。"

大的落差，发达国家减排一吨二氧化碳的成本要比发展中国家高出许多。正是基于成本——效益的考虑，《联合国气候变化框架公约》明确提出了，“考虑到应付气候变化的政策和措施应当讲求成本效益，确保以尽可能最低的费用获得全球效益”（第3条第3款）；《京都议定书》更是确立了发达国家与发展中国家之间合作减排的清洁发展机制。但是，减排经济性的实现需要建立在正当的基础上，完全市场化的考量虽可降低减排成本，却可能构成对气候正义的威胁。以清洁发展机制为例，其具有双重目标：一是协助已签署议定书的发达国家实现遵守议定书规定的其量化的限制和减少排放的承诺；二是协助发展中国家实现可持续发展和减少温室气体排放。但是，“虽然具有双重的目标，目前已采纳的清洁发展机制却难以提升深受气候变化影响的发展中国家的应对能力。由于市场的态度和不充分的程序保护，其将允许发达国家追求他们的经济底线而不考虑对发展中国家的可持续发展做出有意义的贡献”。① 所以从气候正义的要求出发，气候变化国际法律应对需要在正当的基础上实现减排的经济性。

Climate Justice and On the International Law Solutions of Climate Change

ZHANG Jianwei

Abstract: The resolution of the issue on Climate Change is in need of global governance. The central basis of global governance in Climate Change is Climate Justice. It is important to have Climate Justice as the core benchmark on the international law solutions of Climate Change. To be sure, the specific requirement “common but differentiated treatment” is a mainstay concept that countries should adhere to. However, the current international law framework in Climate Change is insufficient. Therefore, to strengthen the role of Climate Justice in resolving the issue of Climate Change, more positive contributions are thus required.

Keywords: Climate Change Climate Justice international law solutions

---

① See Ann E. Prouty, *The Clean Development Mechanism and its Implication for Climate Justice*, Columbia Journal of Environmental Law, Vol. 34, No. 2, 2009, p. 514.

全球气候容量的财产权属性及其分配原理*

□ 龚向前**

内容摘要 气候容量是地球以不损害基本气候条件的方式吸收温室气体的能力。对于全球气候容量，我们可以建立共有制而非公有制下的财产权关系。历史排放既非历史性权利也难以追究严格的法律责任，但须作为讨论全球气候容量分配的起点。我们应结合分配正义与矫正正义，并通过国际协定来确定全球气候容量的利用。全球气候容量的公平分配原则应基于机会平等而非资源均分，但前提须为确保人人享有满足基本需求与基本能力的碳排放权。

关 键 词 气候容量 财产权 共有制 分配正义

目 次

引言

任何法律关系皆围绕着主体之间的权利义务关系及其所指向的客体而展开。私法上的财产权通常是指主体对有形物或其他无形财产占有、使用、收益和处分的权利。而国际法上的领土主权概念便是从私法上财产权的概念演变而来的。从概念上

* 本文系北京理工大学优秀青年教师资助计划项目《气候与能源法律问题研究》的研究成果。

** 北京理工大学法学院副教授，武汉大学国际法学博士。

看，所有权是人对物的最完全的支配权，领土主权则是国家对其领土的最高权。①按照奥本海的说法，“国家领土是指隶属于国家主权的地球表面的特定部分”，是“国家的领土财产”，是“国际法的客体”。② 而且，对于国家领土主权的限制同样受到了私法的影响。例如，有关“不允许国家从事或许可从事在其领土范围内或者在共同空间范围内的活动而不考虑他国权利或者不考虑环境保护”的原则，便起源于“特莱尔冶炼厂案”中对一项私法原则的引入：“使用自己的财产不应损及他人的财产。”19世纪私法发展的核心精神之一便是否定绝对的财产权；同样，国际法上逐步确立了制约绝对主权的无损害原则（no harm principle）。

在国际法学说史上，私法与国际法的这种类比性或相通性曾受到相当重视。例如，霍尔提出，“国家的财产权体现为取得领土的权力”；普芬道夫认为，领土是国家拥有的一种特殊公共财产；哈特雷认为，领土是真正的财产权；库伯特·伯奇发现，主权在早期国际法上便是统治者享有的一种财产权，作为领土实体的现代国家的产生不完全基于主权，也基于特定的财产权。③ 当然，在分析了国际法与私法类比运用的重要意义之后，奥本海特别强调：“领土财产是一个公法名词，不应与私有财产混为一谈。”笔者认为两者之间的本质差别首先在于，国家领土主权已被确立为现代国际法的基石，也是国家作为独立的国际法律人格者的标志。个人可以丧失其全部财产，而国家不可无领土主权；其次，国家领土主权还包括公法意义上的统治权。正如伊恩·布朗利指出，主权与财产权产生混淆的原因可能是因为“主权不仅用于描述与独立相伴出现的法律人格者，而且用于指一个主权国家继承财产上的各种权利，即：除非通过特别授权否则不能废止的各种权利，例如，沿海国对其大陆架资源的‘主权权利’”，以及其他诸如捕鱼权之类约定俗成的权利或是历史性的权利。④

当代国际法的发展大大扩展了伊恩·布朗利所言的“财产上的”各类“主权权利”。例如，地球各种自然资源，如遗传资源、地球轨道等，都成为了国际法所

① 张文彬：《论私法对国际法的影响》，法律出版社2001年版，第121页。

② 劳特派特修订：《奥本海国际法》第八版上卷，第2分册，商务印书馆1981年版，第1~2页；亦可参见詹宁斯·瓦茨修订：《奥本海国际法》第九版第一卷，第2分册，中国大百科全书出版社1995年版，第1页。

③ 转引自蔡从燕：《国际法的财产权逻辑》，中国社会科学院第六届国际法论坛：发展与挑战，第24页，北京，2009年12月。

④ ［英］伊恩·布朗利：《国际公法原理》，曾令良、余敏友等译，法律出版社2002年版，第123页。

规制的客体，从而具有了财产权的性质。① 随着人类生活复杂化尤其是工业化的进程，大气日渐成为了一种作为公共物品的稀缺性资源。从科学角度来看，一定数量的温室气体可以安全地被吸收、利用，而不导致过度的全球变暖，故各国可有限获取和利用地球对温室气候的吸收能力。而这种地球对温室气体的最大限度的吸收能力便是全球气候容量，或称排放限额。因此，仿效美国法律上的排污权制度，国际学术界提出了一种以对全球气候容量进行使用和收益为内容的财产权，即温室气体排放权（通称碳排放权）。由于《京都议定书》确立了发达国家温室气体排放的具有法律约束力的削减指标，并建立碳排放权贸易的制度，因此，全球气候容量也构成了国际法上的客体，而碳排放权实质上也被确立为一项财产权利。然而，这种财产权如何从国际上进行分配？最近缔结的《哥本哈根协议》便表明，各国很难就这一问题达成一致。

一、全球气候容量的财产权属性

从表面上看，稳定的气候系统作为一种无法独占的稀缺资源，故我们若将其定位为人类集体拥有的“人类共同财产”，似乎是可以接受的。然而，从这种“共同财产”的观念可以推论出一个悖论：人类（任何人）同样拥有从太平洋海底钻探到的每一块黄金或从波斯湾提取出的每一滴石油。实际上，这涉及我们如何理解全球气候容量的财产权属性。如果它把作为“人类共同财产”，或者说每一个国家都拥有一定的利用全球气候容量的权利或所谓的碳排放权，它究竟属于所谓的“公有权”还是“共有权”？

“国际法之父”雨果·格老秀斯在其《战争与和平法》中提出了地球原始所有权的思想。他认为：“万能的上帝于开创之际，并在洪水泛滥之后，赋予整个人类对这一尘世所有事物的支配权。正如查斯丁所言，所有事物最初是公共的，且如同过去一样，尘世所有一切只有一份遗产。”② 而且，根据罗马法上“无限的东西是不能占有的”这一古老法则，格老秀斯提出了公海自由原则。他认为，“一切财产权都是以占有为根据的，这就要求应把所有不动产都圈起来。因此，凡是不能拿起来或圈起来的东西，就不能成为财产权的客体。流荡无定的海水，因此必然是自由的。而且，占领权是基于大多数东西人人使用可能罄竭这一事实，因此要使东西能

---

① 17世纪主流的政治哲学是人类集体拥有地球。格老修斯、霍布斯、洛克与其他学者讨论了如何解释这一立场以及全球共同体部分私有化的条件。当代的左派自由主义，如 Vallentyne 和 Steiner 等人也提出了集体所有权的观点。

② Grotius' De Jure Belli ac Pacis Libri Tres (DJB) II. 2, II. 1

为人所使用就必须加以占有。而海洋的情形并非如此，航行与捕鱼——使用海洋的方法——都不能使海洋罄竭”。①

在这种原始的集体所有权和公海自由原则的基础上，格老秀斯进一步指出：“对于空气也同样如此，即便没有确定它们在地球表面的地位时，我们也可任意利用。”他的著名论断是“猎手的武器达不到的空间即自由空间”。有学者据此提出了气候容量的集体所有权。例如，Mathias Risse 认为，“天空”是一种地球所有权的组成部门的范例，它既不归入原始共同所有权，也不属于私人占有。根据这种地球集体所有权的概念，他认为，碳排放权乃天赋而非任何人所有。诚然，地球最初属于人类集体，故所有人无论生于何时何地均须拥有均等的利用机会；在原始社会的共产主义形态下，地球上的一切皆是天赋人类。有两点的确十分明显：其一，地球资源（包括气候容量）是有价值的，也是开展任何人类活动所必需；其二，这些资源是在没有人类干预的情况下就存在了。②

然而，一旦原始的条件丧失，财产权安排便是惯例。“有些物一旦用过就不能再用，至少是不能在其原价值不见减损的情况下再用；在某种程度，使用可能达到用尽。因此，最先的使用者排斥了后来的使用者。如果使用即为用尽，那么最先的使用权行使实际上就是排他的行使；当使用虽不致用尽但可能减损物的再使用价值或其范围时，使用权的行使多少近似于排他权的先例。因而，最先行使使用权的情况的广泛存在，在事实上被视作私人财产权的确立。”③ 而且，对天空所提供的不同公共物品，国际法上也采取不同的规制方法。在发明飞机之前，天空并不是在人类活动中扮演重要角色。此时的“天空”无疑处于集体所有权状态。然而，飞机的发明创立了一个可分配的公共物品：空气空间的控制。特别是，由于飞机的发明导致了空投炸弹的发明，使得各国对于空气空间的控制十分必要。而且，空气空间的控制既具有可抽减性（例如，领土缩小则领空也会减少），也具有可排除性（使用雷达可判断飞机是否侵入他国领空）。也正是在此基础上，空气空间被迅速“瓜分”，早期国际空间法便应运而生。可见，地球资源的所有权形态应随着科技水平和社会经济的变动而不断调整。

同样，格劳秀斯主张的海洋完全自由显然已不适用于当今的条件。领海、大陆

---

① 转引自希金斯、哥伦伯斯：《海上国际法》，法律出版社 1957 年版，第 63 页。

② Mathias Risse, *Who Should Shoulder the Burden? Global Climate Change and Common Ownership of the Earth*, RWP08-075 of the John F. Kennedy School of Government or of Harvard University, December 2008.

③ Stephen Buckle, *Natural Law and the theory of property: Grotius to Hume*, *Clarendon Paperback*, 1991, at 11.

架、专属经济区的概念不断涌现，并被《联合国海洋法公约》所确认。尽管船只航行的能力仍基本上不受规制——领海也确立无害通过的制度，但渔业和海底资源的开采却绝不能如此——沿海国拥有对领海内的生物、非生物资源开发和利用的主权权利。当然，地球的某些组成部分仍保持在原始共同所有权内，而无须变动。例如，海洋既可以排除方式占用，也可留为共同所有权。有人认为公海海床是“共有物”，是“不能够由任何国家加以占领的，它的法律地位和在它上面的公海海水一样”，应供各国自由使用。但是，由于海床矿产资源数量有限，且可以分割占领，使得对他的利用实际上是排他的使用，因此公海海床的有限部分，可以为了某种明确目的而被个别国家所占有。①

当然，完全集体所有的共有制还是存在的。例如，1967 年《各国探索和利用外层空间包括月球和其他天体的活动的原则》第 2 条规定：“各国不得通过主权要求、使用或占领等方法，以及其他任何措施，把外层空间，包括月球和其他天体，据为己有。”一般认为，该原则兼指领土主权和财产所有权。“于是，各国就被禁止在外层空间这一新的区域建立任何财产权关系。所有权就是‘据为己有’这一词语在法律上的基本表达形式，它授权某人以对物的排他的使用权或处分权。”②1979 年《并于各国在月球和其他天体上活动的协定》更第一次明确将月球及其自然资源定义为“人类共同继承财产”，并建立国际开发制度。然而，正如有学者所言，正是这种制度导致发达国家不愿意加入《月球协定》，③ 弱化了月球探索方面的国际合作，也不利于发展中国家参与月球探索活动，因为空间大国不愿为耗资巨大的国际开发制度埋单。同样确立“国际开发制度”的《联合国海洋法公约》后来不得不修订其第 11 部分。④ 事实上，20 世纪 70 年代，一些位于赤道上线的国家试图将地球赤道静态轨道纳入其国家的主权领域：一是因为同步卫星轨道是由地球赤道的吸引力决定的；二是因为地球静态轨道属于有限的“珍贵的自然资源”。⑤

我们可以将《月球协定》的安排概括为一种集体所有权或公有制。如果在这种公有制下，不设立对每个人利用的限制，怎么样来避免公地悲剧？没有财产权的

① 参见张文彬：《论私法对国际法的影响》，法律出版社 2001 年版，第 139 页。

② 曼弗莱特·拉克斯：《外层空间法——当代立法的经验》，上海社会科学院出版社 1990 年版，第 57 页。

③ 《月球协定》至今只有 13 个国家批准，包括中国、美国、俄罗斯在内的空间大国都没有签署和批准该条约。

④ 参见李强：《“人类共同继承财产”概念的重新审视——兼论修订〈月球协定〉的必要性及建议》，载《2008 年中国空间法学会年会论文集》，中国北京，2008 年，第 139 ~ 141 页。

⑤ ［德］沃尔夫刚·格拉夫·魏智通：《国际法》，法律出版社 2002 年版，第 520 页。

激励，我们又如何来增进公共物品？因此，对于“人类共同财产”的概念，我们一定要作一种恰当的解读，避免既无效率也不公平的安排。笔者认为，将“人类共同财产”宜解释为一种共同所有制（简称共有制）。这种共有制区别于“公有制”。“共有”和“公有”应是两个完全不同的概念。共有在国内法上表现为两个或两个以上的主体（自然人或法人）对同一项物品享有财产权，在国际法上则是指全人类（包括各个国家、各个民族）对气候容量、外层空间、公海等全球公共物品的共同所有。这种共有权既是上天赋予人类的，也是通过国际条约所确立的。当然，在不同条件下，地球各部分非国家区域也应在共有权下以不同的方式适用。所谓“因时而变，因地制宜”。例如，从毗连区→大陆架→公海，国家所拥有的权利呈现出逐步淡化的过程。试想，如果有一天太空炸弹像上述所说的空投炸弹一样，我们还能容忍太空的过境自由吗？

气候容量，也即地球以不损害基本气候条件稳定的方式吸收温室气体的能力，既是天赋的，也是人为的，因为只有当人类社会的经济技术发展到一定水平，才能显现出其利用的价值。诚如空间控制，气候容量也是一种具有可抽减性的物品。因为，不导致重大气候变化的温室气体的存量会随着化石能源消耗或森林滥伐而减少。也即，先利用者会排斥后来者：气候容量的利用无疑可能减损其再使用价值或其范围时，“使用权的行使多少近似于排他权的先例”。就这一点而言，可就气候容量建立财产权关系。有人或许会提出，不同于空气空间，它是一种排他性的物品：排放的温室气体量取决于发生在单个国家的量，但排放量分散于大气而现有技术无法防止他人利用。因此，在这一领域并不宜授予国家/个体排放权，而应确立人类集体所有制或公有制。然而，随着人类技术的进步，我们可以科学地监测和统计各国的碳排放量，从而要求一国减少或停止排放。相反，我们如果不就气候容量建立个体的财产权关系，即设定各国排放权的限额，则只能听任其成为“公地”而继续上演“悲剧”。[①] 显然，在完全的地球集体所有制下，气候容量要么被滥用，要么被荒废。滥用会导致下一代人利用权的耗尽，而荒废会导致社会经济的停滞。正如马克思所言，实行劳动者在协作和对土地及靠劳动本身生产的生产资料的共同占有的基础上，重新建立个人所有制；同样，各国也应在国际协作和共同占有全球气候容量的基础上，重新确立各个国家开发利用气候容量这一自然资源的主权权利和财产权。

---

① 显然，如果按照全球气候容量公有权的思路，则不允许存在任何国家对特定量的资源的财产权，因此也不允许通过协定来管理气候容量的分配和利用。既然是公有的财产，部分国家先用了就用了，无所谓过错。

二、全球气候容量的财产权生成机制

在明确了气候容量的共有权而非公有权的属性之后，我们只有先界定这份财产的总量，才能进一步确定个体之间如何分配的原则。《哥本哈根协议》确立了愿景——“将每年全球气温升幅控制在2摄氏度以下”。这实际上明确了全球气候容量的最大值，将气候稳定“2摄氏度以下”的最大排放量。然而，我们究竟是从工业革命起算各国的排放量，还是从1992年《联合国气候变化框架公约》缔结开始？或是“而今迈步从头越”：从《哥本哈根协议》签署之日起算？或者说，如何界定该各国碳排放权这一权利的生成机制？

如果从工业革命起算，则发达国家自此之后贡献了绝大部分的温室气体排放量，故此它们必须承担最大份额的成本。而如果从《哥本哈根协议》签署之日起算，则对发达国家实行“既往不咎”，如今仍能与中国、印度、巴西和南非等这样的发展中国家一起来分享剩下的全球气候容量。在这种意义上说，各国的碳排放权则成为了国际法上的一种历史性权利。显然，气候容量使用的起算时间，在实际上决定了我们要不要追究或如何追究发达国家历史排放的责任，或者说发达国家对气候容量的历史占有的合法性问题。反对者认为，我们无法确定究竟是哪个国家或哪一类人造成了特定的损害；而且，工业化的惠益跨越全世界，而其负面效应也及于工业化国家内部。然而，虽然无法从微观层面明确哪个国家或个体的历史排放，但可从宏观上确定导致最大历史排放并从中获益的国家集团或个体群体。从收入、寿命和婴儿死亡率或教育等指标来看，工业革命虽导致了世界范围内生命质量的提高，但发达国家仍是最大的获利者和受益者。①

从现有文献来看，反对追究历史排放责任者的最大理由是：工业革命时期尚未建立有关气候变化的国际法，因此历史排放者至少在工业化早期并不知道且不可能知道温室气体排放的负面效应，也不可能预测到化石燃料对于后发国家的经济十分重要。因此，如果这样历史排放者当初并不有过错，也就不应将它们纳入气候容量总量计算之中，也即，不能将这一问题带到未来导向的减排安排之中。诚然，我们如果严格从行为的违法性来判断历史排放者责任，只能从1992年《联合国气候变化框架公约》甚或1997年《京都议定书》签署之后起算。但是，照此逻辑，像美

① 不过，也可能存在这种情况，某国依靠消耗大量化石燃料和重化工业获得发展，但在“二战”后陷入经济衰退且再未恢复，故排放从此显著降低，那它应该为过去的排放承担责任吗？

国这样拒绝签署《京都议定书》的国家是否可以依据“条约不拘束第三方”的原则，而将此前的排放一笔勾销？诚然，即便从有关无过错责任或严格责任的侵权法“一般法律原则”来看，① 无过错责任或严格责任也不应在人们不知情的条件下适用。依此推论，我们才能判断排放是否具有“违法性”。不过，这也不尽然，因为早在1896年Arrhenius就发表了关于温室效应的论文，敲响了全球变暖的第一次警报；1967年第一次出版了严肃的气候变化模型。

总的来说，“试图适用基于过错的标准在事实上肯定会卷入有关历史辩解的无休止争论之中”。从严格的国际法角度来讲，我们很难完全肯定或否定历史排放者应否承担赔偿责任。这也说明了，在人类社会之初直至20世纪中后期，科技水平和社会发展程度使人们尚未意识到气候资源的财产权价值。此时的气候容量尚不具有稀缺性，从而只能说是一种完全集体所有的公有物。有学者提出，这可从“先占原则”或“祖父条款”上找到合法性，② 因为它们“原始取得”并有效使用了气候资源且未遭到反对，从而可以豁免新的法律义务；英国哲学家约翰·洛克在其“分配模式”中指出，生产性劳动创造财产权利。他们据此提出，那些最先利用和开发自然资源者便是其合法的拥有者；何况过去人们不知道排放会导致气候危害，也无法具体明确各国或个体的历史排放量，也就无法确定责任归属，更无法断然否认工业化国家历史排放的进步意义。

然而，我们绝不能就此认定发达国家碳排放属于“历史性权利”。首先，各国在国际法上有义务避免损害其他国家和整个地球的环境。照此，历史排放正在造成无法逆转的全球损害，故尽管追究其赔偿责任（reparative obligation）或许存在法律上的困难，③ 但历史排放者的责任是讨论气候责任的起点。其次，根据“污染者付费”原则，即污染环境造成的损失及防治污染的费用应当由排污者承担，而不应转嫁给他人和社会；污染者不仅有责任治理污染，且应补救和扶助受害者。不过，直接适用该原则有一个假定，即，减缓气候变化会将环境修复到一种可接受的状态，因此，如果我们认为任何对气候系统的损害都是不可接受的，则需要另外借

---

① 严格责任（strict liability）是指一种比没有尽到合理注意义务而应负责的一般责任标准。本是英美法系上侵权法上的概念，但大陆法系中也广泛使用，或称危险责任、客观责任。

② “祖父条款”原来是指，美国南北战争前，享有选举权的白人后代，即使没有文化也有选举权。现在祖父条款是一种规定，即，某些人或者某些实体已经按照过去的规定，从事一些活动，新的法规可以免除这些人或者这些实体的义务，不受新法律法规的约束，继续依照原有的规定办事。

③ Christina Voigt, State Responsibility for Climate Change Damages, *Nordic Journal of International Law*, 2008, Volume 77.

助国际法上对环境损害的赔偿责任制度。可以肯定的是，自《联合国气候变化框架公约》及《京都议定书》签署以来，若超额排放，则不仅在道德上应受谴责，也应在法律上负有责任，甚至包括应赔偿受气候变化严重损害的国家，例如瑙鲁等国面临沉海的危险。政府间气候变化工作小组（IPCC）在其第四次评估报告中阐明了持续的温室气体排放的各种影响，包括土地和财产的丧失、健康与生态损害、对人类安全的威胁和潜在的人类伤亡。

当然，这其中也存在一个问题，发达国家的下一代人有义务来为他们上一代人在工业化时期的排放负责吗？这在法律上很难证明。然而，从伦理学来讲，下一代人明显从上一代人的排放中受益；而且，如果A是上一代人工业化政策的受益者，而B是受害者，则A有义务改变工业化政策并帮助解决B的受损问题。发达国家的上一代不仅挤占了过多的气候资源，且将绝大部分负面成本留给了发展中国家的下一代。洛克在关于每个人占用共同财产的权利的"附文"中提出，只有当占用者留出"足够并好的东西给其他人或后来者"才存在这种权利。正如Caney提出认为"人们应负责其所造成的气候变化的负担，如果这样不会使其处于体面生活标准之下的话"。①

综上所述，我们如果只从矫正正义的角度来探讨发达国家最初对气候容量的占有、利用，很难确切地认证它们因此而承担的法律义务。但倘若我们将这一问题置之道德与伦理的视野，则发达国家无疑应承担更多气候资源因工业化而锐减的成本。毕竟，当代国际法同样追求实质正义，逐步确立在全球性问题上的合作义务，即发达国家应"促进合作以帮助各国追求其渐进的项目以及对福利国家原则的更广泛承诺"。② 例如，基于上述"无损害原则"及国际法上"适当注意"（due diligence）的义务，各国应尽其所能采取"适当的、且与跨境损害风险的程度相称的"措施。而要判断一国是否尽到注意义务，则主要看两个因素：一是其行为能力。故国家能力越大者应承担更多责任；二是损害可能或应该被预见的程度。这意味着一国不可能绝对保证无损害，但必须评估和预见相关的损害。诚然，在国际法上，适当注意义务或风险预防原则均未得到明确的界定。所以说，能力大小在判断各国环境损害的责任方面起到关键作用。而一国能力的大小是与其历史排放量紧密相关的。而且，就人均生活水平而言，这些继续从历史排放中获益的国家应作出更多牺牲，减少排放并向发展中国家提供财政与技术援助。

---

① Caney, Simon, Environmental Degradation, Reparations and the Moral Significance of History, *Journal of Social Philosophy*, 2006, Vol. 73 No. 3, pp. 464-482.

② ［美］路易斯·亨金：《国际法：政治与价值》，张乃根等译，中国政法大学出版社2005年版，第158页。

而且，我们万万不能无视这一事实：发达国家在整体上占有、利用了最大量的气候容量，获得了最大量的经济和社会福利，而受到气候变化的损害最小；相反，发展中国家只占有、利用了小部分的气候容量，只分享了最小量的经济和社会惠益，但受到气候变化的损害最大。因此，在气候容量的国际分配上，我们不能不纳入伦理的考量，否则，人类社会便很快能够消耗掉剩余的一点气候容量，也就谈不上任何财产权关系。“皮之不存，毛将焉附。”一旦气候容量这一客体不存在了，主权的权利又从何谈起？所以，我们强调通过分配正义来促进实质公平。这就需要我们导入有关气候容量方面的分配正义的伦理原则。而分配正义一旦与矫正正义同时嵌入国际法，即将财产权的社会功能观引入国际关系，则发达国家的援助义务，不仅是一项道德义务，而且是一项法律义务。①

对此，笔者提出，以1972年《斯德哥尔摩原则宣言》签署之年作为我们估算全球气候容量的起点，或许是一种既符合法理、也较为现实的选择。首先，该宣言历史性地确认了国际环境法上的一些基本原则，② 尤其是无损害原则、污染预防原则和谨慎原则；其次，当时世界各国已经明确气候变化及其巨大损害，全球气候资源已经成为稀缺资源；再次，发展中国家开始意识到并主张自己的发展权利，并要求建立国际经济新秩序，整合环境与发展问题。所以说，全球气候容量既然成为共有权下的稀缺资源，而各国在企图利用其排放权利时产生了冲突，便需要通过创制和调整国际法来确认权利界限，重新分配各国的气候容量。在这个意义上来讲，各国排放权的权利生成机制乃是“法定原则”：在全球气候容量共有制下，各国这种利用气候容量的财产权或排放权源自国际条约的确立。也就是说，在国际法上，温室气体排放权的种类和数目必须由条约明确规定，而不能由各国自主设定具体内容。必须指出，各国的这种碳排放权，不是一种绝对的主权权利，非有国际法的授权不得滥用。因此，国际法上的这种关于气候容量的财产权非常类似于私法上“用益物权”的概念：③ 气候容量属于全人类，但各国得在其上取得利用（包括处分、收益）的权利，其得丧变更基于各国的法律行为，即各国之间达成的协定（如《京都议定书》或此后达成的有关国际协议）。如此，一则可以增进气候容量

① Ignaz Seidl-Hohenveldern, *Collected Essays on International Investments and on International Organizations*, Kluwer Law International, 1998, at 240.

② 参见王曦编著：《国际环境法》，法律出版社1998年版，第30页。

③ 通常我们容易将财产权混同于完全物权，即对物的全面支配，得自由使用、收益、处分其所有物的权利。对于流动性极强的气候容量而言，这既不现实，也不利于人类气候系统的保存。用益物权不同于具有完全支配权的所有权，而是实现对物的使用、收益为目的而设立的他物权。

的利用效率，即人类中的一部分拥有者自不利用，而使他人利用之，以收其利益，那些本没有资源所有权者利用他人之资源，而不必取得其所有权，“京都机制”中的排放贸易制度便包含了这样的理念；二则使气候资源的利用关系财产权化，巩固各国之间的法律关系。

三、全球气候容量的公平分配原理

选定气候容量的起算点，并非万事大吉，关键在于公平地分配。“从法律上讲，分配公共空间有一个标准问题。”目前已经存在的标准包括，（1）对原本就已经国际化的空间的团结与公平分配标准。例如，根据《联合国海洋法公约》第156条建立的“国际海床机构”对公海海底资源的管理制度。（2）有利于沿海或所在国家的地理位置分配标准，例如，根据《生物多样性公约》遗传资源的获取与惠益分享应尊重来源地国。（3）适用于时间优先分配标准，例如，无主陆地的先占原则这一习惯法规则。① 无疑，共有权是一种不排除其他人也利用的利用某物的权利。人人皆享有利用气候容量的权利，而不能独占。然而，我们应依什么样的原则应决定全球气候容量的分配？这一问题又将我们带入了共有物的公平分配理论。

自主主义者的理论认为，“共有权的核心观念是，所有的共同所有人在获取集体拥有的资源时都应拥有满足其需求的平等机会。这首先强调地位的平等；其次它涉及满足需求的机会”。② 前者的观点会导致弱肉强食，既然是机会平等，则先占先得，能者多得，那些后来者或低能者就只能分到残羹冷炙或一无所得。具体到全球气候容量的分配，则在形式上任何国家无论大小贫富皆享有平等的利用机会，发达国家由于先行开发并具有更强的能力，自然会得到更多的资源；而发展中国家虽有平等的机会，但能否实际上享用到日益稀缺的气候容量，就只能与发达国家在同一起跑线上竞争了。显然，自主主义者对共有权的认识，是以自由权为底线，以功利和效率作为社会分配的标准，强调对气候容量的占有、利用与交易等功利与效率的最大化，或所谓帕累托最优。

强调机会平等，实际上主张通过纯粹市场对气候容量这一稀缺资源进行调节。然而，“在现有财富分配状况下通过纯粹市场进行悲剧性选择所产生的外部成本跟

---

① ［德］沃尔夫刚·格拉夫·魏智通：《国际法》，法律出版社2002年版，第539页。

② 参见 Mathias Risse, *Who Should Shoulder the Burden*? Global Climate Change and Common Ownership of the Earth, RWP08-075 of the John F. Kennedy School of Government or of Harvard University, December 2008.

直接的决策者无关，相反它却要其他人来承担”。① 例如，如果不确立发达国家的排放限量，则《京都议定书》所确立的“清洁发展机制”就会导致这样的问题：附件一国家（发达国家）只需采用一点点新能源技术或能效技术便能够轻易地在实质上扩大自己的排放份额，而将污染继续留给发展中国家。显然，“在悲剧性状况下，穷人宁愿选择金钱而非稀缺资源”。所以说，自由主义者的机会平等方法不足以作为分配全球气候容量的原则，其缺陷是显而易见的，即它会从根本上背离国际社会的结构性价值：公平与正义。“国际法是作为正义的诺言而存在的……作为正义的承诺，国际法描述了国际世界作为一个政治共同体，其中公平的分配和权利问题持续处于议程。”② 对于气候容量，我们必须寻求符合公正和正义的分配原理。

平等主义者主张，每一个共有权人皆应有均等的份额；再次，共同所有人有权利限制某种资源利用，因为这种利用可能影响到其他人的需求能否得到满足。他们认为，对全球气候容量的不均等占有、利用，也是旧的国际经济秩序的组成部分。正是历年以来的这种对气候资源的不均等分配，导致了发达国家对发展中国家的剥削和掠夺，造成了当今南北经济实力的巨大差别。每一个人均应有权等量利用地球的吸收能力，从而拥有相同的碳排放权。人们可通过限额交易体系来实施这样一种方式。应确定全球温室气体排放的峰值，每一个国家基于人口规模获取许可排放量。希望产生更多污染的国家必须购买额外的权利。而分配限额的方式有两种：其一，自工业革命以来每一个人皆有同样的污染权，并根据可承受的温室气体浓度最大值决定各自污染量；其二，根据当前的人口进行分配。这种理论的基本逻辑是，在任何两人之间，都不能比对方更多地利用地球吸收能力。③ 的确，在当前国际实现下，按人均分配全球气候容量，无疑最能体现公正和正义的原则，更符合人类伦理精神和国际人权法的宗旨。

对于人均排放量的方式，有两点值得商榷。首先，对地球气候资源的共有权，并非每一个人都有权主张资源的平等份额。诚然，如前所述，对地球资源的共有权并非集体所有权或公有权。这意味着任何人皆享有对地球气候容量的特定所有权。但是，理论上的绝对平等之于现实中无法贯彻，也难以给平等主义者找到一个基奠来确定其合法性。事实上，不可能为所有国家提供“充分发展”所需要的相等的气候资源或排放份额。其次，在任何方面要求一律地按绝对平等观念构成的分配原

① ［美］盖多·卡拉布雷西、菲利普·伯比特：《悲剧性选择》，北京大学出版社 2005 年版，第 17 页。

② Malcolm D. Evans (eds.), *International Law*, Oxford University Press, 2003, p. 111.

③ Singer, Peter. "One Atmosphere." Chapter 2 of One World: The Ethics of Globalization. New Haven: Yale University Press, 2002.

则，实际上最终无法实现正义。例如，如果说全球气候容量是所有人平均分配的权利，则确定一个基准线而此后出生者不能获得完全的份额，似乎有违其平等主义的初衷和代际公平。让这一分配原则来适应各种复杂的多样化的因素，会造成环境权作为基本人权在道德上的武断性。在西伯利亚过冬的人是否比在气候温和的悉尼居民没有更多排放温室气体的权利呢？如前所述，一视同仁的标准又会有违公平原则。再次，绝对的人均排放方式也没有考虑到个体是否以合理方式排放以及排放的效率。①

所以，笔者赞成相对的平等主义观。首先，对气候容量的平等财产权是以平等机会为基础，而并不等于人人享有绝对均等的排放权，人与人之间的实际占有、利用气候容量上的不均等既是现实的，也是可以接受的；其次，这种对气候资源的不均等占有应符合“正义和平等的复合原则”。根据该原则，如果（1）每个人都有最低数量的财产，以及（2）这种不平等不会损害社会中人的全面人类生活。② 也就是说，在分配气候容量或碳排放权时，应保障每一个人都享有最低限度的排放权；同时，各个体在气候资源上的不均等分配不得影响人类社会的生存与发展。不同于自主主义提出的功利和效率原则，这种正义和平等的复合原则强调基本需求（basic needs）与基本能力（basic capability）。基本需求是为了某些基本目的而迫切需要的某些东西，例如人们正常的取暖、饮食和照明等；基本能力是出于自尊（self-respect）和理性的自重（self-esteem）所必需的某些行为或活动的权利，例如通信、医疗和交通等。③ 所有这些都决定了任何人都必需享有一定的碳排放权。简言之，平等主义以生存权为底线，即共有权必须保证对资源的最低获取，因此应对利用资源的特定形式施以干预的义务。

这种对气候容量的相对均等的分配设定了这样两种前提：其一，现有的气候容量能够为所有人实现一个最低限度，因此每一个人都应该获得最低限度；其二，对气候容量的不平等占有和利用一定不能太大。虽然，不同国家有不同的自然资源禀赋，有不同的经济科技水平，也有不同的意识形态，我们必须容忍一定程度上的不均等。例如，一个资源储量以煤为主的国家就肯定会比一个以天然气为主的国家排放更多的二氧化碳；同样，我们无法苛求一个步入工业化社会的国民会与一个农牧业社会的国民排放等量的温室气体。以绝对的人均排放方式来分配气候容量，还会过度有利于人口众多的国家。如，各国或可以通过刺激人口增长来获取更多气候资

① 参见龚向前：《解开气候制度之结——“共同但有区别的责任”探微》，载《江西社会科学》2009年第11期。

② ［美］斯蒂芬·芒泽：《财产理论》，彭诚信译，北京大学出版社2006年版，第195页。

③ ［美］斯蒂芬·芒泽：《财产理论》，彭诚信译，北京大学出版社2006年版，第196页。

源。Singer 等人认为："每个人皆有对'碳汇'的同样的权利，至少应作为讨论的起点。如果不能找到背离它的理由，则可能也是讨论的终点。"① 问题在于所谓"同样的权利"，不是绝对的人均排放权。

因此，所谓的人均排放权，只能理解为均等的最低排放权。然而，我们如何确立最低阙值呢？联合国开发计划署（UNDP）创造了作为衡量各国在满足人们在经济和社会方面需求程度的一种方法。它以寿命、知识和生活标准的简单平等为基础计算各国居民的生活质量。根据分析，"尽管各国的能源消费模式和生活方式有很大差异，人均每年1吨等量石油似乎是衡量的保证可接受生活水准所需的最低能量"。② 当然，如前所述，应考虑到各国自然资源的禀赋迥然相异。例如，根据目前的科学统计，1吨油当量的煤炭的平均碳排放量约为3.7吨二氧化碳排放量)。③ 也即，若以煤为唯一源的国家，人均每年排放约3.7吨左右二氧化碳，才能保障可接受的生活水准，也即维持一个脱离贫困线的生活。中国能源消费结构中，煤炭约占70%。假定其他能源消耗全部为零排放，人均也至少要排放2.6吨才能保持这一最低的生活水平。

但是，我们不能将此确定为人均最低排放量，相反，这还应包括前述的"基本能力"的满足。例如，Amartya Sen 就反对 John Rawls 等功利主义论者提出的以基本物品的满足作为社会正义的基础。他的建议是，社会正义的核心是基本能力平等，即每一个人都平等地拥有获得确定的重要的基本机能类型。分配正义离不开所有人享有中等的生活水平（distributive justice entails equalizing midfare levels across persons)，而不只是基本需求的满足。当然他只是提出了一种理解社会正义的方式而不是正义原理。Martha Nussbaum 在此基础上提出了定义良好人类生活的一系列能力。他认为，社会正义要求，人人皆应拥有实现体面或足够好的机能所需求的能

① Singer, Peter. "One Atmosphere." Chapter 2 of One World: The Ethics of Globalization. New Haven: Yale University Press, 2002. 文中"Air sink"可直译为"空气沉"，或意译为空气碳汇。《联合国气候变化框架公约》将 carbon sink（碳汇）定义为从大气中清除二氧化碳的过程、活动或机制。它主要是指森林吸收并储存二氧化碳的多少，或者说是森林吸收并储存二氧化碳的能力。海洋碳汇（Ocean sink）即海洋吸收二氧化碳的区域、功能等。

② 约瑟·古德姆博格：《发展与能源》，载［澳］艾德里安·J. 布拉德布鲁克、［美］理查德·L. 奥汀格主编：《能源法与可持续发展》，曹明德等译，法律出版社2005年版，第9页。

③ 2006年全球煤消费量约为6904吨当量油，因此排放约1900吨二氧化碳。数据来源：International Energy Outlook 2009, DOE/EIA-0484 (2009), http: //www.eia.doe.gov/oiaf/ieo/pdf/emissions.pdf。

力。① 这一点在《经济与社会权利国际公约》的文本中，有较为明显的体现。② 当然，联合国开发计划署只提出了最低生活水准，而目前国际上还没有任何机构提出类似的有关“基本能力”的标准。

根据世界银行的报告，2004 年世界人均碳排放量为 4.3 吨，中国为 3.9 吨左右，而美国为 20.6 吨。③ 其中，中国仅超出其“基本需求”量 0.2 至 1.3 吨，或可用于满足“基本能力”。因此，只要把发展中国家现阶段所产生的“基本需求”与“基本能力”排放的客观必然性与发达国家的“奢侈和享受”排放相区别，便可阐明“共同但有区别的责任”的正当性，因为这种占有、利用气候容量上的巨大不平等损害了人类社会的和平、安全与可持续发展。

结论

孟德斯鸠说，法律的精神在于所有权。同样，我们也需要从财产权视角来理解和构建全球气候制度。因此，在自由主义的国家体系下，从财产权的逻辑来解读国际气候制度，或许更能明晰“共同但有区别的责任”的内涵及其正当性。正如 Philippe Sands 指出，所有权的立场可能无法回答所有的法律问题，但的确可阐明为什么在道德意义上存在这样一种对国际共同体的义务。④

笔者认为，在“人类共同财产”这一极具诱惑力的措辞下，气候容量不应该成为所有人皆可任意利用的公有物。相反，只有在共有制下确立对于全球气候容量的个体财产权关系，才能激励保护性的利用。通常，我们会主张发达国家作为历史排放者的责任，从而要求其承担更大的减排与援助义务。从伦理角度而言，这无疑是讨论国际气候制度的应有起点。实际上，历史责任无法从法律上得到确切论证，而要使这一伦理性要求纳入国际条约而能成为一项法律义务，应必须选择一个适当

① Nussbaum, M, Aristotle, Politics, and Human Capabilities: A Response to Antony, Arneson, Charlesworth, and Mulgan, *Ethics*, 2000, 111, at 102-140.

② 例如，可参见该公约之第 11 至 14 条关于适当生活水平的权利、健康权和受教育权等条款。

③ 本数据引自世界银行：《2009 年世界发展报告·重塑世界经济地理》，清华大学出版社 2009 年版，第 352 ~ 353 页；另外，根据美国能源信息署的数据，2006 年度中国的人均碳排放量为 4.6 吨，预计到 2030 年将达到 8 吨，而经合组织国家仍保持在 17 吨以上。资料来源：International Energy Outlook 2009, Report: DOE/EIA-0484 (2009), http://www.eia.doe.gov/oiaf/ieo/pdf/emissions.pdf。

④ Sands Philippe, *Principles of International Environmental Law*, Cambridge: Cambridge University Press, 2003, at 14.

的估算全球气候容量的起点：1972 年《斯德哥尔摩原则宣言》签署之时。就气候容量的分配而言，人均排放方法反映了绝对平等主义对分配正义的追求，但更具现实意义的是基于公平与正义的复合原则，在确保人人能够达到最低排放标准的基础上，通过强调机会平等以求兼顾公平与效率之解。路易斯·亨金曾问："为了人类的生存，国际体系是否也不得不接受更具干预性的管理、更具干预性的实施、更激进的国际筹措资金的形式呢？"① 答案应是肯定的。这就是笔者对 2012 年后气候变化国际法构建的一点浅见。

On the legal attributes and distribution principles of global climate capacity

GONG Xiangqian

Abstract: Common but not public ownership is the reasonable solution to the property right of global climate capacity. Although the historical emission should be considered as the starting point for international climate discussion, it couldn't be asserted to be a kind of historic right, or be held accountable under international law. The allocation of global climate capacity is to be arranged according to international agreement, combining corrective justice with distribute justice. In order to ensure the just distribution of global climate capacity, we would rather rest on opportunity equality than sticking to resource equality, on the condition that everyone can enjoy the carbon emission right to satisfy his/her basic needs and basic capacities.

Keywords: climate capacity property right common ownership distribute justice

① ［美］路易斯·亨金：《国际法：政治与价值》，张乃根等译，中国政法大学出版社 2005 年版，第 421 页。

气候变化领域技术转让之法律障碍：从技术供应者的角度*

□ 周琛**

内容摘要 应对气候变化这一有力威胁的必然趋势是实现发展模式向可持续性低碳经济的成功转变。低碳经济背后的核心问题乃是新技术问题，即气候变化减缓和适应技术之开发与扩散。迄今为止，在国际低碳技术市场上，相关技术主要来源于发达国家的私人部门或者公共部门，他们的诚意和合作对于整个转让流程的顺利运作十分关键，甚至会起到决定性的作用。目前，国际社会在气候技术供给相关方面存在不少问题，政治意愿匮乏，经济有效性不足以及技术供给过程中政策和法律层面的诸多障碍，人为地破坏并延缓了发展中国家对该类技术正常、有效的获取和引进。

关键词 技术转让 气候变化 技术供应者 法律障碍

目 次

* 本文系秦天宝教授主持2008年度国家社会科学基金重大项目中标课题“中国在解决重大国际争端和全球性问题中的建设性作用研究”（项目批准号08&ZD055）项下子课题及武汉大学自主科研项目（人文社会科学类）“应对全球气候变化国际法的最新发展及我国的对策”之阶段性成果。

** 武汉大学环境法研究所法学硕士，荷兰蒂尔堡大学法学院博士研究生（PhD Candidate，Tilburg Law School）。

（二）政府层面上的法律障碍

四、结语

一、概述

气候变化是对全人类的一大有力威胁。在很大程度上，当今大气的状况是过去人类技术发展的结果；同理，21 世纪的气候环境也基本取决于今天我们作出的技术选择。① 清洁技术，这里是指用于减缓和适应气候变化一类技术，其迅速而广泛的传播包含了一组相互关联的流程，其中与气候相关的知识、经验和设备通过供给、中介以及引进等环节在各个不同主体之间流通转移。作为应对气候变化的积极举措之一，技术转让有利于改善气候的脆弱性，在全球范围内增强大气的稳定程度。② 从全球环境责任的法律视角而言，技术转让被公认为是在“人类共同关切事项”上开展国际合作的新领域，特别是南北合作。

意识到技术转让业已成为环境和发展政策不可分割的一部分，国际社会积极反应，签订一系列多边环境协议，直接或间接地承认了技术转让可用作推动履行全球气候框架下国家责任的新的政策工具，并实现发达国家在这一过程中的主导作用。不论《21 世纪议程》③，《联合国气候变化框架公约》④ 还是《京都议定书》⑤，一方面它们强调削减现行实务中低质、无效的转让行为；另一方面本身也引入了一些技术导向型的激励措施。⑥ 更为重要的是，上述协议的核心要义表明了传统的国际经济秩序对于低碳技术转让有其局限性。作为一种新型的国际要素流动方式，它应该是建立在全球环境责任，特别是共同但有区别的责任基础上的一种更为优惠，公平的转让。

---

① See Collins, W., Colman, R., Haywood, J., Manning, M., and Mote, P., The Physical Science behind Climate Change, *Scientific American*, August 2007, pp. 65-70.

② 参见 IPCC 2001 年报告，第三工作组《技术转让的方法及技术问题》，第 1 章第 2 节：基础概念。

③ 参见《21 世纪议程》，第 34 章：环境友好型技术的转让、合作与能力建设，第 4 条。

④ 参见《联合国气候变化框架公约》，第 4.1.（c）条；第 5 条。

⑤ 参见《京都议定书》，第 10.1.（c）条；第 11.2.（a）条。

⑥ 例如《京都议定书》中的清洁发展机制（CDM）。CDM 可作为技术转让的载体，但关于此点目前尚不明确。具体而言，技术转让的相关规定中并无具体提及，而议定书也没有明确将技术转让列作机制应予实现的法定目标之一。然而在实践中，清洁发展机制可作为减排项目的资金来源，在这些项目中通常伴随着技术的使用和转移。

日前，后京都协议谈判已将技术转让提上日程，与此同时，奥巴马政府也宣称其将致力于寻求全球性的气候变化解决方案。① 尽管其重要性与日俱增，然而正在进行的低碳技术转让仍旧反映出该领域非常有限的实践。② 理由主要有以下两个方面：第一，以往气候变化领域的技术转让问题并没有得到足够的重视，与排放交易等其他环境经济手段相比，技术解决气候变化问题的潜力不论从质或者量上都存在着开发不足③；第二，政治上的不确定性和经济有效性的缺乏常常演变成为种种执行障碍，使得本来先天不足的技术转让问题在实践中更是争议、困难不断。

就政策和法律层面而言，一般来说，该领域的障碍是人为因素导致的主要屏障之一。这些障碍可能会发生在技术转让的任何一个环节，并且在具体的利害关系方中呈现不同的特征，这使得对策的鉴别、评估及优先安排非常复杂，难以操作。因此，就转让流程每一环节上具体发生的障碍开展实地考察，不失为研究的突破口。在这个背景下，本文立意对技术供应环节中产生的法律障碍进行概括性的总结介绍，以求明晰下列疑问：气候变化中技术转让的法律障碍有哪些；它们具体产生在立法、执法及司法的哪些层面；技术供应环节中这些障碍的表现方式是什么以及它们在多大程度上消极地影响着低碳技术的有效供应。为了充分回答以上问题，本文将采用综合性的研究方法，集合规范分析、理论探寻以及实证考察等于一体，全面而系统地阐述并分析气候减缓和适应技术供给中的具体政策和法律障碍。

二、气候相关技术转让法律障碍的理论基础

应对气候变化需要世界范围内的技术共享和不同技术资源主体的广泛参与。从横向流转的角度来看，国际技术转让的需求源自技术开发和分布的地理不均衡。④ 一国减缓和适应气候变化的需求受其本国技术资源的制约和限制，这种区域性供需失衡成为直接推动技术跨界流转的原始动力，而供需紧张状况同时也决定了技术内部革新和外部转移的速度和规模。在这一点上，市场机制在技术转让中发挥着一定的作用，并且通过影响市场要素，譬如交易主体、基本途径和转让模式等而影响着

① 参见奥巴马于华盛顿的就职演说，2009 年 1 月 20 日，available at http://www.oregonlive.com/politics/index.ssf/2009/01/obama_inauguration_lifts_troub.html.

② 参见 IPCC 2007 年报告，第三工作组，第 11 章第 7 节：国际溢出效益。

③ 参见 IPCC 2007 年报告，第三工作组，第 11 章第 7 节：国际溢出效益；第 13 章第 3 节：国际气候变化公约与其他安排。

④ See Gerhard Fuchs, Philip Shapira, the Regionalization of Innovation Policy: New Options for Regional Change, 30 *E. O. S*, 2006, p. 291.

转让行为在经济上的可行性。

（一）市场失灵

除却作为资本增值的成本，气候相关技术的特性更在于其公共物品属性和环境问题外部性。根据大气的国际法地位，所谓的“人类共同关切事项”,① 意味着用于解决气候变化的清洁技术自然并正式拥有了一种公共福利的属性和溢出效应。此外，全球变暖作为典型的环境问题的负外部性，其温室气体减排将会产生成本和收益。这导致了史上最大的市场失灵，因为据以重新分配的大气容量资源并不能从根本上阻止温室气体的排放。② 因此，单纯依靠市场手段解决气候变化将会使得人类进行的努力走向死胡同，而政府调节这只看得见的手将急需被引入，以克服市场之成本与收益机制带来的不利效应。这在气候适应技术领域更为明显，通常，后者作为一项发展目标，其运作并非来自于市场调节，而是公共干预的结果。③

（二）政府失灵

一方面，政府驱动被引入来克服市场失灵；另一方面，当面临全人类之共同财产的大气时，并没有一个实质上的超国家组织对其进行全球性管制。实践中，多边环境协议下关于技术转让的制度安排不得不由各个国家政府分别承担和完成。而在国家层次上，一国也同时面临着发展本国政治和经济目标的国内需求。特别是涉及低碳技术，由于它们与能源安全、经济发展空间之间的紧密联系，实践中，许多技术提供国的国家政府往往对该类技术实施严格的管制政策，尽管这是违背全球气候福利的。④ 因此，在气候变化问题上，不仅要符合地区收益，而且必须达成区域与全球共赢的局面，而后者将在一定程度上取决于国际法，特别是国际环境法体制本身的不断完善。总而言之，这就是技术转让法律障碍及其困境的源泉：集环境公益属性与商业私益属性于一身。如何处理这一深层利益的平衡将会是全人类共同面临的难题和挑战。

---

① See generally Alan Boyle, in Churchill and Freestone (ed.), International Law and Global Climate Change, 1991, p. 57.

② *Government and Market Failure*, 2009, available at http://welkerswikinomics.wetpaint.com/page/Chapter+28+-+Government+and+Market+Failure.

③ 参见 IPCC 2001 年报告，第三工作组《技术转让的方法及技术问题》，第 1 章第 8 节：全球气候变化中的技术转让。

④ 参见 IPCC 2007 年报告，第三工作组，第 13 章第 2 节：国家政策。

三、气候相关技术供应中的法律障碍

气候变化需要在法律层面克服的难题绝不亚于其在政治和法律上的复杂性。① 气候相关技术转让反映出全球环境管制和代间公平的艰难协调。迄今为止，人们已经普遍认识到，南北间技术转让对于全球气候变化的应对有重要贡献，尤其当涉及气候减缓政策领域的技术。② 从动态流转的角度来看，技术提供方，一般为发达国家的政府或者企业，因为政策安排或者市场驱动，而将其所有的技术供应给位于作为技术引进一方的发展中国家，实现该类技术的跨国转移。纵观整个过程，在考察相关的国际公约，国家政策及企业实践之后，可以总结出技术供应环节中显现的政策、法律性障碍主要有：

（1）企业的限制性商业行为；

（2）企业的社会环境责任感差；

（3）缺乏明确的具有法律约束力的技术转让国家责任；

（4）相关协议中的条款没有强制有效的履约机制；

（5）现行国际法秩序的消极影响，尤其是 WTO 机制的对于技术转让，投资等的负面效应；

（6）国内法律法规的不当管制，包括一国的科技法，环境法和宏观经济法；

（7）国家层面上实质而有效的辅助措施的缺失，例如资金支持。

（一）私人部门中的法律障碍

眼下，国际上正在进行的低碳技术转让凸显了私人部门，尤其是公司这一主体越发重要的参与作用。③ 技术的革新并不仅限于私人部门，公共部门也部分地承担着相关的研发活动。即便如此，实践中，由公共部门研发成功的技术却通常需要借助于私人部门来进行下一步的市场化分销，因为后者更便于开发和实现技术的市场潜力。目前，绝大多数的技术转让的参与者都是大型的跨国公司，掌握技术的主

---

① See Patricia Birnie, Alan Boyle, Catherine Redgwell, International Law and the Environment, Ch. 6, 2008, p. 336.

② See Thomas L. Brewer, Climate Change Technology Transfer: International Trade and Investment Policy Issues, *G8+5 Countries*, *G8+5 Climate Change Dialogue*, 2007.

③ 《联合国气候变化框架公约》秘书处执行秘书伊沃·德博埃尔曾指出：“在应对气候变化的国际技术转让中，政府和私人部门大有作为，企业的参与也非常重要，低碳技术可以扩大就业，为农业、林业、工业等开辟新的领域。”继 20 世纪 80 年代油价大幅下跌之后兴起的可再生能源技术，私人部门反应活跃，数百名公司目前正在积极参与这一活动。

体，通过在国际技术市场上进行跨界交易，或者将技术作为出资形式的一种在发展中国家进行直接投资。由此看来，国际层面低碳技术的成功转让离不开这些私人主体的善意和有效参与。本文以下将着重讨论跨国公司主要存在技术转让障碍，并力求从法律的视角进行深入而细致的分析。

1. 限制性商业行为

跨国公司对于生产成本最小化和销售利益最大化的终极追求会造成低碳技术转让中交易定价的锁定效益。① 作为一个商业性实体，跨国公司供应技术时的核心考量一般是可期待的利益，能够接受的风险和切实的知识产权保护。正常情况下，一旦技术的预期利益可覆盖其研发成本，供应者理应出售其手中的环境技术。但事实并非如此。跨国公司利益最大化的本质属性，再加上其对社会环境责任的认知缺失，往往可以从技术转让过程里形式各异的限制性商业行为中得到佐证，而这种行为常以贸易自由为保护伞来进行。这在南北之间的技术转让中体现得尤为明显。

迄今为止，有越来越多的证据指证跨国公司转让清洁技术时限制性商业行为的做法。根据一项韩国公司进口清洁技术的案例评析报告，在 1992 年韩国引进的 523 项技术中，23.3% 附有限制性条件。在部分案例中，甚至技术供应国的公共机构也拒绝许可其气候友好型技术，如 HFC-134a，生物燃料技术等。② 深入考察这些实践中的知识产权运作，不难发现，公司层面进行的限制性商业行为在技术转让的不同阶段表现出不同的方式。在技术革新的初期阶段，国际市场上还没有几家拥有成熟技术的公司能够参与竞争，跨国技术公司一般拒绝许可和出售其完善的环境技术；一旦他们成功地进入国际技术市场，这些公司便开始调整战略转而借助其专有权以阻止其他同类技术的研发，或者在具体的转让协议中附上种种禁止性、限制性条件。这样做的目的很显然是为了获取并维持其技术产品的竞争优势，从而达到操纵市场并在全球范围内最大程度地角逐经济利益的目的。③

逐渐地，名目繁多的限制性商业行为形成了气候相关技术国际流通中的卖方市场。④ 就通常意义上技术转让而言，限制性商业行为还可以被简单地认作是传统的垄断性知识产权保护缺乏有效制衡。然而，发生在肩负着环境保护和气候应对的清

① See Carolyn Fischer, Multinational Taxation and International Emissions, 28 T. R. A. E. E. 2006, p. 158.

② 参见 IPCC 2001 年报告，第三工作组《技术转让的方法及技术问题》，第 3 章第 5 节：私人投资和知识产权。

③ See Porter, 1995.

④ See Stephen Seres, Analysis of Technology Transfer in CDM Projects, *The UNFCCC Registration & Issuance Unit CDM/SDM*, 2008, pp. 8-9.

洁技术领域，这些行为的危险性尤其严重：不仅是违反自由贸易规则，同时也抵触了可持续发展战略的本意。上升到政策层次，国内法亦缺少法律方面的相应安排以确保此类行为可被减至最少。相反地，在反垄断领域，伴随着大型企业并购浪潮的发生，竞争法中关于专利许可的规则也发生了变化，那些以往被认为是限制性商业行为的行为将不再受到质疑。① 至此，作为技术引进方的发展中国家即使最终高成本地受让了该项低碳技术，但却因得不到相应的设备和经验而无法获得应有的效益，这使得气候公约中对技术转让的优惠安排名存实亡。②

2. 企业的社会环境责任

企业的社会环境责任与其限制性商业行为实质上是一个事物的两面，而前者更为侧重于企业在内外压力下形成的自我规约。这些压力既可以来自社会，公众舆论，也可以源自企业内部寻求发展的动力源，譬如如何将环境考量纳入其管理策略和日常的经营活动之中。诚如欧盟官方对该责任的定义“企业在其经营中自愿的，在法律之外主动完成并承担的社会与环境目标”。③

我们这里所谈的气候变化，对所有商业领域无疑意味着巨大的变革和转型。④ 就企业内部而言，它们利益最大化的终极目标应该在整个社会公平，环境正义的框架下完成。假定企业能够秉持全球视野，怀抱公共健康的长远眼光，他们更容易获得良好的公众支持和社会发展资源。而其减少生产成本的要求，不论从短期还是长期来看，都将最终获益于该项生态投资。⑤ 当然，在社会的大背景下，实现企业和全民的良性互动并非朝夕可成，除了企业本身，这还有赖于综合性、支持性的国内与国际法律支撑。

纵观国际社会在规制跨国企业行为方面的努力成果，当前主要有四部相关的文献。其规定延展了企业的责任范围，由基本的股东利益维护到更加深远的社会环境目标实现，通过（1）采取预防措施；（2）积极、主动承担更大的责任；（3）鼓励

① 邹骥、徐燕：《气候变化领域的技术革新与转让》，载《环境保护》2005 年第 1 期，第 74 页。

② 邹骥：《评估技术需求的理论与方法》，联合国气候变化框架公约与联合国环境规划署之关于技术评估方法专家组会议，2002 年 4 月 23 至 25 日。

③ http：//ec. europa. eu/social/main. jsp？ catId = 331&langId = en，（2009）.

④ *Clean Technology*：*Enabling the Business Responses to Climate Change*，October 2009，available at http：//www. ey. com/CA/en/Issues/Driving-growth/Sustainability.

⑤ 参见经济合作与发展组织之《跨国公司行动守则》，第 1 部分第 8 章：科学与技术。

技术革新和转让。① 这些国际习惯法与行业标准为管理和指导跨国企业的行动提供了重要的法律依据。同时，已有的国际气候公约，一方面规定了发达国家有义务通过技术转让和资金援助协助发展中国家履行其责任以实现环境目标；另一方面，在实务中，国家转让技术的承诺将由大部分的私人部门，特别是大型跨国企业来具体承担和完成。② 对此，气候公约在其相关条款中指出企业“应在自愿的基础上，对技术转让予以积极合作”。③

如前所述，企业的社会环境责任首先强调的是企业的自主性和意思自治，在此基础上辅以有效的外部引导和监管。可以看出，直接的行业标准作为经济自主权和自由贸易的主要产物，其对跨国公司转让清洁技术的潜在贡献是存在疑问的。④ 而遗憾的是，现行的国际环境公约也未能在该方面略有建树。可见，未来对成功的期待必须依靠接下来相关公约谈判的进程，特别是气候变化国际立法的实质性努力和成果。

（二）政府层面上的法律障碍

集政府主导，企业参与，市场化运作于一体的气候变化技术转让离不开政府层面的积极引导，有所作为。⑤ 在发达国家的政府部门，阻碍气候友好型技术南北转移的核心障碍是政府的相关责任不明，缺乏法律约束力。而这一现象有着深刻的国际法和国内法背景。

1. 国际法领域

史无前例地，气候变化将几乎所有国家的政府置于了一个政治上的道德高地，没有任何一个话题能够像气候变化这般深受政治意愿的影响。⑥ 不论是《联合国气候变化框架公约》还是《京都议定书》，从某种角度而言，都被认为是一定政治妥

---

① 它们分别是：经济合作与发展组织之《跨国公司行动守则》、国际劳工组织关于《多国企业和社会政策三方原则宣言》、全球工会联合会的《全球框架协议》和联合国人权小组委员会起草的《关于跨国公司的责任和其他商业实体的人权规范》。

② 参见《联合国气候变化框架公约》，第 5 条；《京都议定书》，第 10 条。

③ 参见《联合国气候变化框架公约》，第 5 条。

④ See Muchie M., Old Wine in New Bottles: A Critical Exploration of the UN Conceptions and Mechanisms for the Transfer of Environmentally Sound Technologies to Industry, l. 22 *Technology Sicence*, 2000, p. 201.

⑤ See R. K. Chung, the Role of Government in the Transfer of Environmental Sound Technology, *Positive Measures for Technology Transfer under the Climate Change Convention*, 1998, pp. 47-48.

⑥ See Birnie, Boyle and Redgwell, 2008, p. 337.

协的产物。同时也不可置否，这些国际文件在某种意义富有建设性，至少通过它们，一个能为大部分发达国家和发展中国家所共同接受的公正与平衡得以在全球层面上顺利达成。① 具体到技术转让领域，国际气候公约引进并进一步确认了共同但有区别的责任，这将有利于世界各方作出一致努力，最大化的参与到应对气候变化的问题中来。② 其次，随着履约的进展，国际社会逐渐意识到发展中国家的履约能力和条件先天不足，难以独立完成和承担其所肩负的环境责任。③ 由此，作为实现共同但有区别责任承担的具体方式而引入的技术转让，为发达国家在气候变化领域的团结协助义务提供了契机。这是一种新型的、南北合作之优化组合，诚如框架公约中所描述的那样："从多大程度上，发展中国能够履行其责任将基本取决于发达国家能否有效兑现其资金援助及其技术转让的承诺，以及能否全面考虑到发展中国家的经济、社会发展和解决贫困的优先安排。"

尽管上述改进意义重大，但是它们对于鼓励技术转让的作用绝不能盲目夸大。这种技术援助的性质是什么：是硬性要求还是宣告性表述？在何种程度上，发达国家提供其所掌握的低碳技术才具有法律上的约束力？诸如此类问题都存在着争议和疑问。单纯从公约的语境方面考虑，几乎全部条款中随处可见的"将""应该"等词的运用，④ 暗示技术转让相关条款较弱的法律地位：提供、转让技术是一种选择性的建议而非具备法律强制力的义务。该种只规定行为模式但是只字不提法律后果的条款设计，给实践中发达国家本应进行的技术供给蒙上一层浓重的道德色彩。此外，国际环境法的一大特色是为所有参与者设置不同大小的责任，这将进一步削弱国际环境协议中相关条款的实际效力。⑤ 概言之，发达国家为实施团结协助义务而进行的技术转让在当前国际气候框架下不是必然应予遵守的。

除了较弱的实体性条款，当今国际气候公约也没有正式且严格的遵约机制作为其程序上的保障。根据公共政策理论，一项强有力的遵守机制至少应满足以下标

① See generally Catherine Redgwell, in Churchill and Freestone (ed.), International Law and Global Climate Change, 273, Ch. 12 and Ch. 3 Sections 3 (3), 6 (3), 2006.

② 参见《联合国气候变化框架公约》，第4条；《京都议定书》，第10条。对此，有学者认为各国负有减缓和适应气候变化的不同历史责任，这种全球次一级的参与方式更为有效，Grubb et al. 论证到针对某些方案，可以预期：在国际气候机制的驱动下附件1中国家的技术发展能够帮助抵消部分或者全部的非附件1国家的减排额度，2002。

③ See Irving M. Mintzer, Confronting Climate Change: Risks, Implications and Responses, Ch. 9, 2003, pp. 7-10.

④ 参见《联合国气候变化框架公约》，第5条。

⑤ 秦天宝：《国际法的新概念"人类共同关切事项"初探——以〈生物多样性公约〉为例的考察》，载《法学评论》2006年第5期，第102页。

准：(1) 违反的后果必须符合比例原则；(2) 当主体行为次优时应有相应的惩罚措施；(3) 有效的执行必须能够抑制个人和主体的欺瞒及回避动机。据此，不论框架公约还是议定书中的遵约条款，都只是部分而非全部地符合上述标准。① 譬如，框架公约中就解决履行争端而规定的“多边咨询程序”,② 由于其本质上属于效力更弱的非司法，无前置性措施。在该程序下，违反一方将不被施予任何惩罚和制裁，咨询程序中的专家组仅有权力进行举荐、建议以推动当事人之间的合作和加深谅解。③ 就气候减缓和适应技术转让的纷争而言，其不仅涉及环境协议还包括了部分贸易机制的运作，由于环境和气候领域没有一项处于同一位阶、且完善的如WTO体制下的争端解决机制，有关技术供给的纷争最终将不得不诉诸于后者的相应制度安排。这使得实践中的主要责任方既没有履行其提供技术的法律责任，还达到了回避关键问题，即技术的价格这一核心纠纷的目的。④

国际气候框架中的技术转让不仅缺乏强有力的实体和程序保障，相关的规定也不符合成本效益。也就是说，现行公约中技术转让的成本过高，因为它们规定了转让的进行必须满足一定的条件，即国际法与国内法的相应规定，特别是对知识产权的保护。⑤ 如前所述，发达国家提供低碳技术的责任及技术的价格是南北争执的症结所在。⑥ 气候适应和减缓技术代表了商业转让和公共目标深层利益的平衡，至此，过于严苛的保护知识产权将导致不正常的，过高的技术价格，尤其为发展中国家难以接受。一般来说，知识产权领域政策工具的实施既能够加快同时也可以延缓技术的转让，关键是看知识产权保护所鼓励技术创新的目标能否与公共健康利益在政策层面达到适当的融合，否则就构成私权的一种滥用。目前，公共健康领域进一步反映出合理控制专有权的强烈诉求，只有这样，公众关于通过革新、使用改进技

① 参见 IPCC 2007 年报告，第三工作组，第 13 章第 3 节：气候变化协议计划。

② 参见《联合国气候变化框架公约》，第 13 条；《京都议定书》，第 16 条。

③ See Birnie, Boyle and Redgwell, 2008, p. 369.

④ 参见 Decision 1/COP. 13：B 节第 13 条；《京都议定书》，第 16 条；巴厘岛行动计划，第 1. (d). (i) 条。

⑤ See Pizer. W. A., Combining price and quantity controls to mitigate global climate change, 1. 85 (3) *P. E.* 2002, pp. 409-434.

⑥ 在 2008 年气候变化谈判的第一回合中，以美国和澳大利亚为首的发达国家坚持主张知识产权对于技术的转让并不构成障碍，而是相反地促进这一过程；就此，古巴、印度、坦桑尼亚、中国和其他国家则强烈要求应解决技术转让中的私有财产权和知识产权问题，并强调问题的解决还应以一种全方位的，跨领域的方式进行。See the first meetings of the Ad Hoc Working Group on Further Commitments for Annex I Parties under the Kyoto Protocol and the Ad Hoc Working Group on Long-term Cooperative Action under the Convention, Bangkok, 2008.

术以应对气候适应和减缓的要求才可能被满足。①

迄今为止，国际知识产权机制主要由 WTO 体制下的《与贸易有关的知识产权协议》（以下简称 TRIPs 协议）形成。其关于知识产权的规定是一种过于严格的保护，甚至有保护主义之嫌。② 2007 年，在欧洲专利办公室发布的一份研究报告中，列明了年度有增无减的风能和生物燃料技术领域的专利申诉。③ 与此同时，尽管 TRIPs 协议规定了国内可优先安排公共政策的灵活措施和知识产权保护的若干例外，④ 但到目前为止，还没有证据证明上述措施的潜力和贡献足以使知识产权规则满足实践中快速而广泛的清洁技术转让，并最终实现减缓和适应气候变化的目标。相反地，这些灵活措施和例外实际上却面临着形式繁多的限制性商业行为及其平行领域诸多失败案例的巨大挑战。⑤ 因此，断言 TRIPs 协议的有利安排必然会弥补其对技术转让的潜在阻碍还为时尚早。事实上，就 TRIPs 协议对国际应对气候变化整体行动的不利影响已在较大范围内达成一定共识，譬如，欧盟议会最近颁布了一项决议，其中提到任重道远的后京都协议的谈判必当面临着对部分现行国际公约的适当调整，其中便包括知识产权保护的相关规定。⑥

2. 国内法领域

国内法与国际法体制之间存在不容忽视的内在联系，它们之间相互影响，相互作用。在某种意义上，一国国内对于气候相关技术转让的不作为是同国际社会就该问题上的消极态度相互辉映的。很明显，低碳技术供给国由于没有足够的政治诚

---

① See Frederick. M. Abbott, Innovation and Technology Transfer to Address Climate Change: Lessons from the Global Debate on Intellectual Property and Public Health, 24 *ICTSD Program on Intellectual Property Rights and Sustainable Development*, 2009, p. 26.

② 参见沙祖康在北京气候变化高层会议上的讲话：《技术发展与转让》，2008 年 11 月 7-8 日，available at http: //www. un. org/chinese/esa/desa/ousg/statements/2008/20081107 _ climate _ Beijing. html.

③ See Denmark, Climate Change: Technology Transfer and Intellectual Property Rights, *ICTSD Trade and Climate Change Seminar*, 2008, p. 4.

④ 例如：专利权的例外，强制许可和专利排他性的豁免。参见《与贸易有关的知识产权协议》，第 27. 1 条，第 30 条和第 31 条。

⑤ 在历史上，南非和巴西都曾因为强制许可有关艾滋病药物技术而受到美国的刁难。作为 TRIPs 的极端例外，真正适用强制许可时，就“公共利益和紧急状态”可能有出于各种目的的解释因而发生纠纷。同时相关的运作程序非常繁琐耗时，它要求原定的技术受让者必须具备善意以从专利持有者手中获取该项许可，技术的使用仅限于受让者国内，专利的所有权人必须得到足够的补偿，并且必须先期创建相应的复审程序等，2009，available at http: // www. actupny. org/reports/defy. html.

⑥ 参见欧盟议会决议《贸易与气候变化》，[2007] 2003 (INI)，2007 年 11 月 29 日。

意，再加上缺乏相应的外部压力和有效的国际监管，他们更加不愿意将其先进的技术进行出口和投资。涉及国内的法律体系，技术转让遇到的主要障碍则来自对低碳清洁技术的不当管制和没有采用足够的、有效的援助激励措施。纵观这些影响南北技术转让的国家层面的政策和法律障碍，首先必须明确的是，并不存在一个放之四海而皆准的解决方案，因为对于障碍的鉴别和评估也是建立在不同国内背景基础上的。① 因此，这里所进行的考察是针对国家间较为普遍的实践，这才使得关于障碍的质与量的分析具备可行性。

一般认为，一国采取的科技政策、技术标准和宏观经济立法有可能阻碍气候相关技术向发展中国家进行出口。低碳技术事关一国的能源安全及未来经济的发展空间，具有战略性地位。发达国家政府通常对该类技术施行较为严格的管制，以防止其大量流出。② 比起直接提供技术，主要的技术来源国如日本、德国宁愿推销他们的终端环境产品以维持其在技术领域的垄断地位和市场优势。③ 此外，由于该类技术对于公共信息较高的粘合度，对其的不当管制易于造成出口中的信息不对称并引发技术交易双方的信任危机，这些都为正在进行的转让增添了额外的风险。更重要的是，目前发达国家中“法规冷却”④ 的做法反映了其对于技术标准模棱两可的立法态度。举例而言，法国、英国和美国就曾一度以保护环境为由在对外贸易中对技术的进口采用较高的产品标准，同时为防止由于高标准带来的本国低碳技术的过度外溢，他们转而开始冻结和下调该类技术标准以控制技术的溢出效应。⑤ 涉及一国国内的宏观经济条件，由于缺乏开放、透明的贸易和融资法律体系，基于市场机制运作的障碍频频发生。⑥ 不合理的市场准入要求，技术转让合同，货币与融资法

---

① 参见 IPCC 2001 年报告，第三工作组《技术转让的方法及技术问题》，第 2 章：增加流量；改进质量。

② 例如，美国的出口管制法规曾将中国列为严禁高端技术出口的“受控国家”范围之列；近来，其商业与安全部还发布了《拟议的修改与澄清对华出口与再出口管制的规则：授权合格的最终用户》，71 FR 38313，2006 年 7 月 6 日，available at http://www.bis.doc.gov/finalchina.html.

③ See Stephen Seres, Analysis of Technology Transfer in CDM Projects, *the UNFCCC Registration & Issuance Unit CDM/SDM*, 2008, p. 9.

④ See Eric Niemeyer, Green Trade and Investment: Environmental Protection without Protectionism, 24 *E. S.*, 2001, p. 69.

⑤ 唐好：《技术弘扬环境保护》，载《中国对话》2007 年第 11 期，第 36 页。

⑥ 参见联合国经济与社会理事会，“气候变化：技术发展与转让”，北京气候变化高层会议，2008 年 11 月 7-8 日。

规，直接或者间接地，将构成低碳技术转让的不利因素。① 例如，技术成本提高，协商程序繁琐冗长，关键信息不对称和资金援助不到位等。

固然，气候相关技术国际转让的实现需要在一定的经济可行性下完成。然而，就肩负着应对全球气候变化责任的国家政府而言，除了改进相关立法，他们本可以采取积极主动的措施来营造有利的国内环境，帮助满足私人部门收回技术研发成本的需求，从而启动国内之技术供应，并引导其以更加优惠的，更符合国际环境公约的方式向发展中国家的技术受让方转移。当前，发达国家在进一步采取足够的，实质性技术和资金援助方面所进行的努力，与公约中的要求和发展中国家的合理期待相比是远远不够的。② 以官方发展援助为例，它在发达国家的发展资源中仅占很小的比例，但是对于发展中国家中那些难以筹措到私募资金的农业、森林、海岸管理及公共健康等部门却具有不可替代的重要作用。但是，目前发达国家的官方发展援助项目不论绝对值还是百分比都在经历一个全面的下降，尤其是那些对于发展中国家引进先进环境技术至关重要的项目。③ 除此之外，与政府投资直接相关的研究与发展计划同样是低碳技术转让的载体，而发达国家采取的此类措施也正大量的减少。④ 政策援助措施在发达国家不断遭受冷遇的主要原因是，它们本身需要一定的成本，这将实际占用并增加发达国家的公共费用，从短期看来尤其如此。但是政策援助措施的积极成效，例如环境效益，分配正义及其公共政策的可行性，这些终将更加长远地显现出来。⑤ 所有这些都值得低碳技术的主要供给方发达国家，在立法和实践上予以更多的关注和倾向。

四、结语

巴厘岛路线图呼吁加强技术革新和转让方面的行动以支持气候减缓和适应，通

---

① 参见 IPCC 2001 年报告，第三工作组《技术转让的方法及技术问题》，第 1 章第 5 节：环境友好型技术转让的障碍。

② 参见 IPCC 2007 年报告，第三工作组，第 13 章第 1 节：政策、措施、工具与制度安排的类型。

③ 参见 IPCC 2001 年报告，第三工作组《技术转让的方法及技术问题》，第 2 章第 3 节：官方发展援助；同时参见 UN Finance Issues for Sustainable Development，Proceedings of the Fourth Group Meeting on Financial Issues of Agenda 21，1997，p. 22.

④ See Javier de Cendra de Larragán，The Position of the EU in the International Climate Change Negotiation，*Environmental Law Expert Meeting on the European position towards Copenhagen：a global outlook*，2009.

⑤ 参见 IPCC 2007 年报告，第三工作组，第 13 章第 2 节：气候变化与其他相关措施。

过建立有效机制，克服转让障碍和提供激励方案以促进技术流向发展中国家，增强后者对于相关技术的可获得性。其中实现有效的低碳技术跨国转让，一个重要标准便是政策、立法和法规融合，这意味着调整和适应法律。

在当前的国际市场上，气候减缓和适应技术转让的主要流向依旧是南北之间的转让。技术大部分来源于日本、德国、美国、法国和英国等发达国家。因此，在技术供给的初级阶段，技术拥有者不论是公共部门还是私有部门，其诚意和合作对于整个转让过程的成功运作十分关键，甚至会起到决定性的作用。面对气候状况的不断恶化，全球变暖的解决已经迫在眉睫。世界的可持续发展要求引进新型的、优惠的技术转让模式，这种模式将结合全球环境责任和代际公平，彰显气候正义，把移除法律障碍，促进低碳技术的供给置于刻不容缓的优先地位，也成为本次哥本哈根峰会除减排目标设定，资金援助之外的又一大核心议题。

基于以上分析，本文可得出结论：气候变化领域的技术转让不仅体现了各方利益团体在全球变暖及碳排放问题上的政治较量，还体现出各国在保卫能源安全，争取未来经济发展空间上的艰苦博弈。一方面，在国家气候公约的框架下，发达国家政府并不负有提供清洁技术的明确的、具有法律强制约束力的政府责任，气候友好型技术领域的知识产权尚缺乏相应的有效制衡。政府由于政治诚意不足，同时又不存在相对有力的国际法规约，他们更加不愿意采取主动措施鼓励公共或私人领域该类技术的出口。另外，一些国内层面上法律工具的施用也延缓了清洁技术转让的过程。反观微观领域的私人部门，从掌握技术的跨国公司的视角而言，限制性商业行为和企业社会环境责任的缺失是实现气候相关技术的环境和经济潜力的两大主要障碍。

不知不觉，人类逐渐步入了一个低碳时代。① 碳经济，碳政治，碳同时还成为参与国际社会的游戏规则。在哥本哈根峰会的会场上，各国激烈争夺的不仅是日益稀缺的大气容量资源，还有未来的经济、政治优势和国际话语权。低碳背后的核心问题乃是新技术问题。在这一伟大的进程中，鼓励促进低碳技术的使用和转让可以帮助我们实现从制造型经济向知识型经济的成功转换，而后者正体现了低碳时代对于发展模式的要求。② 这无疑是一个难得的契机，借此，我们不仅可以增进全球技术共享，而且可以进一步加强政治文明和法律公平。

---

① 何刚：《坚持平等原则：中国气候变化战略突围》，载《中国对话》2007 年第 12 期，第 8 页。

② See Kemfert, C., Climate Coalitions and International Trade: Assessment of Cooperation Incentives by Issue Linkage, *Energy Policy*, Vol. 32 (4), 2004, p. 457.

An Obstacle to Address Climate Change: How Suppliers Legally Block Technology Transfer

ZHOU Chen

Abstract: To address climate change, a real threat to humankind, requests a constructive developmental transformation into a more sustainable low-carbon economy. This prospected carbon free future, to a large extent, lies in whether there are appropriate technological responses, namely, mitigation and adaption technologies development & deployment. As a proactive measure, trans-boundary transfer of climate related technologies legally reconciled both disciplines of international economic law and international environmental law. It implies significantly for enhancing the stability of atmosphere, achieving intergenerational equity and wining climate justice on a global scale. So far, realistic mainstream of technology deployment in the international market has been centralized in those transactions operating between North and South. Principle low carbon technologies majorly originate from Japan, Germany, the USA, France and Great Britain all of the developed countries. Therefore, at the initial stage of technology supply, the good faith as well as cooperative performance of technology suppliers which include both public sector and private sector, plays an essential, even decisive role for the throughout success of entire transferring process. In the light of limited practice, numerous barriers have manifested in technology supplying, duo to the potential uncertainness and inadequate effectiveness. Under this context, the paper seeks to explore ongoing transfer activities in the international climate framework, and thus conduct a prudent, in-depth analysis on the political, instrumental obstacles that hinder climate related technology supply unduly, in order to increase flow and improve quality.

Keywords: technology transfer　climate change　technology suppliers　legal barriers

简析2009年美国气候变化法案*

——兼论对中国的挑战和借鉴

□ 兰花**

内容摘要 应对气候变化是当前国际社会的一个重要议题。2009年美国众议院通过了《美国清洁能源与安全法案》，迈出了气候变化立法的重要一步，参议院也在近期公布了气候变化法草案。这些法律议案将对美国政府和企业的气候变化应对和能源利用措施、对正在进行的“后京都议定书”的谈判和规则制定、对中国政府应对气候变化的国际和国内行动、对中国相关能耗企业及其产品的市场竞争力等方面产生重要影响。2009年美国国会参众两院的气候变化法案有相应的政治经济背景，比较分析这两项法案的异同可知规则背后的利益博弈，无论该项气候立法的最终版本如何，对中国政府和企业都将具有明确的挑战与相应的借鉴。

关键词 气候变化法 清洁能源与安全法案 清洁能源工作与美国电力法案 总量限额与交易 碳关税

目 次

* 本文系武汉大学“70后”计划项目“应对全球气候变化国际法的最新发展及我国的对策”的阶段性成果。

** 中国政法大学国际法学院讲师，国际法博士。

引言

气候变化议题，尤其是达成削减温室气体排放、控制气候变化的有约束力的国际协定以应对《京都议定书》承诺期结束之后的减排问题，是2009年国际社会的一项异常重要的议题。

作为重要经济体和第二大温室气体排放国，作为世界上人均温室气体排放量最大的国家，美国积极参与和作出削减排放的明确承诺对缔结新的国际协定至关重要。然而，美国在国际气候谈判中的作用和态度、承诺与贡献，尤其是关于削减温室气体排放量的承诺，在很大程度上取决于美国的国内立法。换言之，美国应对气候变化的联邦立法以及美国国会是否通过此类法律，对于美国在国际气候谈判中的作用与承诺，甚至是国际气候谈判的成败起着关键作用。

我国积极参与“后京都时代”国际气候变化立法的谈判，需要对主要谈判国的主张和法律有充分认识。2009年，美国关于气候变化的联邦立法有重要进展。因此，有必要对此进行跟踪和研究，以了解和预测美国的主张与动向。这是提高我国在“后京都时代”气候变化谈判能力的必然需要，还有助于探寻中国和国内行业应对国际社会的减排压力和相关法律壁垒的对策。

一、2009年美国气候变化法案的制定

2009年，美国国会参众两院都出台了气候变化的专门法案。众议院通过的是

《美国清洁能源与安全法案》（HR 2454，The American Clean Energy and Security Act）①；参议院公布的是《清洁能源工作与美国能源法》草案（S. 1733，Clean Energy Jobs & American Power Act）②。美国国会注重气候变化法的制定，不仅源于奥巴马政府的积极提倡与引导、近几年来美国公众对气候变化问题的关注③，美国地方政府的立法与实践以及美国在环境保护领域的污染控制经验也为此次联邦立法提供了理论和实践铺垫。这既有美国国内政治经济方面的原因，也有国际层面的相关议程和压力的推动，既存在立法的必要性，也具备相应的现实可行性。

（一）气候变化法案的制定背景

各国共同参与温室气体减排行动，应当而且已经成为一项不可逆转的潮流。作为排放大国和严重依赖化石燃料的发达国家，美国不可避免地需要控制和削减其温室气体排放量，这不仅仅是出于保护环境、确保清洁空气的需要。④ 然而，应对和减缓气候变化是一个复杂的系统工程，与各国的政治、经济、环境保护和社会福利等诸多方面存在联系。控制和削减温室气体排放，毫无疑问会对当前和未来一段时间内美国的经济、政治、环境等诸多领域带来影响。因此，美国需要制定法律，规范温室气体排放的控制和削减以及相关问题。2009 年奥巴马政府正是出于加强能源安全、提供能源利用效率、实现经济转型、塑造负责任大国形象等政治、经济和

① 法案的具体内容可访问美国国会图书馆网页，2009 年 9 月 25 日访问，http://thomas. loc. gov/cgi-bin/query/z? c111：H. R. 2454.

② 该法律草案的具体内容可访问提案人、美国参议院议员 kerry 的官方网站，2009 年 10 月 12 日访问，http://kerry. senate. gov/cleanenergyjobsandamericanpower/pdf/bill. pdf.

③ 美国前副总统戈尔宣传保护气候的影片《难以置信的事实》荣获 2007 年奥斯卡最佳纪录片奖，产生了巨大影响，这从一个侧面反映了公众对气候变化问题的关注。

④ Massachusetts v. EPA 这一前后历时九年的著名案件也折射出美国公众对气候变化问题的日益关注，以及温室气体排放控制不仅仅是为了确保清洁的空气。该案起因于一些环保团体 1999 年依据美国 1990 年《清洁空气法》要求美国国家环境保护局（EPA）发布规章，规范温室气体排放问题，但是 EPA 认为自己没有权限这么做，即使有权这么做，也不需要发布规章专门规范温室气体排放。该案从地方法院到上诉巡回法院一直到美国联邦最高法院，历时九年，影响大，涉及面极广，在上诉程序中，甚至有十二个州和一个海外领地作为利益方参与诉讼程序以支持原告方，还有十个州支持作为被告的 EPA。最后美国联邦最高法院于 2007 年 4 月以 5 比 4 推翻了上诉法院的裁判，并裁决认定，依据美国的法律作为被告的美国国家环境保护局有权制定规章规范温室气体排放。参见 Massachusetts v. EPA，127 S. Ct. 1438（2007）。

社会因素的诸多考虑，力挺气候变化法的制定①。

在政治方面，面对新的国际气候协定的谈判，不少国家和实体积极作出了表态②。美国这个游离于以《京都议定书》为纽带的温室气体减排国际合作机制之外的大国，面临着强大的国际压力。美国政府需要通过制定联邦法律，树立其绿色环保的形象，应对来自国内外的指责。因此，奥巴马执政以后，极力主张制定气候变化法，借此改善美国在国际气候合作领域的形象、提高美国在气候变化事务的国际影响力和增强其制定规则的话语权。

从经济角度看，在金融危机的大背景下，美国政府需要一项气候变化法，并以此为契机，化“经济危机”为“转机”，恢复和振兴美国经济。控制和削减碳排放量，虽然会给石化燃料产业带来压力，但同时必然涉及能源技术开发和能源利用效率的革新，会给技术实力强的企业和行业带来新的商机。美国可以利用控制碳排放的机会，大力推动开发新能源、新技术，发展新能源经济。从当前和长远来看，这也必将使科技实力强的美国产业在绿色经济方面引领世界潮流，特别是在与欧洲和日本的技术标准竞争中，凸显其国际竞争力。因此，奥巴马政府需要放弃布什政府在气候问题上的保守立场，将应对经济危机与推动气候政策立法、促进新能源经济、重塑经济竞争力相联系，化危机为转机。

就能源安全而言，在目前能源供应和能源安全受到各国大力重视的背景下，借气候变化法的制定，促进新能源开发和能源技术革新，有助于减少对外国石油的依赖，减少美国经济受石油价格涨跌影响的脆弱性，维护美国的能源安全。事实上，2009年美国参众两院的气候变化法案都强调了能源安全这一立法目的。

此外，美国地方政府在应对气候变化方面的立法与实践，以及美国以往的污染控制经验，也有助于2009年美国着手制定气候变化的联邦立法。许多州都根据本地经济和资源情况制定了应对气候变化的方案并开展了不少实践努力，为联邦行动

① 比如，美国众议院通过《2009年美国清洁能源与安全法》前后，奥巴马在国会进行演讲和宣传，亲自写信或打电话说服相关议员赞成法案。

② 尤其是欧盟的表态。2007年欧盟单方面宣布其减排目标——2020年在1990年基础上减排20%，2009年欧盟理事会重申了上述目标，并提出，如果其他国家也采取行动，欧盟则减排30%。欧盟在“欧洲理事会关于2012年后国际气候协定的欧盟立场结论”中提议，发达国家作为一个整体，到2020年在1990年的基础上实现总体减排25%～40%、2050年减排80%～90%的目标，欧盟统一其关于2012年后国际气候协定的立场，提出建立全球碳市场和清洁发展机制，控制温室气体排放与防止气候变暖。参见 Council Conclusions on the Further Development of the EU Position on a Comprehensive Post-2012 Climate Agreement, adopted in 2928th Environment Council meeting (Brussels, 2 March 2009), visited Sep. 28, 2009, http://www.consilium.europa.eu/uedocs/cms_Data/docs/pressdata/en/envir/106429.pdf.

起到了"政策实验室"的作用——相继出台应对气候变化的行动计划，以促进经济发展、减少对能源价格波动的脆弱性、防止和减缓本州资源受到气候变化的破坏。尤其值得指出的是，缅因州①和加利福尼亚州②等通过了应对气候变化的专门立法为联邦立法积累了制度经验；芝加哥气候交易所③和美国"区际温室气体排放削减计划"④ 的成立及其成功运作为美国设立国内温室气体排放交易制定提供了实践样板。

① 缅因州是美国第一个通过立法设定温室气体排放限制的州。2003 年 6 月 26 日，缅因州议会通过了一项名为《为应对气候变化威胁发挥领导作用的法令》（An Act To Provide Leadership in Addressing the Threat of Climate Change），要求到 2010 年将温室气体排放量控制在 1990 年的排放水平，到 2020 年在 1990 年排放总量的基础上减少 10%。这为其他各州以及美国联邦开展控制温室气体排放的立法和实践提供了借鉴。参见 Joshua Weinstein, *Climate Change Law to be First in Nation*, Portland Press Herald (Maine) June 25, 2003, (visited Sep. 20, 2009), http://www.commondreams.org/headlines03/0625-07.htm.

② 2006 年 8 月 31 日，加利福尼亚州通过了《全球温室效应治理法》（Global Warming Solutions Act）。该法采用总量限额与交易（cap-and-trade）理念，一方面为温室气体排放规定上限，另一方面，引入"市场机制"激励温室气体减排以消除企业界的顾虑。加州人口众多，是美国的经济重镇，由于其在美国的影响力和政治上的重要性，其应对气候变化的立法和实践，不仅对其他州有示范作用，对美国形成应对气候变化的联邦立法也具有重要影响。参见 Gov. Schwarzenegger Signs Landmark Legislation to Reduce Greenhouse Gas Emissions, office of the Governor press release 09/27/2006, (visited Sep. 20, 2009), http://gov.ca.gov/press-release/4111/.

③ 芝加哥气候交易所 2003 年成立，其会员分别来自航空、汽车、电力、环境、交通等数十个不同行业。这是世界上第一个以温室气体减排量为交易对象的自愿参与的会员式市场平台，针对二氧化碳、甲烷、氧化亚氮、氢氟碳化物、全氟化物、六氟化硫等 6 种温室气体开展减排指标交易。

④ 2005 年 12 月，美国东北和大西洋中部九个州（加利福尼亚、新墨西哥、新泽西、纽约、缅因州、马萨诸塞州、俄勒冈州、华盛顿特区、康涅狄格州）达成"区际温室气体排放削减计划"（Regional Greenhouse Gas Initiative, RGGI），这是一个规范该地区内电力企业的碳排放限额以及排放指标交易的制度。为了促进履行减排目标，"区际温室气体排放削减计划"提供灵活机制允许使用电力部门之外的减排指标。2006 年马里兰州参与成为第十个州。RGGI 模式的成功实施可能吸引更多州参与进来，或者建立其他地区的限额与贸易制度，使这一计划扩展到其他类型的温室气体和其他领域。参见庄贵阳：《后京都时代国际气候进程展望》，载《2007 年：全球政治与安全报告》，2009 年 10 月 2 日访问，http://www.china.com.cn/node_7000058/2007-04/02/content_8046836.htm.

（二）众议院的气候变化法案

《美国清洁能源与安全法》议案由美国国会能源与商务委员会主席魏斯曼（Henry A. Waxman）及小组委员会主席马基（Edward J. Markey）于2009年5月15日正式提出。该法案在美国国内也因为提案人的名字而被称做Waxman—Markey气候变化法案，其官方名称全称为A bill To create clean energy jobs，achieve energy independence，reduce global warming pollution and transition to a clean energy economy，在国会以及媒体被简称为American Clean Energy and Security Act of 2009(《2009年美国清洁能源与安全法案》)，或者Safe Climate Act(《气候安全法案》)。该法案旨在创设清洁能源工作、减少美国对外国石油的依赖以实现能源独立、削减美国温室气体排放、实现清洁能源经济的转型。2009年6月26日，美国国会众议院通过了应对气候变化的《美国清洁能源与安全法案》。总统奥巴马盛赞该法案获得通过，称该法案是通向遏制全球变暖、减少化石燃料里程中"极其重要的第一步"，将促进美国清洁能源技术的发展，并创造数百万的就业岗位，刺激美国新一轮的经济增长。①

这一备受关注的法案获得通过，尽管目前只是在美国众议院通过而且是以219票对212票的微弱多数通过，尽管美国的共和党和民主党、甚至民主党内部对这一法案存在严重分歧（其中有8位共和党代表赞成、44个民主党代表反对)②，尽管相关行业与团体对这一法案的态度迥异③，尽管该法案接下来还要面临参议院审议表决等严峻的考验，无论如何它的通过本身就标志着美国朝着出台历史上首个温室

---

① 李庆四、孙海泳：《硝烟中的美国〈清洁能源安全法案〉》，《中国能源报》，2009年10月12日第11版。

② 共和党人批评《清洁能源安全法案》既不能有效改善环境，也无助于拯救陷于衰退的美国经济，甚至认为这一法案无异于开征"国家能源税"，是一个工作"杀手"，将给美国家庭的日常生活带来极大的不利影响，而且会使美国产业在国际竞争中处于不利地位，并将引起大量失业。不仅共和党几乎一个声音反对为美国的碳排放设定限制，民主党内部对该法案的分歧也相当大。一些支持该法案的民主党人士认为，美国如果不表现出可信的领导力，2009年12月召开的哥本哈根会议期间以及会后都不会取得任何成果；那些代表利用煤炭为燃料的制造业和农业团体利益的民主党中间派议员明确反对该法案；一些来自中西部的民主党参议员则竭力主张，如果要让他们支持该法案，必须在其中加入一项新机制——对那些尚未接受各自温室气体减排目标的国家的进口货物和服务需要征收"碳关税"（"绿色关税"）。

③ 石油行业认为此法案出台太过仓促且不甚合理，天然气供应商则对此表示满意，也有部分环保人士担心因政治妥协而导致此法案与既定目标相去甚远，绿色和平组织就明确对该法的一些规定表示不满。

气体减排法迈出了重要一步。依据《美国宪法》规定的国会立法程序可知，《美国清洁能源安全法案》还需要经过参议院审议并获得60%的多数通过以及总统奥巴马的签署，才能正式成为法律。① 但是不可否认，众议院通过法案是很重要的一步。

（三）参议院的气候变化法案

2009年9月30日，美国参议院公布了期盼已久的参议院版本的《气候变化法草案》——被简称为Clean Energy Jobs & American Power Act，即《清洁能源工作与美国能源法案》。参议院版本的这一法律议案由参议员、对外关系委员会主席John Kerry和参议员、环境与公共工程委员会主席Barbara Boxer牵头起草，在美国国内也因此被叫做“Boxer-Kerry 法案”。该草案以众议院通过的版本(《美国清洁能源与安全法》）为基础，但这份有八百多页的法律草案的主体部分与众议院版本也有一些差别。尽管当时美国政府和国会都全力专注于国内医保改革问题，参议院版本的气候变化法草案一经公布，还是立刻引起美国媒体、学术界和众多机构纷纷议论。根据美国国会的立法程序，该草案在进入参议院的投票程序之前还需要以下六个委员会的修订和建议：能源与自然资源委员会、金融委员会、农业委员会、商业委员会、外交关系委员会、环境与公共事务委员会。鉴于应对气候变化问题涉及的产业和利益方范围异常广泛，利益分歧大，参议员们关注的优先事项和角度各异，该法案在参议院的审议将是一个充满变数的艰难进程。

二、2009年美国气候变化法案的主要内容

由于气候变化问题的复杂性以及与国家社会经济各部门的关联性，应对气候变化的法律，实质上是一国关于能源利用、环境保护、产业结构与经济发展模式等多方面法律规范的综合体。美国应对气候变化的法律与政策，一般围绕和侧重四个方面：一是采用污染控制手段，控制和限制温室气体的排放总量；二是重视能源效率与节约，通过减少能源的使用量，间接减少石化燃料中的温室气体排放；三是碳捕获（储藏）和碳封存，将二氧化碳储藏在土壤、基岩或其他不进入大气的地方；四是适应，预见和尽量减少所受到的气候变化的不利影响。② 2009年美国众议院

---

① 依据《美国宪法》第1条第1款，法律草案经过参议院审议获得多数表决通过后，提交总统签署才正式成为有约束力的法律。

② 赵绘宇：《美国国内气候变化法律与政策进展性研究》，载《东方法学》2008年第6期，第114页。

通过的以及参议院公布的相关气候变化法案和草案也是围绕这几部分进行。

（一）2009 年美国清洁能源与安全法案的主要内容

众议院 2009 年 6 月 26 日通过的《美国清洁能源与安全法案》致力于创造清洁能源工作、实现能源独立、减少全球变暖的污染和向清洁能源经济转型，其主要内容由五个篇章构成，分别是：第一篇“清洁能源”（Title I，Clean Energy）；第二篇“能源效率”（Title II，Energy Efficiency）；第三篇“减少全球变暖污染”（Title III，Reducing Global Warming Pollution）；第四篇“向清洁能源经济转型”（Title IV，Transitioning to a Clean Energy Economy）；第五篇“农业和森林的相关抵消”（Title V，Agricultural and Forestry Related Offsets）。该法案对公用事业管制政策法（PURPA）、清洁空气法（CAA）、联邦电力法、能源政策和保护法、商品交易法等的相关条款进行了修正，并提出了许多新的具体要求和举措。该法案的核心是进行能源和能效改革，限制碳排放总量，主要方式是采取碳排放“总量限额与交易制度”（cap-and-trade），即市场化的手段削减排放，通过设定碳排放上限，对美国的发电厂、炼油厂、化学公司等能源消费密集型企业的碳排放进行限量管理。该法案的温室气体排放配额交易制度，是效仿美国 1990 年《清洁空气法》修订案中规定的旨在减少二氧化硫排放的酸雨排放指标交易计划①。在排放交易体系下，法案要求排放源（能源消耗密集型企业）对自身排放的每吨温室气体都要持有相应的排放配额（许可），这些配额指标可以进行交易和储存。政府每年给企业发放的排放配额数量在 2012 年至 2050 年期间会显著地减少。

本法案的一些关键条款包括：（1）为主要的碳排放源设置排放限制，即 17-20 和 80-50 目标——以 2005 年为基准，到 2020 年实现美国碳排放在 2005 年水平上减少 17%，到 2050 年减少超过 80%；②（2）20-20 目标，即 2020 年通过可再生能源和能效改进满足 20% 的电力需求，提倡使用清洁能源；③（3）加大投入，即在新清洁能源技术和能效方面投入 1900 亿美元，包括到 2025 年为止投入 900 亿美元到

---

① 据统计，美国的酸雨排放交易计划已经减少了二氧化硫 50% 的排放量，提前三年完成目标，而且减排成本远低于预期成本。

② See Sec. 702 (Economy-wide reduction goals) and Sec. 703 (Reduction targets for specified sources), American Clean Energy and Security Act of 2009, H. R. 2454, 111th Cong. (2009), approved by the House of Representatives on Jun. 26, 2009.

③ *Ibid*, Sec. 101 Combined efficiency and renewable electricity standard.

能源效率和可再生能源，600亿美元进行碳捕获和封存等方面的项目①，200亿美元到电力和其他高技术交通工具以及200亿美元到基础科研和开发；②（4）提高相关标准，如颁布建筑、设备和工业的节能新标准；③（5）适应气候变化，降低负面影响④，包括保护消费者免受能源价格上涨的影响⑤等。政府初期将免费配发85%的排放配额及许可证，以降低对产业的冲击；同时也提供许多财政补贴，协助相关产业过渡到清洁能源的经济模式。本法案以预留排放信用额度和排放配额拍卖所得作为政府投资，支持一些重要的公共政策的进展，包括：采用先进的技术措施减少温室气体排放；通过提供补贴保护中低收入的美国公民不受能源涨价的影响。据估计，该法案将会创造数以百万计的、与清洁能源相关的工作机会，为消费者省下几十亿美元的能源费用，促进美国能源的独立与安全，同时遏止全球暖化日趋严重。

这是美国国会首次通过法案为温室气体的排放设定限制。正如法案的提案人所解释的那样，本法案将影响深远，涵盖经济、环境、能源安全和国际谈判等各个方面，是应对气候变化的一个重大开端和进步。⑥ 从国际层面上看，该法案为美国参与"后京都议定书"的国际谈判奠定了国内法律基础。

（二）2009年清洁能源工作与美国能源法案的主要内容

2009年9月30日，参议员Kerry和Boxer公布的参议院版本的气候变化法草案——《清洁能源工作与美国能源法案》（S. 1733，Clean Energy Jobs & American

---

① 关于碳捕获和封存的规范、标准和商业化应用体现在本法案的Sec. 111-114和Sec. 812等条款。

② 这体现在很多条款中，比如Sec. 131（Establishment of SEED Accounts）、Sec. 132（Support of State renewable energy and energy efficiency programs）。

③ 提高能效被视为减少温室气体排放的一个重要手段，该法案有很多条款是关于能效标准和提升能源效率的规定，比如规定建筑物能效的Sec. 201-205、规定照明设备效率的Sec. 211-219以及规定交通工具能效的Sec. 822与Sec. 841。

④ *Ibid*，Sec. 451-482.

⑤ 该法案的施行并不会增加消费者很多额外支出。根据国会预算办公室和环境保护局的最新分析，到2020年，该项法案使每个家庭每天支付额外的成本将低于50美分（这其中还未考虑能源效率节省的成本）。

⑥ 美国的这一法案本身固然是进步，但不能过分夸大这种进步性。因为该法案设定的美国减排的基准年份是2005年，按照该法案设定的减排目标，美国到2020年温室气体排放量要在2005年的基础上减少17%。而国际社会的减排目标是以1990年为基准的，如果同比进行换算，这仅相当于美国在国际社会公认的1990年排放基准的基础上减排4%，这与国际社会期望的美国减排量相差很大，与欧盟在此基础上减排20%的承诺差距也很大。

Power Act）是以众议院通过的气候变化法案为基础。该法案分为两大部分。第一部分是关于减少污染、经济转型和适应气候变化的授权（Division A—Authorization for Pollution Reduction, Transition, and Adaption），由三个篇章组成，分别是温室气体削减计划（Title I Greenhouse Gas Reduction Programs）、研究开发（Title II Research）、经济转型和适应气候变化的不利影响（Title III Transition and Adaptation），其具体内容包括授权制定温室气体排放标准、进行碳捕获和封存、设立包括核能和可再生新能源在内的诸多新能源规划项目；提高能效（包括低碳电力、建筑物能效、交通效率的标准确定）；为研究和开发、适应气候变化以及向新经济转型等提供帮助（比如，培训关键技工、保护受影响的消费者、支持受影响的产业、使清洁能源成为美国的经济优势）。第二部分是关于减少污染和进行投资的内容（Division B Pollution Reduction and Investment），由两个篇章构成，分别是减少全球气候变暖的污染（Title I Reducing Global Warming Pollution）和项目的分配（Title II Program Allocation），具体内容包括减少全球气候变暖的污染和规定温室气体排放的总量，排放指标的分配、温室气体排放标准和碳市场的准入，以及关于第一部分所提各规划项目和投资的管理。

该议案的关键条款包括：（1）发展低碳电力①、强调天然气②、原子能（核能）③ 和可再生能源的利用④，促进对这些低碳技术和可再生能源的研发与支持；（2）制定温室气体排放的近期、中期和远期目标，规定所调整的温室气体的强制性排放总量和其他温室气体的无约束力的排放目标，⑤ 以 2005 年美国的排放量为基准，2012 年要低于 2005 年这个基准年的排放量，2020 年要削减 2005 年排放量的 20%（即削减 1990 年美国温室气体排放量的 7%），2030 年要削减 2005 年排放量的 42%（相当于 1990 年排放量的 33%），2050 年要削减 2005 年排放量的 83%

---

① See Sec. 161 (Renewable energy), Clean Energy Jobs and American Power Act, S. 1733, 111th Cong. (2009) (introduced in the Senate on Sep. 30, 2009).

② 法案第一章第八节的内容都是围绕清洁能源与天然气的规定，对天然气公司进行经济激励，对天然气技术的提升提供研发方面的保障。具体可参见 Sec. 181. (Clean Energy and Accelerated Emission Reduction Program) and Sec. 182. (Advanced natural gas technologies.) .

③ 法案第一部分的第一章第三节是关于核能的规定，具体参见 Sec. 131-133。

④ 体现为法律草案在关于对可再生能源和清洁交通，对可再生能源设施的制造与使用的支持，具体参见 Sec. 161 (Renewable energy), Sec. 162 (Advanced biofuels), Sec. 201 (Advanced energy research) .

⑤ See Sec. 702 (Economy-wide reduction goals) and Sec. 703 (Reduction targets for specified sources) .

（相当于1990年排放量的80%）；（3）提高能源效率①，包括建筑物②、水资源③和交通④等方面的能源利用效率；（4）受规制的企业排放温室气体必须获得相应的排放配额（许可）⑤；（5）提倡并支持碳捕获和封存技术（Carbon Capture and Sequestration，CCS）的商业化应用；⑥（6）温室气体减排交易制度⑦；（7）对气候变化的国内适应与支持。⑧

总体来看，参议院公布的气候变化法案的目标可以概括为"抓住机会使美国未来重新掌控能源、重新发挥美国的经济领导作用与市场竞争力、保护美国的家庭不受气候变化的污染、确保美国的能源独立与国家安全"。参议院版本的气候变化法案，虽然由于立法程序、党派政治和潜在利益冲突等原因，有的规定相对还比较模糊，但至少该法案的公布为参议院讨论气候变化的联邦立法提供了起点和靶子，引发的讨论和形成的共识有助于美国明确参与气候变化国际谈判的基本立场和政策。

三、众议院和参议院气候变化法案的比较分析

虽然参议院公布的气候变化法草案(《2009年清洁能源工作与美国能源法案》)以众议院通过的气候变化法案(《2009年美国清洁能源与安全法案》)为基础。综合比较这两项法案的具体内容可知，二者的实质内容总体上相似，都规定了温室气体削减目标和手段，都提倡清洁能源和可再生能源，重视能效的提高，削减温室气体的同时还重视美国能源的独立和经济的竞争优势与竞争力。但是二者还是存在一

---

① 体现在本法案的第一部分第一章第六节（Subtitle F—Energy Efficiency and Renewable Energy）.

② See Sec. 163（Energy efficiency in building codes）.

③ 法案的第一部分第一章第四节是关于水资源利用效率的规定（Subtitle D—Water Efficiency），具体体现为Sec. 141.（WaterSense），Sec. 142（Federal procurement of water-efficient products），Sec. 143（State residential water efficiency and conservation incentives program）.

④ See *ibid*, Sec. 112.（Greenhouse gas emission reductions through transportation efficiency），Sec. 113.（Transportation greenhouse gas emission reduction program grants），and Sec. 114（SmartWay transportation efficiency program）.

⑤ See *ibid*, Sec. 771-783.

⑥ 本法案的第一部分第一章第二节是关于碳捕获和封存事项的规定（Subtitle B—Carbon Capture and Sequestration），具体体现为Sec. 121-125、Sec. 780-781.

⑦ See *ibid*, Sec. 724（Trading）and Sec. 726（Market Stability Reserve）.

⑧ 法案的第一部分第三章是关于经济转型和气候变化适应问题的规定（TITLE III—TRANSITION AND ADAPTATION），具体体现为Sec. 341-384等条款。

些差别，除了监管机构的设置和权限分配外①，实质性的差异主要体现在如下几个方面。

（一）温室气体减排的短期目标差异

虽然两个版本的气候变化法案都是以2005年为美国控制温室气体排放量的基准年份，而不是以《京都议定书》规定的1990年为基准年。不过，相比众议院法案规定的短期减排目标——即2020年减排基准年总量的17%，参议院的气候变化草案提出的短期减排目标略有提高——美国到2020年要在2005年基础上减排20%。不过，参议院和众议院法案在减排的短期目标上的差异，应该不是一个实质问题，或许主要是基于立法过程中各方力量进行讨价还价的技巧，为日后各方的妥协留下必要空间。众议院气候法案的草案刚出台时，其减排目标是25%，在之后历经的立法程序中经过各委员会的讨论和修订，这一短期目标最终被下调到17%。目前，关于气候立法，参议院的立法形势比众议院更加严峻,② 不少参议员明确反对该项气候变化立法。因此，可以预见参议院的气候变化法草案提出的削减20%的短期减排目标最后也可能很难坚持下来。事实上，在哥本哈根气候变化峰会上，美国谈判代表的相关表态也表明美国倾向于17%的碳排放削减承诺。

（二）国内减排市场的差异

美国国内的温室气体减排市场是一个备受关注的内容，美国的气候立法案侧重于利用市场的力量，以二氧化碳排放总量限额与交易制度和发放排放指标（配额）为手段，实现碳减排目标③同时确保美国企业的市场竞争力。迄今为止，美国联邦

① 关于监管机构等机制安排上的差异，众议院版本中针对美国国内减排市场规定有国家环境保护局和农业部两个监管主体，而参议院的草案将这项监管权限完全归于国家环境保护局。

② 按照立法程序，参议院的气候法案需要多个委员会修正、表决通过后才能进入参议院全院表决程序。以该议案在参议院环境和公共事务委员会的讨论与表决为例。2009年11月5日，环境和公共事务委员会以十一票赞成、一票反对的结果通过了参议院版本的气候法案。该委员会有十九名成员，在当天的投票中，其中七名共和党成员集体抵制并缺席投票，以此表示反对该法案；十二名民主党成员中一人投了反对票。投反对票的参议员鲍卡斯在参议院听证会开始时就明确表态，认为该版本的温室气体减排目标设得太高了，“对该议案中期减排目标的深度以及缺少对《清洁空气法》的优先执行权持深度保留意见”。参见吴庆才：《美参议院环委会通过气候法案设定较高减排标准》，2009年11月10日访问，http://www.legalinfo.gov.cn/index/content/2009-11/06/content_1178067.htm.

③ James Chapman, *Linking A United States Greenhouse Gas Cap-and-trade System And The EU ETS*, Vermont Journal Of Environmental Law, Vol. 11, No. 4, 2009, p. 48.

层面的所有气候法议案都有减排配额交易制度的规定。碳排放总量限额与交易（或称总量控制与贸易制度，cap-and-trade），是指在限制二氧化碳排放总量的基础上，政府对各污染源发放碳排放配额（一种碳排放的许可或指标），这些排放配额可以在市场上进行交易。为了减少成本，企业一般会尽可能地减少碳排放量以免超过配额，多余的碳排放配额投入市场进行交易，以获得更多收益，当然企业碳排放配额不足，也可以通过市场买入。

最初规定二氧化碳排放总量限额与交易制度的气候法案由 Joseph Lieberman 和 John Warner 于 2007 年 10 月提出，被称为 Lieberman-Warner 气候安全法案（S. 2191），由于美国各界担心国内经济会因为应对气候变化而受到影响，该法案最终没有顺利通过。2008 年 5 月，美国参议员环境与公共事务委员会（Senate Environment and Public Works Committee）主席 Bobara Boxer 提出了被称为 Boxer 法案的气候安全法修正案草案（S. 3036），该法案对 Lieberman-Warner 法案进行了修改，并再次强调二氧化碳排放总量限额与排放指标交易制度的必要性，该法案最终也没有获得通过。2009 年 3 月，美国众议院能源与商业委员会（House Energy and Commerce Committee）主席 Henry Waxman 与议员 Ed Markey 提出了 Waxman-Markey 法案，也就是本文所指的众议院的气候变化法案，针对二氧化碳排放总量限额与交易制度规定了更多具体的立法内容。2009 年 9 月公布的参议员版本的气候变化法草案即 Boxer-Kerry 法案也规定了类似的内容。

虽然 2009 年众议院和参议院的气候变化法案都是以总量限额与交易（cap-and-trade）为基础的减少全球变暖计划。但是参议院草案的限额与交易制度对众议院的版本作了几项重要的调整。首先，参议院 800 多页的法律草案对最为核心的总量限额与交易体系该如何运行也未作规定，如同当初众议院发布的草案一样。此外“排放总量限额与交易制度（cap-and-trade）”的说法被替换成了“污染控制与投资（pollution reduction and investment）”。这种表述上的差异或许表明了这一制度的重要性和受重视的程度，以及法案草案的提案人的煞费苦心。自从 2009 年众议院的气候变化法草案公布以来，气候变化法案的批评者，尤其是共和党议员们，经常把排放限额与交易制度中的碳排放配额（allowance）描述成一个新的税种，甚至把这种机制叫做“cap-and-tax（总量控制税）”，而美国民众一般都是“谈税色变”，导致了一些民众对这一气候变化法案的质疑。关于排放限额与交易制度这一表述的煞费苦心的改动也意味着参议院民主党的领袖们已经预见到接下来的立法过程的艰难和辛苦。其次，对包括中国在内的很多发展中国家都比较关注的国际减排配额交易问题，草案也不像众议院版本那样持有开放态度，表明不是大力欢迎减排配额的国际贸易，而是要求在能满足需要的情况下尽量使用国内的配额供应，这表明参议院的立法草案是限制国际减排配额的使用量。再次，参议院的草案对农业集团有明显的让步，农业领域没有任何减排的要求。①

（三）“边境调节措施”（border adjustment）的差异

众议院版本的气候变化法是在众议院表决通过的前夕增加了“碳关税”条款，参议院版本对碳关税条款更为重视和强调。为了确保美国相关产业的市场竞争力，防止所谓的“碳泄漏（leakage）”现象（即美国控制温室气体减排，增加了企业成本，导致了企业转移到没有要求减排的地方去或者导致了其他国家的没有承担温室气体减排义务的企业产品获得比较优势），参议院法案草案强调了边境调节措施，这种措施也被形象化地称为“碳关税”。碳关税体现为进口和出口两个方面——对进口到美国的来自没有碳排放控制的国家的消耗化石能源导致大量碳排放的产品征收边境调节税，对出口到没有进行碳排放控制的国家的美国碳密集型产品进行减税、免税或退税。这一条款引起了广泛的争议，尤其是与WTO规则的协调问题，有人质疑这种出口退税的规定就类似美国在“外国销售公司税收待遇案”（Tax Treatment for Foreign Sales Corporations，WTO DS108.）中提供的补贴。尽管中国等国家抗议美国的碳关税条款，但是据一些美国媒体报道，参议员们在气候变化法案上的关注焦点之一就是强化落实碳关税条款。比如，参议院财政委员会主席马克斯·鲍卡斯2009年11月中旬曾表示，参议院版气候法案也必须包含强有力的“边境调节”措施。

从目前两个版本的气候法案对碳关税的态度来看，一旦美国制定了联邦层面的气候变化法，碳关税应该最终会成为美国的法律规则。这也表明，由于气候变化问题的复杂性，美国注重运用政治、经济、科技和外交等多方面的手段进行综合治理，保护环境的同时更注重保护国内企业和产品的市场竞争力。

（四）受调整和影响的企业与行业的范围差异

虽然参众两院的法案都对美国大型温室气体排放源设置了具有法律约束力且逐年下降的总量限额，但众议院版本的气候法案包括的企业和行业范围更广。根据众议院的气候变化法案，美国85%的行业和领域将会被涵盖，基本上包括所有的电力企业和每年二氧化碳排放量超过25000吨的主要工业企业，即发电厂、制造业设施和炼油厂。参议院公布的草案所涵盖的企业范围和数量都小于众议院的版本，只有每年二氧化碳排放量超过25000吨的企业被覆盖，这一收缩意味着被涵盖的行业

---

① 参见李月：《美国参议院气候法案草案解读》，2009年10月3日访问，http://blog.sina.com.cn/s/blog_5fa62d9d0100ficl.html.

和企业在75%左右。① 这是因为为了将清洁能源变成美国经济的优势，尽量保护受影响的产业和保护消费者免受碳排放削减的不利影响是参议院版本的气候变化法案的重要内容。

（五）关于能源和能效

首先，关于可再生能源与能源效率方面，参议院版本的草案没有直接给出具体的数量化达标比例，而是参照参议院2009年6月通过的《美国清洁能源领导法案》（ACELA）。ACELA要求美国各州在2021年之前由可再生能源和能效项目提供15%的电力供应，这一要求和众议院气候法案的要求（20%）② 相比低了不少。其次，虽然这两项气候变化法案都支持天然气发电，尤其是针对来自美国本土开采的天然气资源的使用，但是这两项法案各自对待核能的态度差异较大。与众议院版本绝口不提核能与核电技术的态度形成明显对比的是，参议院版本的法案一开始就把核能放在重要位置，旗帜鲜明地支持核能利用，提出为核电的发展提供贷款担保和相关保险以降低政策风险，并增加核电技术的研发与核废料管理方面的研究，为核电在确保美国能源独立方面发挥日益增长的作用消除障碍。③

（六）对碳捕获和封存技术的支持与推广

参众两院的气候法案的另一项区别在于各自对碳捕获和封存技术的重视。参议院法案大力支持碳捕获和封存技术的研发和推广，提出要在10年中为碳捕获和封存技术的研发和推广提供总额达100亿美元的支持，以便使煤电厂与碳捕获和封存技术相结合，提供清洁的电能。此外，参议院法案还表示要为将碳捕获和封存技术运用于商业的"先行者"留出额外的支持资金，以鼓励碳捕获和封存技术在现有煤电厂或新建电厂的使用和推广。这表明，参议院版本的气候变化法案不仅重视市场在减排中的作用，而且非常关注技术在实现碳减排中的作用，重视新技术的研发和推广利用。

参议院的气候变化法草案与众议院气候变化法案存在的上述差别有多种原因。参议院和众议院各自立法程序的差异是原因之一。众议院的法案是一部详细的关于

---

① 参见李月：《美国参议院气候法案草案解读》，2009年10月3日访问，http://blog.sina.com.cn/s/blog_5fa62d9d0100ficl.html.

② Section 101, The American Clean Energy and Security Act, HR 2454.

③ 参议院气候变化法案第一章第三节是关于核能的规定（Subtitle C Nuclear and Advanced Technologies），涉及的事项包括核能的研发和支持政策，与核能项目相关的技术工人的培训，核能安全等。具体参见Sec. 131-133, Clean Energy Jobs and American Power Act, S. 1733.

清洁能源和气候变化的法案，而参议院的则侧重于温室气体的削减问题，也就是气候变化问题，这是因为2009年参议院的能源与自然资源委员会已经通过了一部详细的能源法案——《清洁能源领导法案》。《清洁能源领导法案》与众议院通过的气候变化法案的很多能源条款是相对应的。存在差异的另一种原因是，参议院目前公布的气候变化法草案只是参议院讨论和制定气候变化法的起点，该法案的很多关键方面需要留待未来由环境与公共事务委员会等其他委员会进一步讨论和充实，同时也需要留出必要的灵活空间供党派争论和各利益集团博弈。

四、2009年美国气候变化法对中国的挑战与借鉴

2009年美国气候变化法案虽然只是美国的国内法律议案，只是被纳入美国国会立法议程的法案，但是鉴于美国这一超级大国是世界上第二排放大国暨人均排放量的第一大国，鉴于它在控制温室气体排放和应对气候变化行动中重要地位和影响，鉴于国际社会需要将游离于《京都议定书》这一应对气候变化的国际机制下的美国拉回国际合作的框架内，鉴于气候变化议题是目前国际社会的一个焦点话题，美国的气候变化立法会对国际社会正在制定的后京都议定书时代的减排规则有重要影响。鉴于美国将先前拒绝批准《京都议定书》的一个重要原因归结于中国不承担有约束力的减排义务，鉴于美国紧盯中国应对气候变化的行动与努力、想迫使中国接受强制性减排的态度，我们有必要跟踪和研究美国的气候变化法案及其影响，尤其是对中国和中国企业的影响。基于篇幅考虑，本文暂不讨论2009年美国气候变化法案对现行国际气候变化法律制度的影响和对国际贸易法律制度的影响（具体而言是与WTO规则的关系问题），仅略论其对中国与中国企业的挑战与借鉴。

（一）对中国政府和企业的挑战

2009年美国气候变化法案对中国政府参与国际气候变化法律制度的谈判与制定，对于中国企业参与国际减排市场和对美贸易都是一项可以预见的挑战，有必要加以审慎分析、尽早寻求相应的对策。

在应对气候变化这一全球问题上，虽然各国都达成了需要削减温室气体排放、控制气候变暖的政治共识，但各国生态环境和资源禀赋各异、经济、社会利益交织混杂，利益斗争十分激烈。我国经济快速增长、由于温室气体排放总量大（已经是世界上排放量第一大国），近年来受到以美国为主的、要求发展中大国承担强制减排义务的伞型国家的强大压力。关于气候变化问题的国际义务，中国的立场与观点、理论与实践，与美国的差异很大。比如，即便是共同而有区别的责任制度，我

国主张应重视温室气体减排的“区别责任”或称“历史责任”（即温室气体主要是发达国家排放的，发达国家应该承担约束性责任），而美国强调“共同责任”（即排放温室气体的各国都有责任，都应当减排）。

美国的气候变化法案将对后京都议定书的谈判具有影响。奥巴马政府力推的《清洁能源安全法案》，标志着美国在应对气候变化方面迈出了重要的一步。由于中美双方在温室气体减排方面存在重大分歧，美国的气候法案必将对中国产生更大的减排压力。在对待中国这样的发展中大国的减排问题上，奥巴马政府与布什政府的立场基本一脉相承①，那就是意欲淡化、回避1997年《京都议定书》所规定的公平原则以及具有广泛国际共识的“共同但有区别的责任”原则，要求包括中国在内的发展中国家承担较高的、明确的、可验证的减排任务。一旦2009年的气候变化法案能如期成为法律，无论如何修改，都将以众议院和参议院的法律议案为基础，它必将作为奥巴马政府参与制定后京都议定书国际规则的准则②。美国可能会凭借其话语权，将国内法上的一些规则、尤其是对中国这样的处于经济快速发展的排放大国不利的规则写入国际文件。从国际法律文件的制定历史和实践可知，美国国内法规则被借鉴成国际规则的可能性难以避免。事实上，《京都议定书》规定的排放贸易机制就是以美国当年治理酸雨的国内排放贸易制度为蓝本。因此，中国政府必须审慎思考如何应对气候变化问题的国际谈判压力和美国国内法律上的壁垒。

气候变化法律，实质上是一国关于能源、环境、产业结构与经济发展模式等法律集合体。美国2009年气候变化法案也是如此，限制碳排放的同时异常关注美国企业和产品的市场竞争力。一个突出的例证就是备受关注的“碳关税”条款的写入。该条款是美国众议院在投票前一天增加的一项修正条款，目的在于取得来自制造业地区议员的支持——如果美国没有加入相关国际性的多边协议，自2020年起，美国总统将获权对来自未采取措施减排温室气体国家的钢铁、水泥、玻璃、纸张等进口产品采取边境调节措施，即授权总统对来自不接受温室气体减排标准的国家的那些能源消耗大的进口产品征收碳关税，也就是对在温室气体减排方面付出的努力与美国不可比的国家的产品征收“边境调节税”。参议院版本的气候变化法草案也明确提到了要用“边境调节措施”化解来自污染国家（未承担有约束力的温室气

① 当年布什政府退出《京都议定书》的借口之一就是中国、印度这样的碳排放大国没有承担有约束力的减排，这不公平。

② 从2009年12月召开的哥本哈根气候会议上美国谈判代表所作的表述看，目前美国在多边气候谈判中所作的承诺或表达的观点基本上以美国众议院通过的《清洁能源与安全法案》为基础。

体减排义务的国家）的进口产品的市场竞争力。由此可见，无论美国的气候变化法最终是倾向于众议院的版本还是参议院的版本，“碳关税”的内容都在所难免。与此相关的是，欧盟，尤其是法国也在积极为推行碳关税进行舆论和技术方面的准备。

中国是发展中大国，坚决要求不承担强制性的减排义务。这意味着未来中国产品出口到美国，将很可能被征收碳关税。这对中国的钢铁业和像钢铁产品这样的高能耗产品而言，是一个极大的打击。正如世界银行副行长兼首席经济学家林毅夫所言，发达国家经济中制造业的比重低，主要以服务业为主，服务业对能源的需求少，排放也比较少；发展中国家的比较优势是农业和制造业，在经济中的比重较大，占出口的比重也大，因此“碳关税”的推行对发展中国家的产业发展相当不利。对于美国的“碳关税”条款，中国外交部明确提出了抗议，认为这是利用气候变化之名推行贸易保护主义①。不过，从法律的角度而言，制定自认为合适的国内法律，只要不违反其承担的有效国际义务，这是美国主权范围内的事务，中国政府的抗议，其性质主要是表达一种担忧、一种关切，并不能当然阻止其立法。所以，中国政府以及可能受影响的中国企业和行业，不仅要通过适当的渠道表示对美国气候变化法的关切，还应积极思考该如何应对可能成为法律的碳关税条款之类的规定，减缓即将遭受的贸易壁垒。就政府层面而言，政府宜从宏观方面利用多边和双边的渠道抗议美国的碳关税条款，指出其作为隐蔽的贸易壁垒的实质，强调碳排放的“共同而有区别责任”，力争在多边国际谈判中化解碳关税条款这一不公平的规定。就中国的产业和企业界而言，相关利益方，尤其是出口导向的产业，一定要跟踪美国立法的进展，跟进和了解规则的制定动态及其影响，从微观角度在具体案件或事件中分析碳关税的施行是否违反美国承担的国际义务，从而在最大范围内维护自身的合法利益。

（二）对中国的借鉴

虽然美国的气候变化法律会对中国政府和相关企业或行业带来严峻挑战。但是该法案的不少内容也值得中国借鉴，可以为我国制定气候变化法或者节能减排措施

---

① 外交部副部长何亚非2009年7月2日就美国的气候变化法案指出，中方坚决反对利用应对气候变化推行贸易保护主义。他还强调，不管是在谈判进程中还是论坛上，都应该坚持“共同但有区别的责任”的原则。参见侯丽军、廖雷：《中国坚决反对利用气候变化之名推行贸易保护》，2009年9月5日访问，http://news.xinhuanet.com/world/2009-07/02/content_11639419.htm.

提供参考。这主要有两方面的原因：一方面是因为关注美国应对气候变化的国内立法进展，在一定程度上就是关注全球应对气候变化国际制度的发展。美国的环境法律制度对国际环境法律制度的形成具有重要影响。另一方面的原因，也是最主要的原因在于中美两国在应对气候变化和减排温室气体方面有类似的困难。虽然中国在经济发展水平、人均温室气体排放量与人均 GDP 等方面，与美国这样的发达国家有巨大差异，但美国经济发展及能源利用的特征，使得中国在某些方面，面临着与美国极为相似的温室气体减排问题。中美皆是以石化能源为基础的国家，这使得在应对全球气候变化方面，两国都有着繁重的能源替代负担，需要考虑开发利用新能源和提高能效，需要考虑减少温室气体排放与经济发展之间的平衡。美国如何在立法中应对和化解这些困难值得我们借鉴。

在温室气体排放与控制方面，美国的气候变化法案，无论是众议院版本还是参议院的法案都以关注能源安全和促进经济发展为出发点，重视技术和市场调节在实现减排目标方面的作用，尽量降低减排对经济和受影响群体的不利后果。这在制度设计方面体现为参众两院的气候变化法案都有大量条文突出强调利用新能源新技术减排——进行能源创新和提高能效，开发利用低碳技术、以及对二氧化碳进行碳捕获和封存，并为此专门从企业、产业、政府与市场等多方面做了详细的规则设计与支撑。比如，政府推广新能源新技术的研发与使用、对使用新能源和新技术的行业或项目在资金和税收等方面进行优惠或倾斜。这种重视技术并为技术的推广配套完善的制度与政策支撑的理念和规则——控制碳排放的同时不给经济带来过重负担，对于我国目前专注经济发展的大背景下降低碳排放强度与速度而言，具有重要的借鉴意义。参众两院的法案还都重视以经济激励为主的多种措施综合治理碳排放削减问题，比如关于“总量控制与交易制度”的规定，关于国内减排市场的规定，这对于我国东、西、南、北区域间不平衡发展情形下实现温室气体减排也有现实的启示作用。

此外，美国的气候变化法案关于平衡减排与经济发展的若干规定也对中国的相应立法与工作有积极的借鉴意义。比如，参众两院的气候变化法案都有不少条文规定了政府在资金和政策等方面协助产业和民众适应气候变化以及为新经济的转型提供帮助，尽量降低节能减排带来的不利影响，这包括培训关键的技术工人、保护受影响的消费者、支持受影响的企业。

总之，美国政府关注能源安全、鼓励开发新能源和可再生能源、进行低碳经济转型方面的规划与激励方案，对于我国未来的气候变化立法与配套措施的制定都有现实的借鉴意义。

Analysison the Bills of Climate Change of 2009 in USA

LAN Hua

Abstract: To address the issue of climate change which is a pressing key issue in the world by way of legislation, US has taken an important step in 2009 by issuing two bills, especially the passage of The American Clean Energy and Security Act in the House. These bills will have great impacts not only on the energy policies and adaption measures of US government and industries, the multilateral negotiations of the post-Kyoto Protocol, but also on China's actions in both domestic and international levels, and particularly on Chinese energy intensive enterprises. This article focuses on the analysis of climate change bills by comparison and points out their challenges to both China and Chinese enterprises, the implication for China's climate change legislation as well.

Keywords: climate change act The American Clean Energy and Security Act Clean Energy Jobs and American Power Act cap-and-trade carbon tariff

四、专题三：非政府组织问题研究

非政府组织与2008年《集束弹药公约》：参与、影响及启示*

□ 黄志雄**

内容摘要 2008年《集束弹药公约》的通过，是国际人道法领域新近取得的一个重大进展。在围绕该《公约》的艰难博弈中，以“集束弹药联盟”为代表的一大批非政府组织不仅成功唤起了国际社会对集束弹药所产生的人道主义问题的关注，还有效地推动了在“奥斯陆进程”内围绕集束弹药的谈判，对《公约》的达成和未来的生效、实施发挥了强有力的作用。客观分析非政府组织在《公约》谈判中所发挥的影响力，对于认识非政府组织在现代国际法律秩序中的地位和作用，有着十分重要的意义。

关 键 词 非政府组织 集束弹药 集束弹药联盟 国际人道法 《集束弹药公约》

目 次

---

* 本文系国家社科基金项目“全球化进程中非政府组织与和谐世界的构建”（批准号：07BFX075）的中期成果。

** 武汉大学国际法研究所副教授、法学博士，武汉大学国际人道法研究中心执行主任。

（三）集束弹药联盟对其他国家的宣传、动员和影响

（四）登堂入室：奥斯陆进程中的集束弹药联盟

三、从《集束弹药公约》的主要内容看非政府组织的影响

四、几点启示——走向新的全球治理模式？

作为一种在当代武装冲突中被频繁使用的常规武器，集束弹药（cluster munitions）给平民带来的人道主义灾难在近几十年来日益受到国际社会关注，其法律规制也在近几年迅速取得进展。2008年5月30日，107个国家在爱尔兰首都都柏林通过了一份全面禁止集束弹药的《集束弹药公约》草案。公约已于2010年2月16日获得30个国家批准，将于2010年8月1日正式生效。① 国际人道法这一重要进展的取得，除了有关国家和政府间国际组织作出的贡献外，一批非政府组织对于该公约谈判的发起和成果的取得都产生了重大影响，并使公约具有鲜明的"人本化"色彩。本文拟结合该公约的谈判背景和主要内容对此加以探讨。

一、集束弹药及其法律规制：从《特定常规武器公约》到"奥斯陆进程"②

集束弹药是指通过导弹或飞机投掷后大面积释放出大量与母弹分离的爆炸性子弹药的弹药。母弹降落到特定高度或特定时间时会自动打开，释放出的子弹药数量从几十颗到六百多颗不等。子弹药撞击地面后爆炸，所形成的碎片具有巨大的破坏性。这些锋利的碎片可以穿透钢板，对最大超过三万平方米的区域内散布的多个目标（包括坦克、装甲车和人员等）达到打击效果。③

集束弹药最早现身于"二战"期间。由于其具有可对大面积区域内的多个军事目标进行打击的特性，此后成为一种在武装冲突中被频繁使用的常规武器。据统计，迄今共有34个以上国家生产了200种以上不同型号的集束弹药，至少有12个

---

① 该公约第17条规定："本公约应自第30份批准书、接受书、核准书或加入书交存之月后第六个月的第一天生效。"截至2010年3月初，除了30个交存批准书的国家外，另有74个国家签署了该公约。关于该公约的官方信息可见以下网址：http：//www.clusterconvention.org/.

② 本部分内容可另参见：黄志雄、范琳：《国际法人本化趋势下的2008年〈集束弹药公约〉》，载《法学评论》2010年第1期。

③ ICRC, *A New Treaty to End Decades of Civilian Suffering*, available at http：//www.icrc.org/Web/Eng/siteeng0.nsf/htmlall/p0938/$File/ICRC_002_0938.PDF, visited on 12 October, 2009.

国家以及若干非国家武装集团在23个国家使用过集束弹药；70个以上国家储存有集束弹药，包含的子弹药总计在数十亿颗以上。① 不过，集束弹药的本身特性也决定了使用这种武器会产生一系列不可避免的严重后果。

一方面，由于集束弹药所具有的“面打击”效果，为子弹药所覆盖的大面积区域内的人员和物体都成为打击对象，而无法对军事目标和民用目标加以明确区分。更为严重的是，大部分集束弹药所释放出的子弹药没有制导系统，可能因操作不当、风力或其他不良天气条件飘到设定区域之外，给目标区域范围之外的人员、车辆、公路和房屋造成破坏，从而殃及无辜的平民，造成不分皂白的攻击。

另一方面，由于技术条件的限制（有时则是出于刻意的技术设计），很多子弹药降落时碰到柔软的地面或水面不会爆炸，或碰撞地面后没有成功引爆，由此产生的大量战争遗留爆炸物往往造成更大的人道主义灾难。这类“哑弹”（比例一般高达约30%甚至70%）很多以金属碎片或玩具部件形状散落在田间地头和公路中间，在武装冲突结束后对平民（尤其是儿童）的生命和财产安全都构成巨大的安全隐患，并严重影响了战后重建工作的开展。

2006年公布的一份报告表明，集束弹药所造成的伤亡总数（包括在武装冲突中和冲突后）中，平民的比例高达98%。② 然而，现有国际人道法规则并没有从作战手段上即武器本身来限制或禁止集束弹药的使用，而基本上是从作战方法上来认定使用集束弹药的方式、具体行为是否违法，如是否违反区分原则（principle of distinction）、比例原则（principle of proportionality）等国际人道法的核心规则。尽管作战方法的限制在一定程度上使集束弹药的使用受到了法律制约，但在具体个案中，对于是否存在针对平民的“不分皂白的攻击”、从而违反区分原则，或者对平民的损害与预期的具体、直接的军事利益相比是否构成“过分的攻击”、从而违反比例原则等问题的认定，往往都是模糊和有争议的，这给对集束弹药的有效约束造成极大的困难。

集束弹药所产生的“哑弹”可以说是一种“事实上的地雷”，但它并不受

---

① Norwegian Ministry of Foreign Affairs, *Addressing the Humanitarian Impacts of Cluster Munitions: Key Issues—Background paper to the Oslo Conference on Cluster Munitions*, 22-23 *February* 2007, available at http://www.strenbombe.de/documents, visited on 12 October, 2009.

② See Landmines Action, *Foreseeable Harm: The Use and Impact of Cluster Munitions in Lebanon*: 2006, available at http://www.landmineaction.org/resources/Foreseeable%20Harm.pdf, visited on 12 October, 2009.

1997年《禁止杀伤人员地雷公约》的约束。① 1980年《特定常规武器公约》②（Convention on Certain Conventional Weapons）缔约国在2003年达成了一份《战争遗留爆炸物议定书》（第五议定书），对于解决包括集束弹药在内的战争遗留爆炸物问题有着积极意义。但是，该《议定书》既不包含对使用这些特殊武器本身的具体限制条款，也未明确规定降低有关武器未爆炸率的措施，更不能溯及适用于公约议定书生效前业已存在战争遗留爆炸物问题。概言之，现有的规定不足以从源头上控制集束弹药的生产、流通和使用。

20世纪60—70年代越南战争以来，集束弹药给人类特别是平民带来的巨大灾难和应有的法律对策逐渐受到关注。③《特定常规武器公约》的缔约国涵盖了主要军事大国和经历武装冲突的国家（包括绝大部分在集束弹药问题上有实际利害关系的国家），是讨论集束弹药问题的一个合适框架。在该公约历年的缔约国会议上，集束弹药都是讨论议题之一。但由于不同国家利益和立场的分歧，制定专门的集束弹药议定书的问题始终未能达成一致，甚至直到2006年在维也纳举行的公约缔约国会议上都未被列入正式谈判议程。

《特定常规武器公约》框架内有关集束弹药问题谈判的踟蹰不前，使一些强烈要求禁止这类武器的国家和组织开始谋求在该框架之外制定一个国际条约。维也纳会议结束前的第二天也就是2006年11月17日，挪威外交大臣宣布，挪威政府将邀请有关国家在奥斯陆举行会议，就制定专门性法律文件禁止集束弹药开展谈判。2007年2月举行的奥斯陆会议，标志着"奥斯陆进程"（Oslo Process）正式启动，围绕集束弹药问题的博弈由此进入了一个快轨道。经过随后在秘鲁利马（2007年5

---

① 1997年达成的《禁止杀伤人员地雷公约》（全称为《关于禁止使用、储存、生产和转让杀伤人员地雷及销毁此种地雷的公约》，又称《渥太华公约》）禁止使用、储存、生产、发展、获取和转让杀伤人员地雷，并要求将储存中或地面中的此种地雷予以销毁。但公约第2条规定："'杀伤人员地雷'是指设计成在人员出现、接近或接触时爆炸而使一名或一名以上人员丧失能力、受伤或死亡的一种地雷。设计成在车辆而不是人员出现、接近或接触时引爆，并且装有防排装置的地雷，不视为杀伤人员地雷。"未爆炸的集束弹药并不符合这一定义。

② 全称为《禁止或限制使用某些可被认为具有过分伤害力或滥杀滥伤作用的常规武器公约》，目前共有109个国家批准或加入。该公约正文（共11条）并没有直接禁止任何一种武器，而是通过附加议定书这种开放性框架分别对特定种类的武器加以限制或禁止。迄今为止，公约共通过了5个附加议定书，限制了包括无法探测的碎片、地雷（水雷）、饵雷和其他装置、燃烧武器、激光致盲武器和战争遗留爆炸物在内的几种特定常规武器。

③ 1974年由红十字国际委员会（ICRC）发起在瑞士卢塞恩举行的常规武器会议，最早提出了应采取法律措施对集束弹药所产生的人道主义灾难加以约束。See Bonnie Docherty, *The Time is Now: A Historical Argument for a Cluster Munitions Convention*, Harvard Human Rights Journal, Vol. 20, 2007, pp. 70-71.

月)、奥地利维也纳（2007年12月)、新西兰惠灵顿（2008年2月）举行的三次外交会议的反复酝酿，2008年5月中下旬在爱尔兰首都都柏林举行的禁止集束弹药会议上，来自100多个国家的代表经过两周的谈判，终于达成一份全面禁止集束弹药使用、生产、转移和储存的《集束弹药公约》（Convention on Cluster Munitions)。公约于2008年12月3日起在挪威首都奥斯陆向各国开放签署。《集束弹药公约》的制定，标志着国际社会全面禁止集束弹药的努力取得了里程碑式的突破。

二、非政府组织对禁止集束弹药进程的推动

从20世纪80年代到90年代前期，一些非政府组织一直密切关注集束弹药带来的危害，① 但总体而言，这些组织的声音在国际上并不够强大。世纪之交国际局势的若干新变化，特别是集束弹药在1999年科索沃战争、2002年阿富汗战争和2003年伊拉克战争中的广泛使用和对平民造成的广泛伤亡，为非政府组织在禁止集束弹药的运动中发挥更大影响力提供了宝贵契机。以2003年“集束弹药联盟”的成立为新的起点，非政府组织在《特定常规武器公约》和“奥斯陆进程”两个谈判框架内都发挥了更加强有力的作用，并最终成功推动了《集束弹药公约》的达成。

禁止集束弹药的艰难历程，涉及非政府组织在内的国际社会多种力量之间的长期博弈。本部分试图从三个层面剖析非政府组织在这一历程中所扮演的角色及其行动方式：首先，非政府组织之间在“集束弹药联盟”这一旗帜下组成的跨国联盟；其次，集束弹药联盟与有着相似立场的国家和国际组织形成的伙伴关系；再次，集束弹药联盟与立场不同的其他国家之间既斗争又合作的复杂关系。最后，通过奥斯陆进程这一谈判舞台，具体分析以集束弹药联盟为代表的非政府组织在上述三个层面、多种力量博弈中发挥的作用。

（一）集束弹药联盟：卓有成效的跨国大联盟

一般而言，单个非政府组织的规模较小，关注的领域和发挥的影响力都难以与国家和政府间国际组织比肩。不过，自20世纪1980年代以来，非政府组织为了加

---

① See e.g. Human Right Watch, U.S. Cluster Bombs for Turkey? (1994), available at http: //www.hrw.org/reports/1994/turkey2/, visited on 24 October, 2009.

强自身行动能力，开始越来越多地通过组织跨国联盟来推动和实现特定目标。① 进入20世纪90年代，来自50多个国家的上千个非政府组织发起了一场声势浩大的“国际禁雷运动”，并组成了一个名为“国际禁雷运动组织”（International Campaign to Ban Landmine，ICBL）的跨国大联盟。在成功推动1997年《禁止杀伤人员地雷公约》签署后，其中的一部分非政府组织开始关注同样可能对平民产生很大危害、但未受该公约约束的集束弹药问题。以这些组织为基础，一个新的非政府组织跨国联盟——“集束弹药联盟”（Cluster Munitions Coalition，CMC）于2003年11月在荷兰海牙成立，它成为随后几年中国际社会推动关注和解决集束弹药问题的主要力量之一。

最初，集束弹药联盟的成员主要是国际禁雷运动组织内一部分参与地雷和其他战争遗留爆炸物清理、受害者援助工作的非政府组织，关注范围也主要是集束弹药所产生的战争遗留爆炸物问题。不过，在第五议定书通过后，由于议定书本身显而易见的缺陷，特别是有关国家愿意承认战争遗留爆炸物问题但却继续储存和使用集束弹药，这使相关非政府组织认识到，有必要在战争遗留爆炸物问题之外专门处理集束弹药问题。② 从2004年底开始，集束弹药联盟日益强调应当通过停止使用集束弹药来解决其对平民的伤害问题，并开始通过在世界范围内向公众宣传集束弹药的危害、对各国政府进行游说或施加压力、参加政府间国际会议等手段，积极推动制定一份全面禁止集束弹药的新公约。该联盟的成员构成也逐渐发生变化，目前共有来自80多个国家的大约300个市民社会组织，涵盖了裁军、和平与安全、人权、受害者/幸存者援助、清除、妇女权利、宗教信仰以及其他工作领域的组织，来自发展中国家特别是受集束弹药影响国的非政府组织趋于增多。③ 不过，总部位于英国的“地雷行动”（Landmine Action）、位于比利时的“国际助残组织”（Handicap International）、位于挪威的“挪威人民援助组织”（Norwegian People's Aid）、位于美国的“人权观察”（Human Rights Watch）等来自发达国家的组织规模和影响较大，在整个联盟中一直发挥较大作用。

由于各成员组织的规模大小、工作领域和地理分布都较为多样化，为了协调整

① 1983年，23个非政府组织为了推动《儿童权利公约》的谈判而组成了一个名为“非政府组织非正式临时集团”的联盟，对公约的制定产生了强有力的影响。这是非政府组织成功组织跨国联盟的较早事例 See Menno T. Kamminga, The Evolving Status of NGOs under International Law: A Threat to the Inter-State System? in Gerard Kreijen et al (eds.), State, Sovereignty, and International Governance, Oxford University Press, 2002, p. 397.

② See Thomas Nash, Stopping Custer Munitions, available at http://www.unidir.org/pdf/articles/pdf-art2532.pdf, visited on 9 November, 2009.

③ 相关基本信息可见其官方网站：http://www.stopclustermunitions.org/.

个联盟内各组织的活动，集束弹药联盟设立了一个由 14 个（最初为 10 个）在国家来源、工作领域等方面具有代表性的非政府组织组成的“掌舵委员会”（Steering Committee）。同时，联盟还设有 3 名共同协调人，负责处理相关日常事务并对外代表该联盟。① 实践证明，尽管在集束弹药联盟基本上是一个较为松散的同盟，众多成员之间围绕某些具体事项也并非没有分歧，但总体上该联盟能够较好地协调不同成员的关切和立场，共同推进该组织的宗旨与目标。② 正如联盟共同协调人之一 Thomas Nash 在 2007 年 11 月惠灵顿会议上向与会代表介绍该组织的活动时所说，“作为一个成员遍布大约 70 个国家的广泛联盟，我们用能够反映我们许许多多不同背景——来自使用过、生产过或储存了集束弹药的国家以及受集束弹药影响国家的集束弹药幸存者、前军队成员、遗留爆炸物清理者和受害者援助提供者——的一个声音说话”。③

围绕着推动解决集束弹药产生的人道主义问题这一共同目标，集束弹药联盟开展了大量形式和对象各异的活动，主要包括：（1）在世界范围内宣传集束弹药的危害；（2）对相关国家政府开展游说活动；（3）推动和积极参与有关集束弹药问题的国际谈判；等等。在开展这些活动时，各成员组织往往相互配合，分工合作，取长补短。例如，在联盟面对公众进行宣传运动时，有关负责遗留爆炸物清理和受害者援助的成员组织经常动员集束弹药受害者“现身说法”，宣扬这一武器所造成的危害，甚至在政府间外交会议上以受害者和联盟成员的双重身份向谈判代表发表富有感染力的呼吁，要求禁止集束弹药、对受害者及其家属进行援助。另外一些组织则开展了大量现场调研并撰写具有针对性的研究报告，对于各国深入理解集束弹药联盟的立场、驳斥一些国家为集束弹药进行辩护和拖延谈判的做法发挥了重要作用。2005—2006 年期间，当《特定常规武器公约》内的讨论迟迟无法取得进展时，集束弹药联盟日益重视通过多种渠道在国内层面影响国家政策，其成员组织在不同国家的网络体系产生了显著效果。例如，通过国际残障组织的游说，比利时议会率先通过国内立法禁止集束弹药；挪威人民援助组织对挪威政府和地雷行动对英国政

---

① 集束弹药联盟在不少国家还设有分支机构，如爱尔兰集束弹药联盟（CMC Ireland）由该国的 14 个非政府组织组成，负责协调联盟在爱尔兰国家一级的行动。See http://www.stopclusterbombs.ie/.

② 下文关于集束弹药联盟参与奥斯陆进程谈判的讨论足以反映这一点。

③ Report of Recent Developments, Delivered by Thomas Nash on behalf of Cluster Munition Coalition, 18 February 2008, available at http://www.stopclustermunitions.org/wp/wp-content/uploads/2008/07/anzcmc-wellington-report.pdf, p. 13, visited on 9 November, 2009.

府的游说也收到一定成效。①

（二）集束弹药联盟与一批主权国家、国际组织的伙伴关系

除了集束弹药联盟所代表的非政府组织外，一些主权国家、联合国以及红十字国际委员会等国际组织也不同程度地表达了对集束弹药问题的关注。出于上述共同关注，有关国家、国际组织和非政府组织立场日益一致，并逐渐形成了一种颇具特色和活力的伙伴关系，这成为禁止集束弹药的国际运动取得成功的一个关键性因素。

基于不同原因，以挪威、奥地利、秘鲁、爱尔兰和新西兰等为代表的一些国家在集束弹药问题上采取了较为积极的态度，并为此作出了巨大努力。这些国家首先在本国通过国内立法手段全面禁止了集束弹药的生产、销售、储存和使用，并极力联合一些国际组织在世界范围内推动一个公约的产生。在奥斯陆进程中，它们成为积极推动谈判的“核心集团国家”（core group states）。

作为一个以在战争和武装冲突中保护受难者的生命与尊严并提供人道主义救助为宗旨的国际组织，红十字国际委员会很早就开始关注集束弹药问题，并多次召集各国政府间的专家会议讨论集束弹药的相关问题，取得了一定成果。

就联合国而言，一些联合国工作组在2002年后就对集束弹药问题加以关注和研究，2005年，当时的联合国秘书长安南第一次发表了关于集束弹药的声明，呼吁并大力支持各国制定专门性公约来解决集束弹药产生的人道问题联合国发展规划署等机构负责人参与了奥斯陆进程的历次外交会议，秘书长成为2008年《集束弹药公约》批准书的存放机构。

在《特定常规武器公约》和奥斯陆进程两个谈判框架内，集束弹药联盟都与上述国家和国际组织开展了密切合作，也对相关国家的立场产生过多方面的影响。以挪威为例，作为北大西洋同盟的成员和集束弹药的储存国之一，它最初对加强管制或禁止集束弹药并不热衷。不过，“挪威人民援助组织”等一批非政府组织通过持续的宣传和游说。成功地改变挪威政府的立场。2006年6月，挪威政府宣布在国内暂停使用集束弹药，之后又同其他一些国家一道，牵头发起奥斯陆进程。②

---

① Thomas Nash, Stopping cluster munitions, available at http://www.unidir.org/pdf/articles/pdf-art2532.pdf, pp. 39-40, visited on 9 November, 2009.

② John Borrie, The Road from Oslo: Emerging International Efforts on Cluster Munitions Disarmament Diplomacy, Issue No. 85, Summer 2007, available at http://www.acronym.org.uk/dd/dd85/85oslo.htm, visited on 9 November, 2009.

当然，有关国家和国际组织也对集束弹药联盟提供了巨大支持，并影响着联盟及其成员的立场。比利时议会率先在2006年2月通过国内立法禁止集束弹药，这在很大程度上是国际残障组织和其他非政府组织在比利时进行宣传游说的结果，同时，该国内立法的通过又被认为是树立了国家应当如何解决集束弹药问题的榜样。地雷行动、人权观察等一批原本主张部分禁止或限制（而不是全面禁止）集束弹药的非政府组织，此后相继转变立场。① 在奥斯陆进程中，各次外交会议的主席和“主席之友”多为挪威、奥地利、爱尔兰、墨西哥、新西兰、秘鲁等“核心集团国家”代表，他们在很多问题的谈判中利用会议规则和谈判技巧，使谈判结果向着有利于非政府组织和核心国家立场的方向发展。

正如挪威代表在都柏林会议闭幕式上总结奥斯陆进程谈判时所说：与市民社会的伙伴关系对于谈判成功发挥了重要作用，“这一伙伴关系取得成功的关键在于相互尊重各自不同的作用，同时又能够以开放的心态相互倾听并形成对问题和应有对策的共同认知。将市民社会接纳到谈判桌，是确保我们所做的工作不脱离现实需要的有效率的方式；有关人道组织作为人道援助的施行者提供了技能和经验……承认这一点是伙伴关系中一个十分重要的部分”。②

（三）集束弹药联盟对其他国家的宣传、动员和影响

在《特定常规武器》缔约国会议和奥斯陆进程中，制定强有力的国际条约对集束弹药加以有效约束的主张受到不少国家的反对，美国及其主要军事盟友就不同程度属于这一类立场。在奥斯陆进程中，法国、德国、日本、荷兰、英国等国形成了一个松散和没有机制化的集团，即所谓“志趣相近国家”（like-minded states），它们虽然参加了谈判，但总体上对谈判持观望乃至拖延、阻挠态度。

由于立场上的差异，集束弹药联盟与这些国家存在很大的分歧乃至激烈的斗争。针对这些国家力主为公约所禁止的集束弹药寻求种种例外，在2007年惠灵顿会议上，集束弹药联盟举行新闻发布会，对日本、澳大利亚、法国、德国、英国等9国“试图找到一个漏洞来允许其帮助美国使用集束弹药”公开加以严厉批评，指责这些国家一方面参与条约谈判、希望占据道德高地，另一方面出卖受害者的生命

---

① Thomas Nash, Stopping cluster munitions, p. 37, available at http://www.unidir.org/pdf/articles/pdf-art2532.pdf, visited on 9 November, 2009.

② Statement by Ambassador Steffen Kongstad of Norway at the Dublin Diplomatic Conference of Cluster Munitions, 30 MAY 2008, available at http://www.clustermunitionsdublin.ie/pdf/Norway.pdf, visited on 9 November, 2009.

为美国的利益服务，“这是最可耻的虚伪”。①

与此同时，集束弹药联盟也开展了各种活动，迫使这些国家转变立场。联盟对英国的游说活动很能说明问题。英国作为一个过去使用过集束弹药、现在仍大量储存该武器的通过，同时又是美国的战略盟友，在反对集束弹药的运动中具有相当的重要性。由于非政府组织的宣传动员，整个都柏林会议期间，英国的集束弹药政策和谈判立场都受到媒体的密切关注。会议开幕日即2008年5月19日，英国军队几名与集束弹药联盟关系密切的重要退役将领在《泰晤士报》发表一封公开信，呼吁英国政府“放弃现有储存的集束弹药，在从今天起在都柏林开始的条约谈判中接受尽可能强有力的对该武器的禁止”。两天后，英国首相布朗的发言人作出回应称，“首相已经要求国防部对现有集束弹药加以评估，确保不对平民构成危害”。5月28日，英国放弃其要求将该国M73集束弹药排除在公约禁止范围之外的基本立场，布朗首相宣布，“为了在谈判的最后时刻达成一份尽可能强有力的公约，我们已经（向谈判代表）发出指示，支持禁止所有集束弹药，包括英国目前正在使用的弹药”。②

日本最初是参加了2007年奥斯陆会议的49个国家中拒绝接受《奥斯陆宣言》的仅有三个国家之一（另两个为波兰和罗马尼亚）。在随后的奥斯陆进程谈判中，日本作为美国的主要盟国和“志趣相近国家”主要成员之一，也经常站在与集束弹药联盟和“核心集团国家”相对立的立场。直到都柏林会议前期，日本代表还表示不会接受所通过的公约。不过，会议最后一天即5月30日，日本出人意料地宣布接受该公约。据认为，这主要是日本相关非政府组织和其他国家集束弹药幸存者对日本政府官员和民众进行了艰苦游说、动员的结果。③

---

① Press Release by the Cluster Munition Coalition, Nine Governments Seek to Weaken Draft Treaty to Allow US to Continue Using Cluster Munitions, Wellington, 19th February 2008, pp. 69-70, available at http://www.stopclustermunitions.org/wp/wp-content/uploads/2008/07/anzcmc-wellington-report.pdf, visited on 9 November, 2009.

② John Borrie, *How the Cluster Munition Ban Was Won: Oslo Treaty Negotiations conclude in Dublin*, Disarmament Diplomacy, Issue No. 88, Summer 2008, available at http://www.acronym.org.uk/textonly/dd/dd88/88jb.htm, visited on 17 November, 2009.

③ Cluster Munition Coalition, Day 10-A Gift to the World-Dublin Diplomatic Conference, available at http://www.stopclustermunitions.org/calendar/?id=552, visited on 17 November, 2009.

（四）登堂入室：奥斯陆进程中的集束弹药联盟

2006年是集束弹药问题谈判的一个转折点。这一年夏天爆发的黎以冲突中，据估计，以色列在持续34天的冲突中向黎巴嫩南部投掷了约4百万颗子弹药，遗留未爆炸的子弹药可能多达1百万颗；截至2008年6月，黎冲突地区共1026个区域（总面积超过4060万平方米）发现了未爆炸弹药，由于集束弹药死亡或受伤的平民超过250人。① 经过红十字国际委员会、相关非政府组织和媒体的披露，集束弹药问题引发了更大范围的关注，也成为推动谈判的新契机。由于这一年的《特定常规武器公约》缔约国会议不顾集束弹药联盟和一些国家的强烈呼吁，仍未能批准就集束弹药问题开展谈判，在该公约之外的一个新的谈判框架——“奥斯陆进程”启动了。

以集束弹药联盟为代表的非政府组织，是奥斯陆进程的重要发起者、坚定捍卫者和主要参与者之一，对于整个谈判进程和最终结果都发挥了十分重要的影响。

重要发起者。集束弹药联盟不仅受挪威政府正式邀请参加2007年2月奥斯陆会议和参与发起奥斯陆进程，而且如前所述，挪威作为奥斯陆会议的主办国，它对集束弹药问题的立场就受到了非政府组织的很大影响。

坚定捍卫者。是否需要在《特定常规武器公约》之外发起一个新的谈判框架，以及是通过对现有法律（特别是《特定常规武器公约》第五议定书）加以完善还是制定新的法律文件来解决集束弹药引发的人道关注，是奥斯陆进程发起之初特别是奥斯陆会议上两个争议最大的问题。在相关会议上，集束弹药联盟极力支持新谈判进程的发起和新条约的制定，认为《特定常规武器公约》缔约国会议过去的讨论已经证明该机制不可能有所作为，《第五议定书》也无法解决集束弹药带来的人道问题。②

主要参加者。奥斯陆会议通过的《奥斯陆宣言》开宗明义地指出：“一批国家、联合国、红十字国际委员会、集束弹药联盟和其他人道组织于2007年2月22-

① ICRC, *A New Treaty to End Decades of Civilian Suffering*, available at http: //www. icrc. org/Web/Eng/siteeng0. nsf/htmlall/p0938/ $ File/ICRC _002 _0938. PDF, visited on 17 November, 2009.

② Cluster Munition Coalition Report, Oslo Conference on Cluster Munitions, 22-23 February 2007, available at http: //www. stopclustermunitions. org/calendar/? id = 1108, visited on 17 November, 2009.

23日在奥斯陆举行会议，讨论如何有效解决集束弹药带来的人道主义问题。"① 这一表述本身就反映了集束弹药联盟在"奥斯陆进程"中的地位：它实际上是得到官方认可的参与重要外交会议"讨论"乃至谈判的一方。换言之，与以往大多数国际条约谈判中非政府组织扮演的游说和压力集团角色不同，在奥斯陆进程中，集束弹药联盟已经从"幕后"走向"台前"，在该谈判进程中发挥了更为直接和正式的作用。

在该进程从奥斯陆到都柏林的各次外交会议上，都有数百名非政府组织代表参加。他们在每次政府间正式会议前后都举办"市民社会论坛"（civil society forum）并邀请一般民众和谈判代表参加，就集束弹药的各种问题发表演讲、进行研讨并散发各种宣传资料，其规模和影响都不容忽视。不仅如此，奥斯陆进程各次会议的程序规则中，都赋予集束弹药联盟以观察员的正式地位，并接纳其参与国家间的谈判和发表意见。② 以2007年奥斯陆会议为例，据笔者统计，在列入正式议程的19项大会发言中，9人为不同国家代表，3人为联合国机构代表，1人为红十字国际委员会代表，3人为集束弹药联盟代表，另外3人为与该联盟关系密切的大学教授或独立研究机构代表。③ 其他几次会议的情况也大体类似。

在奥斯陆进程中的各次外交会议上，集束弹药联盟都有备而来，分工明确，充分利用会场内外的一切资源扩大自身影响。例如，在2007年5月的利马会议上，非政府组织在正式会议前一天举行了一个论坛，对于会议有关问题进行了深入讨论

---

① Declaration of the Oslo Conference on Cluster Munitions, 22-23 February 2007, available at http://www.clusterconvention.org/downloadablefiles/Oslo%20DeclarationFeb07.pdf, visited on 17 November, 2009.《奥斯陆宣言》正式确立了在不迟于2008年就集束弹药制定有法律约束力的国际文件的谈判目标，而正是集束弹药联盟说服挪威政府将会议的共识以宣言的方式明确下来。See John Borrie, The Road from Oslo: Emerging International Efforts on Cluster Munitions Disarmament Diplomacy, Issue No. 85, Summer 2007, available at http://www.acronym.org.uk/dd/dd85/85olso.htm, visited on 17 November, 2009.

② 例如，都柏林会议《程序规则》第1.2条规定："联合国秘书长、红十字国际委员会、联合国发展规划署和其他相关联合国机构、红十字与红新月国际联合国、各区域性政府间国际组织以及集束弹药联盟可以观察员身份参加会议。"（着重号为作者所加）Diplomatic Conference for the Adoption of A Convention of Cluster Munitions, Dublin May 2008, Rules of Procedure, available at http://www.clustermunitionsdublin.ie/pdf/CCM52_001.pdf, visited on 17 November, 2009.

③ Programme of the Oslo Conference on Cluster Munitions, 22-23 February 2007, available at http://www.regjeringen.no/Upload/UD/Vedlegg/Hum/PROGRAMME%202002.pdf, visited on 17 November, 2009.

和精心准备，因而得以在正式会议上表现出彩，提出了很多受关注的建议。① 在正式会议上，尽管该联盟获准出席的代表数量有限，但通过其中几名非常专业和经验丰富的专家各自负责一个专门问题的发言，很好地宣传了集束弹药联盟的立场和主张。该联盟还在许多支持达成公约的国家中成功发展起一大批支持者，这些国家的代表对其意见高度重视。②

在奥斯陆进程谈判中，集束弹药联盟还利用其与媒体和议会成员的良好关系，加强了在许多国家的宣传动员和游说活动，要求有关国家参与和支持奥斯陆进程。从奥斯陆会议起，参与奥斯陆进程和支持制定集束弹药公约的国家不断增加，非政府组织的作用不可低估。

需要指出的是，尽管奥斯陆进程作为一个谈判框架已经完成使命，但集束弹药联盟并没有停止或减缓工作的步伐，而是积极扮演着**公约善后者的**角色。2008 年 5 月都柏林会议结束以来，联盟的工作重点转为推动公约的签署、生效和有效实施。③ 2009 年，集束弹药联盟开展了密集的全球批准运动，确保 30 个国家及时批准该公约以便使公约生效并开始公约实施的正式进程。该联盟还将继续在没有签署公约的国家开展运动，鼓励它们尽快在公约存放处联合国总部签署条约。事实上，第 11 条（缔约国会议）、第 12 条（审议会议）、第 13 条（修正）都以相似的措辞规定，“非本公约缔约国的国家，以及联合国、其他有关国际组织或机构、区域组织、红十字国际委员会、红十字会与红新月会国际联合会和**有关非政府组织**”（黑体为作者所加），可以按照议定的议事规则被邀请作为观察员出席相关缔约国会议、审议会议或修约会议。可以预见，非政府组织对公约的影响不限于谈判进程和最终文本，而且还包括其施行和监督。

---

① John Borrie, The Road from Oslo: Emerging International Efforts on Cluster Munitions Disarmament Diplomacy, Issue No. 85, Summer 2007, available at www. acronym. org. uk/dd/dd85/85olso. htm.

② John Borrie, *How the Cluster Munition Ban Was Won*: *Oslo Treaty Negotiations conclude in Dublin*, Disarmament Diplomacy, Issue No. 88, Summer 2008, available at http: //www. acronym. org. uk/textonly/dd/dd88/88jb. htm, visited on 17 November, 2009.

③ 例如，集束弹药联盟将 2008 年 10 月 27 日-11 月 2 日宣布为“反对集束弹药全球行动周”，以推动所有国家在这年 12 月 3 日的公约签署仪式上签署该公约，并推动对该公约的了解。在公约开放签署前后，该联盟还开展了其他许多区域和全球的宣传、研讨活动。See http: //www. stopclustermunitions. org/calendar/.

三、从《集束弹药公约》的主要内容看非政府组织的影响

都柏林会议通过的《集束弹药公约》，包括序言和正文共23条，对使用、生产、转移和储存集束弹药加以全面和严格的禁止，并规定了清理集束弹药遗留爆炸物的国际合作机制和受害人保护机制等内容。

这一由各国政府缔结的国际条约，在其序言中明确“承认联合国、红十字国际委员会、**集束弹药联盟和世界各地许多其他非政府组织**为结束集束弹药造成平民痛苦进行的努力”（黑体为作者所加）。尤其应当看到的是，《公约》的主要内容，在几乎所有关键问题上都受到NGO立场的影响。早在2007年奥斯陆会议期间，当有关国家还在为是否需要对集束弹药加以全面禁止以及是否需要奥斯陆进程这个新的谈判框架等问题争执不休时，集束弹药联盟即发表了一份《关于集束弹药的条约的若干原则》文件，提出了未来关于公约的19项原则，从而一开始就为整个谈判设定了明确的谈判目标。① 该联盟还对利马、维也纳等会议提出的公约草案文本

① 这19项原则是：1. 禁止集束弹药的使用、生产、转让和储存；2. 对集束弹药的定义不应排除那些子弹药装有自毁装置的武器；3. 不应对子弹药达到一定可靠性标准的弹药网开一面；4. 公约应在包括国际性和非国际性武装冲突的所有局势适用；5. 应禁止对他国使用、生产、转让和储存集束弹药提供援助；6. 应规定在特定时限内销毁现有集束弹药库存的义务，该时限越短越好；7. 应规定尽快标明和防护集束弹药沾染区、尽快（但不迟于特定时限）清理集束弹药沾染区以及建立和维持开展上述行动的能力的义务；8. 应规定对标明、防护和其他警示、风险教育以及清理活动提供援助的义务，集束弹药使用者应对此种援助负有特别责任，包括提供及时和详尽的使用信息；9. 对受害人提供援助的义务；10. 促进、保护、确保所有集束弹药受害人（受集束弹药影响的个人及其家庭、社区）充分和平等地享有各种人权和基本自由并加以报告，以及促进对其生而有之的尊严的尊重的义务；11. 通过新条约所包含之义务，承认无论何时均应保护平民免受集束弹药危害的义务；12. 通过条约的遵守，使各国承诺提供最大限度的合作和透明度；13. 规定提交年度透明度报告的义务；14. 要求采取国内执行措施，包括刑事制裁；15. 禁止对条约的任何条款提出任何保留；16. 规定如一方身处武装冲突时不得退出该条约；17. 规定缔约方应举行年度会议和定期审议会议；18. 不应规定有关禁止使用、生产和转让集束弹药的过渡期；19. 不应规定有关禁止使用、生产和转让集束弹药的地域性例外。See CMC Principles for a Treaty on Cluster Munitions, available at http: //www.landmineaction. org/resources/ActionPacks/cmc_treaty_principles. pdf, visited on17 November, 2009. ; See also Treaty Principles, submitted by Cluster Munition Coalition (CMC) to the Group of Governmental Experts of the States Parties to the Convention on Prohibitions or Restrictions on the Use of Certain Conventional Weapons Which May Be Deemed to be Excessively Injurious or to Have Indiscriminate Effects, CCW/GGE/2007/WP. 7, 19 June 2007, available at http: //unog. ch/80256EDD006B8954/(httpAssets)/5DB577A05EC2AE2BC125730E00611C62/$ file/CCW + GGE + 2007 + WP. 7 + E. pdf, visited on 17 November, 2009.

分别加以逐条评议，以自身立场影响其他谈判方。① 如果将最终达成的公约与这些原则加以比较（原则 1-5 与公约第 1、2 条；原则 6 与第 3 条；原则 7、8 与第 4 条；原则 9、10 与第 5 条；原则 12、13、14 与第 6、7、8、9 条；原则 15 与第 19 条；原则 16 与第 20 条；原则 17 与第 11、12 条；等等），不难看出，非政府组织希望达到的主要谈判目标（尽管很多在事先曾被广泛认为不可能达到），在公约中几乎都得到了体现；他们不希望规定的内容（如关于过渡期的原则 18、关于地域性例外的原则 19），则尽管有一批国家施加了巨大压力仍被公约所拒绝。相关原则没有涉及而公约加以规定的条款主要是第 10 条（争端的解决）、第 13 条（修正）、第 14 条（费用和行政任务）、第 15 条（签署）、第 16 条（批准、接受、核准或加入）、第 17 条（生效）、第 18 条（暂时适用）、第 21 条（与非缔约国的关系）、第 22 条（保存人）和第 23 条（作准文本），除第 21 条外，基本上都属于程序性和事务性条款。从结果上说，这一公约无疑是非政府组织的胜利。

限于篇幅，本文仅选取《公约》谈判中具有代表性的几个问题，对非政府组织在相关问题上发挥的影响力加以简要分析。

1. 公约禁止或限制的范围

在《特定常规武器公约》框架下的讨论和“奥斯陆进程”的谈判中，各国的基本立场大体可分为两大阵营：相当数量的国家特别是一些军事大国希望限制、淡化未来禁止集束炸弹的条约的约束范围，呼吁把某些类型的集束炸弹（如每件武器所含子弹药低于一定数量、子弹药失灵率低于一定水准、装有自毁装置等不同标准）排除在公约禁止范围之外，甚至主张在一般地肯定使用集束弹药本身不违反国际人道法的前提下对某些型号加以禁止。② 另一阵营则要求全面禁用集束弹药，坚决反对对公约条文本身或措辞上进行任何形式的弱化，认为这将损害公约保护无辜生命的目标。集束弹药联盟在其 19 项原则中，前 3 项即明确要求禁止集束弹药的使用、生产、转让和储存，并反对将子弹药装有自毁装置的武器或子弹药达到一

---

① See e. g. See Observations by the Cluster Munition Coalition on the Chair's Discussion Text for the Lima Conference on Cluster Munitions 23-25 2007, available at http://www.wilpf.int.ch/disarmament/clustermunitions/LIMA/statements/CMCchairtext.pdf, visited on 17 November, 2009.; Katherine Harrison,

The Vienna Conference on Cluster Munitions, 5-7 December 2007, available at http://www.wilpf.int.ch/disarmament/clustermunitions/ViennaConference/viennareport.htm, visited on 17 November, 2009.

② See e. g. Compendium of Proposals submitted by Delegations during the Wellington Conference Addendum 1, available at http://www.mfat.govt.nz/clustermunitionswellington/conference-documents/WCCM-Compendium-v2.pdf, visited on 17 November, 2009.

定可靠性标准的弹药排除在公约禁止范围之外。针对德国等一些“志趣相近国家”提出只禁止“不精确”和“不可靠”的集束弹药、而将子弹药失灵率控制在1%-2%的集束弹药排除在公约禁止范围之外的主张，挪威人民援助组织、挪威防务研究所（Norwegian Defence Research Establishment）和一名英国独立专家在2007年12月的维也纳会议上发表的一份报告，通过大量研究和实地数据指出这些国家的测试结果本身就不可靠。对于驳斥上述观点产生了很大影响。①

经过激烈争论，集束弹药联盟和一些“核心集团国家”所坚持的全面禁止集束弹药的立场在公约的第1条（一般义务和适用范围）得到认可。该条以强制性的措辞要求每一缔约国“在任何情况下决不”使用、发展、生产、获取、储存、保留或者直接或间接向任何人转让集束弹药，或协助、鼓励或诱使任何人从事本公约禁止缔约国从事的任何活动。围绕着何种武器将成为公约所定义的“集束弹药”从而受到上述全面禁止（或者说，何种武器不被认为是公约所定义的“集束弹药”从而不受禁止）的分歧则具体反映在公约第2.2（c）条。该条在将集束弹药界定为“一种被设计成可释放个体重量轻于20公斤的爆炸性子弹药的常规弹药（包括子弹药在内）”后，列举出了“为避免造成大片滥杀滥伤后果及未爆子弹药构成的危险”而符合多项技术特点、可以合法使用的集束弹药，这些必须同时满足五项条件：（1）每一弹药所含爆炸性子弹药在十颗以下；（2）每一爆炸性子弹药的重量在四公斤以上；（3）每一爆炸性子弹药根据设计能测到和锁定单一目标；（4）每一爆炸性子弹药装配有电子自毁装置；（5）每一爆炸性子弹药装配有电子自行失效装置。这一结果直到都柏林会议最后几天才明朗化。集束弹药联盟希望确保任何的确具有集束弹药效果的武器都不被排除在公约禁止范围之外。② 最终，根据挪威提出的妥协方案，任何单一的技术标准都不能是某一武器不受公约约束，而必须同时符合上述5项标准。这一方案对豁免某一武器规定了较高的门槛，与集束弹药

① M85: An analysis of reliability, available at http://www.wilpf.int.ch/PDF/DisarmamentPDF/ClusterMunitions/NPA_M85report.pdf, visited on 17 November, 2009.

② 前述《关于集束弹药的条约的若干原则》指出：“集束弹药联盟承认各国可以在条约中提出将某些配有能够识别和瞄准目标的子弹药的武器排除在集束弹药的定义之外。集束弹药联盟相信，提议的国家应证明此类武器不会对平民造成不可接受的伤害。” See CMC Principles for a Treaty on Cluster Munitions, available at http://www.landmineaction.org/resources/ActionPacks/cmc_treaty_principles.pdf, visited on 3 January, 2010.

联盟的立场是比较接近的。①

2. 过渡期问题

在“奥斯陆进程”谈判中，一些国家尽管原则上赞成对全部或大部分集束弹药加以禁止，但又出于种种考虑尽量拖延销毁现有集束弹药和提供救助的期限。德国储存了为数不少的集束炸弹，因此希望采用分阶段禁止的办法。丹麦、法国、日本、荷兰等国也希望对条约草案做一定修改，例如延长该类武器的拆除期限或设立禁用集束炸弹前的过渡阶段，在该阶段内可继续使用集束炸弹等。集束弹药联盟坚决反对过渡期安排，认为这将损害未来条约的宗旨和完整性，条约必须否定集束弹药而不是使之合法化；“一方面奥斯陆进程的目的是将集束弹药作为一个紧迫问题加以禁止，另一方面又规定这一非法武器在一定过渡期内仍然可以使用，这将是不合逻辑和虚伪的”。② 由于集束弹药联盟和一些国家的反对，在奥斯陆进程谈判前期讨论热烈的过渡期问题到都柏林会议时，已成为一个不再被提起和不了了之的议题。

3. 对集束弹药受害者的救助问题

1997 年达成的《禁止杀伤人员地雷公约》在对杀伤人员地雷加以禁止的同时，首次引入了受害人救助条款，但其措辞较为笼统、简单，甚至没有对受害人作出专门的界定。③ 在奥斯陆进程谈判中，尽管绝大多数国家都同意未来达成的集束弹药公约也应包含关于对受害者的救助的条款，但不少一些国家希望该条款措辞较宽松，不希望承担严格的条约义务。而集束弹药联盟则明确提出：对受害者的援助问题应该在未来的条约中用一个单独的条款加以规定，条约对“受害人”的界定应超出受到伤害的个人，涵盖其家庭和社区；对受害者提供援助的义务应当明确和具有强制性；风险教育应成为援助受害者的一部分；相关条文应明确提及依据最高国

---

① 据认为，带有子弹药而又符合该条例外的武器目前只有三种型号：美国生产的 SADARM、瑞典和法国合作生产的 BONUS 和德国生产的 SMArt-155。See CMC Briefing Paper on the Convention on Cluster Munitions, available at http: //www. stopclustermunitions. org/wp/wp-content/uploads/2009/02/cmc-briefing-paper-on-ccm. pdf, visited on 3 January, 2010.

② Women's International League for Peace and Freedom, Report from the Wellington Conference on Cluster Munitions, 18-22 February 2008, p. 11available at http: //www. wilpf. int. ch/PDF/DisarmamentPDF/ClusterMunitions/REPORT _ Wellington. pdf, visited on 3 January, 2010.

③ 该公约第 6.3 条规定：“每一个有能力这样做的缔约国应为照顾受地雷伤害的人，帮助他们康复及重新融入社会和经济生活，和实施防雷宣传方案提供援助。这种援助除其他外，可以通过联合国系统、各种国际性、区域性或各国的组织或机构、红十字国际委员会、各国的红十字会、红新月会及它们的国际联合会和非政府组织提供，或在双边基础上提供。”

际标准促进和保护受害者的人权；等等。① 从谈判结果来看，集束弹药联盟的立场得到了较为充分的体现。《集束弹药公约》的一大亮点就是明确将对集束弹药受害者提供救助写入公约正文，成为缔约国所应当承担的义务。从公约第2.1条对“集束弹药受害者”的定义来看，涵盖了“使用集束弹药而被炸死或遭受身心伤害、经济损失、社会边缘化（social marginalization）或在实现其权利方面受到严重阻碍的所有人，包括受集束弹药直接影响的人及其家庭和社区（communities）”，范围十分广泛。另外，在公约第5条中还规定了缔约国对于受害者的援助义务，缔约国对其管辖范围内的受害者应当在生理、生活和心理上加以帮助，并且救助应当注意不同年龄和性别人群的特殊需求。公约进而列举出缔约国为受害者提供救助所应当承担的具体义务，包括国内立法、制定专门预算和救助计划等。这些规定具体明确，并且使缔约国负担了更加细致具体的义务。如此明确和详尽地就对集束弹药受害者的救助义务作出规定，这无疑是公约中的一个重要突破。

4. 联合军事行动（interoperability）问题

这一议题也是“志趣相近国家”推动的，它们预见到最终很可能出于政治原因不得不加入所达成的公约，但又害怕公约给它们与没有加入该公约、可能继续使用集束弹药的盟国（尤其是美国）之间的联合军事行动带来法律上和实践中的麻烦，因而希望删除公约第1条中关于禁止缔约国“协助、鼓励或诱使任何人从事本公约禁止缔约国从事的任何活动”的规定。集束弹药联盟则坚决反对删除第1条中这一规定，认为这是一项对于强化禁止集束弹药必不可少的核心规定。在满足以下条件的情况下，该联盟同意一些国家提出的对联合军事行动问题进行补充规定：明确规定相关缔约国反对和不鼓励任何武装部队任何使用集束弹药的行为，也不参与任何与公约目的和宗旨相抵触的行为；补充规定的目的只是使相关缔约国获得更大的法律保障（不会因为参与了与非缔约一方的盟国的联合军事行动本身而承担违约责任），而不是使后者有更大自由使用集束弹药。②

最终，公约在保留第1条之规定的同时增加了新的第21条（与非本公约缔约国的关系）。该条共4款，分别要求：每一缔约国均应鼓励非缔约国批准、接受、核准或加入本公约，以便吸引所有国家参加公约；每一缔约国均应将其根据公约承

① See Observations by the Cluster Munition Coalition on the Chair's Discussion Text for the Lima Conference on Cluster Munitions 23-25 2007, available at http: //www. wilpf. int. ch/disarmament/clustermunitions/LIMA/statements/CMCchairtext. pdf , visited on 3 January, 2010.

② Steve Goose, CMC Intervention on Interoperability, Committee of the Whole, Dublin Diplomatic Conference, May 19, available at http: //www. stopclustermunitions. org/wp/wp-content/uploads/2008/05/cmc-intervention-on-interoperability. pdf, visited on 3 January, 2010.

担的义务通知将共同开展军事合作和行动的所有非缔约国政府，应促进落实公约订立的规范，并应尽一切努力说服非本公约缔约国不使用集束弹药；缔约国、其军事人员或其国民仍可“与可能从事禁止本公约缔约国从事的活动的非本公约缔约国开展军事合作和行动”；但上述第3款之规定并未缔约国发展、生产或以其他方式获取集束弹药，自己储存或转让集束弹药，自己使用集束弹药，或在所用弹药的选择完全由其控制的情况下，明示请求使用集束弹药。

根据集束弹药联盟在公约成功达成后发表的声明，第21.3条的规定是整个公约中该联盟唯一明确表示不满之处，认为该条应该进一步明确故意协助和无限期地允许在本国领土内的外国军事基地贮存集束弹药为公约所禁止，而现有条款对此并不清楚。① 在于联合军事行动的第21条。不过，该条款仍然在多处体现了集束弹药联盟的要求。

在制定《集束弹药公约》的谈判过程中，集束弹药联盟内部并不是不存在分歧，② 但基于反对和要求禁止集束弹药这一共同立场，他们能够求同存异，各司其职，目标明确和十分有效地影响谈判结果。而且，集束弹药联盟在公约所涉及的大多数问题上甚至比挪威、奥地利等“核心集团国家”的立场更激进、更坚定。例如，在不受禁止的集束弹药范围、缔约国销毁库存集束弹药的期限等具体问题上，爱尔兰、挪威、秘鲁等国都出现过向“志趣相近国家”妥协的倾向，只是在集束弹药联盟的反对下才没能如愿。③

《集束弹药公约》在2008年都柏林会议通过后，集束弹药联盟不无自豪地宣称：“集束弹药联盟对于达成这一新条约发挥了关键作用。如果没有我们的参与，公约不可能出现。谈判进程迈出的每一步，集束弹药联盟都对谈判结果产生了影

---

① See CMC Dublin Conference Update: Day 8-Convention!!!, available at http://www.stopclustermunitions.org/news/?id=288, visited on 3 January, 2010.

② 例如，在都柏林会议中，该联盟在谈判会场外的大批成员与少数几名获准进入会场的代表之间就曾对根据第2.2（c）条不受本公约禁止的武器的范围出现理解上的不一致，场外成员认为场内代表让步过多。John Borrie, *How the Cluster Munition Ban Was Won: Oslo Treaty Negotiations conclude in Dublin*, Disarmament Diplomacy, Issue No.88, Summer 2008, available at http://www.acronym.org.uk/textonly/dd/dd88/88jb.htm, visited on 3 January, 2010.

③ Women's International League for Peace and Freedom, Report from the Wellington Conference on Cluster Munitions, 18-22 February 2008, pp.27-28 available at http://www.wilpf.int.ch/PDF/DisarmamentPDF/ClusterMunitions/REPORT_Wellington.pdf, pp.17-18, visited on 3 January, 2010.

响。”① 从该联盟立场在公约中得到反映的程度来看，这一评价并非言过其实。

四、几点启示——走向新的全球治理模式？

集束弹药所产生的人道后果，在以《特定常规武器公约》为代表的传统国家间体制中原本是一个无足轻重、关注有限的问题。然而，相关非政府组织通过持续开展面向公众的宣传、针对各国政府的游说以及在多边外交框架内的参与，成功地使这一问题受到世界范围内的关注，并在较短的时间内催生了一个影响深远的公约对集束弹药加以全面禁止。由于缺乏主要军事大国的参与和支持，奥斯陆进程有关集束弹药的谈判一度被普遍认为不可能成功。集束弹药联盟在都柏林会议结束后召开的新闻发布会上也认为，“公约超出所有人的预期”。② 毫无疑问的一点是，如果没有非政府组织的推动，这一问题的结果将大不相同。

与以往非政府组织关注的很多经贸、环境、人权等问题相比，围绕集束弹药的国际谈判事关国家安全和国际裁军，涉及更为复杂和敏感的军事和政治因素，因而对非政府组织的参与和影响提出了更大的挑战。《集束弹药公约》的达成，恰恰反映出非政府组织在国际舞台设定议程和影响结果的能力已不可低估；这些所谓的“草根组织”（grassroots organizations），已不能再被视为“乌合之众”，相反，它们往往在特定问题上组织良好、目标明确、资源丰富，成为影响或平衡国家间关系的一支重要力量。就集束弹药问题而言，一大批非政府组织能够基于共同的关注而通过成立“集束弹药联盟”有效地协调立场，整合力量。他们发起民众，动员舆论，游说政府，甚至在政府间外交谈判中作为事实上的谈判一方高调亮相，最大限度影响谈判结果。

纵观非政府组织在禁止集束弹药的国际性运动中的表现，有两点尤其引人注目。首先，现代交通和通讯技术特别是因特网的普及，使这些原本十分松散、各自为阵的组织不仅得以形成庞大的跨国大联盟，而且能够十分便利地发送和扩散自己的声音，有效地推动其行动目标。例如，借助因特网，集束弹药联盟经常组织大规模的网络签名、请愿并向相关国家政府施加压力、要求其支持奥斯陆进程谈判并尽

---

① CMC, Introduction, available at http://www.stopclustermunitions.org/calendar/?id=635, visited on 3 January, 2010.

② See CMC Press Release, Groundbreaking Treaty Banning Cluster Bombs Agreed; Cluster bomb survivors and campaigners rejoice, May 28th 2008, available at http://www.stopclustermunitions.org/wp/wp-content/uploads/2008/05/cmc-final-closing_dublin_pr-28-may-08.pdf, visited on 3 January, 2010.

快签署和批准公约；向一般民众宣传如何通过递交请愿书、抗议信等材料来影响本国或其他国家的政策制定者。① 其次，非政府组织已经具备高度专业的技术、法律和外交资源，这成为相关组织影响谈判和条约制定的一个重要因素。非政府组织在奥斯陆进程各外交会议前后主办的论坛以及在谈判中关于很多争议问题的立场，都显示了他们在集束弹药及其法律规制这一专业和复杂问题上比大多数国家更深入的知识。这些组织甚至还就公约谈判、签署和批准等技术问题为国家提供“能力建设”。②

当然，从根本上说，非政府组织在集束弹药问题上所展示的影响力，也许来源于这些组织所推动的人本价值，即以对人（具体而言就是受武装冲突影响的平民）的保护作为应对该问题的出发点和落脚点。在奥斯陆进程谈判中，集束弹药联盟能够在公约禁止范围、过渡期安排等诸多争议问题上坚持原则，毫不妥协，颇有“挟民众以令诸侯”的色彩。例如，针对一些国家提出应对公约的约束范围做一些妥协来换取更多国家接受该条约，集束弹药联盟的代表在惠灵顿会议开幕式致辞中加以尖锐批评：“这将是一个代价高昂的交易，它将牺牲集束弹药受害者的生命和肢体。”③ 显然，以集束弹药联盟为代表的一批非政府组织，颇为成功地扮演了人本价值代言人的角色，对于凝聚民意、影响有关主权国家的政治意愿和最终根据“奥斯陆进程”达成《集束弹药公约》都产生了十分关键的作用。

近年来，一些学者敏锐地指出，现代国际法的一个重要发展趋势是日益走向人本化。④ 从《集束弹药公约》的制定及其内容来看，都可称为一个不折不扣的“人本化条约”。它足以表明，现代国际法所关注的议题、内容和背后的推动力量正在发生“静悄悄”的变化——从以国家为中心开始转向以人为中心；以非政府组织为代表，原本“处江湖之远”的民间力量如今越来越多地得以“居庙堂之

---

① 相关信息可参见：http：//www.stopclustermunitions.org/.

② See e.g. CMC, How to Ratify the Convention on Cluster Munitions, available at http：//www.clusterconvention.org/pages/pages_i/documents/HowtoratifytheConventionFINAL.pdf, visited on 3 January, 2010.

③ Opening Statement Delivered by Steve Goose on behalf of Human Rights Watch and Cluster Munition at the Opening Ceremony of Wellington Conference on Cluster Munitions, 18 February 2008, p.12, available at http：//www.stopclustermunitions.org/wp/wp-content/uploads/2008/07/anzcmc-wellington-report.pdf, visited on 3 January, 2010.

④ 关于现代国际法的人本化趋势，参见曾令良：《现代国际法的人本化发展趋势》，载《中国社会科学》2007年第1期；Theodor Meron, *The Humanization of International Law*, Martinus Nijhoff Publishers, 2006, Introduction.

高”，特别是在与普通民众息息相关的领域影响国际议程，自下而上地推动变革。相应地，国际法的合法性基础也在发生变化。① 这一发展趋势，是十分值得关注和重视的。

此外，“奥斯陆进程”谈判和《集束弹药公约》的达成，在很大程度上也是一批主权国家和政府间国际组织、非政府组织之间所谓“公—私伙伴关系”（public-private partnership）的胜利。由于围绕集束弹药问题的讨论在由主权国家主导、以各国“协商一致”为基础作出决定的《特定常规武器公约》框架内久拖不决，上述国家和组织共同发起了一个新的谈判框架，以惊人的效率克服种种政治和法律障碍，在较短的时间内达成公约并使之得到了较大范围的接受。除非政府组织之外，联合国是最具广泛性和代表性的一个政府间国际组织，红十字国际委员会是国际人道法领域的权威机构，国家作为国际法最重要的主体，也是条约谈判和遵守的基本主体，他们在奥斯陆进程中显示了高度和互补性，共同为公约的达成作出了贡献。联系到20世纪90年代国际禁雷运动中出现的类似情形②，这是否揭示了当代全球治理中的一种成功范式？至少，《特定常规武器公约》所代表的国家间体制再一次遭受严重挑战，表明即便在军备、武装冲突这样的领域，主权国家也越来越无力扮演排他的“垄断者”角色。

当然，非政府组织在奥斯陆进程中发挥的作用，也引发了不少国家的不安。美国国务院官员曾在2008年4月底对奥斯陆进程尤其是非政府组织的影响公开加以抨击：“非政府组织被允许在全体会议和其他场合公开诘难国家谈判代表，利用一个与会国（可能暗指挪威，因为该国作为奥斯陆会议的主办国为非政府组织参与提供了各种便利——笔者注）提供的资金来攻击其他与会国的立场，哪一个国家

---

① 都柏林会议结束前，由于集束弹药联盟对公约第21条有所不满，会议主席担心最后的公约文本得不到该联盟支持，因为这将有损谈判成果的合法性。John Borrie, *How the Cluster Munition Ban Was Won*: *Oslo Treaty Negotiations conclude in Dublin*, Disarmament Diplomacy, Issue No. 88, Summer 2008, available at http://www.acronym.org.uk/textonly/dd/dd88/88jb.htm, visited on 3 January, 2010.

② 当时，同样是《特定常规武器公约》内围绕禁止杀伤人员地雷问题的讨论迟迟没有进展时，“国际禁雷运动组织”旗帜下的上千个非政府组织与一批中小国家和联合国等国际组织发起了“渥太华进程”谈判并成功制定了1997年《禁止杀伤人员地雷公约》。“奥斯陆进程”无论从所处理问题的性质、过程和结果来看都与“渥太华进程”有着很大的相似之处。

政府希望在这样的国际体制中开展活动呢?"① 由此可以提出的一个问题是，从集束弹药问题来看，非政府组织的立场是否过于激进？其影响力是否超越了国际关系的现实状况？毕竟，主权国家仍然是国际关系中最重要的行为体，离开主权国家之间的合作，当今世界所面临的大部分问题都难以得到有效解决。

Non-Governmental Organizations and the Convention On Cluster Munitions In 2008: Participation、Influence and Revelation

HUANG Zhixiong

Abstract: The adoption of the Convention on Cluster Munitions in 2008 is undoubtedly a milestone in the development of international humanitarian law. In the long march towards the Convention, a number of non-governmental organizations (NGOs), under the auspices of the Cluster Munitions Coalition, not only successfully aroused widespread concern over the humanitarian problems caused by cluster munitions, but effectively pushed forward the negotiations within the framework of the Oslo Process to regulate the use of the weapon. To be sure, NGOs have played a key role in accomplishing the Convention and facilitating its ratification as well as implementation. An objective analysis of the influence exerted by the NGOs in the negotiations towards the Convention is instrumental in understanding the status and role of NGOs in contemporary international law.

Keywords: non-governmental organizations　cluster munitions　Cluster Munitions Coalition　international humanitarian law　Convention on Cluster Munitions

① Richard Kidd, Is There A Strategy for Responsible U. S. Engagement on Cluster Munitions?, remarks at the 'Connect Us Fund' Roundtable Dialogue at the Aspen Institute, Washington, D. C., 28 April 2008, available at http://www.state.gov/t/pm/rls/rm/104697.htm, visited on 3 January, 2010.

NGO 和 WTO：国际非政府组织对国际贸易规则的影响*

□ 鄂晓梅**

内容摘要 WTO 作为世界上最重要的贸易组织，是国际非政府组织的重点关注对象。国际非政府组织通过参与 WTO 的各项活动、游说相关官员并进行广泛的宣传等活动对 WTO 的活动产生了广泛的影响，从而影响到了国际贸易规则的发展。探讨国际非政府组织与 WTO 的关系、国际非政府组织在 WTO 内的活动及其活动对国际贸易规则所产生的影响，具有非常重要的意义。同时，也有必要探讨分析发展中国家与发达国家非政府组织之间在 WTO 内的矛盾。

关 键 词 NGO WTO 国际贸易规则 发展中国家 发达国家

目 次

随着国际非政府组织（international non-governmental organization，以下简称为 NGO）在国际政治与经济等各领域的地位越来越重要和突出，其在政府间国际组

---

* 本文是国家社科基金项目“全球化进程中非政府组织与和谐世界的构建”（项目编号：07BFX075）的研究成果。

** 内蒙古大学法学院教授，法学博士。

织的活动也在不断增强。① 如同学者所评论的："有效地卷入并影响国际组织的决策、政策的执行、监督规则的执行以及争端解决活动即使不是NGO存在的理由，至少也是NGO的一个主要目标。"② 通过它们的这些活动，NGO对国际组织的议程、决策、规则的执行以及解决争端等方面产生着很多重大影响，进而也对国际法的形成和发展产生着深远和广泛的影响。例如，NGO在多边贸易体系中的活动越来越广泛和深入，从而影响着国际贸易规则的形成和发展。在此方面，NGO主要通过参加世界贸易组织（World Trade Organization，以下简称为WTO）的活动并影响其决策、政策的执行等方面来达到目标。而WTO作为世界上最重要的贸易组织，监管着其153个成员方之间的多边、诸边贸易协议，其涉及范围广泛，从货物贸易、服务贸易到知识产权而且还有一个强有力的争端解决机构。③ 因此，作为管理和规范贸易全球化的国际组织，WTO成为NGO的重点关注对象。本文重点探讨当前NGO影响国际贸易规则的方式、内容、引发的冲突和未来的发展趋势，并从发展中国家的角度探讨应采取的立场和对策。

一、NGO影响国际贸易规则的方式

NGO对国际贸易规则的影响经历了渐进化的发展历程。在第二次世界大战之后，在恢复和重建国际经济秩序方面，西方发达国家的目标是建立世界银行、国际货币基金组织以及国际贸易组织作为新的国际经济秩序的三大支柱。当年相关各国谈判出来一个国际贸易组织（International Trade Organization）宪章，该宪章中有一个条款规定："对与涉及本宪章范围内事项时与非政府组织的磋商和合作作出适当安排"。④ 因此，如果国际贸易组织能够顺利成立，那么该组织就要依据宪章与非政府组织进行合作和磋商。然而，当时相关各国顺利地建立了世界银行和国际货币基金组织，建立国际贸易组织的意图却由于各种原因没有能够顺利实现。在这种

① 国际非政府组织通常是指非官方的、民间的社会、宗教、专业、经济等组织的国际组合。政府间国际组织是指得到成员国政府的支持和授权，其成员代表主权国家政府的组织。参见饶戈平主编：《国际组织法》，北京大学出版社1996年版，第50页。

② Peter Van den Bossche, *NGO Involvement in the WTO: A Comparative Perspective*, *Journal of International Economic Law*, vol. 11, 2008, p. 717.

③ 关于WTO的基本情况，参见World Trade Organization, Understanding the WTO, fourth edition, Geneva: WTO, 2007.

④ Havana Charter for an International Trade Organization, Mar. 24, 1948, art. 87. 2, reprinted in Havana Charter for an International Trade Organization and Final Act and Related Documents (Department of State ed., 1947).

情况下，各国只得采用变通办法，以宪章中有关关税与贸易政策为主要内容，连同各国已达成的有关关税减让的协议，通过了《关税与贸易总协定》(GATT)，供各国在国际贸易中临时适用。1948 年 1 月 1 日开始生效的 GATT 就被临时适用到 1995 年 1 月 1 日 WTO 成立时为止。而《关税与贸易总协定》中，并没有关于非政府组织的条款。①

在 GATT 时期，GATT 常常因为其具有与外界隔绝和保守秘密的特点而受到广泛批评。环境非政府组织是这类批评的带头者，还有劳工、发展、公众利益以及农业等非政府组织也加入了批评的队伍。批评的重点就是 GATT 以及后来的 WTO 应该关注的是全世界的利益。而做到这一点，就不能仅仅倾听定期参加 WTO 会议的政府代表的声音，还应该倾听和吸取各类非政府组织的意见。同时，这些组织也一直在强烈要求 GATT 和随后的 WTO 提高透明度。② 这些组织的意见在成立 WTO 的乌拉圭回合谈判中得到了高度重视。

乌拉圭回合谈判最重要的成果《建立世界贸易组织协定》第 5 条第 2 款规定："总理事会可就与涉及 WTO 有关事项的非政府组织进行磋商和合作作出适当安排。"该款规定是 WTO 与 NGO 进行合作与磋商的法理基础。随后，1996 年 7 月总理事会通过采纳一系列指南的形势进一步明确建立了一个处理与 NGO 关系的框架，在此框架中 WTO 承认 NGO 在提高公众对涉及 WTO 领域活动的了解和认识方面的角色和作用，并同意在此方面要提高透明度并发展与 NGO 的信息交流。该指南还提出了一些合作交流的方式，如非正式会议，获取信息方面的非正式安排等。但也明确指出 NGO 不能直接参加 WTO 的工作或会议。③ 1998 年，当时的总干事 Ruggiero 宣布 WTO 对外关系局将开始对 NGO 定期发布关于各委员会以及各工作组的工作进展。秘书处也会在每月向成员方发放 NGO 提交的文件，阐明其观点的文件以及新闻简报等。④ 同时，对于什么样的组织能够得到 WTO 的认可从而参与其

---

① See Maura Blue Jeffords, *Turning the Protester into a Partner for Development: the Need for Effective Consultation between the WTO & NGOs*, Brooklyn Journal of International Law, Vol. 28, 2003, p. 945.

② See Steve Charnovitz, *Participation of Nongovernmental Parties in the World Trade Organization: Participation of Nongovernmental Organizations in the World Trade Organization*, University of Pennsylvania Journal of International Economic Law, Vol. 17, Spring, 1996, p. 331.

③ WTO, Guidelines for Arrangements on Relations with Non-Governmental Organizations, Decision adopted by the General Council on 18 July 1996, WT/L/162, 23 July 1996.

④ WTO, Ruggiero announces enhanced WTO plan for cooperation with NGOs, PRESS/107, 17 July 1998.

活动，WTO只有一些很松散的规定，如根据《建立WTO协定》第5条第2款的规定，相关组织的活动需要涉及WTO有关事项。另外一个具体的要求在1996年新加坡部长会议期间作出，即在WTO秘书处参与活动的组织应该是非营利性的NGO。①

从1996年以来，NGO对国际贸易规则的影响进入了全新的阶段，NGO参与WTO的方式和手段日趋多样，参与的频率和层次日益加深。在方式上，NGO的活动主要表现为作为观察员参加WTO的部长会议，特定的研讨会以及日常的与秘书处的交流工作。例如从新加坡部长会议开始，WTO允许NGO参加部长会议的全体会议。在新加坡会议上，有108个NGO参加了会议，这些组织来自于环境、发展、消费者、商业、农民团体以及工会等领域。② 但参加会议的NGO并没有观察员或协商的地位，它们不可以在会议上发言或者向会议提交书面的文件。尽管如此，参加WTO部长会议的NGO在不断增加，到2005年的第六届香港部长会议，参加的NGO就已经达到了836个。③ 从2001年开始，WTO开始采用每年举办公共论坛的方式，为NGO提供交流的机会。而从2001年开始，参加这个论坛的组织和人数就越来越多，参加的人数从2001年的400位增加到2007年的1750位，参加组织的范围也越来越广泛，标志着NGO参加多边国际贸易决策程序的机会和兴趣越来越大。④

NGO以WTO的公共论坛为载体，不断拓展公共论坛的议题，增强参与的频度和深度。从环境问题、发展、金融到农业等诸多问题，都可能包含在公共论坛的议程中。而公共论坛的特点是由参加的组织提出会议的议程，由具体的组织承办其所感兴趣的活动。从2005年起，WTO的角色就开始仅仅局限于事务性的工作，如安排会议室、翻译解释以及为来自发展中国家的发言者提供资助等。⑤ 各类NGO也借此机会提起自己感兴趣的与贸易有关的各种问题在公共论坛进行讨论，希望通过

---

① Peter Van den Bossche, *NGO Involvement in the WTO: A Comparative Perspective*, Journal of International Economic Law, vol. 11, 2008, p. 730.

② WTO, Relations with Non-Governmental Organizations/Civil Society, available at http://www.wto.org/english/forums_e/ngo_e/intro_e.htm, visited on Oct. 24, 2008.

③ Peter Van den Bossche, *NGO Involvement in the WTO: A Comparative Perspective*, Journal of International Economic Law, vol. 11, 2008, p. 717.

④ Pascal Lamy, *Civil Society is Influencing the WTO Agenda*, 4 October 2007, Http://www.wto.org/english/sppl_e/news_e/sppl73_e.htm, visited on Dec. 17, 2008.

⑤ Peter Van den Bossche, *NGO Involvement in the WTO: A Comparative Perspective*, Journal of International Economic Law, vol. 11, 2008, p. 717.

这样广泛的讨论来影响 WTO 在有关问题上的规则解释、成员方的谈判态度等。例如，在 2008 年的 WTO 公共论坛中，有一项会议议程题目是："农场动物福利标准是否能符合 WTO 规则?"这项议程主要由动物福利组织承办，其目的就是通过在 WTO 内举办的论坛提出自己的观点和主张从而引起有关问题的广泛讨论以及 WTO 官员和成员方对此问题的关注，争取逐步使存有争议的国家动物福利标准在 WTO 内合法化。① 通过几届这样的论坛，WTO 也注意到不仅是同一类的组织联合起来组织自己的会议议题和议程，各类组织也在活动过程中联合起来使自己的力量更为强大，向 WTO 及其成员方施加更大的影响。② 同时，论坛的议程也越来越广泛，例如 2008 年的公共论坛中共有 42 个不同的议程，讨论范围非常广泛，包括从贸易政策、气候变化、发展、减少贫穷、动物福利、WTO 面临的挑战到世界粮食危机等方面都是主要议程。③ 这些议程也反映了参加 WTO 公共论坛的 NGO 关注的问题多种多样，同时这些组织也希望自己的观点能够通过这样的论坛引起 WTO 及其各成员方的关注，从而影响它们的各种决策。

此外，在组织协作方面，随着 NGO 与 WTO 的联系日益紧密，WTO 在信息交流和交换方面也为 NGO 大开方便之门。除了一些不能马上公开的文件之外，WTO 一般都能在很短的时间内将大部分文件公之于众。从 1998 年开始，WTO 秘书处向 NGO 提供简报并在其网站上建立了特别的 NGO 网页。同时，秘书处每月都编辑其所收到的 NGO 表达观点的文件并转发给成员方。④

虽然双方各种磋商与合作的机会越来越多，WTO 在与 NGO 的合作方面，还是面临着广泛的批评。WTO 在其 1996 年的与 NGO 合作的指南中提出：成员方指出了 WTO 的特殊性，即它是一个包含其成员方之间的权利和义务的政府间的具有约束性的法律条约，并且也是一个谈判的论坛。经过深入的讨论，广泛的意见是 NGO 不可能直接参与到 WTO 的工作和会议中。对此，美国著名的环境学者

① Session 8: Can Farm Animal Welfare Standards be WTO-compatible?, organized by: Royal Society for the Prevention of Cruelty to Animals (RSPCA), World Society for the Protection of Animals (WSPA), Compassion in World Farming, Eurogroup for Animals, Date: Sep. 24, 2008, Venue: WTO HQ.

② Pascal Lamy, *Civil society is influencing the WTO agenda*, Oct. 4, 2008, available at http: //www. wto. org/english/news_e/sppl_e/sppl73_e. htm, visited on Dec. 17, 2008.

③ WTO Public Forum 2008, *Trading into the Future*, Programme available at http: // www. wto. org/english/forums_e/public_forum08_e/programme_e. htm, visited on June 2, 2009.

④ WTO, Relations with Non-Governmental Organizations/Civil, available at Societyhttp: // www. wto. org/english/forums_e/ngo_e/intro_e. htm, visited on June 2, 2009.

Charnovitz 持续不断地提出疑问，他在2002年的一篇文章中认为，联合国体系，虽然包含有许多包括各种权利与义务的条约以及各种谈判的论坛，仍然可以允许NGO加入到其工作和某些会议中，而WTO为什么不能这样做?① 在2007年的一篇文章中，他进一步指出，尽管WTO作出举办公共论坛等努力，但它在其第二个十年中，仍然不愿意和其他政府间组织一样为NGO作出协商与合作等方面的安排。②

同时，WTO不积极发展与NGO的协商与合作方式、其本身的运作方式、决策缺乏透明度等问题，都引起了很多NGO的强烈反对。其最为激烈的表现方式就是针对WTO的各种抗议活动，几乎每届WTO部长会议的召开都会伴随着会场外的各种游行示威活动，其中很多的抗议活动就是由NGO组织的。③ 无论如何，尽管NGO和很多学者对WTO与NGO的协作方式存在着很多意见，上述的NGO参与WTO事务的各种方式都成为NGO影响国际贸易规则的有力渠道。同时，由于NGO不能直接参加WTO进行的多边贸易规则的谈判，因此，常驻日内瓦并在会场外游说WTO成员方的政府以及贸易谈判代表也是NGO影响多边贸易规则的重要方式。

二、NGO对国际贸易规则影响的内容

经过多年的努力，NGO通过对WTO各项活动的影响和参与，已经对国际贸易规则产生了很多实质性的影响。尽管如此，NGO认为，它们还应该更加广泛地与WTO进行磋商与合作，可以预见的是，NGO对国际贸易规则的影响还将不断地演进和加深。本文按照NGO行为的影响对象进行分类，将NGO对国际贸易规则的影响具体分为对国际贸易实质规则的影响、对多边贸易谈判议程的影响以及对争端解决机制的影响，分别予以阐释和解析。

（一）对国际贸易实质规则的影响

NGO对国际贸易实质规则的影响方面，最为显著的例子是在知识产权领域。WTO与贸易有关的知识产权协议（TRIPs协议）一直以来受到NGO的广泛批评。

---

① Steve Charnovitz, *WTO Cosmopolitics*, New York University Journal of International Law and Politics, Winter 2002, p. 320.

② Steve Charnovitz, *The WTO's Environmental Progress*, Journal of International Economic Law 10 (3), 2007, p. 691.

③ See Peter Van den Bossche, *NGO Involvement in the WTO: A Comparative Perspective*, Journal of International Economic Law, vol. 11, 2008, p. 717.

该协议因为保护药品的知识产权而在获取药品方面为 WTO 成员方设置了很多的限制，并为药品设置了很长的专利期限。这就为发展中国家尤其是最不发达国家与艾滋病等严重疾病的斗争设置了很大的障碍。同时，制药行业却坚持认为，TRIPs 协议对于它们在研发等方面获得国际补偿是必要的工具，否则它们无法研制新的救命所需的药物。因此，长期以来，WTO、贸易官员以及医药公司就成为很多公共健康组织的抗议对象。为改变这种现状，一些关注健康与发展的 NGO 积极参与有关的各项活动，努力让 WTO 成员方注意到这个问题并解决这个问题。例如，2001 年 4 月，WTO、世界卫生组织、挪威政府以及全球健康理事会举办的一次关于药品定价与资金的会议，吸引了大批 NGO 参加并发表它们的看法。① 在 2001 年，WTO 部长会议发表了一个关于 TRIPs 协议与公共健康关系的宣言，在此宣言中，部长们强调 TRIPs 协议应该成为广泛的国内和国际行动的一部分来帮助解决公共健康问题。宣言也同时确认 TRIPs 协议能也应该以支持 WTO 成员方保护公共健康的权利，尤其是提升所有人获取药品的能力的方式被解释和适用。② 而在此次会议上，许多与健康有关的 NGO 来到这个会议并帮助本国政府进行了关于这个宣言的谈判。③

这些 NGO 的努力也获得了一定的成效。2003 年 8 月，为了帮助发展中国家获取维持生命的药物，对于没有生产权利的发展中国家利用强制许可的问题在 WTO 达成了一个协议，该协议是一个妥协的产物，即在保护药品知识产权的情况下，允许发展中国家在紧急情况下违反协议规定来获得必需的药品。在 2005 年 12 月 WTO 香港部长会议前夕，这个协议作为一个修正案而成为 TRIPs 协议的一部分。④ 在五年后，2008 年 9 月，第一批治疗艾滋病的药物才通过这种强制许可的方式由加拿大运到了卢旺达。⑤ 因此，这个协议在实践中的作用受到广泛的质疑和批评。尽管如此，NGO 在此领域的活动还是影响到了与贸易有关的知识产权规则，并导

① See Steve Charnovitz, *WTO Cosmopolitics*, New York University Journal of International Law and Politics, Winter 2002, p. 329.

② Ministerial Conference, Declaration on the TRIPs Agreement and Public Health, WT/MIN (01) /DEC/2, paras. 1-4 (Nov. 14, 2001).

③ Steve Charnovitz, *WTO Cosmopolitices*, New York University Journal of International Law and Politics, Winter 2002, p. 330.

④ Pascal Lamy, *Civil society is influencing the WTO agenda*, Oct. 4, 2008, available at http://www.wto.org/english/news_e/sppl_e/sppl73_e.htm, visited on Dec. 17, 2008.

⑤ *Lamy Warns against Protectionism amid Financial Crisis*, 24 September 2008, available at http://www.wto.org/english/news_e/sppl_e/sppl101_e.htm, visited on March 31, 2009. See also, Michael Geist, *Easing the Passage of AIDS Medicines*, Toronto Star, Pg. B02, April 13, 2009.

致了对实质性规则的修改。

在农业规则领域，NGO 也一直在努力影响相关的规则谈判并试图促使 WTO 修改一些相关的规则。例如，动物福利问题一直得到很多 NGO 的高度关注。而在具体的谈判中，NGO 所提出的一些建议也得到了相关国家的支持从而出现在谈判议程上。例如，在农业谈判中，欧盟内的一些支持提高动物福利的 NGO 提议在动物福利问题上给予农民补偿，以抵消其为了遵守相关的标准而额外付出的成本。而这个建议在欧盟向 WTO 提交的谈判文件上得到了体现。① 这些 NGO 认为，尽管 WTO 规则允许各国在本国为了保护动物福利采取较高的动物福利标准，但是，在国际贸易中，采用更高标准生产出来的产品就意味着更高的成本，所以这些产品就难以和不采用这类高标准的其他国家的同类产品竞争。为了避免这种情况，WTO 应该允许为了动物福利的目的而给予相关产业绿箱补贴，来补偿相关产业为遵守动物福利标准而多支付的成本。这些组织相信欧盟所倡导的动物福利支付可以符合 WTO《农业协议》提出的标准，但是它们还是强调为了避免引起任何怀疑，应该把"动物福利"这几个字明确地加进《农业协议》中。② 这个建议出现在实际谈判中，在 2003 年 3 月由农业委员会特别议程主席提交的《农业谈判关于未来承诺模式的草案》，也是建议修改《农业协议》附件 2，将动物福利添加到第 12 段中。③ 但是，由于很多发展中国家认为，这样的修改将为欧盟以及其各成员国还有其他发达国家实施以动物福利为依据的贸易壁垒提供强有力的法律依据，因此，这些国家反对做这样的修改。同样的建议就没有出现在随后的草案中。例如，在最新的农业谈判模式草案中，就没有关于将动物福利支持放在附件 2 中的建议了。④ 这也表明，动物福利问题在很大程度上都不会出现《农业协议》中了。但是，这个例子表明，NGO 对国际贸易规则的影响已经是非常深远，如果该建议通过谈判而得到通过，那么欧盟就可以因为其农民遵守了有关动物福利标准，而给予农民一定的支持和补贴。同时，"动物福利"问题也将正式的出现在 WTO 协议中，那么，相关 NGO 的具体目标也就可以实现。

---

① Committee on Agriculture Special Session, *European Communities Proposal Animal Welfare and Trade in Agriculture*, G/AG/NG/W/19, 28 June 2000, p. 3.

② RSPCA/Eurogroup for Animal Welfare, *Getting Animal Welfare into the Green Box*, p. 1 and p. 7.

③ Committee on Agriculture Special Session, *Negotiations On Agriculture First Draft of Modalities for the Further Commitments*, revision, TN/AG/W/1/Rev. 1, 18 March 2003, p. 25.

④ Committee on Agriculture Special Session, *Revised Draft Modalities for Agriculture*, TN/AG/W/4/Rev. 4, 6 December 2008.

（二）对多边贸易谈判议程的影响

为了影响 WTO 规则的形成，NGO 非常希望能够将它们所关注的问题放到 WTO 的谈判议程上，进而在谈判过程中能进一步影响成员方对具体问题所持的态度和观点。但是，WTO 规则不允许它们参加谈判，甚至不能作为观察员观察谈判进程。所以，它们只能间接的通过游说本国政府以及谈判者来影响谈判议程和进程。尽管如此，NGO 在影响谈判议程并将它们所关注的问题加入到谈判议程上还是取得了很大的成果。

WTO 正在进行的多哈回合谈判中有几个议题是 NGO 多年来为之奋斗和寻求的目标，如降低发达国家的农业补贴、降低有害环境的渔业补贴、在环境产品和服务领域开放贸易、确保 WTO 规则和多边环境条约之间的更加协调等。① 例如，在农业谈判方面，多个 NGO 在 2001 年制定谈判议程的多哈会议召开之前，就提交文件对农业谈判应该包含什么内容提出具体的建议。②

渔业补贴谈判更是显示了 NGO 对谈判议程的巨大影响。渔业补贴问题以及补贴谈判一直是 WTO 的敏感话题。NGO 将渔业资源的危险性告知 WTO，并提醒它有责任在渔业资源不断枯竭的形势中发挥一定的作用。他们警告说，因为这些补贴鼓励太多的渔民来捕捞数量已经很少的鱼类，世界上每年高达 140-200 亿美元的渔业补贴是渔业资源枯竭的主要原因之一。NGO 的警告促使 WTO 成员方正视这个问题并将此问题放在谈判议程中。NGO 不仅提出警告，在渔业补贴问题上他们还在 WTO 如何起草新的规则方面给出了很多技术性的建议。例如，在 2008 年，世界自然基金会（WWF）向 WTO 秘书处提交文件，反对 WTO 的一些成员方在谈判时倾向于继续向小规模的捕鱼船只提供补贴的做法，在该文件中，WWF 认为小规模渔船不仅也是引起过度捕捞的原因之一而且也是世界渔业贸易的主要竞争者，WTO 成员方在谈判停止或减少渔业补贴的时候，却要放松向小规模渔船提供补贴的政策，这样做是不恰当的。③ WTO 总干事拉米认为，NGO 在渔业补贴谈判方面作出了贡献。事实上，这个特殊的经验也向很多 NGO 显示，密切地和 WTO 成员方合作

① *Lamy warns against protectionism amid financial crisis*, 24 September 2008, available at http://www.wto.org/english/news_e/sppl_e/sppl101_e.htm, visited on March 31, 2009.

② See NGO Position Papers Received by the WTO Secretariat, http://www.wto.org/english/forums_e/ngo_e/pospap_e.htm, visited on February 4, 2010.

③ WWF, *Small Boats, Big Problem*, http://www.wto.org/english/forums_e/ngo_e/posp72_www_e.pdf, visited on February 2, 2010.

对于达到他们的目标有时是非常重要的。①

拉米还认为，环境与贸易联系问题，以及这个问题最终被提上多哈谈判议程也要在很大程度上归功于NGO。这在多边贸易体系历史上是第一次开始进行关于环境问题的谈判。这些谈判的部分目标是帮助清洁技术开放市场，在拉米看来，在我们面临着气候变化的巨大威胁情况下，这是一个非常合法的目标。②而值得注意的是，发展中国家一直反对将与贸易无关的问题如环境、劳工标准等问题加入到多边贸易谈判的议程中来，因此，这次NGO通过努力使环境问题出现在WTO的谈判议程中来，应该说，对它们来说是一个很大的成功。

（三）对争端解决机制的影响

自从WTO在1995年成立之后，WTO的争端解决机制被普遍认为是WTO最为重要和成功的机制。依据WTO的争端解决程序，如果成员方之间就贸易争端的磋商失败了，它们一般就依据一定的程序将有关争端提交给专家组解决，如果对于专家组的裁决不满意，争端方可以继续上诉到上诉机构。上诉机构的裁决为终审裁决。而WTO规则规定必须由争端解决机构的成员方全体一致同意才能否决专家组或上诉机构的裁决，因此，争端解决机构的裁决可以说是自动通过，不会被否决。而败诉方如果不执行争端解决机构的裁决又面临着各种报复措施。③ 因此，自成立以来，WTO争端解决机构成为一个各界公认的权威机构。另一方面，自从WTO成立以来，其争端解决机构所受理的案件数量众多。根据WTO网站的统计，从1995年1月到2010年1月，WTO争端解决机构共受理了403个案件。④ 因此，无论从WTO争端解决机构的权威性还是从其影响力来说，参与到WTO争端解决程序中并影响争端解决机构对国际贸易规则的解释，都成为NGO影响国际贸易规则的形成和发展的有力手段。一位学者在比较NGO参与WTO贸易谈判和参与争端解决程序情况后认为，NGO不能参与到WTO贸易谈判中，它们只能通过游说成员方政府或贸易谈判代表来间接影响国际贸易法，因此，对NGO来说，直接参与到WTO争端

---

① Pascal Lamy, *Civil society is influencing the WTO agenda*, Oct. 4, 2008, available at http://www.wto.org/english/news_e/sppl_e/sppl73_e.htm, visited on July 1, 2009.

② Pascal Lamy, *Civil society is influencing the WTO agenda*, Oct. 4, 2008, available at http://www.wto.org/english/news_e/sppl_e/sppl73_e.htm, visited on July 1, 2009.

③ See WTO, Understanding on Rules and Procedures Governing the Settlement of Disputes, in The Legal Texts-The Results of the Uruguay Round of Multilateral Trade Negotiations, WTO, 2002, pp. 354-379.

④ Dispute Settlement: Chronological list of disputes cases, http://www.wto.org/english/tratop_e/dispu_e/dispu_status_e.htm, visited on February 3, 2010.

解决程序并影响规则的解释相对来说应该是一个更有指望的停靠点。①

然而，争端解决程序的各个阶段一般都是保密的。在 NGO 不断要求透明度的情况下，在征得有关争端方的同意之后，WTO 只是在很少的几个案件中，向有限的 NGO 播放了几个案件专家组的会议或者在极例外的情况下允许 NGO 出现在有关会场上。在 2008 年 7 月，上诉机构也第一次允许在有限的范围内播放其在两个案件中的最初听审阶段。② 因此，NGO 一直在不断努力，通过各种办法向争端解决机构传递自己了解的信息，争取影响到争端解决机构的最后判决。

NGO 争取参与到 WTO 争端解决程序的努力在 1997 年得到了一个突破性的进展。在欧盟香蕉案中，美国和几个中美洲国家针对欧盟给予非洲和加勒比国家的香蕉特殊优惠的作法提起申诉。位于加勒比海的小岛国圣卢西亚（St Lucia）作为第三方参加了诉讼过程。在专家组庭审时，圣卢西亚代表团由其驻欧盟大使带队并有两个非圣卢西亚国民作为顾问。美国对这两个顾问的出席提出了反对意见，理由是争端解决程序只存在于政府之间并且只能由政府雇员参加这个庭审。由于专家组也支持这个决定，所以这两名顾问只好离开。结果是圣卢西亚大使只好在没有专业顾问的陪同下参加了庭审过程。然而，在上诉阶段，这个决定被推翻了。上诉机构裁定 WTO 成员方可以自由选择任何人来代表它们。③ 这就意味着争端方可以由任何它希望从其那里得到咨询意见的私人顾问或任何人那里得到协助。④ 自从上诉机构在此案中的决定之后，当事方和第三方可以自由决定在聆听专家组和上诉机构庭审时的代表团的组成结构这一点就被普遍接受了。这样，当事方或第三方就可能会在其代表团中包含有 NGO 的代表。⑤ 这就为 NGO 参与到 WTO 争端解决机构的诉讼程序创造了方便条件。

向争端解决机构递交法律意见书是近年来 NGO 试图影响最后判决结果而常采用的一种方式。这些法律意见书一般被称为“法庭之友”（*amicus curiae* briefs (‘friend of the court’ briefs)，是指在一个法律争端中，一个非争端方但对案件有

---

① See Robyn Eckersley, *A Green Public Sphere in the WTO?: The Amicus Curiae Interventions in the Transatlantic Biotech Dispute*, European Journal of International Relations, Vol. 13 (3), 2007, pp. 330, 339-340.

② See Peter Van den Bossche, *NGO Involvement in the WTO: A Comparative Perspective*, Journal of International Economic Law, Vol. 11, 2008, p. 727.

③ Appellate Body Report, European Communities—Regime for the Importation, Sale and Distribution of Bananas, WT/DS27/AB/R, paras 4-12, adopted by DSB on 25 September 1997.

④ Rahul Singh, *The World Trade Organization and Legitimacy: Evolving a Framework for Bridging the Democratic Deficit*, Journal of World Trade 42 (2), 2008, p. 356.

⑤ See *EC-Bananas*, para. 10. This reasoning was later confirmed for panel proceedings.

特殊兴趣或利益的第三方希望获得法庭的同意，将它们所掌握的信息提交到法庭以引起法庭对某些事实或观点的注意，而案件争端方可能并不会向法庭提起这些观点或事实。法庭之友文件可以以两种方式提交，如 NGO 可以独立提交这类文件，或者将这些文件作为争端方或第三方提交文件的附件提交给争端解决机构。根据一些学者的分析，这些文件可以有以下作用：提供法律分析和解释；提供事实分析和证据；将贸易争端置于一个更广阔的政治和社会范围之内。①

根据 WTO《管理争端解决的规则与程序的谅解书》第 13 条的规定，每个专家组都有向它认为合适的人或团体寻找资料和技术咨询的权利。所以，专家组可以向 NGO 寻求信息和技术支持。在海龟-海虾案中，上诉机构认为专家组可以向 NGO 要求其提供文件也可以接受没有经过要求而由 NGO 自行提交的文件。② 在 2000 年的碳钢铁案中，上诉机构决定，当上诉机构认为适当并且有用时，它自身有在一个上诉案件中接受和考虑 NGO 提交的文件的法律权利。③ 经过随后的发展，现在普遍认为专家组和上诉机构有权利自由决定是否在一个 WTO 成员方之间的法律争端中接受并参考 NGO 提交的法庭之友文件。但这并不意味着 NGO 有权利提交文件并要求文件被参考。专家组和上诉机构也没有必须接受或在断案时参考这些文件的义务。WTO 网站也指出，到现在为止，只有少数几个专家组在事实上曾经接受和参考过他方自行提供的文件。而根据上诉机构的解释，专家组或者上诉机构没有义务接受和参考这样的文件，因此，相关利益方如果既不是争端的当事方也不是第三方，那么就没有要求专家组或上诉机构必须听取其意见的法律权利。④ 在碳钢铁案之后，有几个法庭之友文件被接受，但大部分情况下专家组和上诉机构都是拒绝接

① Lise Johnson and Elisabeth Tuerk, *'CIEL's Experience in WTO Dispute Settlement: Challenges and Complexities from a Practical Point of View*, in Tullio Treves, Marco Frigessi di Rattalma, Attila Tanzi, Alessandro Fodella, Cesare Pitea, Chiara Ragni (eds), Civil Society, International Courts and Compliance Bodies (T. M. C. Asser Press: The Hague 2005) 243-60, p. 249, Cited in Peter Van den Bossche, *NGO Involvement in the WTO: A Comparative Perspective*, Journal of International Economic Law, Vol. 11, 2008, p. 727.

② See Appellate Body Report, United States-Import Prohibition of Certain Shrimp and Shrimp Products("US-Shrimp"), WT/DS58/AB/R, Adopted on 6 November 1998, paras 104-06.

③ WTO Appellate Body Report, United States-Imposition of Countervailing Duties on Certain Hot-Rolled Lead and Bismuth Carbon Steel Products Originating in the United Kingdom, WT/DS138/AB/R, para. 42 (May 10, 2000).

④ Dispute Settlement System Training Module: Participation in dispute settlement proceedings, http://www.wto.org/english/tratop_e/dispu_e/disp_settlement_cbt_e/c9s3p1_e.htm, visited on February 3, 2010.

受或者拒绝参考有关的法庭之友文件。根据学者的统计，从 1996 年（海龟-海虾案开始之年）到 2006 年，共有 33 个法庭之友文件被提交到 WTO 争端解决机构。在这个时期，大概三分之二的文件被接受同时有三分之一的文件被拒绝。同时，在被接受的文件中也只有大概一半的文件在专家组或上诉机构做决定时得到参考。① 例如，在中国与美国、欧盟和加拿大之间的汽车零件案中，上诉机构在 2008 年 10 月收到了一份法庭之友文件，经过咨询当事方和第三方的意见，上诉机构认为它没有必要在其决定中考虑这个文件。②

值得注意的是，只有少数一些发达国家如美国和欧盟的一些成员国支持 NGO 提交法庭之友文件。而许多 WTO 成员方尤其是发展中国家反对争端解决机构接受 NGO 的法庭之友文件。例如，美国曾经提议为法庭之友文件的提交而发展更为肯定以及明确的规则，这个提议遭到了东盟的强烈反对。③ 在海虾-海龟（21.5）案中，原告马来西亚和作为第三方的墨西哥都反对争端解决机构接受 NGO 的文件。④在石棉案中，当上诉机构决定在审案过程中接受来自 NGO 的法庭之友文件时，在总理事会召开的会议中，许多成员方对此表示不安并反对上诉机构的做法。它们认为在成员方不能提交相同文件的情况下（除非它们是案件的争端方），非成员方却可以提交这些文件，这样的状况令它们不安。随后，上诉机构决定不在此案中接受此类文件。⑤

许多成员都坚决认为，WTO《管理争端解决的规则与程序的谅解书》不允许专家组接受和参考由他方自行提交的法律意见书。这些成员认为 WTO 争端解决只

---

① Leah Butler, *Effects and Outcomes of Amicus Curiae Briefs at the WTO: An Assessment of NGO Experiences*, cited in Robyn Eckersley, *A Green Public Sphere in the WTO?: The Amicus Curiae Interventions in the Transatlantic Biotech Dispute*, European Journal of International Relations, Vol. 13 (3), 2007, pp. 340, 349.

② China-Measures Affecting Imports of Automobile Parts, Reports of the Appellate Body, WT/DS339/AB/R, WT/DS340/AB/R and WT/DS342/AB/R, 15 December 2008, para. 11.

③ Robyn Eckersley, *A Green Public Sphere in the WTO?: The Amicus Curiae Interventions in the Transatlantic Biotech Dispute*, European Journal of International Relations, Vol. 13 (3), 2007, p. 340.

④ See WTO Panel Report on United States-Import Prohibitions of Certain Shrimp and Shrimp Products, Recourse to Article21. 5 by Malaysia, WT/DS58/RW, paras. 3. 8, 3. 9, 3. 15.

⑤ Robyn Eckersley, *A Green Public Sphere in the WTO?: The Amicus Curiae Interventions in the Transatlantic Biotech Dispute*, European Journal of International Relations, Vol. 13 (3), 2007, p. 340. Steve Charnovitz, *WTO Cosmopolitics*, New York University Journal of International Law and Politics, Winter 2002, p. 347.

是成员之间的程序，因此非成员方尤其是NGO根本没有参与的权利。① 在2008年5月向争端解决机构特别委员会提交的一份关于《管理争端解决的规则与程序的谅解书》的提案中，非洲集团要求谈判修改《谅解书》第13条，给该条加上一个条款来明确规定专家组和上诉机构不得接受或参考任何个人或团体自行提交的信息或技术建议。② 笔者认为，非洲集团的提案反映了大多数发展中国家的意见，但是由于美国和欧盟都曾经提交提案要求修改《谅解书》第13条来肯定NGO提交文件的权利或者是争端解决机构接受和参考NGO文件的权利。③ 因此，非洲集团的提案在多哈回合谈判中肯定将遭到美国和欧盟的激烈反对，可以说，这个提案在谈判中通过的可能性很小。因此，笔者认为，在很长一段时间内，法庭之友文件在WTO争端解决程序中的地位在很大程度上还是要依靠专家组以及上诉机构对现有的《谅解书》第13条的解释，即专家组和上诉机构有权利自由决定是否在一个WTO成员方之间的法律争端中接受并参考NGO自行提交的法庭之友文件，但这并不意味着专家组和上诉机构有义务接受和参考这样的文件，因此，NGO在既不是争端的当事方也不是第三方的情况下没有要求专家组或上诉机构必须听取其意见的法律权利。

虽然法庭之友文件没有起到特别大的作用并受到多数WTO成员方的反对，但它向NGO提供了一个在WTO争端解决程序中表达其观点并可能影响WTO争端解决机构判决结果的途径，并且也改变了长久以来的观点，即只有WTO成员方才能对解释和适用WTO规则产生影响。同时，向WTO递交法律文件，也产生了其他巨大的作用，如将NGO所关心的问题带入WTO中，并通过这个途径将这些问题和观点广泛公开和传播，例如NGO会将文件放到网上或者通过召开记者招待会的方式，从而将一些非贸易关注问题如环境、劳工等问题引起全球范围的关注，并影响成员方的观点。从长远来看，NGO通过法庭之友文件来影响国际贸易规则的解释的能量不可小觑。对于大部分WTO成员方反对WTO争端解决机构接受NGO的法庭之友文件的做法，有学者建议通过修改WTO争端解决程序方面的规则来允许争

---

① Dispute Settlement System Training Module: Participation in dispute settlement proceedings, http: //www. wto. org/english/tratop_e/dispu_e/disp_settlement_cbt_e/c9s3p1_e. htm, visited on February 3, 2010.

② WTO, Dispute Settlement Body Special Session, *Text for the African Group Proposals on Dispute Settlement Understanding Negotiations*, TN/DS/W/92, 5 March 2008.

③ See TN/DS/W/13 and TN/DS/W/1.

端解决机构接受法庭之友文件，① 对此，笔者持反对意见，笔者认为 WTO 争端是成员方之间的争端，在相关的案件中只有争端双方和第三方才能提交文件，而其他成员方是不能提交文件的，而在这样的情况下，却允许 NGO 提交文件，无疑是给予了 NGO 比其他成员方还要多的权利。同时，一些发达国家的 NGO 甚至具有比一些主权国家还要强大的财力以及人力资源，给予它们提交法庭之友文件的权利，也可能在一些情况下影响到弱小国家在贸易争端中的权利。

此外，一些国家的 NGO 通过给自己的国家或地区施加压力，劝说政府采用环境等贸易措施，禁止或限制从一些国家进口破坏环境等事项的产品，其中很多措施最后都导致了贸易争端。其中最著名的贸易措施就是美国禁止从墨西哥进口金枪鱼以及美国禁止从印度等四个发展中国家进口海虾。在金枪鱼案件和海虾-海龟案中，都是环境保护主义者和寻求公平贸易环境的生产商们联合起来，推动美国政府采取最后导致 GATT/WTO 贸易争端的措施。② 例如，金枪鱼案起源于美国环境保护组织在 1990 年获得的法庭指令，这个指令要求美国禁止进口墨西哥金枪鱼。一个名为地球岛研究所（The Earth Island Institute）的环境组织在 1992 年提起诉讼要求保护海龟，迫使美国政府执行联邦法律有关规定，并禁止从捕获海虾时危及到海龟的国家进口海虾。③ 当金枪鱼案的专家组明确反对单边环境贸易措施时，遭到了发达国家 NGO 猛烈抨击。在环境组织和其他一些利益团体发起下，当时金枪鱼案成为美国报纸一整页广告的批评主题。在这些广告中，GATT 被称为是对各国环境贸易措施的威胁，它威胁到了世界上无数保护清洁食品和水以及保护自然资源的法律等。④ 应该说，WTO 争端解决机构对于具体案件的裁决，也多少受到了 NGO 游说与抗议的影响。例如，如上文所述，在海虾-海龟案中，一些 NGO 向上诉机构提交了没有得到提交要求的摘要来支持单边环境贸易措施。对于此案的裁决，Bhagwati 就评论说："对于上诉机构在海虾-海龟案中对第二十条的范围作出的更包容环境的解释，我很难相信这个解释没有受到发达国家顽固的环境游说机构及其以雄厚财力

---

① See e. g., Maki Tanaka, *Bridging the Gap Between Northern NGOs and Southern Sovereigns in the Trade-Environment Debate: the Pursuit of Democratic Dispute Settlements in the WTO Under the Rio Principles*, Ecology Law Quarterly, Vol. 30, 2003, p. 119.

② Gregory G. Shaffer, *WTO Blue-Green Blues: The Impact of U. S. Domestic Politics on Trade-Labor, Trade-Environment Linkages for the WTO's future*, Fordham International Law Journal, Vol. 24, 2000, at n. 6.

③ James Lee, *Trade-related environmental impacts: how much is a dolphin worth? in Trade and Environment: Conflict or Compatibility?*, (Duncan Brack ed., 1998), p. 41.

④ See, e. g., N. Y. Times, Apr. 20, 1992, at A9 (Natl, ed), N. Y. Times, Dec. 14, 1992, at A 12.

为基础的法律观点的影响，而四个起诉国家困窘的法律运作方式是无法和它们相比的。"①

可以说，NGO 尤其是发达国家的 NGO 通过游说或迫使本国在 WTO 内提起诉讼或者向争端解决机构提交法庭之友文件等影响着有关争端的最后结果，从而影响到具体国际贸易规则的解释和适用。近年来，美国劳工联合会-美国产业工业联合会（AFL-CIO）就不断地给政府施加压力，要求美国政府调查中国的劳工标准状况，他们认为，中国在违反国际劳工标准的同时还以低水平的劳工标准吸引美国公司将工厂转移到中国去，这使美国每年丢掉大约一百多万个工作岗位。他们提出，这种代表不公平贸易的行为应该受到经济上的惩罚，而这样的惩罚可以通过美国在 WTO 赢得一个对中国的案子后作出。他们也和参议员、众议员等联合起来要求美国政府在 WTO 内起诉中国。② 如果他们的要求被美国政府采纳并在 WTO 内对中国提起一个以劳工标准为主的诉讼，那么这将会是 WTO 第一个有关劳工标准的案件，同时也会意味着 NGO 通过对非贸易关注问题如环境、劳工标准以及动物福利等问题的关注并将其引入 WTO 争端解决机制中，继续加深其对国际贸易规则影响。

三、NGO 对国际贸易规则影响引发的冲突

对于 NGO 通过上述活动参与 WTO 事务，从而影响到 WTO 的决策乃至国际贸易规则的形成以及解释和执行这个问题，现实中还是存在着很多的争议和冲突。具体来说，争议和冲突主要存在于发达国家的 NGO 和发展中国家之间。从 NGO 一方来说，它们认为 WTO 对于它们的各项活动还是给予了太多的限制，它们希望能够参与到 WTO 更多的活动中去，从而能够产生更大的影响。很多学者也支持它们的观点，认为 WTO 应该做更多的努力，例如有学者质疑：为什么 WTO 不能像联合国、国际劳工组织等国际组织一样给予合格的 NGO 观察或协商地位？即使 NGO 参与到 WTO 的事务中应该有一个明确的界限，NGO 参与其他组织活动的事实表明，NGO 参与到 WTO 的事务的状况还没有达到这个界限。③

---

① See Jagdish Bhagwati, *Afterword: The Question of Linkage*, American Journal of International Law, Vol. 96, 2002, p. 133.

② "Bush won't probe labor practices in China AFL-CIO says U. S. lost 1.24 million jobs as work was moved to China." *The Buffalo News* (Buffalo, NY) (July 22, 2006): D6.

③ Peter Van den Bossche, *NGO Involvement in the WTO: A Comparative Perspective*, Journal of International Economic Law, Vol. 11, 2008, p. 731.

同时，NGO 在 WTO 中的活动也受到了很多质疑，主要是来自成员方尤其是发展中国家的质疑。如上文所述，发展中国家政府和发达国家的非政府组织在很多问题上存在矛盾，例如，这些非政府组织希望将环境、劳工标准、动物福利等问题加入到 WTO 的谈判议程中，并且通过努力游说而促使 WTO 在多哈回合谈判中将环境议题加入到了多哈回合谈判议程中；而在向争端解决机构递交法庭之友文件问题上，NGO 的诉求一直都在受到发展中国家的阻挠。大多数发展中国家认为大部分 NGO 都主要关注环境或者劳工标准等问题，而这些问题往往与它们现在的经济发展状况相违背。同时，很多发达国家的 NGO 都有强有力的组织机构和雄厚的资金支持，发展中国家担忧如果给予这些组织更有力的角色，那么这些组织的活动会进一步使发展中国家在 WTO 决策程序中的地位边缘化。换句话说，这就更会使谈判的天平向不利于发展中国家的方向倾斜。因此，绝大部分发展中国家反对让 NGO 参与到更多的 WTO 事务中来。①

实际上，在国际社会面前表达它们的立场并且确保其立场得到关注这方面，和发展中国家 NGO，甚至和一些发展中国家相比，发达国家 NGO 都要处于有利地位。和发展中国家 NGO 相比，发达国家 NGO 拥有更多的资金，在日内瓦有坐落在 WTO 总部附近的办公室，有雄厚的资金发展国际网络，有更广泛和通畅的信息渠道，所以它们甚至可以比大多数 WTO 成员都更容易地向 WTO 环境和贸易委员会的谈判传达信息智谋，发行漂亮的杂志，分发讲话和小册子，组织游说活动，召开新闻招待会，在主要的出版物上发布整版的广告，向 WTO 争端解决机构提交法庭摘要，甚至能试图通过控制媒体来影响人们对有关问题的理解，并获得它们最终想要的结果。② 像 Bhagwati 所说的，最富有的和最活跃的 NGO 都在发达国家，这些组织中的大部分一般都忽略了发展中国家中的 NGO、知识分子和政府的立场观点。不在各地拥有诸如美国劳工联合会-美国产业工业联合会等奢华的游说团体的穷国发现它们自己是处于一个不断膨胀的游说要求的接收末端，而面对这些要求，发达国家的政治家们一般都会妥协。穷国只能是竭尽全力地抵抗，希望能够延缓这

① See Peter Van den Bossche, *NGO Involvement in the WTO: A Comparative Perspective*, Journal of International Economic Law, Vol. 11, 2008, p. 720.

② See Gregory G. Shaffer, *The World Trade Organization under Challenge: Democracy and the Law and Politics of the WTO's Treatment of Trade and Environment Matters*, Harvard Environmental Law Review, Vol. 25, 2001, pp. 62-68.

些游说团体掌控 WTO 扩大贸易议题的进程。①

因此，对于 NGO 在 WTO 的地位及其对多边贸易体系的影响，大多数发展中国家都一直保持着反对和警惕的态度。如同一些学者在 2001 年就指出的，贸易与环境、劳工标准等问题的关系最起码因为两个原因而显得特别具有争议。首先，持有进攻态度的利益攸关者（主要是发达国家的非政府组织和工会）希望环境和劳工标准能够以贸易制裁的方式得到实施。而那些持有防卫态度的一方（将与贸易关联的相关标准视为变相的保护主义威胁的发展中国家政府）似乎同样具有很好的动机并反对将这些问题放入到贸易谈判中去。其次，如第一点所暗示的，在这些问题上，发达国家和发展中国家这两个利益攸关者势必要站在对立面。简单地说，在 WTO 内，如同在其他地方一样，发展中国家政府与发达国家非政府组织之间的关系似乎正在成为紧张关系的一个主要来源。② 而这样的关系经过多年的发展，并没有和缓的趋势，发展中国家和发达国家非政府组织在法庭之友文件问题上的矛盾就说明它们之间的对立关系是很难和缓的。

笔者认为，发达国家非政府组织与发展中国家之间在 WTO 内主要存在着两个矛盾。首先，如本文第三部分所论述的，发达国家非政府组织一直在努力将非贸易关注问题如环境、劳工标准以及动物福利等问题放到 WTO 的议程中，并努力使以这些问题为基础的贸易措施符合 WTO 规则的规定。同时，发展中国家认为 WTO 只是一个贸易组织，不应该在 WTO 内解决环境等与贸易无关的问题。但是，发达国家的非政府组织在这个问题上通过实现将环境问题放入到 WTO 谈判议程中的愿望而获得了初步的胜利。其次，在法庭之友问题上，一方面是 WTO 大部分成员方反对 WTO 争端解决机构接受 NGO 的法庭之友文件，另一方面 NGO 又通过各种渠道不断努力要获得提交法庭之友文件的权利，因此，有学者认为这使本来就已经存在的发达国家 NGO 与发展中国家在环境等方面的矛盾进一步加深。③ 笔者赞同这个观点，在这个问题上，确实是存在着发达国家 NGO 与发展中国家之间的深刻矛盾。如上文所述，由于发展中国家的压力，WTO 争端解决机构已经很少在具体案

---

① See Jagdish Bhagwati, *Afterword: The Question of Linkage*, American Journal of International Law, Vol. 96, 2002, pp. 126-128. 转引自鄂晓梅著：《单边 PPM 环境贸易措施与 WTO 规则：冲突与协调》，法律出版社 2007 年版，第 128 页。

② See Peter Sutherland, John Sewell, and David Weiner, *Challenges Facing the WTO and Policies to Address Global Governance*, in The Role of the World Trade Organization in Global Governance, Edited by Gary P. Sampson, United Nations University Press, 2001, p. 91.

③ See e. g., Maki Tanaka, *Bridging the Gap Between Northern NGOs and Southern Sovereigns in the Trade-Environment Debate: the Pursuit of Democratic Dispute Settlements in the WTO Under the Rio Principles*, Ecology Law Quarterly, Vol. 30, 2003.

件中接受或参考 NGO 的法庭之友文件，因此，在这个争议中现在是发展中国家占有有力地位。但是，这种在贸易谈判和对贸易规则影响方面，双方影响力此消彼长的格局，还是充分说明了双方在多边贸易规则的解释和发展方面存在着很多不可调和的矛盾。也充分说明发展中国家强烈反对 NGO 介入 WTO 事务的深刻原因，即这些国家一向认为 WTO 是成员方之间的处理贸易问题的政府间组织，而现实情况却是非政府组织在逐渐介入 WTO 各项事务并通过将与贸易无关的问题带入 WTO 而在逐渐扩大 WTO 的议程，同时也在真实地影响到多边贸易规则的解释和发展。而这样的威胁和蚕食，却大有不断发展的趋势。因此，笔者认为，NGO 在影响多边贸易规则的解释和发展的同时，其所引起的与发展中国家的争议和冲突也将继续存在和发展，值得研究者深入关注。

四、结语

综上所述，NGO 对 WTO 各项事务的介入日趋多样和广泛，已对 WTO 政策的形成、执行以及争端解决机制产生了重要影响，并对国际贸易规则在当今时代的发展变化产生了深远影响。从目前的影响现状看，尽管影响 WTO 及国际贸易规则的 NGO 存在多种类型和形式，但发达国家的 NGO 在现实影响中占据着主导地位，其对 WTO 及国际贸易规则的影响将日益深入并长期存在。发达国家的 NGO 与发展中国家政府之间在 WTO 内存在着理论争议及立场冲突。笔者认为，面对 NGO 对 WTO 以及国际贸易规则的影响，不同的利益攸关方如何理性地认识和把握这种影响的变化趋势，如何选择自己的立场和对策，在维护自身利益的同时，努力消弭彼此间的紧张关系和利益冲突，对构建和谐的世界经济新秩序具有重要的意义。

首先，无论是发达国家 NGO 还是发展中国家政府，都必须共同高度重视 NGO 与 WTO 之间的互动影响，以及由此引发的发达国家 NGO 与发展中国家政府之间所存在的紧张关系。笔者认为，这种紧张关系的存在非常不利于当前国际社会努力构建和谐的世界经济新秩序的普遍愿望。发达国家 NGO 的价值理念尽管有其内在的合理性和先进性，但发达国家 NGO 所采取的具体行动计划不能无视广大发展中国家的具体国情、发展需要和利益诉求。应该看到，在全球化的背景之下，发达国家 NGO 与发展中国家之间客观上存在着相互制衡、互动共生的关系。如果发达国家 NGO 采取的行动忽略甚至侵犯了发展中国家的现实利益，其所追求的价值目标就会丧失生根的土壤，最终无法开花结果。因此，彼此的平等和尊重是消除发达国家 NGO 与发展中国家紧张关系的前提和基础。

其次，就本文所论及的 NGO 与 WTO 的互动关系而言，笔者认为，WTO 应该认真规范 NGO 在其体系内的活动，如同 2004 年一个咨询委员会向 WTO 总干事提交的报告中指出的，WTO 的成员方应该发展一套明确具体的指南来规范 WTO 与 NGO 的关系。① 笔者认为，现实情况是：对 NGO 与 WTO 的关系以及 NGO 在 WTO 内的活动，在 WTO 内没有一个具体的规范，而发展一套具体明确的指南明显符合现实需要。在这个具体的指南中，在明确 NGO 参与 WTO 活动的权利与范围的同时，也要明确其应该遵守的义务及其活动范围的限度。同时，这个指南应该充分考虑到各成员方的意见，如果条件成熟，WTO 成员方之间应该谈判通过一个关于 NGO 与 WTO 关系的谅解书，以正式协议的方式明确 WTO 与 NGO 在各方面的关系。当然，从 WTO 与 NGO 相互关系的发展过程、NGO 一直以来对 WTO 的影响以及 NGO 与发展中国家在 WTO 内的紧张关系来看，这不是一个容易达到的目标。

最后，就发展中国家当前应采取的立场和应对策略而言，笔者认为，NGO 对国际贸易规则的影响对发展中国家既是挑战又是机遇。从挑战的角度讲，发展中国家应注意到在环境、农业等问题上欧美国家 NGO 对其政府的影响力以及它们要将“劳工”、“动物福利”等问题写入 WTO 协议中的强烈愿望，充分考虑其影响力和愿望给多边贸易谈判和发展中国家的国际贸易所带来的影响，并高度警惕发达国家假借 NGO 之手，将劳工标准、动物福利、甚至人权等问题纳入 WTO 的议程，进而利用自身的强势地位将以上述问题为基础的贸易限制措施逐渐认可为符合 WTO 的规则，最终达成隐藏的贸易保护目的，这将严重侵害到发展中国家的利益。因此，发展中国家为了保护自己的利益应该关注这些组织的活动并保持警惕的态度，应采取积极的自我保护策略，努力减少 NGO 影响国际贸规则可能带来的不利后果。发展中国家还应该充分警惕 NGO 势力在争端解决机制中出现膨胀的趋势，应该利用 WTO 与争端解决相关的规则澄清 NGO 在争端解决机制中的地位，在允许 NGO 通过别的渠道提交和发表相关文件并保证争端解决程序透明度的前提下，确保 WTO 争端解决机制的参加方应该局限于 WTO 成员方。

就机遇而言，随着全球化进程的加深，许多 NGO 的利益诉求反映着当今时代人类生存面临的共同问题，所倡导的价值理念也体现着人类文明演化的最新成果，所致力的行动计划也展示着人类社会的发展方向。因此，发展中国家在积极应对 NGO 影响国际贸易规则现实挑战的同时，还必须着眼于未来，充分考虑和尊重 NGO 不断增长的利益诉求，积极参与 NGO 的国际交流，并积极培育和引导本国的 NGO，使 NGO 成为提升本国的环境、劳工、人权等标准、提升政府相关治理水平

---

① WTO, Report by the Consultative Board to the Director-General Supachai Panitchpakdi, *The Future of the WTO: Addressing Institutional Challenges in the New Millennium* (Sutherland Report), WTO, 2004, para. 212.

的重要推动力。

NGOs and the WTO: Impact of International Non-Governmental Organizations on International Trade Rules

E Xiaomei

Abstract: As the WTO is the most important trade organization in the world, international non-governmental organizations pay close attention to it. Through participating its various activities, lobbying related officials and disseminating their views, NGOs have impacted the activities of WTO as well as international trade rules broadly and deeply. This article focuses on the relationship between NGOs and the WTO, introduces NGOs activities in the WTO and analyzes impact of these activities on international trade rules. Moreover, this article also analyzes the tensions between developing countries and developed countries' NGOs.

Keywords: NGO WTO international trade rules developing countries developed countrie

五、案例研究

海域划界规则的新发展

——罗马尼亚诉乌克兰黑海划界案评析

□ 张卫彬 *

内容摘要 2009年2月3日，国际法院对罗马尼亚诉乌克兰一案作出判决。按照该判决，双方存在争议的海域大约80%部分归属于罗马尼亚所有，同时界定蛇岛为礁石而非岛屿，不享有大陆架和专属经济区。在该案中，国际法院适用公平原则进行判案时明确提出了划界“三阶段论”，这反映了公平原则及相关情况规则成为崭新的一般习惯法。在相关情况规则中，当事国对争议区域的实际控制措施日益得到国际法院重视并赋予其效力。我国在解决与相关国家的划界争端时应始终坚持1982年《联合国海洋公约》有关条款所赋予的权利基础，同时亦应密切关注海域划界规则的新发展。

关键词 海洋划界 公平原则及相关情况规则 实际控制

目 次

* 华东政法大学国际法博士研究生，安徽财经大学法学院讲师。

长期以来，乌克兰和罗马尼亚在黑海海域边界划分问题上存在严重分歧。2004年9月16日，罗马尼亚向国际法院提起诉讼，要求对两国黑海大陆架和专属经济区进行划分。2009年2月3日，国际法院15名法官一致作出终局裁决。按照该判决，双方存在争议的海域大约80%部分归属于罗马尼亚所有，同时界定蛇岛(Serpents' Island，乌克兰称为兹梅伊内岛)是礁石而非岛屿，不享有大陆架和专属经济区。从本案的判决结果来看，它反映了海洋划界新的发展趋势，但仍存在一些需要厘定的问题。

一、罗马尼亚诉乌克兰黑海划界案概述

(一)诉讼双方的争议事项

黑海是一个封闭海，大陆架蕴藏丰富的石油和天然气资源，其海域面积大约43.2万平方千米，位于北纬40° 56'—46° 33'和东经27°27'—41°42'，通过黑海海峡与地中海相连。本案的划界海域位于黑海的西北部。其中，蛇岛位于多瑙河三角洲以东大约20海里，面积大约0.17平方千米，周长约2000米。根据1948年罗马尼亚和苏联所缔结的一项协定，蛇岛被并入苏联加盟共和国乌克兰，但并未解决两国在黑海上建立一条单一边界线划分大陆架和专属经济区的问题。

1997年6月2日，在经过复杂的谈判后，乌克兰和罗马尼亚签署了《睦邻友好与合作关系条约》，并以两国外交部长换文的形式缔结了一份《补充协议》，并均于1997年10月22日生效。根据这些协议规定，两国有义务就其国家边界制度缔结一项协议，划定在黑海的大陆架和专属经济区界线。但是，从1998年1月至2004年9月，两国共举行了24轮谈判和10次专家级磋商后，没有取得任何实质进展。在此种情况下，罗马尼亚请求国际法院依照国际法，以及《补充协议》第4

条的规定，在黑海上确定单一海洋边界，以划定两国的大陆架和专属经济区界线。①

（二）国际法院的判决

1. 既往条约的效力

国际法院指出，各方的分歧主要在于是否存在一条以蛇岛周围作为全部划界目的而商定的海上边界。这涉及1949年、1963年和1974年罗马尼亚和苏联缔结的《纪要》与1949年、1961年罗马尼亚和苏联缔结的条约，以及2003年罗马尼亚与乌克兰缔结的条约所涉及的边界效力问题。国际法院在审查以上协议后认为，1949年《纪要》及随后的条约涉及的仅是罗马尼亚与前苏联和乌克兰之间关于蛇岛享有12海里的边界限制问题，乌克兰并没有丧失在其他海域主张超过领海12海里的权利。因此，两国不存在一份划定大陆架与专属经济区的有效协议。②

2. 相关的海岸

按照罗马尼亚的观点，其整个海岸都是相关的，长度是269.67千米，基线长度为204.90千米。然而，乌克兰认为，根据较普通的方法测算罗马尼亚的海岸长度为185千米，如果考虑到罗马尼亚海岸的曲折性，其总长度是258千米，基线长度为204千米。国际法院经过测算后判定，罗马尼亚相关海岸长度大约为248千米。③ 关于乌克兰相关海岸长度，罗马尼亚认为，乌克兰相关海岸长度为388.14千米，基线长度是292.63千米。而乌克兰测算的其相关海岸线长度达1058千米，基线长度为664千米。不过，国际法院指出，乌克兰将Karkinits'ka海湾、Yahorlyts'ka海湾、第聂伯河峡湾（Dnieper Firth）及蛇岛作为相关海岸的一部分是不适当的。按照国际法院的观点，乌克兰相关海岸长度是705千米，它与罗马尼亚的相关海岸长度之比大约1∶2.8。④ 但是，法院在最后判决中，将其调整为1∶2.1。

3. 划界基点的确定

对于划界基点的确定问题，国际法院在经过分析后认为，赛克林半岛（Sacalin Peninsula）和马苏若湾（Musura Bay）作为基点是合适的。至于苏林纳堤坝

---

① *See* Case Concerning Maritime Delimitation in the Black Sea between Romania and Ukraine, Judgment of 3 February 2009, paras. 18-19, available at http://www.icj-cij.org/docket/files/132/14987.pdf, visited on March 1, 2009.

② *Ibid.*, para. 76.

③ *Ibid.*, paras. 87-88.

④ *Ibid.*, paras. 101-104.

(Sulina dyke)，法院认为虽然并没有令人满意的证据证明其符合《海洋法公约》第11条规定的“外部永久海港工程”，但是考虑到苏林纳堤向陆的末端与罗马尼亚大陆相连接，其可以作为基点。① 在与罗马尼亚相邻的海岸，国际法院指出，提斯干卡岛（Tsyganka Island）可以作为划界基点，但位于库班斯基岛屿（island of Kubansky）上的基点与现在的划界目的无关。在相向海岸，法院认为，塔克罕库特海角（Cape Tarkhankut）和赫尔松海角（Cape Khersones）等可以作为基点。由于蛇岛属于“不能维持人类居住或其本身的经济生活”的岩礁，符合《海洋法公约》第121条第3款的限制条件，并非岛屿，因而不能作为划界的基点。②

4. 相关情况

（1）海岸长度的不成比例。乌克兰援引两国海岸长度的不成比例，要求调整临时等距离线。而罗马尼亚承认，尽管事实如此，但在以往的海域划界案中几乎没有将其作为相关情况加以考虑。而且，在本案中两国相关海岸并没有明显的不对称性。无论如何，比例只有在适用“公平原则及相关情况方法”（equitable principles/relevant circumstances approach）确定划界线以后才能涉及，不应将其作为一个相关情况考虑。国际法院指出，本案两国相关海岸并没有显著不成比例，因此，没有必要调整临时等距离线。

（2）黑海的封闭性和该区域已经生效的划界。罗马尼亚认为，黑海的封闭性以及该地区生效的1978年土耳其与苏联签署的大陆架划界协议和1997年土耳其与保加利亚签署的有关划界协议未定边界海域，应当作为调整临时等距离线的相关情况予以考虑。对此，乌克兰持不同看法。一方面，黑海的封闭性本身不能作为与划界目的有关的情况。另一方面，双边协议不影响第三方的权利，黑海已经存在的划界协议不影响目前的争议。尽管国际法院表示在确定两国单一边界终点时考虑上述两份协议，但在最后判决中支持了乌克兰的意见。③

（3）任何切断的效果。在该案初步意见中，乌克兰指出，罗马尼亚建议的等距离线方案从两个方面削弱了该国的海上权利，并且要求调整临时等距离线。其一，蛇岛能够维持人类自身经济生活的需要，而且岛上存在建筑可供个人居住并有蔬菜和充足的新鲜饮用水，因此它应当属于岛屿，但没有被赋予大陆架和专属经济区。其二，侵犯了乌克兰南方大陆沿海大陆架的自然延伸和专属经济区主权权利。

---

① *See* Case Concerning Maritime Delimitation in the Black Sea between Romania and Ukraine, Judgment of 3 February 2009, paras. 138-141. available at http：//www. icj-cij. org/docket/files/132/14987. pdf, visited on March 1, 2009.

② *Ibid.*, para. 149.

③ *Ibid.*, para. 178.

然而，国际法院判定，蛇岛的存在并不需要调整临时等距离线，其在黑海大陆架和专属经济区划界中没有任何效力，且在本案中并没有显著的地质因素需要调整临时等距离线。①

（4）各方的行为。乌克兰认为，它于1993年、2001年和2003年在争议海域颁布的三份石油和天然气特许证，以及渔业活动和海军巡逻可以作为相关因素予以考虑。但罗马尼亚认为，作为一项法律原则，国家在相关区域的活动不应构成划界考虑的因素，且乌克兰的相关行为是在1997年两国签署补充协议的关键日以后作出的，这些均应与划界目的无关。② 对于两国的这些争执，总体上，国际法院支持罗马尼亚的主张，并没有将其作为划界所需要考虑的相关情况。

（5）安全利益。罗马尼亚声称，并没有证据显示其所提出的建议方案危及乌克兰的安全利益。相反，乌克兰的不合理划界主张，由于靠近罗马尼亚的海岸，因而侵犯了其安全利益。国际法院将安全利益的考量限制在两个方面。一方面，有关各方的正当安全利益考虑将对最终确定划界线具有重要作用。另一方面，就本案而言，法院所确定的临时等距离线完全能够尊重各方的利益主张，没有必要对其调整。③

二、黑海划界案反映的海域划界趋势

国际法院对黑海划界案判决以后，罗马尼亚和乌克兰态度迥异。前者认为这是双赢的结果，后者则表达了自己的不满，且宣称国际法院在适用公平原则作出裁决时采用的是最普通的等距离方法，根本没有考虑相关情况，该裁决更多地反映了罗马尼亚的利益。从上述国际法院的判决情况来看，这种质疑具有一定的合理性，但也存在误解。

值得指出的是，在黑海划界案中，国际法院在适用公平原则时明确提出了“三阶段论”，且强调：1985年利比亚/马耳他案已经对其进行了广泛的解释，并在随后的有关个案中进一步予以阐述。具体而言，国际法院在该案中提出的“三阶段论”主要内容如下：首先，在划界的初始阶段，法院应确定一条临时划界线，且不考虑任何相关情况。这种方法不仅从几何学上是客观的，而且对海域的划分也

---

① *See* Case Concerning Maritime Delimitation in the Black Sea between Romania and Ukraine, Judgment of 3 February 2009, paras. 199-201. available at http: //www. icj-cij. org/docket/files/132/14987. pdf, visited on March 1, 2009.

② *Ibid.*, paras. 194-196.

③ *Ibid.*, para. 198.

是适当的。对于相邻与相对海岸而言，等距离线和中间线将分别予以确定，除非存在令人信服的理由以证明该临时线并不可行。其次，法院认为，在第二阶段，海域划界必须取得《海洋法公约》第74条和第83条所规定的“公平结果”。基于此，在该阶段应当考虑是否存在相关因素以调整或修改临时等距离线。同时，法院明确指出，当所确定的一条线穿过几个管辖区域时，所谓公平原则及相关情况方法可以有效适用，且这种方法能够取得公平的结果。最后，在第三阶段，以当事国相关海岸的比例作为证明工具，验证经过调整或修改的临时等距离线是否会产生不公平的结果。①

概言之，国际法院在黑海划界案中提出的“三阶段论”可以从其本身以及既往的司法判例对公平原则及相关情况规则所作的阐释及其适用方法等几个方面予以分析和评价。

（一）公平原则及相关情况规则成为一般习惯法

1. 适用公平原则需考虑一切相关情况

以公平原则为出发点和归宿点将是确保划界公平结果实现的必要条件，否则有关国家在具体的划界过程中势必从各自利益出发，甚至有时在违背国际法原则的情况下，主张对自己有利的解决方案，从而使得划界谈判陷入困境。不可否认，国际法院最初对于适用公平原则划界并没有规定可预期的划界规则，而这一直是反对者批评的焦点；而且，由于国际法院在有关的个案中一度所表现的过度灵活性更是激起了更多的批评。但实际上，国际法院一直强调公平原则是一般国际法，并努力使得公平原则向着确定性方向演进。从1969年在北海大陆架案中国际法院认为，海洋划界应建立在国际法基础之上，按照公平原则并考虑一切有关情况通过协议解决，直至1982年突尼斯/利比亚大陆架案、1985年利比亚/马耳他大陆架案和1993年格陵兰/扬马延案等司法案例，国际法院不断地对公平原则的具体内涵尝试进行进一步阐释。

尤其在2001年卡塔尔诉巴林案中，国际法院正式提出了公平原则及相关情况规则（equitable principles/relevant circumstances rule）。② 随后，2002年喀麦隆诉

① *See* Case Concerning Maritime Delimitation in the Black Sea between Romania and Ukraine, Judgment of 3 February 2009, paras. 116-120. available at http://www.icj-cij.org/docket/files/132/14987.pdf, visited on March 1, 2009.

② *See* Qatar v. Bahrain case, I. C. J. Reports 2001, p. 111.

尼日利亚案、[①] 2007 年尼加拉瓜诉洪都拉斯案，[②] 以及 2009 年黑海划界案相继确认了这一具体规则及其适用方法。显然，公平原则经历了由抽象原则到具体规则的嬗变，成为崭新的一般习惯法。同时，国际法院始终强调，在划界过程中应当考虑一切相关情况。它主要包括两类因素：一类是自然因素，如岛屿、自然延伸的原则、地理因素；另一类为人文因素，如人口、经济因素、历史性权利、以前的国家实践、国家安全、航行利益等。因此，公平原则的适用需要与考虑一切相关情况相结合才具有实际意义，否则，抽象地提及无助于划界问题的公平解决。

2. 公平程序的应用是公平原则及相关情况规则的重要组成部分

程序的公平能够确保公平结果的实现，从某种意义上说，程序优于权利。在划界程序上，公平原则及相关情况规则独特的划界模式也确保了公平结果的实现。一般而言，等距离及特殊情况规则的划界模式为：等距离线→特殊情况→最终边界线。由于这种模式具有某种不合理性，而合理性往往又是习惯法的有效要件之一，因此，国际法院在 1969 年的北海大陆架案中否认了其习惯法的地位。国际法院认为，等距离线不是划界的唯一出发点，在具体的划界案中，必须在以公平原则为出发点，考虑一切相关情况的基础上确定划界方法。国际法院的划界程序大致可以归纳为：以公平原则为出发点→相关情况→划界方法→划界结果→比例校验或其他校验→公平结果。在此阶段，国际法院先后采用了等距离线（1969 年北海大陆架案）、海岸垂直线与夹角平分线（1982 年突尼斯/利比亚大陆架案）、夹角平分线、修改的等距离线和湾口垂直线（1984 年缅因湾案）等不同划界方法。

然而，由于这种划界方法的过于灵活，使得公平原则的适用存在争议。自 1985 年利比亚/马耳他大陆架案开始，国际法院的态度发生了一定的变化，即重新采用等距离线作为划界的临时起点，然后考虑相关情况予以调整。特别在新近的几个划界案中，国际法院强调，在划界程序上首先应决定临时等距离线作为划界初始步骤。国际法院的划界程序可以归纳为：以公平原则为出发点→等距离线→相关情况→划界结果→比例校验或其他校验→公平结果。这在一定程度上似乎改变了先前的划界模式，使得等距离方法具有优先性。而且，国际法院在 2007 年尼加拉瓜诉洪都拉斯划界案中，特别强调了公平原则及相关情况规则与等距离及特殊情况规则的划界程序相似，即都是首先划一条中间线，然后考虑相关情况予以调整。因此，

---

① *See* Cameroon v. Nigeria: Equatorial Guinea intervening case, I. C. J. Reports 2001, p. 441.

② *See* Case concerning territorial and maritime dispute between Nicaragua and Honduras in the Caribbean Sea, Judgment of 8 October 2007, para. 271, available at http: //www. icj-cij. org/docket/files/120/14075. pdf, visited on May 1, 2009.

有的学者认为，公平原则及相关情况规则实际上已经消失，等距离及特殊情况规则取得了胜利。① 但是，随后国际法院说明了其调整的原因主要在于：这种模式可以使得适用公平原则划界更具有可操作性和便利性，然而这并不能说明等距离方法自动优先于其他划界方法。在特殊情况下，有的因素可以使得等距离方法的采用并非是适当的。②

在黑海划界案中，国际法院再次强调，在特殊情况下如果存在令人信服的理由，临时等距离线将不能首先适用。③ 这说明了虽然在2001年卡塔尔诉巴林一案中国际法院认为“适用于大陆架和专属经济区的公平原则及相关情况规则与适用领海划界的等距离及特殊情况规则密切相关”，④两者出现了一定的融合趋势；但是，这两种适用不同划界海域的具体规则，与其适用等距离线的前提有着本质的区别。

3. 以成比例标准验证划界结果

无论是公平原则还是公平程序、公平的划界方法，其目的都是为了确保达到公平结果。然而，如果孤立地看，每个原则都可能是公平的，但这并不必然就会导致公平的结果。公平原则不能抽象地去解释，为了取得公平的结果，必须要遵循那些适当的原则与规则。正因如此，在北海大陆架案中，国际法院虽然没有支持联邦德国关于“公平合理份额”的主张，但接受了其提出的“成比例”的概念，并把它作为确保划界取得公平结果的一个因素。

在随后的1982年突尼斯/利比亚大陆架案、1984年美国/加拿大缅因湾案和1985年利比亚/马耳他等案中，国际法院一直把当事国相关海岸线长度的比例视为一种可以事后检验划界线公平的方法或辅助标准。同样，在1977年英法大陆架案、1985年几内亚/几内亚比绍案及1999年厄立特里亚/也门等案中，仲裁庭也始终强调成比例因素的重要性，认为它是评价某些地理情况公平性的有关因素。

尤其在黑海划界案中，国际法院强调，作为划界的第三阶段，应当考虑在相关

---

① *See* Robert Kolb, Case Law Equitable Maritime Dlimitation : Digest and Commentaries, Martinus Nijhoff Publishers, 2003, pp. 536-537.

② *See* Case concerning territorial and maritime dispute between Nicaragua and Honduras in the Caribbean Sea, Judgment of 8 October 2007, paras. 271-272, available at http: //www. icj-cij. org/docket/files/120/14075. pdf, visited on March. 1, 2009.

③ *See* Case Concerning Maritime Delimitation in the Black Sea between Romania and Ukraine, Judgment of 3 February 2009, para. 116, available at http: //www. icj-cij. org/docket/files/132/14987. pdf, visited on March 1, 2009.

④ *See* Qatar v. Bahrain case, I. C. J. Reports 2001, p. 111.

情况下经过调整的等距离线是否符合成比例的要求，从而避免导致不公平的结果。① 因此，通过以往的这些司法判例来看，成比例方法确实从某种程度上满足了有关国家之间适用公平原则以达到划界公平解决的要求。

总之，基于以上国际司法机构在适用公平原则的过程中所体现出的日益确定性；同时，由于目前尚未解决的海洋边界比已经解决的边界要多得多，而且这种状况又不能因为相关国家各自坚持不同立场而长期拖延下去，因此在有关国家间谈判无果的情况下，已经出现了越来越多“等距离集团”的国家愿意通过国际司法机构适用“公平原则及相关情况规则”以解决彼此划界争端。到目前为止，这类国家已经超过20个。可以预见的是，随着国家实践的逐渐增多，无疑该规则作为一般习惯法的地位将日益得到国际社会的普遍确认。

（二）涉及相关情况规则中实际控制的效力的新趋势

在黑海划界案中，罗马尼亚指出，蛇岛在1948年以前为罗马尼亚的一部分，但在此后，苏联通过协议强迫其移交给当时属苏联加盟共和国的乌克兰，而这一移交当时并没有得到罗马尼亚和苏联立法机构的批准。1991年苏联解体后，乌克兰实际控制了蛇岛，并在该岛附近进行海军巡逻和渔业活动，罗马尼亚一直对此表示抗议，要求重新讨论该岛的主权问题。虽然两国于2003年签署边界条约，确认蛇岛属于乌克兰，不过，罗马尼亚要求国际法院在勘定边界时应将有关历史因素考量其中，并且要求法院在裁决时不应考虑乌克兰在蛇岛附近海域实际控制的效力。

其实，这也涉及国际法院在解决有关领土主权归属案件所确立的一般规则和程序问题。首先，国际法院分析有关领土在争议发生以前是否存有证据证明，可其主权的归属。如果经证明存在确定的主权所有者，则不论实际控制权在任何一方。如在2002年喀麦隆诉尼日利亚一案中，尽管尼日利亚实际控制位于乍得湖地区的一些村庄，且主张享有历史性主权，但在最后判决书中，国际法院根据占领地保有法律（*Uti possidetis juris*）判定，② 它们过去的殖民地宗主国英国和法国已经通过1931年亨德森-弗勒瑞尔换文（the Henderson-Fleuriau Exchange of Notes of 1931）确定该区域主权归于喀麦隆，从而驳回了对争议地区拥有实际控制权的尼日利亚的

---

① *See* Case Concerning Maritime Delimitation in the Black Sea between Romania and Ukraine, Judgment of 3 February 2009, para. 122, available at http: //www. icj-cij. org/docket/files/132/14987. pdf, visited on March 1, 2009.

② 在国际法中，它是指新成立的国家应当与它们独立前的边界保持一致。

主张。①

实际上，国际法院在以往的判例中存在以殖民地时期边界条约作为依据进行判案的例证。甚至，国际法院将一些未经批准的条约赋予宪法性功能。如在1982年利比亚/突尼斯案中，国际法院就承认了法国和意大利间所谓默许的临时协议（modus vivendi）以法律价值。当时它们分别统治突尼斯和利比亚。法院认为，在相当长一段时期内，由于两国缺乏明确一致的海上界线，而且任何一方对临时协议都没有提出正式的异议，因此遵守该协议可以确保为两国间大陆架的划界方式的选择作为历史性理由而被接受。②

与此同时，在2001年卡塔尔/巴林案中，国际法院在判决卡塔尔对祖巴拉拥有领土所有权时强调，条约已经签署，虽未经批准，仍构成当事方在签署时明确的意思表示；并且，卡塔尔酋长当年在祖巴拉的行为可以视为其在自己的领域内权力的行使。③ 显然，由于对未经批准的条约效力的认定，法院才有可能避免一个棘手的问题，即在《联合国宪章》生效以前，以武力方式占有领土所引发的国际法上的领土所有权。

由此可见，国际法院在有关个案中，赋予殖民条约或未经批准的条约以法律效力，其意义在于明确涉及领土主权的至关重要的因素是稳定原则，从而不去破坏长期以来当事国所形成的领土的处置格局。这在占领地保有法律中得到了具体体现。然而，这种判案的依据是难以令人信服的，这使得国际法院的权威受到一定的质疑。

其次，如果国际法院对所涉领土在争议发生前未能通过审查的有关国际协议进行判定，则应对当事国所提供的对争议领土有效行使国家权力的证据进行比较，以确定最后主权归属。例如，在1953年英国诉法国明基埃和埃克荷斯群岛案中，由于国际法院难以通过有关的国际文件判断其主权归属，因此，将重点转到双方过去有效行使国家主权行为的层面。不过，与法国提供的大部分是历史证据相比，英国除了提供中世纪的历史证据外，特别举证自19世纪以来相当长的时期内，它对这两个岛屿所进行的有效管理行为，包括行政管理、司法管辖等。最后，国际法院一致判决，明基埃和埃克荷斯群岛的主权属于拥有实际控制权的英国。④

---

① *See* Cameroon v. Nigeria: Equatorial Guinea intervening case, I. C. J. Reports 2001, p. 355.

② 参见万鄂湘等主编：《国际法：领悟与构建——W. 迈克尔·赖斯曼论文集》，马铁男等译，法律出版社2007年版，第352页。

③ *See* Qatar v. Bahrain case, I. C. J. Reports 2001, pp. 68-69.

④ 参见联合国：《国际法院判决、咨询意见和命令摘要》（1948-1991），ST/LEG/SER. F/1，第31～32页。

值得注意的是，近年来，国际法院以争议领土的有效控制作为判案依据，且将争议领土判归拥有实际控制权的当事方的趋势日益明显。如在2002年印度尼西亚和马来西亚的利吉丹岛和西巴坦岛案中，国际法院在比较双方提交的有效控制证据以后，将岛屿划归拥有实际控制权的马来西亚。① 在2007年尼加拉瓜诉洪都拉斯划界案中，对位于该争端区的博贝尔礁、萨凡纳礁、罗亚尔礁和南礁等岛屿的主权问题，国际法院首先得出的结论是：无论是洪都拉斯还是尼加拉瓜，都未能证明此前自己依照占领地保有法律而拥有对这些岛屿的所有权。法院进而通过查明在其独立后行使有效管辖情况，认定这些岛屿的主权属于洪都拉斯。② 因为有证据显示，洪都拉斯已在这些岛屿上适用并实施了其刑法和民法，管理了移民事务、渔业活动和建筑活动，并行使了其在公共工程方面的权威。同样，在2008年的马来西亚诉新加坡案中，国际法院根据新加坡在白礁岛有效控制活动，包括插上军旗、大兴土木、在附近海域巡逻等，宣示新加坡对该岛的主权；相反，尽管马来西亚首先"发现"该岛屿而享有初始权利，但其在过去100年并没有行使相应的主权活动，因而判决主权归新加坡所有。③

综上所述，国际法院在包括黑海划界案在内的诸多个案中，将实际控制的效力视为适用公平原则的一种"相关情况"，在涉及解决争议领土主权时，其采取的大致步骤如下：首先，通过考察争议领土在该争议发生以前，是否有证据证明其已有主权归属；如果存在确切证据，则不管现在领土由任一当事方实际控制，争议领土应当归属于合法所有人；反之，国际法院依据有效控制的证据比较规则界定争议领土主权的归属。

（三）关于相关情况规则中的其他各种因素的新趋势

1. 地质、地貌因素的衡平考量

地质、地貌因素与大陆架自然延伸有关，在划界中考察它的目的主要在于证明大陆架的连续性或划界当事国领土自然延伸的根本中断。在黑海划界案中，虽然乌

---

① *See* Sovereignty over Pulau Ligitan and Pulau Sipadan (Indonesia/Malaysia), Judgment, I. C. J. Reports 2002, p. 686.

② *See* Case concerning territorial and maritime dispute between Nicaragua and Honduras in the Caribbean Sea, Judgment of 8 October 2007, para. 227, available at http://www.icj-cij.org/docket/files/120/14075.pdf, visited on March 1, 2009.

③ *See* Case concerning sovereignty over Pedra Branca/Pulau Batu Puteh, Middle Rocks and South Ledge, Judgment of 23 May 2008, paras. 273-277. available at http://www.icj-cij.org/docket/files/130/14492.pdf, visited on March 1, 2009.

克兰强调了罗马尼亚所建议的等距离线，侵犯了乌克兰南方大陆沿海大陆架的自然延伸。然而，国际法院否决了乌克兰的主张。这反映了自然延伸原则在大陆架划界中的重要性受到距离标准的限制。

不可否认，从某种意义上说，国际法院自1982年突尼斯/利比亚大陆架案以来的有关判例中，已渐离了1969年北海大陆架案所确立的自然延伸权利基础的惟一性，从而受到了距离标准的限制。尤其在1985年利比亚/马耳他案中，国际法院提出了距离标准替代论，即在大陆架没有扩展到从海岸基线起始200海里所在时，距离标准起着决定作用，而与海床和底土的自然性质无关。① 与此同时，一些学者和人士见仁见智，如提出自然延伸优位论、两者对抗论、权利平等论等不同主张。②

其实，对于这些不同的观点，可以根据1969年《维也纳条约法公约》第31条至第33条所确立基本的条约解释规则，从《海洋法公约》第76条（1）款本身含义解释和国际法院的司法判例等不同层面进行分析。③

（1）从《海洋法公约》第76条（1）款字面含义来看，自然延伸和距离标准之间没有层次结构（hiberarchy），它们都是沿海国大陆架主张的权利基础。即两者权利的基础是平等的，且不能仅从该条款文字表述顺序的先后而导出两者存在主次之分。如在1985年几内亚和几内亚比绍仲裁案中，仲裁庭对此曾强调，两种规则没有优劣之分。④

---

① *See* Libya Arab Jamahiriya /Malta case, I. C. J. Reports 1985, p. 35.

② 如赵理海认为，从第76条关于大陆架的定义规定中，可以得出距离标准并不能和自然延伸原则等量齐观，而有主次之分。参见赵理海：《海洋法问题研究》，北京大学出版社1996年版，第67页。日本籍原国际法院法官小田滋强调，两者是根本不相容的。*See* Libya Arab Jamahiriya /Malta case, Dissenting Opinion of Judge Oda, para. 61, available at http://www.icj-cij.org/docket/files/68/6431.pdf, visited on May 1, 2009. 高健军认为，在某些情况下，两者的确没有高下之分。参见高健军：《论冲绳海槽在中日东海大陆架划界中的作用》，载《武大国际法评论》（第2卷），武汉大学出版社2004年版，第100页。

③ 《海洋法公约》第76条（1）款规定："沿海国的大陆架包括其领海以外以其陆地领土的全部自然延伸，扩展到大陆边外缘的海底区域的海床和底土，如果从测算领海宽度的基线量起到大陆边的外缘的距离不到二百海里，则扩展到二百海里距离。"本文主要根据《维也纳条约法公约》第31条至第33条所确立的三个解释规则（文本主义、意图主义以及目的与宗旨）对《海洋法公约》第76条（1）款进行解释。其中，第31条奠定了基本的解释规则，并可被视为对习惯国际法的反映。具体条文内容参见1969年《维也纳条约法公约》第31条至第33条的规定。

④ *See* Case of the Delimitation of the Maritime Boundary between Guinea and Guinea-Bissau, Award of 14 February 1985, I. C. J. Reports 1988, para. 115.

这一阐释在《海洋法公约》起草的过程中也得到了佐证。如在第三次联合国海洋法会议初期，关于大陆架的问题，曾经有 8 种不同提案，其焦点主要在于大陆架的外部界限是以 200 海里距离为限，抑或根据大陆架自然延伸原则超过 200 海里以外的界限问题。最后，在第 8 期和第 9 期会议上，协商组主席综合苏联方案和爱尔兰提案并经过同各方协商，同时兼顾宽大陆架和窄大陆架国家的不同利益，拟定《海洋法公约》第 76 条规定。① 无疑，距离标准的出现使得那些以前由于存在大陆架自然延伸中断而不需要划界的区域出现了权利的重叠，即距离标准和自然延伸原则所引发的权利重叠。

（2）在 1985 年利比亚/马耳他案中，国际法院提出在大陆边没有扩展到 200 海里的范围内，距离为大陆架惟一共同的权利基础。但是，国际法院这种非此即彼的观点是存在一定异议的。如韩国学者金荪杓认为，尽管我们能够理解法院对距离标准的强调，但拒绝给予作为取得公平结果考量的一个相关地理因素在划界中的任何作用，显然做法太过了。②

实际上，无论是根据《海洋法公约》第 76 条（1）款抑或第 83 条的规定，均难以得出将自然延伸在划界中的作用限制在 200 海里以外；且不论按照《国际法院规约》第 59 条规定"法院之裁判除对于当事国及本案外，无拘束力"。换言之，即使国际法院在黑海划界案等有关个案中可能出于谨慎地考虑而故意忽略一些并不明显的地质和地貌因素，其目的在于划界的公平解决，但这不能成为有悖于《海洋法公约》有关条款规定的理由。显然，如果一沿海国有确切证据表明其与争端另一方无论在 200 海里内外存在大陆架自然延伸的根本中断，它对大陆架主张的权利基础当然是自然延伸，而不是距离标准。由于在黑海划界案中，乌克兰南方大陆沿海大陆架的自然延伸并不存在任何切断的效果，因此，国际法院没有将其作为一种相关情况对等距离线进行相应的调整。

2. 岛屿在划界中的效力

一般来说，无论在双边的划界协议抑或国际法院司法判例中，通常有选择地将一部分不重要的岛屿不予顾及。如 1958 年巴林与沙特阿拉伯的划界协议中，在决定边界线的端点或转折点等情况下，一些小岛的划界效力被忽略不计。在黑海划界案中，乌克兰的蛇岛即属于这种情况。

类似问题在第三次联合国海洋法会议期间也曾引起代表间的争论。争论的焦点

① 陈德恭：《现代国际海洋法》，海洋出版社 2009 年版，第 192 页。

② *See* Sun Pyo Kim, Maritime Delimitation and Interim Arrangements in North East Asia, Martinus Nijhoff Publishers, 2004, p. 219.

在于，倘若一块面积很小的无法维持人类居住的岩石享有大面积海域，是否会造成不公平结果的情况。最后，妥协的结果就是，《海洋法公约》第 121 条第 3 款所作的限制性的规定，即不能维持人类居住或自身经济生活的岩石不应有专属经济区或大陆架。但是，对于岛屿在海洋划界中具体效力，《海洋法公约》则没有规定。

根据国家实践和国际司法判例，岛屿在划界中具有完全效力、部分效力或零效力，一般均视其地理位置和性质而定。那些位于一国领海之内且靠近一国大陆的岛屿、当事国双方条件相类似的岛屿、群岛国家的岛屿及面积大、人口多、地理位置重要的岛屿，通常在划界中都可能获得全效力，如日韩之间的对马岛。有时一国基于政治、经济和发展两国关系的考虑，也会给岛屿以完全效力。对于一些不重要的岛屿，如在 1984 年美国/加拿大缅因湾案中加拿大的海豹岛被赋予一半效力；或远离其本土大陆而接近于两国间的假定中间线的岛屿，划界双方通常给予其部分效力或不将此类岛屿作为划界基点，仅允许其享有适当海域。当岛屿远离其本土大陆而接近于他国领土时，常常给予其部分效力或零效力，如 1977 年英法大陆架案中英属海峡岛等。而对于主权有争议或面积很小，或对本国不重要且远离本土大陆的岛屿，一般给予零效力。

但不可否认，由于目前国际法规则的缺失，出现一些国家将远离海岸的岛屿确定为领海基点而划出直线基线情况。例如，越南将距海岸 161.8 海里的小岛作为基点划定直线基线。甚至，朝鲜划出了 245 海里世界上最长的直线基线。显然，这些确定领海基线的标准的不统一，无疑将加大划界问题解决的难度。不过，无论是 1958 年《领海与毗连区公约》，还是 1982 年《海洋法公约》都没有对沿海国直线基线最大长度作出任何限制，① 仅在 1982 年《海洋法公约》第 7 条第 3、6 款作出了要求或原则。国际法院和仲裁法庭此前也没有作出具体的说明，从而使得各沿海国根据各自的释义和从自身利益出发而追求最大的海洋管辖区域。

就黑海划界案而言，尽管乌克兰在蛇岛上采取建造人工建筑，种植蔬菜以及开凿井以汲取饮用水等措施，但国际法院明确指出，它属于“不能维持人类居住或其本身的经济生活”的岩礁，符合《海洋法公约》第 121 条第 3 款的“但书”规定，因而不是岛屿，不能作为划界的基点，且不应享有专属经济区和大陆架。无疑，这反映了岛屿在海域划界中效力的新的发展趋势。

3. 比例的限制作用

① *See* Thomas J. Schoenbaum, Admiralty and Maritime Law, Thomson /West, 4th ed., 2004, pp. 30-31.

“比例”的概念是建立在当事国相关海岸线长度的关系基础之上的。① 在1969年北海大陆架案中，国际法院接受了联邦德国提出的“成比例”的概念，并把它作为确保划界取得公平结果的一个因素。在随后的1982年突尼斯/利比亚大陆架案、1984年美国/加拿大缅因湾案和1985年利比亚/马耳他等案中，国际法院一直把当事国相关海岸线长度的比例视为一种可以事后检验划界线公平的方法或辅助标准。不过，尽管比例方法被视为公平原则的“试金石”，在海洋划界中具有重要作用，但其终究只是验证划界结果是否公平的一个重要因素和证明工具，不可本末倒置。

在黑海划界案中，乌克兰曾主张将两国相关海岸线的长度之比，应当作为一个重要因素或者决定性因素加以考虑而对等距离线进行调整。但国际法院认为，相关海岸线的各自长度在确定临时等距离线时没有任何作用，划界的功能有别于资源或海域的分配。因此，在最初确定临时等距离线时不存在所谓成比例原则。然而，国际法院承认，尽管在一般情况下并没有调整临时等距离线的理由，但如果在个案中当事国相关海岸线长度显著不成比例，则可以将其作为一种相关情况的因素予以考虑。②

此外，比例远非像其表面显示的那样具有确定性和客观性，亦不意味着各自取得的海域比率精确地成比例附属于相关海岸线的长度之比，相反却存在着缺乏可操作性和不可避免地含有一定的武断性因素。甚至，国际法院指出，由于鉴别方法过于灵活，以至于导致差异相当大的结果，如在黑海划界案中，乌克兰所测算其相关海岸线长度与国际法院的计算结果相比差距达353海里。因此，有的学者认为，比例的作用正处于下降趋势，而且其确定的主观性正日益变得明显。③

综上所述，成比例因素只不过是国际法院在可能情况下作为一种相关情况以调整临时等距离线，以及表明其所确定的界线符合公平要求的一种证明工具而已，并非在确定临时等距离线时应当考虑的因素，且法院无需在个案中都应当适用“比例”标准。如在2001年卡塔尔诉巴林案中，国际法院并没有实际计算双方海岸的长度及比率，而是认定这种差别不足以调整临时等距离线。④

---

① *See* Handbook on the Delimitation of Maritime Boundaries, Uuited Nations Pulication, 2000, p. 22.

② *See* Case Concerning Maritime Delimitation in the Black Sea between Romania and Ukraine, Judgment of 3 February 2009, paras. 163-165, available at http://www.icj-cij.org/docket/files/132/14987.pdf, visited on March 1, 2009.

③ *See* Robert Kolb, Case Law Equitable Maritime Dlimitation: Digest and Commentaries, Martinus Nijhoff Publishers, 2003, p. 539.

④ *See* Qatar v. Bahrain case, I. C. J. Reports 2001, p. 114.

当然，除了前述一些重要因素外，相关情况还包括历史利益、自然资源的保护、经济的依赖性与相对财力、国防安全利益、国家的行为，等等。① 由于目前对于“相关情况”中的一些因素还缺乏普遍一致的认同，而且，国际法院在有关的判例中对其考量存在一定的任意性，如在黑海划界案中，国际法院虽然考虑了自然延伸、各方的行为、安全利益等相关情况因素，但最后并没有调整临时等距离线，由此乌克兰认为该裁决更多地反映了罗马尼亚的利益。况且随着实践的不断发展，很多新的因素亦会不断地出现，因此进一步研究“相关情况”因素在解决海域划界争端中的作用是十分必要的。

三、黑海划界案对我国的启示

（一）“自然延伸消亡论”的悖论

国际法院对黑海划界问题的判决，对于中日东海大陆架划界问题具有一定的启示意义。如前文所述，在具体的大陆架和专属经济区划界规则取向上，公平原则及相关情况规则成为一般习惯法，这与我国的一贯主张是一致的。不过，晚近以来，它与适用于领海的等距离及特殊情况规则呈现出融合的趋势。尽管国际法院强调等距离方法并不具有自动优先的地位，但在具体的个案中，适用等距离方法将是国际法院的首先考虑步骤，除非存在“令人信服的理由”。正因如此，有的学者认为，“严格”等距离和等距离及特殊情况规则被包括在公平原则的范畴之内。但是，他承认国际法院对此并没有明确地予以表述。②

近年来，国外有的学者宣称：中国已经认识到了自然延伸解决东海大陆架的困难性，开始考虑使用对自己有利的比例原则。③ 尽管国内多数学者认为，自然延伸原则仍然是大陆架划界的基本原则，但部分学者从国际司法判例角度出发，认为自然延伸原则理论已经消亡，我国应适用比例原则解决东海大陆架划界问题。有的学者则从权利与划界规则关系角度出发，论证了“先权利，后划界”的关系，认为

① 傅崐成：《海洋法专题研究》，厦门大学出版社 2004 年版，第 179～180 页。

② *See* Malcolm D. Evans, Relevant Circumstances and Maritime Delimitation, Clarendon Press, 1989, p. 72.

③ *See* Sun Pyo Kim, Maritime Delimitation and Interim Arrangements in North East Asia, Martinus Nijhoff Publishers, 2004, p. 212.

自然延伸原则与公平原则的关系不应颠倒。① 显然，目前国内学界对于大陆架划界规则缺乏统一的认识。

实际上，这关涉到自然延伸的功能性问题。埃文斯（Evans）认为，国际法院在北海大陆架案中只是界定了自然延伸在划界过程中具有一定的作用。而且，在1982年突尼斯/利比亚案中，国际法院认为在划界过程中满足公平原则是至关重要的，只有地理状况适当时，自然延伸才能赋予一定的作用。因此，不应将自然延伸作为法律权利基础和作为划界手段的不同的功能相混淆。② 显然，按照埃文斯的观点，自然延伸作为大陆架的权利基础是毫无疑义的。但在划界过程中，只有确切证据证明当事国存在分离的大陆架，自然延伸原则才能适用，否则将为距离标准替代，而且此时将无视公平原则。

其实，这是一种误解。不可否认，在大陆架确权过程中，公平原则的确不能与作为大陆架原权功能的自然延伸原则相提并论。然而，在划界过程中，两者具有内在的统一性，不应将其完全对立。一则，公平原则强调自然延伸原则在大陆架划分中的重要性，甚至把它视为大陆架划界的基本原则；二则，自然延伸原则是国际法中大陆架法律制度的基础以及国家对大陆架的主权权利的根据，同时由于这种权利是从国家主权所引申出来的国家领土主权的一种表现，因而是指导大陆架划界的根本原则，也是大陆架公平原则的权利基础。因此，两者在大陆架划界中适用不仅并不矛盾，而且能够相互补充，共同构成大陆架划界的指导原则。

（二）比例方法在东海大陆架划界中的适用

至于比例在大陆架划界中的作用，国际法院从未认为它是一个划界原则。对于东海大陆架适用成比例方法问题，有的学者甚至测算了中日两国的海岸线长度，并认为这与我国按照大陆架自然延伸原则主张的区域大致相等。然而，一方面当事国海岸线与划界的相关海岸线是不同的概念；另一方面，正如国际法院在黑海划界案中强调，比例只是在当事国相关海岸线长度显著不成比例，则“可能”而不是“应当”将其作为一个相关情况的因素予以考虑，而且法院在适用比例方法时存在一定的随意性。例如，在1993年格陵兰/扬马延案中，虽然丹麦与挪威相关海岸线长度之比为9.2∶1，但最终划归双方的海域面积的比例为3∶1，且在该案中法院并没有使用比例方法进行校验。

① 张新军：《中日东海争端自然延伸原则的重要地位》，载《政法论坛》2006年第4期，第114～115页。

② *See* Malcolm D. Evans, Relevant Circumstances and Maritime Delimitation, Clarendon Press, 1989, pp. 108-109.

与此同时，即使按照相关海岸线的长度之比划分东海大陆架，但也可能因为中日划界规则主张不同而产生相当大的差异。例如，赵理海先生认为，如果将成比例原则适用于北纬30度以南地区，中日两国大陆架的比率为64.3%：35.7%。① 而根据国外学者的计算，中日相关海岸长度比率为2.1：1.2。这和我国学者的估算基本是一致的。但是，如果按照日本主张的中间线方法且以两国公布的岛礁作为基点而言，所获海域面积比率为3.3：3.6；排除一些岛礁作为基点其比率为2.2：2.3。② 由此可见，采用等距离方法划分东海对日本来说，所获得海域面积比我国还要多。无疑，这是日本一直主张采用等距离方法划分东海的原因所在，也反映了其意图混淆大陆架和专属经济区的区别。实际上，尽管由于一些实践原因，如渔业管理、污染控制和油气开发等原因，单一海上边界线反映了划界发展趋势，但这并不是各国的法律义务。③

当然，即使中国愿意将相关海岸线比例作为划分东海大陆架的一个重要考量因素，但其前提必须是日本放弃中间线主张。显然，这存在着一定的现实困难性。而且，通过以往国际法院的判例来看，对于显著的不成比例并没有客观的标准。至于2.1：1.2的比率能否构成显著的不成比例，尚难以定论。因此，我国应始终坚持《海洋法公约》第76条（1）款所赋予自然延伸原则的权利基础。为此，今后我国的主要任务为，应从地理地质结构等方面，论证和说明冲绳海槽的成分和结构与附近的大陆架不同，中日在东海属非共大陆架，确立冲绳海槽在划界中的作用，以支撑其应当作为国际法院在黑海划界案中所提出的不适用中间线的“令人信服的理由”。

（三）关于领海基点的确定

关于岛屿作为领海基点的问题，从国际法院在黑海划界案中对蛇岛的效力的判决来看，岛屿抑或礁石的认定对两国最终判决所界定的海域有着很大的影响。

目前，国内有一种观点认为，我国把一些远离海岸的岛屿确定为基点而划出直线基线，一方面不符合《海洋法公约》第7条（1）款关于直线基线确定的精神，因而遭到了邻国的批评；另一方面，坚持此种立场也必将使得我国付出沉重和高昂的代价。笔者认为，这种主张个别部分有待商榷。

实际上，关于岛屿和礁石的界定，《海洋法公约》第121条（3）款存在模糊之处。尤其随着科技的发展，部分原来不能维持人类居住或本身的经济生活岩礁在

---

① 赵理海：《海洋法问题研究》，北京大学出版社1996年版，第79页。

② *See* Sun Pyo Kim, Maritime Delimitation and Interim Arrangements in North East Asia, Martinus Nijhoff Publishers, 2004, p. 214.

③ *See* David A. Colson & Robert W. Smith, International Maritime Boundaries, Martinus Nijhoff Publishers, 2005, p. 3210.

有关国家的努力下可能维持了人类居住。在国际层面，无论是各国实践还是国际法学界对此并没有统一的认识。尽管在黑海划界案中国际法院将蛇岛界定为礁石，但并非没有争议。不过，通过国际法院否定蛇岛作为基点的判决，无疑对我国钓鱼岛列屿在中日东海划界中的效力具有一定的启示。鉴于目前钓鱼岛列屿实际情况，且为了减轻中日东海划界的难度，我国可以适当考虑将其仅赋予12海里的领海，不作为划界的基点。

然而，公平来自于博弈。在当前与我国存在划界争端的邻国如日本、韩国和越南等国家采用远离海岸的岛屿作为领海基点划定直线基线的情况下，我国片面放弃自己的主张只能是缘木求鱼，且不符合国家和人民的主权权利的维护。而且，国际法是不断发展的，《海洋法公约》第7条（1）款关于直线基线标准的含义“本身必定在某种程度上转而受随后国家实践的影响”。① 正因如此，蒂莫西·希利尔认为，任何部分测算直线基线是可能的，同时援引一个既存的直线基线作为先例也是可能的。② 因此，我国在解决与周边国家划界争端时，对于确定基线长度的正确做法应是与有关国家加强技术磋商以协调彼此立场。当然，这种协商既要有利于划界的公平解决，也需要符合国家和人民的利益，切不可以国家和人民的利益为代价换取解决划界问题的“快车道”。

此外，鉴于在国际司法判例中，适用相关情况规则与实际控制的效力已有密切关联，而我国钓鱼岛列屿、南沙群岛部分岛礁正遭到日本和越南、马来西亚、菲律宾等邻国的竭力蚕食，尽管中国台湾地区1999年2月19日在公布的第一批“领海”基线表中确认南沙群岛全部岛礁为中国固有领土，而且确定其“领海”基线采直线基线和正常基线混合基线法划定，但是至今有关基点名称、地理坐标及海图仍没有公布。因此，我国除了在外交层面积极交涉以外，可以借鉴国际法院在适用公平原则及相关情况规则的司法实践中采纳的“有效控制理论”，加大对这些岛礁的宣示主权行为，采取某些必要的体现实际控制的措施，如加大海洋开发、科研活动的力度，经常派遣公务船只巡弋，以及促进海峡两岸的共同合作等，以切实维护我国主权及海洋权益。

四、结语

终上所述，研究国际法院黑海海域划界判例，可以得出以下五点结论：

---

① ［英］詹宁斯、瓦茨修订：《奥本海国际法·第一卷第二分册》（第9版），王铁崖等译，中国大百科全书出版社1998年版，第29页。

② 1951年的英国挪威渔业案所确立的直线基线本身即说明这一原则。转引自［英］蒂莫西·希利尔：《国际公法原理》，曲波译，中国人民大学出版社2006年版，第180页。

第一，在解决纷繁复杂的海域划界进程中，正在形成一整套新的规则，其名为“公平原则及相关情况规则”。然而，从本质上说，该规则是综合平衡了公平原则和等距离原则，使得原先分别坚持此两类原则的国家都能予以接受，并对其灵活、合理地适用。

第二，国际法院成为“公平原则及相关情况规则”的倡立者、解释者和适用者，在一定意义上充当了准国际立法机关的角色。同时，该规则细化了《海洋法公约》第74条和第83条的内容，使之具有确定性和可执行性，似可类比我国最高人民法院为适用有关法律制定的实施细则和司法解释。可以预见的是，该规则经过实践的检验，可望由习惯法再转化为条约法规则，从而对当代海洋法的发展起到显著的促进作用。

第三，国际法院之所以能够胜任这一使命，与其自1969年以后多次审理海域划界案例积淀的经验有关，也与其法庭成员为国际法学专家型法官有关。而且，国际法院在适用公平原则及相关情况规则方面逐渐趋于一致，出现了极为少见的2002年喀麦隆诉尼日利亚案和2009年罗马尼亚诉乌克兰案全票通过划界裁决的现象。

第四，公平原则及相关情况规则中的“相关情况”是一个内涵广泛的组合式的大概念，它虽然谈不上包罗万象，但已在自然因素和人为因素两部分涉及方方面面，而且其还在不断添加许多新的因素。

第五，作为相关情况规则的确定内容之一的实际控制的效力问题，其在处理海域划界与岛屿归属争端案中的功能正越发受到重视。这种趋势值得包括中国在内的有关国家密切关注并对其作出审慎和必要的反应。

Trends towards Maritime Delimitation: A Review concerning Maritime Delimitation in the Black Sea

ZHANG Weibin

Abstract: February 3, 2009, the International Court of Justice issued its judgment in the case concerning Maritime Delimitation in the Black Sea (Romania v. Ukraine). According to the judgment, a disputed area of approximately 80% belonged to Romania, and that ICJ concluded that Serpents' Island is a rock, rather than an island, and it has no exclusive economic zone or continental shelf. In this case, the Court applied the principle of equity. Moreover, it put forward "three-stage theory" in process of demarcation. It reflects that the equitable principles/relevant circumstances rule is regarded as a new rule of general customary law. At the same time, the International Court of Justice increasingly attaches importance to effective control on disputed areas. China should always adhere to related provisions of the 1982 United Nations Convention on the Law of the Sea, which provide the basis of title for maritime delimitation, and should also pay close attention to the tendency towards the rules of maritime delimitation.

Keywords: maritime delimitation equitable principles/relevant circumstances rule actual control

中美出版物和视听娱乐产品争议案评析

□ 黄安平 *

内容摘要 中国影响部分出版物和视听娱乐产品贸易权和分销服务贸易争端案中，被申诉方中国和部分第三方成员认为以电影为代表的视听产品属于服务，只能适用服务贸易规则（GATS），而申诉方美国以及专家组认为视听产品是货物，应该对其适用多边货物贸易规则（GATT）。WTO 争端解决机构仅依据产品分类表把中国针对电影这种服务采取的措施同时纳入 GATT 来审查理由不充分，对主要性质为服务的视听产品重叠适用 GATT 和 GATS 将导致 WTO 条约体系的适用混乱，破坏成员方权利和义务的平衡，也不符合保护和促进文化多样性的国际法基本原则。

关 键 词 中美出版物和视听娱乐产品争议 视听产品 GATT GATS

目 次

视听产品（例如影视剧和音乐等）通常同时兼有有形货物和服务的性质，这些商品主要功能是提供某种服务，如电影和音乐欣赏，但同时也有可能需要物理形式，例如电影胶片、CD、DVD 和影像带作为载体。说是服务，因为它们如果通过卫星或者互联网传递和交付，则成为完全不同于普通货物的服务；说是货物，因为它们的物理载体不论网上订购后实物递送还是在音像店购买的，可以像普通物体一

---

* 上海交通大学法学院国际法博士研究生，江苏省南通纺织职业技术学院副教授。

样扔在脚下，和普通物品没有区别。对视听产品的定性一直是WTO最有争议而悬而未决的问题，将其定性为货物还是服务决定了对它们适用货物贸易规则（GATT）还是服务贸易规则（GATS）。目前中美关于出版物和视听产品贸易的争议再次凸显了这一矛盾。

一、中美出版物和视听娱乐产品争议案简介

2007年4月10日，美国要求与中国就影响部分出版物和视听娱乐产品贸易权和分销服务措施磋商，同年11月27日，争端解决机构应美国请求设立专家组。① 2009年8月12日专家组散发报告，裁定中国的部分措施不符合WTO相关规定。② 本案争议的措施影响以下四类产品：出版物（包括书籍、杂志、报刊和电子出版物）、家庭视听娱乐产品（包括录像带、VCD、DVD）和录音产品（例如录音带）、影院放映的电影，涉及这些产品的进口、国内分销以及与产品的相关服务（含服务提供商待遇）。③

美国在专家组评审程序中诉称：第一，中国把相关争议产品贸易权仅授予全资国有企业，不合理地限制中国国内其他企业（包括没有在中国投资和注册的外国企业和个人）的贸易权。第二，限制相关争议产品的国内销售。例如，中国的相关法律禁止外商投资企业从事出版物总发行业务，并全面禁止外商从事电子出版物的批发和总批发业务，对注册资金、经营年限和批准手续的要求也对外商投资企业构成歧视待遇，限制视听企业的外商投资控股比例。另外，进口图书、报纸和杂志的发行机会也受到限制等。第三，中国对进口电影和国产电影的放映实行双重发行体制，进口电影仅能通过两家全国性影片发行公司经营，国产电影除此之外还能通过包括地方性发行公司在内的其他单位经营，因此进口电影放映的机会不及国产电影优惠。④

专家组报告的主要结论归纳为以下几点：第一，专家组支持中国的主张，认为

---

① Request for the Establishment of a Panel by the United States. *China-measures affecting trading rights and distribution services for certain publications and audiovisual entertainment products*, WT/DS363/5 (2007).

② Report of the Panel. *China-measures affecting trading rights and distribution services for certain publications and audiovisual entertainment products*. WT/DS363/R (2009). 以下简称 Panel Report。

③ Panel Report, paras. 2.1-2.2.

④ Panel Report, para. 2.3.

部分法规和措施不在专家组授权审查范围。例如，因为美国没有给予中国足够的通知，《国家广播电影电视总局、文化部关于改革电影发行放映机制的实施细则（试行）》不在专家组审查范围，《音像制品管理条例（2001 年）》和《音像制品进口管理办法（2002 年）》在 GATT 第 3.4 条范围内不受审查。① 第二，专家组支持美国的部分主张，认为中国部分法律法规违反《中国入世议定书》中关于贸易权的相关规定。例如《外商投资产业指导目录（2007 年修订）》关于禁止外商投资的部分目录不符合《中国入世议定书》第 1.2 段对本案所有争议产品的贸易权要求。违反视听产品贸易权涉及的措施有：《音像制品管理条例（2001 年）》第 5 条和第 27 条；《音像制品进口管理办法（2002 年）》第 7 条和第 8 条；《中外合作音像制品分销企业管理办法（2004 年）》第 21 条。② 第三，中国部分措施违反 GATS 国民待遇要求和市场准入承诺。涉及视听产品经销的有《中外合作音像制品分销企业管理办法（2004 年）》中第 8 条第 4 款限制外国合作者权益的规定，违反 GATS 第 16 条市场准入承诺，该法第 8 条第 5 款以及《关于文化领域引进外资的若干意见》第 1 条违反 GATS 第 17 条国民待遇要求。第四，中国针对报纸和期刊的措施违反 GATT 第 3.4 条国民待遇要求，针对书籍、录音产品和影院放映电影的措施没有违反国民待遇要求。第五，中国针对电子销售的录音产品和影院放映电影的措施没有违反《入世议定书》第 5.1 段和第 5.2 段国民待遇承诺。

中国于 2009 年 9 月 23 日提出上诉，③ 上诉机构于 2009 年 12 月 21 日散发报告，除支持中国的个别上诉意见外，基本维持专家组裁决意见。④

本案争议的产品中，除了出版物中的书籍、杂志、报刊外，其余都属于视听产品，对这些视听产品进行准确定性并确定相应的贸易规则是本案需要解决的首要问题。

二、视听产品定性的不同主张

美国声称，以电影为核心的视听产品是货物而不是服务，因此中国“入世”

① GATT 第 3 条 4 款：任何缔约方领土的产品进口至任何其他缔约方领土时，在有关影响其国内销售、标价出售、购买、运输、分销或使用的所有法律、法规和规定方面，所享受的待遇不得低于同类国产品所享受的待遇。

② Panel Report, para. 8.1.

③ WT/DS363/11.

④ Report of the Appellate Body, *China-measures affecting trading rights and distribution services for certain publications and audiovisual entertainment products*. WT/DS363/AB/R, 21, paras. 414-417. 以下简称 Appellate Body Report。

的开放贸易权承诺适用于这些产品。第一，美国主张的贸易权规范的对象是可用于影院放映电影的有形的硬拷贝电影胶片。即使按照中国的说法，货物必须是有形的才能称其为货物，美国贸易权诉求的对象“硬拷贝电影胶片”仍然是有形的。① 第二，如果接受中国的观点，把电影胶片看做影院电影服务的附件，几乎所有的货物都将被转化成服务，因为绝大多数货物都依托一系列关联服务来开发使用的，由此可能带来严重的系统影响。② 从 GATT 相关文本来看，GATT 第 3.10 条和第 4 条对电影胶片的规定证实了多边贸易体系把电影作为货物对待的长期历史实践。③ 第三，从国际商品分类看，影院放映的电影胶片也是货物。《商品名称及编码协调制度》（Harmonized Commodity Description and Coding System，HS）将“已曝光已冲洗的电影胶片，不论是否配有声道或仅有声道”归入 3706 品目下。联合国《中心产品目录》（1991 United Nations Provisional Central Product Classification，CPC）将电影胶片作为货物归入 3895 子类，而将相关联电影服务归入 96113 服务子类。④ 中国的进出口商品编码中，品目 8524 的标题“已灌（录）音或录制其他信息的唱片、磁带及其他媒体，包括供复制用的母片及母带”含义很广，因此，“未完成的家庭音响娱乐产品”包括录像带、VCD 和 DVD 的原版拷贝都应该归入此类。⑤

中国坚决反对美方观点，认为根据 WTO 实践，成员方采取的一项既影响服务又影响货物的措施，可能排他性地仅受 GATS 或者 GATT 约束，或者同时受两个约束，具体情况要个案分析。中国针对电影服务提供的措施尽管可能会对其附属商品（电影胶片）产生影响，但是仍仅应受服务贸易纪律约束。中国的理由有三：首先，电影胶片应该视为电影服务提供中的附件，原因是：电影胶片不是以自身名义买卖的标的物；影院电影是通过一系列服务完成的，不要求转移电影胶片的所有权；提供胶片只是提供影院电影服务的一部分，不可与其服务部分分开单独考虑；在实现影院电影服务的过程中，胶片没有自身的商业价值，离开服务的提供不能独立产生收益。⑥ 中国影响电影胶片的措施是不可能与中国对电影放映服务业的管理分开来考虑的，电影胶片进口权的存在仅仅是影院放映服务进口权的逻辑结果，因此，中国的措施仅能依据 GATS 来审查。⑦

---

① Panel Report，para. 4.303.

② Panel Report，para. 4.304.

③ Panel Report，para. 4.307.

④ Panel Report，para. 4.308.

⑤ Panel Report，para. 4.311.

⑥ Panel Report，para. 4.418.

⑦ Panel Report，para. 4.419.

其次，GATT 第 4 条对电影片的规定不能否定以上结论。因为 GATT 秘书处认定该条针对的是服务贸易而不是货物贸易，而且，该条对影院放映特殊规定是约束成员方对国产电影片保留放映时间的措施，针对的是一项艺术作品，而不是电影胶片。①

再次，从整体上考察和解释中国的“入世”承诺，如果以货物贸易的规则来审查本案中国的措施必然有损成员方权力和义务的统一性。中国在《服务贸易具体承诺表》中保留了对进口电影的管理权力，如果把《入世议定书》中的贸易权范围解释成包含进口电影的自由贸易权，则会侵蚀中国已经明确保留的权利。②

第三方澳大利亚不同意争议双方的观点，认为中国承认对影院电影有清关手续要求，因此应该视为货物；在监督下销毁或者返还的视听产品原版拷贝一定是以有形物质形式存在的，因此也应该视为货物。但是，争议的产品不一定就是有形的货物，内容如果同作为载体的货物分开，那么贸易权就不适用。③ 由此可见澳大利亚对视听产品的定性没有明确表态，但是有一点是明确的，那就是中国在《入世议定书》中的开放贸易权承诺仅针对有形商品，对服务贸易不适用。

第三方欧共体反对美国提出的观点，认为 GATT 第 3.4 条只适用于货物进口以后的国内措施，与“贸易权”无关，因此不能以 GATT 第 3.4 条为依据来审查针对影院电影的放映发行和录音产品的电子发行采取的差别待遇措施。欧共体认为此二者（影院电影的放映发行和录音产品的电子发行）属于“服务”，只能接受 GATS 纪律的质疑和评估。欧共体还认为电子“交付（deliveries）”或传递也是服务提供的一部分，也只接受 GATS 纪律约束。④

第三方日本与美国观点一致，认为中国影响视听产品（包括录音产品）和影院放映电影的措施应该受 GATT 以及中国《入世议定书》关于贸易权的约束，但前提条件是这些产品进口时使用有形载体，例如 CD、DVD 和已曝光电影胶片。日本认为，GATT 第 3.4 条国民待遇义务中包含的“运输”和“分销”就是服务，因此和 GATS 纪律重合，也就是重叠适用 GATT 和 GATS。⑤

第三方韩国倾向于同意美国观点，认为争议措施既影响货物贸易又影响服务贸易，应该同时纳入 GATT 和 GATS 管辖范围。韩国认为，影院电影的主要性质是服务，虽然电影不像货物一样买卖，电影发行放映合同也通常严格限制电影的所有权

---

① Panel Report, para. 4.422.

② Panel Report, paras. 4.423-4.426.

③ Panel Report, paras. 5.2-5.5.

④ Panel Report, paras. 5.37-5.38.

⑤ Panel Report, paras. 5.39-5.45.

和占有权，但是这些因素不一定能否认一项措施对包含服务的“产品（product）”存在的影响，因为作为商品的电影是不能与作为服务的电影完全分离的。①

专家组裁定，影院放映的电影是服务，但是电影胶片作为有形货物也是存在的，主要理由是：第一，HS将电影胶片单独归入3706品目内；第二，中国的关税减让表(《入世议定书》附件8）也是按照以上国际商品分类制度编号的；第三，中国在答复专家组的询问中证实对已曝光已冲洗的电影胶片征收进口关税；第四，HS对3706品目商品名称的注释也有指导意义。该注释为“本品目包括标准宽度或标准宽度以下的已冲洗电影胶片，不论负片或正片。”这说明已曝光和冲洗的电影胶片目的是为影院放映用，不管负片或正片都被视为货物。这也进一步说明尽管已曝光和冲洗的电影胶片的使用目的是为了提供放映电影的服务，它们仍被视为货物。因此以有形方式存在的硬拷贝电影胶片，包括硬拷贝“中间负片（internegatives）”和“中间正片（interpositives）”都属于中国开放贸易权承诺中的货物范围。②

由于中国在上诉中没有提出视听产品的分类问题，上诉机构对此没有给出明确的裁决意见。但是第三方澳大利亚在上诉程序中发表意见，要求把《中国入世议定书》中与货物贸易相关的承诺扩大适用于影院电影放映和未完成的视听产品的专家组裁决结论推翻。③ 上诉机构对此质疑没有作出回应。

三、简评争端解决机构对视听产品的定性

对于本案争议的核心产品，即视听产品（特别是影院放映电影）的定性，其究竟应属于商品还是服务，这个问题在乌拉圭回合谈判中经过激烈争论仍旧没有达成一致意见，以前上诉机构认为视听产品既是商品又是服务，随个案而有所不同。④ 本案争端解决机构（包括韩国和日本）把同一个视听产品一分为二，例如电影放映是服务，而提供该服务的胶片则是货物，分别受GATS和GATT纪律约束，这种观点实质上是把同一个贸易对象的内容和形式人为区别和分拆开来，对视听产品重叠适用货物贸易规则与服务贸易规则。

专家组得出以上错误结论的依据可以归纳为两点：第一是商品编码制度对电影

① Panel Report，paras. 5. 56-5. 57.

② Panel Report，paras. 5. 524-5. 526.

③ Appellate Body Report，para. 107.

④ Zhongdong Niu，*The Door is Wedged Open*：*China's Regulation on Foreign Access to Audiovisual Markets*，Entertainment Law Review，Vol. 18，No. 8，2007，p. 270.

胶片的分类（包括分类表中对名称的注释）；第二中国对电影胶片的分类和征税是中国把电影胶片作为货物管理的证据。这两个理由都是不充分的。

首先，关于第一个理由，无论 HS 还是联合国《中心产品目录》都不是《关于争端解决规则与程序的谅解》（DSU）附录 1 中的“适用协定”，而且这些国际商品分类制度本身对争议当事方没有法律约束力，争端解决机构最多只能以此作为解决争议的参考，本案专家组以此为主要（甚至唯一的）裁决依据有超出职能范围之嫌疑。即使能够适用国际商品编码制度，其能否适用于数字化的视听产品也是有疑问的。世界关税组织①的 HS 货物分类制度建立在产品物理特征上，而不是建立在其最终用途之上。由于数字产品不具有真正意义上的物理特征，因而 HS 并没有为这种“电子内容”提供任何恰当类别。根据其载体对数字产品进行分类的方法一直是有争议的。② 另外，WTO 的服务分类表也是屡遭诟病。（服务的）分类和时序安排（classification and scheduling）一直被公认为有问题，因为参照联合国《中心产品目录》的服务分类系统 W/120 与时序安排的目的不一致，不够详细，有重叠和过时的类别，并不一定被成员采用。③

根据 WTO 秘书处的服务部门分类表，视听产品属于通信服务部门的分部门，包括六项：1. 电影、录像带制作与分销服务；2. 电影放映服务；3. 广播与电视节目制作服务（含无线电视与有线电视节目的制作）；4. 广播与电视节目制作服务（含无线电视与有线电视的传送）；5. 录音服务；6. 其他（如多媒体）。④ 联合国《中心产品目录》亦涵盖了上述六项内容，并且对其进行了更为细致的划分。⑤

由此看来，对于电影放映等视听产品，货物分类表中有之，服务分类表中亦有之，两个分类表存在严重的重叠和混乱问题。本案专家组仅依货物分类表为依据，完全不考虑服务分类表的证明作用，轻易就把电影归入货物范畴，似乎有仅凭一面之词之嫌。

---

① “世界关税组织”（World Customs Organization，WCO）一般中译名为“世界海关组织”，其前身为海关合作理事会（Customs Cooperation Council，CCC），是协调各国关税制度的独立的政府间的多边国际组织。

② 吕国民：《WTO 对数字化产品贸易的规制问题探析》，载《河北法学》2006 年第 8 期，第 39 页。

③ Mira Burri-Nenova, *Trade Versus Culture in The Digital Environment: An Old Conflict in Need of A New Definition*, Journal of International Economic Law, Vol. 12, No. 1, 2009, p. 52.

④ Services Sectoral Classification List, Note by the Secretariat, WTO Restricted Document MTN. GNS/W/120, July 10, 1991, p. 4.

⑤ 任毅：《GATS 下境外视听服务市场准入制度研究》，2008 年西南政法大学硕士毕业论文，第 3 页。

其次，关于第二个理由，当事方自己对争议产品或措施如何定性没有决定作用。在中国影响汽车零部件案中，上诉机构认为，第一，成员方国内法对自己采取的措施的定性，虽然有用，但这种定性在 WTO 法律框架下不具有决定性（dispositive）。第二，对分类而言，立法机构的意图，不管是否明示，都不具有决定性（conclusive）。① 因此，中国政府对视听产品的分类管理不能成为专家组裁决的决定性理由。

最后，最为重要的是，本案中，作为“准司法”性质的争端解决机构，轻率地对 WTO“立法机构”部长会议的未决问题作出结论，专家组有越权之嫌。对数字产品和服务分类的争论不是一个新问题，最早可以追溯到关贸总协定时代的 1961 年，到现在为止，此问题由于欧共体和美国关于视听产品意见不一致以及谈判立场的不同仍然悬而未决。② 首先，对视听产品的分类，特别是数字化视听产品的分类，“通过五次部长级会议，对数字化产品贸易的规制尚未达成一致……在 WTO 总理事会第二次关于电子商务的专门讨论会议上，许多成员方认为数字化产品都应该看作是服务，并且应该适用 GATS 规则。但是有许多成员方提出了反对。”③ 其次，本案当事方（包括第三方）对视听产品的分类意见分歧很大，特别是代表众多成员方集体意见的欧共体也不同意专家组意见。④ 最后，将数字化视听产品定性为货物还是服务是 WTO 电子商务工作组目前正在探寻的未决问题。⑤ 总之，对视听产品的分类问题，在 WTO 成员方没有达成一致意见的情况下，争端解决机构对此匆忙作出决定超越了职权范围。

---

① 中国影响汽车零部件案上诉机构报告，WT/DS339/ABR，WT/DS340/ABR，WT/DS342/ABR，第 178 段。该案上诉机构还引用了美国软木案（四）中上诉机构报告（Appellate Body Report，US-Softwood Lumber Ⅳ）的意见，“国内法分类不是 WTO 争端解决过程中决定性（determinative）要素”。

② Mira Burri-Nenova，*Trade Versus Culture in The Digital Environment*：*An Old Conflict in Need of A New Definition*，Journal of International Economic Law，Vol. 12，No. 1，2009，p. 53.

③ 吕国民：《WTO 对数字化产品贸易的规制问题探析》，载《河北法学》2006 年第 8 期，第 40 页。

④ 从 2009 年 12 月 1 日起，欧盟将取代欧共体在 WTO 的席位，涵盖了更多的成员国。

⑤ Ministerial Conference，WTO，Ministerial Declaration adopted on 14 November 2001，para. 34，WT/MIN（01）/DEC/1（Nov. 20，2001）；Secretariat，WTO，Fifth Dedicated Discussion on Electronic Commerce under the Auspices of the General Council on 16 May and 11 July 2003：Summary by the Secretariat of the Issues Raised，WT/GC/W/509（July 31，2003）.

四、对视听产品重叠适用 GATS 与 GATT 的辩证分析

退一步讲，即使争端解决机构在此案中正确地适用了 WTO 协议（包括 GATT、GATS 和中国的相关入世承诺），通过严密的法律推理得出以上结论，但是此判决机械地适用条约法条，可能会破坏成员方权利和义务的平衡，破坏多边贸易体制的可靠性和可预测性，形成所谓合法不合理的现象。

（一）对有形货物主要适用 GATT，必要时重叠适用 GATS

对有形货物重叠适用 GATT 和 GATS 的理由包括：第一，GATT 调整的对象以货物为主，但已经超越了货物的范围；第二，GATS 的应用范围很广泛，因此成员方在 GATS 项下的义务完全可能与 GATT 或者 TRIMS 等其他协定义务重叠；第三，WTO 争端解决实践中 GATT 与 GATS 可以重叠适用。① 值得强调的是，以前的争端解决实践中重叠适用 GATT 与 GATS 的争议产品（杂志和香蕉）都是货物，应首先适用 GATT，如果有措施影响到这些货物的相关服务，则同时适用 GATS。反过来，如果争议的是一项服务贸易，应适用 GATS，没有对该服务附属的产品同时适用 GATT 规则的先例存在。上文提到，赞同美方观点的韩国也发表意见承认，影院电影的主要性质是服务，但是韩国同时认为包含在服务中的货物（电影胶片）仍然存在，因此可以适用 GATT。我们的确不能否认作为货物的电影胶片的物理存在，但也不能因为这种服务附属物的存在而重叠适用 GATT，因为这种本末倒置的做法会导致服务贸易被迫与货物贸易同步开放，有悖 WTO 服务贸易逐步自由化的原则。

（二）对主要性质是服务的数字化视听产品，只能适用 GATS

对主要性质是服务的视听产品，特别是数字化视听产品，重叠适用 GATS 和 GATT 将导致条约适用混乱。首先，对视听产品重叠适用 GATT 和 GATS 会导致尖锐的条约解释问题。因为 WTO 协定附件 1A 中只规定了如何处理 GATT 与其他多边货物协定的冲突条款，并没有任何关于 GATT 和 GATS 的冲突条款，整个 WTO 协议也没有对二者的效力和位阶关系作出任何规定。二者位阶相同，同时生效，各自管辖不同领域，无法用“上位法优于下位法”、“后法优于先法”或“特别法优于一般法”等通常条约冲突规则来解决。因此，在两大协定冲突的情况下，重叠适

① 黄安平：《论中美文化贸易争端中的若干法律问题》，载《世界贸易组织动态与研究》2009 年第 7 期，第 37 ~ 38 页。

用 GATT 和 GATS 会导致难以克服的解释问题。例如，GATT 第 4 条（允许对外国电影进行配额限制）可能会和 GATS 第 16 条（禁止使用配额限制）相互冲突。对此，一方面可以理解为 GATT 第 4 条对电影进行配额限制构成 GATS 第 16 条（禁止使用配额限制）的例外规定，因而继续有效；另一方面，假如某一成员对视听服务作出市场准入承诺，且没有配额限制，则又可以得出另外一个相反的结论——该成员已经放弃了 GATT 第 4 条的例外规定。

把其他货物协定适用于视听产品也会产生类似的困难。例如，GATS 第 17 条国民待遇要求禁止提供歧视性补贴并且没有例外规定，但是根据《补贴和反补贴协定》对视听产品实施补贴是否合法？同样，能否对视听产品实施《保障措施协定》和《反倾销规则》中允许的措施，答案也不得而知。

本案另外一个很有意思的法律争议充分说明了这一点。中国辩称，根据《入世议定书》第 5.1 条关于贸易权的规定，① 中国拥有“以符合《WTO 协定》的方式管理贸易的权利”，包括实施 GATT 第 20（a）条的例外措施的权利，因为 GATT 是《WTO 协定》的附件之一。中国指定和限定一定数量的企业拥有争议产品进口权，是符合第 20（a）条“为维护公共道德所必需的措施”。② 在分析该例外条款是否适用于本案时，专家组发现，该例外条款适用范围被“本协定的任何规定”限定为依据 GATT1994 采取的措施，因而《入世议定书》没有包括在内。这意味着首先要解决 GATT 第 20 条的例外规定是否能应用于《入世议定书》这个先决问题，第二步才是论证中国的措施是否符合该例外措施规定。鉴于这个先决问题是个复杂的法律问题，专家组采纳了美国的建议，追随上诉机构在“美国海关债券指令（*US-Customs Bond Directive*）”案中的分析路径，先考察中国的措施是否符合 GATT 第 20 条的例外措施要求，结果是否定的（理由包括中国的措施不是为保护公共道德所“必需的”，并且存在其他对贸易限制更弱的替代措施），因此先决问题“GATT 第 20 条的例外规定能否适用于《入世议定书》”就被专家组巧妙地回避掉了。③ 这种方法看似巧妙，实则暗中剥夺了成员方的条约权利，因为专家组无法回答先决问题，回避此难题的唯一途径是先裁定相关措施不满足 GATT 例外措施的要求，然后就不用回答先决问题了。这样一来，中国《入世议定书》中明确保留的

① 《入世议定书》第 5.1 条：在不损害中国以与符合《WTO 协定》的方式管理贸易的权利的情况下，中国应逐步放宽贸易权的获得及其范围，以便在加入后 3 年内，使所有在中国的企业均有权在中国的全部关税领土内从事所有货物的贸易，但附件 2A 所列依照本议定书继续实行国营贸易的货物除外。

② Panel Report, para. 7. 711.

③ Panel Report, para. 7. 914.

“以符合《WTO协定》的方式管理贸易的权利”根本无法落实。上诉机构推翻了专家组的上述结论，认为这种投机取巧的法律方法虽然有先例可循，但是不能澄清相关WTO法律，造成法律实施困难，也不符合WTO争端解决机制的目标，即保护WTO成员在适用协定下的权利和义务，以及依照解释国际公法的惯例澄清这些协定的现有规定。①

如果对视听产品重叠适用GATT和GATS的话，这个问题变得更加复杂，因为另外一个困难的先决问题有待解决：GATT第20条的一般例外规定和GATS第14条一般例外规定（两者结构和内容类似但差别微妙）的关系如何？被诉方是择其一适用还是有权重叠适用？如果对争议产品进行准确分类和定性则可避免以上困难。本案中对货物（书籍、报纸和期刊）的贸易权采取的措施属货物贸易协定管辖，可以适用GATT第20条关于货物贸易的一般例外；而视听产品或者其他服务与《入世议定书》第5.1条贸易权无关，可以适用GATS第14条一般例外规定。

虽然对一般有形货物重叠适用GATT和GATS也面临同样的问题，但是对于视听产品而言这个矛盾更尖锐。这是因为数字技术革命带来的货物和服务界限的消失对视听产品来说特别明显。例如，欣赏电影的途径有影院观看、互联网在线观看、互联网下载观看、购买碟片观看等多种形式，同一个视听产品既可能构成货物又可能构成服务。因此，视听产品相对于一般有形货物而言更加容易受制于GATT和GATS的双重制约。

其次，重叠适用GATT和GATS将会破坏WTO贸易和文化的微妙而脆弱的平衡，妨碍国内文化价值和促进文化多样化目标的实现。

本案中中国坚持主张，视听产品和其他文化产品特有的文化价值使其应该区别于普通商品，这个问题早在乌拉圭回合谈判中就引起了激烈争论。美国基于其在文化领域的强大实力，力图将电影电视业等文化产品与服务等同于一般商业，纳入GATT的规制；法国和加拿大等则提出“文化例外”的主张，认为文化产品有特殊性，不能与其他商品一样流通。谈判结果是，双方没有就视听产品达成任何实质协议，在几乎导致整个乌拉圭回合谈判崩溃的关键时刻，最后达成了所谓的“同意不一致（Agreement to Disagree）”的意见。“同意不一致”源于欧盟和美国的贸易谈判代表联合发表声明，“我们同意不一致，但是分歧仍然存在”。②

欧盟和加拿大等国在WTO体制之内没有争取到文化产品的特殊保护，转而在

① Appellate Body Report, para. 213.

② Sandrine Cahn & Daniel Schimmel, *The Cultural Exception: Does it Exist in GATT and GATS Frameworks? How Does It Affect or Is It Affected By The Agreement on Trips?* Cardozo Arts and Entertainment Law Journal, Vol. 15, No. 2, 1997, p. 299.

WTO体制之外寻找办法，于是联合国《保护和促进文化表现形式多样性公约》得以诞生。2005年10月20日，联合国教科文组织148个国家和地区通过了《文化多样性公约》，只有美国和以色列投了反对票。该公约于2007年3月达到生效的法定条件而正式生效，经过短短的三年多时间（截至2010年2月24日）已拥有成员国105个。① 说明世界上绝大多数国家都意识到保护文化多样性对于一个民族或国家的延续具有重要意义，保护和促进文化多样化正像环境保护和人权保护一样成为国际社会的共识。

因此，对承载文化价值的视听产品重叠适用GATT和GATS纪律，不仅会破坏WTO贸易和文化现有的微妙而脆弱的平衡，而且与保护和促进文化多样化这一国际法原则背道而驰。

五、结语

包括电影在内的视听产品的本质属性是服务，应该对其适用GATS规则。虽然视听产品在实现其服务的过程中可能会伴随物理形式的附属载体（电影胶片和CD等）的存在，但这些服务的附属品本身不具有独立存在的价值，也不能成为独立的交易标的，不能因为这些附属部件的存在而机械地对视听产品适用GATT规则。专家组和上诉机构报告对视听产品的分类和定性理由不充分，由此裁决中国《音像制品管理条例》、《音像制品进口管理办法》和《中外合作音像制品分销企业管理办法》中针对视听产品采取的措施违反中国《入世议定书》关于有形货物贸易权的规定是对视听产品定性的误解。这样对条约的机械适用，降低了WTO条约适用的可预测性，也破坏了WTO成员的权利和义务平衡。

A Critique on the Dispute of *CHINA-Publications and Audiovisual Entertainment Products*

HUANG Anping

Abstract: In the trade dispute of *CHINA-Measures Affecting Trading Rights and*

① 参见联合国教科文组织网站 http://portal.unesco.org/la/convention.asp? KO = 31038&language=E，2010年2月24日访问。

Distribution Services for Certain Publications and Audiovisual Entertainment Products, it is the opinion of respondent China and some of the third parties that audiovisual products (especially movie pictures) belong to services rather than physical goods and only service trade rules (GATS) should be applied to them. But on the contrary, both the appellant USA and the Panel (including the Appellate Body) deem the audiovisual products as goods which are disciplined by GATT. The Panel and the Appellate Body fail to demonstrate that Chinese measures applied on audiovisual products should be reviewed under GATT. The overlap between GATT and GATS could raise thorny difficulties in the case of a conflict between these two agreements, destroy the balance between rights and obligations of WTO members and impede international consensus of protection and promotion of cultural diversity.

Keywords: CHINA-Publications and Audiovisual Entertainment Products Dispute Audiovisual Products GATT GATS

六、武大国际法学人

燕树棠先生及其国际法思想评述

□ 张喆*

目　　次

一、燕树棠先生生平及经历

燕树棠，字召亭，1891 年生于河北定县的一个书香门第，其父燕友三为前清举人，曾入京师大学堂，毕业后留学日本早稻田大学专习教育，归国后曾担任河北大兴师范和顺德师范的校长。在良好的家庭环境的熏陶下，燕树棠自幼酷爱学习，读书认真，成绩优异，早年考入天津北洋大学法律系，1914 年毕业后在北洋政府

* 武汉大学国际法研究所 2009 级硕士研究生。

短期供职，后通过官费考试，赴美求学。1918 年，燕树棠顺利从哥伦比亚大学研究院毕业，随即又进入哈佛大学和耶鲁大学学习。1920 年，他获得耶鲁大学的法学博士学位。学有所成后，燕树棠先生怀着满腔的爱国热情和法治理想回到了祖国。1921 年，应北大校长蔡元培先生之邀，燕先生受聘于北大，任法律系教授，讲授国际法、国际私法、法理学、民法概要和宪法等课程，与陈独秀、胡适、王星拱等先生同时执教于沙滩红楼，① 从此走上了为中国法律发展和法制建设奋斗的道路。

燕先生任教期间，对待教学工作兢兢业业，一丝不苟。讲课时声音洪亮，讲解细致，条理清晰，教学效果尤其好，大受学生们的欢迎，课上经常座无虚席。尽管先生为人不苟言笑，对学生也颇为严格，但这丝毫没有影响学生们对这位年轻的留洋教授的喜爱，他们常常聚集在燕先生家里讨论课业，师生关系非常融洽。

1928 年正值国立武汉大学创建初期，燕先生来到了位于武昌东厂口的武大，担任法律系教授兼系主任，讲授民法总则与外国法。这位武大法律系的第一任系主任同王世杰、王星拱、杨瑞六、周鲠生、皮宗石等先生都是深受学生爱戴的知名教授。受国民政府大学院（后改为教育部）的委派，他和刘树杞、李四光等人参加了武大新校址的选址工作，将武汉大学迁至钟灵毓秀、清雅绝伦的珞珈山下。据说樱园老斋舍石阶上的“民国十九年落成碑”正是出自先生的手笔。② 从此，燕先生与武大结下了不解之缘。

1932 年，燕先生离开武大，回到北平担任清华大学政治系教授和法律系教授，并兼任法律系系主任，讲授民法总则、法学原理和国际私法。1935 年，先生又任北京大学法律系主任。在北大、清华和武大三所大学任教期间，先生醉心学问，笔耕不辍，分别在《国立北京大学社会科学季刊》、《清华学报》、《国立武汉大学社会科学季刊》、《太平洋》、《现代评论》等刊物上发表了为数不少的论文和评论。这些文章或为引进介绍西方著作理论，或为研究分析中国现实问题，内容涉猎广泛，先生以其独特的视角，洞彻社会万象，针砭时弊，畅抒对现代法治的信仰，其学识和胆色由此可见一斑。先生一生治学甚严，从不轻易立书著述，因此，这些散佚于民国时期各期刊中的文章也就成为先生留给我们后世法律学人的唯有的珍贵财富。

---

① 参见戴克中：《法学泰斗》，原载《珞珈》第 139 期，后收入燕树棠：《自由、公道与法》，清华大学出版社 2006 年版，第 528 ~ 529 页。

② 参见戴克中：《法学泰斗》，原载《珞珈》第 139 期，后收入燕树棠：《自由、公道与法》，清华大学出版社 2006 年版，第 528 页。同时参见《武汉大学早期建筑》，资料来源：http：//blog. 163. com/yxy_0916/blog/static/2403775920097421625343/，2009 年 12 月 30 日访问。

在研究学术的同时，先生也深深忧心于中国社会动荡不安、饱受欺凌的现状。1926年，“三一八”惨案发生后，先生曾有状告段祺瑞之举。① 当时，燕先生向京师地方检察厅递交诉状，控告段祺瑞临时执政所犯的杀人事实，要求京师地方检察厅以杀人罪对其予以追诉。时任京师地方检察厅检察长的戴修瓒先生受理燕先生的控告后，展开侦查，要求段祺瑞等涉案的政府官员前往检察厅接受盘问，段祺瑞拒不出庭，并躲进了天津日租界。后来，该案因日本对段祺瑞实行政治庇护而不了了之，但燕先生敢以平民之身状告临时执政的举动却充分体现出先生唯法是据，刚正不阿，胆识过人。“九一八”事变之后，先生积极投入了爱国反日的行列，参加了教授救国团体，那时他和张奚若、梁思成、陈岱孙、金岳霖等教授几乎每个周末都去吉祥胡同聚会。②“七七事变”当天，戴修瓒先生告诉燕先生，他已经上了日本人的黑名单，建议他尽速离京。于是两天之后，先生离开北平又来到了武汉，继续担任法律系教授。

1938年7月，燕先生全家随武大西迁至四川乐山，其后，先生又应蒋梦麟先生的邀请赴昆明，出任了国立西南联合大学③的法律系教授兼系主任，讲授民法概论、宪法、法理学、国际私法、国际法等课程。④ 抗战时期的昆明，物价上涨，经济不景气。燕先生一家人口众多，生活相当困难，为贴补家用，先生及夫人曾摆过地摊。生活贫困加之教学任务繁重，先生罹患眼疾，当地无法医治，又无钱去外地治疗，后来还是他的一位学生资助了一些钱，先生才得以前往成都治病。即便如此，先生也不愿意做兼职律师赚钱。在先生心中，教师当真是他一生中最爱也唯一钟爱的职业。⑤ 病愈后，先生更加勤勉工作，在他的主持下，当时的西南联大法律系在困难重重中得到巩固发展，形成了一种崇尚公正、廉明和法治的好学风。燕先

① 参见陈新宇：《法治的恪守者》，载《华东政法大学学报》2009年第4期，第5页。

② 参见戴克中：《法学泰斗》，原载《珞珈》第139期，后收入燕树棠：《自由、公道与法》，清华大学出版社2006年版，第529页。

③ 国立西南联合大学是与中国抗战共始终的一所著名大学，系由国立北京大学、国立清华大学和私立南开大学组成，简称西南联大。西南联大从1937年平津沦陷后在长沙组成临时大学至抗战胜利后复员北上（1937年11月1日-1945年7月31日），前后共计八年，为战时中国培养了大批人才。参见《西南联大知识分子群的形成与衰落》，资料来源：http://www.edubridge.com/erxiantang/library/lost/060.htm，2009年12月30日访问。

④ 参见戴克中：《法学泰斗》，原载《珞珈》第139期，后收入燕树棠：《自由、公道与法》，清华大学出版社2006年版，第530页。

⑤ 参见燕今浩：《怀念父亲燕树棠》，载《公道、自由与法》，清华大学出版社2006年版，第536页。

生的学识人品均为人称道，故当时的国际法界，一直有“南周北燕”① 之说。

多年的教育生涯使燕先生对中国的法治和法律教育形成了自身独到的见解和认识。先生以为，民国的根基在民治，而维系民治之根本在于法治。法律是保障个人生命财产安全的手段，是维持社会秩序的工具，是社会进步的标尺。从事法律的人实则构成民治的中流砥柱。② 因此，在当世中国兴办法律教育，培养法学人才就显得尤为重要。在先生眼中，一个学习法律的人，除了获取法律专门知识外，也要养成“法律头脑”，即应具备社会的常识、剖辨的能力、远大的思想和历史的眼光。只有拥有法律头脑，学生才能变机械的法律知识为灵活的法律运用，变死法律为活法律。先生提倡对法科学生进行普通知识的训练，尤其是社会科学的训练，鼓励学生涉猎多门知识，开阔眼界，以便其对整个社会、全部的人生问题，获得相当的认识。③ 先生的法律教育思想不仅在当时具有相当的进步意义，放诸今日，亦对我国目前的法学教育改革大有裨益。

1947 年，受时任校长的周鲠生先生之请，燕树棠先生三进武大，接替李浩培先生担任法律系主任，此后不足一年，先生又将系主任一职交给从哈佛大学归国不久，年仅 36 岁的韩德培先生。1949 年，国民党退据台湾，南京政府派人给燕先生送来去台湾的机票，作为老国民党员的燕先生认为自己一辈子爱国，不愿躲在外国军舰上当“白俄”，将机票退还了。④ 就这样，58 岁的燕树棠先生留在了武大。同年，中国人民解放军武汉军事管制委员会文教接管部正式接管武汉大学。此后不久，军管会以先生长期为国民党政府效力⑤为由，宣布解聘燕先生武大法律系教授的职务。这个决定令先生震惊和错愕，一时间，家里的生计成了大问题。当时武大被留用的一批教授如韩德培先生等，有感对先生多年的了解和认识，向军官会负责

---

① 南周为周鲠生先生，北燕即为燕树棠先生。参见戴克中：《法学泰斗》原载《珞珈》，第 139 期，后收入燕树棠：《自由、公道与法》，清华大学出版社 2006 年版，第 530 页。

② 参见燕树棠：《青年与法律》，载《法政学报》第 5 卷第 3、4 期合刊，1926 年 4 月。后收入燕树棠：《公道、自由与法》，清华大学出版社 2006 年版，第 150 ~ 155 页。

③ 参见燕树棠：《法律教育之目的》，载《法学杂志》第 7 卷第 2 期，法律教育专号，1934 年 1 月。后收入燕树棠：《公道、自由与法》，清华大学出版社 2006 年版，第 295 ~ 297 页。

④ 参见燕今伟：《一个悄然走过的老人》，载《公道、自由与法》，清华大学出版社 2006 年版，第 5 页。

⑤ 燕树棠先生是经孙中山先生特批入党的国民党员，曾任中央法制局编审、国民政府监察委员，第四届国民参政会议河北省参政员，国民政府宪政实施促进委员会委员和国民政府司法院大法官等职务，并负责起草了《中华民国民法》亲属编草案，参与了《中华民国宪法》草案之修改、讨论。他不信仰共产主义，反对战乱，在国民参议会上多次同民社党、青年党人发生争执。参见戴克中：《法学泰斗》，原载《珞珈》第 139 期，后收入燕树棠：《自由、公道与法》，清华大学出版社 2006 年版，第 530 页。

人进言，于是军管会准许武大继续留用先生，让他在法律系编译室工作，负责一些法律专业书的翻译。一个在课堂上辛勤耕耘了三十载的老教授从此被迫离开了至爱的讲台，再也没能回来。

其后的几年，先生成了旧知识分子思想改造的先进典型，兼任了湖北省政协委员、湖北省政协政治学习小组副组长、中国对外文化协会武汉分会理事、中国政法学会理事等职务。1954 年，先生还应中央人民广播电台之约，发表对台广播，对话已去台湾的王世杰、胡适等故旧，真诚地为祖国的统一大业努力着。①

1957 年，整风运动开始，耿直敢言的燕先生因在《光明日报》召开的湖北省知识分子座谈会上发表了党和群众之间存在墙和鸿沟之类的言论而被划成右派，工资降级、住房减少，并被调往图书馆编目组监督改造，永远离开了法律系。1961 年，燕树棠先生被摘去右派帽子，但当时的武大法律系已不复存在，先生深知自己致力多年的法学研究已成为过去，虽有英雄无用武之地的失意和无奈，但先生不甘碌碌无为地度过余生，仍以坚毅乐观的心态面对生活，他凭借自己深厚的文学历史功底，利用业余时间潜心研读《考证古文观止》、《易经》等古书，并做了大量的读书笔记，只可惜这些文稿在“文革”中被付之一炬。②

“文化大革命”开始后，年过七旬的燕先生又遭到批斗，初期被分配至东升公社劳改，后来又被安排到文科图书馆（原水工实验室，现档案馆）工作。面对这场空前的浩劫，许多不堪受辱的人都选择了死亡，但先生从无此意，似乎是有某种强大的信念在内心深处支持着他。先生每日早早来到图书馆做准备工作，打好开水，做完卫生后便一丝不苟地修补图书，先生就这样一直工作到八十来岁。1977 年，先生终于迎来了新世纪的曙光，学校给他落实了政策，对错划右派予以平反改正。再后来，武大法律系重建，系里的书记也曾多次探望先生，期盼先生能够出山，但是当时的先生精神状况已大不如前，重返法学教育的圣殿是心有余而力不足了。

先生一生艰苦朴素、洁身自好，非常注重心性的修养和人格的完美。他守信重义，对朋友交托之事尽心尽力。30 年代时，先生的一位故交病重，临终前将自己的儿子托付给包括先生在内的四位朋友。若干年后，当其他人不再履行职责时，唯

---

① 参见燕今浩：《怀念父亲燕树棠》，载《公道、自由与法》，清华大学出版社 2006 年版，第 536 页。

② 参见燕今浩：《怀念父亲燕树棠》，载《公道、自由与法》，清华大学出版社 2006 年版，第 537 页。

有先生坚持将朋友之子供到大学毕业，先生的此种信义之举深为受助人感怀。① 先生豁达宽厚，对同侪后辈从不嫉贤妒能，一切唯学术是尚。1921 年周鲠生先生回国受聘为北大法律系的教授，先生听了周先生的课又看了他的讲义，觉得他讲课观点新颖，视角独特，立即将自己长期讲授的课让与周先生；而 26 年后，在武大的燕先生又将自己的课让给了刚刚归国的韩德培先生。这种大家风范一直为北大和武大的教授们所称道。② 先生秉性率直，遇有不平之事必直言不讳。早年在美国一次看电影时，银幕上出现了侮辱中国人的镜头，先生立即站起来大声抗议，令电影无法继续放映。北洋军阀统治时期，中国社会政局混乱，内争迭起，政府奉行依附外交，国内主权屡遭外国列强践踏。面对此情此景，先生洞察国内外局势，立足长远，冷静分析，口诛笔伐，痛陈其弊，言必直指问题要害。先生一生光明磊落，刚直不阿，潜心向学，唯盼将以法治国的理想践行于中国，真真是一个内心纯粹之人，也正是这种不为虚名浮利所累的纯粹让先生在学术的道路上愈行愈远。

1984 年 2 月，先生病逝于武汉大学南三区 112 号的家中，享年 93 岁。一代法学名家燕树棠教授就这样走完了自己精彩而又坎坷的一生。先生过世二十年后，清华大学的陈新宇老师组织收集了先生散落于民国时期的论文、评论及书评，整理汇编成书，并冠之以《公道、自由与法》之名，我们也得以凭此资料了解先生的法学学术思想和研究成果，感怀先生为中国法治文明建设所作的重要贡献。

二、燕树棠先生的主要国际法思想

燕树棠先生在学术研究上所涉面颇广，他的文章论及宪法、法理、国际法、民法、刑法、司法制度与法律教育等诸多领域，学术思想十分丰富。在国际法方面，燕先生有自己独到的观点和见解，是将国际法思想与近代中国特殊的社会历史环境相结合的典范，燕先生对国际法基本理论涉足很少，更多的是着眼于中国面临的一系列现实状况，通过有针对性分析，探求问题解决之道。所以燕先生的文章中带有浓厚的时事性和实践性色彩。

（一）内战中的外国人问题

1. 外国人加入我国内战的法律问题

① 受助人丁毅舟先生后在开封师范大学任教授，燕树棠先生被划为右派期间，丁先生寄钱寄物相助燕家，不曾中断。参见燕今伟：《一个悄然走过的老人》，载《公道、自由与法》，清华大学出版社 2006 年版，第 5 页。

② 参见戴克中：《法学泰斗》，原载《珞珈》第 139 期，后收入燕树棠：《自由、公道与法》，清华大学出版社 2006 年版，第 529 页。

民国时期军阀混战，外国人投效交战一方的情形时有发生，燕先生从国际法的角度研究了外国人加入中国内战的问题，试图厘清外国人在内战中的地位，以及外国人所属国与内战国之间的权利义务关系。

首先，依据国际惯例，在国际战争中，第三国人民单独加入交战国一方，第三国对交战另一方不存在禁止的义务。因为人民个人单独出国加入战争的行为难以稽查，不易规制，这种禁止义务无异于对第三国的苛责，不具备可履行性。但若第三国人民成群结队参与他国战事，则其所属国产生禁止义务。另外，第三国即使在国际法上对交战国无禁止之义务，但可通过国内法禁止本国人民投效交战军队。先生认为，上述规则同样适用于国内战争的场合，故在国内战争中，“外国人有加入叛党之自由，其所属国对内乱国虽有禁止之权力，而无禁止之义务，内乱国对之亦无要求禁止之权利”①。

其次，内乱国出于自卫的需要，有权处分加入内战的外国人，但是这种处分权须以不得虐待为限。内乱国捕获加入内战的外国人，应当按照战争法规给予外国人战俘待遇，如有其他情形需要受审，内乱国也应进行其适当的审判，依法判处刑罚。如果内乱国对加入战争的外国人施以虐待，则外国人所属国可以干涉保护。

燕先生认为，当时，我国的内战实际上拥有合法政府——北京政府的直系军队与其他处于叛乱地位的反直系军队之间的战争，应当适用外国人参加内战的普遍国际规则。对于在我国无领事裁判权的国家，其与我国间是一般的国际关系，如果其国民加入我国内战，当然适用普通规则；而在我国享有领事裁判权的国家，表面上我国似乎没有处分权，但从法律角度来看，领事裁判权虽然出让国家的部分主权，但并不意味着国家自卫权也随之放弃。领事裁判权不构成我国对助乱外国人行使处分权的阻碍。所以面对外国人投效奉浙两方的情形，北京政府大可按照普通国际战争法规加以处分，而非向外国人所属国提出禁止其国民加入中国内战的请求。

2. 我国对内战中外国人的保护问题

北洋军阀统治时期，我国内战不断，部分地区又有土匪作乱，外国人受到人身财产损害的事件时有发生。燕树棠先生特别针对国内的土匪问题，从国际法方向，研究和分析了驻在国对其境内外国人的保护义务，并进一步阐述在驻在国未能履行此种保护义务时，其应承担的国际责任的标准和范围。②

---

① 燕树棠：《外侨加入国内战争之法律问题》，原载《国立北京大学社会科学季刊》第2卷第4号，1924年8月。后收入燕树棠：《公道、自由与法》，清华大学出版社2006年版，第187页。

② 参见燕树棠：《国内土匪问题与国际法》，原载《太平洋》第3卷第10号，1923年6月。后收入燕树棠：《公道、自由与法》，清华大学出版社2006年版，第193~197页。

燕先生认为，首先，在国际法上，各国对于领土内的外国人，必须给予其同本国人民相同的法律权利和行政利益，当其权利遭受侵害时，应当给以其同等的法律救济，并且这种保护义务应以外国人的人身、财产和自由权利不受非法侵害为底限，这种标准即国际公认的以保护人们的根本权利为内容的“文明标准”。虽然外国人在驻在国境内实际享有的权利取决于驻在国国内法规定，但是驻在国起码应保证外国人的生命、财产安全和自由权，即使是在政治不良、组织腐败的国家，这种文明标准也不得因此降低。

其次，如果驻在国未能尽到保护外国人的义务，则会发生所属国的保护权力和驻在国的国际责任问题。在秩序稳定、政治良好的国家发生侵害外国人权益的事件，其所属国的权力仅限于警告驻在国政府履行其义务，而且这种权力的行使通常是当驻在国用尽各种救济方法之后。对于秩序动荡、政治不良的国家，遭受侵害的外国人的所属国会直接行使外交干涉，提出警告并要求相应的赔偿，甚至可以在驻在国无力维持秩序的情况下，直接以武力保护本国国民。不过，燕先生认为这一权力往往存在滥用之虞。

对驻在国关于外国人损害的国际责任问题，燕先生指出，承担这一责任的前提在于未履行防止侵害之“相当注意”。在有秩序的国家，政府承担责任以其防止侵害的能力为标准，承担责任与否要视驻在国是否尽其所能阻止侵害的发生，有无存在过错或缺乏注意的情形。而在秩序混乱的国家，列强完全无视国际责任的基本原则，认为政府不能防止内乱即为缺乏相当之注意，遂以不防止为根据要求驻在国政府负国际责任，这对于存在内争的中国、土耳其和中南美各国而言是极不公平的。特别是在中国，外国列强动辄要求中国对损害承担绝对责任，而不顾我国政府有无过失，以及赔偿的范围和界限问题。① 对此，燕先生建议我国应通过与外国人缔结条约的方式，明确规定内乱国家对外国人损失的赔偿责任仅限于政府当局存在过错的情形。对于我国应负的国际责任，我们要勇于承担，而至于我国不应负的责任，我们也应严词拒绝，这才是一个国家彰显其尊严和威信应有的正确态度和做法。

（二）中国的领事裁判权问题

中国是受西方列强领事裁判权之害历时最久、影响最深的国家。自 1843 年《五口通商章程》以来，外国通过与中国缔结一系列不平等条约和援引最惠国条款，逐步蚕食了中国的司法主权。燕树棠先生在《中国领事裁判权问题之常识》

① 参见燕树棠：《国内战争与国际责任》，原载《太平洋》第 4 卷第 9 号，1924 年 12 月。后收入燕树棠：《公道、自由与法》，清华大学出版社 2006 年版，第 203 页。

一文中对领事裁判权问题进行了全面系统的论述和分析，① 颇具理论价值和实践意义。

1. 领事裁判权的涵义

领事裁判权是指外国通过驻外领事等对位于中国领土内的国民依其本国法律行使司法管辖权，而不受中国法律的支配。领事裁判权不同于普通意义上的治外法权，一般来说，治外法权专指外国元首、外交代表及其海陆军队在所在国不受所在国管辖而由其本国法律支配的特权，这种特权符合国际习惯，不构成对他国领土最高权的侵犯，而且治外法权通常是双向给予的，这与外国列强通过不平等条款攫取的片面利益不同。可以说，领事裁判权是一种变相的强制的治外法权。

外国学者对于领事裁判权的性质，或解释为治外法权，或解释为民法上的代理。燕先生明确指出，这些论断只不过在粉饰外国列强侵略中国的事实，毫无道理可言。治外法权说不符合现代国际法上的属地主义管辖原则，而代理说中所谓的代理是外国通过特殊条约强夺的，实践中行使特权的是外国机关，适用的是外国法律，根本不存在为中国代理。

同时，先生还强调需将撤销领事裁判权与收回租界和上海会审公廨区别开来。外国对租界行使管辖权是属地性质的，而领事裁判权是属人性质的，只关注外国人的国籍，而不问其在中国境内的何地。另外，上海会审公廨是中国的法庭，外国领事团操纵会审公堂是强占中国法权，并无法律和条约的依据，而领事裁判权的行使机关是外国领事、公使或使馆馆员组织的法院，其性质明显有别于会审公廨。

2. 领事裁判权产生的原因

燕先生分析认为，外国主张行使领事裁判权，不受中国法律的管辖，理由主要有六点。第一，中国的刑罚严苛，完全没有感化犯人的意思；第二，中国监狱制度落后，旧式监狱污乱不堪，有背人道。而且监狱不仅收禁犯罪嫌疑人，有时也会囚禁告发人和证人；第三，中国旧制里没有实行司法独立，司法行政不分，难以保证判决的公平公正；第四，中国旧律规定定案必须要嫌疑犯亲口供认，而该原则的存在极易导致屈打成招；第五，中国旧律实行连带责任主义，一人犯罪会牵连其他，不符合现代的法治文明；第六，中国传统中将外国人视同蛮夷，和国民区别对待，中国境内的外国人难以得到中国法律的同等保护。②

先生认为，外国列强以中国法律不良为由强取领事裁判权，侵犯中国的司法管

① 参见燕树棠：《中国领事裁判权问题之常识》，载《太平洋》第4卷第10号，1925年6月。后收入燕树棠：《公道、自由与法》，清华大学出版社2006年版，第205～215页。

② 参见燕树棠：《中国领事裁判权问题之常识》，载《太平洋》第4卷第10号，1925年6月。后收入燕树棠：《公道、自由与法》，清华大学出版社2006年版，第208页。

辖权是非法的。在主权平等的国际社会，国家不论强弱都具有独立处理内部事务的权力，他国决不能以一国国内政治不良、司法制度不完善就否认其对领土内人、事、物的管辖权。①

3. 领事裁判权的具体制度

燕先生结合中国的实际情况，对领事裁判权的具体制度作了细致的总结和归纳，② 具体而言，相关制度包括：

（1）领事裁判权的行使规则。根据条约的规定，领事裁判权的行使采被告主义，即案件双方当事人具有不同国籍时，裁判管辖权依据被告而定，对于在中国境内的未经过本国官署登记又难以证明国籍的外国人不得受本国的保护。

（2）领事裁判权的行使机关。外国在中国境内行使领事裁判权的机关主要有特设的正式法院、领事组织的法院和公使或使馆馆员组织的法院。其中领事组织法院是当时较为通行的审判机关，而公使或使馆馆员组织法院则运用较少。

（3）行使领事裁判权适用的法律。对于双方当事人为不同国家国民的案件，适用被告所属国的法律，这一点已为中外条约所明确。

（4）领事裁判权行使的范围。凡享有领事裁判权的国家的国民，只要其在中国领域内，不论是在租界内、通商口岸、船只上或是荒僻之地，都可根据领事裁判权的规定受其本国法律约束。而实践中，领事裁判权的行使范围被进一步扩大化，中国官吏不得搜检居住在内地的外国人，甚至在外国人所雇佣的中国人成为案件被告时，中国官吏未经领事许可，也不得自行拘捕。

（5）领事裁判权行使的限制。外国行使领事裁判权须受条约本身的限制和法律的限制，外国人不得以享有领事裁判权为由任意违背中国法律。此外，不享有领事裁判权的国家仍要接受中国的司法管辖。

4. 领事裁判权的弊害

燕先生对领事裁判权的弊害有全面而清楚的认识。他认为，领事裁判权制度本身存在弊端，外国官吏在中国境内行使领事裁判权时，缺乏本地资源的支持和社会力量的督促，难以得到有效地行使。再者，领事裁判权在具体运作时，可能产生适用法律参差不齐，举证困难等问题。这一制度的存在，不仅损害中国的国家主权和人民利益，扰乱中国社会的司法秩序，妨碍中国国际平等的地位，同时引起国人排外，不利于外国人在中国发展其经济利益。总而言之，领事裁判权制度于中外双方

---

① 参见燕树棠：《法权会议的结果》，载《现代评论》第4卷第99期，1926年10月。后收入燕树棠：《公道、自由与法》，清华大学出版社2006年版，第417页。

② 参见燕树棠：《中国领事裁判权问题之常识》，载《太平洋》第4卷第10号，1925年6月。后收入燕树棠：《公道、自由与法》，清华大学出版社2006年版，第209~212页。

而言都是明显不利的。

5. 领事裁判权的撤废问题。

领事裁判权的弊端日益凸显，国内多主张废除领事裁判权。但是我国政府在撤废领事裁判权上所做的努力并没有取得理想的效果，外国多以要求中国改良司法、改良政治为条件敷衍我国关于废除领事裁判权请求。面对此种困境，燕先生认为，一方面我们要坚持无条件撤废领事裁判权的立场，在国际社会上合理提出我们自己的主张，继续外交上的努力，不可屈从列强提出的条件。① 另一方面，我们也要致力于变革我国的司法现状，通过对法律、法院和监狱的改良完善现行司法制度，最终顺利解决领事裁判权的撤废问题。②

领事裁判权问题当时是关系到我国内政外交的重要问题，内容非常复杂。民国时期，有关中国领事裁判权制度的研究颇丰，但是大都集中于领事裁判权某一方面的内容，或为分析领事裁判权的危害，或为探讨撤废领事裁判权的途径，而对该制度的整体性研究较少。本文中，燕树棠先生从领事裁判权的意义、渊源、制度、弊害及撤废问题五方面着手，全面分析了领事裁判权在中国的产生原因和运作现状，客观总结了该制度存在对中国和外国两方带来的不利影响，并结合中国政府在国际社会为撤废领事裁判权所做的种种努力，提出废除领事裁判权不能单靠外交请求和谈判，关键是要改进我国的司法现状，提升国内的司法文明。“内部充实，外交自易。”③ 唯有完善自身，才能从根本上解决领事裁判权问题。先生的论述条例清晰，层次明确，鞭辟入里，对我国争取国家主权独立，废除领事裁判权的斗争具有重大借鉴意义。

（三）外国政治犯的待遇问题

政治犯罪是指为了反抗现政权，变革本国政治体制，而采取暴力手段或其他措施意图颠覆本国政治秩序的行为。在法国大革命之前，并没有专门的政治犯罪的概念，带有政治性质的犯罪被同等于普通犯罪对待。随着政治思想观念的演进，各国开始承认政治犯罪的特殊性，将政治犯视作社会的先觉，是急于改良本国政制的道德高尚的人。尽管他们的行为触犯国家的法律，但是道德恶性较小，而且政治犯行

① 参见燕树棠：《法权会议的结果》，载《现代评论》第4卷第99期，1926年10月。后收入燕树棠：《公道、自由与法》，清华大学出版社2006年版，第417页。

② 参见燕树棠：《中国领事裁判权问题之常识》，载《太平洋》第4卷第10号，1925年6月。后收入燕树棠：《公道、自由与法》，清华大学出版社2006年版，第214～215页。

③ 燕树棠：《中国领事裁判权问题之常识》，载《太平洋》第4卷第10号，1925年6月。后收入燕树棠：《公道、自由与法》，清华大学出版社2006年版，第214页。

为的对象仅仅是针对某一阶级而非全社会。因此，对于政治犯的处分也更为宽大。

燕先生从对本国政治犯的处分和对外国政治犯的处分两方面展开论述。在论述本国政治犯的问题上，燕先生列举了有关国家的立法例，总结认为多数国家是以普通犯罪刑罚标准处罚政治犯，较少有宽待的情形。随后，先生重点探讨了外国政治犯的待遇问题。由于本国与外国政治犯之间不存在直接的和根本的利益冲突，所以往往易从人道主义的角度出发，在法律中制定有关政治庇护的条款，而且这种庇护也逐渐成为国际习惯。庇护的情形主要包括三个方面①：

1. 领土内的庇护

根据现代国际法的一般原理，一国对其领土内的一切人，无论本国人或外国人，都有属地管辖权。因此本国在其领土上，对于请求庇护的外国政治犯有给予保护的权利。这在英国 1905 年《外侨条例》、美国 1907 年和 1917 年的《移民条例》以及苏俄 1918 年宪法中都有所体现。外国政治犯可以在庇护国境内居留，不受引渡，但其不得从事危害他国的活动，庇护国亦有防止其从事危害他国行为的国际义务。

2. 使领馆内的庇护

19 世纪以前，使馆的庇护权在欧洲各国是得到承认的。而 19 世纪后半叶，这种观点发生了转向，各国认为使馆庇护侵犯了驻在国的主权和尊严，滋长了驻在国的政治纠纷，因而对此普遍持否定态度。按照现在文明各国所公认的惯例，在国内政治秩序巩固的外国领域内，一国驻外使馆没有庇护外国政治犯的权利。如有外国政治犯藏匿其中，使馆须得应他方官厅的请求交出。而对于内乱频繁的国家，习惯上驻在国使馆有权保护政治犯。不过随着实践的发展，驻在弱国的使馆强行行使庇护权，在国际上已被认为是不适当的做法。燕先生在论述使领馆的庇护权时，专门探讨了外国在使馆区域北京东交民巷庇护我国逃犯的问题。燕先生认为：首先，东交民巷根据我国签订的不平等条约被划为使馆区域，其本意在于保护各国公使，并无保护地方逃犯的权限。其次，进入东交民巷的逃犯主要是借改良社会之名行烧杀劫掠的恶行，性质上应为普通犯罪而非政治犯，不在允许庇护的范围内。再次，即使庇护的对象是政治犯，庇护权也仅限于使馆之内，不得及于使馆外，而且使馆有责任禁止受庇护者再为政治活动。但是北京政变后，日俄两使馆公然协助受庇护者在东交民巷大肆活动，先生斥责此种行径不仅有违条约规定和国际惯例，更是对我

① 参见燕树棠：《国际法与国内法上之政治犯问题》，原载《国立北京大学社会科学季刊》第 2 卷第 1 号，1923 年 11 月。后收入燕树棠：《公道、自由与法》，清华大学出版社 2006 年版，第 178～181 页。

国内政的严重干预，政府应当努力改变这种情形，以维护国家主权和尊严。①

3. 兵船和商船内的庇护

兵船的职责在于保护国家利益。为了更好地履行其职责并防止对停泊地的主权损害，兵船一般不能用作庇护逃犯的场所，不过政治犯属于例外。如果政治犯有生命之危请求停泊本地的外国兵船保护，该兵船应允许其登船给予庇护，并可拒绝地方官厅的搜捕，但受庇护者不得在兵船上进行政治活动。至于商船，由于其与兵船的地位不同，其对任何性质的逃犯都不得行使庇护权，所以，政治犯在商船上不能享受庇护。

在论述政治犯待遇问题中，燕先生还特别谈及对政治犯罪定性的问题，由于政治犯的主观意思较难探测。实践中常有犯罪表面是为政治，实际则为私人。所以我们需要结合具体情况加以分析，对于套用政治外衣而为普通犯罪的行为人不得提供庇护。民国时期局势动荡，非法庇护时有发生，先生关于政治犯相关问题的阐述，对于揭露外国借庇护之名干涉我国内政的行径，维护我国的主权和尊严具有相当的指导意义。

（四）政府承认问题

一国国内政府的更迭纯粹是国内法上的问题，外国不得干预。但在国与国联系日益紧密，交往逐渐增多的国际社会，新政府的出现往往会引发其他国家对该国对外代表机关及其代表能力的疑问，因此该国要继续维持与其他国家的正常外交关系，就需要得到他国的承认，这就是国际层面上的问题了。燕先生对政府承认问题的探讨主要包括以下两个方面②：

1. 区分对国家的承认和对政府的承认

先生强调，对新国家的承认有别于对新政府的承认，承认新国家是承认其有国际法的主体资格，能够独立加入国际组织。而承认新政府是承认新政府能够正式代表一国。对既存国家而言，政府的变更不会影响国家资格，因此，只发生对新政府的承认问题。

2. 界定对政府承认的标准

根据国际惯例所公认的原则，承认新政府的前提是：新政府必须巩固并且有履行国际义务的能力。如果新政府不能在国内确立有效统治，则其在国际上也不能成

---

① 参见燕树棠：《政治犯与公使馆》，原载《现代评论》第3卷第72期，1926年4月。后收入燕树棠：《公道、自由与法》，清华大学出版社2006年版，第403～405页。

② 参见燕树棠：《中国承认苏俄政府问题》，原载《新民国》第1卷第4期，1924年2月。后收入燕树棠：《公道、自由与法》，清华大学出版社2006年版，第377～378页。

为代表国家的机关，难以得到他国的承认。当然，判断一国新政府是否巩固，是否具有履行国际义务的能力是个事实问题，由承认国政府根据具体情况自行决断。

理论说明后，燕先生从国际政治的角度，深入分析了我国承认苏俄政府和外国承认段祺瑞政府的现实问题。燕先生认为，按照国际惯例，一国在法律上并无承认新政府的严格义务，但是道德上的义务却是显而易见的，而决定一个国家是否承认新政府的关键在于政治方面的考量。新政府建立后，为了继续正常邦交，保证自身活动的便利，提升国家的国际地位，往往急于得到他国的承认。而外国也会利用这一点，将对政府的承认作为条件要求交换一定的利益。所以在面临政府承认的现实问题时，我们需要深刻理解国家之间的利益制衡关系。在承认苏俄政府问题上，我国不能盲从列强，而要立足实情独立判断，把握苏俄当时国力较弱的时机，尽速承认，恢复邦交，争取获得相当的利益。① 而对于外国承认我国段祺瑞政府问题，即使外国一时拒绝承认，新政府也不必恐慌，新政府的存在本身已经是个既定的事实，如果新政府有统治能力，能够全权代表国家，则外国的承认只是时间上的问题。②

政府承认是一种深受政治动机影响的法律行为。既存政府单方面给予新政府承认时，往往包含强烈的政治动机，甚至会因此影响到对新政府是否符合有效统治标准的判断。燕先生在政府承认问题上的探讨，不仅从专业角度介绍了政府承认的法律标准，更加着眼实际，剖析和权衡了我国当时面临的政府承认问题中所涵盖的种种政治因素，并据此提出了合理化的建议，对当时的中国有很强的现实意义。

（五）不平等条约的问题

1. 不平等条约与关税自主权

国家的关税自主权具有两个层面的含义，一是制定税率的自由权，一是关税行政的自主权。关税自主是国家主权独立的构成要件，是国家经济生活的保障和财政的命脉，国家丧失关税自主权，不仅有损一国的主权和尊严，更是国家生存和发展的极大障碍。燕先生认为，“中国的关税，是因自国断送和外国强取，已经丧失了自主。”③

---

① 参见燕树棠：《中国承认苏俄政府问题》，原载《新民国》第1卷第4期，1924年2月。后收入燕树棠：《公道、自由与法》，清华大学出版社2006年版，第379～381页。

② 参见燕树棠：《外国承认执政政府问题》，原载《现代评论》第1卷第3期，1924年12月。后收入燕树棠：《公道、自由与法》，清华大学出版社2006年版，第389～391页。

③ 燕树棠：《中国关税自主的丧失》，原载《现代评论》关税会议特别增刊第1期，1925年10月。后收入燕树棠：《公道、自由与法》，清华大学出版社2006年版，第460页。

鸦片战争之前，中国是关税自主的。鸦片战争中国战败，被迫签订《南京条约》，明确了按物值抽5%的税率规则，并将这一最低的税率标准适用于各种商品。自此之后，外国列强又通过武力迫使中国接受了更多的不平等条款，诸如物价涨落不影响税额；缴纳货物子口税后即可通行全国，不再行征税；降低现行关税税率等。一系列不平等条约致使中国自行制定税率的权力被破坏殆尽。至于关税行政自主权，燕先生认为完全是中国政府拱手让给外国，政府全然没有意识到关税行政自主的重要性，大量任用外国人掌管中国海关，后来发展到总税务司一职必须用英国人，关税行政大权旁落他国。

燕先生分析后强调恢复中国的关税自主，不能光凭热情，也不要对列强处分中国的关税会议抱过多期望，中国必须从根本上断除对他国的依赖心理，增强自身国力，这才是恢复关税自主的根本方法。

2. 不平等条约与内河航权

自鸦片战争之后，外国列强以武力打开中国的大门，与中国政府签订了一系列丧权辱国的不平等条约。对于不平等条约导致的后果，一般的研究多集中于探讨领事裁判权、协定关税、租界和租借地问题，而燕先生则特别指出不平等条约还侵害了我国的内河航权，严重破坏了我国的领土主权。①

燕先生认为，国家的领土包括领陆和领水，国内河流作为内水的一部分，当然属于国家领土的范畴，隶属于国家的主权之下。按照国际习惯和国际法公认的主权观念，国家对其内河的使用和管理享有完全排他的主权权利，除另有条约限制外，一国可拒绝向任何外国船舶开放内河，不仅是外国的军舰不得入内，连商船也应禁止通行。而帝国主义通过强加于我国的不平等条约，攫取了部分河流的内河航权，致使不仅外国商船甚至军舰都可自由航行于内河，完全无视国际法的有关原则，更极端侵害了我国的领土主权。先生分析认为，外国列强从沿海、内河到内地，势力范围步步深入，实际上就是要凭借从不平等条约中取得的“合法权利”，实施烧杀劫掠的行径。这一点应为我们所认识和警惕。

3. 不平等条约的修约问题

分析不平等条约中的关税自主权与内河航权问题后，燕先生还特别对修约问题展开论述②。先生开篇即道明：修约必须要废除旧的不平等条约，在平等的基础上订立新约。面对当时中国政府对日、对比修约问题，先生首先分析了中日条约和中

① 参见燕树棠：《不平等条约与内河航权》，原载《现代评论》第4卷第96期，1926年10月。后收入燕树棠：《公道、自由与法》，清华大学出版社2006年版，第411～413页。

② 参见燕树棠：《修约问题》，原载《现代评论》第4卷第100期，1926年11月。后收入燕树棠：《公道、自由与法》，清华大学出版社2006年版，第419～420页。

比条约中有关修约的规定，指出这些规定都是对外方有利，对中方不利的，如果严格按照条约中的规定向日、比两方提出修约要求，则难以取得实质性的结果。修约唯一有效途径应当是基于条约的临时契约的性质，以情事变更为由，单方面宣布条约无效，再同日、比两方谈新约的制定事宜。先生特别强调，新约中绝不能包含最惠国条款。他指出，国际法中一般意义上的最惠国待遇是互惠互利的，而且仅限于商事方面，但中国同外国签订的不平等条约实行的都是片面最惠国待遇，中方只有义务，没有权利，最惠国待遇完全沦为外国列强争相盘剥我国的工具。基于这种背景，燕先生认为订立新约不宜讨论最惠国待遇问题。① 先生还强调外交当局在修改谈判中不能对外一味顺从，对内敷衍延宕，而要有明确的目标和坚定的立场，切实地为维护我国的国家利益而努力。

三、小结

作为最早留学海外的法学家之一，燕树棠先生学识渊博，视野开阔，涉猎众多，在国际法、国际政治、民法、刑法、宪法、法理学、司法制度甚至法学教育等领域，都发表了不少著作。综观史料及其国际法的文章，可以发现燕先生其人及其国际法学思想具有如下特点：

一是针砭时弊，关注当时社会的重大问题。燕先生的研究同中国近代面临的政治形势，外交环境和社会问题紧密相连。先生极少单纯论述国际法的基本理论，他多是立足于中国社会存在的形形色色的问题，诸如中国的领事裁判权问题、政府承认问题、关税主权问题、不平等条约问题，分别从国际法和国际政治的角度加以分析和探究，主张充分利用现有的国际法规则来解决实际问题，具有很强的现实意义。

二是学理深厚，认识问题入木三分。先生善于观察和思考，对事物的看法颇为深刻，能够通过错综复杂的表象洞悉和把握国际关系的本质，为中国在国际社会主张自身合法利益，争取国家主权平等和独立提出独到的建议。例如在内战中的外国人问题上，先生利用国际惯例、战争法规和国内法的规定，分别分析了外国人参与中国内战和外国人在中国内战中遭受人身和财产损害的问题，并建议我国应通过与外国人缔结条约的方式，明确规定内乱国家对外国人损失的赔偿责任仅限于政府当局存在过错的情形。总之面对外国的赔偿要求，我们既不无理推卸国家应予承担的

① 参见燕树棠：《对日修约与最惠国待遇》，原载《现代评论》第5卷第120期，1927年3月。后收入燕树棠：《公道、自由与法》，清华大学出版社2006年版，第430～431页。

国际责任，也不盲目接受一切赔偿请求，诸事以法律为据，以诚信为本，力求彰显出一个国家应有的尊严和威信。这种由表及里的分析入木三分，非常深刻。

三是学识广泛，分析问题游刃有余。先生曾讲授过国际法、国际私法、法理学、民法概要和宪法等课程，也发表过大量的涉及不同法学领域的文章。这种能力和素养使先生在分析问题时能够采取不同的视角、运用不同的知识。譬如先生在分析领事裁判权的涵义和产生原因时，不仅能够从国际法、国内法的视角看待问题，而且还运用司法制度和刑法学知识进行深入探析，整个论述过程对知识的把握恰当自如，浑然天成。

四是忧国忧民，心系国家前途命运。先生作为饱学之士从海外归来，一心教书育人。然而，面对北洋军阀统治时期中国社会政局混乱、内争迭起、政府奉行依附外交，国内主权屡遭外国列强践踏的情景，先生愤懑难平。他口诛笔伐，针砭时局，言语犀利且必中问题要害。他满腔热忱，讨论问题时常融法理、情理于国家和民族之未来，这些都充分反映出先生经国济世、救国救民的情怀。

先生著述颇丰，但由于时代所限，先生的部分学术观点可能带有自身局限性，抑或同今天的理论有所出入。但是，这并不能抹杀先生学术思想的光辉，他的研究大大促进了中国近代的法治发展，而其将国际法理论同现实紧密结合的分析方法也是尤其值得我们学习和借鉴的。

燕树棠先生的主要学术著作

（一）主要论文

1. 《权利之观念》，载《国立北京大学社会科学季刊》第1卷第1号，1922年11月。

2. 《过错主义可否为侵权责任之唯一根本原则?》，载《国立北京大学社会科学季刊》第1卷第2号，1923年2月。

3. 《私法中占有观念之两大争点》，载《国立北京大学社会科学季刊》第1卷第3号，1923年5月。

4. 《国内土匪问题与国际法》，载《太平洋》第3卷第10号，1923年6月。

5. 《刑事责任问题》，载《国立北京大学社会科学季刊》第1卷第4号，1923年8月。

6. 《国际法与国内法上之政治犯问题》，载《国立北京大学社会科学季刊》第2卷第1号，1923年11月。

7. 《法律之制裁》，载《国立北京大学社会科学季刊》第2卷第2号，1924年2月。

8. 《英美分析学派对于法学之最近贡献》，载《国立北京大学社会科学季刊》第2卷第3号，1924年5月。

9. 《外侨加入国内战争之法律问题》，载《国立北京大学社会科学季刊》第2卷第4号，1924年8月。

10. 《国内战争与国际责任》，载《太平洋》第4卷第9号，1924年12月。

11. 《英美之陪审制度》，载《国立北京大学社会科学季刊》第3卷第1号，1924年10、11、12月。

12. 《中国领事裁判权问题之常识》，载《太平洋》第4卷第10号，1925年6月。

13. 《财产观念之变迁》，载《国立北京大学社会科学季刊》第3卷第3号，1925年4、5、6月。

14. 《青年与法律》，载《法政学报》第5卷第3、4期合刊，1926年4月。

15.《苏俄的司法制度》，载《现代评论》第7卷第167期，1928年2月。

16.《婚姻的制度问题》，载《现代评论》第三周年纪念增刊，1928年6月。

17.《法律与道德的关系》，载《国立武汉大学社会科学季刊》第1卷第1号，1930年3月。

18.《国家与法律》，载《国立武汉大学社会科学季刊》第1卷第3号，1930年9月。

19.《公道与法律》，载《清华周刊》第38卷第7、8期，社会科学专号，1932年11月。

20.《自由与法律》，载《清华学报》第9卷第1期，1934年1月。

21.《法律教育之目的》，载《法学杂志》第7卷第2期，法律教育专号，1934年1月。

22.《法官之自由与责任》，载《法学杂志》第8卷第4期，1935年8月。

23.《法治与人治》，载《国立北京大学社会科学季刊》第5卷第3号，1935年9月。

24.《论法律之概念》，载《国立北京大学社会科学季刊》第6卷第3号，1936年9月。

（二）主要评论

1.《临案通牒评论之评论》，载《太平洋》第4卷第3号，1923年10月。

2.《中国承认苏俄政府问题》，载《新民国》第1卷第4期，1924年2月。

3.《中俄交涉问题》，载《太平洋》第4卷第7号，1924年6月。

4.《法统与革命》，载《现代评论》第1卷第1期，1924年12月。

5.《外国承认执政政府问题》，载《现代评论》第1卷第3期，1924年12月。

6.《对内问题与对外问题》，载《现代评论》第1卷第19期，1925年4月。

7.《沪案进行应采之途径》，载《现代评论》第2卷第27期，1925年6月。

8.《解决上海会审公廨问题之捷径》，载《现代评论》第2卷第36期，1925年8月。

9.《中国关税自主的丧失》，载《现代评论》关税会议特别增刊第1期，1925年10月。

10.《爱国运动与暴民运动》，载《现代评论》第2卷第52期，1925年12月。

11.《政治犯与公使馆》，载《现代评论》第3卷第72期，1926年4月。

12.《国民外交与群众运动》，载《现代评论》第3卷第78期，1926年6月。

13.《评〈收回沪廨协定〉》，载《现代评论》第4卷第85期，1926年7月。

14.《不平等条约与内河航权》，载《现代评论》第4卷第96期，1926年10月。

15.《法权会议的结果》，载《现代评论》第4卷第99期，1926年10月。

16.《修约问题》，载《现代评论》第4卷第100期，1926年11月。

17.《中国的外交》，载《现代评论》第二周年纪念增刊，1927年1月。

18.《英国对华政策新提案》，载《现代评论》第5卷第109期，1927年1月。

19.《对日修约与最惠国待遇》，载《现代评论》第5卷第120期，1927年3月。

20.《日本的东方会议和满蒙》，载《现代评论》第6卷第136期，1927年7月。

21.《禁烟问题》，载《现代评论》第6卷第155期，1927年11月。

22.《亚细亚民族大同盟》，载《现代评论》第6卷第156期，1927年12月。

23.《又一个关税会议?》，载《现代评论》第7卷第166期，1928年2月。

24.《蒙古的政治》，载《现代评论》第7卷第169期，1928年3月。

25.《法律方面和外交方面的宁案》，载《金陵周刊》第10期，1928年4月。

26.《国联决议案之评论》①，载《东方杂志》第29卷第3号，1932年2月。

27.《〈中华民国宪法草案〉的初稿》，载《独立评论》第60号，1933年7月。

28.《北平滕爽情杀案与社会问题》，载《清华周刊》第43卷第4期，1935年6月。

29.《国际现局与我国抗战》，载《今日评论》第2卷第21期，1939年11月。

（三）书目推介②

1.《评欧滨罕〈国际法〉》，载《国立北京大学社会科学季刊》第1卷第1号，1922年11月。

2.《评鲁特〈国际公法评介〉》，载《国立北京大学社会科学季刊》第1卷第2号，1923年2月。

3.《评庞特〈法律哲学绪论〉》，载《国立北京大学社会科学季刊》第1卷第2号，1923年2月。

---

① 原文没有标题，此标题为《公道、自由与法》一书的编者在收录文章时添加。

② 以下书目推介原文并无标题，标题为《公道、自由与法》一书的编者在收录文章时添加。

4.《评狄琴森〈国际法上之国家平等理论〉》，载《国立北京大学社会科学季刊》第1卷第3号，1923年5月。

5.《评费奥哥老道夫〈历史法学〉》，载《国立北京大学社会科学季刊》第1卷第4号，1923年8月。

6.《评尼波鲁〈战后国际法之发展〉》，载《国立北京大学社会科学季刊》第1卷第4号，1923年8月。

7.《评庞特〈法律史解释〉》，载《国立北京大学社会科学季刊》第2卷第1号，1923年11月。

8.《评舍曼〈罗马法与现代社会〉》，载《国立北京大学社会科学季刊》第2卷第1号，1923年11月。

9.《评康芒斯与安德鲁斯〈劳工法原理〉》，载《国立北京大学社会科学季刊》第2卷第4号，1924年8月。

10.《评罗伟尔〈战时与平时之公共舆论〉》，载《国立北京大学社会科学季刊》第3卷第2号，1925年1、2、3月。

11.《评康芒斯〈资本主义之法律基础〉》，载《国立北京大学社会科学季刊》第3卷第2号，1925年1、2、3月。

12.《评郝福尔〈法律的基本概念〉；考古来〈法律关系〉》，载《国立武汉大学社会科学季刊》第1卷第1号，1930年3月。

13.《评维诺格拉道夫〈法学文集〉》，载《国立武汉大学社会科学季刊》第1卷第3号，1930年9月。

14.《评门罗司密斯〈欧陆法律发达史〉》，载《国立武汉大学社会科学季刊》第1卷第3号，1930年9月。

15.《评韦格末〈世界法系概论〉》，载《国立武汉大学社会科学季刊》第1卷第3号，1930年9月。

16.《评顾哈〈法理学与普通法文集〉》，载《清华学报》第8卷第1期，1932年12月。

17.《评伯特〈法律心理学〉；麦卡蒂〈律师心理学〉》，载《清华学报》第10卷第3期，1935年7月。

18.《评佛兰克〈法律与现代思潮〉》，载《国立北京大学社会科学季刊》第5卷第4号，1935年12月。

19.《评伯金氏与弗莱彻〈冲突法〉；约翰逊〈冲突法〉；麦肯能〈苏格兰国际私法之例案〉；阿维尼翁〈国际私法〉》，载《国立北京大学社会科学季刊》第5卷第4号，1935年12月。

YAN Shutang and His International Law Theory

ZHANG Zhe

稿　约

《武大国际法评论》（以下简称《评论》）由教育部人文社会科学重点研究基地、国家“985工程”二期建设项目哲学社会科学创新基地“国际法与国际新秩序创新基地”——武汉大学国际法研究所主办，现为CSSCI来源集刊（2008—2009），中国期刊全文数据库、北大法律信息网、中国人民大学书报资料中心《复印报刊资料》来源期刊和月旦法学知识库来源期刊。《评论》坚持学术自由、自主和自律的方针，一切编辑活动惟学术是尚，热忱欢迎国内外专家、学者及学界同仁赐稿。稿件要求如下：

一、《评论》欢迎选题新颖、有独到见解和学术价值的中英文国际法和比较法论文，特别欢迎有重大理论创新和实践价值的优秀成果。

二、稿件应为未公开发表的作品，字数1万~3万为宜。来稿请附英文标题和中、英文摘要及关键词，稿件注释参照《评论》注释体例。

三、《评论》实行双向匿名审稿制度，请作者将个人姓名及其他个人信息（学位、职称、单位、联系方法及E-mail地址）另页注明。

四、《评论》实行文责自负原则。

五、《评论》接受电子投稿，来稿请发至专用邮箱：

tougao@ whuilr. org；wudaguojifa@ yahoo. com. cn

六、凡投稿在两个月内未收到编辑部采用通知者，可自行处理，寒暑假例外。因人手及经费所限，对来稿一律不退，请作者自留底稿或做好备份。

七、《评论》已经入编中国期刊全文数据库、北大法律信息网、中国人民大学书报资料中心《复印报刊资料》和月旦法学知识库来源期刊。如作者事先未作声明，视为同意其在《评论》印刷版上发表的文章可以在电子版上发表。

八、本刊已经开通“武大国际法评论”网站（www. whuilr. org），如作者事先未作声明，视为同意将《评论》刊载文章登载于上述网站。

九、来稿一经采用，酌付稿酬。

通信地址：湖北省武汉市武汉大学法学院《武大国际法评论》编辑部

邮政编码：430072